注意！考科大變革！

112年起
高普考等各類考試刪除列考公文

考試院院會於**110**年起陸續通過，高普考等各類考試國文**刪除列考公文**。**自112年考試開始適用**。

考試院說明，考量現行初任公務人員基礎訓練已有安排公文寫作課程，各機關實務訓練階段，亦會配合業務辦理公文實作訓練，故不再列考。

<table>
<tr><th>等別</th><th>類組</th><th>變動</th><th>新規定</th><th>原規定</th></tr>
<tr><td>高考三級、
地方特考三等、
司法等各類特考三等</td><td rowspan="3">各類組</td><td rowspan="2">科目刪減、配分修改</td><td rowspan="2">各類科普通科目均為：
國文（作文與測驗）。其占分比重，分別為作文占80%，測驗占20%，考試時間二小時。</td><td rowspan="2">各類科普通科目均為：
國文（作文、公文與測驗）。其占分比重，分別為作文占60%，公文20%，測驗占20%，考試時間二小時。</td></tr>
<tr><td>普考、
地方特考四等、
司法等各類特考四等</td></tr>
<tr><td>初等考試、
地方特考五等</td><td>科目刪減</td><td>各類科普通科目均為：
國文刪除公文格式用語，考試時間一小時。</td><td>各類科普通科目均為：
國文（包括公文格式用語），採測驗式試題，考試時間一小時。</td></tr>
</table>

參考資料來源：考選部

～以上資訊請以正式簡章公告為準～

千華數位文化股份有限公司
新北市中和區中山路三段136巷10弄17號
TEL: 02-22289070　FAX: 02-22289076

目次

第4章 地方政府的事權

第5章 地方自治的法規

第6章 我國地方政府的組織

第7章 地方自治財政

第8章 地方自治監督

第9章 地方選舉與罷免

第10章 歐美地方政府的組織

第11章 地方自治人事

第12章 原住民之相關地方自治法規

第13章 治理

第14章 都會治理與區域治理

第15章 社區

第16章 主要相關法規彙編

第17章 重要新近司法解釋

第18章 近年試題彙編

編寫特色

「地方自治」為公務人員考試一般民政類科之考試科目，在高考三級、地方特考三等為「地方政府與政治」，在普通考試或是地方四等則為「地方自治概要」，兩者考試的深度有所不同，但範圍則大同小異。

為因應考試題型兼具申論及測驗題的混合式型態，全書乃由具豐富補教經驗的老師加以編修審訂。為照顧高考應考者，增加了內容之深度及廣度；為照顧普考應考者，增加了測驗題庫；藉此，協助大家對付混合式的考試型態，而能夠進入公務部門為國家、人民服務。

在面對混合式考試型態之考試準備上，除了前言所提之高分準備方法外，更應加特別注意的地方略為：(1)時事部分，如選舉、補選、派員代理等相關時事議題；(2)新修法規；(3)專書部分，特別是先前擔任考試院考試委員之張正修老師所著作的《地方制度法理論與實用(1)(2)(3)》。

就編修審訂之經驗，在準備公職這條路上是辛苦的，當朋友們遊樂時，我們必須埋首苦讀；當多數人已進入夢鄉時，我們必須在孤燈下苦記法條。但所謂「行百里者，半九十」，只要堅持下去，必能修成正果。共勉之。

113高普考命題趨勢

高考

第一題：本題難度（★★）

本題屬早年考古題，屬基礎題型，各教科書均有相關說明，在本書中亦有相關章節（參見第1章貳之七：地方自治之缺失及補救之道）加以敘述。讀者可將考題分成兩部分回答：第一部分說明負面功能；第二部分再針對第一部分提出改善方法，即可完整回答本題。

第二題：本題難度（★★）

如題目所述，公民參與為近年地方治理之顯學，因此近年考試常見此類型題目，學者亦多有相關研究。本題較為單純，僅詢問困境所在，建議至少寫四至五點，以小標題式加以敘述分即可。

第三題：本題難度（★★★★）

本題主要考點為議會之權限。建議從地方自治權與議會之權限、預算案本身修正界限、法定程序的符合來說明，最後總結整理即可。

第四題：本題難度（★★★★）

本題非屬地方自治之類到，而屬行政學的範疇，與行政革新、政府再造相關。第一段先列出十大治理職能之內容，第二段再任選三項回答，屬於理論與實例結合之題型。

普考

一、申論題

第一題：本題難度（★★）

本題所考為府會關係。覆議與復議算基本應釐清之概念，本書第6章「壹之十二：議會議決案之覆議」即有相關詳細說明。可分三段論述：先說明覆議之意義與特點，再說明復議之意義與特點，最後就兩者差異加以比較。

第二題：本題難度（★★★）

本題為近年熱門考題，也是行政院自108年起所大力推行之政策。整體可參考行政院「地方創生3.0網頁」（https://www.ey.gov.tw/Page/5A8A0CB5B41DA11E/5a18b6f1-4a49-4c26-a8a2-7f142551c193）；也可以就自己所了解加以書寫。

二、測驗題部分

法規及理論	題號	命題焦點
憲法、大法官釋字	1, 5, 13, 14	112、增9，釋字第498號，釋字第165號，釋字第391號
地方制度法	2, 3, 4, 6, 7, 8, 9, 10, 11, 12, 15, 16, 17, 19, 24, 25	2（2題）、4、21（2題）、24-1、28、31、33、49、53、60、65、79、82、83-2（2題）
其他法規	21,22,23	公共造產獎助及管理辦法，財政收支劃分法，公民投票法
地方自治理論	18	跨域治理

112地方特考命題趨勢

112地特三等

第一題：本題難度（★★★）

本題屬法規與時事題。前半部分詢問公民投票之程序，屬記憶題，讀者對公民投票法應有相當之熟稔度；後半部考時事題，讀者平常要多留意相關時事。

第二題：本題難度（★★★）

本題屬法規題。前半部可依財政紀律法回答「財政紀律」之相關定義，後半部則依中央對直轄市及縣（市）補助辦法回答即可。

第三題：本題難度（★★）

公民投票亦為近年熱門考題。前半部為定義題，就「地方諮詢性公投」之定義加以回答，後半部則結合時事，可以國內或國外之實例回答之。

第四題：本題難度（★★★）

本題為時事政策題，主要想確認讀者是否熟系目前政府政策。如果平常有注意政府政策，則本題並不難回答；屬於一翻兩瞪眼的難度。答題內容可參考行政院「食安五環扣，幸福安心GO」相關網頁（https://www.ey.gov.tw/ofs/2980020295E2220B）。

112地特四等

一、申論題

第一題：本題難度（★★）

本題為法規題，只要依照財政收支劃分法相關規定加以回答即可。本書第7章「伍、地方財政收入意義、劃分理論、劃分方法及地方財政收入事項」亦有詳細說明。

第二題：本題難度（★★）

本題亦屬法規題，讀者如熟悉地方制度法中有關地方自治法規之相關規定，即可輕易作答。本書第5章「地方自治法規」有詳細解說可供參考。

二、測驗題

法規及理論	題號	命題焦點
憲法、 大法官釋字	1, 25	增9，釋字第553號
地方制度法	3, 4, 5, 6, 7, 8, 9, 10, 12, 13, 14, 15, 17, 18, 21, 23, 24, 25	3、16、20、24、24-1、26（2題）、27、31（2題）、32（2題）、34、73、75、82、83、87-2
其他法規	11, 16, 19, 20, 22	地方行政機關組織準則，臺南市美術館設置自治條例，政府資訊公開法，社區發展工作綱要，規費法
地方自治理論	2	住民自治

敬祝

金榜題名

高分準備方法

一、概說

「地方自治」為公務人員考試一般民政類科之考試科目，在高考三級、地方特考三等為「地方政府與政治」，在普通考試或地方特考四等則為「地方自治概要」，二者考試的深度有所不同，但範圍則大同小異，以下皆以「地方自治」稱之。地方自治這一科不僅涉及政治學、行政學、法學等數個領域，相關法規亦非常多，因此不是輕鬆就能掌握的科目，建議大家應付出較多的心思，力求面面俱到。

以下分別就「本科命題焦點」、「準備範圍」及「準備方法」做簡單的說明，希望能作為擬定應戰策略的參考。

二、命題焦點

本科的命題範圍非常廣泛，參考近年來國家考試的命題落點後，可列出幾個命題的熱門章節及重點：

地方自治的基本理論	地方自治的意義、要素，地方自治的本質，地方自治的功能及目的等。此部分以學者之學說討論為主。
地方之居民	居民為地方自治團體的組成分子，自然非常重要；其中，又以地方居民的參政權最為重要。
地方政府的事權	憲法上對於中央與地方之權限劃分有何具體規定，憲法對中央與地方權限劃分是採何種理論，地方制度法對於中央與地方機關的權限劃分有何規定，學說對於中央與地方權限劃分的看法，自治事項與委辦事項的區分，中央與地方對權限劃分有爭議時之處理……。
地方自治法規	自治法規的種類，如：自治條例、委辦規則、自治規則、自律規則，有何異同；自治法規的訂定程序；自治法規的發布程序、自治法規的效力；自治法規得否定有罰則，又其限制為何……。

地方自治財政	地方自治財政自主權；地方政府的財政收入，如財政收支劃分法規定統籌分配稅款、一般補助款的問題，或如何課徵地方稅之問題；地方與中央稅收劃分；地方預算、決算……。
地方自治的監督	中央機關對於地方自治團體辦理自治事項及委辦事項，監督方式有何不同；地方辦理自治事項或委辦事項違反上位法規範時，應如何處理；中央與地方對於地方辦理自治事項或委辦事項是否違反上位規範有疑義時，又應如何處理等議題。
與地方政府施政有關的問題	諸如：府會關係、府際關係、各地方政府如何共同施政、都會區施政議題……。
外國法制的比較	如美國的市經理制度。

三、準備範圍

地方自治一科準備的材料可包括：(一)教科書。(二)考試用書。(三)期刊論文。(四)法律條文及實務見解。以下分別說明之。

(一) 教科書

教科書方面，過去以管歐老師所著的《地方自治》為經典教科書，然在近年我國地方自治法制大幅翻修後，其內容已不敷所需。因此建議以薄慶玖老師的《地方政府與自治》一書作為最基本的教科書。當然，僅準備一本書，對於國家考試而言顯然是有所不足的，建議可再輔以蔡茂寅老師的《地方自治之理論與地方制度法》做為參考。

(二)考試用書

建議除了教科書外，應以一本體系分明、結構嚴謹的考試用書為準備的基礎。考試用書的好處在於，作者已針對考試的需求，盡可能將所有的考點涵蓋其中，並且做體系性的整理和歸納。一本優良的考試用書，已畫出考試範圍的外緣，並指示裡頭考點的位置；因此熟讀這本考試用書，可以說已將考試範圍內的絕大部分的考點瀏覽過一次了。

(三) 期刊論文

準備地方自治這一科，尤其是三等的應考者，強烈建議應閱讀命題老師所發表的期刊論文，以瞭解學者關心的議題、最近的研究焦點等。尤其是一些較為靈活的題目，如：「如何加強我國中央與地方政府間伙伴合作關係？」、「為健全地方財政，就財政收支劃分法制而言，其可行策略為何？」，絕非熟記法條即可作答，在一般教科書或考試用書也幾乎不可能找到標準答案，而且考生亦很難僅憑自己的知識基礎，或自行整合法律條文的規定，提出擲地有聲的論述。因此應付這種題目的唯一方法，惟有平時多閱讀期刊論文，除了背誦外，更重要的是，儘可能瞭解老師的思考脈絡。

期刊論文方面，可準備紀俊臣教授、趙永茂教授、呂育誠教授、黃錦堂教授、蔡茂寅教授、高永光教授等權威學者所發表的文章。值得考生留意的期刊則有「中國地方自治」、「月旦法學教室」、「月旦法學雜誌」、「台灣本土法學雜誌」等期刊。

(四) 法律條文與實務見解

地方自治所涉及的法規相當多，其中最重要的首推規範地方制度的基本法律—「地方制度法」。地方制度法規範的內容，可以說每年必考，所以無論如何務必將該法條文背到滾瓜爛熟的地步。此外，還有許多相當重要的條文，以下所列舉的法律條文，建議各位均務須熟記。

1. **憲法本文第11章「地方制度」的規定。**
2. **憲法增修條文，特別是第9條「地方制度」的規定。**
3. **涉及中央與地方財政收入劃分的「財政收支劃分法」，特別是第8條、第12條、第16條之1關於「統籌分配稅款」的規定。**
4. **規範地方政府課徵地方稅的「地方稅法通則」。**
5. **「公職人員選舉罷免法」，特別是關於地方公職人員選舉罷免的條文。**
6. **關於地方政府組織的「地方行政機關組織準則」、「地方立法機關組織準則」等。**
7. **關於台灣省組織及職權的「台灣省政府功能業務與組織調整暫行條例」、「台灣省政府暫行組織規程」、「台灣省諮議會組織規程」。**
8. **公民投票法，特別是關於「地方性公民投票」的條文。**

實務見解的部分，最重要的就是大法官解釋。與地方自治相關且較重要的解釋有：釋字第467、498、527、550、553號解釋。

四、準備方法

以下僅提出幾個準備時特別應注意的事項，至於一般性的準備方法，則不再贅述。

(一) 準備資料的順序與方法

雖然前面已介紹了準備考試的資料，但仍然相當龐雜，且會令人有無所適從之感。建議先將教科書閱讀過一二次後；便以一本考試用書為主，並反覆閱讀，如此即可顧及考試所需的廣度，之後再把教科書上重要的必考焦點整理到考試用書上。於此同時開始演練考古題，同時閱讀考古題時，如讀到書上沒有的重點，即整理到考試用書上，行有餘力，則再閱讀期刊論文，一樣將重點整理到考試用書上；如此，也兼顧到答題需要的深度了！且久而久之，不斷「加工」的結果，等於擁有了一本專屬於自己「個人化」的武林秘笈了！到考試前只要不斷複習這本秘笈就可以了。

另外這也是建議各位準備的次序，如果真的時間不足，可以此原則擬定準備的重點。

(二) 養成閱讀及演練考古題的習慣

非常重要但易為忽略的是，應養成閱讀及演練考古題的習慣。考古題的演練不僅有助於練習答題技巧，更可作為適應臨場作答的自我鍛鍊。另一方面，可宜善用考古題找出命題焦點所在，及必須牢記的重要法條。因此建議大家，無論再怎麼忙碌，每天至少要花個30分鐘到1小時閱讀或演練考古題。

(三) 注意時事議題

與地方自治有關的時事議題，常是命題焦點；例如廢除鄉（鎮、市）自治選舉，鄉（鎮、市）長改由官派的問題；又例如近年來，我國地方政府財政困難，嚴重影響政務推動。關於如何提供化解地方政府財政窘境的策略，也成為命題的焦點。這類的問題，不同學者會由不同的角度提出看法，或許沒有一定的標準答案，但是足以測驗是否具備公務人員所應具有的宏觀氣度，與分析解決問題的能力。而要能一針見血點出問題點，並提出可行的解決方案，建議平日即應多留意報章雜誌，並且盡可能養成能主動思考的習慣。

(四) 掌握修法動態

新修法規往往成為最新命題的焦點，而要掌握修法動態，除了平時多留意報章媒體的報導外，也可瀏覽「全國法規資料庫入口網站」（http://law.moj.gov.tw/）或「法源法律網」（www.lawbank.com.tw）的資訊。

第1章 緒論

依出題頻率區分，屬：**B 頻率中**

壹 地方政府（Local Government）

一、地方政府的意義 [註1]

地方政府者，乃一在國家特定區城內，依憲法或中央法令之規定，自行處理局部性事務，而無主權之地方統治機關。分述如下：

(一)**地方政府係一區域性的機關**：地方政府係一區域性的機關，其權力行使的範圍僅能及於國家領土的一部分，這一部分領土，或係根據歷史傳統、或係依照地理形勢，或係由法律劃定，其情形各國雖不盡相同，但其為特定區域則一。此一特定區域是不容輕易變更的，與一般機關團體之管轄區，例如：司法區、郵區、監察區、學區等，得基於便利或需要，以行政命令隨時改劃者不同。

(二)**地方政府具有統治作用**：地方政府乃國家統治機關的一種，其未具有統治作用者，自然不能包括在內。是以各公私營企業機構，雖亦可能有其特定區域—營業區，但不得視為地方政府。

(三)**地方政府是國家特定區域內之統治機關**：地方政府是國家特定區域內之統治機關，其必然具有若干統治權力，這種權力，或載於憲法，或由中央法令規定，其必有一定形式，是故未具有此種形式者，自亦不得視為地方政府。

(四)**地方政府在法令範圍內得自行處理其局部性事務**：地方政府既是國家特定區域內之統治機關，可見其所管轄之事務不是全國性的，而是局部性的，僅涉及部分人民的利害關係。既是局部性的，且僅涉及部分人民利害關係，可見在憲法或中央法令範圍內，是得自行處理其事務的，是以未具備此種特性者，自不得視為地方政府。

(五)**地方政府不具有主權**：地方政府在法令範圍內得自行處理其局部性事務，且需受中央法令的管轄和限制，可見其權力不是無限制的，亦非至高無上的、獨立自主的，是以地方政府雖亦稱為政府，但並無主權，不得與中央政府相提並論。

二、地方政府與中央政府之區別[註2]

一般來說，學者們區分中央政府與地方政府的標準有以下幾種：

(一)以管轄區域的廣狹為標準

1. 凡國家統治機關，其管轄區域及於全國領土者，為中央政府；僅及於全國領土中一部分者，為地方政府。
2. 此種區分法無法普遍的適用於世界所有國家，因為在聯邦國家中，例如：美國、瑞士、加拿大等國家，其分子國邦，往往先聯邦而存在，各邦所管轄的區域，固然僅及於全國領土的一部分，但各邦在內政上，依其聯邦憲法的規定，均保有其最高的自主權，自難與單一國的地方政府相提並論。
3. 此外，由中央直轄而分散在全國各地的機關中，亦不乏管轄區域僅限於全國領土之一部分者，例如：各地方法院為此類機關，自不能視為地方政府。是以，此種區分標準難稱允當。

(二)以統治權的來源為標準

1. 凡國家統治機關，其統治權力由憲法所授與，而不得由任何機關予以任意變更者，為中央政府；其統治權力，由中央法令所授與，並得由中央酌情予以伸縮變更者，為地方政府。
2. 此種區分法亦難稱允當，因為即使就單一國來說，其地方政府的權力，亦不乏由憲法授與者，例如：我國。而就聯邦國而言，各邦權力，受自憲法，明白規定於憲法內者，更所在多有，加拿大即為一例。
3. 此外，在聯邦國中，尚有邦以下之地方政府，例如：美國若干市，其權力亦有載於邦憲法內，而聯邦及邦政府皆不得任意變更者。因此，若純以統治權的來源為區分標準，難與事實全然相符。

(三)以管轄事務的性質為標準

1. 凡國家統治機關，其管轄事務涉及全國人民利害關係或關係整個國家者，為中央政府；僅涉及地區部分人民的利害關係或僅涉及地區利益者，為地方政府。
2. 此一區分標準，雖能與中央與地方事權分配的原則相合，但仍難稱為妥適。
3. 因為有些事務，在事實上，很難確定其屬於全國性，亦或地方性的，其往往因時代不同而更易，或因國情或制度的不同而異其管轄。故此種區分標準亦無法為大眾普遍接受。

(四) **以有無主權為標準**

1. 具有主權的，是國家的最高權力機關，對外代表國家，對內代表人民，不受任何其他權力所支配，但可以支配任何機關，這種政府即為中央政府，否則即為地方政府。
2. 此一區分標準，較之前三者，較正確，但亦非無瑕疵。蓋依此標準，則地方政府與殖民地又易於混淆了，而實際上，殖民地雖無完整主權，但畢竟與地方政府尚有分別。
3. 主權是國家的構成要件之一（其他的要件尚有：人民、領土、政府），即使在民主國家，人民是國家的主人，主權屬於全體國民所有，但是人民要表達其意思以構成國家意思時，仍需藉一機關，此一機關即為中央政府，因此，所謂主權，事實上乃寄託於中央政府之手。

三、地方政府的功能 [註3]

(一) **減輕中央政府負擔，適應地方特殊環境**：一個國家，即使是小國寡民，其政務通常都是異常繁雜的。往往千頭萬緒，疆土愈大。人口愈多，事務也愈繁雜。這些繁雜的事務，必須要有龐大的人力、物力與財力才能解決。然而人員眾多，勢必增加煩擾，因此須設地方政府組織，為之分層負擔，以便逐一有效地推行政務。此外，由於各地風俗習慣、地理環境、政治情勢等不盡相同。中央實難作統一的規定或作相同的處理。故地方政府之設，得以便利中央政令之推行，而上下意見也較易溝通，減少隔膜貽誤。同時地方政治事務，如能由地方人民自行辦理，也易於增加地方人民的瞭解，較容易獲得地方人民的支持與合作，在推行政務上實為事半功倍。

(二) **奠定建國基礎，保障人民權益**：國家既由人民所構成，因此國家的建設，必待人民的參與。人民參與的方式，是由下而上，由地方而中央，是故要建設國家，必須地方政府穩固。地方政府健全，不啻奠定了建國之基礎。此外，地方政府所辦理的事務，幾乎每一樣都與人民有關。因此，人民生活之所需，只有依賴地方政府的照顧，也只有地方政府才能滿足其生活的要求。所以，要保障人民的權益，必須先設置地方政府，健全地方制度。有了健全的地方政府，地方上的人民才能幼有所育，壯有所用，老有所養，鰥寡孤獨廢疾者皆得其所。

(三) **促進民主實現，培養民主政治人才**：地方政府不但利於人民就近參與政權的行使，使其在無形中基於直接或間接的陶冶，完成其對民主政治的認識與訓練，進而參與國家政治事務的形成。是則，地方政府不僅為民主制度的基礎，還是民主政治的學校。

(四) **發展地方經濟，解決民生問題**：國父曾說：「地方自治係以實現民權、民生兩主義為目的」由此可見，地方政府本身即負有經濟上的任務。是以「地方自治團體，不止為一政治組織，並亦為一經濟組織」。就憲法的第109條、第110條之規定可看出地方政府在發展地方經濟以及解決民生問題的地位了。

貳 地方自治（Local Self-government）

一、地方自治的意義

地方自治是一種地方政治制度，以地方上之人，用地方上之財，自己管理地方上事務為其理想。從另一角度而言，地方自治，即為一種地方民主制度。茲將其他各家對於地方自治的意義說明如下：

(一) **薄慶玖**：國家特定區域內的人民，基於國家授權或依據國家法令，在國家監督之下，自組法人團體，以地方之人及地方之財，自行處理各該區域內公共事務的一種政治制度。

(二) **管歐**：[註4]

地方自治者，非國家直接處理之事務，乃於國家監督之下，由地方自治團體，依其自己之獨立意志，而處理其區域內公共事務之一種政治制度。

1. **地方自治非國家直接處理之事務**：所謂國家直接處理之事務，乃指由中央政府本身逕行處理之事項，此在憲法第107條中有所規定。而地方自治則不然，國家對於其區域內之某種事項認為有因地制宜之性質者，任由地方上自行處理，不由國家直接處理。
2. **地方自治是地方人民依法組設機關、行使職權**：地方人民組設機關，行使職權，係指自治機關之組織或設立，及自治職權之行使須依法行之，例如：縣（市）政府及、縣（市）議會，均為依法組設之自治機關。
3. **地方自治由地方人民基於自己的意思，處理其區域內之公共事務**：地方自治之特色，乃由地方人民以自動自主的意思自行處理其區域內之公共事務，而非由中央或上級政府任命官員代為處理。

4. **地方自治乃在國家監督下以行使其自治權**：地方自治由地方人民組設自治機關，行使自治職權，以處理公共事務，但須依法受國家之監督，以防止地方為所欲為，違法亂紀。

5. **地方自治乃為一種地方政治制度**：地方政治制度，形態多端，例如：地方分權、地方官治等均是，而地方自治乃為地方政治制度中之一種，亦為現代民主國家普遍推行之地方政治制度。我國憲法關於地方制度之規定實即係指地方自治。

(三) **薩孟武**：在自治這一概念中含有民主政治的思想，且為其構成要素。因此，地方自治在實際上及法律上的開展與近代民主政治發展有極密切的關聯。

(四) **董翔飛**：生活在特定區域的居民，基於生活上的共同需要，在憲法及法律的監督下，經由選舉推舉議員，組成議會或政府。並依居民自己之意思，運用地方財力資源、謀求地方發展、增進地方福利、改善地方環境，及處理地方上的公共事務等。

(五) **許志雄**：地方自治包含兩層意義：一為團體自治，一為住民自治。前者係指國家領土內，另有地域團體，其具備獨立於國家的法律人格，可依一己之意思及目的，由本身之機關自行處理地方公共事務；後者重點在於人，要求由地方之住民，依自主意思處理該地方行政事務。

(六) **紀俊臣**：地方自治是實施於國家特定區域之地方政治制度。因此，隨國家體制而有所差別。在單一國（Unitary State）地方自治團體之自治權能源自於國家之授與，重視中央對地方之授權，認為地方自治所需之「自治權」（Autonomous Powers）係來自於憲法或法律委任（Delegation），遂謂：「地方自治乃國家特定區域內的人民，基於國家授權或依據國家法令，在國家監督之下，自組法人團體，以地方之人及地方之財，自行處理各該區域內公共事務的一種政治制度。」

反之，聯邦國（Federal State）地方自治團體之自治權能係由憲法所明定，並非源自國家之授權，重視各州或邦與隸屬郡、市之權力分配關係，對聯邦與州或郡之關係，由其強調各邦或州之獨立性與自主性，認為地方自治所需之自治，係源於憲法或法律之權力分配（Distribution of Powers）而非謂之國家權力之賦予。惟州以下之郡或市之權力，則為州或邦之權力賦予，遂謂：「所謂地方自治，及指各州職權之充分行使，不受聯邦政府指使干預的一種政治制度」。當然州以下之地方自治，似可參考單一國所引用之概念。惟地方自治均包含二層意義，一為團體自治，一為住民自治。前者指國家領土內，另有地域團體，其具備獨立於國家之公法人資格，可以自由意志處理地方公共事務，此係法律意義之自治；後者指謂地方住民依自主意思處理地方行政事務，此乃政治意義之自治。

(七)**蔡茂寅：**[註5]以一定區域為基礎之團體，其居民獨立於國家意志之外，而以其本身之意思及責任，處理該團體事務之機制或其運用。 其中「地方」指的是國內的一定區域，「自治」則是指自主性的處理自身事務而言。換言之，地方自治實指自治在地方政治領域之表現。

知識補給站

學理上之地方自治（Local Autonomy）乃國家特定區域內的人民，基於國家授權或依據國家法令，在國家監督之下，自組法人團體，以地方之人及地方之財，自行處理各該區域內公共事務的一種政治制度[1]。與地方政府係指在國家特定區域內，依憲法或中央法令之規定，自行處理局部事務，而無主權之地方統治機關。二者最大之差別所在，乃在於地方自治具有「住民自治」與「團體自治」二要素。

所謂「住民自治」（由下而上之民主），係地方上之居民依其個人自主意思透過民主程序之選舉、罷免、創制、複決機制來形成該區域內居民最大公約數之多數意志以決定該自治區域內公共事務之取向。這種以「個人自治」為基礎要素的「住民自治」係以民主主義為基礎，是一種具政治意義的自治，成為以英國、美國為首的英美法系國家所發展出來的地方自治特徵[2]。

所謂「團體自治」（對上分權），係個人自治的延伸，由主體的個人集合成團體，在該團體內，以自由意思決定政策，並相互遵守、執行決定。凡屬該團體之公共事物，由該團體規劃、決定政策並執行。這種「地方自治團體自治」以自由主義或分權主義為基礎，是一種具法律意義的自治，成為以法國、德國為首的歐陸法系所發展出來的地方自治特徵[3]。申言之，團體自治是由自治立法權、自治組織權，自治財政權所構成，凡一地域團體享有就其自有財源制定關於自治事項之規章並執行的權限及具有自主組織權者，即為地方自治團體性質之公法人。地方自治團體基於團體自治而產生之特殊公法人地位是有別於一般法律所創設之公法人；[4]基於此種地方自治團體性質之公法人地位，國家或任何其他權力機關均不得恣意侵害其自治權或干涉其自治事項。即地方自治團體之地位是受「憲法」（constitution）保護的。關於地方自治之核心概念，可以表解如下：

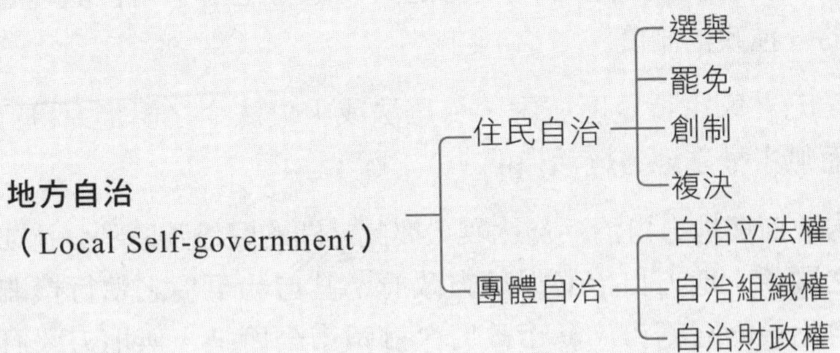

[1] 薄慶玖，1997《地方政府與自治》，台北：五南書局，頁5。

[2] 蔡秀卿，2003〈里長延選案法律鑒定意見書〉，台北市政府法規會（編），《全民健保釋憲案及里長延選釋憲案紀錄彙編》，頁624～664。台北：台北市政府法規委員會。

[3] 蔡秀卿，前揭書，頁615～616。

[4] 依公法設立之團體，其構成員資格之取得具有強制性，而有行使公權力之權能，且得為權利義務主體者，亦有公法人之地位。參見大法官釋字第467號解釋理由書。

二、「地方自治，我國自古有之。」這種說法，是對是錯？

我國歷代君主基於封建思想，並不瞭解民主政治的重要性，而地方自治是一種民主政治制度，故並無所謂地方自治的概念。歷代君主對於地方行政措施，縱有類似地方自治之作法，但其目的恆在加強對地方的控制，以鞏固中央對地方的統治，此並非地方自治之真義。

我國歷代有類似地方自治的行政措施，例如：周初的「井田制」、春秋戰國時代的「鄉遂制」、北宋的「保甲制度」等，都是聰明的君主，利用地方的鄉紳來統治人民的方法，而並不是地方自治，係一種輔官治之不足的「地方紳治」之型態。

我國從民國39年訂頒「臺灣省各縣市實施地方自治綱要」，83年7月29日公布施行自治二法，而現今之北高二市亦直到83年底才實施「地方自治」，足見「地方自治，我國自古有之。」這種說法，是錯的。

三、地方自治與地方政府之區別[註6]

地方自治，乃國家特定區域內的人民，基於國家授權或依據國家法令，在國家監督之下，自組法人團體，以地方之人及地方之財，自行處理各該區域內公共事務的一種政治制度。

地方政府，乃在國家特定區域內，依憲法或中央法令之規定，自行處理局部性事務，而無主權之地方統治機關。

以下將地方政府與地方自治互為比較，彼此之間的關係及區別分述如下：

(一) **兩者之關係**：地方自治必以地方政府為其自治事項之執行機關，如實行地方自治後的直轄市、縣市政府、鄉鎮市公所是。無地方政府，則地方自治事項無所附麗，即無由執行。地方政府為體，地方自治為用，也就是地方自治運用地方政府之組織體來執行其本身之自治事項，所以二者具有體用關係。

(二) **兩者之區別**

1. **一般之區別**

(1) 意義不同：地方自治是一種政治制度；地方政府是國家特定區域內之地方統治機關。

(2) 政治體制性質不同：地方自治是一種地方民主政治制度；而地方政府的組成可以是民主的，也可以是官派的。

(3) 職務不同：地方政府的職務全係委辦事務；而地方自治除委辦事務外，尚有自治事務。

(4) 自治團體法人地位之不同：地方政府無自治團體法人地位，而地方自治團體則具有法人地位。

(5) 地方制度之組織結構不同：地方政府僅為地方制度中之執行機關；而地方自治包括自治執行機關之地方政府及自治議事機關之地方議會。

2. **學理上之區別**

(1) 學者哈里斯（G. M Harris）提出兩項區別標準：

A. 以中央與地方之關係為準：若地方機關之首長，為中央所任命，作為中央在地方之「代理人」（agent），則是地方政府。反之，地方機關之首長，係由當地人民選舉，為地方福利之謀致者，而中央雖可監督，但有相當程度的自由與自主，則為地方自治。換言之，地方政府為中央之「派出機關」（field agency），等於中央派駐地方執行事務之機關，奉命行事；而地方自治，則是在國家監督之下，自行組織之獨立機關，有獨立之職權。

B. 以與社區（community）之關係為準：若地方機關由當地人民選舉組成，人民可參與地方之決策，能為當地人民之利益而服務，向當地人民負責者，為地方自治。反之，若地方機關非由人民直接參與，也不向當地全部社區負責，並不專為地方利益而施政，則是地方政府。

(2) 以地方之權力分配情形為準，而行區分者：即認為採行「分割性地方分權」制度（decentralization）者，為地方自治（所謂「分割性地方分權」，乃謂中央機關與地方機關權力之劃分，各有其獨立範圍，地方機關在權限範園內，有高度的裁量權及相當的自主權，中央不得隨意干涉）。而實施「分工性地方分權」制度（deconcentration）者，為地方政府（所謂「分工性地方分權」，乃謂中央機關將部分權力交與地方機關代為行使，而中央仍握有最終的決定權，地方只是中央之代理而已）。

(3) 以「職務種類」或「法人資格」為準，而加以區分者：即認為地方政府之職務，全係「委辦事務」；而地方自治除委辦事務外，尚有自治事務。地方政府無法人資格，地方自治團體則有法人資格。

(4) 以有無法人資格為區別標準：地方政府無法人資格；而地方自治團體則有法人資格。

(三) **小結**：綜上所述，地方政府乃國家特定區域內之地方統治機關，而地方自治則係一種地方民主制度，地方政府之組成可以是民主的，也可以是官派的。因此，地方政府的存在，與實施地方自治與否無關，實施地方自治的國家有地方政府，未實施地方自治的國家，同樣也可以有地方政府。

四、地方自治的構成要件[註7]

(一) **區域**：區域為地方自治構成要件之一，得稱為自治區域，乃地方自治職權行使所及之地域範圍。地方自治區域，同時亦為國家行政區域，如我國現制之直轄市、縣、市、鄉、鎮為地方自治區域，同時亦即國家之行政區域。

(二) **居民**：此指居住於地方自治區域內之人民而言，通常稱為居民。為地方自治團體的構成分子。所以，人民一方面為行使地方自治職權的主體，另一方面亦為自治職權行使的客體。依地方制度法第15條之規定：「中華民國國民，設籍在直轄市、縣（市）、鄉（鎮、市）地方自治區域內者，為直轄市民、縣（市）民、鄉（鎮、市）民。」可知，成為居民的二個必備要件為：1.具備中華民國國籍及2.有設籍事實。

(三)**機關**：地方自治機關，係於國家的監督下，以管理公共事務為存在目的的法人。既為法人，即為具有人格的組織體，故必須設置機關以執行其意思，包括議決機關（立法機關）、執行機關（行政機關）和其他諮詢機關等。

(四)**職權**：地方自治必須具有法定之職務與權力，以發揮其作用，此種職務與權力，即係自治職權，得簡稱為自治權。這項權力的取得通常都是透過國家憲法或法律的授與，其內容的廣闊或強弱，對自治功能的運作、自治事業的發展，實有密切的關聯。若僅有自治區域，亦有地區居民，而無自治職權，則所謂地方自治，乃徒託空言，缺乏實效，與地方自治之真諦及本旨不符。至於其職權之大小，內容之多寡，則因地方自治機構之等級不同而異。

五、地方自治之本質理論

(一)**固有權說**：固有權說源於法國大革命時的「地方權」思想，主張自治權非由外在賦予，而係地方團體固有的權力，其性質與個人基本權相同，不可侵犯。

固有權說帶有濃厚的自然法思想，且根據史實強調自治權為先於國家而存在的權利，在法律解釋論上，常用於限制國家以立法方式削弱地方的自治權，進而對地方自治權力的保障自有正面效果。惟法理上，地方自治的觀念係在預設國家存在的前提下而形成，所以，基於國家統一性的考慮，此說難以獲得多數贊同。且於憲法上明定自治團體擁有固有權力及機能者，僅義大利一國而已。

(二)**承認說**：承認說認為，今日世界絕大部分的土地與人民，皆隸屬於主權國家之下，受統一的法律秩序規範。如於國家領域內，主張另有具備固有自治權的獨立法律人格存在，非特與事實出入，理論上亦難自圓其說；基於國家主權與國家理論，毋寧應將地方自治團體納入國家統治機構的一環，承認地方自治團體的法律人格及自治權皆為國家所賦予。

承認說雖較能解釋現狀，並且符合法律的形式推理，但是，根據此說，自治權既然源於國家法律，則國家自可藉立法方式界定自治權範圍，更可理所當然地指揮監督地方自治團體，循此邏輯推演，極端之處，地方自治團體將淪為國家的附庸。因此，承認說容易陷於地方自治否定論，在民主政治的觀念下飽受抨擊。

(三) **制度保障說**：為德國威瑪憲法時代發展出的一套理論，從承認說蛻變而生。主要特點在於強調地方自治係憲法特別保護的制度，不得循一般立法程序加以廢止或侵害其本質內容（此與承認說不同）。

此說認為制度保障僅存於國家中，故異於固有權說。此說賦予地方自治堅實的憲法理論基礎，對地方自治的保障程度高於承認說；惟其所稱不得用立法方式侵害的地方自治本質內容究竟為何，並無定論。

(四) **人民主權說**：由於20世紀中葉後，受到都市問題、公害問題及其他社會問題的影響，市民運動崛起，乃出現以人民主權為基礎，而重新建立自治論的契機。尤其1960年代末期起，日本學者討論地方自治課題時，逐漸將視野擴大，嘗試從整個憲法體系，特別是人權與主權原理中思考對策，而提出人民主權說的主張。

此說指出，為了保障人權，實現人民的主體性，地方自治乃不可或缺的制度。凡屬人權保障上所必須的事項，不論有無法律根據，或法律如何規定，原則上地方自治團體皆得自行處理。同時，地方自治的保障內容，應包括住民的參與權及知的權利，庶幾在與人民關係最密切的範圍（例如環保、教育及福利等事項），應維持人民的主導地位，使人民主權不致流於空談。

人民主權說與固有權說一脈相承，惟人民主權說，藉同心圓說明人民與地方自治團體及國家的主客、親疏關係，從而就事務的處理上，導出地方優先原則。也就是說，凡地方能夠處理的事務，宜歸屬地方；下級地方自治團體能夠處理的事務，上級地方自治團體與國家不宜置喙。此說從地方自治及所涉及的關鍵問題切入，立論頗有獨到之處，對我國當前地方自治危機的解決，應可提供重要的理論基礎。

實力充電站

我國地方自治本質理論，係採承認說。亦有學者認為係採制度保障說。

六、地方自治的功能

(一)政治方面之功能

1. **鞏固國權**：地方自治為地方人民之組合與團結，民為邦本，本固邦寧。國父謂：「自治者，民國之礎也，礎堅而國固，國固則子子孫孫同受福利」，而奠定建國基礎，即所以鞏固國權。
2. **保障民權**：地方自治由地方人民自己治理地方之公共事務，民之所好好之，民之所惡惡之，以切身之利弊得失，取決於地方多數之意思，是即為自治與共治，即所以保障民權。
3. **溝通地方與中央之政見**：地方自治得以地方人民集體的意見，表達於中央，以作為國家施政參考抉擇，溝通地方與中央政治上的歧見，即所以減少地方與中央之齟齬，從而貫徹國家之施政目標，發揮國家整體之政治功能。
4. **將人民與政府融合為一體**：地方自治之執行機關即地方政府，乃地方人民自己所組成，以執行由人民組設地方議事機關所議決之事項，而無統治者為官治的感覺，此足以祛除人民與政府之隔閡，而使地方人民與地方政府融合為一整體。
5. **實現全民政治**：地方自治乃以人民直接行使選舉、罷免、創制、複決四種政權，為其完成要件，此種直接民權之行使，不僅達到民主教育與政治訓練的功能，更得以促進民主政治與全民政治之實現。

(二)經濟方面之功能：地方自治在經濟方面的功能，可發展地方經濟，解決民生問題；並減輕中央政府的負擔，適應地方特殊環境。

1. **發展經濟事業**：舉凡地方上經濟事業之規模較大或資本較多者，非私人能力所得單獨經營，而得以地方自治團體之力量以經營發展之。 國父在其「地方自治開始實行法」中，曾主張地方自治開始時先舉辦6項：清戶口、立機關、定地價、修道路、墾荒地、設學校。進而推行農業、工業、交易、銀行、保險等合作事業。因此，發展經濟事業為地方自治團體事業之重心。
2. **調和經濟利益**：地方自治係以地方自治區域內全體人民之利益為利益。例如：公共經營之經濟事業，所獲致之利益，即由地方人民所共享。
3. **紓減國家對於地方經濟之負荷**：中央為謀省與省間之經濟平衡發展，對於貧瘠之省，固應酌予補助（憲法第109條第2項、第147條），惟若實施地方自治後之財力，足以自給時，則國庫即可不予補助，紓減國家對於地方經濟上之負荷，以為其他經濟建設之用。

(三)**文化方面之功能**

1. **提高人民知識水準**：人民參加地方自治事務，於身體力行之餘，必將增加其政治興趣，並得以學習會議規範，明瞭自治意義，故地方自治的實施足以提高人民的知識水準。
2. **改進人民品質**：人民自行處理其地方之公共事務，足以表現其自治能力，發揮其公益精神及公德觀念，以改進人民之品格素質。

(四)**社會方面之功能**

1. **奠定社會安寧**：地方自治由地方人民治理地方之公共事務，因此能夠團結地方力量，奠定社會安寧。此為地方自治的消極功能。
2. **增進人民福利**：地方自治可以適應地方之特殊環境，符合地方人民之需求，促進地方人民之互助合作，休戚與共，憂樂攸關，以達成社會祥和。增進人民福利，此為地方自治之積極功能。

七、地方自治之缺失及補救之道 [註8]

地方自治在理論上，原應有其功能，惟在實行時，不免發生流弊。茲將地方自治之缺失及其補救之道，分述如下：

(一)**缺失**

1. **自治事項難以確定**：地方自治機關所得行使之職權事項，既未便為抽象的概括規定，亦未便為具體的一一列舉，是故，地方難免以自治為藉口，而導致事權上之爭議。嚴則造成中央集權，寬則有形成地方分權制度之弊。
2. **國家政情難趨劃一**：全國各地劃分自治區域甚多，各地各自為政，忽略全國之整體性，致使難以統籌全局，且自治機關在其職權範圍以內，得以為所欲為，事前既不必向中央請示，事後亦不必向中央報備，不免上下隔閡，國家政情自難趨劃一。
3. **地方不免畸形發展**：地方自治區域之省、縣、鄉、鎮，每因財政、經濟、文化、交通等的情況不同，致使彼此相差甚巨。各地方因自治的關係，難為均衡之進步，亦即各地方畸重畸輕的存在，致使開發地區與落後地區的發展有著相當程度的落差，難以均衡的發展。

4. **製造地方派系**：地方自治因須由地方公民直接選舉自治機關之首要負責人員，因此，為爭取職位及服務之機會，遂不免勾心鬥角、製造派系，此幾乎為各地方之通病。

5. **加深地域觀念**：地方自治原係以地方區域為其構成要素，其本質上即含有地域觀念，從而自治職權之行使，不免以本位主義為出發點，加深了人民之地域觀念，此不啻劃地自限，且不免養成人民狹窄的地域觀念。

(二) **補救之道**：綜觀上述地方自治的缺失該如何加以補救呢？茲分述如下：

1. **採行均權制度**：中央與地方權限之劃分，以事務之性質為標準，而非以地域為標準。因此，凡事務有全國一致之性質者劃歸中央，有因地制宜之性質者劃歸地方，是為均權制度之採行。

2. **確立地方自治監督制度**：地方自治之職權範圍，固以均權制度為原則，惟中央仍得基於法律之規定，為監督權之行使，以貫徹中央意旨，使國家重要政策之執行趨於一致。

3. **平衡地方之發展（即建立中央補助制度）**：為使各地方自治團體有足夠的經費來源落實其公共事務，應建立中央補助制度以平衡地方發展。是故，各省辦理自治事務，經費不足時，及對於貧瘠之省，由中央補助之，乃為憲法所明定（憲§109、§147），其主旨即為謀地方經濟之平衡發展。

4. **嚴謹選舉制度**：關於地方自治各種公職人員之選舉，以法律為詳明之規定，端正選舉風習，取締非法之派系傾軋，建立嚴謹之選舉制度，以達到選賢與能的真正目的。

5. **泯除畛域觀念**：提高人民之知識水準，改進人民之氣質風度，加強地方文化之交流，培養社會大眾、整個民族、國族之情操與認識，以泯除封建式的畛域觀念。

八、地方自治之發展趨勢 [註9]

地方自治之發展趨勢如下：

(一) **行政區域的擴大**：地方基本單位，由於多採小轄區，故幅員小、人口少，財力自然有限。一個小的地方自治團體，自然無法應付目前複雜的地方環境，難以對居民提供大量的服務。因此，地方自治團體的行政區域有逐漸擴大的趨勢。

(二)**中心市鎮的形成**：近年來，由於都市化的結果，使鄉村都市化，而都市與鄉村在經濟社會上有著不可分的關係。於是，各國逐漸將行政區域歸併，以化除城鄉界線，故有形成中心地帶的發展趨勢。

(三)**組織結構的改變**

1. **對地方環境有直接影響**：對居民能提供直接服務的單位，應多保留強化，甚至增設。其他性質相近的工作，應分類歸併而由一個機構掌理、運作。
2. **於首長之下**：設置資訊管理中心，並以專人負責民意的整理與分析，隨時向首長反映，並透過系統分析，提供當局作行政決定。
3. **為擴大對人民的接觸面**：首長的控制幅度應酌予放寬，同時每一單位主管，對於人民申請案件的決定，應有足夠的權力，以真正落實地方自治的真意。
4. **自治權力的擴大**：為了適應地方環境，滿足人民需要，地方自治團體應有足夠的自治權力，以適應地方日益變遷的情勢，因此，在中央與地方事權的重新調整方面，地方自治團體的自治權力有日益擴大的趨勢。

知識補給站

其他學者對1990年代台灣地方自治發展趨勢之觀點如下：[註10]

(一)**重省市、輕縣市、無視鄉鎮市**

1.台灣地區部分縣、市與直轄市合併的機會相對減少；至於行政層級之調整，則與現任省、市長之強勢作為是否影響到行政院之決策有關。因之，可預見的將來，地方自治法大幅度調整的機會並不多，而該等自治法的架構，基本上是以省、市級為自治運作的樞紐，從整體觀察是「重省市、輕縣市、無視鄉鎮市」；即省、市為自治體主軸，縣、市係在省監督下運作，省、市所具有的完整人事權，在縣、市並未規定，此乃「明示其一，排除其他」的立法；即縣、市無省、市的完整人事任免權，至於鄉、鎮、市因客觀條件均有所欠缺，賦予完整人事權或其他稅課之權，在執行上都有困難，遂採取從略之立法，使其自治權相對受到制約。

2.**突出民選首長，忽視地方議會**：雖說地方自治法對於「地方政府向地方議會負責」的規定相當明確，但民選首長的民意基礎遠勝於個別的地方議會議員，在媒體的操作下，民選首長必然較為突出，相對造成地方議會遭受壓抑的假象。此種政治現象在民選省、市長選出後，即已逐漸成形，省、市府會關係不易和諧，媒體的推波助瀾是主要原因之一。地方自治法在此方面，仍有些許修正空間，將府會「分立而相連屬」、「權能區分」原則，再加強化，將是改善府會關係惡化的必要途徑之一。

3. **議會政黨不過半擴大效應**：台北市議會三黨不過半的效應正逐漸擴大中，不但85年度預算案無法在法定期限內完成審議，就是未來地方建議方案亦不易通過，對於行政效能不無影響。臺灣省及高雄市因正、副議長選舉的「跑票風波」，已使次級問政團體扮演「比在野更在野」的反對角色，府會關係已進入僵持而更具對立的狀態。事實上，三黨不過半如已成形，就應面對問題採取破壞性最少的策略；即避免過於強勢的首長形象，講究溝通技巧，在地方自治所允許的範圍內，以「協商式民主」（Consensus Democracy）推動地方自治發展，將是必要的政治作為。嗣後台灣地區的地方政治，將在兩黨制民主或二大黨一小黨制中擺盪，根據「鐘擺理論」所顯示的政治穩定，雖然不易獲致，但「動態平衡」（Dynamic Equilibrium）的作為或技巧卻不可忽略。否則，地方政治惡性循環，地方建設必然受到不利影響。

(二) 民主轉型期地方自治「自治化」的趨向

1. **中央權力下放，地方權力擴增**：地方政治權力在強調中央集權的單一制國家，其權力源自於憲法的授權或中央政府的授權，我國地方自治法已將「自治事項」列舉規定，並在相關條文中，賦予地方自治團體較過去未法制化時期更多的人事權、財政權、立法權，此將使地方政治之運作更具自主性，對地方建設亦有其顯著貢獻。
2. **行政權力制約，立法權力強化**：地方自治團體之權力分配法制，雖有「重省市、輕縣市、無視鄉鎮市」的顯著法制架構，但就地方權力分配而言，則將行政權（Executive Powers）、相對制約，而強化地方立法權（Legislative Powers）；即地方行政首長雖係民選產生，具有強固民意基礎，但行政作為所需之法依據法定程序，均加重立法機關的「決策權」，促使民主化具實踐性。過去行政組織法制一向屬於行政權的全權運作範圍，現依法須經地方議會通過，始可成立，確立行政組織「法律保留」或「議會保留」之原則，自然強化地方議會之職權。
3. **政治權力節制，社經權力凸顯**：地方機關固有其法定職權，但社會多元化的結果，政治權力已非可決定一切的資源，社會權（Social Powers）與經濟權（Economic Powers）的相互運作，對地方政治的影響與日俱增。此種社經權力突顯的情況，都市化地區遠較農村顯著，促使都市政治複雜，但派系政治將為政黨政治（Party Politics）取代，決策品質勢必可有效提升。

4.**住民意識覺醒，社區組織活絡**：地方自治係住民自治與團體自治之組合，以後政府推行地方自治似較偏重團體自治，但在社區組織強化，住民意識逐漸覺醒，黑金政治仍然不能根絕，但對政治決策的影響力將不可能上昇，甚至在政治選舉中落敗下形成地方政治生態的丕變。此外，社區組織的組成和運作，皆因社區意識（Community Consciousness）的漸受重視，而有較積極的發展，此對地方政治的衝擊，將是自主性的持續強化；而民主化的社區政治（Community Politics），亦是無可抵擋的趨勢。

參 類似詞語之比較

一、地方政府與地方行政

地方行政係中央行政的對稱：乃國家依法劃定之特定區域內公務或政務之處理。然國家依法劃定之特定區域，既係地方政府權力行使之範圍，因此，特定區域內公務或政務之處理，實即地方政府公務或政務之處理。是則，所謂地方行政，乃地方政府機關處理事務、執行政策和推行業務之措施和活動。

二、地方自治與地方行政 [註11]

就地方自治整體言之，地方行政構成地方自治之部分內容，亦為地方自治權範圍內最重要的事項。國家若非實行地方自治，則地方行政即與地方自治無關；若實行地方自治，則地方行政僅為地方自治執行機關（例如：直轄市、縣（市）政府）所為的行政措施和活動，僅是構成地方自治制度的部分內容；而地方自治則尚包括地方議事機關所為的立法作用在內。因此，地方自治的涵義較僅指地方行政的涵義為廣。

此外，憲法第108條所規定：由中央立法並執行之，或交由縣執行之事項，其交由縣執行之行政事項，得謂為地方行政，而不得謂為地方自治。

三、地方政府與地方制度 [註12]

(一) **地方制度的範圍極廣**：不僅地方行政區劃、行政組織等涵蓋在內，就是地方上的教育制度、財政制度、選舉制度……等等，亦無不包含在內。

因此，採用地方分權，行地方自治者固為一種地方制度，採用中央集權，未施行地方自治者，亦為一種地方制度。而地方政府，乃地方統治機關，在採用地方分權，施行地方自治的國家，地方政府的地位是地方自治團體；在採用中央集權，未行地方自治的國家，地方政府的地位是國家官署。

(二)地方制度可泛指不同的地方法制，不同類型、不同地位的地方政府體制，但地方政府則不能泛指各種不同的地方制度。例如：我國憲法規定，地方政府雖皆實施自治，但卻有不同層級及不同制度（縣自治制度、直轄市自治制度、蒙古盟旗自治制度、西藏自治制度）。這些不同的制度，其內容儘可不同，但皆為地方制度。

四、地方自治與地方制度

就地方自治為構成地方制度之主要內容來看，地方自治即為地方制度之一種形態。而地方制度形態多端，建制各殊，並不以地方自治為限。舉凡地方分權、地方官治，乃至聯邦國家之各邦分治等制度，均可成為地方制度，故地方制度的涵義較廣。而地方自治僅為地方制度之一種形態，故涵義較狹。惟我國憲法所規定之地方制度，其實質即指地方自治。

五、地方自治與地方自主[註13]

地方自主即所謂的「高度地方自治」或「地方民族自決」，綜觀世界各國建國歷史，有假地方自治之名而行地方自主之實者。地方自主即為變質的地方自治，不受中央法令拘束與監督，而為地方之獨立與割據狀態。例如：地方民族自決、聯省自治等。因此，地方自主實際上就是地方割據，在地方自主的情況下，割據者可憑己意直接處置一切事務，無國家觀念，不受國家監督，目的在脫離中央而形成獨立，此與地方自治仍在國家監督控制之下，依法行使自治職權者，有所不同。茲將地方自主與地方自治之區別分述如下：

(一)地方自主，乃地方職權之行使不受中央統治權之控制；而地方自治則須在國家監督之下來行使職權。

(二)地方自主，乃藐視國家法令之拘束與監督；而地方自治則必須依據國家法令行使職權。

(三)地方自主實行之結果，為地方之獨立與割據狀態；而地方自治係在國家監督下所實行的一種地方政治制度，因而不會形成地方之獨立與割據之狀態。

六、地方自治與地方紳治[註14]

地方紳治係指以地方上的仕紳階級治理地方事務而言，是由中央委任地方的仕紳來治理，故地方紳治並非必出於民選，其所為之意思及行為，亦非地方之公意；與地方自治之主要負責人由選舉產生，基於公共意思，以作為自治事項之立法及執行者有別。就各國政治制度之演進而言，大都先由地方紳治而進入地方自治，因而地方自治與地方紳治有先後演進蛻變的關係。綜上可知，地方自治與地方紳治絕對不可混為一談，二者有著顯著的不同：

(一) 在實施地方自治的地方，辦理地方事務的人員，係由人民選舉產生；而在地方紳治中的執行人員，則由官府委任甚或世襲。

(二) 由於地方自治人員係由選舉產生，所以其處理地方事務時，處處以民意為依歸；而在地方紳治中，其執行人員既由官府委任，所以其處理地方事務時惟知服從官意，以保持祿位，民意則不在他們的考慮範圍內。

(三) 地方自治之目的，在使人民有參政的能力，以達到民有、民治、民享的民主政治；而地方紳治之目的，不過是輔官治之不足，以便於統治人民。

茲將地方自治與地方紳治兩者之區別分述如下：

本質不同	地方自治之本質為民治；地方紳治之本質為紳治。則地方自治與地方紳治二者有其本質之差異。
人員任免方法不同	在實施地方自治的地方，辦理地方事務的人員，係由人民選舉產生；而在地方紳治下的執行人員，則是由官府委任甚或世襲。
職權行使之不同	地方自治職權之行使，以民意為依歸；而地方紳治職權之行使只知服從官意，以保祿位，至於民意則不在其考慮範圍。
目的不同	地方自治的目的，在使人民有參政的能力，以達到民有、民治、民享的民主政治；而地方紳治的目的，不過是在輔助官治之不足，便於領導者統治人民而已。

七、地方自治與地方官治[註15]

地方官治，即指地方上的公共事務，是由中央政府委派官吏來治理，地方上的人民只是處於被治地位，沒有參與政治的權利。不過，一般而言，各國地方政治制度之演進情形，大抵先由地方官治而進入地方自治。地方自治與地方官治之區別如下：

本質不同	地方自治之本質為民治；地方官治之本質為官治，則自治與官治有其本質上之差異。
人員任免方法不同	地方自治如直轄市、縣（市）長、直轄市、縣（市）議員等，是由地方公民選舉產生，以擔任公務，亦得由地方公民依法罷免之；而地方官治執行地方公務的人員，則是由國家任免之。
職權歸屬不同	地方自治之職權屬於地方人民；而地方官治則其職權屬於國家。
職權行使之不同	地方自治職權之行使，出於地方人民自己的意思，其責任乃歸屬於地方人民；而地方官治之職權行使，恆出於官吏本人之意思，從而其行政之責任亦歸屬於其本人。

知識補給站

水平分權與垂直分權

水平分權即一般所稱之「權力分立」，指行政、立法、司法等權力的分立與制衡，其目的在藉由權力的相互制衡，防止權力因獨大而遭濫用，甚而侵害人民的基本權利。垂直分權係指將國家權力分配與中央及地方自治團體，並使地方自治團體有自治權限。按「權力分立原則」為國家組織最重要的基本原則，而有學者認為，權力分立內容不僅限於傳統的行政、立法、司法等權力的分立與制衡（即「水平分權」），亦應包含中央與地方之間的權限劃分與制衡，即「垂直分權」。

肆 大陸制與英美制之地方制度

所謂大陸制，係指歐洲大陸各國（尤其是南歐各國）的地方制度而言，法國的地方制度可為其代表。所謂英美制，係指英美等國的地方制度而言，此制導源於英國，故可以英國為其代表。

一、就自治權力而言

(一) **大陸制**：富於中央集權，各級地方政府的自治權較小。例如：法國。

(二) **英美制**：傾向地方分權，各級地方政府的自治權較大。例如：英國。

二、就自治權的授與方式而言

(一) **大陸制**：大陸制國家對於地方政府權力的授與是採取一次頒給的制度，或者說是採取概括的授權方式。例如：法國。

(二) **英美制**：英美兩國對於地方政府自治權的授與是採分別頒給的制度，或者說是採列舉授與的方式。例如：英國。

三、就對地方政府的監督而言[註16]

(一) **大陸制**：大陸制國家多採用行政監督的方式。所謂行政監督，乃上級行政機關對於地方政府的業務進行，用行政程序予以考核或督策。例如：法國。

(二) **英美制**：英美制國家多採用立法監督的方式。所謂立法監督，乃中央立法機關對於地方政府，或上級地方立法機關對於下級地方政府，用一般的立法或個別的法案，予地方政府或下級政府以概括的職權或特殊的事權，使其職權之行使獲得合法的依據。由此可知，所謂立法監督，乃監督權由立法機關行使。由於英美係採列舉的授權方式，既係經由法律分次頒給，如何使其合於法律要求，立法機關自得隨時以立法手段變更其權力，或授與新的權力，乃至廢止其設置。

(三) 大陸制與英美制國家對於地方政府的監督雖採不同的方式，但實際上目前很少國家純採行政監督或立法監督，是以上述說明，只是就大體而言，非謂大陸制國家對地方政府不運用立法監督方式，或英美制國家不運用行政監督。

四、就行政法院的設置而言

(一) **大陸制**：大陸制國家有行政法院之設，行政法院對於各級地方政府的命令或處分，得經行政訴訟程序予以撤銷。

(二) **英美制**：英美制則無行政法院之設，人民如認為地方政府的命令或處分損害其權益，乃向普通法院提出訴訟。法院可否認地方政府的命令或處分的效力，並得依據法律對受害人予以補償。

隨堂筆記

以上所述，僅係就大體而言，並非所有大陸制的國家或所有英美制的國家都如上述一樣，也並非英美制地方政府在各方面都是一個類型，或是所有大陸制地方政府的特徵都一樣。事實上因為各國環境不同，國情互異，加以歷史因素、文化背景等的差異，就算是同為英美制國家或同為大陸制國家，其間仍然會有很多不同的地方。學者們之所以作如上的劃分，不過是在研究上較為方便，也使初學者易於瞭解。

伍 聯邦國與單一國之歧異 [註17]

一、就中央與地方權限的劃分而言

(一)**聯邦國**：聯邦國多以憲法來劃分中央與地方的權限。在聯邦國家中，係以聯邦政府為中央政府，而各邦（州）政府則為最高級的地方政府。聯邦政府與各邦政府的權力，多由憲法加以劃分，其劃分方式，一般可分為三種：第一種為美國制，美國憲法係單純列舉聯邦政府的事權，而以未列舉的剩餘事權歸之於各邦（中央事權列舉，地方事權概括）。第二種為加拿大制，加拿大憲法係將聯邦事權與各省事權雙方列舉，如有未列舉的事權發生時，其性質屬於全國性質者歸聯邦，關係於一省之性質者，歸之於省。第三種為昔南非聯邦制，南非在實施聯邦制度時期，係列舉各邦事權，而以未列舉的事權推定屬於中央。至於邦以下各地方政府的權力，在聯邦國中，多由邦議會經立法程序以授與之。例如美國，各縣或市政府的職權，就是由邦議會制定法律授與的，這種授與，通常都採列舉方式。

(二)**單一國**：單一國之中央與地方權限的劃分多由中央決定。換言之，地方政府的權力乃由中央所授與，其授與方式約可分為兩種：一種是英國的方式，即由國會制定特別憲章（Charter）授與某一地方政府以某些事權，或制定地方政府法，列舉一般地方政府的事權，前者是個別授權，後者則為一種通用法律。另一種是法國的方式，法國中央政府對於地方政府權力的授與雖然也採法律授與，但其授與方式係採一次頒給的概括權主義。概括權主義表面上看，地方政府權限似乎非常廣泛，但實際上則視中央對地方的控制程度而定。由於法國是一個中央集權國家，地方政府於舉辦地方事務之前，多須呈請上級政府核可。既須經上級政府核可，則雖為概括授權，地方政府亦無法隨意擴張其權力，因此其權力當然也有了限制。

二、就對地方政府地位的保障而言

聯邦國對地方政府的保障強，單一國對地方政府的保障弱。茲說明如下：

(一)**聯邦國**：聯邦國之聯邦政府與各邦政府的權力既然都由憲法規定，則地方政府的權力自然就受到憲法的保障。因此，中央政府不能以法律來削減或取消地方政府的權力，因為法律不能違背憲法。也就是說，由憲法所保障的權力，惟有透過憲法才能加以調整，故聯邦國對地方政府的保障較強。

(二)**單一國**：單一國地方政府的權力係由中央政府經法律程序所賦予，既由中央賦予，是以政治上的一切權力都由中央政府來支配。是以，地方政府在此種情形下雖有自治權，但因這自治權不是由憲法所授與的，當然沒有憲法的保障。換言之，中央政府對於各地方政府的自治權，可以法律予以擴張，也可以法律予以縮小，甚或取消。也就是說，中央政府對於地方政府的權力的變更，無須徵求地方政府的同意。因此，地方政府必須完全聽從中央政府的意旨行事，相較之下，單一國地方政府的地位比聯邦國之下的地方政府缺乏保障。

三、就地方政府之自主組織權而言

聯邦國地方政府有自主組織權；單一國地方政府無自主組織權。所謂自主組織權，就是地方政府對其根本組織法有自行決定之權。一般來說，關於地方政府的根本組織法之制定，約有兩種方法：一為由中央政府制定，一為由地方政府自行制定。

(一)**聯邦國**：地方政府的根本組織法，多由地方政府任意制定。也就是說，聯邦國的地方政府，有自行決定其根本組織法之權。

(二)**單一國**：地方政府的根本組織法則由中央制定。也就是說，單一國的地方政府，無自行決定其根本組織法之權。

四、就地方政府之參政權而言

聯邦國的地方政府有參與國家政務之權；單一國的地方政府則無參與國家政務之權。在聯邦國中對於聯邦和各邦的權限，由憲法加以規定，各邦為使其憲法所賦予的權力得有保障起見，乃選舉代表參加聯邦的國會，以便邦的代表在聯邦國會中有發言權和表決權及直接參與中央立法之權。例如：墨西哥、瑞士和美國的地方政府，不僅有較充分的自治權，對於國家政務，還有積極參與的權力，而這些是單一國地方政府所沒有的。

五、就地方政府的體制而言

聯邦國的地方制度頗為分歧；而單一國的地方制度則較為統一。聯邦國的地方政府有自主組織權，既有自主組織權，各地方政府自無採用相同地方制度的必要，因此乃構成了地方制度的分歧性。至於單一國的地方政府，由於無自主組織權，各地方政府的根本組織法多由中央或上級政府制定，是故地方政府體制，有些國家雖不盡相同，但大體上來說，單一國的地方政府體制較聯邦制國家的地方政府體制來得統一。

不同制度之權力分配優缺點 [註18]

領域權力分配	優 點	缺 點
單一國	明確權力 決策控制 較少發生中央與地方的衝突	權力高度中央化無法顧及地方需要 地方特殊部分及少數民族缺乏代表
聯邦	反映多元特色 對中央權力形成制衡 創造團結性	權力重疊與重覆 中央與地方衝突機會較多 決策執行較遲鈍與妥協性
邦聯	有利於合作 權力受到各次級單位之節制	限制承諾的執行不穩定 有限的權力

陸　我國憲法規定之地方自治

一、概說

我國憲法就地方自治設有專章保障；首先，第10章「中央與地方之權限」就中央立法並執行之事項（憲法）、中央立法並執行，或交由省縣執行之事項（憲§108）、省立法並執行或交由縣執行之事項（憲§109）、縣立法並執行之事項（憲§110）各設有詳細之列舉規定，並就前揭條文所列舉事項以外之「剩餘權」，依中央與地方「均權理論」加以劃分（憲§111）；其次於憲法第11章「地方制度」，就省制（包括直轄市、蒙古以及西藏之制度）與縣制予以明文保障；惟憲法係制定於政府遷台前，乃以廣土眾民之中國為施行地區所設計之制度，於台灣施行之結果，每多扞格窒礙，故於1997年之第4次憲法增修條文第9條，即對省制進行「精簡」以及「虛級化」之重大變革，以契合我國現狀與實際需要；茲分述如下：

二、憲法本文規定之地方自治

(一) **地方自治之主要區域為省（市）、縣（市）**：憲法第11章地方制度所指之地方，固係包括各省（市）、縣（市）及蒙古各盟旗及西藏等地方在內，惟蒙古各盟旗地方自治制度，以法律定之（憲§119）、西藏自治制度，應予以保障（憲§120），所以蒙古、西藏之地方自治，並不適用有關一般省（市）、縣（市）自治之規定。

(二) **地方自治之立法機關，為省、縣、市議會**：憲法規定省，縣分別設置省、縣議會，行使省、縣議會之立法權，省、縣議會議員。由省、縣民分別選舉之（憲§113、§124）。

(三) **地方自治之行政機關，為省、縣、市政府**：憲法規定省、縣分別設置省、縣政府，省、縣長分別由省、縣民選舉之（憲§113、§126），其於市之自治，無論為直轄市或準用縣規定之市，必有市政府之設置，由市民選舉市長，此於憲法雖未規定省、縣、市政府及省、縣、市長之職權如何，惟政府權即治權，省、縣、市政府執行省、縣、市議會之決議，並執行中央之委辦事項，因之，其性質為地方自治之行政機關。

(四) **地方自治權之規範為均權制度**：中央與地方權限之劃分，採均權制度，即凡事務有全國一致之性質者，劃歸中央；有因地制宜之性質者，劃歸地方，不偏於中央集權或地方分權。

(五)**地方自治之基本法律為省縣自治通則**：依憲法規定，省縣自治通則，應由中央立法並執行之或交由省縣執行之（憲§108），省、縣得分別召集省、縣民代表大會，依據省縣自治通則，制定省自治法及縣自治法（憲§112、§122），省自治法及縣自治法，自均為省、縣自治之主要法規，均須以省縣自治通則為制定之依據，故其性質為省縣自治通則之子法，所以地方自治之基本法律為省縣自治通則。值得注意的是，省縣自治通則一直未通過。

三、省縣市地方制度採「雙軌制」

我國憲法對地方自治採「省縣」與「直轄市」分離之「雙軌制」：

(一)**省縣自治通則式的地方自治體制**

1. **中央政府依憲法**

(1)第108條第1項第1款制定「省縣自治通則」。

(2)省縣乃依憲法第112條規定：「省得召集省民代表大會，依據省縣自治通則制定省自治法。但不得與憲法牴觸。省民代表大會之組織及選舉，以法律定之。」

(3)第113條規定：「省自治法，應包含左列各款：一、省設省議會，省議會議員由省民選舉之。二、省設省政府，置省長1人，省長由省民選舉之。三、省與縣之關係。屬於省之立法權，由省議會行之。」

(4)第121條規定：「縣實行縣自治。」

(5)第122條規定：「縣得召集縣民代表大會，依據省縣自治通則，制定縣自治法。但不得與憲法及省自治法牴觸。」

(6)第123條規定：「縣民關於縣自治事項，依法律行使創制，複決之權，對於縣長及其他縣自治人員，依法律行使選舉、罷免之權。」

(7)第124條規定：「縣設縣議會，縣議會議員由縣民選舉之。屬於縣之立法權，由縣議會行之。」

(8)第126條規定：「縣設縣政府，置縣長1人。縣長由選民選舉之。」

(9)第127條規定：「縣長辦理縣自治，並執行中央及省委辦事項。」

(10)第128條規定：「市準用縣之規定。」

2. **從上揭憲法條文可知，省縣自治通則式的地方自治體制的主要內容，包括**

(1)實施省、縣二級制，縣同級之市（省轄市），亦準用縣之規定，但憲法第109條第1項第3款所規定：「省市政」，另賦予省單獨立法之權。

(2)制定省縣自治通則為實施省縣自治之基本法，但省得依其特性由省民代表大會制定各該省自治法。

(3)分設省政府與省議會行使行政權與立法權，省政府採首長制，其省長由省民選舉產生；省議會議員亦由省民選舉產生。

(4)縣依省縣自治通則及省自治法規定，由縣民代表大會制定縣自治法。

(5)縣民具有選舉、罷免、創制、複決四項直接民權。

(6)分設縣政府及縣議會行使縣行政權及立法權，縣政府採首長制，其縣長由縣民選舉產生；縣議會議員亦由縣民選舉產生。

(7)省、縣均為自治單位，除行使專屬省縣之自治權外，並依單一國的特性，執行上級政府委辦事項。

(二)**直轄市自治法式的地方自治體制**：依憲法第118號規定：「直轄市之自治，以法律定之。」故「直轄市」並非依憲法規定實施自治，而是依法律實施自治，既曰：「直轄市自治」，則其市長必為民選，以為市政府的最高領導人，執導行政權；而其立法機關則是由民選議員組成之市議會。

(三)**省、縣及直轄市之制度差異**：憲法對於省縣自治，用較多的條文、較詳實的文字，分別予以描述與規範，但對直轄市的自治型態、市長與議員的產生方式、議會與市長的關係、市長行使四權的範圍，則不作任何細節規定，全部保留給立法機關，透過立法途徑予以詮釋。也就是說直轄市如何自治，完全由立法機關用法律規定，與省縣自治必須依照憲法的程序與規範，有顯然的不同。[註19]

四、憲法增修條文規定之地方自治

憲法增修條文第9條規定：省、縣地方制度，應包括下列各款，以法律定之。不受憲法第108條第1項第1款、第109條、第112條至第115條及第122條之限制：

(一)省設省政府，置委員9人，其中1人為主席。均由行政院院長提請總統任命之。

(二)省設省諮議會，置省諮議會議員若干人，由行政院院長提請總統任命之。

(三)縣設縣議會，縣議會議員由縣民選舉之。

(四)屬於縣之立法權，由縣議會行之。

(五)縣設縣政府，置縣長1人，由縣民選舉之。

(六)中央與省、縣之關係。

(七)省承行政院之命，監督縣自治事項。

臺灣省政府之功能、業務與組織之調整，得以法律為特別之規定。此外，第10屆臺灣省議會議員及第1屆臺灣省省長之任期至中華民國87年12月20日止，臺灣省議會議員及臺灣省省長之選舉自第10屆臺灣省議會議員及第1屆臺灣省省長任期之屆滿日起停止辦理。而臺灣省議會議員及臺灣省省長之選舉停止辦理後，臺灣省政府之功能、業務與組織之調整，得以法律為特別之規定；民國93年6月23日制定之「中央行政機關組織基準法」，即係依此規定而訂定。

知識補給站

我國實施地方自治之依據

一、概說

依憲法本文規定，省、縣得依省縣自治通則，制定省自治法，實施地方自治（憲§112、憲§122），直轄市之自治，應以法律定之。（憲§118）然而過去數10年來，政府僅依「臺灣省各縣市實施地方自治綱要」、「臺北市各級組織及實施地方自治綱要」、「高雄市各級組織及實施地方自治綱要」等規定，以行政命令為依據實施地方自治，多年來屢為論者批評為違憲，故自民國83年制定「省自治法」與「直轄市自治法」（簡稱「自治二法」），作為地方自治在法律位階的法源依據。而在民國86年第4次修憲，國民大會修正憲法增修條文，進行「精省」之修憲工程，依憲法增修條文之意旨，省不再為地方自治團體，未來不再實施省長、省議會議員等自治選舉；縣地方制度，則以法律定之。從而，立法院依憲法增修條文之意旨，通過「地方制度法」，作為規範日後直轄市、縣市實施地方自治之法律依據。

二、我國臺灣地區實施地方自治之時期

(一) 臺灣省各縣市實施地方自治綱要時期（民國39年至83年）

民國39年臺灣省政府制定發布「臺灣省各縣市實施地方自治綱要」，從此國民政府開始在臺灣地區實施地方自治，開始辦理省議員，縣、市長，縣、市議員和鄉（鎮、市）市民代表的選舉。該綱要第1條規定：「臺灣省各縣市地方自治在省縣自治通則及省自治法未公布前，依本綱要之規定實施之。」其後，為因應北、高兩市升格為直轄市，分別在民國56年制定「臺北市各級組織及實施地方自治綱要」民國68年制定「高雄市各級組織及實施地方自治綱要」。

(二) 省縣自治法、直轄市自治法時期（民國83年至88年）

省縣自治法第1條第2項規定：「省、縣（市）、鄉（鎮、縣轄市）之自治依本法之規定，本法未規定者、適用其他法律。」，直轄市自治法第1條第2項規定：「直轄市（以下簡稱市）之自治依本法之規定，本法未規定者，適用其他法律。」值得注意的是，依省自治法之規定，省政府置省長1人，由省民依法直接選舉之，任期4年、連選得連任一次。

(三) 地方制度法時期（民國88年迄今）

民國86年修憲後，省不再具有地方自治團體之地位，直轄市及縣、市之自治則依地方制度法之規定。

柒 地方制度法規定之地方自治

一、地方制度法之結構分析

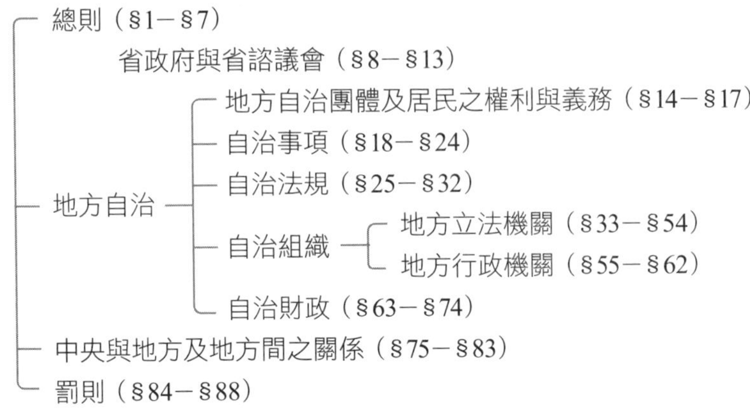

二、地方制度法用詞之定義（地制法§2）

本法用詞之定義如下：

(一) **地方自治團體**：指依本法實施地方自治，具公法人地位之團體。省政府為行政院派出機關，省為非地方自治團體。

(二) **自治事項**：指地方自治團體依憲法或本法規定，得自為立法並執行，或法律規定應由該團體辦理之事務，而負其政策規劃及行政執行責任之事項。

(三) **委辦事項**：指地方自治團體依法律、上級法規或規章規定，在上級政府指揮監督下，執行上級政府交付辦理之非屬該團體事務，而負其行政執行責任之事項。

(四) **核定**：指上級政府或主管機關，對於下級政府或機關所陳報之事項，加以審查，並作成決定，以完成該事項之法定效力之謂。

(五) **備查**：指下級政府或機關間就其得全權處理之業務，依法完成法定效力後，陳報上級政府或主管機關知悉之謂。

(六) **去職**：指依公務員懲戒法規定受撤職之懲戒處分、依公職人員選舉罷免法規定被罷免或依本法規定被解除職權或職務者。

知識補給站

「核定」與「備查」之區別為何？

在學理上及實務上，「核定」亦可稱為「備案核可」，意即上級政府或主管機關，對於下級政府或機關所陳報之事項，加以專業性審查，並作成處分或其他公權力性質之決定，以完成該事項之法定效力。例如：地方制度法第26條規定：「自治條例經各該地方立法機關議決後，如規定有罰則時，應分別報經行政院、中央各該主管機關、縣政府核定後發布」，此即為「核定」之例。再如同法第29條規定：「直轄市政府、縣（市）政府、鄉（鎮、市）公所為辦理上級機關委辦事項，得依其法定職權或基於法律、中央法規之授權，訂定委辦規則。」「委辦規則應函報委辦機關核定後發布之；其名稱準用自治規則之規定。」同法對地方行政規則之發布程序與生效條件以為規範的第32條中：「自治法規、委辦規則依規定應經其他機關核定者，應於核定文送達各該地方行政機關30日內公布或發布。」亦屬一例，其他如第54條：「直轄市議會之組織，由內政部擬訂準則，報行政院核定；各直轄市議會應依準則擬訂組織自治條例，報行政院核定。」復為一例，而第62條第1項亦屬核定之例。值得注意的是，第82條，強調民選首長之辭職，應以書面為之，直轄市長應向行政院提出並經核准；縣市長應向內政部提出，由內政部轉報行政院核准；鄉鎮市長應向縣政府提出並經核准；鄰里長應向鄉鎮市區公所提出並經核准，且均自核准辭職日生效。此處所稱之「核准」，為法律條文用語，在法律解釋上，亦屬核定。由於核定在監督權性質上屬事前監督，因此基於「輔助性原則」，應為例外，而不能為監督之常態。核定權既為監督機關所有，則下級政府或機關自不得對核定增刪事項再行增刪以為是。

至於「備查」，是指下級政府或機關間就其得全權處理之業務，依法完成法定效力後，陳報上級政府或主管機關知悉。「備查」本質實為「查照」，惟對於「備查」之案件，監督機關得否為之否定，而予函告無效，本有爭議。但若為監督之必要，而輔以「輔助性原則」觀之，固然監督機關對於地方本於職權所為之事項，不能輕易干涉，但當地方所為之事項誠屬違法，而以事後監督方式，拒絕備查而將之函告無效時，實為維繫法律體系之完整性及國家體制之整體性，同時亦兼顧地方自治精神。地方制度法第62條規定，直轄市政府、縣市政府、鄉鎮市公所與所屬機關及學校之組織準則、規程及組織自治條例，其有關考銓業務事項，不得牴觸中央考銓法規，且各權責機關於核定或同意後，應函送考試院備查，此為典型的備查例證。

目前在學理及實務上，所謂的「備查」可分為兩個層次：一是地方對特定事項核備後之告知義務，使中央大約知悉該事項，也就是說，中央有「知」的權力，但其已合法故不加干涉，僅就其告知事項文存，錄供參考，以累積類似案例之經驗，以便地方自治之行政慣例自我拘束原則能有所依據。二是中央對地方告知的備查案件，行使「異議權」，而令地方限期依法改正或函告無效。一旦監督機關行使異議權後，地方仍未依法改正時，則可再轉為行使撤銷權、代行處理權等監督手段。

三、地方制度之組織體系（地制法§3）

(一)地方劃分為省、直轄市。

(二)省劃分為縣、市〔以下稱縣（市）〕；縣劃分為鄉、鎮、縣轄市〔以下稱鄉（鎮、市）〕。

(三)直轄市及市均劃分為區。

(四)鄉以內之編組為村；鎮、縣轄市及區以內之編組為里；村、里〔以下稱村（里）〕以內之編組為鄰。

四、地方行政、立法機關（地制法§5）

(一)直轄市設直轄市議會、直轄市政府；縣（市）設縣（市）議會、縣（市）政府；鄉（鎮、市）設鄉（鎮、市）民代表會、鄉（鎮、市）公所，分別為直轄市、縣（市）、鄉（鎮、市）之立法機關及行政機關。

(二)直轄市、市之區設區公所。

(三)村（里）設村（里）辦公處。

五、各級行政區域依原名稱及更名規定（地制法§6）

(一)省、直轄市、縣（市）、鄉（鎮、市）、區及村（里）名稱，依原有之名稱。

(二)前項名稱之變更，依下列規定辦理之：

1. **省**：由內政部報行政院核定。
2. **直轄市**：由直轄市政府提請直轄市議會通過，報行政院核定。
3. **縣（市）**：由縣（市）政府提請縣（市）議會通過，由內政部轉報行政院核定。

註釋

[註1] 薄著P4～5。

[註2] 薄著P2～3。

[註3] 薄著P14～21。

[註4] 管著P39～46。

[註5] 蔡茂寅，地方自治之理論與地方制度法，2003年2月出版，P15～17。

[註6] 薄著P6～8與管著P15。

[註7] 管著P70～73。

[註8] 管著P75～77。

[註9] 董著P32～36。

[註10] 紀著P15～17；25～27。

[註11] 薄著P9～10。

[註12] 薄著P11。

[註13] 薄著P12～13與管著P18。

[註14] 薄著P13～14與管著P20～21。

[註15] 管著P19～20。

[註16] 薄著P21～24。

[註17] 薄著P25～33。

[註18] 紀專論「地方制度修憲方向之評議」。

[註19] 董著P32～36。

精選題庫

測驗題

( ) 1 從地方自治的法理來看，承認地方自治團體是公法人，稱之為：(A)團體自治 (B)自由主義 (C)割據主義 (D)住民自治。

( ) 2 地方制度法制定後，下列何者非地方自治團體？ (A)縣市 (B)鄉鎮市 (C)直轄市 (D)省。

( ) 3 國民政府遷台後，自西元幾年起實施地方自治？ (A)1949年 (B)1950年 (C)1951年 (D)1952年。

( ) 4 以下關於大法官釋字第467號解釋之意旨，何者為錯誤？ (A)法律不得規定臺灣省為權利義務主體 (B)臺灣省已非地方自治團體性質之公法人 (C)臺灣省為地方制度層級之地位仍未喪失 (D)臺灣省非無可能成為地方自治團體以外之公法人。

( ) 5 地方自治之核心理念包括團體自治與住民自治，下列關於在法制度上兩者關係之敘述，何者為錯誤？ (A)對立‧排他關係 (B)並行關係 (C)相互補充關係 (D)手段‧目的關係。

( ) 6 下列陳述何者為非？ (A)民國67年高雄市升格為直轄市 (B)民國56年台北市升格為直轄市 (C)民國71年新竹市升格為省轄市 (D)民國71年新營鎮升格為縣轄市。

答　**1 (A)　2 (D)　3 (B)　4 (A)　5 (A)　6 (D)**

申論題

一、何謂地方政府？試述之。（參本章壹之一：地方政府之意義）

二、一般來說，學者們區分中央政府與地方政府之標準為何？試述之。（參本章壹之二：地方政府與中央政府之區別）

三、試說明地方政府的功能為何？（參本章壹之三：地方政府的功能）

四、何謂地方自治？地方政府與地方自治有何區別？（參本章貳之一：地方自治的意義；貳之三：地方自治與地方政府之區別）

五、試就政府、經濟、社會、文化等方面申述地方自治的功能？（參本章貳之六：地方自治之功能）

六、試說明地方自治可能之缺點及其補救之道？（參本章貳之七：地方自治之缺失及補救之道）

七、試說明我國憲法增修條文對於地方自治之規定為何？（參本章陸之四：憲法增修條文規定之地方自治）

八、根據司法院大法官解釋，有關地方自治團體的基本權為何？（參釋字第498號解釋）

九、採行「地方分權制」主要理論基礎有那些？

【簡答重點】

1. 聯邦主義：美國傑佛遜主張應限制中央政府之治權，並鞏固各邦權利，發展地方自治。
2. 地方分權理論：避免國家職能過度集在單一政府造成專制政府。另亦認地方自治具有政治和行政機能。
3. 獨立論與分離主義：使同一國家內特殊文化或種族地區能保留其文化差異。
4. 區域自治論：認為低層自治政府系統更符合地方居民所關切之利益及鄰區之民主運動，充分反映社區公民參與之精神。
5. 地方民主論：認為地方自治乃係國家特定區域內之人民，基於國家授權或國家法令，在國家監督下自組法人團體，以地方之人及地方之財，自行處理各該區域內公共事務之政治制度。
6. 多元主義：認中央與地方政府因具有不同特性而應有不同之功能分工。
7. 憲政主義：將中央和地方政府之關係建立在憲政結構上，認地方政府之定位為機關管理及形式選舉過程。

第2章　地方政府的區劃

依出題頻率區分，屬：**B 頻率中**

壹　地方自治團體之構成要素

一、地方自治團體的概念

(一)**學理**：地方自治團體係指在國家內之一定區域內，實施地方自治，而由地方人民組成，具有公法上權利能力，能獨立行使權利及負擔義務之公法社團。

(二)**地方制度法**

1. 地方制度法第2條第1款，將地方自治體界定為：「指依本法實施地方自治，具公法人地位之團體。」
2. 地方制度法第14條規定：直轄市、縣（市）、鄉（鎮、市）為地方自治團體。
3. 地方制度法第83-2條規定：直轄市之區由山地鄉改制者，稱直轄市山地原住民區（以下簡稱山地原住民區），為地方自治團體。

(三)**大法官釋字第467號**

中央與地方權限劃分係基於憲法或憲法特別授權之法律加以規範，凡憲法上之各級地域團體符合下列條件者：

1. 享有就自治事項制定規章並執行之權限。
2. 具有自主組織權，方得為地方自治團體性質之公法人。

二、地方自治構成要素

(一)**區域**：所謂地方政府區劃，乃國家依法劃定之領土的一部分，各級地方政府基於國家賦予之職權，有權合法支配之法定行政區域。地方自治區域，同時亦為國家行政區域，例如：我國現制之直轄市、縣、市、鄉、鎮等為地方自治區域，同時亦為國家之行政區域是。簡言之，「區域的構成要素」要求須於國家領域內具有一定之管轄區域。國家在上等行政區域內，雖亦設有行政或其他機關，以行使其職權，但僅為國家機關體系中的一種組織，依上級命令，以執行職務，此與地方自治係以地方人民依自己的意思以行使其自治職權者不同。

(二) **人民**：凡是中華民國人民，現居住於地方政府區域內者，即為某一地方政府的居民；換言之，在人民之構成要素方面，於該自治團體管轄區域內設有戶籍之居民，法律上當然為該團體之成員。居民除必須具有中華民國國籍外，還必須現居於地方政府區域內，同時必須要有居住之事實，此項事實的認定，乃以有未在當地申報戶籍為準，至於其居住地是否為本籍，抑或係為寄籍，甚至僅為暫住，均在所不問。地方制度法第15條規定：「中華民國國民，設籍在直轄市，縣（市）、鄉（鎮、市）地方自治區域內者，為直轄市民、縣（市）民、鄉（鎮、市）民。」

(三) **自治職權**：地方自治必須具有法定之職務與權力，以發揮其作用，此種職務與權力，即係自治職權，得簡稱為自治權，若僅有自治區域，亦有地區居民，而無自治職權，則所謂地方自治，乃徒託空言，缺乏實效，與地方自治之真諦及本旨不符。至於職權的大小、內容的多寡，則因地方自治機構等級不同而異。

(四) **自治機關**：地方自治團體，係於國家的監督下，以管理公共事務為存在目的的法人。既為法人，即為具有人格的組織體，故須設置機關以執行其意思，包括議決機關（立法機關）、執行機關（行政機關）和其他諮詢機關等。

貳 地方政府區域劃分

一、地方政府區劃的理由[註1]

由於各國國情不同，歷史因素互異，政治環境各殊，因而地方政府區域劃分的原因或理由也各不相同，不過大體而言，約有下列幾點：

(一) **歷史因素**：世界上有許多國家之所以有今日遼闊的領土，是逐漸擴增兼併的結果，擴增兼併的原因固有多種，但合而為一國後，有不少仍保有其原有的領土，因而形成各個地方政府，這種情形尤以聯邦國為然。聯邦國各邦多先聯邦而存在，也就是說，聯邦國是先有邦而後有國。在其未組成聯邦國以前，各邦事實上便是一個國家，各有其自己的領土，待各邦結合為聯邦國後，各邦仍維持其固有之地域。由此可見，歷史因素實為地方政府區域形成的原因之一。

(二)**行政上的理由**

1. **行政區域較小，管理較易周詳**：一般來說，事務越少，範圍越小，處理起來就越容易，越方便。而所有在行政上的一般措施，也比較能切合實際環境的需要。

2. **減輕中央政府的負擔**：由於國事萬端，百廢待舉，欲徒恃中央單獨有限的力量，鉅細靡遺，悉數皆由中央辦理，亦勢所難，不如分層授權，因地制宜，交由地方辦理，以減輕中央政府的負擔，增加整個國政的效率及進步。因此，自古至今，不論中外莫不將全國領土劃分為若干層級、若干區域，蓋求行政上的方便是。

(三)**範圍之釐定**：中央若只為了行政上的方便，而將全國劃分為若干層級，則仍無法解決問題，因為各級機關權力之行使如果沒有一定的範圍，則必將陷於「均有權管」與「均不必管」的狀態。是以地方政府權力之行使必須有明確之區域，以為其行政措施的目標與範圍，其道理與國家必須有明確的疆域或國界是一樣的。

(四)**責任之確定**：各地方政府之轄境確定之後，責任也就容易分辨了，誰的轄區就由誰負責。此外，地方政府區域之劃定，中央政府或上級政府在監督、考核或指揮方面也比較方便，蓋地方政府對於本身轄境內之事務，既負有全責，功過自亦容易判明。

(五)**居民之確定**：地方政府權之行使，不但應有其範圍，且應有其對象，此對象即為轄境內之居民。故必須先有確定之區域，方能有確定的居民，而人民與地方政府才能發生權利義務關係，政府權力之行使也不致發生困難。

(六)**財源之確定**：地方政府施政，必須要有資財為後盾，上級政府的補助，固為財源之一，但不是主要的來源，依靠上級政府之補助，亦非正常現象。正常的財源，應來自地方，來自地方的各種稅收，來自地方之各種財政收入。但不論稅收也好，其他各種財政收入也好，都應有其一定之地區，區域確定後，財源才能確定，否則必將發生你爭我奪的現象。

二、地方政府區劃的特性[註2]

地方政府的區域雖為國家領土的一部分，但與單純的土地不同，而有其特性：

(一)**地方區域有類似國家領土的特性**

國家領土的特性有二：

1. 在國家領土之內的人與物，須絕對接受國家合法的領導或支配，即一般所謂的「對人高權」與「對物高權」。
2. 國家領土不容任何其他國家之侵犯，亦不能由其他國家支配。地方政府之區域既係國家領土之一部分，地方政府之權力既係由憲法劃分或由國家授與，因此，地方政府的區域，亦具有類似國家領土的特性，即：
   (1) 凡在地方政府區域以內之所有人、物，必須絕對接受各該地方政府權力的支配與監督。
   (2) 在同一地方政府區域內，除受上級政府之合法監督外，絕對排斥其他同級地方政府權力的行使。換言之，即在同一地域內，不容許有兩個同等權力並存。

(二) **地方區域非經國家或上級政府核准不得任意變更**：一般來說，地方政府之區域乃由國家或上級政府依法劃定（聯邦國各邦之區域另當別論），既係國家或上級政府依法劃定，是以地方政府非經國家或上級政府核准，不得任意變更（例如：設置、廢止或改劃），這與單純土地，地主得任意分割、出售、贈送或作其他變更者不同。

三、地方政府區劃的原則[註3]

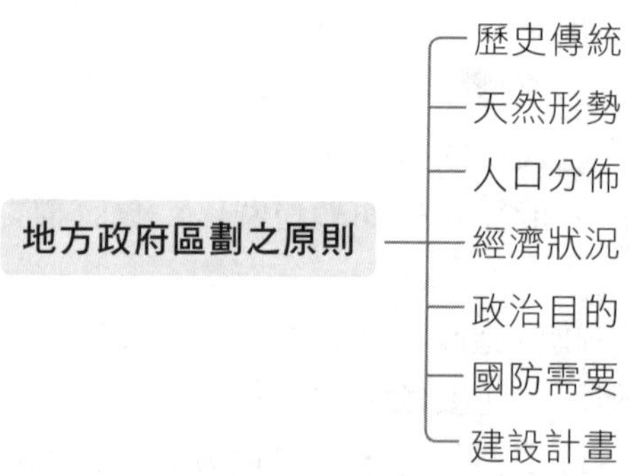

地方政府皆有其特定的管轄區域，一般稱為行政區域，為其權力行使的範圍。在聯邦國，各邦之行政區域，依其固有區域，因此在組成聯邦時，各邦之行政區域即已確定。但在單一國各邦之下的地方政府，其行政區域係由國家或邦政府所劃分，或由國家或各邦予以調整。然則，國家對於行政區域劃分或調整係根據何種原則？一般來說，不外依據下列幾種原則：

(一) **歷史傳統**：所謂歷史傳統，乃國家對於地方政府行政區域之劃分，因襲各該地方以往歷史相傳而來之固有疆域，不加變更，仍維持其原狀而言。這一劃分原則，幾乎皆為各國所採納。此種因歷史傳統而逐漸形成的區域，可以說是一種自然結合。

(二) **天然形勢**：所謂天然形勢，乃指土地原有之非人為的自然形勢，例如：海洋、河川、山谷、沙漠等天然形成者。天然形勢，往往自然將一國國土劃分為許多區域。此種天然形成的區域，其風俗習慣、方言、利害關係、宗教信仰等由於接觸頻繁，往往大致相同，是以為謀政治上或行政上的方便，宜劃分為一區，而不宜加以分割。

(三) **人口分佈**：世界各國地方政府之設置，「人口」是一個很重要的條件，譬如我國直轄市、市及縣轄市之設置，皆定有人口條件。之所以如此，在以各該地方既然人口密集，自應成立一特別組織之都市政府，以資處理各種都市社會問題。

(四) **經濟狀況**：地方政府必須要有經濟來源，有了經濟來源，才能維持地方之生存。因此，地方政府之劃分，必須考慮經濟狀況，應為地方政府之財源著想。

(五) **政治目的**：我國市組織法（89.4.5廢止）第3條規定「首都」為直轄市設置的條件之一，第4條規定「省會」為省轄市設置的條件之一可為證明。

(六) **國防需要**：世界各國基於國防需要而設置地方政府者，其例甚多，例如：旅順、廈門等城市。這些地方或為邊陲要地，或為海疆軍港，在國防上至為重要，是以宜劃為一區，而不宜分割。

(七) **建設計劃**：地方建設計劃如能與行政區域相配合，實施起來將會方便不少。在這方面尤以區域運輸系統、公共給水、防洪等特別顯著。因為這些建設，一般來說其範圍都比較大，如果不在一個行政區域內，必難配合。例如：台北市的防洪問題就是一個明顯的例子：先前台北市為了防止水患，因此興建大同及圓山堤防，但是三重等地以台北市此舉將危及三重、新莊、蘆洲等地區，是以曾在議會提案，請求斷絕台北市水源，以為「報復」。假設將台北市、三重、新莊、蘆洲等地區劃為同一行政區，則防洪問題就可能不會如此複雜了。

四、地方自治區域與國家領土之異同[註4]

地方自治區域又稱地方政府的區域。乃國家依據法律（行政區劃法），將領土的一部分，劃分給各級政府來管轄，且各級政府可基於國家賦予的職權，合法支配此法定區域，此區即稱為自治區域。地方自治區域為國家領土的一部分，其與國家領土之異同，說明如下：[註5]

(一) **相同之處**

1. **均以一定的地方為公權的行使區域**：自治職權與國家主權，均為公權性質，均以一定之土地，為其行使區域，不過自治區域係由國家領土內所劃定，其主體為自治機關；國家領土則涉及國界，其主體則為國家。
2. **均與區域內人民發生公法上的關係**：地方自治區域與國家領土均為公權力的行使區域，因而與其區域內之所屬人民，發生公法上之權利義務關係。不過前者通常稱為自治區域之居民，後者通常稱為領土內之國民。
3. **均不排除區域內私有土地權利的存在**：無論為自治區域或國家領土，對於私人所有土地之使用、收益及處分等權利之存在，並無影響。

(二) **相異之處**

1. **劃分之淵源不同**：自治區域之劃定或變更，僅基於國家單方面之意思即可；至於國家領土之取得或變更，則恆由於戰爭、割讓、合併、買賣、交換、條約等方法，涉及國界問題及國際關係，而非國家片面所可決定的。
2. **職權有無限制之不同**：自治機關於自治區域內行使自治權，仍受國家及上級自治機關之依法監督，且自治區域有上級下級之重疊觀念；至於國家於其領土內所行使之主權，稱為領土主權，主權有其最高性，不得再讓其他權力，以凌駕其上，而有所限制。而且領土僅得為某一國家所有，與重疊之觀念不相容，亦即無所謂重疊之領土。

參 地方的種類及其名稱之變更

一、地方的種類

地方組織體系（地方制度法§3）

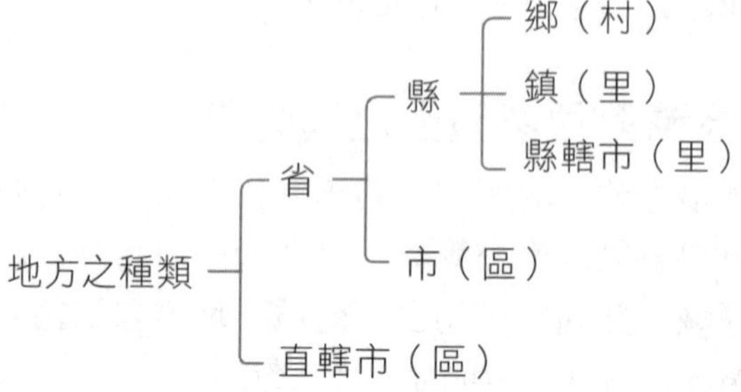

依地方制度法第3條規定，地方組織體系如下：

(一)地方劃分為省、直轄市。

(二)省劃分為縣、市〔以下稱縣（市）〕；縣劃分為鄉、鎮、縣轄市〔以下稱鄉（鎮、市）〕。

(三)直轄市及市均劃分為區。

(四)鄉以內之編組為村；鎮、縣轄市及區以內之編組為里；村、里〔以下稱村（里）〕以內之編組為鄰。

二、地方名稱之變更

依地方制度法第6條規定：

(一)省、直轄市、縣（市）、鄉（鎮、市）、區及村（里）名稱，依原有之名稱。

(二)前項名稱之變更，依下列規定辦理之：

1. 省：由內政部報行政院核定。
2. 直轄市：由直轄市政府提請直轄市議會通過，報行政院核定。
3. 縣（市）：由縣（市）政府提請縣（市）議會通過，由內政部轉報行政院核定。
4. 鄉（鎮、市）及村（里）：由鄉（鎮、市）公所提請鄉（鎮、市）民代表會通過，報縣政府核定。
5. 直轄市、市之區、里：由各該市政府提請市議會通過後辦理。

(三)鄉（鎮）符合第4條第4項規定，改制為縣轄市者，準用前項之規定。

肆　我國地方政府區域的劃分

一、省、縣區域劃分

依「地方制度法」第7條規定，行政區域之調整需依法行之：

(一)省、直轄市、縣（市）、鄉（鎮、市）及區〔以下稱鄉（鎮、市、區）〕之新設、廢止或調整，依法律規定行之。

(二)縣（市）改制或與其他直轄市、縣（市）行政區域合併改制為直轄市者，依本法之規定。

(三)村（里）、鄰之編組及調整辦法，由直轄市、縣（市）另定之。

(四)提示：所謂依法律規定行之，乃指根據行政區劃法之規定，但該法尚未通過。

二、我國市之設置（市的種類）[註6]

(一)依憲法之規定

直轄市之地位	所謂直轄市，乃直接隸屬於行政院之市，故直轄市又稱為院轄市。其地位相當於省。依憲法第118條規定：「直轄市之自治，以法律定之。」
省轄市之地位	憲法第128條規定：「市準用縣之規定。」，其地位相當於縣。
縣轄市之地位	憲法於地方制度一章以及「市組織法」中，均無縣轄市之規定，惟前「臺灣省各縣市實施地方自治綱要」則有之，其地位相當於鄉鎮。

(二)地方制度法之規定

1. **依地方制度法第4條之規定**

(1)直轄市之設置條件：「人口聚居達125萬人以上，且在政治、經濟、文化及都會區域發展上，有特殊需要之地區得設直轄市。」

(2)縣人口聚居達200萬人以上，未改制為直轄市前，於第34條、第54條、第55條、第62條、第66條、第67條及其他法律關於直轄市之規定，準用之。

(3)市設置之條件：「人口聚居達50萬人以上未滿125萬人，且在政治、經濟及文化上地位重要之地區，得設市。」

(4)縣轄市之設置條件：「人口聚居達10萬人以上未滿50萬人，且工商發達、自治財源充裕、交通便利及公共設施完全之地區，得設縣轄市。」

(5)本法施行前已設之直轄市、市及縣轄市，得不適用第1項、第3項及第4項之規定。

2. **市之設置條件**：必須在客觀上，政治、經濟、文化地位重要者，其條件乃為客觀之認知，並非絕對之標準。

(1) 市設置之必要條件，須人口達一定數目，始可設置成為市。
(2) 但得否設市，是為「得」之行政裁量，應由主管之機關於法定權限內，有決定之權。

三、鄉（鎮、市）、區、直轄市山地原住民區之區別

	鄉（鎮、市）	區	直轄市山地原住民區
法人地位	地方自治團體	市之派出機關	地方自治團體
性質	自治體與行政體之雙重性質	行政體	自治體與行政體之雙重性質
職務	自治事項及委辦事項	委辦事項	自治事項及委辦事項
組織結構	行政機關：鄉鎮市公所立法機關：鄉鎮市民代表會	行政機關：區公所	行政機關：區公所 立法機關：區民代表會
獨立財政權	有	無	有
行政首長產生	選舉產生	市長依法任用	選舉產生
副首長	三十萬人以上之縣轄市，得置副市長一人	無	無
首長任期	每屆任期四年，連選得連任一屆	無	每屆任期四年，連選得連任一屆

伍 地方政府區域大小之利弊

隨堂筆記

地方政府區域究竟宜大或宜小？可説是見仁見智各有不同的意見。不過，在英國、日本、荷蘭、挪威、瑞典等國多有將地方政府歸併，轄區擴大之舉，是則地方政府區域的擴大，似已成為一種趨勢。

一、行政區域狹小之優點

(一)**治理容易**：區域小，其所能管轄及治理的人與事亦較少，在治理上自然較大區域容易。

(二)**較易發揮團隊合作的精神**：地區小，人民相互接觸機會增多，共同意識的形成機會亦增加，容易由感情的融洽形成對事務的共同看法而一致對外；此時若有意見領袖出現，更易達成一致的共識。

(三)**地方利害較趨一致**：區域小，人與事少，不但治理容易，意見也比較統一。因為小區域內的人民，風俗習慣、宗教信仰及歷史傳統等大致亦不會相差太遠，自然較容易形成地區性命運共同體的意識，利害關係亦較一致，對事務的推行自然較容易。

(四)**利於民權訓練**：區域小、事務少，且這些事務多與本身利益攸關，並為日常見聞所及，因此較易引起人民的關切與興趣，在興趣的驅使下，人民乃能在不斷的參與過程當中，加深了其對政治事務的瞭解與處理能力。

二、行政區域狹小之缺點

(一)**易被政黨所控制**：因地區小，大家亦熟識，久而久之，講人情、套交情的情形發生。派系及土豪劣紳容易把持政務、控制組織及黨派，甚至操縱選舉，除影響民主的成果，亦使人民蒙受損失。

(二)**機關單位增加，不符經濟原則**：地方區域小，地區內所劃分的地方政府數目自然較多，地方政府多，機關單位比例自亦增加。如此，不但日常公文增加，徒增上級政府負擔，難以指揮監督；在經濟上，亦因機關單位多且小，而不符經濟效益原則。

(三) **人財均感缺乏**：地區小，財源自然也少，因此，較大的事務即可能因財源不足而無法興辦。另外，財源少，辦不了大事，也留不住人才，同時由於地區小，自然人才也少，在這種人財兩缺的情形下，地方事業自然無由發展，地方政府亦難以進步，因而易陷於保守落伍之狀態。

(四) **影響國家政務**：一國之內，假如各地方政府皆為黨派所控制，地方政務不以人民利益為前提，不為整體著想，則國家亦將不勝負擔，再加上因地方機關單位增加，而增加的行政負擔，則中央政府將不勝其煩。由此可見，地方行政區域狹小，其影響非僅關係地方，亦將涉及國家政務。

三、行政區域廣大之優點

行政區域廣大其利弊與行政區域狹小適得其反。

(一) **人才易求**：區域大、人口多，人才自然也多。同時由於地區廣大，人民散居各地，土豪劣紳亦不易影響人民，把持地方政務，所以真正的人才較易有表現或出頭的機會，人才既有，則地方政治自然較易步入正途。

(二) **財源較豐**：地大物博，財源當然比較充裕，有了充裕的財源，地方建設自然比較容易，地方事業亦能獲得發展，因而經濟社會亦趨向繁榮，人民生活水準也可以提高。

(三) **虛盈能夠調節**：在大區域中，各地區難免會有貧富不均的現象，然而這些貧富地區皆由同一地方政府治理，是以該地方政府自可調盈濟虛，使整個地區獲得均衡齊一的發展。

四、行政區域廣大之缺點 [註7]

(一) **治理較難**：行政區域廣大，很顯然的人與事自然比較多，因之所屬機關亦多。人多、事多、機關多，相對的，其複雜性也增加，治理當然比較困難。

(二) **情感疏隔**：地區過大，人民相互接觸或彼此溝通的機會當然也比較少，同時，因為利害關係的不同，也容易形成對立的情勢，因此彼此之間的情感自然容易疏隔。其結果，不但使人民對地方政府的事務不感興趣，對各種公共活動亦疏於參與，這對地方民主政治的形成自然會有不利的影響。

(三)**易成分割局面**：地區過大，不但人民接觸少，溝通困難，即中央政府對各地區亦因地遠道阻而致耳目難週，監督不易，致邊遠之區為當地野心份子所把持，形成外重內輕尾大不掉之勢，終致流為割據局面。

(四)**輿情難通**：地區過大，接觸不易，不但人民彼此間情感難於交通，即政府與人民間，也會有輿情難通、諮詢不易的情形。換言之，地區大，各地人民意見，不容易向政府表達，政府施政也不容易向人民說明。其結果，不是政府施政未能符合民意，就是政府計劃不為人民所支持，因而興革大計，莫由樹立，更不敢輕言更張，惟有苟安現狀，致令各地停滯不前，未能獲得適當的發展。

陸 地方單位與層級

一、劃分地方單位與層級的理由[註8]

各國之所以要將地方政府劃分為若干層級或設置若干地方單位，一般來說，乃基於以下理由：

(一)**調和區域利益**：不論區域大小，皆各有利弊。對於這種情況，該如何補救呢？最好的方法莫如大小兼顧，也就是說謀取大區域的長處，也要吸收小區域的優點。因此在大區域中，再劃分為若干小區域，不失為解決方法。在大區域中，劃分若干小區域，即將地方政府劃分為若干單位，每一單位仍可劃分為若干小區域，因此乃有所謂層級。地方政府有了層級，大小區域的利益仍能協調，並能發揮相輔相成的作用。

(二)**實施分工**：政治事務，可謂千頭萬緒，是以各國政府莫不將政治事務予以劃分，規定何者為中央處理，何者由地方處理。如此，中央或上級政府，只要保留監督權，而不必事無鉅細，皆由自己去做。如此一來，上級機關所轄的下級地方機關雖多，政治事務雖繁，亦能應付裕如。因此，劃分地方單位層級，對於政治事務之處理實有化繁為簡的功效。

(三)**劃分責任**：政治事務不僅分工，責任也應有明確的劃分，以防諉卸的情事。凡事務有全國一致之性質者，由各級地方政府負責處理，使各個層級的地方政府，各有其明確的責任。是以事權雖分，統一的目標仍能達成。

(四)**確定系統**：政府機關的特色，在於有明確的指揮監督系統與井然有序的隸屬關係，否則雖有分工，然劃分責任，亦有各自為謀，各行其是、或者惟利是爭的情事。因此地方政府有「系統化」的必要，才能發揮如身使臂，如臂使指之效，國家政務方能順利推行。

二、地方單位與層級多寡的利弊 [註9]

(一)**多級制的優缺點**：地方層級或地方單位多，於人民政權行使的訓練固有助益，但卻有以下幾個缺點：

1. **隸屬關係多，影響行政效率**：層級多、隸屬關係必多，因此中央政令下達，經過輾轉傳遞，固然費時費事，下級政府有所請示或建議，亦多迂迴遲緩，致行政效率大受影響，甚至延誤事機。久而久之，大多不願多事更張，以免事後困擾。是以層級過多，不但無益，反而有害。
2. **權責難清，阻礙地方發展**：一般來說，各級地方政府，其地位雖有上級下級之分，其轄境雖有廣狹之別，但其主管的事務性質，除特殊情形外，大體上都極為類似。若劃分層級過多，則各級政府間的事權不免大同小異，諸多重複。於是較難處理的事務，每多彼此推諉卸責，利之所在，則又相互爭奪，意圖設法據為己有。如此，不但對地方無益，反而助長各層級間發生隔膜、敵對、散漫等現象，阻礙地方發展。
3. **機關增加，形成浪費**：層級多，單位多，機關當然也多。尤其地方政府，雖有上下之分，組織因而有繁簡之別，但麻雀雖小，五臟俱全，許多機關並不能因為小而省略，以致有疊床架屋的情形，形成一種浪費，使得人力與財力，均為之分散，除了徒耗國力外，並無補於實際。
4. **上推下卸，威信喪失**：地方層級過多，既然有權責難清的現象，推卸規避自然無法避免，是以上級政府不免有將事務、責任推給下級政府；而下級政府依樣承轉，迄至最底層為止。

(二)**少級制的優缺點**：地方政府層級或地方單位太少，有轄區過大監督難週，地方自治工作推行不易之弊。不過，優劣往往是相對的，少級制也有若干優點，茲說明如下。

1. **節約人力經費，組織得以充實**：層級少，單位少，機關自然減少。機關少，人力經費自然可有相當數量的節省，以節省下來的經費與人力，集中力量充實各地方組織，自易發生較大的功效，對地方事業的發展亦較有利。
2. **事權統一，政務得以統籌規劃**：層級少，權責便不會分散。事權既統一，自亦無由推諉或爭奪，亦不容有因循、敷衍之現象。而主其事者，明知責無旁貸，自得努力行事，統籌規劃期諸實現不可。能如此，則地方政治自然也會因而健全，地方建設亦可順利次第完成。

3. **牽制減少，行政效率得以提高**：層級少，隸屬關係自然亦少，是以若干不必要的層轉亦可減少，層轉減少，一方面可避免若干無謂的挑剔與牽制，一方面亦可節省相當的人力、物力與時間，更用不著再去疏通、協調或會商。如此，政府政策不但容易貫徹，行政效率亦更能提高，如此相應相成，地方政治才會有長足的進步。

三、我國地方單位與層級

(一)依憲法之規定

1. **省**：第112～117條。
2. **縣**：第121～128條。
3. **直轄市**：第118條。
4. **蒙古各盟旗之自治**：第119條。
5. **西藏之自治制度**：第120條。

總括來說，憲法對於地方制度採二級制（省、縣），但對於西藏、蒙古之自治則另以法律定之，對於直轄市之自治亦以法律定之。可見我國地方自治之實施是採「雙軌制」的精神。

值得注意的是，省為地方制度層級之一，依釋字第467號解釋（參看第3章）性質上僅為行政區域，而非自治區域，省為非公法人，非地方自治團體。但直轄市則不僅為行政區域、自治區域，更為地方自治團體公法人。詳而言之，省是中央政府的派出機關，雖在地方制度層級中，但性質為派出層級，若據此說明直轄市與省同級，則顯有疑義，因為精省後，省的資產、負債或其組織、人員均為中央概括承受，與直轄市為獨立於國家法人之外的地方自治團體有所不同。因此，省劃分為縣市，其法律上之實質意義並非指縣市的地位應低於直轄市，惟就重要性來說，因為直轄市往往是首都所在地，或國際商港之轉運中心，是以直轄市優於縣市是不言可喻的。

至於縣以下再劃分為鄉鎮市，是指鄉鎮市為縣自治團體所屬之另一獨立自治團體（地方制度法第14條），亦屬行政區域，復有自治區域之性質，故與直轄市、市之區不同。換句話說，直轄市、縣市、鄉鎮市均屬地方制度之地方自治單元，而省與區則為地方制度之地方行政單元，就地方制度法第58條來看，直轄市、市之區公所，置區長1人，由市長依法任用，承市長之命綜理區政，並指揮監督所屬人員。故，直轄市、市之區公所為其各該分區上的綜合性業務派出機關。

綜上所述，我國行政層級現已修正為中央－直轄市、縣市－鄉鎮市三級制，不同於從前的中央－省市－縣市－鄉鎮市四級制，故有實質的縮減。但若要達成中央－直轄市、縣市二級制，則必須廢除鄉鎮市。但廢除鄉鎮市仍需考量正反兩方的意見：贊成廢除者認為，鄉鎮市級選舉已淪為地方黑金派系掌控地方資源的工具，黑道與地方派系掛勾，藉由選舉達到「漂白」的目的，成為地方民代，並進一步利用預算審查來反制地方政府，甚至涉及包娼包賭，因此，廢除鄉鎮市級選舉可達到扼制黑金勢力，以淨化基層政治生態。持反對廢除鄉鎮市級選舉者認為，若為抑制黑金而取消鄉鎮市級選舉，則是本末倒置的做法，反而可能使其轉戰縣市級或立委選舉。此外，為落實中央到地方二級制，應適度擴張地方自治團體權限，同時賦予其相對承擔責任的義務。再者，各地方自治團體的財政體質亦應進一步調整，如此方能有效執行各項施政計畫。

(二)**依地方制度法之規定**

1. 地方劃分為省、直轄市。
2. 省劃分為縣、市；縣劃分為鄉、鎮、縣轄市。
3. 直轄市及市均劃分為區。
4. 鄉以內之編組為村；鎮、縣轄市及區以內之編組為里。村、里之內之編組為鄰。
5. 地方制度法中規定，地方劃分為：
   (1) 直轄市→區→里。但區、里則非地方自治團體。
   (2) 省→縣（市）→鄉鎮（市）→村（里）。省只為層級，並非自治之團體，村（里）亦同。

(三)**改制計畫**：在民國98年4月15日的修法中，增訂了地方制度法第7-1、7-2條規定，明定「改制計畫」之相關程序，亦即內政部基於全國國土合理規劃及區域均衡發展之需要，擬將縣（市）改制或與其他直轄市、縣（市）合併改制為直轄市者，應擬訂改制計畫，徵詢相關直轄市政府、縣（市）政府意見後，報請行政院核定之。縣（市）擬改制為直轄市者，縣（市）政府得擬訂改制計畫，經縣（市）議會同意後，由內政部報請行政院核定之。縣（市）擬與其他直轄市、縣（市）合併改制為直轄市者，相關直轄市政府、縣（市）政府得共同擬訂改制計畫，經各該直轄市議會、縣（市）議會同意後，由內政部報請行政院核定之。行政院收到內政部陳報改制計畫，應於六個月內決定之。內政部應於收到行政院核定公文之次日起三十日內，將改制計畫發布，並公告改制日期。其次，改制計畫中應載明之事項包括：(1)改制後之名稱；(2)歷史沿革；(3)改制前、後行政區域範圍、人口及面積；(4)縣原轄鄉（鎮、市）及村改制為區、里，其改制前、後之名稱及其人口、面積；(5)標註改制前、後行政界線之地形圖及界線會勘情形；(6)改制後對於地方政治、財政、經濟、文化、都會發展、交通之影響分析；(7)改制後之直轄市議會及直轄市政府所在地；(8)原直轄市、縣（市）、鄉（鎮、市、區）相關機關（構）、學校，於改制後組織變更、業務調整、人員移撥、財產移轉及自治法規處理之規劃；(9)原直轄市、縣（市）、鄉（鎮、市、區）相關機關（構）、學校，於改制後預算編製及執行等事項之規劃原則；(10)其他有關改制之事項。另在民國99年2月3日之修法則增訂第7-3條，規定依第7-1條改制之直轄市，其區之行政區域，應依相關法律規定整併之。

四、廢除鄉（鎮、市）自治法人地位的優缺點為何？亦請對未來鄉（鎮、市）發展方向提供建議。

民國79年國是會議與85年底的國發會中，國民黨與民進黨曾取得鄉鎮市非法人化、鄉鎮市長官派之共識。然而，此項共識迄今仍未具體落實。政黨輪替後，前行政院院長張俊雄院長曾提出「地方制度法」修正草案，其中包括「鄉鎮市長改為官派」，但是亦未獲立法院通過。鄉鎮市長及民代的停止選舉及鄉鎮市的非法人化，在朝野、學界皆引起不少的討論和激盪。

(一)主張廢除鄉鎮市自治、鄉鎮市長改為官派者，其理由如下

1. 鄉鎮市公職人員選舉已淪為地方黑道、派系汲取、掌控地方資源的工具，黑道份子常藉由參與鄉鎮市長或民代的選舉以漂白身分，躋身政壇。其後遂進行對鄉鎮市預算、工程承包的分贓，使得有志參與地方政事之菁英望之卻步。因此，惟有停止鄉鎮市公職人員選舉和鄉鎮市自治，方能遏止地方自治之持續惡化。
2. 目前大部分鄉鎮市政府多依賴上級政府的補助，自有財源所占歲入比平均只有36.1%，無法落實地方自治。而民代與鄉鎮市長合流，更使得地方基層建設的品質及進度嚴重落後。因此，應取消鄉鎮市自治，

重新調整組織的編制和人事，以減少財政資源的浪費。

3. 將鄉鎮市自治地位取消，將其改為縣（市）派出機關，不僅得以減少地方派系、黑金的染指，更可減少政令層轉，有利於提高行政效能。
4. 透過鄉鎮市長官派，可使具有一定經驗和長才的正式文官，以專業化的行事作風參與地方政事；而指派的縣（市）政府首長為求其連任及政績表現，必以選派適才適任之人員擔任，有利於地方事務之運行。

(二)反對廢除鄉鎮市自治、鄉鎮市長改為官派者，其理由如下

1. 鄉鎮市選舉及自治的惡質化，與過去台灣地方政治發展的大環境密切相關，自治本身並非原罪。故，逕予停止鄉鎮市自治，實倒因為果。一旦廢除鄉鎮市自治、鄉鎮市長改為官派，有可能造成地方派系、黑金轉戰縣級選舉。事實上，黑金、派系等不良之惡質選風，亦導因於鄉鎮層級行政區劃不合理，以及鄉鎮市民代表會選舉制度不當所致。驟然停止鄉鎮市長選舉，有可能導致地方派系、黑金轉戰縣級選舉，並無法有效改善上述問題。
2. 鄉鎮市長改為官派，則地方鄉鎮市首長對於該轄區各項事務的瞭解及敏感度，可能會形成偏差，使得地方政府與民之所願形成偏差，其服務若無法配合民眾需求，欠缺即時性與回應性，亦會造成地方行政事務之推動失當。
3. 鄉鎮市層級是民眾參與公共事務及培養地方認同、鄉土意識之重要管道，一旦廢除鄉鎮市自治，將妨礙地方民主文化之型塑，更有礙憲法中地方自治之原則與民主之精神。

(三)未來鄉（鎮、市）發展方向

1. 據相關統計，全國的鄉鎮市中，只有約兩成自主財源超過百分之五十，大部分鄉鎮市政府皆需大量依賴上級補助，自有財源占歲入之比率平均不到40%。由於過於仰賴上級政府補助，要談自治根本是緣木求魚。此外，地方政府財源不足，亦造成了地方基層建設品質低劣與進度嚴重落後等諸多弊病。此外，過多的鄉鎮市組織不符合組織經濟規模的要求，故有必要在鄉鎮市的區域劃分上作一整合，亦即適度減少鄉鎮市數目，並適度擴大各個鄉鎮市的轄區。
2. 面對政治、經濟、社會環境的日益變遷，及地方自主意識的高漲，賦予地方政府在組織方面較具彈性且自主的設計權，應是可以考慮的方向。我國目前地方自治團體組織類型應屬權力分立的首長制，學者專家對現行狀況的運作，仍多所批評。故，除就現制進一步改善外，地方組織彈性化的選擇空間應予尊重。例如美國州政府對地方（市）政府的組織授權中的選擇性憲章制或自治憲章制等方案，都是可以調整方向。我國可透過地方自治的規範，讓鄉鎮市政府在現行的首長制及新設的市經理制或委員制中加以選擇，以適應各鄉鎮市的差異和不同市政之所需。

3. 鄉鎮市政府的定位在於住民服務的提供，其角色重點應在行政功能的強化而非過度的政治化。故如何在鄉鎮市民民主參與與地方政府效能間取得適當的調和，應是思考的方向。因此，適度改良的市經理制（或市長經理制），似可作為未來我國鄉鎮市體制變革的考慮方案，亦即未來鄉鎮市長可由適任人選或文官擔任，但仍保留鄉鎮市民代表會的選舉，以落實地方自治中之民治，及暢通人民表達需求的管道。專業化經理人對地方政府行政效能的提昇將有所助益。如仍疑懼鄉鎮市代表會被派系、黑金等操控，則可考慮在不凍結鄉鎮市代表選舉下，對民代會的議會監督功能予以適當的限制，以斷其對預算、工程分配的決定權，阻絕其金源，減少其從參政中不當得利的動機。

註釋

[註1] 薄著P46～48。

[註2] 薄著P48～49。

[註3] 薄著P49～53。

[註4] 國家領土的特性：
1.在國家領土內的人與物，須絕對接受國家合法的領導或支配，即一般所謂的對人高權與對物高權。
2.國家領土不容許其他國家侵犯，亦不由其他國家支配。

[註5] 管著P118～119。

[註6] 薄著P53～60。

[註7] 薄著P61～65。

[註8] 薄著P69～71。

精選題庫

測驗題

( ) **1** 台中市升格為直轄市，須先廢止其市的地位後，再設置其為直轄市。請問台中市要升格為直轄市，應依什麼法律為之？ (A)行政程序法 (B)區域計劃法 (C)地方制度法 (D)村里鄰編組及調整辦法。

( ) **2** 為處理跨域的廣域行政事務，產生了許多廣域行政的制度，台北市市營的公車跑到新北市境內提供交通服務給新北市民使用即是一例。請問此種方式是屬於下列那一種廣域行政的方式？ (A)由上級地方自治團體代行 (B)由中心都市提供服務 (C)由平等的地方自治團體共同處理 (D)由都會區內的鄉鎮市等組成一個聯合機構。

( ) **3** 日本統治台灣時期，曾將行政區劃分為5個州，下列何者正確？(A)台北州、桃園州、彰化州、台南州、屏東州 (B)台北州、新竹州、台中州、台南州、高雄州 (C)台北州、苗栗州、南投州、嘉義州、屏東州 (D)台北州、桃園州、雲林州、嘉義州、高雄州。

( ) **4** 下列何者不是民國98年之地方公職人員三合一選舉？ (A)直轄市長選舉 (B)縣（市）長選舉 (C)縣（市）議員選舉 (D)鄉（鎮、市）選舉。

( ) **5** 依地方制度法第4條之規定，人口聚居達多少人口數以上，且工商業發達、自治財源充裕、交通便利及公共設施完備之地區，得設縣轄市？ (A)10萬人以上未滿30萬人 (B)10萬人以上未滿50萬人 (C)20萬人以上未滿50萬人 (D)30萬人以上未滿60萬人。

( ) **6** 以下何者並非台灣新府際關係發展的方向？ (A)強化管制、監督關係(B)協力關係的建立 (C)中央與地方夥伴關係強化 (D)跨域治理。

( ) **7** 依據最新修正的地方制度法第4條第2項條文規定，縣人口達多少萬以上未改制為直轄市前，於第34條、第54條、第55條、第62條、第66條、第67條等關於直轄市之規定，準用之？ (A)15萬人 (B)50萬人 (C)125萬人 (D)200萬人。

答 1(C) 2(B) 3(B) 4(A) 5(B) 6(A) 7(D)

申論題

一、何謂自治區域？地方政府區域之特性為何？（參本章貳：地方政府區域劃分）

二、我國市有幾種？其設置條件各為何？試依地方制度法分述之。

【簡答重點】

1. 我國市分為直轄市、縣（市）之市及縣轄市。
2. 設置條件參見地方制度法第4條之規定。

三、市以下之區，與縣以下之鄉（鎮、市）地位有何不同？試說明之。（參本章肆之三：鄉（鎮、市）、區、直轄市山地原住民區之區別）

四、地方政府區域大小各有何利弊？試就我國現況析述之。（參本章伍、地方政府區域大小之利弊）

五、試述地方單位與層級劃分多寡之利弊。（參本章陸地方單位與層級）

六、鄉（鎮、市）改制為非地方自治團體之可行性如何？試申述之？（參本章陸之四：廢除鄉（鎮、市）自治法人地位的優缺點為何？亦請對未來鄉（鎮、市）發展方向提供建議。）

七、何謂區域政府？區域政府在全球化趨勢下所扮演的功能為何？

【簡答重點】

1. 區域政府係源自於都會發展，跨越行政區域之界限，所做之總體發展或稱廣域行政之組織設計。即因應都會發展、自然生態及人文建設所為之特定功能組織機制。
2. 在全球化趨勢下，區域政府可使各層級政府間，就所涉及之共同事項問題，透由議題結盟之理念達到共商解決問題之道。

模擬考題

請就地方制度法之規定，說明何謂準直轄市？及其所涉及之財政劃分問題？

答 (一)縣人口聚居達200萬人以上，未改制為直轄市前，不論預算編列額度、公務員人員編列等，均比照直轄市規定辦理，即稱之為「準直轄市」。

(二)依地方制度法第4條第2項之規定，縣人口聚居達200萬人以上，未改制為直轄市前，於第34條、第54條、第55條、第62條、第66條、第67條及其他法律關於直轄市之規定，準用之。

(三)未改制縣市準用直轄市稅收分配，可能將影響原有直轄市及其他縣市的統籌分配稅款與資源分配。依財政收支劃分法規定所劃分的鄉、鎮、市，屬單獨財政層級，若縣準用直轄市規定，鄉、鎮、市是否仍為自治團體及獨立財政主體，似有爭議，應加以釐清。

第3章　地方政府的人民

依出題頻率區分，屬：**B 頻率中**

壹　居民 [註1]

一、居民之意義與要件

凡是中華民國人民，現居住於地方政府區域內者，即為某一地方政府的居民。居民除必須具有中華民國國籍外，還必須現居於地方政府區域內，同時必須要有居住之事實，此項事實的認定，乃以有未在當地申報戶籍為準，至於其居住地是否為本籍，抑或係為寄籍，甚至僅為暫住，均在所不問。地方制度法第15條規定：「中華民國國民，設籍在直轄市、縣（市）、鄉（鎮、市）地方自治區域內者，為直轄市民、縣（市）民、鄉（鎮、市）民。」可知，居民必須具備二項要件：

(一)**具有中華民國國籍之國民**：依我國憲法第3條規定：「具有中華民國國籍者，為中華民國國民。」故未取得中華民國國籍之外國人，雖居住於中華民國某一地方政府區域內，不得稱為居民。

(二)**具有設籍事實**：所謂「設籍」，係指「現設籍在該地方自治團體之行政區域內」，即為依戶籍法在該地方自治團體登記戶籍。故只要依戶籍法登記戶籍，無論其是否有居住事實，當然成為居民。[註2]

二、國籍之取得及喪失

(一)**國籍之取得**：國籍之取得可分為二種：

1. **固有國籍**：即不須辦理取得手續，一出生即當然屬於本國國籍者。關於固有國籍之取得，各國有三種不同的主張：

   (1)血統主義：即國籍之取得，視父母國籍而定，至於是否出生於本國，則在所不問。

   (2)出生地主義：即國籍之取得，視其是否出生於本國而定，至於其父母之國籍何屬，均在所不問。目前純採出生地主義的國家可說是沒有。

(3) 折衷主義：折衷主義有兩種不同的方式：

A. 血統主義為原則，出生地主義為例外，即父母為本國人者，取得本國國籍，但外國人在本國出生者，在例外情形下，亦可取得本國國籍。

B. 出生地主義為原則，血統主義為例外，即凡出生於本國者，不論其父母國籍何屬，均取得本國國籍，但本國人民子女，出生於外國者，亦認為係本國人民。例如：美國。

2. **取得國籍**：即必須經過法定手續，始能取得者。此不但須經法定手續，一般還須具有一定的條件。例如，為該國人民收養、為該國人妻者、在該國投資有一定金額等等。

(二) **我國國籍之取得**：依我國國籍法[註3]第2條規定：有下列各款情形之一者，屬中華民國國籍：

1. 出生時父或母為中華民國國民。
2. 出生於父或母死亡後，其父或母死亡時為中華民國國民。
3. 出生於中華民國領域內，父母均無可考，或均無國籍者。
4. 歸化者。

由此規定可知，我國係採折衷主義中之血統主義為原則，以出生地主義為例外。

(三) **就國籍之歸化取得而言，依我國國籍法的規定，將歸化分為**

1. **一般歸化及其條件**：依國籍法第3條規定：外國人或無國籍人，現於中華民國領域內有住所，並具備下列各款條件者，得申請歸化：

(1) 於中華民國領域內，每年合計有183日以上合法居留之事實繼續5年以上。

(2) 依中華民國法律及其本國法均有行為能力。

(3) 無不良素行，且無警察刑事紀錄證明之刑事案件紀錄。

(4) 有相當之財產或專業技能，足以自立，或生活保障無虞。

(5) 具備我國基本語言能力及國民權利義務基本常識。

第5款所定「我國基本語言能力及國民權利義務基本常識」，其認定、測試、免試、收費及其他應遵行事項之標準，則依國籍法之授權，由內政部定之。

2. **特殊歸化之一**：依國籍法第4條規定：外國人或無國籍人，現於中華民國領域內有住所，具備第3條第2款至第5款條件，於中華民國領域內，每年合計有183日以上合法居留之事實繼續3年以上，並有下列各款情形之一者，亦得申請歸化：

(1)為中華民國國民之配偶，不須符合前條第一項第四款。

(2)為中華民國國民配偶，因受家庭暴力離婚且未再婚；或其配偶死亡後未再婚且有事實足認與其亡故配偶之親屬仍有往來，但與其亡故配偶婚姻關係已存續二年以上者，不受與親屬仍有往來之限制。

(3)對無行為能力、或限制行為能力之中華民國國籍子女，有扶養事實、行使負擔權利義務或會面交往。

(4)父或母現為或曾為中華民國國民。

(5)為中華民國國民之養子女。

(6)出生於中華民國領域內。

(7)為中華民國國民之監護人或輔助人。

此外，未婚且未滿十八歲之外國人或無國籍人，有下列情形之一者，在中華民國領域內合法居留雖未滿3年且未具備前條第1項第2款、第4款及第5款要件，亦得申請歸化：

(1)父、母、養父或養母現為中華民國國民。

(2)現由社會福利主管機關或社會福利機構監護。

3. **特殊歸化之二**：依國籍法第5條規定：外國人或無國籍人，現於中華民國領域內有住所，具備第3條第1項第2款至第5款要件，並具有下列各款情形之一者，亦得申請歸化：

(1)出生於中華民國領域內，其父或母亦出生於中華民國領域內。

(2)曾在中華民國領域內合法居留繼續十年以上。

(3)由中央目的事業主管機關推薦之高級專業人才，有助中華民國利益，並經內政部邀請社會公正人士及相關機關共同審核通過，且於中華民國領域內，每年合計有183日以上合法居留之事實繼續2年以上，或曾在中華民國領域內合法居留繼續5年以上。

前項第3款所定高級專業人才之認定要件、審核程序、方式及其他相關事項之標準，由內政部定之。

4. **特殊歸化之三**：依國籍法第6條第1項、第2項規定：

(1)外國人或無國籍人，有殊勳於中華民國者，雖不具備第3條第1項各款條件，亦得申請歸化。

(2)內政部為前項歸化之許可，應經行政院核准。

5. **歸化人之未婚且未滿18歲子女中華民國國籍之取得**：依國籍法第7條規定：歸化人之未婚且未滿18歲子女，得申請隨同歸化。
6. **歸化人任公職之限制**：依國籍法第10條規定：外國人或無國籍人歸化者，不得擔任下列各款公職：
   (1) 總統、副總統。
   (2) 立法委員。
   (3) 行政院院長、副院長、政務委員；司法院院長、副院長、大法官；考試院院長、副院長、考試委員；監察院院長、副院長、監察委員、審計長。
   (4) 特任、特派之人員。
   (5) 各部政務次長。
   (6) 特命全權大使、特命全權公使。
   (7) 僑務委員會副委員長。
   (8) 其他比照簡任第13職等以上職務之人員。
   (9) 陸海空軍將官。
   (10) 民選地方公職人員。

   值得注意的是，上述限制，自歸化日起滿10年後解除之。但其他法律另有規定者，從其規定。

(四) **國籍之喪失**

1. **依國籍法第11條第1項、第2項規定，中華民國國民有下列各款情形之一者，經內政部許可，喪失中華民國國籍**
   (1) 由外國籍父、母、養父或養母行使負擔權利義務或監護之無行為能力人或限制行為能力人，為取得同一國籍且隨同至中華民國領域外生活。
   (2) 為外國人之配偶。
   (3) 依中華民國法律有行為能力，自願取得外國國籍。但受輔助宣告者，應得其輔助人之同意。

   此外，依前項規定喪失中華民國國籍者，其未成年子女，經內政部許可，隨同喪失中華民國國籍。
2. **但國籍法第12條規定，依第11條規定申請喪失國籍者，有下列各款情形之一，內政部不得為喪失國籍之許可**

(1) 男子年滿15歲之翌年1月1日起，未免除服兵役義務，尚未服兵役者。但僑居國外國民，在國外出生且於國內無戶籍者或在年滿15歲當年12月31日以前遷出國外者，不在此限。

(2) 現役軍人。

(3) 現任中華民國公職者。

3. **喪失國籍之例外**：依國籍法第13條規定：有下列各款情形之一者，雖合於第11條之規定，仍不喪失國籍：

(1) 為偵查或審判中之刑事被告。

(2) 受有期徒刑以上刑之宣告，尚未執行完畢者。

(3) 為民事被告。

(4) 受強制執行，未終結者。

(5) 受破產之宣告，未復權者。

(6) 有滯納租稅或受租稅處分罰鍰未繳清者。

三、居民之權利與義務 [註4]

(一) **居民的權利**：依地方制度法第16條的規定：

1. 對於地方公職人員有依法選舉、罷免之權。
2. 對於地方自治事項，有依法行使創制、複決之權（現該權利得依據公民投票法行使。）
3. 對於地方公共設施有使用之權。
4. 對於地方教育文化、社會福利、醫療衛生事項，有依法律及自治法規享受之權。
5. 對於地方政府資訊，有依法請求公開之權。（現得依據政府資訊公開法行使之。）
6. 其他依法律及自治法規賦予之權利。（由於前五項權利為例舉規定，難免有所遺漏，故復概括規定其他依法所應享之權利，如憲法所規定之自由權、平等權、生存權、工作權、請願權、訴願權、行政訴訟權、選舉權、罷免權、應考試權、服公職權等是。）

(二) **居民的義務**：依地方制度法第17條的規定：

1. 遵守自治法規之義務。
2. 繳納自治稅捐之義務。
3. 其他依法律及自治法規所課之義務。

依地方制度法第28條第2款規定，創設、剝奪或限制地方自治團體居民之權利或義務者，以自治條例定之，故可用自治法規限制居民之權利義務，但其範圍有限，其限制依同法第26條規定如下：

1. 處罰主體僅限於直轄市、縣（市），不包括鄉（鎮、市）。亦即剝奪或限制地方自治團體居民之權利或義務，只能用直轄市法規、縣（市）規章為之，鄉（鎮、市）規約僅能用來創設權利義務，不可用來剝奪或限制權利義務。
2. 處罰依據只限自治條例，不能以自治規則辦理。
3. 處罰客體限於地方居民違反自治事項行政義務者。
4. 處罰種類限於罰鍰及其他種類行政罰（行政罰限於勒令停工、停止營業、吊扣執照或其他一定期限內限制或禁止為一定行為之不利處分）。

貳 公民

一、公民的意義與要件[註5]

(一) **公民的意義**：所謂公民，乃指居民之有參政權者，即得行使選舉、罷免、創制、複決四權的居民。由於公民享有參政權，是以其資格的取得較居民為嚴，不但有積極條件（即必須具備的條件），還有消極條件（即不得具備的條件）的限制。

(二) **公民的要件（普）**

1. **積極條件**

(1) 須為居民：所謂居民，凡是中華民國人民，現居住於地方政府區域內者，即為某一地方政府的居民。可見公民必須具有中華民國國籍，並現居於各該地方政府區域內者。

(2) 須年滿20歲：依我國憲法第130條之規定：「中華民國國民年滿20歲者，有依法選舉之權，除本憲法及法律別有規定者外，年滿23歲者，有依法被選舉之權。」公職人員選舉罷免法規定：「年滿20歲，有選舉權。」

(3) 繼續居住4個月：依公職人員選舉罷免法規定：「公民在各該行政區域內繼續居住滿4個月，依法有選舉、罷免、創制及複決之權。」

2. **消極條件**

刑法第36條規定：「褫奪公權[註7]者，褫奪下列資格：一、為公務員之資格。二、為公職候選人之資格。」

二、公民與居民之區別[註8]

(一)**意義**

1. **國民**：具有各該國之國籍者，即為該國之國民。例如：具有中華民國之國籍者，即為中華民國之國民。
2. **居民**：中華民國之國民，凡設籍在地方自治團體區域內者，為地方自治團體居民，例如：直轄市民、縣（市）民、鄉（鎮、市）民。
3. **公民**：所謂公民，即中華民國人民，現設籍在各該地方自治團體區域內，年滿20歲，無下列情事之一者，為公民。
   (1)褫奪公權尚未復權者；
   (2)受禁治產之宣告尚未撤銷者。例如：直轄公民、縣（市）公民、鄉（鎮、市）公民。

(二)**公民與居民相同之處**

1. 公民與居民皆為中華民國國民。
2. 凡是居民所應享有之權利與應盡之義務，公民亦應享有，同時亦應遵守。
3. 此外，公民與居民的義務相同，所不同者在於權利的部分。公民在各該地方自治區域內，繼續居住滿一定期間（選罷法規定為4個月以上），得依法行使選舉、罷免、創制、複決四種參政權。

(三)**公民與居民相異之處**

1. **年齡不同**：公民有年齡的限制，一定要年滿20歲以上，而居民則否。居民只要是居住在某一自治區域內的中華民國國民，不分男女老幼均為居民。
2. **有無消極資格限制之不同**：公民有消極資格之限制；居民則無消極資格的限制。
3. **權利不同**：公民得依法行使全國性選舉、罷免、創制、複決四種參政權；而居民則僅得行使地方性參政權。
4. **範圍廣狹之不同**：公民有年齡及受消極資格之限制，故範圍較小；相較之下居民的範圍則較廣。
5. **有無居住期間限制的不同**：公民應於行政區域內繼續居住4個月以上；而居民則無居住期間的限制。

公民之參政權

一、選舉權

參看第9章「地方選舉與罷免」一章。

二、罷免權

參看第9章「地方選舉與罷免」一章。

三、創制權（Initiative）

(一)**創制權的定義**：創制權，乃謂公民得以法定人數之提議，提出法案，經投票直接制定法律之權。其主要的目的在於防止議會之失職或蔑視民意。近代採行創制權的國家有美國、德國、瑞士，而我國在憲法及地方制度法中也有創制權的規定。國父認為創制權及複決權是管理法律的權，「如果大家看到了一種法律，以為是很有利於人民的，便要有一種權，自己決定出來，交到政府去執行。關於這種權，叫做創制權，這就是第三種民權；若是大家看到了從前的舊法律，以為是很不利於人民的，便要有一種權，自己去修改，修改好了以後，便要政府修改的新法律，廢止從前的舊法律，關於這種權，叫做複決權。」因此，創制權係指公民在法定人數內可提出法案，促令立法機關修改，或經投票直接制定法律的權利。

(二)**創制的方法**

1. **間接創制**（Indirect Initiative）：所謂間接創制，即公民所提出的創制案，須先交議會審議，若經議會贊同該法案，即可成為法律，不再舉行投票，若議會不贊同，得提出反對案或反對理由，連同公民所提出之原案，一併交付公民表決。即公民僅能提出某一法律案或自治條例案之立法原則，由公民表決通過後，再移交立法機關制定法案的制度，又稱「原則創制」。

   (1)間接創制的優點：間接創制可減少公民投票的費用與麻煩（因為若議會贊同，則不必交付公民表決），而同樣達到直接立法的目的，故為多數國家所採行。

(2) 間接創制的缺點：承上，議會贊同的創制案，係由少數公民提出，其他大多數公民未必贊成，如今未經全民投票，即成為法律，殊失民主政治是多數決之精神。

2. **直接創制**（Direct Initiative）：所謂直接創制，即公民所提出的創制案，不必先交議會，而逕付公民表決。又稱「條文創制」或「草案創制」。即公民可直接提出完整之法律草案或自治條例案，再以公投方式來決定該項法律草案通過與否的制度。

直接創制的優、缺點：直接創制由於動輒投票，自然比較不經濟，但公民公意卻能充分表示。

(三) 創制案之形式

1. **條文創制**：即公民所提之創制案，必須擬為完整之法律條文，始得提出。
2. **原則創制**：即公民所提之創制案，不必擬為完整之法律條文，而僅提出重大原則，若經成立，再由議會據此原則，制定為法律。

隨堂筆記

原則創制須由議會依照原則制定為完整法律，這從立法技術來看，自然比公民自己起草的高明，且執行時亦較少困難。但議會制定條文時，難免會與公民所提出的意見相左，所以還是由公民自己起草，如此可避免許多無意義的麻煩。

(四) 創制權的範圍

1. 僅限於創制憲法修正案者，例如：瑞士聯邦只許公民提出憲法修正案（瑞士憲法第120條）。
2. 僅限於創制法律案者，例如：西班牙1931年的憲法只許公民提出普通法案（西班牙憲法第66條）。
3. 其他國家大多允許公民提出普通法案及憲法修正案，例如：威瑪憲法既允許德國公民提出普通法案，又允許公民提出憲法修正案（德國威瑪憲法第73條及第76條）。
4. 大多數國家還都禁止公民創制預算案和租稅案。
5. 就地方公民而言，其創制案應以地方立法事務為限。換句話說，縣市公民創制權之行使，應以縣市議會立法權範圍內之事務為限，委辦事項之立法權既屬於上級政府，則縣市議會無立法權，縣市公民自亦不得創制。

(五) **創制權的效力**

1. 一般來說，公民創制的法律，其效力較普通法律為高。例如：美國，其各州州長對於州議會通過的法案可行使否決權（Veto Power），但對公民所創制的法律則不得行使否決權。
2. 公民創制的法律，議會不能任意改廢。因為議會若得任意改廢，則公民的創制權將失去意義。[註9]

(六) **創制權與立法權之不同** [註10]：創制權與立法權，均為制定法律之權，彼此似同而實異，其異如下：

1. **二者相同之處**

(1) 程序相同：創制權與立法權，均須經過提案及表決等程序。

(2) 均為制定法律之作用：創制權固在控制立法權，惟二者均有制定法律之作用，因而創制權有稱之為「人民的立法權」者。

(3) 均為公法關係：人民行使創制權或立法機關行使立法權，均為公法關係，發生公法上之效力。

(4) 均不得牴觸憲法：創制權除制憲創制外，一般法律之創制及立法權之立法，均不得牴觸憲法，牴觸者無效。

2. **二者相異之處**

(1) 性質不同：就政權與治權之劃分而言，創制權之性質為政權，立法權之性質為治權。

(2) 制定之淵源不同：創制權之制定法律，係指淵源於人民之簽署提議、表決、或僅由人民創制立法原則移請立法機關完成條文而言；立法權之制定法律，則恆淵源於有權機關所提請之法律草案，以完成立法程序。

(3) 效力不同：依政權控制治權之原則，人民所創制之立法原則或法律條文，同級之立法機關所行使之立法權，不得與之牴觸，亦即創制權之效力較立法權為強。

(4) 作用不同：立法權之作用，在使政事合法化；創制權之作用，則在控制立法權，使其毋怠職責。

(5) 是否經常行使之不同：立法權須經常行使，創制權則僅於立法權之行使不足以適應需要時，始得行使之，以補救立法權之不足。

(6) 行使之主體不同：創制權之行使主體為國家公民；而立法權之行使主體為立法機關之立法人員。

四、複決權

(一)**複決權的意義**：所謂複決權，乃謂經由公民之提議或法定機關之請求，將法案交由公民投票，以決定其存廢之權。我國在憲法及地方制度法中也有複決權的規定。

(二)**方式**：各國所實施的複決制度，一般來說可分為兩種，即強制複決（Compulsory Referendum）與任意複決（Optional Referendum）。

1. **強制複決**：凡議會所通過的法律，必須經由公民複決投票，經表決後始能生效者，謂之。譬如瑞士，關於憲法的修改，聯邦議會依法通過後，尚須提交公民投票表決，若能得到公民投票總數過半數（及各邦過半數）之同意，新憲法才能發生效力。美國各州中，除德拉瓦（Delaware）外，對於憲法修正案，也都有強制複決的規定。強制複決固極慎重，但如每一項法案都要經過公民投票，則必將耗時費事，且使議會成為贅物，故各國之行使強制複決者，多僅限於憲法修正案或特定法案。

2. **任意複決**：凡議會所通過的法案，並非必須經過公民複決，而於公民或法定機關請求時，始舉行投票複決者，謂之。任意複決由於當須提出請求，始得舉行投票複決，所以又有各種不同的制度：

(1)由公民提議者：規定由公民提議者，大多有法定數額的規定：譬如瑞士，公民請求複決，要有3萬人簽署（瑞士憲法第89條）。

(2)政府要求複決：多係因為政府對議會通過的法規，認為窒礙難行，因此要求公民投票決定，以為公斷。由於此種複決的目的在於使該法案不發生效力，所以學者稱之為公民否決。為了不使政府濫用此種公民否決權，所以許多國家不許政府無條件的提交公民複決，譬如在德國各邦中，有許多邦規定，其政府於提交公民複決以前，須先將法案送請議會覆議，待議會仍然維持原案之時，才提交公民複決。

(3)議會請求複議：議會通過的法律，再由議會要求複決，這種例子較少，不過奧國及美國有這種制度。此種複決蓋謀事後挽救少數議員之任意通過法律。此外，這種辦法還可緩和輿情。蓋如議會所通過的法律，受到輿論攻擊時，可用複決的辦法，自動交付公民投票，以決定其存廢，緩和激昂之輿情。而美國各市議會更常藉提交公民複決，以推卸其對法案應有的責任，至於用於解決議員們對重要法案的歧見，則也頗為常見（有歧見，則提交公民複決，以為公斷）。

(4) 在瑞士，聯邦議會通過的法律，如有八邦以上邦議會的請求，亦應提交公民複決。可見各邦亦得聯合請求複決。

隨堂筆記

由各國的複決制度來看，對於複決權的行使，也有範圍的限制，譬如德國漢堡1921年憲法，禁止人民投票複決預算、租稅法及薪俸法。又如美國各邦，凡緊急條款（Emergency Clause）不得提交公民複決。而我國由於尚未制定創制複決法，故創制及複決兩權未有施行之法律依據，以致此兩權尚未施行。[註11]

(三) **我國的公民投票法與創制複決權**

1. **憲法規定**

(1) 第27條規定：關於創制、複決兩權，俟全國半數之縣、市曾經行使創制、複決兩項政權時，由國民大會制定辦法並行使之。

(2) 第123條規定：縣民關於縣自治事項，依法律行使創制、複決之權，對於縣長及其他縣自治人員，依法律行使選舉、罷免之權。

(3) 第136條規定：創制、複決兩權之行使，以法律定之。

2. **地方制度法第16條規定**：居民對於地方自治事項，有依法行使創制、複決之權。

3. **公民投票法**（92.12.24**制定**、108.6.21**修正**）

(1) 創制複決法為對於地方自治事項：由地方公民對議會之法案加以表決，或對議會之怠惰，由人民制訂法律案之制度。

(2) 公民投票法：所稱「公民投票」，包括全國性及地方性公民投票，前者之適用事項，包括法律之複決、立法原則之創制、重大政策之創制或複決及憲法修正案之複決；而地方性公民投票之適用事項則包括：地方自治法規之複決、地方自治法規立法原則之創制，以及地方自治事項重大政策之創制或複決。

(3) 因此，兩者在功能及範圍上有不同之處，基於民意政治的原理，公民投票法即係依據憲法主權在民之原則，為確保國民直接民權之行使而制定。

依 Heywood 觀點[註12]，分析如下：

(一) 公民投票的優點

1. 公民投票檢視民選政府的運作，確保其施政能貼近民意。
2. 公民投票增進政治的參與，於是有助於產生較有教養及較多訊息的選民。
3. 公民投票提供公民表達對某項議題看法的機會，因而得以增強政權的正當性。
4. 公民投票提供解決重大憲法爭議問題的途徑，並且將幾個主要政黨所關切的議題，但由於未逢選舉期間，透過公民投票可將此議題訴諸公民來投票表決。

(二) 公民投票的缺點

1. 公民投票可能會將某些政治決策，交給教育水準不高和政治經驗不豐富的人來定奪，而這些人極易受到媒體和其他影響力的感染。
2. 公民投票充其量僅是提供在短促的時間內針對某項議題，做出倉促的民意表達。
3. 公民投票製造政治人物駕馭政治議題的機會，這些政治人物又可使自己無須做出棘手的政治決策。
4. 公民投票傾向於簡單化和扭曲政治的議題，而將這些議題簡化成贊成和反對的答案。

註釋

[註1] 有些學者，把居民分為本籍居民（Nature Inhabitant）及寄籍居民（Sojourner）兩種。前者即指世居於地方政府區域內之人民，或在某地有久居之意思而設定本籍者。後者即指非本籍之人民，而寄居於地方政府區域內者。換言之，凡暫居於某地而無久居之意思者，即為某地之寄籍居民。寄籍居民並不表示其居住時間非常短暫，事實上，許多寄籍居民，往往會在某地居住相當長的時間，甚至數代，只要其仍保留原來的本籍，而未入籍目前寄居地，就仍是寄籍居民。

[註2] 張正修（2003），《地方制度法理論與應用》，頁242，台北：學林。

[註3] 國籍法於中華民國110年12月15日重新修正並施行。

[註4] 依法律保留原則，行政機關若欲訂定限制人民之自由、權利，或增加人民之負擔的相關法規時，須有法律之依據或法律之授權始可。此外，自治法規若為憲法或法律之授權，自可限制人民之自由權利、課予人民義務，但若人民不遵守自治法規，或怠於履行義務時應如何處理？為解決此一

問題，故於地方制度法中訂定了行政罰及行政上強制執行之法律依據（該條文中之第26條）。

[註5] 薄著P92～96。

[註6] 褫奪公權是一種從刑。所謂從刑，係相對於主刑而言。主刑者，乃得獨立處罰犯人之刑罰。從刑則為附隨於主刑之刑罰。褫奪公權分為兩種：一為終身褫奪，採強行主義，即審判官對於宣告死刑或無期徒刑者，惟有依法宣告，毫無斟酌之餘地。另一為定期褫奪，採授權主義，即審判官對宣告6個月以上有期徒刑之犯人得斟酌其犯罪性質，酌予褫奪一定期之公權。在主刑執行期間，受刑人亦不得行使參政權。終身褫奪係自裁判確定時發生效力；定期褫奪則自主刑執行完畢或赦免之日起算（刑法第37條第4項）。

[註7] 董著P101～110。

[註8] 以上有關創制權的各項介紹，參看薄著P103～106。

[註9] 管著P246～247。

[註10] 以上各項有關複決權的介紹，請參看薄著P106～109。

[註11] Andrew Heywood著，楊日青等譯，1999《政治學新論》，台北：韋伯文化出版，P354。

精選題庫

測驗題

( ) 1 下列何者不是形成地方自治團體的三大要素之一？ (A)主權 (B)自治權 (C)居民 (D)區域。

( ) 2 我國國籍法第2條第1項第3款規定：出生於中華民國區域內，父母均無可考，或均無國籍者屬中華民國國籍。請問本款對國籍之取得係採： (A)血統主義 (B)歸化主義 (C)戶籍主義 (D)出生地主義。

( ) 3 依地方制度法規定，居民(市民、縣民)是以何者為要件？ (A)達到一定的年齡 (B)擁有一定的學歷 (C)有無公民權利 (D)設籍於該地方自治區域內。

( ) 4 有選舉權人在各該選舉區繼續居住多少個月以上者，為公職人員選舉各該選舉區之選舉人？ (A)3個月 (B)4個月 (C)5個月 (D)6個月。

( ) 5 下列何國曾贏得「公民投票制之母國」的盛名，意謂此國是全世界實施公民投票次數最多之國家？ (A)瑞士 (B)英國 (C)德國 (D)日本。

答 **1(A) 2(D) 3(D) 4(B) 5(A)**

申論題

一、試述國籍之取得及喪失。（參本章壹之二：國籍的取得及喪失）

二、試依地方制度法的規定，說明地方人民的權利與義務。（參地方制度法第16條、第17條）

三、試說明人民、居民、公民之意義？公民與居民有何區別？（參本章貳之二：國籍的取得及喪失）

四、地方自治團體居民與公民有何異同？試分述之。（參本章貳之二：公民與居民之區別）

五、地方人民具有創制複決兩權，試就其權利性質及行使方式，依相關法制說明之。（參本章參之四之(三)：我國的公民投票法與創制複決權）

第4章 地方政府的事權

依出題頻率區分，屬：C **頻率低**

壹 中央與地方權限之劃分 [註1、註2]

國家事務與地方事務應如何劃分呢？關於此，由於各國政治制度不同，因此答案亦異。一般來說，不外三種方式，即中央集權制、地方分權制，以及均權制，茲分別說明如下。

一、中央集權制

(一) **中央集權制的意義**：所謂中央集權制，乃謂一國治權，悉集中於並由中央政府掌握，地方政府只不過是中央為著便利而分設的派出機關，對於事務的處理必須聽命於中央的一種制度。中央集權制一般有以下幾個特點：

1. 中央對地方雖分配以權力，但此項權力，並未與中央政府脫離關係。亦即權力仍為中央政府所有，只不過由地方行政機關以中央代理人的資格，代為行使而已。
2. 地方政府與中央政府的關係，係以行政上的職級隸屬關係為主，其權力之行使，雖有透過國會立法者，但大多基於中央行政機關的指揮命令。
3. 中央與地方的分權，實際上只是分治，並非真正的分權。換言之，只是一種職務上的分配而已。譬如各共產主義國家都屬於此種類型。

(二) **中央集權制的優點**：中央集權制能夠為一些國家所採納，自然有它的長處，論者認為它有以下的優點：

1. 可以提高全國法律、政策和全國行政上的統一性，使中央與地方不會發生衝突，不易造成地方割據和四分五裂的局面，從而具有統一對內與對外的力量。
2. 事權集中於中央政府，則全國有整齊劃一的制度，既可謀各地的均衡發展，又可使國家政策順利推行。
3. 事權集中於中央政府，則國家政策及中央所發布之政令，責任上不至於混淆不清，較易推行於全國，可收省事迅速之效。
4. 地方行政由中央主持，待遇相同，可免畸重畸輕之弊。而且組織比較單純，沒有中央與地方間機關的重覆，或舉辦事務的重覆，不致浪費和奢侈，也不致事權混淆不清。
5. 在外交和國防上，中央統籌處置時，較為方便，且較具時效。

(三) **中央集權制的缺點**

1. 在統一統籌的情勢下，政府的一切措施，都只見整體而易忽略部分，知其集合而忘其分散，圖整齊劃一的外表，而失卻因地制宜的實效。各地方因之不能適應其特殊需要，作因利乘便的處置，或實事求是的運用。全國的各構成單位，因而不能得到充分圓滿的發展。
2. 在中央集權的體制下，各級官署構成一層層節制的管轄系統，所有政治權力最後集中於一機關或一人。這種型態的權力分配，頭重腳輕，力量擠到上層，基礎脆弱而欠穩固，隨時有傾覆的危險；且因最後權力集中於一處，亦有形成政府專制或個人獨裁的可能。
3. 中央集權制下的各級政府，由於下級政府人員的行政行為，完全秉承上級政府或長官的意思，處處受其指揮與監督，因此各地方政府首長陷於「奉命而行」的被動地位，態度消極，不易發揮自動自發的精神，因之行政官僚化，工作效率因而降低。加以命令傳遞迂迴曲折，政務商決上下推移，遲緩拖延費時費事，最易貽誤時機。
4. 地方政府，既然僅是國家的分設機關，因之推行職務當然每多著眼於中央的需要而忽視地方性事務或利益，易使各地的經濟事業及社會文物或地方建設凋敝衰落或廢棄。然而，國家的基礎，是建築在地方上的，各地方自治事業萎棄和衰落，其結果必使國家力量亦日趨減弱。
5. 地方官吏既然只是中央政府的代表，因之難免為討好上司而犧牲地方利益，甚至違反地方人民的意思，極易引起人民的反感與厭惡，因而容易對中央政府發生一種離心力，使得國家統一產生不良影響。
6. 中央集權制下的行政及立法機關，往往由於必須處理地方性事務而負擔加重，結果既妨礙了全國性的行政工作及立法工作，也妨礙了地方性的行政及立法工作。
7. 中央集權制，漠視了地方自治，使人民政權的行使「無所憑藉」，人民既無行使政權的知識與能力，則國事難免操縱於少數人及官僚之手，於民主制度的實施極為不利。

二、地方分權制

(一) **地方分權制的意義**：所謂地方分權制，乃謂一個國家，將其治權的一部分，賦予地方政府，中央政府對於授權事務並不處理，僅立於監督地位的一種制度。地方分權制一般有以下特點：

1. 地方政府的權力多源自憲法或法律，非經修憲或修改法律，中央不得任意變更或撤銷。
2. 地方政府機關為地方統治權的行使者，非中央政府的代理人，其表達意志或執行意志，乃地方政府自身的行為，非依法律，中央政府不得隨意干涉。
3. 中央政府對地方政府只有監督權，而無指揮權，而監督權的行使必須依法為之。
4. 中央與地方的關係，多建築在法定的關係上，非經法定程序，不得任意變更。例如：英、美皆屬此類型。

(二)地方分權制的優點

1. 在分權制之下，地方政府可以因地制宜，使地方的公共事業和福利，都能獲得充分的發展。
2. 地方政府有充分的自治權，所以遇事毋需隨時請示，無往返曲折、上下推移的流弊，不但運用靈活，行動迅速，行政效率也可以提高。
3. 地方政府既由人民所選舉之公職人員所組成，自亦較具民主精神，其施政也會為人民的利益著想。
4. 在地方分權制之下，由於官吏受著人民的控制，統治權力不易集中，專制與獨裁自然也可以防止。

(三)地方分權制的缺點

1. 由於過度的分權制度，而使國內各級地方政府都具有獨立自主的權力，則國家統一將因而被破壞，而形成四分五裂的局面。
2. 過度的分權制度，也可能為民主帶來傷害。因為一般來說，地方政府由於區域較小，相對的人才也較少，加以人才不能交流，是以難有良好的領導。所以地方上的土豪劣紳乃能把持地方政務，控制人民，甚至進而結成派系，操縱選舉。
3. 由於分權，使得國家的政治力量散於各地方單位，國力自然因而脆弱，難以有效的擔負其使命，而地方政府亦必因力量分散，人力及財力漸趨削弱，地方事業因之無由發展。
4. 由於分權，使得各級政府間立法、行政工作的重覆或衝突，且難符經濟原則，財政上盈虛無法調節，致使各地方不能獲得均衡的發展，更是必然的現象。

三、均權制

(一) **均權制的意義**：所謂均權制，即權之分配，不以中央或地方為對象，而以權之性質為對象。即凡事務有全國一致之性質者劃歸中央；有因地制宜之性質者劃歸地方，不偏中央集權或地方分權。屬於中央性質者，地方不能越權；屬於地方性質者，中央政府不能侵犯。基本上，均權制是以事務的性質為劃分標準。依憲法第111條的規定：「除第107條、第108條、第109及第110條列舉事項外，如有未列舉事項發生時，其事務有全國一致之性質者屬於中央，有全省一致之性質者屬於省，有一縣之性質者屬於縣，遇有爭議時，由立法院解決之。」由此可知，我國對於中央與地方權限的劃分是採均權制。

(二) **均權制的特點**

1. 均權制係以事務的性質為劃分標準。（參看均權制之定義）
2. 均權制包括中央與省之權限劃分，所謂「均權」，並非權力平均分配，而是按事務的性質，合理的分配，因此，也應包括中央與縣之間的均權。
3. 均權制亦包括省與縣間的均權。也就是說，不但中央與地方採均權制，上級地方政府與下級地方政府間也採均權制。
4. 均權制包括委辦事項。中央與省、縣之均權，不僅以立法權及各自執行本身之立法為限，亦包括將執法權委託下級單位執行。
5. 均權制以行政、立法兩權為限，不包括司法權、監察權及考試權，因為這三權是屬於中央之職權。
6. 均權制之下的剩餘權，仍以事務性質為劃分標準。有關剩餘權可分為兩部分來討論：
   (1) 剩餘權之歸屬：關於中央與地方之權限，採均權制度，且為列舉規定，但是卻很難列舉無遺，此種剩餘權之歸屬，依憲法第111條之規定：「除第107條、第108條、第109條及第110條列舉事項外，如有未列舉事項發生時，其事務有全國一致之性質者屬於中央，有全省一致之性質者屬於省，有一縣之性質者屬於縣」，凡此，乃所以貫徹均權制之主旨。
   (2) 剩餘權爭議之解決：憲法所未列舉事項，其剩餘權之歸屬發生爭議時，由立法院解決之，為第111條所明定。

(三) **均權制的劃分標準**

1. **均權制以事務性質為劃分標準**：關於中央與地方權限劃分之均權制，乃以事務性質為劃分標準，而非以地域為標準。申言之，凡事務有全國一致之性質者，雖發生於地方，其辦理之權限，仍應劃歸於中央，若事務之性質，有因地制宜之性質者，雖發生於中央，其辦理之權限，仍應劃歸於地方。

2. **均權制以事務性質程度為劃分標準**：均權制不僅以事務性質為劃分標準，且須以其事務性質程度為劃分權限的認定，因此：「同一軍事也，國防宜屬於中央，然警備隊之設施，豈中央所能代勞，是又宜屬地方。同一教育也，濱海之區，宜側重水產，山谷之地，宜側重礦業或林業，是固宜予地方措施之自由」，是以事務性質程度之認定，亦為均權制劃分權限之標準所在。

(四) **均權制事項之類別**：關於均權制之事項，包括自治事項及委辦事項在內，且因中央事項及省、縣事項而有其類別之不同：

1. **中央事項得分為**

(1) 中央專屬事項：此指由中央立法並執行之事項（憲§107），乃完全為國家事項，而非地方自治事項。

(2) 中央與地方執行權：此指由中央立法並執行之或交由省、縣執行之事項（憲§108），此種得交由省、縣執行之事項，亦即為中央與地方均權事項中的一類。

2. **省事項得分為**

(1) 省自治事項

A. 此指由省立法並執行之或交由縣執行之事項（憲§109），乃其立法權屬於省，得交執行之省自治事項。

B. 惟依據司法院大法官會議第467號解釋，省政府為行政院之派出機關，省已無地方自治團體公法人地位。

(2) 中央委辦事項：此指由中央立法而交由省執行之事項，惟其性質為國家事項，並非省自治事項，而成為省與中央均權事項中的一類。

3. **縣事項得分為**

(1) 縣自治事項：此指由縣立法並執行之事項（憲§110），乃完全屬於縣之自治事項。

(2) 中央委辦事項：此指由中央立法而交由縣執行之事項，惟其性質為國家事項，並非縣自治事項，而成為縣與中央均權事項中的一類。

(3) 省委辦事項：此指由省立法而交由縣執行之事項，其性質雖為自治事項，惟係省之自治事項，並非縣本身之自治事項，而成為縣與省均權事項中的一類。

(4) 縣委辦事項：此指由縣立法而交由鄉（鎮、市）執行之事項，其性質雖為自治事項，惟係縣之自治事項，並非鄉（鎮、市）本身之自治事項，而成為縣與鄉（鎮、市）均權事項中的一類。

(五) **均權制的優點**

1. **因地適宜，適應各地需要**：我國地方政府同時具有地方自治團體與國家官署的雙重地位。基於地方自治團體的地位，它可以因應各地方的特殊需要，獨立自主的處理地方公共事務，發展地方自治事業；基於國家官署的地位，它必須接受中央或上級政府的命令，執行中央政府或上級政府委辦事項，處理國家性質的事務。此種均權的自治體制，可解決中央集權制與地方分權制的缺點，不僅適合國情，且因地制宜，適應各地需要。

2. **富有彈性**：均權制未將中央與地方的權限逐項列舉詳細劃分，只作概括性的規定，旨在使此類權利的劃分，富有彈性，能適應事務性質，適時調整。

3. **避免極端**：均權制的特點，即在不偏於中央集權或地方分權，故能取二者之長而去其短，避免走極端而產生流弊。

四、學理上中央與地方權限劃分的基本原則（國家事務與地方事務之劃分原則）

(一) **依利益所及之範圍劃分**：凡事務之舉辦，其所產生之利益涉及全國者，如對外貿易、銀行及交易制度等，應劃歸中央辦理。凡事務之辦理，其所產生之利益僅涉及於一地方人民者，如自來水、煤氣等，應劃歸地方辦理。

(二) **依所需地域範圍而劃分**：凡事務之舉辦，必須以全國為實施範圍者，如鐵路、國道的建設、河海航行、郵政、電信等，應劃歸中央。僅以某一地域為實施範圍者，如縣道、產業道路等，應劃歸地方。

(三) **依事務性質之劃一性而劃分**：凡事務的性質，必須整齊劃一，且全國一致者，如度量衡，應劃歸中央辦理。可依其性質個別發展者，如農林、水利、漁牧等，應劃歸地方辦理。

(四) **依所需能力而劃分**：凡事務之舉辦，需要大量人力、財力或高度技術、特殊人才等，如國際機場、核子發電廠、大煉鋼場、大水利工程等，應劃歸中央辦理。其所需人力、財力可就地籌措，亦不需特殊技術者，如合作社、公共汽車等，應由地方政府辦理。

(五) **以上所列原則，當然不是絕對的**：往往需因時、因地或因國而異，是以實際運用時，自不應固執一端，而須全盤顧及，因為如果堅持某一原則，往往可能又破壞了其他原則。何況以上所舉，亦不過是原則性的劃分而已，譬如何事利益所及有關全國，何事僅關係地方，實際上很難找到一個明顯的界線，若有涉及跨界之權限者，自應綜合審視各項原則，權衡輕重，再作合理的劃分。

貳　地方事權授與的方式 [註3]

地方事權授與的方式，各國並不完全相同，但不外下列三種方式，即以憲法授與、以法律授與、以命令授與。

一、憲法授與

憲法授與的方式，在聯邦國極為普通。在聯邦國中，聯邦與各邦的事權，一般都由憲法加以劃分，其劃分方式，可歸納為三種：

(一) **美國制**：美國憲法係單獨列舉聯邦政府的事權，而以未列舉的剩餘事權歸之於各邦。

(二) **加拿大制**：加拿大憲法係將聯邦事權與各省事權雙方列舉，如有未列舉的事權發生時，其性質屬於全國性者歸聯邦，關係於一省之性質者，屬於省。

(三) **昔南非聯邦制**：昔南非聯邦制是列舉各邦事權，而以未列舉的事權推定屬於中央。

隨堂筆記

我國對於地方政府之授權，亦採憲法授與，此可從憲法第10章中看出。此外在憲法第111條規定：「……如有未列舉事項發生時，其事務有全國一致之性質者屬於中央，有全省一致之性質者屬於省，有一縣之性質者屬於縣，遇有爭議時，由立法院解決之。」也就是說，對剩餘權都有了安排。這在單一國中，是比較少見的。採憲法授與的國家尚有：義大利、秘魯共和國、哥倫比亞共和國、烏拉圭共和國等國。

二、法律授與

所謂法律授與，乃指國會制定法律，分授地方政府以事權。在單一國，地方政府係由國家所建置，因此地方政府的事權亦由國家授予，但國家授予地方政府權限，通常都出之於法律，是以地方政府的各種權力都由各種法律條文加以規定，是謂法律授權。法律授權可分為兩種：

(一)**通用法律（或稱一般法律）**：此乃適用於全國地方政府，而非僅適用於某一地方政府。這種方式為各國最通行的方式。例如：我國民國18年公布的縣組織法、19年公布的市組織法等是（兩法現今已廢止）。

(二)**特別法**：乃僅適用於某一地方政府。這種法律多因某一地方政府，欲取得某種權力，向國會請求制定法律，以期取得其特有的權力，該一請求如經國會通過成為法律，其效力只及於該一請求的地方政府，與其他地方政府無關。特別法的授與方式，一般來說，在英美制國家中較為普遍，其發源地為英國。在英國，地方團體請求國會為之制定特別法，都需經過一定的手續，通常要在報紙上刊登通告，並由地方議會召開特別會議，以絕對多數通過後，再行公告，然後再召開選民會議，通過後，議會再召開一特別會議予以確認。地方團體的這種請求，在國會稱之為私法案（Private Bill），所謂私法案，乃包括有關特定的個人、團體、地方法案而言，以別於內閣或議員為制定一般法律所提出的公法案（Public Bill），通用法律即屬於公法案。凡依這種請求而通過的法案，稱為地方法或私法（Local or Private Act）。

隨堂筆記

我國對於地方政府事權之授與，雖採憲法授與的方式，亦兼採法律授與。例如憲法第112條規定：「省得召集省民代表大會，依據省縣自治通則制定省自治法。但不得與憲法牴觸。省民代表大會之組織及選舉，以法律定之。」此以「法律定之」，則是由法律授與，而非憲法所賦予。

三、命令授與

在中央集權制的國家，對於地方政府的授權，多採用概括的一次授與方式。所謂概括的一次授與方式，乃中央對地方政府以法律授與其概括籠統的權力。在中央集權制的國家，地方政府的權力，事實上乃是法律與命令的雙重授與。

在實施地方分權制的國家，中央對地方政府的授權，一般是採用列舉式的逐次授與的方式，也就是說，中央對地方權力的授與，係以普通法（General Act），將授與之事權分別列舉，地方政府只能行使法律所明白授與的權力，如欲要求法律以外未授與的權力，則須按照法定手續，呈由中央立法機關通過特別法（Special Act）授與後，地方政府方能行使。

由此可見，地方政府的權力，是列舉的逐次授與，淵源於多種不同的法令。此種授權方式，表面上看，地方政府的權力似乎較小，因為有一定的範圍，不過由於分權制的國家，中央政府的行政監督權並不嚴格，中央或上級行政機關不能任意限制地方政府的作為，是以地方政府反而能適當的發展地方自治。

參 地方政府事權的保障

一、憲法保障

在採用聯邦的國家，其高級地方政府—邦的權力，多由憲法加以保障。這是由於各邦在組成聯邦以前，其地位本來就等於一個國家，各有其獨立的自主權。然則，憲法用什麼方法加以保障呢？大體說來，可分為下列二種：

(一)**各邦派遣代表參與聯邦立法**：在聯邦制的國家，多設有上下兩院，一般來說上院代表各邦，下院代表國民，聯邦的法律，大體上都要經過兩院通過才能成立。

(二)**聯邦憲法的修正應經各邦批准**：在聯邦制下，中央與地方的權限已為聯邦憲法所明定，是則各邦的自治權已由聯邦憲法來保障，各邦的地方權益亦惟聯邦憲法是賴。因此對於聯邦憲法的修正，關係於各邦權益者，至深且鉅。是以各聯邦國憲法之修正，大都允許各邦參與，且各邦大都有相當的決定權。

二、法律保障

在單一制國家，地方政府的權力，乃由國家授與，國家授與的方式，固有由憲法授與者，但大都由法律授與。在英美制國家，例如英國，地方政府事權只要一經法律授與，就可以得到法律的保障，也就是說，非經修改法律的方式，不得任意剝奪地方政府的自治權。（不過這樣的保障，也有程度上的不同。例如美國，以下會做說明。）但是在大陸制國家，對地方政府的自治權，便沒有英美制的保障來得強。

在聯邦制國家中，例如美國，由於各州對於市的授權，有各種不同的方式，可歸納以下五種：

(一)**普通憲章制**（General Charters）：此制係由州議會制定一個通行於全州各市的市法典，使全州各市一體適用。這一方式實際上與一般國家的地方政府法沒有什麼差別。此制之最大優點是簡單而一致，但由於過於硬性，難免有削足適履之弊，不能適應各市實際的環境或需要。

(二)**特別憲章制**（Special Charters）：此制係由州議會根據各市實際情形或特殊需要，制定一種以某一市或少數市為適用範圍的憲章。這一方式，實際上等於特別法。此制雖頗具柔性，能適應各地特殊環境或需要，但於制定時，難免有州議員互相結納，或互讓妥協之情事，因而畸重畸輕自難避免，形成種種弊病，以致造成各市間不公平待遇。

(三)**分類憲章制**（Classified Charters）：此制係由州議會根據各市人口、面積、財政等分為若干類，每一類型制定一種憲章，以頒給同類各市適用。此制由於已具有必要的彈性，是以較能適應各市的需要，同時可以避免州議會對各市的偏頗不公。但此並非沒有缺點，一則分類標準不易確定；二則仍可用特別立法的技巧以取得特別權力，例如州議會可藉故制定一種憲章，以適用50萬人以上、60萬人以下的都市，而這類都市，該州實際只有一個。果爾，則與特別憲章制無異。

(四)**選擇憲章制（Optional Charters）**：此制係由州議會制定多種不同的憲章，而由各市自由選擇適合該市的一種實施。此制一方面可以避免普通憲章制的過分硬性，他方面又可避免特別憲章制的過分流動性，是以它具有相當一致的好處，同時又允許各市有選擇自由，可以說是一種頗具優點的制度。

(五)**自治憲章制（Home Rule Charters）**：此制係由州議會立法授權或由州憲法授權各市自行制定憲章，以決定該市的組織體制及公共事務的處理。其由州議會以立法授權者，稱之為立法自治憲章制（Legislative Home Rule）。其由州憲法授權者，稱為憲法自治憲章制（Constitutional Home Rule）。自治憲章制一方面可使各市人民有自行決定其政府組織體制的機會，最為民主；另一方面也可以減少州議會為地方立法的工作，所以是一種比較好的制度。

三、條約保障

第一次世界大戰結束後，中東歐新興諸國多採用聯邦制以適應各種不同民族的情勢。故為保障其國內少數民族，其所採用的保障方式，是要這些新興國家經由簽訂條約的方式，以保障其國內少數民族的自治權，是為條約保障。如：獨立國協、大英國協等。

肆 自治事項與委辦事項

一、地方事務之分類

(一)自治事項

1. **依地方制度法第2條第2款之規定**：「自治事項：指地方自治團體依憲法或本法規定，得自為立法並執行，或法律規定應由該團體辦理之事務，而負其政策規劃及行政執行責任之事項。」
2. **一般來說，包括下列兩種：**
   (1) 固有事項：所謂固有事項，乃地方政府自身應辦之事項。每一地方政府都有其存立之目的，為維持其存立目的，每一地方政府都有其應自行處理的事項。憲法第109、110條所列舉由省、縣立法並執行的事項，均為省、縣政府存立目的上所不可或缺者，故應為省、縣之固有事項。

(2) 委任事項：此種事項，原非地方政府所有而係屬於國家，但以這種事項與地方人民的利害關係密切，故以國家法律授權，委由地方政府處理，因係委任處理，故稱委任事項。這種事項，由於係經法律授權，所以一經委任，地方政府即應視同自身事務，負有處理的全權，所以亦視為自治事項。因此這種事項的辦理，在執行之前，必須經過地方意思機關（立法機關或議事機關——一般為議會）的議決。憲法第108條所列舉的事項，有可能成為地方自治事項，若中央政府授權，則成為委任事項。此外，憲法所未列舉的事項究為自治事項，抑或國家事務，乃由立法院決定。

(二) 委辦事項

1. 依地方制度法第2條第3款之規定：「委辦事項：指地方自治團體依法律、上級法規或規章規定，在上級政府指揮監督下，執行上級政府交付辦理之非屬該團體事務，而負其行政執行責任之事項。」

2. 所謂委辦事項，即委託地方政府辦理之事項。這種事項，原屬國家，但由國家機關辦理不經濟，或者沒有地方政府辦理來得方便，或者基於其他原因，因此乃委託地方行政首長執行。委辦事項憲法無法列舉，因此，原則上由憲法第107條規定由中央立法並執行的事項，若中央為了行政上的便利，而委託省、縣辦理，則為委辦事項。因此委辦事項具有以下特點：

(1) 地方行政首長執行委辦事項，乃以中央或上級政府代理人的身分辦理，因而此時他具有國家官署官員的身分，而與上級機關構成行政上的統屬關係，所以不但要受中央或上級政府的監督，也要受到中央或上級政府的指揮。

(2) 委辦事項，地方行政機關一般無自由裁量權，換句話說，要完全按照中央或上級政府的意思或決定去執行，至低限度，也要依照上級政府所訂定的原則範圍內去處理，所以委辦事項的辦理，與上級機關直接辦理並無多大差異。

(3) 委辦事項由於只是一種「權限的委任」，而未經法律授權，所以地方行政首長執行委辦事項之前，無須經過地方議會的議決，也就是說，地方議會對委辦事項無議決權。既然無須經過地方議會的議決，因此委辦事項所需經費亦不由地方政府負擔而係由中央或上級政府（即委託機關）負擔。

(三) 自治事項與委辦事項之區別比較

1. **主動之不同**

(1) 自治事項是由地方自治機關主動從事。

(2) 委辦事項是由上級機關所交辦，故地方自治機關乃處於被動地位。

2. **經費負擔不同**

(1) 自治事項的經費是由地方自治機關自行籌措。

(2) 委辦事項的經費原則上應由委辦機關負責。

3. **本質不同**

(1) 自治事項是地方自治團體存立之目的，為地方團體固有之事務。

(2) 委辦事項則非地方自治團體所固有之事項目。

4. **法人地位之不同**

(1) 自治團體於辦理自治事項時是處於公法人的地位，有權自行處理。

(2) 委辦事項：自治團體於執行委辦事項時，便受機關的指揮監督。

5. **淵源不同**

(1) 自治事項的事權，係來自地方自治團體之自治權。

(2) 委辦事項係國家機關委由地方自治團體辦理之事項。

6. **是否須經同級立法機關議決之不同**

(1) 自治事項須經過地方議會的議決。

(2) 委辦事項無須經過同級地方議會的議決。

二、地方議會對自治事項、委辦事項議決之效力（地制法§43）

(一) **直轄市**：直轄市議會議決自治事項與憲法、法律或基於法律授權之法規牴觸者無效；議決委辦事項與憲法、法律、中央法令牴觸者無效。

(二) **縣（市）**：縣（市）議會議決自治事項與憲法、法律或基於法律授權之法規牴觸者無效；議決委辦事項與憲法、法律、中央法令牴觸者無效。

(三) **鄉（鎮、市）**：鄉（鎮、市）民代表會議決自治事項與憲法、法律、中央法規、縣規章牴觸者無效；議決委辦事項與憲法、法律、中央法令、縣規章、縣自治規則牴觸者無效。

隨堂筆記

自律規則、自治條例和憲法、法律、法規之位階關係：（由位階高者至位階低者）

1.憲法→法律→法規→自治條例→自治規則。

2.憲法→法律→中央法令→委辦規則。

3.憲法→法律→中央法規→自治法規→自律規則。

(四)**無效之函告**：前三項議決事項無效者，除總預算案應依第40條第5項規定處理外，直轄市議會議決事項由行政院予以函告；鄉（鎮、市）民代表會議決事項由縣政府予以函告。

(五)**牴觸之解釋**：第1項至第3項議決自治事項與憲法、法律、中央法規、縣規章有無牴觸發生疑義時，得聲請司法院解釋之。

若將委辦事項與自治事項之差別加以整理，則我們可將自治事項、委辦事項在法律上之差異整理成如下表：

自治事項	委辦事項
可制定自治條例與自治規則。	可制定委辦規則。
議決自治事項不得牴觸憲法、法律、委任命令、縣規章。	議決委辦事項不得牴觸憲法、法律、委任命令、職權命令、行政規則、縣規章、縣自治規則。
自治條例不得抵觸憲法、法律、委任命令、縣規章；自治規則不得牴觸憲法、法律、委任命令、縣規章、自治團體之自治條例。	委辦規則不得牴觸憲法、法律、委任命令、職權命令、行政規則（註：鄉鎮市不得依縣自治法規之授權訂定委辦規則）。
辦理自治事項不得違背憲法、法律、委任命令、縣規則。	辦理委辦事項不得違背憲法、法律、委任命令、職權命令、行政規則、單純命令、縣規章、縣自治規則或逾越權限。
經費由該地方自治團體負擔。	經費由委辦（上級）機關負擔。
處於公法人的地位。	受委辦（上級）機關的指揮監督。
發生牴觸疑義時，可請求司法解釋。	發生牴觸疑義時，不可請求司法解釋。

伍 地方自治事項之共同辦理

一、自治事項之共同辦理

地方自治事項涉及跨直轄市、縣（市）、鄉（鎮、市）區域時，由各該地方自治團體協商辦理；必要時，由共同上級業務主管機關協調各相關地方自治團體共同辦理或指定其中一地方自治團體限期辦理。（地制法§21）

所謂「自治事項」指地方自治團體依憲法或本法規定，得自為立法並執行，或法律規定應由該團體辦理之事務，而負其政策規劃及行政執行責任之事項。（地制法§2）依此定義，地方自治事項，除法律明定應行辦理者外，宜由地方自治團體參酌其能力、財力等因素，在法令規範內本以權責辦理。但有些地方自治事項與人民生命財產關係密切，且涉及地區整體規劃之必要性，如河川整治、道路之興築等，倘相鄰接之自治團體無法統合，將造成人民生命、財產的威脅與資源的浪費，因此，地方制度法遂有第21條的規定。同時，亦為落實憲法第110條「有涉及二縣以上者，除法律別有規定外，得由有關各縣共同辦理」。

有關跨區域合作尚須與地方制度法第24條、第77條及相關之行政程序法配合始為完整。地方制度法第77條第2項規定：「直轄市間、直轄市與縣（市）間，事權發生爭議時，由行政院解決之；縣（市）間，事權發生爭議時，由內政部解決之；鄉（鎮、市）間，事權發生爭議時，由縣政府解決之。」再如參照行政程序法第14條第1項規定：「數行政機關於管轄權有爭議時，由其共同上級機關決定之，無共同上級機關時，由各該上級機關協議定之。」或同法第135條規定：「公法上法律關係得以契約設定、變更或消滅之。但依其性質或法規規定不得締約者，不在此限。」因此，地方自治團體自得以行政契約之簽訂而為一部事務之組合，或全部事務之組合，就其跨區域事項為合作之基礎。

一言以蔽之，跨區域事務的辦理，應尊重地方自治團體處理之意願，若地方自治團體間願意簽訂非正式合作與正式合作契約（前者如一般行政協定，後者如正式之行政契約），就特定事項共同辦理時，中央或上級亦應尊重地方契約簽訂的自主性，不應任意干涉。至於地方制度法第21條中「必要時，由共同上級業務主管機關統籌指揮各相關地方自治團體共同辦理或指定其中一地方自治團體限期辦理。」則應為最後手段，只有在地方自治團體間無法簽訂契約合作、無法合組業務組織經營特定共通事項時，才可依法進行事後介入，如此方能確保地方自治的精神。

二、自治事項之執行（地制法§23）

依據地方制度法第23條的規定：「直轄市、縣（市）、鄉（鎮、市）對各該自治事項，應全力執行，並依法負其責任。

三、合辦事業（地制法§24）

(一)直轄市、縣（市）、鄉（鎮、市）與其他直轄市、縣（市）、鄉（鎮、市）合辦之事業，經有關直轄市議會、縣（市）議會、鄉（鎮、市）民代表會通過後，得設組織經營之。

(二)前項合辦事業涉及直轄市議會、縣（市）議會、鄉（鎮、市）民代表會職權事項者，得由有關直轄市議會、縣（市）議會、鄉（鎮、市）民代表會約定之議會或代表會決定之。

四、跨區域合作（跨域治理）【108地特四等】

(一)**跨區域事務之辦理**（地制法§21）：地方自治事項涉及跨直轄市、縣（市）、鄉（鎮、市）區域時，由各開地方自治團體協商辦理；必要時，由共同上級業務主管機關協調各相關地方自治團體共同辦理或指定其中一地方自治團體限期辦理。

(二)**區域合作組織之成立**（地制法§24-1）：直轄市、縣（市）、鄉（鎮、市）為處理跨區域自治事務、促進區域資源之利用或增進區域居民之福祉，得與其他直轄市、縣（市）、鄉（鎮、市）成立區域合作組職、訂定協議、行政契約或以其他方式合作，並報共同上級業務主管機關備查。

1. 涉及直轄市議會、縣（市）議會、鄉（鎮、市）民代表會職權者，應經各該直轄市議會、縣（市）議會、鄉（鎮、市）民代表會同意。
2. 涉及管轄權限之移轉或調整者，直轄市、縣（市）、鄉（鎮、市）應制（訂）定、修正各該自治法規。
3. 共同上級業務主管機關對於直轄市、縣（市）、鄉（鎮、市）所提跨區域之建設計畫或跨區域合作事項，應優先給予補助或其他必要之協助。

(三)**訂定行政契約應記載之內容**（地制法§24-2）：直轄市、縣（市）、鄉（鎮、市）與其他直轄市、縣（市）、鄉（鎮、市）依(二)訂定行政契約時，應視事務之性質，載明下列事項：

1.訂定行政契約之團體或機關。 2.合作之事項及方法。

3.費用之分攤原則。 4.合作之期間。

5.契約之生效要件及時點。 6.違約之處理方式。

7.其他涉及相互間權利義務之事項。

(四)**依約定履行義務**（地制法§24-3）：直轄市、縣（市）、鄉（鎮、市）應依約定履行其義務；遇有爭議時，得報請共同上級業務主管機關協調或依司法程序處理。

此外，地方自治團體之間，如權限有爭議時，亦可依地方制度法第77條規定，由其監督機關解決該權限爭議。

註釋

[註1] 薄著P111～120。

[註2] 管著P251～255。

[註3] 薄著P120～128。

精選題庫

測驗題

( ) **1** 依現行憲法規定，有關文化古物之保存屬於下列何種事項？ (A)中央立法並執行 (B)中央立法並執行，或交由省縣執行 (C)省立法並執行，或交由縣執行 (D)縣立法並執行。

( ) **2** 依現行憲法規定，警察制度屬於下列何種事項？ (A)中央立法並執行 (B)中央立法並執行，或交由省縣執行 (C)省立法並執行，或交由縣執行 (D)縣立法並執行。

( ) **3** 下列事項中，何者屬於現行憲法第107條所定由中央立法並執行之事項？ (A)公共衛生 (B)警察制度 (C)司法制度 (D)教育制度。

( ) **4** 地方自治團體執行其自治事項時，自治監督機關對其所可實施之監督為何？ (A)專業監督 (B)概括性監督 (C)合法性監督 (D)合目的性監督。

( ) **5** 依地方制度法之規定，下列那些事項是屬於縣（市）之事項，而非屬鄉（鎮、市）之事項？ (A)組織及行政管理事項 (B)水利事項及勞工行政事項 (C)財政事項 (D)事業之經營及管理事項。

( ) **6** 以下何者並非中央集權制之優點？ (A)維持政策、行政的全國統一性 (B)全國易有劃一之制度 (C)因地制宜 (D)權責不易混淆。

答 **1 (B)** **2 (B)** **3 (C)** **4 (C)** **5 (B)** **6 (C)**

申論題

一、試說明地方分權制與中央集權制之意義及其得失？（參本章壹、中央與地方權限之劃分）

二、學理上中央與地方權限劃分的基本原則為何？地方制度法第22條有何特殊的規定？試述之。（參本章壹之四：學理上中央與地方權限劃分的基本原則）

三、何謂均權制？其特徵為何？（參本章壹之三：均權制）

四、試說明地方政府事權之保障方法有那些？（參本章參：地方政府事權的保障）

五、何謂自治事項？何謂委辦事項？由我國憲法條文含義看，憲法那些條款所規定者為自治事項？那些有成為委辦事項之可能？試析述之。（參本章肆：自治事項與委辦事項）

六、依據地方制度法第21條與第24條的規定，旨在強化跨直轄市、縣（市）與鄉（鎮、市）事務的處理及其共同相關事業的合辦、經營，試申述其條文要旨與意義。（參本章伍：地方自治事項之共同辦理）

七、桃園縣政府辦理委辦事項違背憲法、法律、中央命令或逾越權限者，應如何處理？請依「地方制度法」之規定，說明之。（參本章肆之二：地方議會對自治事項、委辦事項議決之效力）

八、請依地方制度法有關規定，說明當台北市辦理某自治事項而可能連帶影響新北市時，所可能採行的解決或處置方式。（參本章伍之四：跨區域合作（跨域治理））

第5章 地方自治的法規

依出題頻率區分，屬：**A 頻率高**

前言

地方自治法規得簡稱為自治法規或地方法規，乃規定關於地方事項之法規。但嚴格說來，自治法規或地方法規的觀念，不盡相同。分述如下：

(一)自治法規：凡規定地方自治事項之法規，不問其為中央立法機關或地方立法機關所制定者均屬之。例如：省縣自治通則、省縣自治法、直轄市自治法、地方制度法等，雖由中央立法院所制定，自亦包括在自治法規內。

(二)地方法規：由地方自治機關所制定關於地方自治事項之法規，因而由中央立法院所制定之法律即不包含在內。

壹 地方自治法規之訂定

一、意義

直轄市、縣（市）、鄉（鎮、市）得就其自治事項或依法律及上級法規之授權，制定自治法規。（地制法§25前）

二、種類

(一)**自治條例**：自治法規經地方立法機關通過，並由各該行政機關公布者，稱自治條例。（地制法§25中）

(二)**自治規則**：自治法規由地方行政機關訂定，並發布或下達者，稱自治規則。（地制法§25後）

(三)**委辦規則**：直轄市政府、縣（市）政府、鄉（鎮、市）公所為辦理上級機關委辦事項，得依其法定職權或基於法律、中央法規之授權，訂定委辦規則。（地制法§29前）

隨堂筆記

地方立法機關得訂定自律規則，此類自律規則係地方立法機關行使法定職權時，必要之成文行為規範，蓋議事機關如有周延之議事規則，即不必受制於不成文行為規範之羈絆，將有助於議事程序之進行，因該類規則無涉人民權利義務關係，故不列入自治法規之分析。（地制法§31）

〈地方法規之制定程序〉

- 自治條例
  - 有罰則→核定
  - 無罰則→備查
- 自治規則
  - 法律授權訂定→送該法主管機關備查法定職權或自治條例
  - 授權→送上級政府或地方立法機關備查
- 委辦規則→函報委辦機關核定
- 自律規則→報各該上級政府備查

貳　自治條例　重要

一、自治條例的名稱

自治條例應分別冠以各該地方自治團體之名稱，在直轄市稱直轄市法規、在縣（市）稱縣（市）規章，在鄉（鎮、市）稱鄉（鎮、市）規約。（地制法§26Ⅰ）

二、自治條例訂定之事項

(一) **下列事項以自治條例定之（即指自治條例之「立法保留事項」）**（地制法§28）

1. 法律或自治條例規定應經地方立法機關議決者。
2. 創設、剝奪或限制地方自治團體居民之權利義務者。
3. 關於地方自治團體及所營事業機構之組織者。
4. 其他重要事項，經地方立法機關議決應以自治條例定之者。

(二) **紀俊臣**：地方自治法規應以「自治條例」制定者，係屬影響地方居民權益、行政組織運作等事項，此與一般法律保留限於議會保留、干涉保留、制度保留和社會保留（或稱重要保留），很相一致，正表示自治條例已具「地方性法律」之形式要件。

三、自治條例之行政罰

(一) **現行法律**（地制法§26）

1. 違反地方自治事項之行政義務之行政罰：直轄市法規、縣（市）規章就違反地方自治事項之行政義務者，得規定處以罰鍰或其他種類之行政罰。但法律另有規定者，不在此限。其為罰鍰之處罰，逾期不繳納者，得依相關法律移送強制執行。[註1]

2. 行政罰之種類：

(1) 處罰最高新台幣10萬元為限；並得規定連續處罰之。

(2) 其他行政罰之種類限於勒令停工、停止營業、吊扣執照或其他一定期限內限制或禁止為一定行為之不利處分。

3. 自治條例之核定、備查：

(1) 自治條例經各該地方立法機關議決後，如規定有罰則時，應分別報經行政院、中央各該主管機關核定後發布。

(2) 其餘除法律或縣規章另有規定外，直轄市法規發布後，應報中央各該主管機關轉行政院備查；縣（市）規章發布後，應報中央各該主管機關備查；鄉（鎮、市）規約發布後，應報縣政府備查。

(二) **學者見解**：紀俊臣：由上開條文之規定可知，自治條例係經地方立法機關通過，其訂名為○○市或縣（市）或鄉（鎮、市）○○○自治條例，法條定名自治條例而非條例，旨在與國家法律中之「條例」者有所區隔，避免民眾適用時發生混淆，有其不得已之處。事涉「干涉保留」之罰則規定，不僅限於直轄市或縣（市）之自治條例，且須是新台幣10萬元以下之罰鍰，或是有一定期限之限制或禁止之不利處分，該設有罰則之自治條例，須經上級機關核定後始可發布施行。該法為防杜地方法規之浮濫，以致妨害基本人權，應與憲法第23條明定，限制基本人權除須採取「法律保留」外，並嚴格遵守「比例原則」之法治原則，正相符合，爰顯示立法者法治主義堅持之一斑。圖解如下：

地方自治法規（地方制度法第25條～第32條）

地方自治法規第25條：「直轄市、縣（市）、鄉（鎮、市）得就其自治事項或依法律及上級法規之授權，制定自治法規。」

種類	自治條例	自治規則	委辦規則	自律規則
意義	自治法規經地方立法機關通過，並由各該行政機關公布者，稱自治條例。	自治法規由地方行政機關訂定，並發布或下達者，稱自治規則。	直轄市政府、縣（市）政府、鄉（鎮、市）公所為辦理上級機關委辦事項，得依其法定職權或基於法律、中央法規之授權，訂定委辦規則。	地方立法機關得訂定自律規則。自律規則除法律或自治條例另有規定外，由各該立法機關發布，並報各該上級政府備查。
制定機關	地方議會	地方行政機關	地方行政機關	地方議會
規定內容	規範地方事務及居民權利義務，即規定自治事項之內容。	對自治事項訂定之規程、規則、細則、辦法、綱要、標準、準則。	對委辦事項訂定之規程、規則、細則、辦法、綱要、標準、準則。	指地方議會之議事規則，且將不再是議事內規，而係屬自治法規之一種。
名稱	直轄市：直轄市法規；縣（市）：縣（市）規章；鄉（鎮、市）：鄉（鎮、市）規約	其名稱須加上「自治」兩字。	其名稱須加上「委辦」兩字。	指地方議會之議事規則，且將不再是議事內規，而係屬自治法規之一種。
法律依據	意義：§25 名稱：§26	意義：§25；§27 名稱：§27 程序：§27	意義：§29 名稱：§29（§27）	意義：§31

種類	自治條例	自治規則	委辦規則	自律規則
備註	規定事項：(自治條例保留事項) 1.法律或自治條例規定應經地方立法機關議決者。 2.創設、剝奪或限制地方自治團體居民之權利義務者。 3.關於地方自治團體及所營事業機構之組織者。 4.其他重要事項，經地方立法機關議決應以自治條例定之者。	程序：除法律或自治條例另有規定外，應於發布後依規定函報備查。	—	—

值得注意的是，依地方制度法第26條第2項的規定：「直轄市法規、縣（市）規章就違反地方自治事項之行政義務者，得規定處以罰鍰或其他種類之行政罰。但法律另有規定者，不在此限。其為罰鍰之處罰，逾期不繳納者，得依相關法律移送強制執行。」第3項：「前項罰鍰之處罰，最高以新台幣10萬元為限；並得規定連續處罰之。其他行政罰之種類限於勒令停工、停止營業、吊扣執照或其他一定期限內限制或禁止為一定行為之不利處分。」因此，參照內政部89年12月1日台（89）內民字第8909025號函，對自治條例規定教職員請假扣薪是否屬地方制度法第26條第4項規定「罰則」之範圍疑義，有如下說明：

1. 地方制度法第26條第4項規定：「自治條例經各該地方立法機關議決後，如規定有罰則時，應分別報經行政院、中央各該主管機關、縣政府核定後發布；其餘除法律或縣規章另有規定外，直轄市法規發布後，應報中央各該主管機關轉行政院備查；縣（市）規章發布後，應報中央各該主管機關備查；鄉（鎮、市）規約發布後，應報縣政府備查。」其所稱「罰則」，係指同條第2項及第3項所稱罰鍰或其他種類之行政罰而言。

至於同條第2項、第3項規定自治條例對於違反自治事項之行政義務者，得規定處以罰鍰或其他種類之行政罰，其立法意旨原係賦予自治法規有訂定罰則之權，以確保其規範效力，惟考量其對人民權利之干涉程度宜有適度之限制，並避免自治條例創造法律所沒有之處罰種類，故明定罰鍰之額度以新台幣10萬元為限，其他種類之行政罰則限於勒令停工、停止營業、吊扣執照或其他一定期限內限制或禁止為一定行為之不利處分；同時，第4項亦規定應先報請行政院或中央各該主管機關核定後始得公布。至於法律或法律明確授權之法規命令，如已就相關行政罰之構成要件及效果明確規定時，自治條例應引該規定。如已有該構成要件者，即得依相關法律或法規命令予以處罰，非屬地方制度法第26條訂定之罰則範圍。

2.「高雄市立各級學校及職員出勤差假管理自治條例」規定學校教師或職員請事假滿規定之期限者，其超過部分按日扣除俸薪，是否屬地方制度法第26條訂定之罰則範圍？地方制度法所訂之罰則，係指「行政罰」（或稱「秩序罰」）而言，其適用對象為一般行政法法律關係內之人民，而「高雄市立各級學校及職員出勤差假管理自治條例」係規範學校教師或職員與學校間的權利義務關係（或稱「特別權利義務關係」），而非「行政罰」，因此非地方制度法所稱罰則之範圍。

(1) 又若國家法律對某一事項業已有處罰之規定，地方自治團體是否可另以自治條例針對同一事項再課以人民行政罰或加重違反行政義務之處罰。前曾有台北市政府擬對在台北市區域內酒醉駕車者，以台北市自治條例（法規）處以新台幣6萬元之罰鍰之議。惟對於酒醉駕車，道路交通管理處罰條例第35條[註2]已有課處15,000元以上120,000元以下罰鍰之罰則。則在台北市區域內酒醉駕車究應適用酒醉駕車處罰之自治條例處罰6萬元，抑或適用道路交通管理處罰條例處罰15,000元以上120,000元罰鍰？同一違反行政法上義務之違法行為同時符合有罰則的自治條例與國家法律之構成要件時，究應以特別法優於普通法之概念來優先適用自治條例，抑或以法秩序位階

（rule of law）概念優先適用道路交通管理處罰條例？[註3] 對此，第26條第2項但書做出了價值取捨。

(2) 地方制度法第26條第2項但書「但法律另有規定者，不在此限」之規定，正是日本於1960年代末期所興起的「法律先占理論」之投射。按此「法律先占理論」[註4]，凡國家法就某事項並未制訂規範者；就國家法所規範之同一事項，自治立法基於不同目的而加以規範；基於與國家法相同之管制目的，自治立法就不同事項設有規範者；地方自治立法權之行使是被認可的而並無牴觸國家法之問題。

(3) 惟近有基於考慮規制事項的性質與人權保障的要素，而將國家法分為「規制限度法律」與「最低基準法律」；自治立法只有在與前者相違誤時，才會被認為違法無效[註5]。此應為我國未來自治立法權法制發展方向之參考。

四、司法院釋字第527號解釋

根據司法院釋字第527號解釋中說明了地方政府擁有自主組織權。其解釋文如下：「地方自治團體及其所屬機關之組織，應由地方立法機關依中央主管機關所擬訂之準則制定組織自治條例加以規定，復為地方制度法第28條第3款、第54條及第62條所明定。在該法公布施行後，凡自治團體之機關及職位，其設置自應依前述程序辦理。惟職位之設置法律已有明確規定，倘訂定相關規章須費相當時日者，先由各該地方行政機關依地方制度法相關規定設置並依法任命人員，乃為因應業務實際需要之措施，於過渡期間內，尚非法所不許。至法律規定得設置之職位，地方自治團體既有自主決定設置與否之權限，自應有組織自治條例之依據方可進用，乃屬當然。」

該解釋文中亦強調地方自治團體的某些自治事務與爭議是可以聲請解釋的，而某些自治事務與爭議是不可以聲請解釋的。茲如下述：

得聲請解釋之事項			
事項	相關法條	聲請機關	備註
各級地方立法機關議決之自治事項，與憲法、法律、中央法規或上級自治團體自治法規牴觸者無效者	地方制度法第43條第1項～第3項	監督機關	--

得聲請解釋之事項			
事項	相關法條	聲請機關	備註
各級地方自治團之自治法規，有違憲、違法之疑義，而未予函告無效者	地方制度法第30條第1項～第4項	監督機關	--
受函告無效之自治條例；受函告無效之自治規則	大法官審判法第8條第1項、第2項（即現行憲法訴訟法第83條第1項第2款）	地方立法機關；地方政府	不須層轉
依地方制度法第75條對地方自治團體行政機關（即指監督機關，包括：直轄市、縣、市政府或鄉、鎮、市公所）辦理該條第2項、第4項及第6項之自治事項，認有違背憲法、法律或其他上位規範尚有疑義，未依各該項規定予以撤銷、變更、廢止或停止其執行者	地方制度法第75條第8項	監督機關	--
地方自治團體之行政機關對上開主管機關（即監督機關）所為處分行為，認為已涉及辦理自治事項所依據之自治法規因違反上位規範而生之效力問題，且該自治法規未經上級主管機關函告無效者	地方制度法第75條第8項	地方政府	--

得聲請解釋之事項			
事項	相關法條	聲請機關	備註
地方政府對監督機關之處分而構成大法官審判法第5條第1項第1款（即現行憲法訴訟法第83條第1第1項第1款）之疑義或爭議者	大法官審判法第5條第1項第1款（即現行憲法訴訟法第83條第1第1項第1款）、釋字第527號解釋	地方政府	--
地方政府對監督機關之處分，認為有損害地方自治團體之權利或法律上利益情事者	地方制度法第76條、釋字第527號解釋	地方政府	依法提起行政訴訟，於窮盡訴訟之審級救濟後，若仍發生法律或其他上位規範違憲疑義，而合於司法院大法官審理案件法第5條第1項第2款之要件，亦非不得聲請本院解釋（現行憲法訴訟法第82條第1項）
地方政府執行委辦事項或執行中央法規，發生違憲、違法之疑義，經層轉監督機關同意者	地方制度法第75條第3、5、7項	監督機關	須層轉且同意
地方政府對同級立法機關議決事項發生執行之爭議者	地方制度法第38、39條	法律已明文規定解決爭議機制	參看地方制度法第38條及第39條
各級地方立法機關對本身通過之決議事項或自治事項法規，同時又認為該決議有違憲違法者	地方制度法第43條	違反禁反言原則	--

得聲請解釋之事項			
事項	相關法條	聲請機關	備註
純為中央與地方自治團體間或上下級地方自治團體間之權限爭議，無關地方自治團體決議自治事項或自治法規效力問題，亦不屬前開得提起行政訴訟之事項者	地方制度法第77條	法律已明文規定解決爭議機制	參看地方制度法第77條
受函告無效之委辦規則者	地方制度法第29條	須遵守上級機關之指揮監督，地方政府只有被動執行權	--
地方政府執行委辦事項或執行中央法規，發生違憲、違法之疑義，經層轉未得同意者	地方制度法第75條	須層轉且同意	--

參　自治規則（地制法§27）

(一)**訂定依據**：直轄市政府、縣（市）政府、鄉（鎮、市）公所就其自治事項，得依其法定職權或法律、基於法律授權之法規、自治條例之授權，訂定自治規則。

(二)**自治規則之名稱**：前項自治規則應分別冠以各該地方自治團體之名稱，並得依其性質，定名為規程、規則、細則、辦法、綱要、標準或準則。

(三)**自治規則之備查**：直轄市、縣（市）、鄉（鎮、市）自治規則，除法律或基於法律授權之法規另有規定外，應於發布後分別函報行政院、中央各該主管機關、縣政府備查，並函送各該地方立法機關查照。

紀俊臣老師認為：此項自治規則之發布程序，幾與中央法規標準法所規定之中央法規發布程序相若，一方面顯示中央法規與地方法規之程序正義一致性；另一方面亦說明地方法規，即使是自治規則，地方立法機關亦可經由

「查照」之法定程序，就其是否違反憲法、法律或法律授權之法規、自治條例加以必要性之「審查」（Review），使地方行政機關不致因有訂定行政規則之行政立法權，而影響法效力位階之設定。

一、制定程序不同

自治條例須經地方立法機關通過，並由各該行政機關公布；自治規則則由地方行政機關訂定，並發布或下達。第27條規定直轄市政府、縣（市）政府、鄉（鎮、市）公所就其自治事項，得依其法定職權或基於法律、自治條例之授權，訂定自治規則。

二、名稱不同

依地方制度法第26條第1項的規定：自治條例應分別冠以各該地方自治團體之名稱，在直轄市稱直轄市法規，在縣（市）稱縣（市）規章，在鄉（鎮、市）稱鄉（鎮、市）規約；依地方制度法第27條第2項的規定：自治規則應分別冠以各該地方自治團體之名稱，並得依其性質，定名為規程、規則、細則、辦法、綱要、標準或準則。

三、內容不同

依地方制度法第26條第2、3項的規定：自治條例中之直轄市法規、縣（市）規章，就違反地方自治事項之行政義務者，得規定處以罰鍰或其他種類之行政罰，但法律另有規定者，不在此限，其為罰鍰之處罰，逾期不繳納者，得依相關法律移送強制執行。前項罰鍰之處罰，最高以新台幣10萬元為限；並得規定連續處罰之。其他行政罰之種類限於勒令停工、停止營業、吊扣執照或其他一定期限內限制或禁止為一定行為之不利處分。且在地方制度法第28條亦規定：自治條例得創設、剝奪或限制地方自治團體居民之權利義務，但是，自治規則並無上述的規定。

四、無效原因不同

依地方制度法第30條第1項的規定：「自治條例與憲法、法律或基於法律授權之法規或上級自治團體自治條例牴觸者，無效。」；同條第2項規定：「自治規則與憲法、法律、基於法律授權之法規、上級自治團體自治條例或該自治團體自治條例牴觸者，無效。」

肆　委辦規則（地制法§29）

一、委辦規則之意義

直轄市政府、縣（市）政府、鄉（鎮、市）公所為辦理上級機關委辦事項，得依其法定職權或基於法律、中央法規之授權，訂定委辦規則。

二、委辦規則之核定

委辦規則應函報委辦機關核定後發布之；其名稱準用自治規則之規定。

伍　自律規則（地制法§31）

一、自律規則之意義

地方立法機關得訂定自律規則。

二、自律規則之備查

自律規則除法律或自治條例另有規定外，由各該立法機關發布，並報各該上級政府備查。

三、自律規則之效力

自律規則與憲法、法律、中央法規或上級自治法規牴觸者，無效。

陸　自治法規之效力

效力（Effect）係指法律就其規定事項所發生之效果而言，而由法律位階言之，上位法效力高於下位法，且不得牴觸，牴觸者下位法無效。

一、自治條例具地方性法律效力（類同法規命令）

行政程序法第150條規定：「本法所稱法規命令，係指行政機關基於法律授權，對多數不特定人民就一般事項所作抽象之對外發生法律效果之規定。」

「法規命令之內容應明列其法律授權之依據，並不得逾越法律授權之範圍與立法精神。」

此係國內法律首見之「法規命令」界定，就其與法律固然易於區辨，但就此法規命令比之於地方制度法之自治條例，似有格格不入之處。蓋自治條例須經地方立法機關通過，即可公布施行。少數因涉及干涉行政或法律有特別規定，當須送請上級機關核定，始可公布施行。

既然將位階低於法律之法規命令，以視同自治條例位階不可行，則自治條例如能提昇其效力位階，方得設定其效力之定位。基本上其法律效力，勉強視之如同法規命令，但其法形式則應以「地方性法律」看待。

二、自治規則具行政規則效力

行政程序法第159條規定：「本法所稱行政規則，係指上級機關對下級機關，或長官對屬官，依其權限或職權為規範機關內部秩序及運作，所為非直接對外發生法規範效力之一般、抽象之規定。」

此亦係國內法律首見之「行政規則」定義，其位階低於法規命令，比之於地方制度法的自治規則，似有值得參照之處。蓋依地方制度法所規定之「自治規則」，係地方行政機關所訂定，雖不送立法機關審議，但須送各該立法機關查照。如依地方制度法第28條對「自治條例」之保留條件比較，自治規則應無涉及人民權利義務之事項，僅係行政機關貫徹依法行政之內部作業規定，視之為「行政規則」，當屬較合目的性之推論。

三、委辦規則具行政規則效力

委辦規則既係地方行政機關基於法定職權或授權所訂定的規範，其類同行政程序法之「行政規則」，在效力上不得牴觸憲法、法律，甚至中央法令（地制法§30Ⅲ）。

(一) **自治條例**：自治條例與憲法、法律或基於法律授權之法規或上級自治團體自治條例牴觸者，無效。

(二) **自治規則**：自治規則與憲法、法律、基於法律授權之法規、上級自治團體自治條例或該自治團體自治條例牴觸者，無效。

(三) **委辦規則**：委辦規則與憲法、法律、中央法令牴觸者，無效。

(四)**無效之函告**

1. 自治條例、自治規則發生牴觸無效者，分別由行政院、中央各該主管機關、縣政府予以函告。
2. 委辦規則發生牴觸無效者，由委辦機關予以函告無效。

(五)**違法之司法審查**：自治法規與憲法、法律、基於法律授權之法規、上級自治團體自治條例或該自治團體自治條例有無牴觸發生疑義時，得聲請司法院解釋之。

隨堂筆記

法的位階如下：（從位階高者到位階低者）

1.法律→直轄市法規→直轄市行政規則。

2.法律→縣（市）規章→縣（市）行政規則。

3.法律→縣（市）規章→鄉（鎮、市）規約→鄉（鎮、市）行政規則。

(六)**地方立法機關之立法行為**

- 法律案：核定、備查、函告無效（第26條及第30條）
- 非法律案
  - 自律規則：備查（第31條）
  - 預算案：協商解決，逕行決定（第43條、第40條第5項準用第4項）
  - 其他議決事項：函告無效（第43條）

柒 自治法規之發布程序、生效要件（地制法§32）

一、發布程序（地制法§32I~II）

(一)**自治條例**：自治條例經地方立法機關議決後，函送各該地方行政機關，地方行政機關收到後，除法律另有規定，或依第三十九條規定提起覆議、第四十三條規定報請上級政府予以函告無效或聲請司法院解釋者外，應於三十日內公布。

(二)自治法規、委辦規則

1. 應經其他機關核定者，應於核定文送達各該地方行政機關三十日內公布或發布。
2. 須經上級政府或委辦機關核定者，核定機關應於一個月內為核定與否之決定；逾期視為核定，由函報機關逕行公布或發布。
3. 但因內容複雜、關係重大，須較長時間之審查，經核定機關具明理由函告延長核定期限者，不在此限。

二、生效日

(一)原則

1. 自公布或發布之日起算至第三日起發生效力。
2. 特定有施行日期者，自該特定日起發生效力。

(二)例外

1. 地方行政機關未依規定期限公布或發布者，該自治法規、委辦規則自期限屆滿之日起算至第三日起發生效力，並由地方立法機關代為發布。
2. 但經上級政府或委辦機關核定者，由核定機關代為發布。

捌 地方自治法規之效力

一、自治條例具地方性法律效力，類同行政程序法所規定之法規命令

(一)行政程序法第150條

1. 本法所稱法規命令，係指行政機關基於法律授權，對多數不特定人民就一般事項所作抽象之對外發生法律效果之規定。
2. 法規命令之內容應明列其法律授權之依據，並不得逾越法律授權之範圍與立法精神。

(二)此係國內法律首見之「法規命令」界定，就其與法律固然易於區辨，但就此法規命令比之於地方制度法之自治條例，似有格格不入之處。蓋自

治條例須經地方立法機關通過，即可公布施行；少數因涉及干涉行政或法律而有特別規定者，尚須送請上級機關核定，始可公布施行。

既然將位階低於法律之法規命令，以視同自治條例位階不可行，則自治條例如能提昇其效力位階，方得設定其效力之定位。基本上其法律效力，勉強視之如同法規命令，但其法的形式則應以「地方性法律」看待。自治條例係落實地方自治，提昇自治法規效力之新法制，地方自治團體應配合精省工程之省法規轉化作業，將涉及人民權益之自治事項法律化，促使自治條例早日完成立法，以保障地方法規秩序之健全發展。

二、自治規則具行政規則效力

(一)行政程序法第159條規定：「本法所稱行政規則，係指上級機關對下級機關，或長官對屬官，依其權限或職權為規範機關內部秩序及運作，所為非直接對外發生法規範效力之一般、抽象之規定。」

(二)此係國內法律首見之「行政規則」定義，其他位階低於法規命令，比之於地方制度法的自治規則，似有值得參照之處。蓋依地方制度法所規定之「自治規則」，係地方行政機關所訂定，雖不送立法機關審議，但須送各該立法機關查照。如依地方制度法第28條對「自治條例」之保留條件比較，自治法規應無涉及人民權利義務之事項，僅係行政機關貫徹依法行政之內部作業規定，視之為「行政規則」當屬較合目的性之推論。

三、委辦規則具行政規則效力

委辦規則既係地方行政機關基於法定職權或授權所訂定之規範，其類同行政程序法之「行政規則」，在效力上不得牴觸憲法、法律，甚至中央法令（地制法30III）。

四、自治條例、自治規則及委辦規則之生效條件（地制法§32）

(一)**公布或發布時間**

1. 自治條例經地方立法機關議決後，函送各該地方行政機關，地方行政機關收到後，除法律另有規定，或依第39條規定提起覆議、第43條規定報請上級政府予以函告無效或聲請司法院解釋者外，應於30日內公布。

2. 自治法規、委辦規則依規定應經其他機關核定者，應於核定文送達各該地方行政機關30日內公布或發布。
3. 自治法規、委辦規則須經上級政府或委辦機關核定者，核定機關應於1個月內為核定與否之決定；逾期視為核定，由函報機關逕行公布或發布。但因內容複雜、關係重大，須較長時間之審查，經核定機關具明理由函告延長核定期限者，不在此限。

(二)生效日期

1. 自治法規、委辦規則自公布或發布之日起算至第3日起發生效力。但特定有施行日期者，自該特定日起發生效力。
2. 第1項及第2項自治法規、委辦規則，地方行政機關未依規定期限公布或發布者，該自治法規、委辦規則自期限屆滿之日起算至第3日起發生效力，並由地方立法機關代為發布。但經上級政府或委辦機關核定者，由核定機關代為發布。（參看紀俊臣「地方自治法規的分類與效力定位」，台北市政府法規委員會）

玖 自治規則得否訂定罰則

一、肯定說

憲法第109、110條規定地方之自治權限，而地方自治團體所訂之自治規章難免限制人民之自由、權利。綜觀憲法之規定亦未禁止地方自治規章限制人民自由權利。且根據釋字38號：「縣議會行使縣立法之職權時，若無憲法或其他法律之授權，不得限制人民之自由權利。因此，自治規章之內容規定可涉及人民之權利、義務，但必須不違背憲法之精神，且須有法律的明確授權始可。」

二、否定說

依憲法第23條法律保留原則之規定，人民之權利必須在必要情況下，方得以法律限制之。另依中央法規標準法第5條之規定，對於人民權利義務應以法律定之。同法第6條規定，應以法律規定之事項，不得以命令定之。

三、鄉（鎮、市）規約不賦予裁罰權

鄉（鎮、市）規約不賦予裁罰權，惟法規亦通稱自治條例。依地方制度法第26條規定，鄉（鎮、市）經由各該鄉（鎮、市）民代表會通過之鄉（鎮、市）規約，其規約定名亦為自治條例，與直轄市、縣（市）之自治條例並無不同，但規範內容不同。立法者鑑於鄉（鎮、市）幅員不大，如果賦予裁罰權，將因有一縣數制的混亂現象發生，而影響法秩序之維持，爰以排除裁罰權之賦予，實有其值得諒解之立法理由。

四、小結

根據蔡茂寅教授指出，在國政層次，關於人民權利義務之事項應受法律保留原則之拘束，雖為「中央法規標準法」所明定，但在得有法律明確授權之前提下，行政命令得拘束人民之權利自由，而設有罰則規定，向為我國學說及實務界所肯定，行政程序法第150條就「法規命令」之規定，則為以立法方式所做之最明白的確認。既然法律與自治條例均有規定罰則之權限，則在國政層次毫無疑問之事，在地方自治團體適用時欲為相異之解釋者，恐怕非有合理之論據不可。換言之，如中央之行政命令在不逾越法律授權之範圍內得設罰則規定，則在不逾越法律及自治條例授權之範圍內，只要不牴觸「授權明確性」原則，自治規則得設罰則規定，似乎亦是從合目的性觀點所能到達之合理解釋。

拾　自治條例的處罰或規定，能否比中央法規更為嚴格？

地方法規不得牴觸法律與法律授權之法規、地方制度法確有明文，但地方法規是否牴觸法律或中央之法規命令，其實在認定上有其困難之處，學理上有否定說與肯定說。

一、學說

(一)否定說

採「中央法破地方法」原則，認為地方法規不得牴觸中央法律，基於法律效力位階，中央法律優於地方法規，故地方法規當然不得較中央法律作較高或較嚴格之規定。

(二)肯定說

1. 在「上乘條例」、「橫出條例」之情況下，中央法律只是「最低基準」，地方法規可以較中央法律作更高、更嚴格之規定。

知識補給站

(一) **上乘條例**：係指地方自治團體所制定之自治條例或自治規則得基於與國家法律相同之目的，再就其已規範之事項、拘束之對象，訂定比國家法律、法規命令更為嚴格限制之管制措施。

(二) **橫出條例**：係是指地方自治團體所制定之自治條例或自治規則得與國家法律、法規命令基於相同之規範目的，依據法律授權另對國家法律、法規命令所規定以外之事項，再以自治條例或自治規則加以相繩。

2. 中央法律與地方法規二者規定之目的、事項、對象均相同時，以中央法律規定為最高限度，地方法規不可作更高、更嚴格之規定。

二、司法見解

(一)最高行政法院94年及96年法官聯席會議決議

地方政府本得就其自治事項，於不牴觸中央法律前提下，依需要以自治法規另定較高之限制標準，難謂與中央法律之規定牴觸。

(二)憲法法庭111年憲判字第6號判決

我國憲法之單一體制下，專屬中央立法事項，地方不得另訂牴觸中央法定標準之自治法規，至多只能依中央法律之授權，就其執行部分，於不違反中央法律之前提下，自訂相關之自治條例或規則。

實力充電站

一、會議次別：最高行政法院94年11月份庭長法官聯席會議

二、決議日期：民國94年11月22日

三、法律問題：縣（市）政府公告限制申請設立電子遊戲場業者，須距離國民中、小學、高中、職校、醫院1000公尺以上，此項公告限制是否合法？

甲說：按「電子遊戲場申請設立時，其營業場所應符合下列規定：營業場所位於實施都市計畫地區者，應符合都市計畫法及都市土地使用分區管制之規定；於非都市計畫地區者，應符合區域計畫法及非都市土地使用管制之規定。……」「電子遊戲場業之營業場所，應距離國民中、小學、高中、職校、醫院50公尺以上」。為電子遊戲場業管理條例第8條第1款、第9條第1項所明定，是縣（市）政府依都市計畫法第6條、第39條、都市計畫法臺灣省施行細則第17條第9款之規定，對於都市計畫各使用區之使用，自有權依據地方實際情況，作必要之限制使用。且依地方制度法第19條第6款規定，關於都市計畫事項，亦為縣市自治事項，從而，縣（市）政府衡酌該管縣（市）境內電子遊戲場之經營型態、設施環境、消費客群及學校、社區、社會普遍意向等，為避免電子遊戲場之設立有妨礙縣（市）內商業正常發展及妨礙公共安全、社會安全與環境安寧，而依電子遊戲場業管理條例第8條第1款及都市計畫法第6條、第39條暨都市計畫法臺灣省施行細則第17條第9款之規定，公告規定該縣（市）商業區申請設立遊戲場業之營業場所應距離國小、國中、高中、高職及醫院1000公尺以上，既有法律授權依據，且與電子遊戲場業管理條例第9條規定並未牴觸。

乙說：電子遊戲場業管理條例第8條第1款規定：「電子遊戲場申請設立時，其營業場所應符合下列規定：一、營業場所位於實施都市計畫地區者，應符合都市計畫法及都市土地使用分區管制之規定；於非都市計畫地區者，應符合區域計畫法及非都市土地使用管制之規定。」已明白規定電子遊戲場業者欲向主管機關申請設立登記時，其營業場所應符合之相關管制規定，尚無待縣（市）政府另以上開公告補充之。況前開條款亦未定有授權縣（市）政府就該條例規範事項再訂定法規命令之明文，援引該條款作為前述公告之法律依據，顯屬無稽。至縣（市）政府雖另以都市計畫法臺灣省施行細則第17條第9款為上開公告之法律依據，然該

施行細則係基於都市計畫法第39條之授權，都市計畫法既未授權臺灣省政府再將訂定限制人民權利之法規命令之權限，再行委任予次級政府，縣（市）政府據以發布上開公告，亦非正當。又按，法規命令不得與法律或憲法牴觸，且此所謂之法律，並不限於作為母法之授權法律，而應廣及於一般相關法律，此觀諸憲法第172條、中央法規標準法第11條及行政程序法第158條規定甚明。電子遊戲場業管理條例第9條第1項既明定：「電子遊戲場業之營業場所，應距離國民中、小學、高中、職校、醫院50公尺以上。」公告內容所定「申請電子遊戲場業，應距離國小、國中、高中、高職及醫院1000公尺以上。」顯已牴觸前開電子遊戲場業管理條例第9條第1項規定，且未經授權而增加法律所無之限制。

四、決議：電子遊戲場業管理條例第9條第1項規定：「電子遊戲場業之營業場所，應距離國民中、小學、高中、職校、醫院50公尺以上。」上開規定之立法目的，乃鑑於電子遊藝場對於社會安寧會造成一定之影響，故明定其營業場所應距離對於環境安寧有著極高要求之學校、醫院50公尺以上。因其限制對於營業人營業自由之影響尚屬輕微，所定50公尺之限制，應解為係對電子遊戲營業場所設置之最低限制。又關於縣（市）工商輔導及管理，乃屬地方制度法第19條第7款第3目規定之縣（市）自治事項，依同法第25條之規定，縣（市）本得就其自治事項，於不牴觸中央法律之前提下，自行制訂符合地域需要之自治法規，故縣（市）依其地方環境之需要，以自治法規另定較高之限制標準，難謂與電子遊戲場業管理條例第9條第1項之規定牴觸。惟關於創設、剝奪或限制地方自治團體居民之權利義務，應以自治條例定之，為地方制度法第28條第2款所明定。縣（市）政府依都市計畫法臺灣省施行細則第17條第9款之規定逕以公告限制申請設立電子遊戲場業者，須距離國民中、小學、高中、職校、醫院1000公尺以上，自係對於人民營業權之限制，其未以自治條例為之，即與地方制度法第28條第2款之規定不合，其公告要非合法。至以自治條例規定電子遊戲場業營業場所應距離國民中、小學、高中、職校、醫院若干公尺以上之限制，關係居民之營業權，須符合比例原則，乃屬當然，併此指明。

五、編註：本則決議，依據最高行政法院民國96年6月25日96年6月份庭長法官聯席會議決議，應予補充：

補充決議文「查電子遊戲場業管理條例第8條第1款所定：「電子遊戲場業營業場所應符合都市計畫法及都市土地使用分區管制」，此為對都市計畫有關事項之規定。至同法第9條關於電子遊戲場之營業場所須距離學校、醫院一定距離，乃鑑於學校與醫院對於環境安寧有較高之要求，此與都市計畫管制土地、建築物之使用，二者立法目的不同。

又都市計畫法主管機關在中央為內政部，而電子遊戲場業管理條例主管機關在中央為經濟部，分別為都市計畫法第4條、電子遊戲場業管理條例第2條所定，二者主管機關不同，所規範之事項自屬有異。觀諸都市計畫法第6條規定：「直轄市及縣（市）（局）政府對於都市計畫範圍內之土地，得限制其使用人為妨礙都市計畫之使用。」及同法第39條規定：「對於都市計畫各使用區及特定專用區內土地及建築物之使用……等事項，……直轄市政府得依據地方實際狀況，於本法施行細則中作必要之規定。」，可知都市計畫係對土地及建物分區使用加以限制，例如電子遊戲場必須設於商業區。而電子遊戲場業管理條例第9條規定之要件，則屬主管機關對電子遊戲場業之管理規定，非屬都市計畫法規範之範疇。該事項既非都市計畫法應規定之事項，則該法所授權訂定之高雄市施行細則，自不得就非屬母法規範之事項，逾越母法授權，對電子遊戲場應距離學校、醫院若干公尺，加以規定，上述施行細則對此所為規定，乃屬逾越權限而不得逕予適用。本院94年11月份庭長法官聯席會議決議應予補充。」

資料來源：
司法院公報第48卷1期201-202頁
最高行政法院庭長法官聯席會議決議彙編（99年3月版）第215-217頁

實力充電站

一、會議次別：最高行政法院96年6月份庭長法官聯席會議

二、決議日期：民國96年06月25日

三、法律問題：本院94年11月22日就限制電子遊戲場業者之營業場所，應與學校一定之距離，作成決議，認為縣市政府依都市計畫法臺灣省施行細則第17條第9款之規定，逕以公告限制聲請設立電子遊戲場，需距離學校、醫院1000公尺以上，係對於人民營業權之限制，其未以自治條例為之，即與地方制度法第28條第2款之規定不合，其公告要非合法。該決議僅對臺灣省各縣市依都市計畫法臺灣省施行細則再授權地方政府之公告

是否有據，加以討論作成決議，而對院轄市高雄市政府，直接依據都市計畫法高雄市施行細則中明訂，遊戲場業之設立需距離學校、醫院1000公尺，是否合法有據，未及一併討論，擬報請准予移請本院庭長法官聯席會議補充討論。

甲說：電子遊戲場業管理條例第8條第1款規定；電子遊戲場業營業場所應符合都市計畫法及都市土地使用分區管制之規定，此規定只對都市計畫有關事項規定，關於電子遊戲場業之營業場所須距離學校、醫院一定距離，乃鑑於學校與醫院對於環境安寧有較高之要求，此與都市計畫管制土地、建築物之使用，二者立法目的不同，故都市計畫法授權訂定之施行細則，自不得逾越母法授權而就電子遊戲場應距離學校、醫院若干公尺乙事，加以規定，如施行細則對此為規定，仍屬逾越權限之規定，不得逕予適用。高雄市施行細則直接於細則中加以規定，雖與都市計畫法臺灣省施行細則再授權與各縣市政府公告為之，有所不同，但因該事項非屬都市計畫有關事項，自不得由都市計畫法授權於該法施行細則訂定之。故其結論應與本院前引決議相同。

乙說：都市計畫法高雄市施行細則，係依都市計畫法第6條、第39條及第85條授權而訂定，該授權範圍具體明確，是以都市計畫法高雄市施行細則基於法律明確授權而於該細則第13條第11款訂定電子遊戲場業之營業場所，必須距離學校、醫院一定之距離，與法律保留原則尚無違背，自可加以適用。至於本院原決議係以都市計畫法臺灣省施行細則再授權各縣（市）政府公告，違反禁止再授權之原則，故臺灣省各縣（市）政府以公告限制人民之營業權，因違反法律保留原則，自不得逕予以適用。而都市計畫法高雄市政府施行細則，直接於其施行細則加以規定，與前開都市計畫法臺灣省施行細則再授權各縣市政府公告，二者情形不同，自應分別處理，應認高雄市政府以都市計畫法高雄市施行細則第13條第11款作為處分之依據，尚屬於法有據，勿庸由縣（市）政府經議會制訂地方自治法為必要，不受本院前述決議意旨之拘束。

四、決議：查電子遊戲場業管理條例第8條第1款所定：「電子遊戲場業營業場所應符合都市計畫法及都市土地使用分區管制」，此為對都市計畫有關事項之規定。至同法第9條關於電子遊戲場之營業場所須距離學校、醫院一定距離，乃鑑於學校與醫院對於環境安寧有較高之要求，此與都市計畫管制土地、建築物之使用，二者立法目的不同。又都市計畫法主管機關在中央為內政部，而電子遊戲場業管理條例主管機關在中央為經濟部，分別為都市計畫法第4條、電子遊戲場業管理條例第2條所定，二者主管機關不同，所規範之事項自屬有異。觀諸都市計畫法第6條規定：「直轄市及縣（市）（局）政府對於都市計畫範圍內之土地，得限制其使用人為妨礙都市計畫之使用。」及同法第39條規定：「對於都市計畫各使用區及特定專用區內土地及建築物之使用……等事項，……直轄市政府得依據地方實際狀況，於本法施行細則中作必要之規定。」，可知都市計畫係對土地及建物分區使用加以限制，例如電子遊戲場必須設於商業區。而電子遊戲場業管理條例第9條規定之要件，則屬主管機關對電子遊戲場業之管理規定，非屬都市計畫法規範之範疇。該事項既非都市計畫法應規定之事項，則該法所授權訂定之高雄市施行細則，自不得就非屬母法規範之事項，逾越母法授權，對電子遊戲場應距離學校、醫院若干公尺，加以規定，上述施行細則對此所為規定，乃屬逾越權限而不得逕予適用。本院94年11月份庭長法官聯席會議決議應予補充。

參考法條：都市計畫法第4、6、39、85條（91.12.11）
都市計畫法臺灣省施行細則（89.12.29訂定）第17條（95.07.21）
都市計畫法高雄市施行細則第13條（95.05.18）
電子遊戲場業管理條例第2、8、9條（89.02.03）
地方制度法第28條（96.05.23）
資料來源：司法院
司法院公報第49卷11期234-235頁
最高行政法院庭長法官聯席會議決議彙編（99年3月版）第217-219頁

實力充電站

一、判決字號：111年憲判字第6號【萊劑殘留標準之權限爭議案】

二、主文：

(一) 進口肉品及其產製品殘留乙型受體素之安全容許量標準，屬中央立法事項。

(二) 衛生福利部就聲請人嘉義市議會，行政院就聲請人臺北市議會、臺南市議會、臺中市議會及桃園市議會，函告其所通過之各該自治條例無效或不予核定部分（如附表一及二所示），並未逾越憲法賦予中央監督地方自治之權限範圍，均屬合憲。

(三) 其餘聲請不受理。

三、理由：

參、受理部分之審查

一、中央與地方間權限分配之憲法原則

(一)憲法之框架規定：有關地方自治及中央與地方如何分權，憲法第10章及憲法增修條文第9條第1項規定分別就中央、省、縣之立法及執行事項，設有明文。至於直轄市之自治事項，憲法或其增修條文均無明文規定予以直接保障，而係以憲法第118條規定授權立法院以法律定之。在解釋上，直轄市自治權限可能高於、等於或低於憲法所明文保障之省縣自治，立法者就此本享有一定之形成空間。然以我國有關地方自治之憲政實踐而言，立法者就直轄市之自治層級，大致與凍結前之省相當，而高於縣（市）（地制法第3條第1項及第2項規定參照）；然就直轄市自治事項之保障範圍，則與縣（市）自治事項幾乎完全相同（地制法第18條及第19條規定參照）。是就本件所涉上開食品安全標準之訂定權限爭議，應認直轄市與縣（市）享有相同之權限或應受到相同之限制，而毋須予以區別。

依憲法第10章及憲法增修條文第9條第1項規定意旨，有關中央與地方間權限爭議之分配，如憲法本文及其增修條文已有明文規定者，依其規定。例如憲法第107條規定專屬中央立法並執行權限之事項；憲法第108條所定事項之立法權限屬中央，其執行則由中央決定是否自行執行或交由地方執行；憲法第109條有關省自治規定業經憲法增修條文第9條第1項規定凍結而停止適用；憲法第110條則規定屬縣立法並執行之縣自治事項。是涉及中央或地方權限劃分之爭議時，首應探究憲法本文及其增修條文是否已有明文規定，或可據以解釋而劃分中央與地方間之權限。於無明文且無從經由解釋而決定其性質究屬中央或地方之權限時，始由立法院依憲法第111條規定以政治途徑解決之（司法院釋字第769號解釋參照）。

(二)本件爭議之性質及所涉及之憲法規定：就本件所涉進口肉品殘留萊克多巴胺之安全容許量標準爭議而言，食安法第15條第2項規定：「前項第5款……殘留農藥或動物用藥安全容許量……之標準，由中央主管機關會商相關機關定之。」同條第4項規定：「國內外之肉品及其他相關產製品，除依中央主管機關根據國人膳食習慣為風險評估所訂定安全容許量標準者外，不得檢出乙型受體素。」已明文授權並容許中央主管機關衛福部得不採零檢出標準，而另訂安全容許量標準。衛福部基於上述食安法規定之授權，先依行政院農業委員會（下稱農委會）101年9月7日農防字第1011473960號公告，於101年9月11日修正發布動物用藥殘留標準第3條規定，就乙型受體素中之萊克多巴胺，增訂牛肉殘留萊克多巴胺之安全容許量標準；再依農委會109年9月7日農防字第1091472241號公告，於109年9月17日修正發布動物用藥殘留標準（110年1月1日施行），在第3條及其附表增訂豬肉殘留萊克多巴胺之安全容許量標準（上開標準第3條附表之註6參照）。

對於上述衛福部先後就牛、豬肉殘留萊克多巴胺之安全容許量標準，聲請人一至四所定系爭自治條例一至四則明定豬肉及其產製品不得檢出包括萊克多巴胺在內之任何乙型受體素，聲請人五所定系爭自治條例五則明定牛、雞、豬等肉類及其產製品均不得檢出乙型受體素包括萊克多巴胺。是聲請人一至五係於系爭自治條例一至五各就肉品殘留萊克多巴胺之安全容許量，採取與上開中央法令不同且更為嚴格之零檢出標準，並主張上述自治條例屬於憲法所保障之地方自治立法權限，致與中央產生本件權限爭議。

按本件所涉進口肉品殘留含有萊克多巴胺之安全容許量標準爭議，係涉及中央與地方間立法權限之劃分，而非執行權限劃分之爭議。更精確言之，憲法第108條第1項第18款規定「公共衛生」事項，由中央立法並執行之，或交由省縣執行之，是中央就食品安全標準必有立法權。問題在於：憲法第110條第1項第1款亦規定縣衛生事項，由縣立法並執行之。地方得否依據後者規定主張其有立法權，而得以其自治條例訂定有別於中央法律規定之標準，並排除中央法律之適用？

除了上述憲法規定外，由於食品（包括國外輸入及國內生產者）安全標準之訂定及執行，亦涉及食品之製造、交易、運輸、進出口等，是憲法第107條第11款「國際貿易政策」、第108條第1項第3款「商業」及第10款「二省以上之……農牧事業」（以上均屬中央立法事項）、第110條第1項第1款「縣……實業……」及第5款「縣……漁牧……」（以上均屬縣立法事項）等規定，亦為審理本件爭議時所應納入考量之憲法相關規定。

就上開憲法規定而言，除國際貿易政策之立法權係專屬中央外，（公共）衛生或農牧、漁牧事項看似由中央與縣（市）分享立法權，故尚難僅依上開憲法規定，即逕自論斷究係由中央獨占食品安全標準之立法權，或係由中央與地方分享立法權，且各有其憲法保障之立法權核心領域。憲法就此權限歸屬既有上述明文規定，故本件爭議並非憲法第111條規定所稱之未列舉事項。然由於上開憲法規定之文義仍無法提供水晶般透明之清楚答案，故需就憲法之體系及規範意旨進一步解釋，始足以劃分中央與地方之立法權限。

(三) **單一國體制下，地方自治團體就自治事項之立法權，仍應受憲法及中央法律之拘束**：我國憲法就政府體制之垂直權力分立，係採單一國，而非聯邦國體制。憲法除於第107條及第108條明定專屬中央立法之事項外，並未同時明定有專屬地方之立法或執行事項，其他政府權力如司法權、考試權及監察權，亦均專屬中央。就目前仍有適用之憲法第110條規定而言，該條第1項所列之各種縣自治事項，均可在憲法第107條及第108條找到相對應或類似性質之事項規定，而無中央立法權完全或絕對不及之縣自治事項。換言之，憲法第107條至第110條就中央、省及縣立法權事項及範圍之規定，並非相互排斥，互不重疊，反而有如同心圓式之規範架構，各個縣自治事項（小圓），均為其相對應之省自治事項（中圓）及中央立法權（大圓）所包涵。至直轄市之自治事項，憲法第118條規定係授權中央立法決定，而無憲法直接保障之地方自治核心事項。

在我國憲法之單一國體制下，如專屬中央立法事項，地方即無以自治條例另行立法之權，至多只能依中央法律之授權，就其執行部分，於不違反中央法律之前提下，自訂相關之自治條例或規則。相對於此，即使是憲法保障之地方自治事項，均仍受憲法及中央法律之拘束，且不得牴觸憲法及中央法律之規定。此即憲法第125條規定：「縣單行規章，與國家法律或省法規牴觸者無效。」之意旨。憲法第108條第2項規定：「前項各款，省於不牴觸國家法律內，得制定單行法規。」亦屬類似意旨之規定。直轄市就其自治事項之立法，在解釋上至少也受有與上開縣立法類似之拘束，即不得牴觸憲法及中央法律之規定，而同有上述中央法律優位原則之適用。就此，司法院釋字第738號解釋亦曾釋示：「……各地方自治團體所訂相關自治條例須不牴觸憲法、法律者，始有適用，自屬當然。」（上開解釋理由書第2段），可資參照。又地制法第30條第1項規定：「自治條例與憲法、法律或基於法律授權之法規或上級自治團體自治條例牴觸者，無效。」即係為貫徹上述單一國體制所定之中央法律規範。

(四) 地方因地制宜行使自治立法權之範圍及界限：除憲法明文劃歸中央專屬立法權事項（憲法第107條及第108條規定參照）外，各縣就憲法第110條所定各事項，本於地方自治因地制宜之精神，就其「有一縣之性質者」（憲法第111條規定參照），應有其自治立法及執行權。直轄市就「有一直轄市之性質者」，亦同。中央對於此等自治事項，不論是組織法或作用法，均仍得以法律予以規範（如地制法、地方稅法通則等），且有一定之立法形成空間。然為貫徹憲法保障地方自治之意旨，中央法律宜留給地方就其自治事項有一定之立法或執行空間。而地方行使其自治立法或執行權時，亦應注意其範圍及界限。

按任一地方自治團體，不論縣（市）或直轄市，均有其法定轄區，而為該地方自治立法及行政權所應及且所能及之空間範圍。故不論是「有一縣之性質」或「有一直轄市之性質」者，就地方自治團體之執行權而言，當然應以其轄區為空間範圍。除法律別有規定者外，各該地方自治行政機關原則上並不得跨縣（市）或跨直轄市行使其執行權，自不待言。至如一地方自治立法係以位於各該地方轄區內之人、事、物等為其規範對象，原則上可認屬各該地方自治立法權之範圍。反之，地方轄區外之人、事、物等，原則上即非地方自治立法權所得及之範圍。至於地方自治立法究係僅以其轄區內之人、事、物為其規範對象，或已逾此界限而對其轄區外之人、事、物有所規範，就其判斷，除應依地方自治條例規定之文義認定外，亦應考量其規範效果及實際影響。**地方自治條例規定之文字在表面上縱僅以各該地方居民或事物為其規範對象，然如其規範效果或適用結果對於轄區外居民或事物，會產生直接、密切之實質影響，則應認該地方自治條例之規範內容，已超出一縣（市）或一直轄市之轄區範圍，而應屬跨地方轄區甚至全國性質之事項，自不應完全交由各地方自治團體自行立法並執行。**縱使依憲法第110

條第2項規定，得由有關各縣共同辦理（執行），然其立法權仍應劃歸中央（憲法第108條第1項第9款及第10款規定意旨參照），只是在執行上容可考量各地差異，而交由地方執行。

二、肉品殘留萊克多巴胺之安全容許量標準，屬中央立法事項，地方不得另訂牴觸中央法定標準之自治法規

(一) 系爭安全容許量標準具全國一致之性質，屬中央立法事項：就以全國為其銷售範圍之國內外肉品及其產製品而言，如容許各地方得自訂不同之動物殘留用藥之安全容許量標準，則必然對各該地方轄區外之買賣雙方及販售、運送等行為，產生直接、密切之實質影響。例如同一火車上所販售含牛、豬肉之相同食品，會因經過不同縣市而有能否合法販售之不同待遇或疑義，致民無所適從。是有關食品安全衛生之管制標準，應具有全國一致之性質，而屬憲法第108條第1項第3款規定「商業」及第18款規定「公共衛生」所定之中央立法事項。

依據上述憲法規定，食安法第15條第1項第5款規定：「食品或食品添加物有下列情形之一者，不得製造、加工、調配、包裝、運送、貯存、販賣、輸入、輸出、作為贈品或公開陳列：……五、殘留農藥或動物用藥含量超過安全容許量。……」就上開第5款規定所稱安全容許量之標準，同條第2項明定「由中央主管機關會商相關機關定之」，並未授權地方亦得自行另定不同之安全容許量標準。另如同法第15條之1規定就「可供食品使用之原料品項及其限制事項」、第18條第1項規定就「食品添加物之品名、規格及其使用範圍、限量標準」、第21條第2項規定就「食品所含之基因改造食品原料」等有關食品原料及成分之規範，亦皆規定屬中央立法事項，以貫徹上述憲法規定意旨。是衛福部先後公告就進口牛肉及豬肉分別訂定其殘留萊克多巴胺安全容許量標準，不僅有食安法之明文授權，亦符合憲法第108條規定其屬中央立法事項之意旨。

(二) 系爭各該自治條例牴觸中央法律及憲法規定：系爭自治條例一至五之相關規定文字，在表面上雖看似僅以各該地方居民或事物為其規範對象，然其規範效果或適用結果顯會對其轄區外之居民或事物，產生直接、密切之實質影響，因而超出各該地方之轄區範圍，進而限制及於跨地方轄區甚至全國性質之事項。

是系爭自治條例一至五顯已逾越地方自治立法權之範圍及界限，不僅牴觸上述食安法第15條第1項第5款、第2項及第4項等中央法律規定，亦已牴觸憲法第108條第1項第3款及第18款規定意旨。

(三) **司法院釋字第738號解釋與本案之情形不同，應予區別**，本案難以比附援引其結論：聲請人等援引**司法院釋字第738號解釋**，並據以主張其所訂定之系爭自治條例為其地方自治立法事項。按上開解釋之結論固認為地方自治團體就轄區內電子遊樂場業營業場所之距離限制，得訂定比中央法律規定更為嚴格之要求，然上開解釋亦認中央制定之**電子遊戲場業管理條例第11條規定已明文賦予地方主管機關核發、撤銷及廢止電子遊戲場業營業級別證及辦理相關事項登記之權。故地方於不牴觸中央法規之範圍內，自得就法律所定自治事項，以自治條例為因地制宜之規範**（司法院釋字第738號解釋理由書第3段參照）。而**本案**各該聲請人以自治條例所訂比中央法令更為嚴格之系爭安全容許量標準，不僅**欠缺中央法規之授權，其內容亦牴觸中央法規，且其規範效果明顯干預各該轄區外居民之權利義務，而非僅以各該地方之居民為限，自與上開解釋之情形有別，而難以比附援引上開解釋之結論**。

(四) 小結：綜上，立法者為貫徹憲法第108條第1項第3款「商業」及第18款「公共衛生」規定意旨，就上述食品安全衛生事項，業已明文規定屬中央立法事項。尤其是就肉品殘留萊克多巴胺之安全容許量標準而言，食安法第15條第4項規定及其授權之動物用藥殘留標準等規定，顯係立法者就此事項所為之規範，並適用於全國，地方自治法規應受其拘束而不得自行訂定不同標準。又地方就上述事項，縱得訂定細節性、技術性之規定，以為執行之依據，然仍不得與上述中央法規牴觸。

是聲請人等於各該自治條例自訂之零檢出標準，不僅欠缺中央法律之授權，且顯然牴觸上述食安法及其法規命令。依地制法第30條第1項規定，有監督地方自治團體權限之各該主管機關自得依地制法相關規定，就各該自治法規函告無效或不予核定。

至中央所定安全容許量標準是否足以保障人民之健康權，或地方自訂之不同標準是否有其科學證據，而更能保障人民之健康權，事屬風險評估之專業問題，應由中央主管機關循法定程序，依據科學證據決定之。況有關上述安全容許量標準妥當與否之爭議，亦與本案係中央與地方間權限劃分之性質有別，不在本判決審理範圍內，併此指明。

又聲請人主張進口肉品得含萊克多巴胺，國內肉品仍禁用之，有違平等；又主張中央就中小學營養午餐、國家運動訓練中心及國軍膳食均僅限於使用國產豬肉，顯有差別待遇，違反平等原則等語。惟前者涉及國家產業政策之選擇，且受有差別待遇者係國內畜牧業者，而非地方自治團體受有差別待遇。至於後者，開放進口並不等於強制使用，因上述採購政策而受有相對不利之差別待遇者，亦係進口豬肉（包括萊豬或非萊豬）及其販售業者，而非地方自治團體或其機關。是上開聲請人主張實均與中央與地方權限爭議無關，亦不生是否違反平等原則而侵害地方自治權之問題，均併此指明。

三、聲請人等各該自治條例就進口肉品所訂零檢出之安全容許量標準，亦與憲法第148條國內貨物自由流通規定意旨有違：憲法第107條第11款明定國際貿易政策係由中央獨占立法及執行權，而中央係依我國正式參與並受拘束之世界貿易組織協定（WTO Agreements）及食品安全檢驗與動植物防疫檢疫協定（Agreement on the Application of Sanitary and Phytosanitary Measures，簡稱SPS Agreement）之相關規範，先後開放含有萊克多巴胺之牛肉及豬肉進口，然仍繼續禁止國內使用上述動物用藥。因此聲請人所定各該自治條例顯係以國外輸入之肉品為規範客體（系爭自治條例一至四均只限制進口豬肉及其產製品，系爭自治條例五則同時禁止牛、雞、豬肉及其產製品），且係針對中央已開放且得合法進口之貨物而為管制。此等管制，雖未直接牴觸憲法第107條第11款規定專屬中央之國際貿易政策立法權，然因此所致之國內市場障礙，則亦有可能間接影響我國對外貿易政策之執行及相關國際貿易條約之履行，致對外可能違反國際法義務。雖然對外之違反國際法，未必即當然並自動構成對內之違反憲法，然本庭於權衡決定系爭食品安全標準立法權究應由中央獨占，或由中央與地方分享時，亦應將上述影響納入考量，並力求國際法與國內法之調和。

按「中華民國領域內，一切貨物應許自由流通。」憲法第148條定有明文。上述規定雖定於第13章基本國策，然並非全無其規範效力，而應依其規範內容及性質認定之。為確保上述規定所設定之目標得以實現，國家（包括中央及地方）公權力之行使，至少不應與上述目標背道而馳；且就足以妨礙或阻絕國內貨物自由流通之法律及事實上障礙，國家自得採取必要措施予以排除。又上述規定係以全國為其空間範圍，亦顯有保障跨地方轄區間貨物自由流通之意旨。

依憲法第148條規定意旨，除非屬依法應予管制或禁止流通之貨物，一切合法貨物均應許自由流通，以免形成國內之市場障礙，從而背離上開條文之規範目標。本件所涉含萊克多巴胺之肉品（下稱含萊劑肉品），既為食品，也是商品，且為中央許可進口之合法貨物，自亦應受憲法第148條規定之保障。查聲請人一至五均以自治條例禁止含萊劑肉品之販售（賣），並均定有罰則；聲請人三及四則更禁止萊豬之輸出、輸入、製造、加工、調配、包裝、運送、貯存、作為贈品、公開陳列等，從而完全阻絕萊豬進口商於各該地方之買賣、運送等商業行為，即使該進口商並非於各該聲請人轄區內登記營業，亦受管制。又上述各該自治條例另亦阻絕各該地方消費者之自主決定是否食用及相關廠商之自主決定是否使用含萊劑肉品，其規範效果實幾近於宣告含萊劑肉品於其轄區內為非法商品。甚至連擬由甲縣（市）運送至乙縣（市）之含萊劑肉品，也會僅因途經聲請人三或四之轄區，而同遭禁止，甚至處罰。聲請人各該自治條例之限制、處罰，明顯具有逾越其轄區之管制目的及效果，而與因地制宜之精神不合。

聲請人各該自治條例以保護健康為由，訂定比中央規定更為嚴格之肉品殘留萊克多巴胺安全容許量標準，從而阻絕其各該轄區內含萊劑肉品之銷售、運送等，亦有違憲法第148條規定保障國內貨物自由流通之意旨。

肆、本判決結論

綜上所述，進口肉品及其產製品殘留乙型受體素（包括萊克多巴胺）之安全容許量標準，涉及全國人民之健康及商品交易等自由權利，且為保障國內貨物之自由流通，上開安全容許量標準之訂定應有全國一致之性質，依憲法第108條第1項第18款、第148條等規定，屬中央立法事項**直轄市、縣（市）為執行上開中央立法事項，於不牴觸中央法律之範圍內，固得制定自治法規；然各該地方法規如牴觸中央法律，有監督地方自治團體權限之各該主管機關自得依地制法相關規定，就各該自治法規函告無效或不予核定**。

衛福部就聲請人一，行政院就聲請人二至五，函告其所通過之各該自治條例無效或不予核定部分（如附表一及二所示），並未逾越憲法賦予中央監督地方自治之權限範圍，均屬合憲。

註釋

[註1] 依行政執行法第4條的規定：「行政執行，由原處分機關或該管行政機關為之。但公法上金錢給付義務逾期不履行者，移送法務部行政執行署所屬執行處執行之。」

[註2] 道路交通管理處罰條例業於中華民國90年1月17日總統(90)華總一義字第9000007500號令增訂公布。

[註3] 目前台北市網咖自治條例與中央對網咖之管理也有類似的情況。

[註4] 蔡茂寅，1998〈地方自治立法權的界限〉，《地方自治論叢彙編》，台北市政府法規會。

[註5] 蔡茂寅，1999《日本之地方自治－以自治立法權之介紹為中心》，《地方自治法學論輯(上)》，台北市政府法規會。

精選題庫

測驗題

( ) **1** 新北市議會通過「新北市處理妨害交通車輛自治條例」，請問該條例又可稱為： (A)新北市處理妨害交通車輛規章 (B)新北市處理妨害交通車輛辦法 (C)新北市處理妨害交通車輛要點 (D)新北市處理妨害交通車輛規則。

( ) **2** 下列那一種自治法規應送核定？ (A)未定有罰則之自治條例 (B)自治規則 (C)自律規則 (D)委辦規則。

( ) **3** 新北市對違反地方自治事項之行政義務者，得訂定規章加以處罰。但規章中所定之處罰，不得有下列那一項？ (A)勒令停工 (B)吊扣執照 (C)處新台幣20萬元之罰鍰 (D)停止營業。

( ) **4** 下列那一種情況，應認為地方自治條例之規定違法？ (A)國家法令就一定事項設立一定標準加以規範時，自治條例在與國家法令同一目的下，就同一事項，設立比該國家法令更高之標準 (B)從來就無國家法令加以規範，現在亦無國家法令加以規範，而以自治條例加以規範 (C)對國家法令所規範之事項（對象），地方自治條例以和國家法令不同之目的加以規範 (D)本來有國家法令加以規範，但國家認為「已無全國性加以規範之必要，而可允許地方依地方特殊情形加以規範」而廢掉該法令時，由地方制定自治條例加以規範。

( ) **5** 依現行地方制度法規定，自治條例經地方立法機關議決後，函送各該地方行政機關，地方行政機關原則上應於收到後幾日內公布？ (A)15日 (B)30日 (C)45日 (D)60日。

( ) **6** 依地方制度法第28條，下列何事項以自治條例定之？ (A)法律或自治條例規定應經地方行政機關決定者 (B)確認地方自治團體居民之權利義務者 (C)關於地方自治團體及所營事業機構之組織者 (D)其他次重要事項，經地方立法機關議決應以自治條例定之者。

答 1(A) 2(D) 3(C) 4(A) 5(B) 6(C)

申論題

一、依地方制度法之規定，須制定自治條例之立法保留情況為何？自治條例與自治規則兩者如何區別？（參本章貳、自治條例）

二、試說明自治法規之公布程序及其生效日期為何？（參本章柒、自治法規之發布程序、生效要件）

三、自治規則不得與那些法規牴觸？請列舉之。（參本章陸、自治法規之效力）

四、自治條例得有行政罰規定，自治規則不得有此規定，原因何在？請簡要說明之。（參本章玖、自治規則得否訂定罰則）

五、試依地方制度法之規定，說明自治法規的種類及其制（訂）定的限制。（參本章貳之三之圖解表）

六、何謂自治規則？自治規則之名稱為何？直轄市、縣（市）、鄉（鎮、市）發布自治規則後，是否需再送上級機關備查？請分別說明之。（參本章參、自治規則）

七、直轄市法規及縣市規章得規定行政罰之種類為何？試說明之。（參地方制度法第26條規定）

八、試比較自治條例與法律之區別。（參本章捌之一：地方自治法規之效力）

九、地方制度法第27條對「自治規則」之規定，與行政程序法第150條對「法規命令」、第159條對「行政規則」之規定，有何不同？試比較說明之。並說明地方行政機關可否訂定行政規則？（參本章捌之一：地方自治法規之效力）

十、自治條例訂有罰則時，應分別報經行政院、中央各該主管機關核定後公布，後者可以：核定、不予核定及宣告無效，請詳細討論每一種情形發生時，其後續行為應如何處理？（參本章貳之三：自治條例之行政罰）

第6章 我國地方政府的組織

依出題頻率區分，屬：C **頻率低**

壹 地方議會

一、省諮議會

(一) **省諮議會的性質**：修憲後之省諮議會，依憲法增修條文第9條規定，省設省諮議會，置省諮議會議員若干人，由行政院院長提請總統任命之。由此可見，省諮議會不再是省的立法機關，且其議員的產生亦由上級政府任命，不再由省民選舉產生，應為省的諮詢性機關且具有行政機關的性質。

(二) **省諮議會的組織**（地制法§11）：
省諮議會置諮議員，任期3年，為無給職，其人數由行政院參酌轄區幅員大小、人口多寡及省政業務需要定之，至少5人，至多29人，並指定其中1人為諮議長綜理會務，均由行政院院長提請總統任命之。

二、直轄市議會

(一) **相關法規之規定**

1. **憲法第118條**：「直轄市之自治，以法律定之。」然則所謂「以法律定之」，法律將採何種方式？參照中外成例，其方式不外以下幾種：
   (1) 仿省縣例，由中央制定一個「直轄市自治通則」，再由各直轄市召開直轄市民代表大會，依據「直轄市自治通則」制定直轄市自治法。
   (2) 由中央制定一個統一的「直轄市自治法」，全國各直轄市一體通用，均依此直轄市自治法實行自治。
   (3) 中央就全國各直轄市分別制定自治法，例如：「臺北市自治法」、「高雄市自治法」……等，各直轄市分別依其自治法實行自治。
   (4) 仿照美國選擇憲章制（Optional Charter）之立法例，由中央制定各種型態之直轄市自治，然後由各直轄市自行選擇，以為其自治法。
2. 自治綱要時期：臺北、高雄兩市在改為直轄市後，行政院令頒「臺北市各級組織及實施地方自治綱要」及「高雄市各級組織及實施地方自治綱要」。

3. 直轄市自治法（已於民國88年3月30日廢止）：民國83年立法院通過直轄市自治法。依憲法第118條的規定，賦予直轄市法人的地位。
4. 依地方制度法第5條規定：直轄市設直轄市議會，為直轄市之立法機關。

(二) **直轄市議會之職權**（地制法§35）

直轄市議會之職權如下：

1. 議決直轄市法規。
2. 議決直轄市預算。
3. 議決直轄市特別稅課、臨時稅課及附加稅課。
4. 議決直轄市財產之處分。
5. 議決直轄市政府組織自治條例及所屬事業機構組織自治條例。
6. 議決直轄市政府提案事項。
7. 審議直轄市決算之審核報告。
8. 議決直轄市議員提案事項。
9. 接受人民請願。
10. 其他依法律賦予之職權。

此外，同法第48條規定：直轄市議員於議會、定期會開會時，有向前項各該首長或單位主管，就其主管業務質詢之權；其質詢分為施政總質詢與業務質詢，業務質詢時，由相關業務主管備詢。

(三) **直轄市議會的組織**：直轄市議會除議員外，亦有議長、副議長與秘書處等的設置。議長、副議長係由市議員以無記名投票分別互選產生（臺北市議會組織規程第7條），負有主持會議及處理日常事務之職。秘書處置秘書長1人，簡派，承議長之命辦理市議會一切事務。除秘書長外，亦設組、室分別掌理有關議事、總務、公共關係、法規研擬、主計、人事等事務。當然，市議會也設有各種議案審查委員會，協助審查議案；設有程序委員會，編列議事日程；設有紀律委員會，審議各種懲戒事項。

1. **議員的產生及任期**（地制法§33）：直轄市議會議員由直轄市市民依法選舉之，任期4年，連選得連任。
2. **議員的名額**（地制法§33）
   (1) 區域議員名額：直轄市人口扣除原住民人口在200萬人以下者，不得超過55人；超過200萬人者，不得超過62人。
   (2)原住民議員名額：有平地原住民人口在2千人以上者，應有平地原住民選出之議員名額；有山地原住民人口在2千人以上或改制前有山地鄉者，應有山地原住民選出之議員名額。

(3)各選舉區選出之直轄市議員名額達4人者，應有婦女當選名額1人；超過4人者，每增加4人增1人。

(4)直轄市選出之山地原住民、平地原住民名額在4人以上者，應有婦女當選名額；超過4人者，每增加4人增1人。

3. **直轄市議會職權之行使方式**：直轄市議會職權之行使可以大會來行使，即以合議制來行使，復可以議員個人來行使。（紀俊臣專論中之「直轄市自治法之市政法制與立法落後」所提出的問題。）

(1)議員個別行使之權

A. 質詢權：直轄市議員有向市長提出市政總質詢，向各局、處、會、中心等機關首長提出業務質詢之權。

B. 提案權：議員3人以上之附署得向大會提出議案；但市法規案須有議員總額五分之一以上之附署。

(2)議會集體行使之權：

A. 立法權：審議涉及自治事項或委辦事項之直轄市單行法規。

B. 財政權：審議直轄市政府提出年度地方總預算案及直轄市審計處提出年度地方總決算案審核報告。此外，對於直轄市依法得予課徵之「特別稅課、臨時稅課及附加稅課」，以及直轄市財產之處分，均有議決之權。

C. 組織權：審議直轄市政府組織條例，以及該市屬事業機構之組織條例。

D. 調查權：為審查議案需要或對某一案件或問題有專業研究或對外調查之必要者，得經大會通過成立專案小組，進行調查或研究事宜。

E. 提請釋憲或統一法令解釋權：即當議會議決事項，如與法律、中央法規有無牴觸發生疑義時，議會可提請司法院解釋。

F. 受理人民請願權。

三、縣（市）議會

(一) **（縣）市議會之職權**（地制法§36）：縣（市）議會之職權如下：

1. 議決縣（市）規章。
2. 議決縣（市）預算。
3. 議決縣（市）特別稅課、臨時稅課及附加稅課。
4. 議決縣（市）財產之處分。

5. 議決縣（市）政府組織自治條例及所屬事業機構組織自治條例。

6. 議決縣（市）政府提案事項。　　7. 審議縣（市）決算之審核報告。

8. 議決縣（市）議員提案事項。　　9. 接受人民請願。

10. 其他依法律或上級法規賦予之職權。

此外，同法第48條規定：縣（市）議員定期會開會時有向前項各該首長或單位主管，就其主管業務質詢之權。

(二)**縣（市）議會議員名額**

1. **議員的產生及任期**（地制法§33）：縣（市）議會議員由縣（市）民依法選舉之，任期4年，連選得連任。

2. **議員的名額**（地制法§33）

(1)縣（市）人口扣除原住民人口在1萬人以下者，不得超過11人；人口在20萬人以下者，不得超過19人；人口在40萬人以下者，不得超過33人；人口在70萬人以下者，不得超過43人；人口在160萬人以下者，不得超過57人；人口超過160萬人者，不得超過60人。但依第二目規定計算無原住民議員名額者，原住民人口應計入之。

(2)有平地原住民人口在1500人以上者，應有平地原住民選出之議員名額；有山地原住民人口在1500人以上或有山地鄉者，應有山地原住民選出之議員名額。無山地鄉之縣（市）山地原住民、平地原住民人口數均未達1500人以上者，且原住民人口數在2000人以上者，應有原住民選出之議員名額。

(3)有離島鄉且該鄉人口在2500人以上者，依前二目規定計算之名額內應有該鄉選出之議員名額。

(4)各選舉區選出之縣（市）議員名額達4人者，應有婦女當選名額1人；超過4人者，每增加4人增1人。

(5)縣（市）選出之山地原住民、平地原住民名額在4人以上者，應有婦女當選名額1人；超過4人者，每增加4人增1人。

四、鄉、鎮、市、直轄市山地原住民區民代表會

(一)**鄉（鎮、市）議會之職權**（地制法§37）：鄉（鎮、市）民代表會之職權如下：

1. 議決鄉（鎮、市）規約。

2. 議決鄉（鎮、市）預算。

3. 議決鄉（鎮、市）臨時稅課。
4. 議決鄉（鎮、市）財產之處分。
5. 議決鄉（鎮、市）公所組織自治條例及所屬事業機構組織自治條例。
6. 議決鄉（鎮、市）公所提案事項。
7. 審議鄉（鎮、市）決算報告。
8. 議決鄉（鎮、市）民代表提案事項。
9. 接受人民請願。
10. 其他依法律或上級法規、規章賦予之職權。

此外，同法第48條規定：鄉（鎮、市）民代表會定期會開會時，代表有質詢之權。

(二) **鄉（鎮、市）民代表名額**（地制法§33）

1. 鄉（鎮、市）人口在1000人以下者，不得超過5人；人口在1萬人以下者，不得超過7人；人口在5萬人以下者，不得超過11人；人口在15萬人以下者，不得超過19人；人口超過15萬人者，不得超過31人。
2. 鄉（鎮、市）有平地原住民人口在1500人以上者，於前目總額內應有平地原住民選出之鄉（鎮、市）民代表名額。
3. 各選舉區選出之鄉（鎮、市）民代表名額達4人者，應有婦女當選名額1人；超過4人者，每增加4人增1人。
4. 鄉（鎮、市）選出之平地原住民名額在4人以上者，應有婦女當選名額；超過四人者，每增加4人增1人。

(三) **直轄市山地原住民區**：依地方制度法第83-2條準用鄉（鎮、市）之規定

五、地方議會議長、副議長、代表會主席、副主席之產生

直轄市議會、縣（市）議會議長、副議長，鄉（鎮、市）民代表會主席、副主席之選舉（地制法§45）：

(一) 直轄市議會、縣（市）議會議長、副議長，鄉（鎮、市）民代表會主席、副主席之選舉，應於議員、代表宣誓就職典禮後即時舉行，並應有議員、代表總額過半數之出席，以得票達出席總數之過半數者為當選。選舉結果無人當選時，應立即舉行第2次投票，以得票較多者為當選；得票相同者，以抽籤定之。補選時亦同。

(二) 前項選舉，出席議員、代表人數不足時，應即訂定下一次選舉時間，並通知議員、代表。第3次舉行時，出席議員、代表已達議員、代表總額三分之一

以上者，得以實到人數進行選舉，並均以得票較多者為當選；得票相同者，以抽籤定之。第2次及第3次選舉，均應於議員、代表宣誓就職當日舉行。

(三)議長、副議長、主席、副主席選出後，應即依宣誓條例規定宣誓就職。

六、地方議會議長、副議長、代表會主席、副主席之罷免

直轄市議會、縣（市）議會議長、副議長，鄉（鎮、市）民代表會主席、副主席之罷免（地制法§46）：

(一)罷免案應敘述理由，並有議員、代表總額三分之一以上之簽署，備具正、副本，分別向行政院、內政部、縣政府提出。

(二)行政院、內政部、縣政府應於收到前款罷免案後7日內將副本送達各該議會、代表會於5日內轉交被罷免人。被罷免人如有答辯，應於收到副本後7日內將答辯書送交行政院、內政部、縣政府，由其將罷免案及答辯書一併印送各議員、代表，逾期得將罷免案單獨印送。

(三)行政院、內政部、縣政府應於收到罷免案25日內，召集罷免投票會議，由出席議員、代表就同意罷免或不同意罷免，以記名投票表決之。

(四)罷免案應有議員、代表總額過半數之出席，及出席總數三分之二以上之同意罷免為通過。

(五)罷免案如經否決，於該被罷免人之任期內，不得對其再為罷免案之提出。

(六)前項第3款之罷免投票，罷免議長、主席時，由副議長、副主席擔任主席；罷免副議長、副主席時，由議長、主席擔任主席；議長、副議長、主席、副主席同時被罷免時，由出席議員、代表互推1人擔任主席。

(七)前述罷免案在未提會議前，得由原簽署人三分之二以上同意撤回之。提出會議後，應經原簽署人全體同意，並由主席徵詢全體出席議員、代表無異議後，始得撤回。

七、各級地方民意代表之保障、待遇、兼職

(一)各級地方民意代表之保障

1. **言論免責權及例外**（地制法§50）：直轄市議會、縣（市）議會、鄉（鎮、市）民代表會開會時，直轄市議員、縣（市）議員、鄉（鎮、市）民代表對於有關會議事項所為之言論及表決，對外不負責任（對外不負責任，係指不負民、刑事及原則上不負行政上責任而言。惟須負被罷免的政治責任）。但就無關會議事項所為顯然違法之言論，不

在此限。各級地方民意代表之言論免責權，限在會議時所為之言論，始受保障，若在會議外所為之言論，則不予保障。且係採「相對保障主義」，即係與會議事項有關之言論及表決始受保障，對外不負責任，但與會議事項無關之顯然違法言論及表決，仍難免責。

2. **身分保障權**（地制法§51）（**身體自由的特別保障**）：直轄市議員、縣（市）議員、鄉（鎮、市）民代表除現行犯、通緝犯外，在會期內，非經直轄市議會、縣（市）議會、鄉（鎮、市）民代表會之同意，不得逮捕或拘禁。

   各級民意代表不受逮捕權的規定，所擬保護的並非民意代表個人的人身自由，其目的在於確保民意代表機關得以正常地行使其職權，不致因其組成成員被恣意逮捕，而導致其立法功能癱瘓。

(二) **各級地方民意代表之待遇**：依地方制度法第52條規定：

1. 直轄市議員、縣（市）議員、鄉（鎮、市）民代表得支研究費等必要費用；在開會期間並得酌支出席費、交通費及膳食費。
2. 違反規定召開之會議，不得依前項規定支領出席費、交通費及膳食費，或另訂項目名稱、標準支給費用。
3. 各費用支給項目及標準，另以法律定之（已於89年1月26日公布並施行「地方民意代表費用支給及村里長事務補助費補助條例」）；非依法律不得自行增加其費用。
4. 此外，依地方制度法第61條第3項規定：村（里）長，為無給職，由鄉（鎮、市、區）公所編列村（里）長事務補助費，其補助項目及標準，以法律定之。（已於89年1月26日公布並施行「地方民意代表費用支給及村里長事務補助費補助條例」）。

知識補給站

必須注意的是，在89年1月26日所公布並施行之「地方民意代表費用支給及村里長事務補助費補助條例」，對於地方民意代表的費用支給，以及村里長事務補助費之補助作了如下的規定：

一、法源依據（§1）

本條例依地方制度法第52條第3項及第61條第3項規定制定之。

二、何謂地方民意代表（§2）

本條例所稱地方民意代表，係指直轄市市議會議長、副議長、議員；縣（市）議會議長、副議長、議員；鄉（鎮、市）民代表會主席、副主席、代表。

三、地方民意代表每月得支給研究費之支給標準（§3，於113年6月19日修正公布，114年1月1日施行）

(一) **直轄市議會議長**：參照直轄市長月俸及公費。

(二) **直轄市議會副議長**：參照直轄市副市長本俸、專業加給及主管職務加給。

(三) **直轄市議會議員**：參照直轄市政府所屬一級機關首長本俸、專業加給及主管職務加給。

(四) **縣（市）議會議長**：參照縣（市）長本俸、專業加給及主管職務加給。

(五) **縣（市）議會副議長**：參照副縣（市）長本俸、專業加給及主管職務加給。

(六) **縣（市）議會議員**：參照縣（市）政府一級單位主管簡任第十一職等本俸一級、專業加給及主管職務加給。

(七) **鄉（鎮、市）民代表會主席**：參照鄉（鎮、市）長本俸、專業加給及主管職務加給。

(八) **鄉（鎮、市）民代表會副主席**：參照縣轄市副市長本俸、專業加給及主管職務加給。

(九) **鄉（鎮、市）民代表會代表**：參照鄉（鎮、市）公所單位主管薦任第8職等本俸一級、專業加給及主管職務加給。

(十)前項所稱專業加給，係指一般公務人員之專業加給。

四、依法開會期間（參地制法§34），**得支給之出席費、交通費及膳食費之支給標準**（§4）

(一) **出席費**：每人每日支給新台幣1000元。

(二) **交通費**：每人每日支給新台幣1000元。

(三) **膳食費**：每人每日支給新台幣450元。

五、健康檢查費、保險費、郵電費、文具費、春節慰勞金、出國考察費、特別費之支給（§5）

(一) 地方民意代表因職務關係，得由各該地方民意機關編列預算，支應其健康檢查費、保險費、郵電費、文具費、春節慰勞金及出國考察費。

(二) 直轄市議會議長、副議長、縣（市）議會議長、副議長及鄉（鎮、市）民代表會主席、副主席，得由各該地方民意機關編列預算，支應因公支出之特別費。

六、助理人員及其支給（§6，於113年6月19日修正公布，114年1月1日施行）

(一) 直轄市議會、縣（市）議會得編列議員助理補助費，補助各議員聘用助理；助理補助費總額，直轄市議會議員每人每月不得超過新臺幣32萬元，縣（市）議會議員每人每月不得超過新臺幣16萬元；並應於全國公務人員各種加給年度通案調整時，比照其通案調整幅度調整，調整後之助理補助費總額及實施日期由內政部公告之。

(二) 以前項助理補助費補助聘用之助理，直轄市議會議員每人應至少聘用6人，縣（市）議會議員每人應至少聘用2人，均與議員同進退。議員得聘以日薪計之助理，其日薪累計之月總支出，不得超過前項助理補助費用總額四分之一。

(三) 前項助理適用勞動基準法之規定，其勞工保險費、全民健康保險費、勞工退休準備金、加班費、不休假加班費、資遣費及職業災害補償等依法令應由雇主負擔費用部分，由議會於不超過第一項規定總額百分之二十內編列預算支應之，並得以所領補助費之額度比照軍公教人員年終工作獎金酌給春節慰勞金。

(四) 議會應就各議員有關第1項、第2項助理補助費總額與分配情形、助理聘用關係及第3項所列各項費用之支應情形，建立內部控制制度。

七、村（里）長之事務補助費（§7，於113年6月19日修正公布，114年1月1日施行）

(一) 村（里）長由鄉（鎮、市、區）公所編列村（里）長事務補助費，每村（里）每月新臺幣5萬元，於原住民族地區之村（里）每月再增加百分之二十；並應於全國公務人員各種加給年度通案調整時，比照其通案調整幅度調整，調整後之事務補助費總額及實施日期由內政部公告之。

(二) 村（里）長因職務關係，應由鄉（鎮、市、區）公所編列預算，支應其保險費，並得編列預算，支應其健康檢查費，其標準均比照地方民意代表。

(三) 鄉（鎮、市、區）公所編列前項保險費預算，應包含投保保險金額新臺幣五百萬元以上傷害保險之保險費金額。

(四) 村（里）長除有正當理由未能投保或未足額投保傷害保險外，於當年度檢據支領保險費時，其單據應包含投保保險金額新臺幣五百萬元以上傷害保險之保險費。

(五) 村（里）長由鄉（鎮、市、區）公所參照軍公教人員年終工作獎金發給規定編列預算於春節期間另發給事務補助費，其金額以第一項事務補助費數額為基準計算之；該支出由內政部編列預算支應之。

(六)村（里）長任職滿六屆且年滿65歲者，應給予慰勞金及表揚，其額度及支給辦法由內政部訂定之（§7-1於113年6月19日修正公布時新增，114年1月1日施行）。

八、未規定之項目，不得編列預算支付

地方民意代表費用之支給及村（里）長事務補助費之補助項目及標準，依本條例之規定；本條例未規定者，不得編列預算支付。

九、本條例規定之各項費用之預算編列

本條例規定之費用，應依地方制度法第70條第2項、財政收支劃分法第37條第1項、第2項規定，由地方自治團體編列預算辦理之。

(三)各級地方民意代表兼任職務之禁止（地制法§53）

1. 直轄市議員、縣（市）議員、鄉（鎮、市）民代表，不得兼任其他公務員，公私立各級學校專任教師或其他民選公職人員，亦不得兼任各該直轄市政府、縣（市）政府、鄉（鎮、市）公所及其所屬機關、事業機關任何職務或名義。但法律、中央法規另有規定者，不在此限。
2. 直轄市議員、縣（市）議員、鄉（鎮、市）民代表當選人有前項不得任職情事者，應於就職前辭去原職，不辭去原職者，於就職時視同辭去原職，並由行政院、內政部、縣政府通知其服務機關解除其職務、職權或解聘。就職後有前項情事者，亦同。

八、各級地方議會、代表會議案來源、提案的限制、議案的撤回

【110高考三級】

議會行使職權的方式，是以會議達成，既是會議，自然應該有事可議，然而其所議之事怎麼來的呢？又是誰提出的呢？提出時有什麼限制呢？提出後可否再撤回呢？以下將分述之：[註1]

(一)議案來源

1. **政府案**：所謂政府案，即以各級地方政府或地方政府行政首長的名義而提出之議案。一般來說，政府案可分為：
   (1) 單行法規案：凡政府提出之各種單行法規議案均屬之。
   (2) 預算案、決算案：預算案與決算報告之須議會審議，法有明定，而這類議案一定得由政府提出，議員是不得提出的。

(3) 財政法案：凡有關財產之經營及處分，以及增加公庫或人民負擔事項的法案等屬之，在政府提案中，此類議案頗多。

(4) 覆議案：議會所通過或否決之議案，政府認為窒礙難行者，經上級政府核可而提請議會否決或通過之議案均屬之。

(5) 其他議案：所謂其他議案，乃指不屬於以上所列舉之各類議案而言，例如：市政府或鄉鎮縣轄市公所提出，送請市議會或鄉鎮縣轄市民代表會「同意」之市政府或鄉鎮縣轄市公所所推薦的調解委員會委員案等均屬之。

2. **議員案**：我國各級議會議員皆有提案權，由於對議員提案權之限制頗寬，所以議員案在各級地方議會的數量都很多。

3. **人民請願案**：依據地方制度法第35條第9款、36條第9款及37條第9款，均有接受人民請願之職權。

4. **委員會提案**：各級議會議事規則，雖無委員會提案的規定，但按之實際，委員會卻有提案的事實。例如：省議會第4屆第一次大會民政、財政及建設審查委員會就都有過提案。不過委員會提案多屬建議調查實地考察等類，有建設性者並不多見，且為數甚少。

(二) **提案的限制**[註2]：依據司法院大法官會議釋字第38號解釋：「……縣議會行使立法之職權時，若無憲法或其他法律之根據，不得限制人民之自由權利。」準此，可見在縣議會中，若無憲法或其他法律之根據，不得提出限制人民自由權利之議案，鄉鎮縣轄市民代表當然亦不得提出。大法官會議釋字第38號解釋，雖在文字上只限制了縣議會的立法權，實際上應對各級地方議會都具拘束力。換言之，在臺灣省各級地方議會中，若無憲法或其他法律之根據，皆不得提出限制人民自由權利的議案。

臺灣省各級地方議會中的提案，除受上述限制外，尚有一般的限制，這些限制乃提案時所應遵循的規範，茲分述如下：

1. **法權上的限制**：所謂法權上的限制，乃指提案人不得提出越權的議案。蓋各級議會，其立法權必有一定之範圍，越其範圍即為越權，因越權而提出之法案，即越權法案。又，我國各級政府之預算案，皆由政府提出，而由議會議決。依各級議會組織規程的規定，各級議會議員不得為增加支出之提議，而此規定各議員自應遵守。

2. **格式上的限制**：格式上的限制有兩點應予注意：

(1) 法案的形態上，一個法案，不能超過一個議題，蓋在會議法上已有一個必須遵循的原則，即「一個時間，只能討論一個動議。」臺灣省各級議會，於議決政府預算時，常有「附帶決議」，要求政府辦理某些事項，這種類似夾帶的附帶決議，似違背了一案不得超過一個議題的原則，實不足取法。

(2)提案須以書面為之，並須註明提案人、連署人，敘明理由或議題、理由及所擬辦法或條文，此為各級議會議事規則所明定。至於臨時提案，如未具書面者，應由記錄人員記錄案由、理由及辦法，送由提案人及附議人署名。臨時提案應具備類似一般提案的格式，只是這種格式是由記錄人員填寫而已。

3. **連署或附署人、提案人、時間、程序**

(1)依臺北市議會議事規則第9條之規定，議案之提出依下列規定：一、議員提案，應有議員3人以上之附署；如為3人以上共同提出者，得不經附署；但市法規之提案，應有議員總額五分之一以上之附署，且均應於分組審查15日前提出。二、市政府提案，應經市政會議通過，並於下列時間前以府函提出；但經大會同意之緊急提案不在此限：(一)定期大會之提案，應於分組審查15日前提出。(二)臨時大會之提案，應於開會10日前提出。

(2)另依高雄市議會議事規則第11條之規定，議案之提出依下列規定：一、議員提案，應有議員2人以上之連署；如為3人以上共同提出者，得不經連署，其共同提案人以不超過10人為限，且均應於開會10日前以書面提出。如不克於限期內提出時，仍得於分組審查5日前提出。二、市政府提案，應經市政會議之通過，並於大會開會7日前以府函提出。前項市政府提案，應先經程序委員會之審查通過後，始得提付大會討論。

4. **提案審查程序**

(1)依高雄市議會議事規則第16條之規定：議案須先付程序委員會審查，並將審查結果提報大會，必要時主席得提出交議案，逕送大會討論。經程序委員會審查報請大會不予審議之議案，如有出席議員之提議，並有6人以上之連署或附議，經表決通過者，仍應成為議案予以審議。

(2)另依臺北市議會議事規則第14條之規定，提案須先經程序委員會審查，並將審查結果提報大會；必要時，主席得提出交議案逕送大會討論。經程序委員會審查報請大會不予審議之提案，如有出席議員之提議，並有6人以上之附署或附議，經大會通過者，仍應成為議案予以審議。

5. **議員臨時提案**：依臺北市議會議事規則第11條之規定，議員臨時提案，以具有時限亟待解決事項為限，並須有3人以上之附署始能成立。除有關會議程序之動議外應先經程序委員會審查通過後，於下列時間向大會提出之：一、報告事項後，討論提案前。二、依照議事日程，議畢各案後，宣告散會前。前項提案，應否提前討論或俟議事日程所列各案議畢始付討論或列入下次會議討論，由主席徵得出席議員過半數同意決定之。
6. **修正動議**：依高雄市議會議事規則第38條之規定，修正動議，於原案二讀會中提出之；書面提出者，須2人以上之連署；口頭提出者，須4人以上附議，始得成立。對原議案及審查意見有所修正者謂之第一修正動議，對第一修正動議有所修正者謂之第二修正動議；第一修正動議應先於原案討論，第二修正動議應先於第一修正動議討論。
7. **復議**：依臺北市議會議事規則第58條之規定，決議案復議之提出，應具備下列各款：一、原決議案尚未著手執行者。二、具有與原決議案相反之理由者。三、證明動議人確於原案議決時在場，並同意原決議案者；如係無記名表決，須證明動議人未曾發言反對決議案者。四、10人以上附署或附議。復議動議，應於原案議決後之下次會散會前提出；提出於同次會者，須有他事相間；但討論之時間，由主席徵得議員過半數之同意後決定之。同規則第59條之規定，復議動議經否決後，對同一決議案不得再為復議之動議。
8. **覆議**
   (1) 依臺北市議會議事規則第60條之規定，對市政府送請覆議案，得於一讀會邀請市長列席說明。對市政府送請覆議案，應於一讀會後逕付二讀；二讀會應就是否維持原議決案作大體討論後即以無記名表決之，如有出席議員三分之二同意者，即維持原議決案，如同意票數未達出席議員三分之二者，即不維持原議決案。不維持原議決案時，得就原案重為討論；但不得作覆議前相同之決議；如係法規案，得交付委員會審查。
   (2) 依高雄市議會議事規則第60條之規定，對市政府送請覆議案，應召開大會審議，審議時，請市長列席說明。市府所送之覆議案如係市法規，得先交付法規委員會審查後，連同審查意見提交大會審議。

(三)**議案之撤回**：參照臺北市議會議事規則第13條之規定，議案之提案人、附署人或附議人不得發表反對原案之意見。提案討論前，提案人全部或一部分得撤回之；但須徵得其餘提案人及附署人之同意。議案經主席宣付討論後，提案人如欲撤回除依前項規定外，並須由主席徵詢在場全體議員無異議後行之。提案經修正者，不得撤回。 故撤回方式有二：

1. 未經討論：提案人全部或一部分得撤回之，但須徵得其餘提案人及附署人之同意。
2. 經討論後：提案人全部或一部分得撤回之，但須徵得其餘提案人及附署人之同意，並由主席徵詢在場全體議員無異議後行之。
3. 不得撤回：提案經修正者。

九、議會之讀會制度

所謂讀會制度，乃指一般所述之三讀程序而言。以下將參照省議會議事規則、縣市議會議事規則以及鄉鎮縣轄市民代表會議事規則，說明三讀程序。[註3]

(一)**第一讀會**：在第一讀會中僅將議案標題宣讀。如果全案內容有宣讀之必要時，得指定議會職員為之，標題宣讀後，即交付有關委員會審查，但經出席議員提議並經大會討論通過，得不經審查逕付二讀。

(二)**第二讀會**：第二讀會於各審查委員會審查之議案或經大會決議不經審查逕付二讀會之議案，提付大會討論時行之。第二讀會應將議案宣讀，依次或逐條提付討論，或就原案要旨，或審查意見，先作廣泛討論（省議會無廣泛討論之規定）。如經出席議員過半數之決議，得全案重付審議或撤銷之（省議會無撤銷之規定）。第二讀會對須經三讀程序完成之議案，如經大會認為必要時，得交付各委員會聯席會議審查後再行討論（縣市議會及代表會無此規定），修正動議，於原案二讀中提出。

(三)**第三讀會**：第三讀會應於第二讀會之下次會議行之。但由主席提議或出席議員提議並有2人以上附議，經大會通過（省議會係規定由主席徵得出席議員過半數同意），得於二讀後繼續進行三讀。第三讀會除發現議案內容有互相牴觸或牴觸中央法令、省法規（省議會無此規定），或與縣規章牴觸（省、縣市議會無此規定）者外，僅得為文字之修正，不得變更原意。第三讀會應將全案提付表決。

十、各級地方議會、代表會組織自治條例之訂定

地方制度法公布後，各級地方議會、代表會之組織，均由其監督機關訂定準則後，再依準則擬訂本身組織自治條例。依地方制度法第54條規定：

(一)直轄市議會之組織，由內政部擬訂準則，報行政院核定；各直轄市議會應依準則擬訂組織自治條例，報行政院核定。

(二)縣（市）議會之組織，由內政部擬訂準則，報行政院核定；各縣（市）議會應依準則擬訂組織自治條例，報內政部核定。

(三)鄉（鎮、市）民代表會之組織，由內政部擬訂準則，報行政院核定；各鄉（鎮、市）民代表會應依準則擬訂組織自治條例，報縣政府核定。

(四)新設之直轄市議會組織規程，由行政院定之；新設之縣（市）議會組織規程，由內政部定之；新設之鄉（鎮、市）民代表會組織規程，由縣政府定之。

(五)直轄市議會、縣（市）議會、鄉（鎮、市）民代表會之組織準則、規程及組織自治條例，其有關考銓業務事項，不得牴觸中央考銓法規；各權責機關於核定後，應函送考試院備查。

十一、議案的復議

復議的意義：議案經表決通過或被打消後，如有議員認為以前所作之決議，考慮未周或基於其他原因，而須重新討論，以便再作修改或補充，可以要求復議。

復議乃為議院給予議員要求重行討論決議的機會，目的在避免草率立法，以使法案的成立能達到盡善盡美之境。所以復議是院內立法程序上的一種特殊辦法，為院內自己的事，與外界絕無關係。復議的作用既有推翻以前決議之可能，因此復議動議的提出自然不宜太過容易，而應有相當的限制。一般來說，復議的提出，應受下列各項限制：

(一)**動議時間的限制**：復議動議，須提出於決議案之同次會或下次會，提出於同次會者，則須有其他事以為間隔。

(二)**動議人的限制**：復議動議只有原決議案得勝方面之人方可提出。

(三)**動議範圍的限制**：對於動議範圍之限制，直轄市、縣（市）議會及鄉（鎮、市）代表會皆規定對已著手執行者不得復議，即復議案限「原決議案尚未著手執行者。」又規定：「復議動議經表決後，不得再為復議之動議。」因此，對於一個議案只能復議一次，不得提出二度復議。

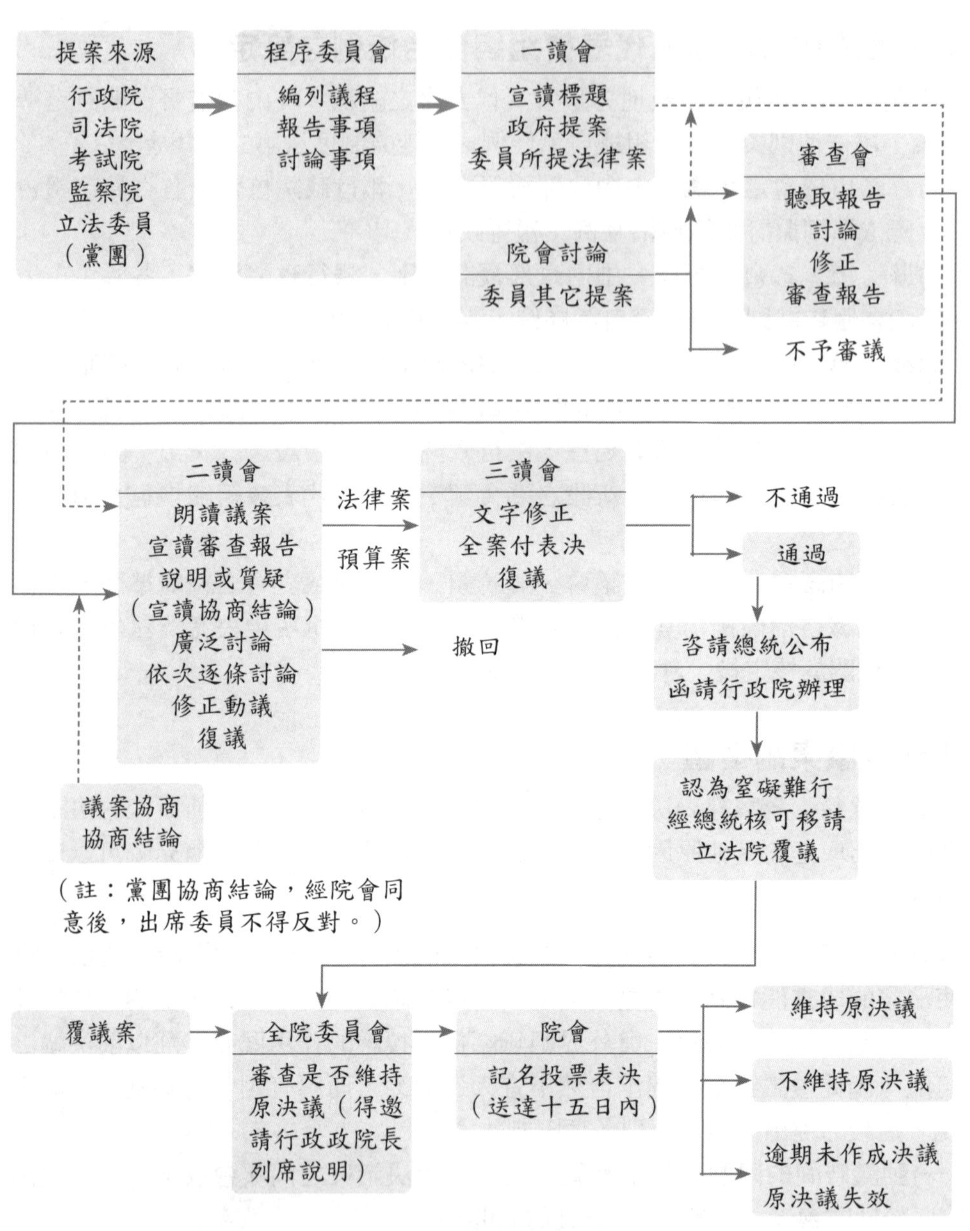

提案來源
行政院
司法院
考試院
監察院
立法委員
（黨團）
程序委員會
編列議程
報告事項
討論事項
一讀會
宣讀標題
政府提案
委員所提法律案
審查會
聽取報告
討論
修正
審查報告
院會討論
委員其它提案
不予審議
二讀會
朗讀議案
宣讀審查報告
說明或質疑
（宣讀協商結論）
廣泛討論
依次逐條討論
修正動議
復議
法律案
預算案
三讀會
文字修正
全案付表決
復議
不通過
通過
撤回
咨請總統公布
函請行政院辦理
認為窒礙難行
經總統核可移請
立法院覆議
議案協商
協商結論
（註：黨團協商結論，經院會同
意後，出席委員不得反對。）
覆議案
全院委員會
審查是否維持
原決議（得邀
請行政政院長
列席說明）
院會
記名投票表決
（送達十五日內）
維持原決議
不維持原決議
逾期未作成決議
原決議失效

三讀程序圖解

十二、議會議決案之覆議【109普考、110高考三級】

(一)**覆議的意義**：覆議乃執行機關對於議會所通過的議案如認為窒礙難行時，得要求議會重行審議。其目的在打消執行機關認為無法實施的決議案。所以，覆議雖亦可視為立法程序上之一環，但卻不能視為議院自己的事。因此，有許多學者認為，覆議權實為行政機關首長的立法性職權。

(二)**覆議的提出**（地制法§39）：

1. **直轄市政府**：直轄市政府對第35條第1款至第6款（直轄市法規、預算、稅課、財產處分、組織自治條例、市政府提案事項）及第10款（其他法律賦職權）之議決案，如認為窒礙難行時，應於該議決案送達直轄市政府30日內，就窒礙難行部分敘明理由送請直轄市議會覆議。第8款（市議員提案）及第9款（人民請願案）之議決案，如執行有困難時，應敘明理由函復直轄市議會。
2. **縣（市）政府**：縣（市）政府對第36條第1款至第6款及第10款之議決案，如認為窒礙難行時，應於該議決案送達縣（市）政府30日內，就窒礙難行部分敘明理由送請縣（市）議會覆議。第8款及第9款之議決案，如執行有困難時，應敘明理由函復縣（市）議會。
3. **鄉（鎮、市）公所**：鄉（鎮、市）公所對第37條第1款至第6款及第10款之議決案，如認為窒礙難行時，應於該議決案送達鄉（鎮、市）公所30日內，就窒礙難行部分敘明理由送請鄉（鎮、市）民代表會覆議。第8款及第9款之議決案，如執行有困難時，應敘明理由函復鄉（鎮、市）民代表會。

(三)**覆議議決的期限**：直轄市議會、縣（市）議會、鄉（鎮、市）民代表會對於直轄市政府、縣（市）政府、鄉（鎮、市）公所移送之覆議案，應於送達15日內作成決議。如為休會期間，應於7日內召集臨時會，並於開議3日內作成決議。覆議案逾期未議決者，原決議失效。（地制法§39）

(四)**覆議的效果**：覆議時，如有出席議員、代表三分之二維持原議決案，直轄市政府、縣（市）政府、鄉（鎮、市）公所應即接受該決議。但有第40條第5項（預算之覆議）或第43條第1項至第3項（議決自治事項及委辦事項牴觸上位法規而言）規定之情事者，不在此限。（地制法§39）

(五)**覆議的限制**：直轄市、縣（市）、鄉（鎮、市）預算案之覆議案，如原決議失效，直轄市議會、縣（市）議會、鄉（鎮、市）民代表會應就直轄市政府、縣（市）政府、鄉（鎮、市）公所原提案重行議決，並不得再為相同之決議，各該行政機關亦不得再提覆議。

隨堂筆記

就地方制度法中所規定的覆議而言，我國係採行部分覆議。所謂部分覆議，即可對法案實施分項覆議，亦即行政機關得將議會所通過的決議案中的若干項或某項送請議會覆議。我國即採行部分覆議。

十三、覆議與復議的區別 [註4]

(一)**意義不同**

1. **覆議**：行政機關對立法機關決議之議決案應照案執行，惟行政機關認為窒礙難行時，可於一定時間內，經過法定程序，檢附理由送請立法機關覆議。
2. **復議**：議案經議會表決通過或否決後，如有議員認為以前所作之決議未周詳，而須重新研究討論，以便再作修改或補充時所提之動議。

(二)**提出者不同**：覆議通常由地方行政機關發動；復議是由議員發動。

(三)**提出原因不同**：覆議因行政機關認為原決議案窒礙難行時而提出；復議是由議員認為原決議案當初考慮未周，持與原決議案相反之理由而提出。

(四)**提出人數不同**：覆議由行政機關提出即可，提出者並無人數多寡限制；復議則除動議人之外，尚須有10人以上之附議。

(五)**提出期間不同**：覆議案的提起有一定之期間，較固定；復議則具彈性，由主席徵詢出席議員同意後，始能決定討論表決之時間。

(六)**議決的期限不同**：覆議案如於休會期間提出，應於7日內召集臨時會，並於開議3日內作成決議，覆議案逾期未議決者，原決議失效；而復議則無議決期間的限制。

(七)**表決效果不同**：覆議時出席三分之二以上議員贊成原決議案，而為行政機關提請覆議失效時，應接受執行原決議案；復議時只要有出席二分之一以上議員贊成原決議案，則原決議案即成定案，動議人不得再提復議。

(八)**提出依據不同**：覆議乃依「地方制度法」第39條之規定；而復議則依據自律原則。

(九)**性質不同**

1. **覆議**：乃行政與立法部門之對立事項。
2. **復議**：乃議會內部關係之事項，議員給予其所要求的重行討論決議之機會，目的在於避免立法草率，是議會內部自己的事。

十四、地方議會之集會（地制法§34）

(一)**定期會**

1. 直轄市議會、縣（市）議會、鄉（鎮、市）民代表會會議，除每屆成立大會外，定期會每6個月開會一次，由議長、主席召集之，議長、主席如未依法召集時，由副議長、副主席召集之；副議長、副主席亦不依法召集時，由過半數議員、代表互推1人召集之。
2. 每次會期包括例假日或停會在內，依下列規定：
   (1) 直轄市議會不得超過70日。
   (2) 縣（市）議會議員總額40人以下者，不得超過30日；41人以上者不得超過40日。
   (3) 鄉（鎮、市）民代表會代表總額20人以下者，不得超過12日；21人以上者，不得超過16日。

(二)**延長會**：每年審議總預算之定期會，會期屆滿而議案尚未議畢或有其他必要時，得應直轄市長、縣（市）長、鄉（鎮、市）長之要求，或由議長、主席或議員、代表三分之一以上連署，提經大會決議延長會期。延長之會期，直轄市議會不得超過10日，縣（市）議會、鄉（鎮、市）民代表會不得超過5日，並不得作為質詢之用。

(三)**臨時會**

1. 直轄市議會、縣（市）議會、鄉（鎮、市）民代表會遇有下列情事之一時，得召集臨時會：
   (1) 直轄市長、縣（市）長、鄉（鎮、市）長之請求。
   (2) 議長、主席請求或議員、代表三分之一以上之請求。
   (3) 有第39條第4項之情事時。
2. 前項臨時會之召開，議長、主席應於10日內為之，其會期包括例假日或停會在內，直轄市議會每次不得超過10日，每12個月不得多於8次；縣（市）議會每次不得超過5日，每12個月不得多於6次；鄉（鎮、市）民代表會每次不得超過3日，每12個月不得多於5次。但有第39條第4項之情事時，不在此限。

十五、地方議會對預算及決算之權限[註5]【110高考三級】

(一)預算（地制法§40）

1. **預算案之提出**：直轄市總預算案，直轄市政府應於會計年度開始3個月前送達直轄市議會；縣（市）、鄉（鎮、市）總預算案，縣（市）政府、鄉（鎮、市）公所應於會計年度開始2個月前送達縣（市）議會、鄉（鎮、市）民代表會。
2. **預算案之審議期限**：直轄市議會、縣（市）議會、鄉（鎮、市）民代表會應於會計年度開始1個月前審議完成，並於會計年度開始15日前由直轄市政府、縣（市）政府、鄉（鎮、市）公所發布之。
3. **各級地方議會對所提預算案之限制**：直轄市議會、縣（市）議會、鄉（鎮、市）民代表會對於直轄市政府、縣（市）政府、鄉（鎮、市）公所所提預算案不得為增加支出之提議。
4. **預算案未依期限完成時之處理**
   (1)預算案未依期限完成時，預算如何執行：直轄市、縣（市）、鄉（鎮、市）總預算案，如不能依第1項規定期限審議完成時，其預算之執行，依下列規定為之：
      A. 收入部分暫依上年度標準及實際發生數，覈實收入。
      B. 支出部分：分為兩部分來說明。第一部分：新興資本支出及新增科目，須俟本年度預算完成審議程序後始得動支；第二部分：前目以外之科目得依已獲授權之原訂計畫或上年度執行數，覈實動支。
      C. 履行其他法定義務之收支。
      D. 因應前3款收支調度需要之債務舉借，覈實辦理。
   (2)年度開始後3個月內未完成審議時，應如何執行：直轄市、縣（市）、鄉（鎮、市）總預算案在年度開始後3個月內未完成審議，直轄市政府、縣（市）政府、鄉（鎮、市）公所得就原提總預算案未審議完成部分，報請行政院、內政部、縣政府邀集各有關機關協商，於1個月內決定之；逾期未決定者，由邀集協商之機關逕為決定之。
5. **總預算案經覆議後，仍維持原決議時之處理**：直轄市、縣（市）、鄉（鎮、市）總預算案經覆議後，仍維持原決議，或依前條第5項重行議決時，如對歲入、歲出之議決違反相關法律、基於法律授權之法規規定或逾越權限，或對維持政府施政所必須之經費、法律規定應負擔之經費及上年度已確定數額之繼續經費之刪除已造成窒礙難行時，準用前項之規定。也就是說，覆議後仍維持原決議，或重行議決時，違反相關法律或法規，或窒礙難行時，則準用前項之規定，由有關機關協商，於1個月內決定之；逾期未決定者，由邀集協商之機關逕為決定之。

6. **改制之預算審議**：依地方制度法第40-1條規定，改制後之首年度直轄市總預算案，應由改制後之直轄市政府於該年度1月31日之前送達改制後之直轄市議會，該直轄市議會應於送達後2個月內審議完成，並由該直轄市政府於審議完成日起15日內發布之，不受前條第1項規定之限制。

   會計年度開始時，前項總預算案如未送達或審議通過，其預算之執行，依下列規定為之：

   (1)收入部分依規定標準及實際發生數，覈實收入。

   (2)支出部分，除新興資本支出外，其維持政府施政所必須之經費得按期分配後覈實動支。

   (3)履行其他法定及契約義務之收支，覈實辦理。

   (4)因應前三款收支調度需要之債務舉借，覈實辦理。

   前項收支，均應編入該首年度總預算案。

(二)**預算審議之原則**（地制法§41）

1. 直轄市、縣（市）、鄉（鎮、市）總預算案之審議，應注重歲出規模、預算餘絀、計畫績效、優先順序，其中歲入以擬變更或擬設定之收入為主，審議時應就來源別分別決定之；歲出以擬變更或擬設定之支出為主，審議時應就機關別、政事別及基金別分別決定之。
2. 法定預算附加條件或期限者，從其所定。但該條件或期限為法律、自治法規所不許者，不在此限。
3. 直轄市議會、縣（市）議會、鄉（鎮、市）民代表會就預算案所為之附帶決議，應由直轄市政府、縣（市）政府、鄉（鎮、市）公所參照法令辦理。

(三)**決算**

1. **決算的意義**：所謂決算，乃行政機關對於預算規定之收支額，根據實際情形編製，並予以公開之帳目。所以我們可以這麼說，預算是對未來財政收支的預定計算，而決算則是對過去財政收支事實的結算。因此，預算只是一種預測，對於未來的歲入歲出之計算，並不一定與實際相符，而決算則為歲出歲入之決定性計算。

2. **決算之審議**：依地方制度法第42條的規定：

(1)決算之提出：直轄市、縣（市）決算案，應於會計年度結束後4個月內，提出於該管審計機關，審計機關應於決算送達後3個月內完成其審核，編造最終審定數額表，並提出決算審核報告於直轄市議會、縣（市）議會。

(2)總決算之公告：總決算最終審定數額表，由審計機關送請直轄市、縣（市）政府公告。

(3)決算審核報告之列席說明：直轄市議會、縣（市）議會審議直轄市、縣（市）決算審核報告時，得邀請審計機關首長列席說明。

(4)鄉（鎮、市）之決算：鄉（鎮、市）決算報告應於會計年度結束後6個月內送達鄉（鎮、市）民代表會審議，並由鄉（鎮、市）公所公告。

知識補給站

議會職權

地方自治體設議會，議員由住民選擇，直接對住民負責，因此議會之職權，不外乎是監督與制衡地方政府與行政首長，避免政府濫權與懈怠，故其議會之權限（職權）非常廣泛，茲按其學理上與實質上（法制上）之權職分述如下：

一、學理上之職權

直轄市議會職權之行使可以大會來行使，即以「合議制」來行使，復可以議員個人來行使。

(一)議員個別行使之權

1.質詢權：直轄市議員有向市長提出市政總質詢，向各局、處、會、中心等機關首長提出業務質詢之權。

2.提案權：議員3人以上之附署得向大會提出議案；但市法規案須有議員總額五分之一以上之附署。

(二)議會集體行使之權

1.立法權（地制法§25、§26）：審議涉及自治事項或委辦事項之直轄市單行法規。

2.財政權：審議直轄市政府提出年度地方總預算案及直轄市審計處提出年度地方總決算案審核報告。此外，對於直轄市依法得予課徵之「特別稅課、臨時稅課及附加稅課」，以及直轄市財產之處分，均有議決之權。

3.組織權：審議直轄市政府組織條例，以及該市所屬事業機構之組織條例。

4.調查權：為審查議案需要或對某一案件或問題有專業研究或對外調查之必要者，得經大會通過成立專案小組，進行調查或研究事宜。

5.提請釋憲或統一法令解釋權：即當議會議決事項，如與法律、中央法規有無牴觸發生疑義時，議會可提請司法院解釋。

6.受理人民請願權。

7.議決權：限於自治事項，不包含委辦事項。

二、實質上（法制上）之職權

(一) 直轄市議會之職權（地制法§35、§48）

1.議決直轄市法規。

2.議決直轄市預算。

3.議決直轄市特別稅課、臨時稅課及附加稅課。

4.議決直轄市財產之處分。

5.議決直轄市政府組織自治條例及所屬事業機構組織自治條例。

6.議決直轄市政府提案事項。

7.審議直轄市決算之審核報告。

8.議決直轄市議員提案事項。

9.接受人民請願。

10.其他依法律賦予之職權。

11.直轄市議員定期會開會時有向前項各該首長或單位主管，就其主管業務質詢之權。

(二) 縣（市）議會之職權（地制法§36、§48）

1.議決縣（市）規章。

2.議決縣（市）預算。

3.議決縣（市）特別稅課、臨時稅課及附加稅課。

4.議決縣（市）財產之處分。

5.議決縣（市）政府組織自治條例及所屬事業機構組織自治條例。

6.議決縣（市）政府提案事項。

7.審議縣（市）決算之審核報告。

8.議決縣（市）議員提案事項。

9.接受人民請願。

10.其他依法律或上級法規賦予之職權。

11.縣（市）議員定期會開會時，有向前項各該首長或單位主管，就其主管業務質詢之權。

(三) **鄉（鎮、市）民代表會之職權**（地制法§37、§48）

1.議決鄉（鎮、市）規約。
2.議決鄉（鎮、市）預算。
3.議決鄉（鎮、市）臨時稅課。
4.議決鄉（鎮、市）財產之處分。
5.議決鄉（鎮、市）公所組織自治條例及所屬事業機構組織自治條例。
6.議決鄉（鎮、市）公所提案事項。
7.審議鄉（鎮、市）決算報告。
8.議決鄉（鎮、市）民代表提案事項。
9.接受人民請願。
10.其他依法律或上級法規、規章賦予之職權。
11.鄉（鎮、市）民代表會定期會開會時，代表有質詢之權。

貳 地方行政機關 【109高考三級】

我國地方行政機關，在省、縣（市）稱為省、縣（市）政府；在鄉鎮縣轄市，則稱為鄉鎮縣轄市公所。

一、省政府

(一) **精省歷史**

1. 國民大會於民國86年7月21日，完成第4次的修憲工作。在憲法增修條文中第9條規定，省、縣地方制度，不受憲法第108第1項第1款、第109條、第112至115條及第122條的限制。並規定第10屆臺灣省議會議員及第1屆臺灣省省長之任期至中華民國87年12月20日止，爾後停止辦理省議員及省長之選舉；臺灣省政府之功能、業務與組織之調整，得以法律為特別之規定。
2. 修憲後，行政院研擬「臺灣省政府功能業務與組織調整暫行條例（精省條例）」草案，於87年9月10日會銜考試院函送立法院審議，立法院於同年10月9日三讀通過，隨即呈報總統（李登輝），於同月28日公布施行。

3. 立法院依據憲法第118條及憲法增修條文第9條第1項制定「地方制度法」，該法明確訂定將臺灣省非地方自治團體，而省議會也被撤除，改設省諮議會，為省政府之諮詢機關而非立法機關。
4. 中華民國107年，時任行政院長賴清德表示，依據行政院所定省府業務與人員移撥時程，民國108年起省府預算歸零，大部分業務由國家發展委員會於107年7月1日起承接，部分業務與員額至遲將於今年底完成移撥中央部會，惟，省府仍是憲政機關，非經修憲不得廢除。

(二) 省政府的定位

省議會裁撤，省長不再改選，致使省無立法權，省民無住民自治權，而形成「省」不具地方自治團體性質公法人的地位，不過，省仍屬地方制度層級，故省應可解釋為行政區域，惟已非地方自治區域。

(三) 相關法規

1. **憲法增修條文第9條**：「省設省政府，置委員9人，其中1人為主席，均由行政院院長提請總統任命之。」省長不再民選，省為行政層級之地位仍存在，但不再是地方自治團體。
2. **司法院釋字第467號解釋**
   (1) 中華民國86年7月21日公布之憲法增修條文第9條施行後，省為地方制度層級之地位仍未喪失，惟不再有憲法規定之自治事項，亦不具備自主組織權，自非地方自治團體之公法人。符合上開憲法增修條文意旨制定之各項法律，若未劃歸國家或縣市等地方自治團體之事項，而屬省之權限且得為權利義務之主體者，於此限度內，省自得具有公法人資格。
   (2) 省即使被授予公法人，則其也不再是地方自治團體性質者，換言之，其至多只能是類如「公營造物」等屬於專業性質的公法人，例如：故宮博物院、中央銀行。

知識補給站

一、公法人

(一) **意義**：公法人乃以人或物作為構成要素，而依據公法所成立，在公法上具有人格，可以行使權利享受義務之行政主體。

(二) **類型**

1.社團公法人：依釋字第467號解釋，又可分為：

(1)國家：乃依憲法所成立之權利義務主體。

(2)地方自治團體：依地方制度法第2條規定，地方自治團體乃指依地方制度法實施地方自治，具公法人地位之團體，而我國目前依地方制度法第14條規定，直轄市、縣（市）、鄉（鎮、市）為地方自治團體。

(3)其他公法人：如依農田水利法所成立的農田水利會。

2.財團公法人：例如中華經濟研究院，其是由行政院出資，依中華經濟研究院組織條例所成立之經濟行政預測機構。

二、公營造物

公營造物法人是指基於特殊行政目的，而由人與公物依法成立的靜態集合體，在德國其公立大學即被賦予公法人資格，但就我國而言，公立大學則尚未被賦予公法人資格。

3. **地方制度法**

(1)第2條：省政府為行政院派出機關，省為非地方自治團體。

(2)第3條：地方劃分為省、直轄市。

(3)第8條：省政府受行政院指揮監督。

(4)精省後的省為地方自治層級之地位仍未消失，但已成為中央派駐在地方之機關。

二、直轄市政府

(一) **組織**（地制法§55）

1. 直轄市政府置市長1人，對外代表該市，綜理市政，由市民依法選舉之，任期4年，連選得連任一次。

2. 依第1項選出之市長，應於上屆任期屆滿之日宣誓就職。

(二) **市長之職權：**[註6] 依地方制度法及台北市政府、高雄市政府組織自治條例規定市長之職權包括「綜理市政」及「指揮監督基層自治事項及所屬機關員工」二項，係以市最高行政首長執行「一般行政監督權」及「市行政決策權」，其屬「公職人員」；亦具「政務」身分。其主要職權可細分為：

1. 人事行政權（包括人事任免、考核之權）。
2. 行政指揮權。
3. 行政決策權。
4. 行政監督權。
5. 預（決）算案編列權。
6. 法規案提案權（包括市政組織法規之提案權）及議會議決案覆議權。
7. 報請行政院協商權限爭議權（包括縣市權限爭議、與市議會議決、預算案未如期完成審議之爭議）。
8. 綜理市政之權（執行權）。
9. 其他依法律賦予之職權，包含法定職權（如請求釋憲及統一解釋命令）及非法定職權（如推動城市外交）。

(三)市長之義務

1. 履行政見義務。
2. 接受議會決議之義務（與司法院大法官釋字498號之意旨有所不同）。
3. 依法行政之義務。
4. 向議會提出報告之義務（例如：定期會之施政報告，預決算編列報告）。
5. 接受議會議員質詢義務（只限於定期會）。
6. 其他法律應履行之義務。

三、縣（市）政府

(一)組織（地制法§56）：縣（市）政府置縣（市）長1人，對外代表該縣（市），綜理縣（市）政，並指導監督所轄鄉（鎮、市）自治。縣（市）長由縣（市）民依法選舉之，任期4年，每屆任期四年，連選得連任一屆。

(二)縣（市）長之職權（重要）：依地方制度法第34、48、56條規定：

1. 人事權：得任命副縣（市）長1人，人口125萬人以上之縣（市），得增置副縣（市）長1人。
2. 對外代表縣（市），綜理縣（市）政。
3. 縣（市）長並指導監督所轄鄉（鎮、市）自治。
4. 行政決策權。
5. 行政監督權：對所屬人員之獎懲考核，糾彈9職等以下之人員。
6. 預決算案之編列權。
7. 法規提案權、對議會議決案覆議權。

8. 報請行政院協商權限爭議（包括直轄市與縣之爭議，與縣議會之爭議，預算未依期限完成等之爭議）。
9. 其他法律賦予之職權。
10. 依據地方制度法第62條規定
    (1) 直轄市政府之組織，由內政部擬訂準則，報行政院核定；各直轄市政府應依準則擬訂組織自治條例，經直轄市議會同意後，報行政院備查；直轄市政府所屬機關及學校之組織規程，由直轄市政府定之。
    (2) 縣（市）政府之組織，由內政部擬訂準則，報行政院核定；各縣（市）政府應依準則擬訂組織自治條例，經縣（市）議會同意後，報內政部備查。縣（市）政府所屬機關及學校之組織規程，由縣（市）政府定之。
    (3) 前項縣（市）政府一級單位定名為處，所屬一級機關定名為局，二級單位及所屬一級機關之一級單位除主計、人事及政風機構外，定名為科。但因業務需要所設之派出單位與警察及消防機關之一級單位，得另定名稱。鄉（鎮、市）公所之組織，由內政部擬訂準則，報行政院核定；各鄉（鎮、市）公所應依準則擬訂組織自治條例，經鄉（鎮、市）民代表會同意後，報縣政府備查。鄉（鎮、市）公所所屬機關之組織規程，由鄉（鎮、市）公所定之。
    (4) 新設之直轄市政府組織規程，由行政院定之；新設之縣（市）政府組織規程，由內政部定之；新設之鄉（鎮、市）公所組織規程，由縣政府定之。
    (5) 直轄市政府、縣（市）政府、鄉（鎮、市）公所與其所屬機關及學校之組織準則、規程及組織自治條例，其有關考銓業務事項，不得牴觸中央考銓法規；各權責機關於核定或同意後，應函送考試院備查。

知識補給站

地方行政機關組織準則

第1條 本準則依地方制度法第62條第1項、第2項及第4項規定訂定之。

第2條 本準則所稱地方行政機關，指直轄市政府、縣（市）政府、鄉（鎮、市）公所、直轄市山地原住民區（以下簡稱山地原住民區）公所及其所屬機關。但不包括學校、醫院、所屬事業經營、公共造產性質機關（構）。

第10條 直轄市政府置市長一人，對外代表該市，綜理市政；置副市長二人，襄助市長處理市政；人口在二百五十萬人以上之直轄市，得增置副市長一人，職務均比照簡任第十四職等，由市長任命，並報行政院備查。

直轄市政府置秘書長一人，由市長依公務人員任用法任免之；置副秘書長二人、參事、技監、顧問、參議；人口在二百五十萬人以上之直轄市，並得增置副秘書長一人，均由市長依法任免之。

第11條 直轄市政府一級單位為處或委員會。

直轄市政府一級單位及所屬一級機關，人口未滿二百萬人者，合計不得超過二十九處、局、委員會；人口在二百萬人以上者，合計不得超過三十二處、局、委員會。

直轄市政府一級單位主管及所屬一級機關首長，除主計、人事、警察及政風主管或首長，依專屬人事管理法律任免外，其餘職務均比照簡任第十三職等，由市長任免之。

前項一級單位得置副主管，所屬一級機關得置副首長，除法律另有規定外，均由市長依公務人員任用法任免之。

第13條 直轄市之區設區公所，置區長一人、主任秘書一人；人口在二十萬人以上之區，得置副區長一人，除法律另有規定外，均由市長依公務人員任用法任免之。

前項區公所內部單位不得超過九課、室。但區人口在四十萬人以上，未滿五十萬人者，不得超過十課、室；人口在五十萬人以上者，不得超過十一課、室。山地原住民區公所不適用前2項規定。

第22條 直轄市政府之員額總數，除警察及消防機關之員額外，依下列規定設置：

一、直轄市人口在一百二十五萬人以上，未滿一百七十五萬人者，不得超過六千五百人。

二、直轄市人口在一百七十五萬人以上，未滿二百二十五萬人者，不得超過七千二百人。

三、直轄市人口在二百二十五萬人以上，未滿二百七十五萬人者，不得超過九千人。

四、直轄市人口在二百七十五萬人以上，未滿三百五十萬人者，不得超過一萬一千七百人。

五、直轄市人口在三百五十萬人以上者，不得超過一萬三千八百六十人。

本準則中華民國九十九年六月十四日修正之條文施行前已設置之直轄市政府，以一萬四千二百人為其員額總數。

直轄市有山地原住民區者，第一項員額總數應扣除山地原住民區公所及山地原住民區民代表會之員額總數。

第23條 縣（市）政府除警察及消防機關之員額外，以中華民國八十八年七月一日之編制員額總數，為其總員額基準數。以該基準數加分配增加員額之和，為各該縣（市）政府員額總數。

前項分配增加員額之計算方式如下：

一、以各該縣（市）中華民國八十七年十二月底人口數除以縣（市）總人口數所得商之百分之六十，為人口數所占分配比重。

二、以各該縣（市）中華民國八十七年十二月底各縣（市）面積除以縣（市）總面積所得商之百分之十，為面積所占分配比重。

三、以各該縣（市）自主財源比率除以縣（市）自主財源比率之和，所得商之百分之三十，為自主財源所占分配比重。

四、以各縣（市）政府合計增加員額總數之五千人乘前3款比重之和，所得之積數之整數為其分配增加員額。

前項第3款縣（市）自主財源比率，係指各縣（市）八十五年度至八十七年度之三年度歲入決算數中，扣除補助款收入、公債及借款收入、移用以前年度歲計賸餘後之數額，占各該縣（市）歲出決算數之平均值。戰地政務時期設立之事業機關（構），於戰地政務終止後改隸縣政府者，因組織調整、合併或裁撤，其編制表所列之員額數，報經內政部轉行政院核定後，得納入該縣政府員額總數計算。

第30條 警察及消防機關之員額設置基準，由各該中央主管機關定之。

四、鄉（鎮、市）、直轄市山地原住民區公所

(一) **組織**（地制法§57）

1. 鄉（鎮、市）公所置鄉（鎮、市）長1人，對外代表該鄉（鎮、市），綜理鄉（鎮、市）政，由鄉（鎮、市）民依法選舉之，每屆任期4年，連選得連任一屆。
2. 山地鄉鄉長以山地原住民為限。依第八十二條規定派員代理者，亦同。

(二) **內部單位**：置民政、建設、工務、農業、財政等課，另置人事室、政風室、主計室等單位。

(三) **直轄市山地原住民區**：依地方制度法第83-2條準用鄉（鎮、市）之規定。

五、區公所

(一)直轄市之區公所

1. 直轄市分為市、區二級。區為行政區域，不具法人地位，區公所係直轄市政府之派出機關。每一區公所有獨立的服務區域，其財源由市政府編列，與其他的區公所並無相互支援的情形。
2. 依地方制度法第58條規定：「直轄市、市之區公所，置區長1人，由市長依法任用，承市長之命綜理區政，並指揮監督所屬人員。」因此，區長係公務人員任用法中由市長就具薦任第9職等或簡任第10職等資格加以任命之直屬機關首長，未具「政務人員」身分，具有「公務人員」之身分保障。

(二)市之區公所（地制法§58）

1. 直轄市、市之區公所，置區長一人，由市長依法任用，承市長之命綜理區政，並指揮監督所屬人員。
2. 直轄市之區由鄉（鎮、市）改制者，改制日前一日仍在職之鄉（鎮、市）長，由直轄市長以機要人員方式進用為區長；其任期自改制日起，為期四年。但有下列情事之一者，不得進用：
   (1) 涉嫌犯第78條第1項第1款及第2款所列之罪，經起訴。
   (2) 涉嫌犯總統副總統選舉罷免法、公職人員選舉罷免法、農會法或漁會法之賄選罪，經起訴。
   (3) 已連任二屆。
   (4) 依法代理。
3. 前項以機要人員方式進用之區長，有下列情事之一者，應予免職：
   (1)有前項第1款、第2款或第79條第1項各款所列情事。
   (2)依刑事訴訟程序被羈押或通緝。
4. 直轄市之區由山地鄉改制者，其區長以山地原住民為限。

(三)區政諮詢委員（地制法§58-1）

1. 鄉（鎮、市）改制為區者，改制日前一日仍在職之鄉（鎮、市）民代表，除依法停止職權者外，由直轄市長聘任為區政諮詢委員；其任期自改制日起，為期四年，期滿不再聘任。
2. 區政諮詢委員職權如下
   (1)關於區政業務之諮詢事項。
   (2)關於區政之興革建議事項。

(3)關於區行政區劃之諮詢事項。

(4)其他依法令賦予之事項。

3. 區長應定期邀集區政諮詢委員召開會議。

4. 區政諮詢委員為無給職，開會時得支出席費及交通費。

5. 區政諮詢委員有下列情事之一者，應予解聘：

(1)依刑事訴訟程序被羈押或通緝。

(2)有第79條第1項各款所列情事。

六、村（里）

(一)村（里）的組織、工作、地位、功能（地制法§59）

1. **村（里）組織**：村（里）辦公處：

(1)村（里）長：村（里）置村（里）長1人，由村（里）民依法選舉之，任期4年，連選得連任。村（里）長選舉，經二次受理候選人登記，無人申請登記時，得由鄉（鎮、市、區）公所就該村（里）具村（里）長候選人資格之村（里）民遴聘之，其任期以本屆任期為限。此外，有關村（里）長的保障，依同法第61條規定：村（里）長，為無給職，由鄉（鎮、市、區）公所編列村（里）長事務補助費，其補助項目及標準，以法律定之。

(2)村（里）幹事：村（里）幹事，由鄉、鎮長依法任用之，協助村（里）長辦理村（里）公務及執行鄉、鎮公所交辦事項。

(3)鄰長：村（里）內各置鄰長1人，為無給職，由村（里）長遴報鄉（鎮、市）公所聘任之，任期4年，並受村（里）長之指揮監督，辦理該鄰事務。

2. **村（里）工作**：村（里）長受鄉（鎮、縣轄市、區）長之指揮監督，辦理村（里）公務及交辦事項。

3. **村（里）地位**：村（里）為鄉（鎮、縣轄市、區）內之編組，因此，不具法人的地位。為地方村（里）民與政府之間的連絡橋樑。

4. **村（里）功能**

(1)反映民意與宣導政令。

(2)村里民與政府聯絡之橋樑。

(3) 村里民的民權訓練場所。

(4) 發揚倫理道德及促進並維護地方自治建設。

值得注意的是，村里長乃村里民選舉產生，依地方制度法第61條規定：「村（里）長，為無給職，由鄉（鎮、市、區）公所編列村（里）長事務補助費，其補助項目及標準，以法律定之。」因此，其並非受有俸給之公務人員。而村（里）長事務補助費的目的在於推動村里公務，對村里長而言，仍非固定之用俸與歲費，故與受有俸給之公務員仍有所不同。

(二) **村（里）民大會**

1. **村（里）民大會之性質**：依臺灣省各縣市村里民大會實施辦法規定（已於92.6.1廢止），村（里）民大會之性質如下：村（里）民大會為基層人民的會議，並非法定機關，其與直轄市議會、縣（市）議會、鄉（鎮、市）民代表會的性質有所不同。村（里）民大會是表達民意、宣導政令、發揚倫理道德及促進地方自治建設的基層人民集會。

2. **村（里）民大會之職權**：依臺灣省各縣市村里民大會實施辦法第4條規定

   (1) 議決村里公約或本村與他村間之公約事項。

   (2) 議決村里興革事項及各種捐獻處理事項。

   (3) 議決村里辦公處之提案及村里建議事項。

   (4) 聽取村里辦公處工作報告事項。

   (5) 向村里辦公處提出詢問事項。

   (6) 表彰村里好人好事事項。

   (7) 協助或聽取政令報告事項。

   (8) 議決村里內其他公共事務事項。

3. **村（里）民大會之組織**：依臺灣省各縣市村里民大會實施辦法規定

   (1) 主席或主席團：村（里）民大會由村（里）長任主席，必要時得設主席團，除村（里）長為當然的成員外，由出席的村（里）民於會議前推選2人組成之，並互推1人為主席。

   (2) 出席村里民大會：村（里）民大會開會時，每戶至少應有成年村里民1人代表出席，鄰長應協助推行村（里）民大會，促請各戶準時出席開會。出席之村里民應達法定出席人數，始得開議。

   (3) 列席人員：村（里）民大會開會時，鄉（鎮、縣轄市）、區公所及轄區內各有關機關單位應按時派員列席參加。

4. **村里民大會會議分為**：依臺灣省各縣市村里民大會實施辦法規定

(1) 定期會：村里民大會每年召開一次。

(2) 臨時會：村里長認為必要時並經村里住戶戶長十分之一以上同意或村里住戶戶長五分之一以上就前條規定事項請求開會時，應於15日內召開臨時會，並請鄉（鎮、縣轄市、區）公所備查。

(3) 召集會議之規定：村里民大會及臨時會，均由村里長召集之；村里長未依規定召集時，由鄉（鎮、縣轄市、區）公所指派村里幹事代為召集之。

(4) 開會時間：村里民大會的開會時間以2小時為限，但有特別事故時，得由主席徵求出席村里民過半數之同意延長之。

5. **村里民大會之召開程序**：依臺灣省各縣市村里民大會實施辦法規定

(1) 編排開會日程：村里民大會召開時間由鄉（鎮、縣轄市、區）公所協調轄區內各村里長，配合村里民工作與生活情形編排日程後通知村里長，其編排同一時間以召開一村里為原則。大會開會日程，應報縣（市）政府備查，並函請有關單位派員列席，及函知當地各級民意代表。

(2) 召開預備會議：村里長應於村里民大會開會10日前召開預備會議，邀請選區內鄉（鎮、縣轄市）民代表、村里服務小組人員及鄰長等參加，商討開會方式、地點、討論主題及會議程序。並交由村里幹事，將討論主題通知各住戶，於開會時提出討論。

(3) 公告開會時間、地點並送達開會通知單給各住戶：村里辦公處應將村里民大會開會時間及地點，在開會7日前，於村里辦公處公告欄或村里內適當地點公告，並將開會通知單送達各住戶。

(4) 依大會開會程序進行會議：村里民大會開會時，依照大會開會程序，依序進行會議。

(5) 會後編印村里民大會決議案及大會紀錄，分送各有關機關單位，依規定辦理。

七、改制

(一) **依第87-1條**：縣（市）改制或與其他直轄市、縣（市）合併改制為直轄市，應以當屆直轄市長任期屆滿之日為改制日。縣（市）議員、縣（市）長、鄉（鎮、市）民代表、鄉（鎮、市）長及村（里）長之任期均調整至改制日止，不辦理改選。

改制後第一屆直轄市議員、直轄市長及里長之選舉，應依核定後改制計畫所定之行政區域為選舉區，於改制日10日前完成選舉投票。

前項直轄市議員選舉，得在其行政區域內劃分選舉區；其由原住民選出者，以其行政區域內之原住民為選舉區；直轄市議員選舉區之劃分，應於改制日6個月前公告，不受公職人員選舉罷免法第37條第1項但書規定之限制。

改制後第一屆直轄市議員、直轄市長及里長，應於改制日就職。

(二) **第87-2條**：縣（市）改制或與其他直轄市、縣（市）合併改制為直轄市，原直轄市、縣（市）及鄉（鎮、市）自治法規應由改制後之直轄市政府廢止之；其有繼續適用之必要者，得經改制後之直轄市政府核定公告後，繼續適用2年。

(三) **第87-3條**：縣（市）改制或與其他直轄市、縣（市）合併改制為直轄市者，原直轄市、縣（市）及鄉（鎮、市）之機關（構）與學校人員、原有資產、負債及其他權利義務，由改制後之直轄市概括承受。

縣（市）改制或與其他直轄市、縣（市）合併改制為直轄市之財政收支劃分調整日期，由行政院以命令定之。

縣（市）改制或與其他直轄市、縣（市）合併改制為直轄市時，其他直轄市、縣（市）所受統籌分配稅款及補助款之總額不得少於該直轄市改制前。

在第2項財政收支劃分未調整前，改制後之直轄市相關機關（構）、學校各項預算執行，仍以改制前原直轄市、縣（市）、鄉（鎮、市）原列預算繼續執行。

改制後之直轄市，於相關法律及中央法規未修正前，得暫時適用原直轄市、縣（市）之規定。

依第1項改制而移撥人員屬各項公務人員考試及格之現職公務人員者，移撥至原分發任用之主管機關及其所屬機關、學校或原得分發之機關、原請辦考試機關及其所屬機關、學校以外之機關、學校服務時，得不受公務人員考試法、公務人員任用法及各項公務人員考試規則有關限制轉調規定之限制。

前項人員日後之轉調，仍應以原考試及格人員得分發之機關、原請辦考試機關或移撥機關之主管機關及其所屬機關有關職務為限。

各項公務人員考試法規定有限制轉調年限者，俟轉調年限屆滿後，得再轉調其他機關。

依專門職業及技術人員轉任公務人員條例轉任，於限制轉調期間內移撥之人員，得不受該條例限制轉調機關規定之限制。但須於原轉任機關、移撥機關及所屬機關合計任職滿3年後，始得調任其他機關任職。

參 其他相關問題

一、地方政府組織規程之訂定（地制法§62）

(一)**直轄市政府**：直轄市政府之組織，由內政部擬訂準則，報行政院核定；各直轄市政府應依準則擬訂組織自治條例，經直轄市議會同意後，報行政院備查；直轄市政府所屬機關及學校之組織規程，由直轄市政府定之。

(二)**縣（市）政府**：縣（市）政府之組織，由內政部擬訂準則，報行政院核定；各縣（市）政府應依準則擬訂組織自治條例，經縣（市）議會同意後，報內政部備查；縣（市）政府所屬機關及學校之組織規程，由縣（市）政府定之。

(三)**鄉（鎮、市）公所**：鄉（鎮、市）公所之組織，由內政部擬訂準則，報行政院核定；各鄉（鎮、市）公所應依準則擬訂組織自治條例，經鄉（鎮、市）民代表會同意後，報縣政府備查。鄉（鎮、市）公所所屬機關之組織規程，由鄉（鎮、市）公所定之。

(四)**新設政府**：新設之直轄市政府組織規程，由行政院定之；新設之縣（市）政府組織規程，由內政部定之；新設之鄉（鎮、市）公所組織規程，由縣政府定之。

(五)**考試院備查**：直轄市政府、縣（市）政府、鄉（鎮、市）公所與其所屬機關及學校之組織準則、規程及組織自治條例，其有關考銓業務事項，不得牴觸中央考銓法規；各權責機關於核定或同意後，應函送考試院備查。

二、地方立法機關與地方行政機關的區別[註7]

(一)**相同之處**

1. **依據相同的法律而設置**：地方立法機關與地方行政機關，均依據地方制度法而設置。

2. **其所為均發生公法上之關係與效力**：地方立法機關與地方行政機關，均係依據公法以行使職權，無論其對於國家機關、對於其他自治機關，或對於其自治人民，均發生公法上的關係及公法上之效力。

(二)**相異之處**

1. **機關性質不同**：地方立法機關（直轄市議會、縣（市）議會、鄉（鎮、市）民代表會）的性質為政權機關的性質；地方行政機關（直轄市政府、縣（市）政府、鄉（鎮、市）民公所）則為治權機關的性質。
2. **機關職權種類之不同**：地方立法機關為議決有關的自治事項；而地方行政機關除應執行地方立法機關之議決事項外，尚包括上級政府的委辦事項。
3. **機關組織體制之不同**：地方立法機關為合議制；而地方行政機關採首長制。
4. **機關系統上有無隸屬關係之不同**：各級地方立法機關，雖有上級下級的區別，但彼此並無隸屬關係，各自代表民意，行使職權，但下級地方立法機關不得違反上級地方立法機關的決議，所以縣規章與省法規牴觸者無效（憲§135）。而各級地方行政機關間，則有上下之隸屬關係。
5. **機關主要構成員之不同**：各級地方立法機關之民意代表，為直接民選，任期4年，連選得連任。而各級地方行政機關之構成員，為一般公務人員，除機關首長為民選，任期4年，連選得連任一次外，均無任期的限制。

三、地方立法機關與行政機關之關係——兩者相互運作之關係

(一)**議決案之執行**（地制法§38）

1. 直轄市政府、縣（市）政府、鄉（鎮、市）公所，對直轄市議會、縣（市）議會、鄉（鎮、市）民代表會之議決案應予執行。
2. 如延不執行或執行不當，直轄市議會、縣（市）議會、鄉（鎮、市）民代表會得請其說明理由，必要時得報請行政院、內政部、縣政府邀集各有關機關協商解決之。

(二)**覆議案之表決**（地制法§39）

1. 直轄市、縣（市）政府、鄉（鎮、市）公所，對議會、代表會之議決案，如認為窒礙難行時，應於該議決案送達直轄市、縣（市）政府30日內，就窒礙難行部分敘明理由送請議會、代表會覆議。

2. 直轄市議會、縣（市）議會、鄉（鎮、市）民代表會對於直轄市政府、縣（市）政府、鄉（鎮、市）公所移送之覆議案，應於送達15日內作成決議。如為休會期間，應於7日內召集臨時會，並於開議3日內作成決議。
3. 覆議時，如有出席議員、代表三分之二維持原議決案，直轄市政府、縣（市）政府、鄉（鎮、市）公所應即接受該決議。

(三) **預算之提出、審議**（地制法§40）

1. 直轄市總預算案，直轄市政府應於會計年度開始3個月前送達直轄市議會審議。縣（市）、鄉（鎮、市）總預算案，縣（市）政府、鄉（鎮、市）公所應於會計年度開始2個月前送達縣（市）議會、鄉（鎮、市）民代表會審議。
2. 直轄市議會、縣（市）議會、鄉（鎮、市）民代表會應於會計年度開始1個月前審議完成，並於會計年度開始15日前由直轄市政府、縣（市）政府、鄉（鎮、市）公所發布之。

(四) **決算之審核**（地制法§42）

1. 直轄市、縣（市）決算案，應於會計年度結束後4個月內，提出於該管審計機關，審計機關應於決算送達後3個月內完成其審核，編造最終審定數額表，並提出決算審核報告於直轄市議會、縣（市）議會。直轄市議會、縣（市）議會審議直轄市、縣（市）決算審核報告時，得邀請審計機關首長列席說明。
2. 鄉（鎮、市）決算報告應於會計年度結束後6個月內送達鄉（鎮、市）民代表會審議，並由鄉（鎮、市）公所公告。

(五) **施政報告、質詢之權**（地制法§48）

1. **施政報告、業務報告**
   (1) 施政報告：直轄市議會、縣（市）議會、鄉（鎮、市）民代表會定期會開會時，直轄市長、縣（市）長、鄉（鎮、市）長應提出施政報告。
   (2) 業務報告：直轄市政府各一級單位主管及所屬一級機關首長，縣（市）政府、鄉（鎮、市）公所各一級單位主管及所屬機關首長，均應就主管業務提出報告。
2. **質詢之權**：直轄市議員、縣（市）議員、鄉（鎮、市）民代表於議會、代表會定期會開會時，有向前項各該首長或單位主管，就其主管業務質詢之權；其質詢分為施政總質詢與業務質詢，業務質詢時，相關之業務主管應列席備詢。

(六) **列席說明**（地制法§49）

1. **大會開會時**：直轄市議會、縣（市）議會、鄉（鎮、市）民代表會大會開會時，對特定事項有明瞭必要者，得邀請前條第1項各該首長或單位主管列席說明。
2. **委員會、小組開會時**：直轄市議會、縣（市）議會委員會或鄉（鎮、市）民代表會小組開會時，對特定事項有明瞭必要者，得邀請各該直轄市長、縣（市）長、鄉（鎮、市）長以外之有關業務機關首長或單位主管列席說明。

(七) **其他**

1. **依地方制度法第6條規定**：直轄市、縣（市）、鄉（鎮、市），名稱之變更須經議會的通過。
2. **依地方制度法第62條規定**：各級地方政府組織自治條例，須經同級立法機關通過。

知識補給站

學者高永光認為，地方制度法中有關覆議程序的規定，一般認為獨厚地方行政機關，不利於地方議會，有矮化地方議會之虞。例如地方行政機關有30日的考慮期限，而地方議會必須於15日內做成決定，如為休會期間，應於7日內召集臨時會，並於開議3日內做成決議；此外行政機關之提案是可覆議之事項，但是議會對於議員提案之決議，則非可覆議之事項，都引起地方議會的異議。再者對於地制法規定覆議案僅需出席議員三分之二維持原決議，覆議案即不通過，而地方議會法定出席人數最低為全體議員總額減出缺席人數的二分之一，其出席之三分之二贊成維持原決議，亦即最低只要有全體議員的三分之一維持原決議，覆議案就不通過，顯然維持原決議的門檻過低，明顯違反覆議權是「行政否決權」之本質。另外地制法僅規定地方行政機關對於預算案之覆議不可「再覆議」，但是對於「法案」之覆議可否提出「再覆議」，地制法則沒有明確規範。

為解決此一問題，其並提出以下的解決方案：

(一) **覆議期限的調整**：地制法有關覆議案處理時程的規定，地方行政機關較無彈性，事實上從實務上作業流程來看，行政機關有必要較多時間來準備，而議會對於覆議案之內容已經充分討論過，有相當程度的瞭解，因此只是對於覆議案作維持原決議與否的表決，處理的時間應該足夠，無關矮化議會之問題，況且從外國立法例來看，日本法制對於覆議案處理時程的規定，地方行政機關同樣多於地方議會，前者20日，後者10日（日本地方自治法第16條、第

176條)，因此地制法對於地方議會處理覆議案的時程只要做局部調整即可，修正為：「休會期間應於『10日』內召開臨時會，並於『5日』內做成決議」。

(二) **議員提案之法案應作為可覆議之事項**：經議會決議通過之議員提案，應區分為「一般議案」和「法案」，前者通常僅具有建議性質，而且涉及合法性、可行性、經費預算有無、辦理程序先後、施政連貫性等問題，因此地方行政機關執行有困難時，僅敘明理由函復地方議會即可；而後者，基於議會應和行政機關處於對等地位，應視為可覆議之事項，行政機關如認為窒礙難行時，則必須向議會提出覆議案。

(三) **修正覆議案之表決人數的比率**：覆議維持原決議的表決通過人數，目前地制法規定「覆議時，如有出席議員、代表三分之二維持原決議，直轄市政府、縣(市)政府、鄉(鎮、市)公所應即接受該決議。」維持原決議的門檻過低。因此本研究建議應修正為「覆議時，如有『全體』議員三分之二以上出席，出席之三分之二以上維持原決議，直轄市政府、縣(市)政府應即接受該決議。」較符合覆議權是「行政否決權」之本質。

(四) **明文禁止行政機關提「再覆議」**：為避免行政機關提出「法案」覆議案經地方議會否決後，又一再提出覆議案，造成法案生效與否的不確定性，而且影響府會關係，因此建議增訂「法案不得再覆議」之規定。[註8]

四、府會關係與府際關係

(一) 府際關係

1. **丹哈特(R. B. Denhardt)指出**：當各級政府人員在尋求發展與執行公共方案時，「府際關係」一詞常被用來涵括所有各級政府之間的複雜且依存的關係。
2. **安德遜(W. Anderson)指出**：府際關係此名詞，係將一系列關係和互動類別包含於一個概念中；這些關係或互動係以聯邦－州、州際(Inter-State)、州－地方、地方間(Inter-Local)、聯邦－地方、城市－鎮等各類關係作為設計基礎。

隨堂筆記

府際關係，係指中央與地方間之關係(地方制度法第四章，從第75條至83條之規定)，乃上級政府與下級地方政府之間之監督運作關係而言。

(二)**府會關係**：係地方行政機關與地方議會之權力分立、運作關係而言，其有關條文則散見於《地方制度法》第3章。

(三)**二者在《地方制度法》之運作關係差異如下**

1. **府會關係而言**

(1)府會係制衡而非對立：當今民主政治就是議會政治（Parliamentary Politics），亦即是政黨政治（Party Politics）。議會政治強調議會決定政策，取得行政作為之正當作為（Legitimacy）和合法性（Legitimation）；政黨政治著重多數政黨決定行政首長的產生，以及行政決策係由政黨互動和妥協，乃至協商所作成。議會政治受制於多數暴力，而政黨政治則有意識型態作祟的困境。為使地方政治生態由惡質化轉為理性化，「地方制度法」對府會關係之設計，係堅持理性制衡（Checks and Balances），而儘量排除非理性之僵持和對立。府會各有所司，依其基本機制設計原理，有效發揮機制運作之功能。

(2)府會係分工復合作：政府係行使法定之行政權，而議會則為行使立法權（Legislative powers）之主體，無論行政或立法，皆為權力分立之主要內容。質言之，設計責有所負，能有所為之政治機制，係府會機制之特質體現。因之，府會間本當分工合作，以團隊（Team）展現績效，以合作激勵團隊，從而獲致設計該機制之預期成效（Effectiveness）。「地方制度法」有鑑於地方政治生態互動之行為偏差，爰由機制之整合、功能之重整，以實現分工合作的效能府會機制。

2. **府際關係而言**

(1)府際係分治而非管制：政府與政府間係統治權（Ruling Powers）的垂直劃分，基本上係權限（Competency）的區隔，而非權力的鎮壓。中央政府與地方政府在國家發展過程中，所扮演的角色固有不同，但皆在能提升國家競爭力，滿足民眾的生活需求，則無二致。「地方制度法」對於傳統的功能論者，只重視上級政府對下級政府的監督（Supervision），而忽略上下級政府間，並無尊卑或長幼，卻係各有專司，在預期政治組織之分治性，而非上對下之管制性後，府際之合作，應該是可以預期，而且應由制度面促其實現。政策因府際間之協同一致，事半功倍，形成「統治夥伴」（Governing Partners）。

(2)府際係一復協同：府際間工作固有不同，但在單一國之政治社會中，府際係國家之部分，結合後呈現國家之全體，如果分工而不合作，上下機制的一體性將不復存在。「地方制度法」係位階僅次於憲法之國家制度基本法或上位法，對於各級政府皆有功能分配或再分配之機制設計，並且重視功能之協同性，機械之互動性，以呈現機制的多元性和發展性。

五、地方政府對於地方議會之議決案，如延不執行時之處理

(一)**協商解決**（地制法§38）：直轄市政府、縣（市）政府、鄉（鎮、市）公所，對直轄市議會、縣（市）議會、鄉（鎮、市）民代表會之議決案應予執行，如延不執行或執行不當，直轄市議會、縣（市）議會、鄉（鎮、市）民代表會得請其說明理由，必要時得報請行政院、內政部、縣政府邀集各有關機關協商解決之。

(二)**代行處理**（地制法§76）

1. 直轄市、縣（市）、鄉（鎮、市）依法應作為而不作為，致嚴重危害公益或妨礙地方政務正常運作，其適於代行處理者，得分別由行政院、中央各該主管機關、縣政府命其於一定期限內為之；逾期仍不作為者，得代行處理。但情況急迫時，得逕予代行處理。
2. 直轄市、縣（市）、鄉（鎮、市）對前項處分如認為窒礙難行時，應於期限屆滿前提出申訴。行政院、中央各該主管機關、縣政府得審酌事實變更或撤銷原處分。
3. 此外，代行處理的費用，依同條的規定：代行處理所支出之費用，應由被代行處理之機關負擔，各該地方機關如拒絕支付該項費用，上級政府得自以後年度之補助款中扣減抵充之。代行處理如有認為違法時的處理：直轄市、縣（市）、鄉（鎮、市）對於代行處理之處分，如認為有違法時，依行政救濟程序辦理之。

註釋

[註1] 薄著P292～294。

[註2] 薄著P294～298。

[註3] 薄著P304～305。

[註4] 薄著P310～311。

[註5] 薄著P470～471。

[註6] 紀俊臣之專論——「直轄市自治法之市政法制與立法落後」。

[註7] 管著P217～220。

[註8] 高永光著之《地方立法權問題研究》。

精選題庫

測驗題

(　　) 1 依地方制度法第50條之規定，地方之議員、代表於開會時享有言論免責權，請問下列那一項並非言論免責之範圍：　(A)在會議時所為無關會議事項之不法言論　(B)在會議時所為有關會議事項之合法言論　(C)在會議時所為有關會議事項之不法言論　(D)在會議時所為無關會議事項之合法言論。

(　　) 2 地方議員、代表連續未出席定期會達幾個會期時，應解除其職權？(A)4 個　(B)3 個　(C)1 個　(D)2 個。

(　　) 3 依地方制度法第10條之規定，下列何政府機關可對省政府業務提供諮詢及興革意見？　(A)省議會　(B)臨時省議會　(C)省參議會　(D)省諮議會。

(　　) 4 依地方制度法第34條之規定，鄉（鎮、市）民代表會會議，除每屆成立大會外，定期會每幾個月開會一次？　(A)2個月　(B)3個月　(C)4個月　(D)6個月。

(　　) 5 依地方制度法之規定，由直轄市政府、縣（市）政府、鄉（鎮、市）公所送達直轄市議會、縣（市）議會、鄉（鎮、市）民代表會之總預算案，應於會計年度開始前多久審議完成？　(A)15日　(B)1個月　(C)2個月　(D)3個月。

(　　) 6 直轄市議會議員總額最多不得超過：　(A)62人　(B)44人　(C)57人　(D)65人。

答　1 (A)　2 (D)　3 (D)　4 (D)　5 (B)　6 (A)

申論題

一、試說明縣（市）議員之名額計算方式。兼述縣（市）議員中，婦女、原住民名額之保障規定。（參地方制度法第33條）

二、試說明地方議會議案之來源有那些？（參本章壹之八：各級地方議會、代表會議來源、提案限制、議案的撤回）

三、何謂覆議？其與復議之區別為何？試述之。（參本章壹之十二：議會議決案之覆議）

四、對於直轄市、縣（市）、鄉（鎮、市）總預算案如何審議？（參本章壹之十五：地方議會對預算及決算之權限）

五、直轄市市長之職權為何？試依相關法律說明之。（參本章貳之二：直轄市政府）

六、依地方制度法規定，村里長事務補助費如何補助？試說明之。（參本章壹之七：各級地方民意代表之保障、待遇、兼職）

七、地方制度法對縣（市）議員的行為有何特別的保障？請說明之。（參本章壹之七：各級地方民意代表之保障、待遇、兼職）

八、依地方制度法的規定，直轄市長、縣（市）長、鄉（鎮、市）長之人事任免權有無不同？試評述之。（有關鄉（鎮、市）長之人事任免權：因地方制度法第57條並未規定鄉（鎮、市）長之人事任用權限。但人口聚居達30萬人以上之縣轄市，可增設副市長1人，並由市長任命為其例外。）（參本章貳之二、貳之三、貳之四）

九、中央與地方之府際關係，應依何種關係理論設計？試依地方制度法之規定申論之。（參本章參之四：府會關係與府際關係）

十、地方行政區域之調整，務須審慎將事。試問：

(一)我國行政區劃之法制為何？

(二)縣市升格為直轄市之基本條件如何？

（參本章貳之七：改制）

第7章 地方自治財政

依出題頻率區分，屬：A 頻率高

壹 地方財政之意義、類型、目的

一、地方財政之意義

所謂地方財政，乃地方政府為執行其職務，對於所需經濟財貨之取得、使用及管理等各種行為之總稱。

(一)所謂取得，乃指各種經費的收入，如地方稅收、規費、公共造產，以及其他各種資財之獲得。

(二)所謂使用，乃指地方經費的各項支出，如行政支出、民政支出、財務支出、教育科學文化支出等。

(三)所謂管理，即指地方經費的處理程序，如預算、決算等。換言之，地方自治財政是地方自治團體在國家許可範圍內，為辦理地方自治事務而收入財務及支出經費的一種經濟行為，而此經濟行為亦包括對收入及支出所作的適當管理。

二、地方財政的類型 [註1]

依照希克士（U. K. Hicks）的分析，各國地方財政之形態，因政治組織之不同，可區分為以下三種類型：

(一)**聯邦國**：這類國家，其構成單位的各邦，具有廣泛的權限，因而亦有充分的課稅權。然而由於中央與地方都有課稅權，因而有重複課稅的現象，以致引起許多競爭與混亂，加重人民的負擔，不過在實際上，中央政府對課稅的決定權仍占優勢。

(二)**嚴密的單一制國家**：這一類國家雖不以獨裁為限，但地方政府多缺乏獨立性或自主性。地方行政首長雖由公開選舉產生，且在名義上具有相當程度的課稅權，然而實際上卻受制於中央政府派駐於地方的機關，因而在稅收用途方面不能作有效的支配，法國、義大利即為其例。之所以有此現象，主要係由於中央派駐在地方政府的機關，對於地方當局的決定與預算，得行使否決權。

(三)**折衷制**：此類國家，希克士稱為安格魯・斯干地那維亞折衷型（The Anglo Scandinavian Compromise）。採此制國家，其最高權限雖掌握於中央政府，地方政府不能超越許可範圍而活動，亦不能課徵未經特別授權的租稅，但其中央與地方之權限，並未有嚴密的劃分，地方政府仍享有相當程度的自治權，譬如英國，其更經常透過國會私法案[註2]的手續，以擴大其權限範圍。

隨堂筆記

上述三種類型，雖存在已久，但經歷兩次大戰及1930年代的經濟大恐慌，中央政府的權力有上升的趨勢，是以不論何種類型的國家，其地方財政多仰賴或聽命於中央政府。

三、地方財政之目的

(一)**發展地方經濟**：地方建設及經濟的發展應配合國家整體經濟政策，在整個經濟建設的發展計畫下，地方自治團體運用地方的條件及環境，發展地方的特性，實現地方的繁榮。

(二)**增進地方人民之福利**：在「福利國」觀念的影響下，地方政府所提供之服務，應以人民的福利為依據，藉以提升人民的生活素質。是以社會福利政策的制定及推廣至為重要，亦是評鑑地方政府施政績效的指標之一。

(三)**實現均權主義之均富目標**：地方財政是國家整體財政的一部分。現代化國家，中央與地方之發展，應謀求人民生活的最大福祉。是以，為求各地區的均衡發展，中央財政與地方財政應充分協調聯繫。

貳 地方財政與國家財政之差異

地方財政與國家財政之差異，約有以下數端：[註3]

一、國家財政收入來源多本量能課徵，地方財政則偏重於量益原則。

二、國家財政收入彈性大，籌款方法多，較適合「量出為入」的原則；地方財政收入彈性較小，宜以「量出為入」為體，「量入為出」為用。更因其收入彈性小，為穩固財政基礎，其收入應足夠支應其經常支出。

三、國家財政支出如國防、外交等，關係全國人民利益，其效果多屬無形；地方財政支出如公共設施、社會福利等，其效果多為顯而易見。

四、國家財政基於憲法及其他有關法律之規定，其財政權限較大，如關稅、所得稅等，均屬國稅；國防、外交、司法等經費支出，亦均為國家支出之範圍。而地方政府之財政權限則較小，其活動多集中於公共設施、文化教育、衛生保健及社會福利等項目。地方政府發行公債，其用途及數額，亦較國家公債受有較嚴格的限制。

五、國家財政之規模較大，地方財政之規模較小。不過這裡所謂大小，乃指一國之內部而言，並非指此一國家與另一國家比較，蓋大國之一州或一省的財政，可能較之小國的一國之財政規模猶大。

參 地方財政之條件

地方之財政是否能獨立，其衡量標準，至少應包括下列要件：[註4]

一、應有法定收入

地方政府皆有其固定職務，既有固定職務，自應有固定之收入以資適應。是故中央政府乃參照地方政府之實際需要，選定若干財源，以法律規定為其合法之收入。否則收入無著，地方財政必陷拮据。如事事仰賴上級政府撥款維持，則已不合財政獨立之要求。

二、應有自行決定其支出之權限

凡依法規定由地方政府辦理之事務，地方政府即得按照實際情形或需要，斟酌緩急先後，預計其數額，編列預算，決定其支出。如地方政府無此權限，一切由上級政府統籌支應，則地方財政自無獨立可言。

三、財政收支應自求平衡

地方政府執行職務，有必要的支出，自應有預定之收入，收支平衡，乃為行政組織財政獨立之基本條件，如此方能對其應負之職務，順利推行。

四、收支總預算應自行編製

預算乃來年收支之預計，而地方政府之收支應以平衡為原則，欲達此目的，即應預為計畫確定收支預算。若地方政府收支總預算不由其自行編製，不僅支出不能切合事實需要，收入亦不能顧及人民負擔，地方財政又怎能談得上獨立？

五、應有自設之公庫

地方政府既有法定收入，又能自行決定支出，預算復自行編製，則必存有若干法定數額現金財物。此項現金財物之出納保管，應自設公庫獨立處理，使實際收支之執行，與管理收支之事物，相互配合，如此，財政制度始能健全，財務秩序始能建立。

六、其他

(一)**增加自有財源比例**：少了一項財源，就應尋求另一替代財源。如：增設公共造產（宜蘭之親水公園即是一例）。

(二)借款之未償餘額、公債，均不得超過總預算之一定比例。

總之，預算的精神，仍為地方政府運用地方自己的人事、財政、權限來處理地方公共事務，亦即地方政府可以自己的財源做最大的運用，就是符合地方自治的精神。

肆 地方財政支出之意義、劃分原則及地方支出之分類

一、地方財政支出之意義

凡地方政府滿足轄區內人民之需要，從事各種公共活動，所需一切經費之償付，謂之地方支出。

二、中央與地方支出的劃分原則

(一)**依事務的效果而定**：即事務之利害影響及於全國者，屬於國家，由中央政府負責，使不偏於任何一地。如事務之利害僅影響及於一地一隅者，屬地方，由各該地方政府辦理，以因應各該地方的需要。

(二)**依經營之便利而定**：即凡事業有全國一致之需要，並以由中央經營較為便利者，如郵電、電信等屬於國家，由中央政府負責。凡事務需因地制

宜，且以由地方政府經營為宜者，如自來水、煤氣供應等，屬於地方，由各該地方政府辦理。

(三) **依處理的能力而定**：即事務需要高深知識技能處理或需鉅大經費，非地方能力所能勝任者，屬於國家，由中央政府負責。反之，不需要高深知識技能或所需經費較少，較易為力者，歸於地方，由各該地方政府辦理。

(四) **依我國相關法律的規定，地方財政支出的劃分狀況如下**

1. **憲法規定**：我國對於各級政府事權的劃分及根據國父在建國大綱中所給予的指示，採均權制度，即「凡事務有全國一致之性質者，劃歸中央；有因地制宜之性質者，劃歸地方；不偏於中央集權或地方分權」。

2. **地方制度法規定**：地方制度法第70條規定：「中央費用與地方費用之區分，應明定由中央全額負擔、中央與地方自治團體分擔以及地方自治團體全額負擔之項目。中央不得將應自行負擔之經費，轉嫁予地方自治團體。

   直轄市、縣（市）、鄉（鎮、市）辦理其自治事項，應就其自有財源優先編列預算支應之。

   第1項費用之區分標準，應於相關法律定之。」

3. **財政收支劃分法規定**：以上所舉，凡由中央政府辦理的事務，自然應屬於中央支出；由各級地方政府所辦理的事項，自應屬於各級地方政府支出。

   財政收支劃分法第37條規定：「各級政府之支出劃分如下：

   (1) 由中央立法並執行者，歸中央。

   (2) 由直轄市立法並執行者，歸直轄市。

   (3) 由縣（市）立法並執行者，歸縣（市）。

   (4) 由鄉（鎮、市）立法並執行者，歸鄉（鎮、市）。

   前項第1款及第3款如需交由下級政府執行者，其經費之負擔，除法律另有規定外，屬委辦事項者，由委辦機關負擔；屬自治事項者，由該自治團體自行負擔。

   由中央或直轄市、縣（市）、鄉（鎮、市）二以上同級或不同級政府共同辦理者，其經費應由中央或各該直轄市、縣（市）、鄉（鎮、市）按比例分擔之。

   各級地方政府未依第2項及前項規定負擔應負擔之經費時，其上級政府得扣減其補助款。」

三、地方財政支出之分類 [註5]

(一)**依經費支付之時期為標準**：可分為經常費與臨時費兩種。凡每年持續發生之支出，謂之經常費（或稱經常支出）。為適應臨時特別需要而生之支付，非每年持續發生者，謂之臨時費（或稱特殊支出）。就原理上而言，經常費應以經常收入充當，臨時費應以臨時收入充當。

(二)**以支出時所換取之標的為標準**：可分為物品費與用人費。前者係用以交換財貨之經費，後者則係用以交換勞務之經費。一般慣例，用人費與物品費不得相互流用。

(三)**以支出之目的為標準**：可分為經濟服務支出，社會服務支出與一般政務支出。凡支出之目的，在於增進人民福利，改善人民經濟環境者謂之經濟服務支出。凡支出之目的，在於增進人民知識，促進人民健康，改變社會病態，解除人民痛苦者，謂之社會服務支出。凡支出之目的在於維持政治組織與社會安寧者，謂之一般政務支出。

(四)**依支出之性質為標準**：我國現行收支劃分法即為其例，可分為政權行使支出、行政支出、民政支出、財務支出、教育科學文化支出、經濟建設支出、交通支出、國防支出、衛生支出、社會及救濟支出，公務人員退休及撫卹支出、信託管理支出……等。凡此皆按支出性質而劃分。

(五)**依支出是否含有積極的建設性質而加以區分為積極性支出與消極性支出兩大類者**：凡含有積極的建設性質，其目的在改善地方社會實際環境現況，增進居民精神物質生活幸福，以及促使地方繁榮發展進步有關之一切支出，稱為積極性支出。如公用、公益、工務等事業經費等屬之。再加細分，計有教育文化支出、經濟建設支出、衛生保健支出、社會救濟支出及其他各種基金支出等。凡屬消極的消耗性質，即其目的端在維持地方機關內必要程度的人事、辦公購置、消耗等開支，及其他不含積極建設性質的一切經費支出，稱為消極性支出。一般行政機關、財務機關等之日常固定開支均屬之。再加細分，又可分為政權行使支出、行政支出、民政支出、財務支出、債務支出等。

(六)**以支出義務，而將支出分為必要支出與隨意支出（又稱自由支出）者**：所謂必要支出，乃地方自治團體，或因遂行國家（或上級政府）認為地方上之必要，指定地方自治團體舉辦之事務，或因遂行法令及法律行為上已經確定之事務，所支出之經費。換言之，地方自治團體依法令之規定辦理某些事務而支出經費，稱為必要支出。所謂自由支出，乃為地方自治團體施行隨意的、職分的所用之經費。即關於所謂自由事務之經費，例如設立美術館等是。此類事務之舉辦，在法令上並未明定其支出與否，乃屬地方自治團體之自由。不過關於自來水、下水道、公園、市場等的設置或開闢，道路清潔的維持等，雖亦為任意事務，但在地方上也不可偏廢，仍應辦理。可知自由支出，並不是指不要支出，只是在支出數額有多少之別，在時間上，有緩急之分。

四、全民健康保險法之政府保費補助，應由中央或地方負擔？

(一)**說明**：依財政收支劃分法第37條第1項第1款規定，各級政府之支出劃分，由中央立法並執行者，歸中央。因此台北市政府主張保費支出應由中央負擔，但大法官釋字第550號解釋則認為，全民健康保險法規定由地方自治團體與中央共同分擔保險費之規定應屬合憲。

(二)**大法官釋字第550號解釋要點**

1. 全民健康保險法，係中央立法並執行之事項，故執行全民健康保險制度之行政經費，應由中央負擔。
2. 全民健康保險法第27條，地方自治團體需與中央共同分擔保險費之規定應屬合憲，理由如下：
   (1) 全民健康保險法第37條規定，地方自治團體補助之保險費，非指實施全民健康保險法之執行費用，而係指保險對象獲取保障之對價，責由地方政府補助，合於憲法要求由中央與地方共同建立社會安全制度之意旨。
   (2) 於不侵害地方財政自主權之核心領域限度內，對地方負有協力義務之全民健康保險事項，中央依據法律使地方分擔保險費之補助，並不違背憲法規定。
   (3) 財政收支劃分法第37條第1項第1款雖規定，各級政府支出之劃分，由中央立法並執行者，歸中央負擔；但全民健康保險法第27條屬前開規定之特別規定。
3. 法律之實施須由地方負擔經費者，於制定過程中應予地方政府充分參與機會。

伍 地方財政收入意義、劃分理論、劃分方法及地方財政收入事項

一、地方財政收入之意義與性質

(一) **意義**：所謂地方收入，乃地方政府為供給其任務上之各種需要，或本公法上之行為，行強制之賦課，或以私法上之原則，行交換手段而獲得之種種收入，且以貨幣數額為表示者也。蓋地方政府為推行政務，興辦事業等而有各種支出，有支出之目的，於是有收入。故支出為地方政府推行政務，興辦事業等的過程。收入則為地方政府達到支出之手段。

(二) **性質**：地方政府之收入，其性質有二：其一為本諸國家所賦予之強制權而獲得者，一般稱為公經濟收入，亦稱公法上的收入或公權收入，如各種賦稅等是。其二是以私法人之資格，對於其他經濟主體，依據經濟原則，施行平等的經濟行為，交換所得之收入，一般稱為私經濟收入，亦稱私法上的收入或私權收入，如財產收入、事業收入等是。

二、中央與地方財政收入之劃分理論

中央與地方收入固有多種，但賦稅外之收入，中央與地方較少有接觸，故劃分之要點，乃在中央與地方稅收之劃分。關於中央與地方稅收之劃分，財政學者有三種理論：

(一) **範圍數量說**：即以稅收之範圍數量為劃分的標準。凡收入之範圍大，數量多者，劃歸中央，如關稅、貨物稅等是。反之，其收入之範圍小，數量少者，劃歸地方，如房屋稅、娛樂稅等是。（缺點：此說以稅收之範圍數量為劃分的標準，似嫌籠統，蓋何者為大，何者為小，並無絕對之標準。）

(二) **利益及能力說**：即以納稅人負擔之能力及利益所及之範圍為劃分之標準。凡依納稅人負擔能力為比例而課徵之稅，劃歸中央。凡賦稅用途，能使納稅人特別享受，其利益僅及於地方人民者，劃歸地方。如所得稅屬於中央，土地稅屬於地方是。（缺點：若賦稅之徵收以利益為標準，則難以認定。因為，任何稅收之用途，如為人民所用，自均有利於人民，不能謂其利僅及於某一地方也。至於依能力比例來劃分，乃不成問題。因為，賦稅之徵收絕無不分貧富，完納同等賦稅之理。）

(三) **徵收便利說**：即以賦稅之徵收便利與否為劃分之標準。凡稅之便於中央徵收者劃歸中央；便於地方徵收者，劃歸地方。前者如關稅，後者如田賦是。（此說太偏於徵收行政。若多數稅收，均以地方徵收較為便利，是否皆歸地方？因此，似有不妥。）

隨堂筆記

我國現制關於中央與地方財政劃分之法律為「財政收支劃分法」，其對於我國稅收劃分之原則，可謂三說並容，如貨物稅等係因其課稅範圍大，數量多而劃歸中央；所得稅係因其乃以納稅人負擔能力為比例而加以課稅，故劃歸中央；關稅則因中央課徵較為便利等因素而劃歸中央。而契稅、房屋稅、娛樂稅等劃歸地方。

三、地方稅源（收入）劃分之方法 [註6]

關於中央與地方稅收之劃分，財政學者有如上三種理論，然而應用何種方法加以劃分？關於此，各國所採用者不一，一般言之，約有下列幾種：

(一) **附加法**：即以地方稅源，徵以附加稅，歸於中央，或以中央稅源，徵以附加稅，歸於地方。

(二) **稅源分立法**：亦稱獨立制，即將各種賦稅分配於各級政府，各級政府在其分配之賦稅內，對於各項賦稅，自行徵收。其優點：可減少稅務行政上之紛擾，並可使自治財政獨立獲得保障。其缺點為各地稅源豐寡不一，分配自難求公平。

(三) **稅收分成法**：我國稱之為劃撥制度。即將某一賦稅分配於某級政府，而中央政府嗣後再將該稅徵收所得依法律規定之成數，分配給他級政府，此不致有重複課稅的病端。缺點為：

1. 劃撥手續繁雜，緩不濟急。
2. 劃撥成數及手續，缺乏客觀標準，易滋爭議。
3. 分成工作多由上級政府主持，有失地方自治的精神。

(四) **徵收分解法**：即將各級政府徵稅權力實行大統一，或將稅源仍各獨立，而將徵收行政予以統一，收得後再按規定成數分配給各級政府。

隨堂筆記

我國財政收支劃分法：關於稅收之劃分方法，以稅源分立法為主，稅收分成法為輔。如縣市稅以房屋稅、契稅、地價稅、娛樂稅、土地增值稅等為其獨立稅，是為稅源分立法原則的表現。但同時縣又可自國稅遺產稅中分得80%，營業稅、貨物稅、菸酒稅中分得一定之收入，是又為稅收分成法的表現。至於附加制，依財政收支劃分法第18條規定：「……但直轄市政府、縣（市）政府為辦理自治事項，籌措所需財源，依地方稅法通則規定附加徵收者，不在此限。」是在特殊情形下，准在其原有之獨立稅中徵收附加稅。

此外，地方制度法第63、64、65條，分別規定了直轄市、縣（市）、鄉（鎮、市）之收入事項。

四、地方財政收入

(一) **國稅之範圍**（財政收支劃分法第8條）：下列各稅為國稅：

1. **所得稅**：總收入10%，應由中央統籌分配給直轄市、縣（市）及鄉（鎮、市）。
2. **遺產及贈與稅**：應以在直轄市徵起之收入50%給該直轄市；在市徵起之收入80%給該市；在鄉（鎮、市）徵起之收入80%給該鄉（鎮、市）。
3. **關稅**。
4. **營業稅**：總收入減除依法提撥之統一發票給獎獎金後之40%，應由中央統籌分配給直轄市、縣（市）及鄉（鎮、市）。
5. **貨物稅**：總收入之10%，應由中央統籌分配給直轄市、縣（市）及鄉（鎮、市）。
6. **菸酒稅**：應以其總收入18%按人口比例分配直轄市及臺灣省各縣（市）；2%按人口比例分配福建省金門及連江二縣。
7. 證券交易稅。
8. 期貨交易稅。
9. 礦區稅。

(二) **直轄市之收入事項**（財政收支劃分法第12條，地方制度法第63條）

1. 稅課收入

(1) 土地稅：包含下列各稅：A.地價稅。B.田賦。C.土地增值稅。

(2) 房屋稅。　　(3) 使用牌照稅。

(4)契稅。
(5)印花稅。
(6)娛樂稅。
(7)特別稅課。

2. 工程受益費收入。
3. 罰款及賠償收入。
4. 規費收入。
5. 信託管理收入。
6. 財產收入。
7. 營業盈餘及事業收入。
8. 補助收入。
9. 捐獻及贈與收入。
10. 自治稅捐收入。
11. 其他收入。

此外，另由國稅統籌分配之所得稅、營業稅、貨物稅、菸酒稅及遺產贈與稅。

(三)**縣（市）之收入事項**（財政收支劃分法第12條，地方制度法第64條）

1. **本身收入**

(1)稅課收入：

A. 土地稅－包含三種：

(A)地價稅：縣應以在鄉（鎮、市）徵起之收入30%給該鄉（鎮、市），20%由縣統籌分配所屬鄉（鎮、市）。

(B)田賦：縣應以在鄉（鎮、市）徵起之收入全部給該鄉（鎮、市）。

(C)土地增值稅：在縣（市）徵起之收入20%，應繳由中央統籌分配各縣（市）。

B. 房屋稅－縣應以在鄉（鎮、市）徵起之收入40%給該鄉（鎮、市），20%由縣統籌分配所屬鄉（鎮、市）。

C. 使用牌照稅。

D. 契稅－縣應以在鄉（鎮、市）徵起之收入80%給該鄉（鎮、市），20%由縣統籌分配所屬鄉（鎮、市）。

E. 娛樂稅－縣應以在鄉（鎮、市）徵起之收入全部給該鄉（鎮、市）。

F. 印花稅。

G. 特別稅課－指適應地方自治需要，經議會立法課徵之稅。

(2)工程受益費收入。
(3)罰款及賠償收入。
(4)規費收入。
(5)信託管理收入。
(6)財產收入。
(7)營業盈餘及事業收入。
(8)補助及協助收入。
(9)捐獻及贈與收入。
(10)自治稅捐收入。
(11)其他收入。

2. **由國稅中統籌分配之收入**

(1)所得稅。
(2)遺產稅及贈與稅。
(3)營業稅。
(4)貨物稅。
(5)菸酒稅。

(四)鄉（鎮、市）之收入事項（財政收支劃分法第12條，地方制度法第65條）

1. **本身收入**

(1)稅課收入：A.田賦。B.娛樂稅。
(2)工程受益費收入。
(3)罰款及賠償收入。
(4)規費收入。
(5)信託管理收入。
(6)財產收入。
(7)營業盈餘及事業收入。
(8)補助及協助收入。
(9)捐獻及贈與收入。
(10)自治稅捐收入。
(11)其他收入。

2. **中央統籌分配之收入**

(1)所得稅。
(2)遺產稅及贈與稅。
(3)營業稅。
(4)貨物稅。
(5)菸酒稅。

3. **由縣統籌分配之收入**

(1)地價稅：在鄉（鎮、市）徵起之30%給該鄉（鎮、市），20%統籌分配給所屬鄉（鎮、市）。
(2)房屋稅：在鄉（鎮、市）徵起之40%給該鄉（鎮、市），20%統籌分配給所屬鄉（鎮、市）。
(3)契稅：在鄉（鎮、市）徵起之80%給該鄉（鎮、市），20%統籌分配給所屬鄉（鎮、市）。

(五)**中央統籌分配稅款分配辦法**

1. **統籌分配稅款來源**

(1)財政收支劃分法§8Ⅱ

A. 所得稅總收入10%。

B. 營業稅總收入減除依法提撥之統一發票給獎金後之40%。

C. 貨物稅總收入10%。

(2)財政收支劃分法第12條第2項：土地增值稅在縣（市）徵起收入之20%。但不包括準用直轄市之縣轄內徵起土地增值稅收入之20%。

(3)其他收入。

2. **分配方式**

(1)第7條：普通統籌分配稅款分配各級地方政府之金額，應依下列方式計算：

A. 第3條第1款之款項，以總額之61.76%分配直轄市，24%分配縣（市）、8.24%分配鄉（鎮、市）。

B. 第3條第2款之款項，全部分配縣（市）。

C. 準用直轄市之縣參與直轄市分配。

(2)第8條：

A. 各該直轄市及準用直轄市之縣最近3年轄區內各類營利事業營業額平均值占全部直轄市及準用直轄市之縣平均值合計數之百分比，權數50%。

B. 各該直轄市及準用直轄市之縣最近1年底轄區之人口數占全部直轄市及準用直轄市之縣人口合計數之百分比，權數占20%。

C. 各該直轄市及準用直轄市之縣轄區之土地面積占全部直轄市及準用直轄市之縣土地面積合計數之百分比，權數占20%。

D. 各該直轄市及準用直轄市之縣最近3年度財政能力平均值，權數占10%；財政能力計算公式如下：

各該直轄市及準用直轄市之縣財政能力＝（各該直轄市及準用直轄市之縣轄區內之人口數×全部直轄市及準用直轄市之縣每人自籌財源平均數÷各該直轄市及準用直轄市之縣每人自籌財源）÷全部直轄市及準用直轄市之縣依前述括弧內算定數之合計數

E. 前項分配指標中第1款之營利事業營業額、第2款人口數及第3款土地面積在準用直轄市之縣按70%列計；另於計算第4款財政能力之自籌財源時，準用直轄市之縣所轄鄉（鎮、市）之自籌財源應併入計算外，資料採計為準用直轄市規定前之年度者，應再加計其轄內徵起土地增值稅收入之20%。

(六)特別課稅v.s.臨時課稅（地方稅法通則）

	特別課稅	臨時課稅
課徵年限	至多4年	至多2年
課徵對象	不得以課徵貨物或菸酒稅之貨物為課徵對象	必須要指定用途並開立專款帳戶（專款專用）

	特別課稅	臨時課稅
課徵主體	直轄市、縣市政府	直轄市政府、縣市政府、鄉鎮市公所

五、中央與地方財政之調節【109普考、110高考三級】

(一)**依據地方制度法第66條**：「直轄市、縣（市）、鄉（鎮、市）應分配之國稅、直轄市及縣（市）稅，依財政收支劃分法規定辦理。」

(二)**強化地方收支與課徵地方稅之法源**：收入、支出及地方稅之課徵，依地方制度法第67條：

1. 直轄市、縣（市）、鄉（鎮、市）之收入及支出，應依本法及財政收支劃分法規定辦理。
2. 地方稅之範圍及課徵，依地方稅法通則之規定。
3. 地方政府規費之範圍及課徵原則，依規費法之規定；其未經法律規定者，須經各該立法機關之決議徵收之。

(三)**輔助地方以求收支平衡**（地制法§68）：直轄市、縣（市）預算收支之差短，得以發行公債、借款或移用以前年度歲計賸餘彌平；鄉（鎮、市）預算收支之差短，得以借款或移用以前年度歲計賸餘彌平。直轄市、縣（市）公債及借款之未償餘額比例，鄉（鎮、市）借款之未償餘額比例，依公共債務法之規定。

(四)**發揮補助金與協助金之互補功能**（地制法§69）

1. **補助金**：所謂補助金即上級政府對下級政府之財力不足者給予經費的補助。如各省執行憲法第109條第1項各款事務，其經費不時，經立法院議決，由國庫補助之。又如地方制度法第69條之規定，「各上級政府為謀地方均衡發展，對於財力較差之地方政府應酌予補助。」中央對地方之補助，依財政收支劃分法第30條規定，中央為謀全國之經濟平衡發展，得酌予補助地方政府。但以下列事項為限：

   (1)計畫效益涵蓋面廣，且具整體性之計畫項目。

   (2)跨越直轄市、縣（市）或二以上縣（市）之建設計畫。

   (3)具有示範性作用之重大建設計畫。

   (4)因應中央重大政策或建設，需由地方政府配合辦理之事項。

   前項各款補助之辦法，由行政院另定之。

2. **協助金**：所謂協助金即下級政府對上級政府所為經費的協助。如地方制度法第69條之規定，各上級政府為謀地方均衡發展，對財力較優之地方政府，得取得協助金。

3. **縣得酌予補助鄉（鎮、市）**：依財政收支劃分法第31條規定「縣為謀鄉（鎮、市）間之經濟平衡發展，對於鄉（鎮、市）得酌予補助。其補助辦法，由縣政府另訂之。」

(五) **中央與地方費用之負擔**（地制法§70）

1. 中央費用與地方費用之區分，應明定由中央全額負擔、中央與地方自治團體分擔以及地方自治團體全額負擔之項目。中央不得將應自行負擔之經費，轉嫁予地方自治團體。而費用之區分標準，應於相關法律定之。

2. 直轄市、縣（市）、鄉（鎮、市）辦理其自治事項，應就其自有財源優先編列預算支應之。

(六) **地方預算之籌劃、編制原則**（地制法§71）

1. 直轄市、縣（市）、鄉（鎮、市）年度總預算、追加預算與特別預算收支之籌劃、編製及共同性費用標準，除其他法律另有規定外，應依行政院訂定之中央暨地方政府預算籌編原則辦理。

2. 地方政府未依前項預算籌編原則辦理者，行政院或縣政府應視實際情形酌減補助款。

(七) **替代財源的審慎規劃**（地制法§72）：直轄市、縣（市）、鄉（鎮、市）新訂或修正自治法規，如有減少收入者，應同時規劃替代財源；其需增加財政負擔者，並應事先籌妥經費或於法規內規定相對收入來源。

(八) **獎助公共造產**[註7]（地制法§73）：縣（市）、鄉（鎮、市）應致力於公共造產；其獎助及管理辦法，由內政部定之。

(九) **公庫的設置**（地制法§74）：直轄市、縣（市）、鄉（鎮、市）應設置公庫，其代理機關由直轄市政府、縣（市）政府、鄉（鎮、市）公所擬定，經各該直轄市議會、縣（市）議會、鄉（鎮、市）民代表會同意後設置之。

陸 預算、決算 [註8]

一、預算之意義、編製、審議、審核及執行

(一) **意義**：所謂預算，乃行政機關根據施政計畫，擬定一定期間內的公共財政收支計畫，經立法機關通過以為各機關執行的公文書。亦即預算案，及由地方行政機關（指狹義之地方政府）提出於地方立法機關（地方議會）經審議後，成為爾後各機關執行財政之依據。而設置此一定之計劃，按此計劃執行，財政秩序才得以維持。

(二) **編製**：地方預算是由地方政府之主計人員及財政人員根據各單位按其業務所編擬之概算彙編而成。各單位於編擬概算前，多由地方政府行政首長（如縣市長、鄉鎮縣轄市市長）召集單位主管召開預算會議，報告省頒年度施政準則（於鄉鎮縣轄市，尚有縣頒預算編製注意事項），以及各該地方政府之施政計畫，然後各單位主管再根據收入情形，依據省頒年度施政準則、縣頒預算編製注意事項及地方政府行政首長之施政計畫分配經費。最後各單位再按其所分配到的經費編擬概算，送由主計人員及財政人員彙編。

(三) **審議**：地方預算編製完成經地方政府行政首長核定後，乃送地方議會審議。由於預算審議權是地方議會的重要職權，且地方預算關係人民權益至大，因此地方議會對預算的處理，遠較一般普通議案慎重，在台灣省各級地方議會對於預算案，都是以三讀程序為之。不過，地方議會對於預算的審議，其所行使的權利是消極的而非積極的，換句話說，地方議會於審議地方預算時只能刪減而不得增加。因為，地方議會議員的任務之一，係為人民看緊荷包，故不宜自己再事浪費，徒增人民負擔。

根據地方制度法第40條規定「直轄市總預算案，直轄市政府應於會計年度開始3個月前送達直轄市議會；縣（市）、鄉（鎮、市）總預算案，縣（市）政府、鄉（鎮、市）公所應於會計年度開始2個月前送達縣（市）議會、鄉（鎮、市）民代表會。」綜上可知：(1)總預算案之提出時間：直轄市政府→會計年度開始3個月前；縣市政府、鄉鎮市公所：會計年度開始2個月前。(2)總預算案之審議時間及限制：時間→地方議會於會計年度開始1個月前；限制→不得為增加支出之提議。

根據地方制度法第41條的規定：「直轄市、縣（市）、鄉（鎮、市）總預算案之審議，應注重歲出規模、預算餘絀、計畫績效、優先順

序，其中歲入以擬變更或擬設定之收入為主，審議時應就來源別分別決定之；歲出以擬變更或擬設定之支出為主，審議時應就機關別、政事別及基金別分別決定之。」各級地方議會對於預算之審議，應於會計年度開始1個月前完成，並於會計年度開始15日前由各級地方政府發布。「法定預算附加條件或期限者，從其所定。但該條件或期限為法律、自治法規所不許者，不在此限。」「直轄市議會、縣（市）議會、鄉（鎮、市）民代表會就預算案所為之附帶決議，應由直轄市政府、縣（市）政府、鄉（鎮、市）公所參照法令辦理。」第40條規定：「直轄市、縣（市）、鄉（鎮、市）總預算案，如不能依第1項規定期限審議完成時，其預算之執行，依下列規定為之：

1. 收入部分暫依上年度標準及實際發生數，覈實收入。
2. 支出部分：
   (1) 新興資本支出及新增科目，須俟本年度預算完成審議程序後始得動支。
   (2) 前目以外之科目得依已獲授權之原訂計畫或上年度執行數，覈實動支。
3. 履行其他法定義務之收支。
4. 因應前3款收支調度需要之債務舉借，覈實辦理。」

綜上可知：

(1) 發布：由地方政府於會計年度開始15日前。

(2) 審議未完成時，逕行比照上年度（第40條第3項第2款）

A. 收入部分：逕行比照上年度。

B. 支出部分：比照上年度預算；若為新增科目：審議程序後始得動支。

C. 其他法定義務之收支：照常依法收支，如人事費用、退撫支出。

D. 公債支出：照常依法支出。

(3) 審議未完成之處理期限：

A. 會計年度開始後3個月內：未審議完成部分，報請自各監督機關協商。

B. 協商限制：1個月內，逾期未決定，協商機關逕為決定。

此可參照地制法第40條第5項：「直轄市、縣（市）、鄉（鎮、市）總預算案在年度開始後3個月內未完成審議，直轄市政府、縣

（市）政府、鄉（鎮、市）公所得就原提總預算案未審議完成部分，報請行政院、內政部、縣政府邀集各有關機關協商，於1個月內決定之；逾期未決定者，由邀集協商之機關逕為決定之。」

(4) 審議完成，若窒礙難行時，覆議；仍窒礙難行時，自治監督機關解決。

此可參照地制法第40條第6項：「直轄市、縣（市）、鄉（鎮、市）總預算案經覆議後，仍維持原決議，或依前條第5項重行議決時，如對歲入、歲出之議決違反相關法律、基於法律授權之法規規定或逾越權限，或對維持政府施政所必須之經費、法律規定應負擔之經費及上年度已確定數額之繼續經費之刪除已造成窒礙難行時，準用前項之規定。」

(四) **審核**：地方預算經地方議會通過後，還要呈報上級政府備查，其上級政府如認為與中央法令、省法規等有牴觸時，得飭知修正，辦理追加預算。

(五) **執行**：預算案經完成法定程序後，地方政府各單位應按其法定預算之數額，歲入依來源分別各科目，歲出按工作進度及實際需要，編造分配預算報各該地方政府核定後，分送審計機關、財政單位及原編報機關依照執行（其有修改時亦同）。

(六) 根據地方制度法第40條的規定。

二、決算

(一) **意義**：所謂決算，乃行政機關對於預算規定之收支額，根據實際情形編製，並予以公開之帳目。所以我們可以這麼說，預算是對未來財政收支的預定計算，而決算則是對過去財政收支事實的結算。因此，預算只是一種預測，對於未來的歲入歲出之計算，並不一定與實際相符，而決算則為歲出歲入之決定性計算。

(二) **依地方制度法第42條的規定**

1. 直轄市、縣（市）決算案，應於會計年度結束後4個月內，提出於該管審計機關，審計機關應於決算送達後3個月內完成其審核，編造最終審定數額表，並提出決算審核報告於直轄市議會、縣（市）議會。總決算最終審定數額表，由審計機關送請直轄市、縣（市）政府公告。直轄市議會、縣（市）議會審議直轄市、縣（市）決算審核報告時，得邀請審計機關首長列席說明。

2. 鄉（鎮、市）決算報告應於會計年度結束後6個月內送達鄉（鎮、市）民代表會審議，並由鄉（鎮、市）公所公告。

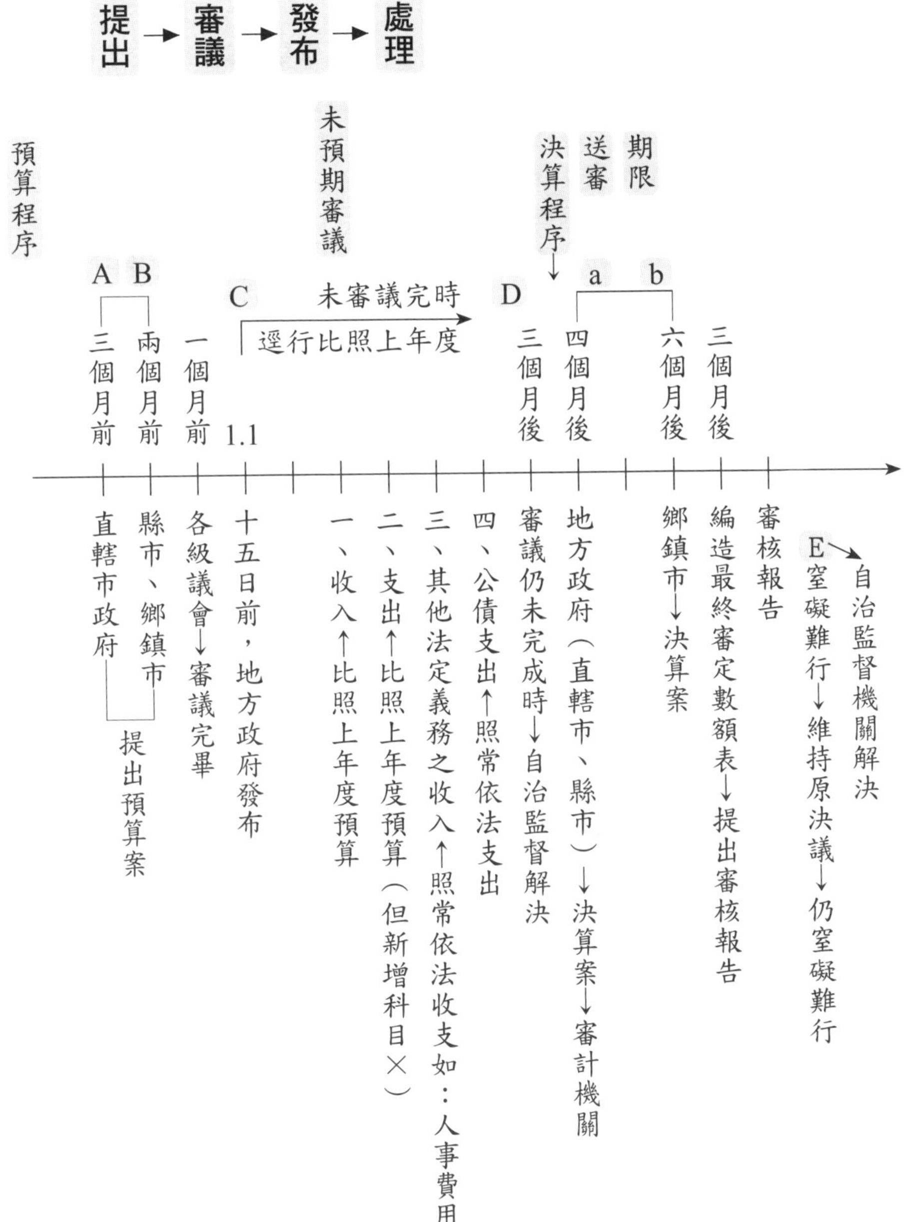

實力充電站

100年修正決算法

第26-1條 （審計長之查核報告）

審計長應於會計年度中將政府之半年結算報告，於政府提出後1個月內完成其查核，並提出查核報告於立法院。

第27條 （立法院對審核報告之審議）

立法院對於審核報告中有關預算之執行、政策之實施及特別事件之審核、救濟等事項，予以審議。

立法院審議時，審計長應答覆質詢，並提供資料，對原編造決算之機關，於必要時，亦得通知其列席備詢，或提供資料。

第28條 （總決算最終審定數額表之公告）

立法院應於審核報告送達後1年內完成其審議，如未完成，視同審議通過。

總決算最終審定數額表，由立法院審議通過後，送交監察院，由監察院咨請總統公告；其中應守秘密之部分，不予公告。

以下預算權與決算權之行使程序見前頁圖表：

預算權（地制法第40條），其程序：A→B→C→D→E。

決算權（地制法第42條），其程序：a→b。

柒 地方財政困難及解決途徑 【109地特三等、109高考三級】

財政為庶政之母，地方自治團體之一切施政均有賴財源支持，若地方自治之保障及於地方行政權、立法權及人事權，則在欠缺財政自主性之情形下，將使各該地方權限之保障喪失實踐意義；我國地方自治最大之問題在於地方財源自主性過低，地方財政既患寡又患不均。

一、地方財政困難的原因

(一) **地方財政收入太少**：鄉鎮之稅課，如田賦、房屋稅、地價稅、屠宰稅、娛樂稅、契稅等，依據財政收支劃分法，其收入比例太少，且其數量與金額不穩定，目前屠宰稅已廢除、田賦停徵，更顯地方財政收入之不足。

(二) **地方之主要稅收來源劃分欠合理**：目前我國財政收支劃分法各級政府稅收之分配，是採「各稅共分」，例如鄉鎮公所僅有娛樂稅為自己擁有，遺產及贈與稅80%；房屋稅收入60%；地價稅收入50%等，造成鄉（鎮、市）稅目所分比例有偏低的現象。

(三) **支出過於繁重**：年來鄉鎮基層建設需求日益殷切，財政支出逐年擴大；加上人事經費支出負擔相當沉重，甚至占總預算比例50%以上。

(四) **過於仰賴上級政府之補助**：鄉鎮因為收入不足，支出過鉅，不得不仰賴上級政府補助，近年來支出費用高達55%以上依賴上級政府的補助。

(五) 行政機關對民意代表作政治性的讓步，造成中央應收的稅未收，形成以債養債的情形。

二、地方稅法通則執行問題

地方稅法通則執行面，分別從法制面、行政面、財經面、政治與環境等面向來檢視，茲依序詳述如下：

(一) **法制規範之疏漏**：政策執行需有「明確」的法令規範，方能有效地依法行政。法令規範若欠缺明確性，不但造成法令解釋的疑義，更將使政策執行缺乏依歸，折損法治效能。「地方稅法通則」雖然是地方自募財源之法制依據，但卻僅以十條條文做為原則性之規範，許多部分仍顯疏漏而不明確，出現法制規範之爭議（劉其昌）：

1. **稅課範圍未明確界定**：「地方稅法通則」雖然賦予地方按特殊需求開徵特別稅、臨時稅之權力，但其稅課範圍界定抽象，各地方政府課徵新稅之名稱、稅率、稅額等皆可自行訂定而不盡相同。長期而言，這將造成各地稅制紊亂並嚴重影響民眾與工商業界的日常活動及運作。例如某些區域徵收「觀光稅」，但其他類似環境之區域卻否。又例如某些區域的碳稅稅率是千分之一，但另一區域的碳稅稅率卻是千分之三。凡此皆可能造成「一國多制」的現象，使地方租稅自主之精神遭到曲解。
2. **對稅課疑義解釋無明確規範**：「地方稅法通則」對稅課疑義的解釋權並無規範，究竟應由中央主管或地方分治皆無明確界定。日後在地方稅制的規劃與執行上若出現疑義，勢必衍生府際間之管轄爭議。
3. **對禁止開徵事項之規範不盡明確**：「地方稅法通則」第三條第一項第四款規定，對損及國家整體利益或其他地方公共利益之事項，不得開徵特別稅課、臨時稅課或附加稅課，惟何謂國家或地方之公共利益事項，其界定仍未盡明確。中央未來將可能藉此條文而恣意駁回地方所提不合其意之稅課法案，使「地方稅法通則」促進地方財政自主之目標嚴重折損。例如，桃園縣對於開徵地方稅的態度雖然非常積極，亦是我國最早通過地方稅自治條例的地方政府，但該縣所研擬提出之11項稅目，最後獲得財政部同意備查者僅剩3項，顯示財政部似乎仍是地方稅制的最後仲裁者，而對禁止開徵事項規範的不明確性，則更加強了中央政府的影響力。

(二) **行政執行的配套不足**：為求政策執過程的順利，行政的彈性、誘因機制及人力、物力等資源也是影響政策能否有效推動的重要因素。「地方稅法通則」未賦予地方政府充分之執行彈性，並且缺乏行政執行上的資源與配套措施：

1. **缺乏稅率調整彈性**：「地方稅法通則」第四條規定地方政府為辦理自治事項，除印花稅與土地增值稅外，得就其地方稅原規定稅率上限，於百分之三十範圍內，予以調高，訂定徵收率。惟已有學者指出，此項措施的原意乃是以授權方式給予地方部分財政自主彈性及財源籌措的能力，但是既要將權力下放給地方，就應有對稱性的下放，不但有調升的設計，亦應有同樣範圍內調降稅率之權力。蓋地方財政自主的意義係反映在地方稅課權力的自主程度上，特別是今日地方已深感財政壓力日益沉重，無不設法提出各種能吸引企業投資的獎勵方案來促進地方發展並穩定地方財源，而在其經常運用的工具中，減免稅課乃占有極為重要的地位，因此為能提振地方招商能力，地方稅法通則亦應有對應的調整方式。

2. **附加徵收之稅目有限**：「地方稅法通則」第三條規定特別稅課不得以已課徵貨物稅或菸酒稅之貨物為課徵對象，而「地方稅法通則」第五條雖賦予地方政府在國稅上附加徵收百分之三十範圍內的權力，但卻排除了關稅、貨物稅及加值型營業稅之適用，因此實際上只剩下所得稅、遺產及贈與稅與礦區稅等可以附加。事實上，我國菸酒管理法已經通過，菸酒市場開放的情勢和往昔大為不同，各地方未來可以依據地方特色發展各有代表性的菸酒產業，而在市場自由競爭下，地方政府對自己地方的菸酒課稅似乎已沒有任何禁止之必要。同樣的情況，亦可適用在某些貨物稅的產品上，尤其當未來貨物稅若能走向特種消費稅的性質，並如同菸酒稅可獨立出更多的個別稅目，則地方附加稅的範圍亦應有擴大調整之空間。

3. **欠缺自動開徵新稅之配套措施**：「地方稅法通則」雖賦予地方政府開徵新稅之權限，但在今日政治與選舉掛帥的環境中，縱使地方財政確有迫切需求，地方政府亦未必敢貿然課徵新稅，得罪轄內選民或企業。

   在地方缺乏徵稅意願，卻未訂有地方財政努力顯有不足時，必須強制開徵地方新稅之配套措施，將可能造成「地方稅法通則」僅備而不用的狀況，使其強化地方財政努力之目標難以實踐。

4. **欠缺稅制規劃與執行之人力及資源**：「地方稅法通則」雖然一體適用於所有層級之地方政府，但鄉（鎮、市）政府在稅制研擬規劃與執行方面的人力和資源將遠不如直轄市與縣（市）政府。事實上，地方新稅制的開徵工作涉及眾多的租稅專業及稽核實務，就一般鄉（鎮、市）級公所的財稅人力而言，其甚難獨力完成及擔負所有工作。

(三)**財經因素的限制**：地方政府不敢貿然課徵新地方稅的原因自然與轄區居民及企業的避稅遷移與投資減少有關，且「地方稅法通則」亦有可能違背財政公平原則：

1. **課徵新稅引發以腳投票問題**：「地方稅法通則」之目的在賦予地方課徵特別稅等稅課之權力，然地方相對於全國，為一開放之經濟體，並因台灣地區面積狹小且資訊流通迅速，若部分地區課徵特別地方稅等，則有可能造成人民或產業向其他低稅賦地區遷移避稅，亦即形成所謂「以腳投票」現象。此外，即使是針對「外地人」所課徵的特別稅，如觀光稅、溫泉稅等，以國人赴國外旅遊風氣之盛，無異使其更有至國外觀光的誘因，課徵新稅的挹注不但有限且可能竭澤而漁。同時因當前投資環境惡化，政府以降低租稅來吸引投資，猶恐不及，如果再對工商活動課徵地方稅，恐怕只會嚇走企業，導致投資萎縮，絕對不利於地方的建設和發展。

2. **違反租稅公平與環境保護原則**：「地方稅法通則」草案在立院一讀審議通過時，因各縣市政府紛紛表示將課徵水資源稅、砂石稅，以及對國營事業如中油、台電等徵稅，財政部於是在二讀時增訂對轄區外之交易、流通至轄區外之天然資源或礦產品、經營範圍跨越轄區之公用事業等不得開徵特別稅、臨時稅或附加稅，最後並經三讀通過（即地方稅法通則第三條）。此一法制設計雖可防杜地方政府對水、礦資源的稅課及將租稅負擔轉嫁轄區以外之居民，或專以公用事業為稅課對象，惟自然資源具折耗性，本應透過稅課來提高其使用成本與以價制量，以保護自然資源。且水源保護區、水庫、礦區、中油及台電等網絡設施皆對其週邊區域居民之生活與土地發展有嚴重之影響，透過稅課回饋將符合受益者付費原則。若按「地方稅法通則」現制不對上述情況課稅，則對地方轄內居民而言，其不但有土地發展上的限制，尚需負擔天然資源或相關國營事業之成本，無異雙重剝削，違反租稅公平原則（例如美國即有32州對天然資源課稅，亦未禁止其稅課轉嫁）。再者，地方政府若可對轄內之一般事業課徵環境稅或污染稅，但卻不能對其區域內之中油、台電等高污染之公用事業課徵稅負，亦有悖於租稅公平原則。

(四)**政治因素的干擾影響**：政治因素更是阻礙地方政府依「地方稅法通則」執行新地方稅制的重要因素之一，蓋按公共選擇（public choice）之理論觀點，政治理性（political rationality）往往大於政策理性（policy rationality）的選擇，其亦是一種政府失靈之現象。誠如有人觀察指出：「很多地方官員認為《地方稅法通則》和規費法的通過，對地方政府赤字問題的解決並不會有很大的幫助，因為課徵新稅或加徵規費的政治成本，比起向中央要求補助大得多了。」而這些政治阻礙因素包括：

1. **政治掛帥與選舉壓力**：課徵新稅對面對競選或連任壓力之民選行政首長與議會民意代表皆是票房毒藥，因此其自然沒有意願去推動此類方案。此外，公投法通過之後，地方政府亦能舉辦公投，在稅制方面免稅雖無法使用公投決議，但增稅則可以公投方式決議，因此課徵新稅的政治風險將會更高，而政治操作的可能性也會更大，其將可能阻卻新稅方案的提議。
2. **課徵新稅的政治限制與鬥爭**：我國地方政治備受詬病的一個現象便是地方政治深受黑金勢力影響、派系分贓猖獗；據自由時報（2002）資料顯示，全國319個鄉鎮市長有48人有黑金背景，而851位縣議員中則有237位有黑金背景，以素質如此低落的議會與行政首長來掌握開徵稅收之權力，其所可能衍生的後果便是地方政府或民意機構私心自用，或針對特定的企業巧立名目徵稅或為逼走某些派系不同的企業而假手稅目，而企業為了生存，則不得不討好地方政治人物，以致行賄之風大盛，民主制度破壞殆盡。此外，我國地方制度為兩元分立制，任何政策與行政命令之實施，都必須先經由議會或代表會審議通過才能加以執行。根據地方稅法通則規定，開徵新稅源須經由地方議會或代表會通過方可執行，因此若出現府會對立、衝突的情況，亦有可能造成地方無法順利落實新稅的課徵。

(五) **其他相關制度／環境的配合不足**：「地方稅法通則」的執行應與其他相關財政制度配合運作，方能克盡全功。例如今日地方財政問題的癥結之一便是在於地方政府多以爭取中央之補助為目標，而忽略了自身的財政努力。因此若能調整補助制度，對努力開闢財源之地方政府給予補助調升的獎勵，反之則調降懲罰，將有助於地方新稅課徵的落實。此外，地方首長財務責任制度的建立、地方舉債的設限、地方重大建設或支出應併提財源籌措計畫等皆是影響「地方稅法通則」政策能否落實的重要環境制度因素。

資料來源：張其祿，(2010)，《影響地方稅法通則執行因素之研究》，行政暨政策學報，第五十一期，頁1-46。

三、地方財政困難的解決途徑

(一) **修改財政收支劃分法**：重行合理的調整鄉鎮稅收比例，俾使地方有充分的財力，從事地方自治事業。同時，對於縣及鄉鎮業務支出方面，亦應明確劃分。

(二) **地方政府得自行徵收地方稅及規費**：賦予地方政府為舉辦某種自治事項，得自行徵收地方稅及規費，以加速地方建設，而不必一味的仰賴中央的補助，進而發揮自治的精神。

(三) **貫徹使用者付費的原則**：整頓規費收入，並完全劃歸各級政府的公庫，列為法定收入，由地方立法機關通過後即可使用。

(四) **確實徵收公共工程受益費**：於各地方自治區域內興建水利、道路、堤防、溝渠、橋樑及其他公共設施，此項工程費應依「工程受益費徵收條例」，向其直接受益之公私有土地及改良物，徵收受益費，此不僅增加地方財源，且亦符合權利義務之公平原則。

(五) **鼓勵地方政府合辦地方公用事業**：鼓勵地方政府合作舉辦公共市場、垃圾處理場、停車場、海濱鹽場等，並由上級政府給予必要的協助。

(六) **積極推行公共造產**：公共造產為地方自治事業，亦是開闢地方財源的有效措施。如能因地制宜，有計畫的普遍推廣公共造產，對地方財源收入將大有裨益。惟造產事業，涉及基金、技術與土地等問題諸多，必須由上級政府大力協助。

(七) 地方經常性固定性的支出，應由中央政府或上級政府補助，以支出移轉的方法，解決地方財政因難。

(八) 確實依法行政，防止逃漏稅，將對地方財政有所助益。

(九) **地方稅法通則之規範機制**

1. **地方稅之定義**（第2條）：本通則所稱地方稅，指下列各稅：
   (1) 財政收支劃分法所稱直轄市及縣（市）稅、臨時稅課。
   (2) 地方制度法所稱直轄市及縣（市）特別稅課、臨時稅課及附加稅課。
   (3) 地方制度法所稱鄉（鎮、市）臨時稅課。

2. **地方稅開徵之限制**（第3條）
   (1) 直轄市政府、縣（市）政府、鄉（鎮、市）公所得視自治財政需要，依前條規定，開徵特別稅課、臨時稅課或附加稅課。但對下列事項不得開徵：
      A. 轄區外之交易。
      B. 流通至轄區外之天然資源或礦產品等。
      C. 經營範圍跨越轄區之公用事業。
      D. 損及國家整體利益或其他地方公共利益之事項。
   (2) 特別稅課及附加稅課之課徵年限至多4年，臨時稅課至多2年，年限屆滿仍需繼續課徵者，應依本通則之規定重行辦理。
   (3) 特別稅課不得以已課徵貨物稅或菸酒稅之貨物為課徵對象；臨時稅課應指明課徵該稅課之目的，並應對所開徵之臨時稅課指定用途，並開立專款帳戶。

3. **地方稅開徵之程序**（第6條）
   (1) 直轄市政府、縣（市）政府、鄉（鎮、市）公所開徵地方稅，應擬具地方稅自治條例，經直轄市議會、縣（市）議會、鄉（鎮、市）民代表會完成三讀立法程序後公布實施。
   (2) 地方稅自治條例公布前，應報請各該自治監督機關、財政部及行政院主計備查。

(十)**規費法之規範**

1. **規費之徵收**（第2條）：各級政府及所屬機關、學校（以下簡稱各機關學校），對於規費之徵收，依本法之規定。本法未規定者，適用其他法律之規定。

   法院徵收規費有特別規定者，不適用本法之規定。

2. **主管機關**（第3條及第4條）

   (1) 本法所稱規費主管機關：在中央為財政部；在直轄市為直轄市政府；在縣（市）為縣（市）政府；在鄉（鎮、市）為鄉（鎮、市）公所。

   (2) 本法所稱業務主管機關，指主管第7條及第8條各款應徵收規費業務，並依法律規定訂定規費收費基準之機關學校；法律未規定訂定收費基準者，以徵收機關為業務主管機關。

   (3) 本法所稱徵收機關，指辦理規費徵收業務之機關學校。

3. **規費種類**（第6條）：(1)行政規費。(2)使用規費。

4. **行政規費之徵收**（第7條）：各機關學校為特定對象之權益辦理下列事項，應徵收行政規費。但因公務需要辦理者，不適用之：

   (1) 審查、審定、檢查、稽查、稽核、查核、勘查、履勘、認證、公證、驗證、審驗、檢驗、查驗、試驗、化驗、校驗、校正、測試、測量、指定、測定、評定、鑑定、檢定、檢疫、丈量、複丈、鑑價、監證、監視、加封、押運、審議、認可、評鑑、特許及許可。

   (2) 登記、權利註冊及設定。

   (3) 身分證、證明、證明書、證書、權狀、執照、證照、護照、簽證、牌照、戶口名簿、門牌、許可證、特許證、登記證及使用證之核發。

   (4) 考試、考驗、檢覈、甄選、甄試、測驗。

   (5) 為公共利益而對其特定行為或活動所為之管制或許可。

   (6) 配額、頻率或其他限量、定額之特許。

   (7) 依其他法律規定應徵收行政規費之事項。

5. **使用規費之徵收**（第8條）：各機關學校交付特定對象或提供其使用下列項目，應徵收使用規費：

   (1) 公有道路、設施、設備及場所。

   (2) 標誌、資料（訊）、謄本、影本、抄件、公報、書刊、書狀、書表、簡章及圖說。

(3) 資料（訊）之抄錄、郵寄、傳輸或檔案之閱覽。

(4) 依其他法律規定應徵收使用規費之項目。

6. **規費之開徵**（第10條）

(1) 業務主管機關應依下列原則，訂定或調整收費基準，並檢附成本資料，洽商該級政府規費主管機關同意，並送該級民意機關備查後公告之：

A. 行政規費：依直接材（物）料、人工及其他成本，並審酌間接費用定之。

B. 使用規費：依興建、購置、營運、維護、改良、管理及其他相關成本，並考量市場因素定之。

(2) 前項收費基準，屬於辦理管制、許可、設定權利、提供教育文化設施或有其他特殊情形者，得併考量其特性或目的定之。

註釋

[註1] 薄著P449～451。

[註2] 地方事權授與方式中之法律授與，可分為兩種，一種是通用法律（我國稱一般法律）乃適用於全國地方政府；另一種是特別法，乃僅適用於某一地方政府，此在英美制國家中較為普遍。在英國，為適應時代變遷的需要，地方團體可請求國會為之制定特別法，地方團體的這種請求，在國會稱之為私法案（Private Bill）。所謂私法案，乃包括有關特定的個人、團體、地方法案而言，以別於內閣或議員為制定一般法律所提出的公法案（Public Bill，通用法律即屬於公法案）。因此，私法案經通過後，即稱為地方法或私法（Local or Private Act）。

[註3] 薄著P451～452。

[註4] 薄著P442～444。

[註5] 薄著P457～459。

[註6] 薄著P460～463。

[註7] 所謂公共造產：係地方自治團體主動結合地方上的人力、財力、物力並設置基金以自力更生的方式，因時、因地，就有利於地方繁榮與經濟價值，便利經營之各種生產事業選擇經營以創造財富，充實自治財政，發展地方建設，促進地方繁榮，從而達到民生樂利，社會安和的目的。

[註8] 薄著P468～474。

精選題庫

測驗題

(　　) 1 依地方制度法之規定，中央政府為謀取地方均衡發展，對財力較優之地方政府可以取得：　(A)統籌分配稅　(B)贈與　(C)補助金　(D)協助金。

(　　) 2 依財政收支劃分法之規定，下列那種稅不屬於直轄市稅與縣市稅？　(A)地價稅　(B)營業稅　(C)房屋稅　(D)契稅。

(　　) 3 在基隆市所徵收的遺產及贈與稅中，80%由基隆市分走，20%則由中央拿走。請問此種稅的分配方法，稱之為：　(A)分散收納法　(B)代收彙解法　(C)稅收分成法　(D)統一收納法。

(　　) 4 依財政收支劃分法第31條之規定，縣對於鄉（鎮、市）間之經濟平衡發展，是否得酌予補助鄉（鎮、市）？　(A)是　(B)否　(C)視情況而定　(D)須省諮議會裁定。

(　　) 5 我國稅課劃分為國稅、直轄市及縣（市）稅，係依下列何種法律規定為之？　(A)財政收支劃分法　(B)所得稅法　(C)預算法　(D)公平交易法。

(　　) 6 以下那一稅目因其稅基流動性較小或無法移動，應劃歸為地方的稅收？　(A)銷售稅　(B)房屋稅　(C)公司所得稅　(D)遺產及贈與稅。

(　　) 7 試問中央統籌分配稅款之收入來源，下列何者有誤？　(A)所得稅收入百分之十　(B)營業稅總收入百分之四十　(C)貨物稅總收入百分之十　(D)縣（市）徵起土地增值稅百分之二十。

(　　) 8 請問中央統籌分配稅款專戶存儲之孳息收入，扣除地方建設基金利息損失後，應如何分配給地方？　(A)直轄市分配43%　(B)縣（市）分配39%　(C)鄉（鎮、市）分配13%　(D)以上皆非。

答　1(D)　2(B)　3(C)　4(A)　5(A)　6(B)　7(B)　8(D)

申論題

一、何謂地方自治財政？試依各國之地方財政類型說明之。（參本章壹、地方財政之意義、類型、目的）

二、試說明地方財政與國家財政之差異。（參本章貳、地方財政與國家財政之差異）

三、自治財政之能否獨立應有那些條件？試述之。（參本章參、地方財政之條件）

四、國家財政支出與地方財政支出一般如何劃分？試依財政收支劃分法規定，說明我國各級政府支出之劃分。（參本章肆之二：中央與地方支出的劃分原則）

五、中央與地方財政收入之劃分理論有那些？試說明之。（參本章伍之二：中央與地方財政收入之劃分理論）

六、地方財政劃分的方法為何？試加說明之。（參本章伍之三：地方稅源（收入）劃分之方法）

七、直轄市、縣（市）、鄉（鎮、市）之收入事項有那些？試依財政收支劃分法及地方制度法之規定說明之。（參本章伍之四、地方財政收入）

八、何謂補助金？何謂協助金？試依地方制度法及相關法令說明之。（參本章伍之五：中央與地方財政之調節）

九、何謂預算？並試就預算之編制、審議、審核及執行分別說明之。（參本章陸之一：預算之意義、編製、審議、審核及執行）

十、地方財政問題究應如何改善？（參本章柒之三：地方財政困難的解決途徑）

第8章 地方自治監督

依出題頻率區分，屬：**A 頻率高**

壹 自治監督之意義、監督的分類

一、自治監督的意義【110高考三級】

地方自治監督一稱地方自治團體之監督或地方自治機關之監督，乃對於地方自治機關辦理自治事項所為之監察、督飭、指導、考核等作用之概稱。地方政府雖有相當的自治權，但這些自治權乃為國家法律所賦予或為國家所承認。因此，地方政府雖具有獨立法人的地位，卻不能不受國家的監督。

一般來說，對於地方政府之監督，含有兩方面的意義：

(一)**消極的監督**：即指監督含有視察、考核、監視和糾正等性質，這方面的監督，其目的在防範地方政府怠忽職務，或濫用自治權，以維護地方人民之合法權益，保障國家統一局面。如對自治人員的罷免是。一般來說，事後監督具有消極的作用。

(二)**積極的監督**：即指監督含有督促、指導和扶助的性質，其目的在促使地方政府善用其自治權，努力地方建設事業，並扶植各地地方自治的均衡發展，進而促進整個國家的繁榮與強盛。如對於自治經費之補助、自治事業之輔導、自治人員之選舉等均是。一般來說，事前監督具有積極的作用。

實力充電站

若以監督權行使的時機來分，則可分為：

1.事前監督：有監督權之機關於被監督機關行為之前，依監督權予以指示、指導或命令其作為、不作為或如何作為，以使其有所遵循，此監督具有事前防微杜漸之作用，具積極的效果。

2.事後監督：反之，有監督權之機關於被監督機關行為之後，採行監督權，如糾正、停止或以變更撤銷等方法，此僅具補救之效果，屬消極的作用。

二、自治監督的分類【108地特三等】

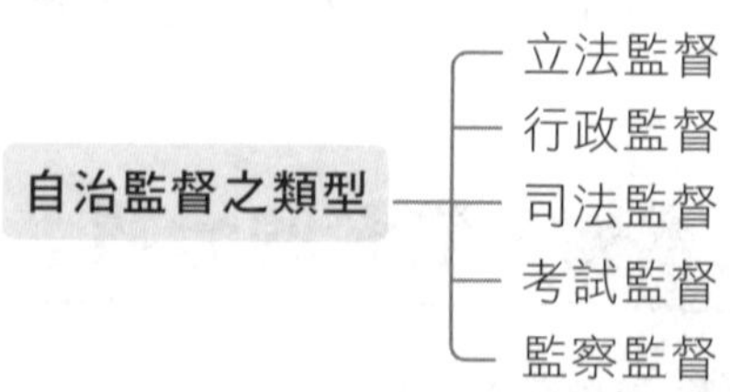

各國對於地方政府的監督，一般分為三類，即立法監督、行政監督與司法監督。不過，我國政治制度係遵奉國父五權憲法的理想而設計，所以除了上述三者外，尚包括了考試監督與監察監督。以下分別述之。

(一)**立法監督**：所謂立法監督乃上級立法機關以立法權規定下級政府之體制，或賦予相當的職權，使其組織及職權之行使獲得合法之根據，並使之不得超越上級立法之範圍。因此，其作用係在事前監督，且屬原則之監督。例如：憲法規定：省縣自治通則、直轄市自治法、中央與地方權限爭議之解決等等都是中央立法事項，並明文規定：「省法規與國家法律牴觸者無效」（憲§116）、「縣單行規章與國家法律或省法規牴觸者無效」（憲§125），以及中央與地方權限爭議之解決。此外，地方制度法中亦規定，地方自治法規不得牴觸法律，或與中央法規牴觸，牴觸者，無效。（地制法§30、31）

(二)**行政監督**：所謂行政監督，乃上級行政機關對於下級地方政府之業務進行，用行政程序予以督促或考核。例如我國憲法第53條：「行政院為全國最高行政機關。」再如地方制度法中之規定：

1. 上級機關對下級機關之自治事項，委辦事項之撤銷、變更、廢止、停止其執行（地制法§75）。
2. 上級機關對下級機關之應作為而不作為之代行處理（地制法§76）。
3. 對於下級機關之人員予以停職，解除職務（職權），或派員代理（地制法§78、§79、§82）。

(三)**司法監督**：所謂司法監督，即司法機關以解釋權、訴訟及懲戒權對各級地方政府所行使之監督。例如我國憲法第78條：「司法院解釋憲法，並有統一解釋法律及命令之權。」再如地方制度法中之規定：

1. 「自治法規與憲法、法律、基於法律授權之法規、上級自治團體自治條例或該自治團體自治條例有無牴觸發生疑義時，得聲請司法院解釋之。」（地制法§30）

2. 直轄市政府、縣（市）政府、鄉（鎮、市）公所辦理「自治事項有無違背憲法、法律、中央法規、縣規章發生疑義時，得聲請司法院解釋之」（地制法§75）。

3.「直轄市長、縣（市）長、鄉（鎮、市）長適用公務員服務法；其行為有違法、廢弛職務或其他失職情形者，準用政務人員之懲戒規定。」（地制法§84）

4. 此外，我國有行政法院之設，行政法院亦屬司法體系，因此，自治行政機關之違法處分，人民經訴願後而提起行政訴訟者，由行政法院以判決予以變更或撤銷。

(四) **考試監督**：依憲法第108條所示，地方官吏之銓敘、任用、糾察及保障為中央立法事項，而「考試院為國家最高考試機關，掌理考試、任用、考績、級俸、陞遷、保障、褒獎、撫卹、退休、養老等事項」（憲§83）。可見各級地方政府人事，要受考試院管制，亦即考試院對於各級地方政府有人事監督權。（但由於行政院人事行政局之成立，目前各級地方政府的人事權，事實上掌握在人事行政局之手。）

此外，地方議會與機關之組織規程、準則及組織自治條例，其有關考銓業務事項，不得牴觸中央考銓法規，各權責機關於核定或同意後，應函送考試院備查（地制法§54、§62）。

再者，各民選公職人員，皆須經檢覈合格，而此項民選公職候選人資格之檢覈，係由考試院辦理。是則考試院對於各民選公職人員亦有部分監督權。

(五) **監察監督**：依憲法第97條第2項的規定：「監察院對於中央及地方公務人員認為有失職或違法情事，得提出糾舉或彈劾案，如涉及刑事，應移送法院辦理。」可見各級地方政府的公務人員，如有失職或違法情事，監察院有糾舉及彈劾權的。又，監察院設有審計部，掌理全國財務審計之權，可見監察院對於各級地方政府尚有財政監督權。

另外，根據釋字235號解釋：「中華民國憲法採五權分立制度，審計權乃屬監察權之範圍，應由中央立法並執行之，隸屬於監察院之審計部於省（市）設審計處，並依審計法第5條辦理各該省（市）政府及其所屬機關財務之審計，與憲法並無牴觸。」

隨堂筆記

我國對地方政府之監督權雖有以上五種，但這五種監督權，皆係國家對地方政府之監督。至於上級地方政府對下級地方政府之監督，則只有兩種，即立法、行政監督。而司法、考試、監察三權之監督由中央政府直接行使。

三、適法性監督與合目的性（適當性）監督

(一) **概說**：地方自治事項可分為自治事項與委辦事項。大法官釋字第553號解釋指出，地方自治團體處理自治事項，監督機關僅得對其為適法性監督；地方自治團體承中央主管機關之命辦理委辦事項，監督機關除為合法性監督外，亦得就行政作業之合目的性等實施全面監督。

(二) **大法官釋字第553號解釋重點整理**

1. **本案事實**：台北市政府因決定延期辦理里長選舉，中央主管機關內政部認其決定違背地方制度法第83條第1項規定，經報行政院依同法第75條第2項「直轄市政府辦理自治事項違背憲法、法律或基於法律授權之規定者，由中央各主管機關報行政院予以撤銷、變更、廢止或停止執行」規定，予以撤銷。台北市政府不服，乃依同條第8項規定逕向本院聲請解釋。

2. **地方制度法第83條「特殊事故」之問題**：地方制度法第83條第1項規定：「直轄市議員、直轄市長、縣（市）議員、縣（市）長、鄉（鎮、市）民代表、鄉（鎮、市）長及村（里）長任期屆滿或出缺應改選或補選時，如因特殊事故，得延期辦理改選或補選。」，就特殊事故應如何解釋，大法官認為，其在概念上無從以固定之事故項目加以涵蓋，而係泛指：

   (1) 不能預見之非尋常事故，致不克按法定日期改選或補選，

   (2) 或如期辦理有事實足認將造成不正確之結果，或發生立即嚴重之後果，或將產生與實現地方自治之合理及必要之行政目的不符等情形者而言。

   又特殊事故不以影響及於全國或某一縣市全部轄區為限，即僅於特定選區存在之特殊事故如符合比例原則之考量時，亦屬之。

3. 「特殊事故」之解釋，涉及不確定法律概念，即係賦予該管行政機關相當程度之判斷餘地，監督機關原則應予以尊重。

4. 中央機關（或地方自治的上級監督機關）對於地方自治團體辦理自治事項僅得為適法性監督：地方自治團體處理其自治事項與承中央主管機關之命辦理委辦事項不同，前者中央之監督僅能就適法性為之，其情形與行政訴訟中之法院行使審查權相似（參照訴願法第79條第3項）；後者得就適法性之外，行政作業之合目的性等實施全面監督。
5. 中央機關（或地方自治的上級監督機關）在對地方自治團體行使適法性監督時的審查密度：
   (1) 本案既屬地方自治事項又涉及不確定法律概念，上級監督機關為適法性監督之際，原則上應尊重地方自治團體所為合法性之判斷，但如其判斷有恣意濫用及其他違法情事，上級監督機關尚非不得依法撤銷或變更。
   (2) 對此類事件之審查密度，揆諸學理有下列各點可資參酌：
      A. 事件之性質影響審查之密度，單純不確定法律概念之解釋與同時涉及科技、環保、醫藥、能力或學識測驗者，對原判斷之尊重即有差異。又其判斷若涉及人民基本權之限制，自應採較高之審查密度。
      B. 原判斷之決策過程，係由該機關首長單獨為之，抑由專業及獨立行使職權之成員合議機構作成，均應予以考量。
      C. 有無應遵守之法律程序？決策過程是否踐行？
      D. 法律概念涉及事實關係時，其涵攝有無錯誤？
      E. 對法律概念之解釋有無明顯違背解釋法則或牴觸既存之上位規範。
      F. 是否尚有其他重要事項漏未斟酌。

隨堂筆記

根據地方制度法規定第75條的規定，地方自治團體辦理自治事項違背憲法、法律或基於法律授權之法規者，由中央各該主管機關報行政院予以撤銷、變更、廢止或停止其執行；地方自治團體辦理委辦事項違背憲法、法律、中央法令或逾越權限者，由中央各該主管機關報行政院予以撤銷、變更、廢止或停止其執行。釋字第553號解釋係台北市政府因決定延期辦理里長選舉，中央主管機關內政部認其決定違背地方制度法第83條第1項規定，經報行政院依同法第75條第2項予以撤銷；台北市政府不服，乃依同條第8項規定逕向司法院大法官會議聲請解釋。

貳 自治監督的行使方式

一、國家行使監督權的方式

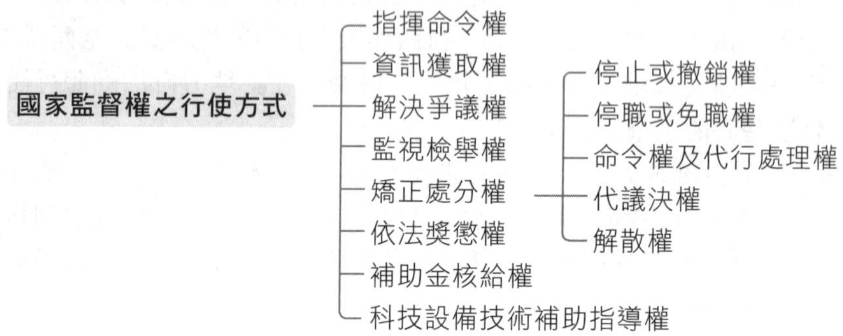

國家對於地方政府或上級地方政府對於下級地方政府，如何行使其監督權，分述如下：

(一)**指揮命令權**：所謂指揮命令權，乃上級政府以命令指示調度一切，下級地方政府對於這種命令有必須服從義務的一種權限。這種權限，是在監督權中最常使用的一種，尤其因為各級地方政府，如縣市政府及鄉鎮縣轄市公所皆有「執行上級政府委辦事項」之責，接受政府的指揮命令，實乃應遵守的義務。

(二)**資訊獲取權**：為順利有效進行監督，監督機關有權得到地方自治團體之行為或地方事務之資訊；嚴格言之，資訊獲取權雖屬監督手段，但較乏終局之監督意義，僅是進行其他監督之前提要件，故在性質上具有相當程度之手段性。從屬性價值，其在種類上可分為：

1. 一般性之視察、閱覽卷宗、要求書面或口頭報告之權。
2. 對自治機關已決定之事項課以陳報或選請備查之義務。

依地方制度法第2條第1項第5款，所謂「備查」係指下級政府或機關間就其得全權處理之業務，依法完成法定效力後，陳報上級政府或主管機關知悉；前述第一種資訊獲取權甚至可使監督機關於必要時進行實地視察，參訪或召集相關機關瞭解資訊，據以解決問題，如地方制度法第38條及第40條第4項所定。

(三)**解決爭議權**：所謂解決爭議權，即上級政府對於下級地方政府中，同級或對等團體或機關的相互間，發生爭執衝突，相持不下，無法解決，或在自治法施行中，發生重大障礙時，運用職權，給以合理有效解決之一種權限。如地方制度法第77條的規定：「中央與直轄市、縣（市）間，權限遇有爭議時，由立法院院會議決之；縣與鄉（鎮、市）間，自治事項遇有爭議時，由內政部會同中央各該主管機關解決之。直轄市間、直轄市與縣（市）間，事權發生爭議時，由行政院解決之；縣（市）間，事權發生爭議時，由內政部解決之；鄉（鎮、市）間，事權發生爭議時，由縣政府解決之。」

(四)**監視檢舉權**：監視權者，乃上級政府為了解下級地方政府或機關執行職務之實際情況起見，派遣官吏到各該下級地方政府或機關處，就地執行監察，調閱書類帳簿、檢查財務出納，或令其提出必要報告書類等之一種監督作用。故一般常行使的調查、稽查、視察、監督等皆屬之。所謂檢舉權者，乃上級政府於發現下級地方政府或其所屬人員確有違法失職情事，得檢具有其過失的證據，向司法機關舉發之一種監督作用。

(五)**矯正處分權**：即上級政府對於下級政府或機關之行為或決定，認為違法失職，或經令飭改正，但仍迄不遵辦者，給予行政處分，以資有效匡正之一種監督權限。此種權利又包括下列各種不同之名目：

1. **停止或撤銷權**：即上級政府對於下級地方政府的行為，認為有違法越權或不當情形時，得停止或撤銷之，使其喪失效力之一種監督權限。
2. **停職免職權**：所謂停職，乃上級政府對於下級政府官員或其屬員有違法、失職或廢弛職務行為時，在未受科刑判決或免職處分前，得先停止其職務之一種權限。所謂免職，乃上級政府對於下級政府官員或其屬員之有違法失職或其他法定原因者，得褫奪其官職的一種權限；地方制度法第78條至第80條即規定於法定事由發生時，得對地方首長或民意代表予以停止職務或解除職務；此種自治監督手段性質上乃對人之監督手段。
3. **命令權及代行處理**：指地方自治團體不履行義務時，監督機關得命其履行；而地方自治團體若不遵守命令，監督機關得代替地方並由地方負擔費用親自或委託第3人來執行命令之內容，此即所謂「代行處理」，類似於行政執行法之「代履行」；例如地方制度法第76條規定，若直轄市、縣（市）長、鄉（鎮、市）依法應作為而不作為，致嚴重危害公益或妨礙地方政務正常運作，其適於代行處理者，得分別由行政院、中央各該主管機關、縣政府命其於一定期限內為之；逾期仍不作為者，得代行處理。但情況急迫時，得逕予以代行處理。在性質上，「代行處理」可謂係最強烈之監督手段，對地方自治權之侵害最大，故應在有重大公益目的之要求時始得行使，亦即「代行處理」具有最後手段性。

4. **代議決權**：所謂代議決權，即對於地方自治團體民意機關之決議所行之矯正權。詳言之，乃指上級政府對於下級地方議會之議決，有違法越權情事，雖經糾正，不加改變，或因議會的事故及怠慢，致不能實行議決時，得代為議決，使其決定具有各該地方議會本身相同效力之一種監督權限。

5. **解散權**：即指上級政府認為地方議會之決議或作為，有重大違法行為，且拒不接受上級政府的糾正，得予以解散重選的一種監督權限。

(六)**依法獎懲權**：所謂依法獎懲權，乃上級政府對於下級地方政府或機關或所屬官員，基於考核的結果，有功者獎，使之益加奮勉；有過者懲，使其知警惕，綜覈名實，信賞必罰的一種監督權。

(七)**補助金核給權**：由於地方政府財政普遍困難，多仰賴上級政府的補助，上級政府還可以利用補助金之核給，對下級地方政府行使監督權，而這種監督權的運用，往往會發生莫大的監督作用。

(八)**科技設備技術補助指導權**：由於科技的一日千里，各地方政府於行政措施上亦多採用科學設備及技術，但卻苦於缺乏相關設備及技術，因此亦有賴上級政府的協助或指導。此種協助或指導亦具有監督的意味，同時也發生監督作用。

二、國家對地方自治監督的模式

(一)**必要最小限度的監督立場**：第一種立場是以民主主義與地方分權為政治制度之基本原理的立場。在這種立場上，基於尊重地方自治團體的自主性與自律性，認為國家對於地方自治團體之監督應儘可能止於最小的限度。這種立場認為：由國家權力，特別是由行政權實施監護式的監督，因為會妨礙地方自治團體的自主性或自律性，所以應加以排除。不過這種立場並不全然排斥國家的監督，依此一立場之看法，認為地方行政如果違法或逾越法律所定範圍時，原則上，應透過消極、被動的司法權之監督加以矯正，而行政權之監督則應止於最小限度，亦即行政權只能為了維持並調和行政全體的水準，而從國家整體之立場僅施予不得不的必要最小限度監督。

(二) **積極主動的監督立場**：第二種立場是以中央集權與官僚主義為政治制度之基本原理的立場。這種立場的觀點是：國家對於地方行政，應施以一般性監護式的行政監督，而基於此種方式所為的行政監督，可期待其帶動國家整體行政的發展。從這種立場來看，國家的監督不只是消極、被動，而且帶有積極、主動的性格。

(三) **英美法系與大陸法系在監督方面之差別**：以上所述，僅是國家對地方行政監督之範型，實際上，這種範型未必以純粹的型式被加以實施。具體上來說，在英國，國家對於地方干預之目的是給予援助，以使地方政府可有效實施行政，並監督其是否違法。至於以法國為首的歐陸諸國則認為地方團體沒有自立的能力，因而由國家加以指導並實施監護。由於這兩種基本觀念的不同，英美法系的國家與大陸法系的國家，其國家對地方自治團體的干預方式就有顯著的不同。從統制的方式來說，大陸法系國家與英美法系國家都承認國會與法院對地方自治團體所為的立法統制與司法統制，但是由內閣與其他行政機關對地方自治團體加以統制，而且此種行政統制相當廣泛而且強力，則是大陸法系國家顯著之特色。

換句話說，在英美法系的國家，地方自治團體的權限是由法律個別加以規定，因此，地方自治團體為了履行其事務，必須有法律的授權，從這種意義上來說，英美法系的國家是以立法統制為主的國家，一旦由法律訂定權限之後，則地方自治團體之權能相當廣泛，且幾乎不受行政機關的監督、統制。而大陸法系國家，其地方自治團體的權限是由法律概括授權，只要法律未禁止，則地方自治團體可以實施所有的事務，因此看起來地方自治團體好像擁有極其廣泛的權限。但實際上，由於各種法律或命令加以禁止之事項甚多，而且有許多事項皆委諸行政機關進行行政統制，因此，行政機關對地方自治團體會實施各式各樣的統制監督。

所以，我們可以說英美法系國家是以立法統制。立法監督為中心，而大陸法系國家則是以行政統制、行政監督為中心，不過法國在1982年以後推動地方分權化的結果，已將行政統制、行政監督轉為司法監督。

(四) **國家監督之種類**

1. 國家監督可依被監督之意志主體的行動性質分為：對政治性行動之監督與對非政治性行動之監督。
2. 依行動主體之地位可分為：
   (1) 作為國家及與國家相對之獨立人格間之作用所實施之監督。
   (2) 國家組織內部當中，作為組織單位間之監督所實施之監督。

(五) 自治監督之特色

1. 地方自治團體是國家承認其具有獨立人格的公法人，因此，國家對地方自治團體之自治行為行使監督權，即意味著：國家對不同的獨立人格，限制其意思或矯正其意思。因此，依現代法治主義之原理，國家對地方自治團體之監督權，必須有法律做為依據。從這一點來看，自治監督與上級行政機關對下級行政機關所實施之監督完全異其性質，蓋上級行政機關得以命令對下級行政機關實施監督。
2. 地方自治團體由於具有獨立的法人格，可作為行政權之主體而活動，因此，國家對地方自治團體之監督，與上級行政機關對下級行政機關之監督不同，並不包括對自治活動的一般指揮命令權。因為指揮命令，不問其為一般之訓令或具體之指令，皆是干涉到被監督者的意思決定，上級行政機關得以此對下級行政機關實施指揮，要求下級行政機關服從，但這種監督方法只能對未具有獨立意思之國家機關實施，不得對獨立之意思主體為之。
3. 國家對地方自治團體實施監督，其實就是對地方自治團體基於自治權所為之行為採取某種統制之謂，如果監督權有濫用的話，即成為對自治權的侵害。因此對於國家的監督行為，需讓地方自治團體有行政救濟之途徑，期以匡正監督權行使之違法性。

三、實施自治監督應遵守之法理

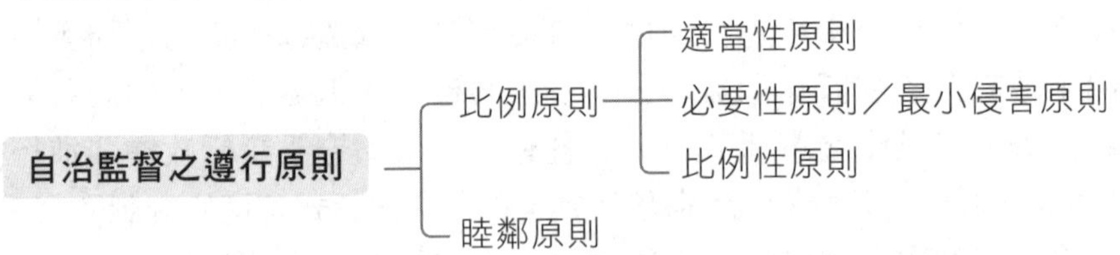

(一) **比例原則**：自治監督機關對於地方自治團體的違法或不當行為，所要採取的監督手段各式各樣，而這些監督手段對於地方自治所造成的干涉程度亦有所不同，甚至其間的強弱具有漸次關係，因此，在監督手段的選擇裁量上應該受到比例原則的拘束，以防地方自治的生機在過強的政治手段中被加以扼殺，造成中央集權制度假自治監督之名而行集權之實。

所謂比例原則，事實上包含三個下位原則——適當性、必要性、比例性原則。茲分別敘述如下：

1. **適當性原則**：適當性原則在此是指監督機關所採取之監督手段必須適合，並且有助於預防或解除地方自治團體的違法或不當行為。如果透過某一監督手段之實施，可以使此一目的較容易達成，則此一監督手段相對於其目的而言，即可說是屬於適當；相反地，如果透過監督手段之實施可能使其實現更加困難，那麼此一監督手段相對於其目的而言，則是不適當的。
2. **必要性原則**：一個符合適當性原則的手段，尚必須符合必要性原則。必要性原則又可稱為「最小侵害原則」，此一原則是指監督機關在面臨各種符合適當性原則之手段可以供選擇的時候，監督機關應該選擇對於地方自治團體之自主性可能造成最小的侵害者為之。
3. **比例性原則**：一個適當而且必要的監督手段最後還是必須要符合狹義的比例原則，此一原則稱之為比例性原則，意指：監督機關為追求一定的目的所採取的監督手段之強度，不得與達成監督目的所需要之程度不成比例，也就是說監督手段之強度不可以超過達成監督目的所需要之強度範圍，而且因為該監督手段所造成之負面作用，不得大於其所追求之成果。

(二)**睦鄰原則**：「睦鄰原則」乃是指國家之行為必須顧及地方自治團體之利益。此原則乃是從德國基本法第28條第2項發展而來。由於地方自治係德國基本法所保障之制度，為保障地方自治，避免國家權力的行使會傷及地方自治的發展，因而要求國家在從事任何行為時，均必須採取「睦鄰」的理念，友善對待地方自治團體。此一原則具體來說，就是要求國家必須充分理解地方之處境，尤其在從事各種行為時，對於地方自治團體之利益應加以充分的考量，並且尊重自治團體之自治權限，此可謂是為了落實憲法保障的地方自治制度，而課予國家的一種法定義務，也是國家行為的準則之一。

此原則最初是適用在地方自治團體與國家的行政權關係上，特別是在國家保留許可的情況下，要求國家在作成許可與否的決定時，必須以信實（treue）、友善的態度考量地方之利益，也就是說，國家在形成監督的意思上，必須受到睦鄰原則的拘束。後來，這個原則的適用範圍漸漸被延伸至國家對地方自治團體的全部關係上，不論是在行政或立法的領域，其目的乃是希望藉由此一原則來限制國家形成其意思的自由空間，以強化地方自治制度之保障。尤其，國家在從事任何自治監督行為時，均應以敦睦原則作為裁量的界線之一，否則其監督行為在合法性上即會有瑕疵之虞。

(三) **公益原則**：公益原則之主要是強調行政機關之行為應為公益而服務，而非謂公益絕對優先於私益，蓋保障私益亦屬維護公益的一部分。而中央政府或上級政府行使監督權時，僅得基於保護公益之目的而發動監督權，保障依法行政。

(四) **便宜原則**：便宜原則係指行政機關執行法律時，對於法律效果之產生，得依合義務的裁量決定是否針對具體個案行使其監督權。換言之，中央或上級政府對於地方自治團體之違法行為，得權衡違法程度之輕重及採取監督措施後可能之影響，決定是否以及如何採取行動。

(五) **補充性原則**：在地方內部監督機制不足以排除違法狀態或現實上有窒礙難行之事由時，始由中央或上級政府介入，並加以監督。

參　上級機關對下級機關自治事項及委辦事項之監督

地方政府執行本身自治事項，雖可依自己的意思主動處理，但必須在法律規範之範圍內執行；而執行委辦事項時則必須依上級政府的意思執行，故不能違背上級政府之法令。

以下將依地方制度法第75條的規定，說明上級政府對於下級政府之自治事項、委辦事項違反上位法規規範及逾越權限之監督原因與方法：

一、行政院對直轄市政府之監督

(一) **對自治事項之監督**：「直轄市政府辦理自治事項違背憲法、法律或基於法律授權之法規者，由中央各該主管機關報行政院予以撤銷、變更、廢止或停止其執行。」

(二) **對委辦事項之監督**：「直轄市政府辦理委辦事項違背憲法、法律、中央法令或逾越權限者，由中央各該主管機關報行政院予以撤銷、變更、廢止或停止其執行。」

二、行政院對縣（市）政府之監督

(一)**對自治事項之監督**：「縣（市）政府辦理自治事項違背憲法、法律或基於法律授權之法規者，由中央各該主管機關報行政院予以撤銷、變更、廢止或停止其執行。」

(二)**對委辦事項之監督**：「縣（市）政府辦理委辦事項違背憲法、法律、中央法令或逾越權限者，由委辦機關予以撤銷、變更、廢止或停止其執行。」

三、縣政府及委辦機關對鄉（鎮、市）公所之監督

(一)**縣政府對鄉（鎮、市）公所辦理自治事項之監督**：「鄉（鎮、市）公所辦理自治事項違背憲法、法律、中央法規或縣規章者，由縣政府予以撤銷、變更、廢止或停止其執行。」

(二)**委辦機關對鄉（鎮、市）公所辦理委辦事項之監督**：「鄉（鎮、市）公所辦理委辦事項違背憲法、法律、中央法令、縣規章、縣自治規則或逾越權限者，由委辦機關予以撤銷、變更、廢止或停止其執行。」

四、違憲、違法自治事項的解釋

直轄市政府、縣（市）政府、鄉（鎮、市）公所辦理「自治事項有無違背憲法、法律、中央法規、縣規章發生疑義時，得聲請司法院解釋之；在司法院解釋前，不得予以撤銷、變更、廢止或停止其執行。」

知識補給站

自治法規、自治事項、委辦事項違反上位規範，監督機關之處理方式，及有疑義時救濟方式

(一) **自治條例**

1.違反法規範：憲法、法律、法規命令、上級自治團體之自治條例（**地制法**§30Ⅰ）。

2.處理：由自治監督機關予以函告無效；或聲請司法院解釋（**地制法**§30Ⅳ、§30Ⅴ）。

3.救濟：由地方行政機關聲請釋憲或統一解釋法令，不需經上級層轉（釋字第527號解釋）。

(二) **自治規則**

1.違反法規範：憲法、法律、法規命令、上級自治團體之自治條例或自治規則（地制法§30Ⅰ）

2.處理：由自治監督機關予以函告無效；或聲請司法院解釋（地制法§30Ⅳ、§30Ⅴ）。

3.救濟：由地方行政機關聲請釋憲或統一解釋法令，不需經上級層轉（釋字第527號解釋）。

(三) **自治事項之議決**

1.違反法規範：憲法、法律、法規命令（若為鄉鎮市，則包括職權命令、行政規則、縣規章）（地制法§43Ⅰ、Ⅱ、Ⅲ）

2.處理：分別由行政院、中央各主管機關、縣政府予以函告無效；或聲請司法院解釋（地制法§43Ⅳ、Ⅴ）。

3.救濟：由地方立法機關聲請釋憲或統一解釋法令，不需經上級層轉（釋字第527號解釋）。

(四) **自治事項之辦理**

1.違反法規範：憲法、法律、法規命令（若係鄉鎮市，則包括職權命令、行政規則、縣規章）（地制法§75Ⅱ、§75Ⅳ、§75Ⅵ）。

2.處理

(1)直轄市及縣市：由中央各主管機關報行政院予以撤銷、變更、廢止、停止其執行、或聲請司法院解釋（地制法§75Ⅱ、Ⅳ、Ⅶ）。

(2)鄉（鎮、市）：由縣政府予以撤銷、變更、廢止、停止其執行、或聲請司法院解釋（地制法§75Ⅵ、Ⅶ）。

3.救濟

(1)涉及自治法規之效力者：由地方行政機關聲請司法院解釋（地制法§75Ⅷ）。

(2)涉及適用憲法之疑義或爭議者：地方行政機關得直接聲請司法院解釋憲法（釋字第527號解釋、憲法訴訟法§82）。

(3)涉及地方自治團體之權利或法律上利益受損害者：由地方行政機關提起行政爭訟、聲請釋憲（憲法訴訟法§83）。

(五) **委辦事項之辦理**

1.違反法規範：憲法、法律、中央法令、逾越權限（若係鄉鎮市，則包括縣規章、縣自治規則）（地制法§75Ⅲ、Ⅴ、Ⅶ）。

2.處理：

(1)直轄市：由中央各主管機關報行政院予以撤銷、變更、廢止、停止其執行（地制法§75Ⅲ）。

(2)縣市、鄉（鎮、市）：由委辦機關予以撤銷、變更、廢止、停止其執行（地制法§75Ⅴ、Ⅶ）。

3.救濟：直轄市、縣市之行政機關對於爭議亦得聲請司法院解釋，且須經上級層轉（釋字第527號解釋）。

(六) **委辦規則**

1.違反法規範：憲法、法律、中央法令（地制法§30Ⅲ）。

2.處理：由委辦機關予以函告無效（地制法§30Ⅳ）。

3.救濟：不得救濟。

(七) **委辦事項之議決**

1.違反法規範：憲法、法律、中央法令（若為鄉（鎮、市），則包括縣規章、縣自治規則）（地制法§43Ⅰ、Ⅱ、Ⅲ）。

2.處理：分別由行政院、中央各主管機關、縣政府予以函告無效（地制法§43Ⅳ）。

3.救濟：不得救濟。

肆　上級機關對下級機關之代行處理

一、代行處理的意義

係指上級機關對於下級之行政機關，基於行政監督之權限，對於下級機關之應作為而不作為之事項，其適於代執行者，由上級機關代行處理，而使其負擔代行處理費用之一種監督權限。

二、得代行處理之情事

依地方制度法第76條的規定：「直轄市、縣（市）、鄉（鎮、市）依法應作為而不作為，致嚴重危害公益或妨礙地方政務正常運作，其適於代行處理者，得分別由行政院、中央各該主管機關、縣政府命其於一定期限內為之；逾期仍不作為者，得代行處理。但情況急迫時，得逕予代行處理。」

三、地方政府對代行處理處分得提出救濟

（即指地方政府對代行處理處分不服時的申訴及救濟）

(一)「直轄市、縣（市）、鄉（鎮、市）對前項處分如認為窒礙難行時，應於期限屆滿前提出申訴。行政院、中央各該主管機關、縣政府得審酌事實變更或撤銷原處分。」

(二)「直轄市、縣（市）、鄉（鎮、市）對於代行處理之處分，如認為有違法時，依行政救濟程序辦理之。」

隨堂筆記

依訴願法第1條規定：「各級地方自治團體或其他公法人對上級監督機關之行政處分，認為違法或不當，致損害其權利或利益者」，亦得依訴願法提起訴願。

四、代行處理的程序（代行處理之函知）

「行政院、中央各該主管機關、縣政府決定代行處理前，應函知被代行處理之機關及該自治團體相關機關，經權責機關通知代行處理後，該事項即轉移至代行處理機關，直至代行處理完竣。」

五、支出費用之求責

此外，「代行處理所支出之費用，應由被代行處理之機關負擔，各該地方機關如拒絕支付該項費用，上級政府得自以後年度之補助款中扣減抵充之。」

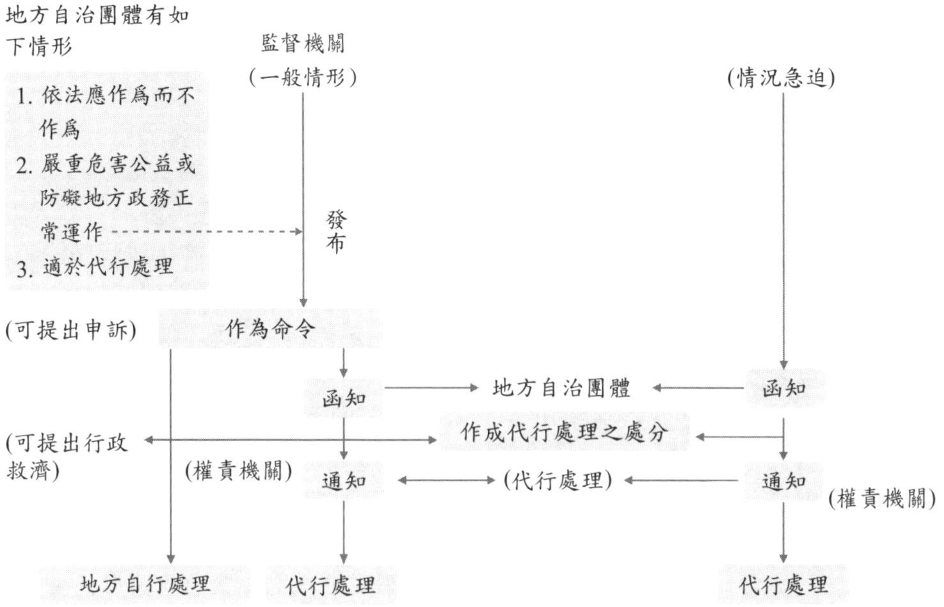

地方自治團體有如下情形

1. 依法應作爲而不作爲
2. 嚴重危害公益或防礙地方政務正常運作
3. 適於代行處理

監督機關

(一般情形)　　(情況急迫)

發布

(可提出申訴)　作為命令

函知　地方自治團體　函知

(可提出行政救濟)　作成代行處理之處分

(權責機關)　通知　(代行處理)　通知　(權責機關)

地方自行處理　代行處理　代行處理

伍　權限爭議之解決

一、意義

行政機關依據法規所具有之權限，若兩個或兩個以上機關，均主張有管轄權、或均主張不具管轄之權限，所發生權限之爭議。地方制度法第77條規定有關中央與地方權限爭議之解決，或地方同級政府之爭議由監督機關解決。

二、地方制度法第77條規定

(一) **中央與地方權限之爭議：**「中央與直轄市、縣（市）間，權限遇有爭議時，由立法院院會議決之。」

(二) **地方間權限之爭議**

1. **縣與鄉（鎮、市）間之爭議：**「縣與鄉（鎮、市）間，自治事項遇有爭議時，由內政部會同中央各該主管機關解決之。」
2. **直轄市間、直轄市與縣（市）間之爭議：**「直轄市間、直轄市與縣（市）間，事權發生爭議時，由行政院解決之。」

3. **縣（市）間、鄉（鎮、市）間之爭議：**「縣（市）間，事權發生爭議時，由內政部解決之；鄉（鎮、市）間，事權發生爭議時，由縣政府解決之。」

實力充電站

管轄權爭議之解決方法：為使管轄權爭議得以及早解決，遂於行政程序法第14條中規定：

1.數行政機關於管轄權有爭議時，由其共同上級機關決定之，無共同上級機關時，由各該上級機關協議定之。

2.前項情形，人民就其依法規申請之事件，得向共同上級機關申請指定管轄，無共同上級機關者，得向各該上級機關之一為之。受理申請之機關應自請求到達之日起10日內決定之。

3.在前二項情形未經決定前，如有導致國家或人民難以回復之重大損害之虞時，該管轄權爭議之一方，應依當事人申請或依職權為緊急之臨時處置，並應層報共同上級機關及通知他方。

4.人民對行政機關依本條所為指定管轄之決定，不得聲明不服。

陸 地方公職人員之停職 重要

一、停職之意義

公務員在職期間，停止其職務之執行，停發薪給，乃上級政府或長官對下級政府官員或其所屬人員有違法、失職或廢弛職務行為時，在未受科刑判決或免職處分前，得先停止其職務之一種監督權限。地方制度法所規定者為直轄市長、縣（市）長、鄉（鎮、市）長之停止職務之情事，不適用公務員懲戒法第3條之規定。民選行政機關首長因具有行政權、人事權、財政權，故為防止其涉案而判決未確定前，濫用職權，以致侵害國家、社會、人民之權益，才有停止其職務之規定。

二、停職的機關（地制法§78）

「直轄市長、縣（市）長、鄉（鎮、市）長、村（里）長，有下列情事之一者，分別由行政院、內政部、縣政府、鄉（鎮、市、區）公所停止其職務，不適用公務員懲戒法第3條之規定。」

三、民選行政首長之停職原因（地制法§78）

(一)涉嫌犯內亂、外患、貪污治罪條例或組織犯罪防制條例之罪，經第一審判處有期徒刑以上之刑者。但涉嫌貪污治罪條例上之圖利罪者，須經第二審判處有期徒刑以上之刑者。

(二)涉嫌犯前款以外，法定刑為死刑、無期徒刑或最輕本刑為5年以上有期徒刑之罪，經第一審判處有罪者。

(三)依刑事訴訟程序被羈押或通緝者。

四、得復職之規定（地制法§78）

(一)依前項第1款或第2款停止職務之人員，如經改判無罪時，或依前項第3款停止職務之人員，經撤銷通緝或釋放時，於其任期屆滿前，得准其先行復職。

(二)依第1項規定予以停止其職務之人員，經依法參選，再度當選原公職並就職者，不再適用該項之規定。

(三)依第1項規定予以停止其職務之人員，經刑事判決確定，非第79條應予解除職務者，於其任期屆滿前，均應准其復職。

(四)直轄市長、縣（市）長、鄉（鎮、市）長，於本法公布施行前，非因第1項原因被停職者，於其任期屆滿前，應即准其復職。

五、一般公務人員之停職原因

其採行的情形可區分為「當然停止」及「先行停止」兩種方式，在公務員懲戒法中均有明文的規定：

(一)**當然停止**：依公務員懲戒法第4條的規定「公務人員有左列各款情形之一者，其職務當然停止：

1. 依刑事訴訟程序被通緝或羈押者。
2. 依刑事確定判決，受褫奪公權之宣告者。
3. 依刑事確定判決，受徒刑之宣告，在執行中者。」

(二) **先行停止**：依公務員懲戒法第5條的規定：「懲戒法庭對於移送之懲戒案件，認為情節重大，有先行停止職務之必要者，得裁定先行停止被付懲戒人之職務，並通知被付懲戒人所屬主管機關。前項裁定於送達被付懲戒人所屬主管機關之翌日起發生停止職務效力。主管機關對於所屬公務員，依第二十四條規定送請監察院審查或懲戒法院審理而認為有免除職務、撤職或休職等情節重大之虞者，亦得依職權先行停止其職務。懲戒法庭第一審所為第一項之裁定，得為抗告。」

六、民選行政首長停職與一般公務人員停職的區別

(一) 公務員停職須判刑確定，或事實上已無法執行職務，故予停職，以保障永業性之公務員。

(二) 民選行政首長之停職，因其有任期4年之限制，司法判決確定時日過久，故經一審或二審，便可予停職之處分。

柒　地方公職人員之解除職務　重要

一、解除職務之意義

公務員因有重大之違法、失職，由主管長官依公務人員考績法，予以消滅其公務員資格之行政處分，是為免職。但民選之行政首長或民選之民意代表，具有解除職務之情事者，則由其上級自治監督機關解除其職務，屬於地方制度法上「去職」，受解除職務處分者，其原有法定身分喪失。

二、地方制度法第79、80條之規定

(一) 監督機關及對象

1. 縣（市）議員、縣（市）長由內政部分別解除其職權或職務；鄉（鎮、市）民代表、鄉（鎮、市）長由縣政府分別解除其職權或職務，並通知各該直轄市議會、縣（市）議會、鄉（鎮、市）民代表會。
2. 村（里）長由鄉（鎮、市、區）公所解除其職務。

(二) 解除職務之情事（即解除職務之法定原因）

1. 「經法院判決當選無效確定，或經法院判決選舉無效確定，致影響其當選資格者。」

2 「犯內亂、外患或貪污罪，經判刑確定者。」

3.「犯組織犯罪防制條例之罪，經判處有期徒刑以上之刑確定者。」

4.「犯前二款以外之罪，受有期徒刑以上刑之判決確定，而未受緩刑之宣告、未執行易科罰金或不得易服社會勞動者。」

5.「受保安處分或感訓處分之裁判確定者。但因緩刑而付保護管束者，不在此限。」

6.「戶籍遷出各該行政區域4個月以上者。」

7.「褫奪公權尚未復權者。」

8.「受監護或輔助宣告尚未撤銷者。」

9.「有本法所定應予解除職權或職務之情事者。」

10.「依其他法律應予解除職權或職務者。」

(三)**民選行政首長因罹患重病，或因故不執行職務時之處理**（地制法§80）：「直轄市長、縣（市）長、鄉（鎮、市）長、村（里）長，因罹患重病，致不能執行職務繼續1年以上，或因故不執行職務連續達6個月以上者，應依前條第1項規定程序解除其職務。」

(四)**地方民意代表若達一定會期未出席者之處理**（地制法§80）：「直轄市議員、縣（市）議員、鄉（鎮、市）民代表連續未出席定期會達二會期者，亦解除其職權。」

(五)**撤銷解除職務處分之情事**（地制法§79）：有下列情事之一者，其原職任期未滿，且尚未經選舉機關公告補選時，解除職權或職務之處分均應予撤銷：

1. 因前項第2款至第4款情事而解除職權或職務，經再審或非常上訴判決無罪確定者。
2. 因前項第5款情事而解除職權或職務，保安處分經依法撤銷，感訓處分經重新審理為不付感訓處分之裁定確定者。
3. 因前項第8款情事而解除職權或職務，經提起撤銷監護或輔助宣告之訴，為法院判決撤銷宣告監護或輔助確定者。
4. 此外，亦可因地方制度法第80條之罹患重病或未出席定期會而解除其職務（職權）。

捌 地方議員及民選行政首長之補選 重要

一、地方民意代表之補選（地制法§81）

(一)**補選條件**：「直轄市議員、縣（市）議員、鄉（鎮、市）民代表辭職、去職或死亡，其缺額達總名額十分之三以上或同一選舉區缺額滿二分之一以上時，均應補選。」

(二)**限制**：「但其所遺任期不足2年，且缺額未達總名額二分之一時，不再補選。前項補選之直轄市議員、縣（市）議員、鄉（鎮、市）民代表，以補足所遺任期為限。」

(三)**辭職之法定方式**：「第1項直轄市議員、縣（市）議員、鄉（鎮、市）民代表之辭職，應以書面向直轄市議會、縣（市）議會、鄉（鎮、市）民代表會提出，於辭職書送達議會、代表會時，即行生效。」

二、民選地方行政首長之補選（地制法§82）

(一)**補選條件**：「直轄市長、縣（市）長、鄉（鎮、市）長及村（里）長辭職、去職、死亡者，應自事實發生之日起3個月內完成補選」；「前項補選之當選人應於公告當選後10日內宣誓就職，其任期以補足本屆所遺任期為限，並視為一屆。」

(二)**限制**：「但所遺任期不足2年者，不再補選，由代理人代理至該屆任期屆滿為止。」

(三)**辭職之法定方式**：「第1項人員之辭職，應以書面為之。直轄市長應向行政院提出並經核准；縣（市）長應向內政部提出，由內政部轉報行政院核准；鄉（鎮、市）長應向縣政府提出並經核准；村（里）長應向鄉（鎮、市、區）公所提出並經核准，均自核准辭職日生效。」

三、補選或改選之延期辦理（地制法§83）

(一)「直轄市議員、直轄市長、縣（市）議員、縣（市）長、鄉（鎮、市）民代表、鄉（鎮、市）長及村（里）長任期屆滿或出缺應改選或補選時，如因特殊事故，得延期辦理改選或補選。」

(二)「直轄市議員、直轄市長、縣（市）議員、縣（市）長依前項延期辦理改選或補選，分別由行政院、內政部核准後辦理。」

(三)「鄉（鎮、市）民代表、鄉（鎮、市）長、村（里）長依第1項延期辦理改選或補選，由各該縣（市）政府核准後辦理。」

(四)「依前三項規定延期辦理改選時，其本屆任期依事實延長之。如於延長任期中出缺時，均不補選。」

四、依地方制度法規定地方民選公職人員辭職方式（程序）、生效日期分述如下

(一)**民選地方民意代表**（地制法§81）

1. **辭職方式**：「直轄市議員、縣（市）議員、鄉（鎮、市）民代表之辭職，應以書面向直轄市議會、縣（市）議會、鄉（鎮、市）民代表會提出。」
2. **辭職生效日**：「於辭職書送達議會、代表會時，即行生效。」

(二)**民選地方行政機關首長**（地制法§82）

1. **辭職方式**：直轄市長、縣（市）長、鄉（鎮、市）長及村（里）長辭職應以書面為之。直轄市長應向行政院提出並經核准；縣（市）長應向內政部提出，由內政部轉報行政院核准；鄉（鎮、市）長應向縣政府提出並經核准；村（里）長應向鄉（鎮、市、區）公所提出並經核准。
2. **辭職生效日**：均自核准辭職日生效。

知識補給站

高雄市議會議長與高雄市政府市長之辭職，在程序上有何不同？請依地方制度法之規定，說明之。

一、高雄市議會議長（屬民選地方民意代表）辭職之程序

(一)依地方制度法第81條規定：直轄市議員、縣（市）議員、鄉（鎮、市）民代表之辭職，應以書面向直轄市議會、縣（市）議會、鄉（鎮、市）民代表會提出，於辭職書送達議會、代表會時，即行生效。

(二)依地方立法機關組織準則第17條規定：高雄市議會議長之辭職，應以書面向大會提出，於辭職書提出議會報告時生效。辭職在休會時，得視實際需要依規定召集臨時會提出之。

(三) 依地方立法機關組織準則第18條規定：高雄市議會議長辭職，高雄市議會應即分別報行政院備查，並函知高雄市政府。高雄市議會議長出缺時，由高雄市議會議決補選之。高雄市議會議長辭職或去職，應辦理移交，未辦理移交或死亡者，由副議長代辦移交。

二、高雄市市長辭職之程序

依地方制度法第82條規定：高雄市市長辭職應以書面為之。高雄市市長應向行政院提出並經核准；自核准辭職日生效。

三、高雄市議會議長與高雄市市長辭職之相異之處如下

(一) 相同之處：二者之辭職方式均以書面為之，為要式行為。

(二) 相異之處

1.核准機構（主體）不同：高雄市議會議長辭職經議會同意即可；高雄市市長辭職則需上級自治監督機關（行政院）核准。

2.生效時間不同：高雄市議會議長辭職書送達議會即行生效；高雄市市長辭職則需經上級自治監督機關（行政院）核准後，於核准辭職日生效。

3.補選條件不同：高雄市議會議長辭職，應由議員再另行互選，但其所遺任期不足2年者，不再補選；高雄市市長辭職，自事實發生之日起3個月內完成補選，由代理人代理至該屆任期屆滿為止。

前項補選之當選人應於公告當選後10日內宣誓就職，其任期以補足本屆所遺任期為限，並視為一任；若由代理人代理，則由行政院派員代理之。

也訧是說高雄市議會議長辭職，造成出缺時，由高雄市議會議決補選；高雄市市長辭職時，應自事實發生之日起3個月內完成補選。但所遺任期不足2年者，不再補選，由代理人代理至該屆任期屆滿為止。

4.派員代理不同：高雄市議會議長辭職，不能執行職務時，由副議長代理；高雄市市長辭職，由行政院派員代理。

5.核備或備查不同：高雄市議會議長辭職，應即報行政院備查，並函知高雄市政府；高雄市市長辭職，應向行政院提出並經核准。

6.提出及生效不同：高雄市議會議長辭職，應以書面向大會提出，於辭職書提出會議報告時生效；高雄市市長辭職應以書面為之，應向行政院提出並經核准，自核准辭職日生效。

玖 地方行政首長之派員代理

民選地方行政首長之派員代理：依地方制度法第82條之規定：

一、因辭職、去職、死亡之派員代理

(一)直轄市長由行政院派員代理；
(二)縣（市）長由內政部報請行政院派員代理；
(三)鄉（鎮、市）長由縣政府派員代理；
(四)村（里）長由鄉（鎮、市、區）公所派員代理。

二、因停職之派員代理

(一)直轄市長停職者，由副市長代理，副市長出缺或不能代理者，由行政院派員代理。
(二)縣（市）長停職者，由副縣（市）長代理，副縣（市）長出缺或不能代理者，由內政部報行政院派員代理。
(三)鄉（鎮、市）長停職者，由縣政府派員代理，置有副市長者，由副市長代理。
(四)村（里）長停職者，由鄉（鎮、市、區）公所派員代理。

三、代理人之限制

代理人，不得為被代理者之配偶、前配偶、四親等內之血親、三親等內之姻親關係。

拾 民選行政首長之懲戒處分 [註1]

一、法源依據

(一)地方制度法第84條：直轄市長、縣（市）長、鄉（鎮、市）長適用公務員服務法；其行為有違法、廢弛職務或其他失職情事者，準用政務人員之懲戒規定。
(二)所謂的政務人員懲戒規定系指公務員懲戒法之政務人員懲戒規定。

(三)公務員懲戒法第9條，政務人員懲戒包含免除職務、撤職、剝奪或減少退休（職、伍）金、減俸、罰款、申誡。

二、理由

就公務員服務法第2條：「本法於受有俸給之文武職公務員及公營事業機構純勞工以外之人員。」縣市長現依特任官待遇支薪，且係地方制度法所規定市政府編制內人員，應可適用公務員服務法。

拾壹 地方制度法中有關中央與地方、地方間之關係

隨堂筆記

此部分的考題，以「上級對地方之行政監督的重要條文來說明」。

一、對下級政府之自治事項及委辦事項之監督（地制法§75）

(一)行政院對省政府、違法、越權之行為，予以撤銷、變更、廢止、停止其執行。

(二)直轄市政府之違法自治事項，違法、越權之委辦事項，行政院予以撤銷、變更、廢止、停止其執行。

(三)行政院對縣政府辦理之違法自治事項，違法、越權之委辦事項，予以撤銷、變更、廢止、停止其執行。

(四)鄉（鎮、市）公所辦理之違法自治事項，違法、越權之委辦事項，由縣政府予以撤銷、變更、廢止、停止其執行，委辦事項由委辦機關為之。

二、上級機關對下級政府之代行處理（地制法§76）

(一)「直轄市、縣（市）、鄉（鎮、市）依法應作為而不作為，致嚴重危害公益或妨礙地方政務正常運作，其適於代行處理者，得分別由行政院、中央各該主管機關、縣政府命其於一定期限內為之；逾期仍不作為者，得代行處理。但情況急迫時，得逕予代行處理。」

(二)代行處理之行政救濟：直轄市、縣（市）、鄉（鎮、市）對於代行處理，如認為有違法時，依行政救濟程序辦理之。

三、權限爭議之解決（地制法§77）

(一)中央與直轄市、縣（市）間，權限遇有爭議時，由立法院院會議決之。

(二)縣與鄉（鎮、市）間，自治事項遇有爭議時，由內政部會同中央各該主管機關解決之。

(三)直轄市間、直轄市與縣（市）間，事權發生爭議時，由行政院解決之。

(四)縣（市）間，事權發生爭議時，由中央各該主管機關解決之。

(五)鄉（鎮、市）間，事權發生爭議時，由縣政府解決之。

四、停止職務（地制法§78）

直轄市長、縣（市）長、鄉（鎮、市）長、村（里）長，有涉嫌犯罪之情形，分別由行政院、內政部、縣政府、鄉（鎮、市）區公所停止其職務。

五、解除其職務（地制法§79）

直轄市議員、直轄市長、縣（市）議員、縣（市）長、鄉（鎮、市）民代表、鄉（鎮、市）長及村（里）長，具有法定原因時，由其上級監督機關解除職務。

六、派員代理（地制法§82）

(一)直轄市長、縣（市）長、鄉（鎮、市）長及村（里）長辭職、去職、死亡者，由上級監督機關派員代理。

(二)直轄市長由行政院派員代理；縣（市）長由內政部報請行政院派員代理；鄉（鎮、市）長由縣政府派員代理；村（里）長由鄉（鎮、市、區）公所派員代理。

(三)以上人員之辭職，應以書面為之，並經監督機關之核准。

註釋

[註1] 紀俊臣專論—「直轄市自治法之市政法制與立法落後」。

精選題庫

測驗題

( ) **1** 政府可對鄉鎮市發布「作為命令」，命其於一定期限內作為。下列那一項不是此「作為命令」之條件： (A)依法應作為而不作為 (B)嚴重危害公益或妨礙地方政務正常運作 (C)適於代行處理 (D)未繳納應負擔之費用。

( ) **2** 樹林區與土城區如果發生事權爭議時，請問應如何解決？ (A)由新北市政府解決 (B)交由法院審判決定 (C)由立法院議決解決 (D)由內政部解決

( ) **3** 林口區與龜山區如果發生事權爭議時，請問應如何解決？ (A)由新北市政府解決 (B)由桃園市政府解決 (C)由立法院議決解決 (D)由內政部解決。

( ) **4** 依地方制度法第77條第1項之規定，縣與鄉（鎮、市）間，自治事項遇有爭議時，由何政府機關解決之？ (A)由行政院會同中央各該主管機關解決之 (B)由內政部會同中央各該主管機關解決之 (C)由省政府會同省諮議會解決之 (D)由縣政府會同鄉（鎮、市）公所解決之。

( ) **5** 依地方制度法第75條第8項規定，對於地方各級政府辦理自治事項有無違背憲法、法律、中央法規、縣規章發生疑義時，得聲請何院解釋之？ (A)立法院 (B)行政院 (C)司法院 (D)監察院。

( ) **6** 依憲法第111條規定，權限分配遇有爭議時，應由以下何機關解決之？ (A)立法院 (B)司法院 (C)監察院 (D)行政院。

答 **1(D)** **2(A)** **3(D)** **4(B)** **5(C)** **6(A)**

申論題

一、地方政府自治監督的意義為何？有那些自治監督的種類？（參本章壹、自治監督之意義、監督的分類）

二、國家對於地方政府或上級地方政府對於下級地方政府，如何行使其監督權？試加說明之。（參本章貳之一：國家行使監督權的方式）

三、何謂矯正處分權？其方法為何？（參本章貳之一：國家行使監督權的方式）

四、上級機關對下級政府之自治事項、委辦事項監督之原因與方法各為何？試依地方制度法之規定說明之。（參本章參、上級機關對下級機關自治事項及委辦事項之監督）

五、何謂代行處理？得代行處理之情事為何？又地方政府對代行處理處分得否提出救濟？試依地方制度法規定說明之。（參本章肆、上級機關對下級機關之代行處理）

六、縣與鄉（鎮、市）間之自治事項發生爭議，直轄市間、直轄市與縣間權限有爭議時，應如何解決？試依相關法律說明之。（參本章伍、權限爭議之解決）

七、地方民選行政首長停止職務之情事為何？可否復職？試依地方制度法規定說明之。（參本章陸、地方公職人員之停職）

八、民選地方公職人員任期屆滿或出缺改選或補選時，得否延期辦理改選或補選？應由何機關核准？試依地方制度法之規定說明之。（參本章捌、地方議員及民權行政首長之補選）

九、民選地方行政首長之派員代理原因為何？並應由何機關派員代理？試依地方制度法之規定說明之。（參本章玖、地方行政首長之派員代理）

十、依地方制度法規定，中央與地方若發生權限或事權爭議時，應如何處置？試說明之。（參本章拾壹、地方制度法有關中央與地方、地方間之關係）

第9章　地方選舉與罷免

依出題頻率區分，屬：**B 頻率中**

壹　選舉權

現代立憲主義（constitutionalism）奠基於「統治者的產生是基於被治者之同意」的精神，這種被治者同意之機制便是透過投票方式之選舉制度，讓各政黨或政治參與者倡議其政見而獲取人民之支持，選舉制度乃成為民主政治中重要的規範（遊戲規則）。在選舉制度的設計上，不同的制度設計會投射出不同的政治發展；選舉制度的改變，會對現有的政治生態產生衝擊，更可能會讓政治發展導向不同的方向。故選舉制度在民主政治中具有本質上的重要性，選舉法規具有準憲法的地位。

所謂選舉權，乃謂公民得依據法律，憑一己之意思，以書面或其他方法選舉各種公職人員之權能。在民主國家，人民是國家的主人，故國家事務或地方公共事務，應由人民處理。

一、選舉權的性質[註1]

關於選舉權的性質，學者間有不同的說法，茲分述如下：

(一)**權利說（我國採此說）**：持此說的學者們（例如：洛克、盧梭、孟德斯鳩）認為，選舉是人民的一種權利，這種權利是自然的或天賦的，所以國家或政府不應任意剝奪或限制人民的選舉權。我國憲法第17條規定：「人民有選舉、罷免、創制及複決之權。」第130條規定：「中華民國國民年滿20歲者，有依法選舉之權，除本憲法及法律別有規定者外，年滿23歲者，有依法被選舉之權。」此外，在我國現制下，各種選舉皆無強迫投票的規定，可見我國係採選舉權為人民的一種權利的說法。

(二)**職務說（義務說）**：持此說的學者們認為，選舉權乃為謀求社會公益而加諸於個人的一種義務，國民投票選舉議員或政府官員無異是一種對法案及政策表示意見。因此，選舉不是人民的權利，而係人民的義務。某些國家甚至對放棄投票權的公民處以一定的處罰，亦即所謂的「強制投票」。

實力充電站

有些國家採取激烈的手段，強迫選民投票。以澳洲為例，法律規定列名選舉人名冊的選民如果不去投票，必須提出解釋。如果選務委員會認為他的理由不夠充份，當事人便會受到罰金的處分。不過，有不少學者反對此舉，其認為強迫投票的制度，將大幅增加了「不負責任」和「自動反對」的投票人數。事實上，多數民主國家寧可靠政黨動員以促使選民去投票，而不願採取此種做法。

(三) **折衷說**：此說認為選舉權既是人民的一種權利，亦是人民的一種義務。因為選舉是一種權利，所以凡人民具有法定資格者，均得要求將其姓名登記於選舉人名冊上，同時選舉時，又得主張自己是選舉人，以行使投票權；因為選舉是一種義務，所以國家又得以禁止選舉人放棄權利，而強迫他們投票。

二、取得選舉權的條件 [註2]

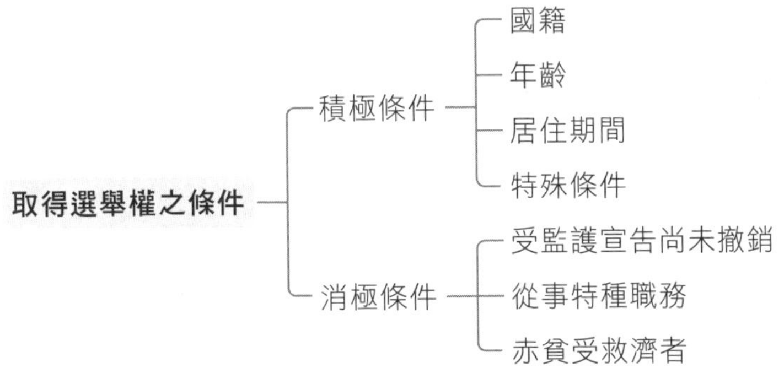

(一) **積極條件（必須具備的條件）**：積極條件雖各國規定不盡相同，但大約有下列幾種：即國籍、年齡、居住期間，以及其他一些特殊條件。其中國籍、年齡以及居住期間為各國普遍的規定，其他特殊條件則視不同國家而定。

1. **國籍**：即須為中華民國國民，擁有中華民國國籍者。
2. **年齡**：依選罷法及憲法之規定，選舉人須為年滿20歲之公民才享有選舉權。[註3]

3. **居住期間**：人民需要在選舉區內，居住一定期間以上，才有選舉權，此為各國之通例。我國則規定須居住4個月以上。
4. **特殊條件**：依公職人員選舉罷免法第16條之規定：「原住民公職人員選舉，以具有原住民身分並有前條資格之有選舉權人為選舉人。」可知，原住民保障名額之選舉，其選舉人除須具備前述各項條件外，尚須為原住民始有選舉權。

(二)**消極條件（不得具備的條件）**

1. **受監護宣告尚未撤銷者**：所謂監護宣告者，係指對於因精神障礙或其他心智缺陷，致不能為意思表示或受意思表示，或不能辨識其意思表示之效果者，法院得因本人、配偶、四親等內之親屬、最近一年有同居事實之其他親屬、檢察官、主管機關、社會福利機構、輔助人、意定監護受任人或其他利害關係人之聲請，為監護之宣告。受監護宣告人因無行為能力，故亦無法行使權利或負擔義務（選罷法§26、民法§14、§15）。
2. **從事特種職務者**：有些國家，停止現役軍人的選舉權，例如：荷蘭、烏拉圭、秘魯等國。這些國家之所以停止軍人的選舉權，主要在於防止軍人干政。
3. **赤貧受救濟者**：所謂赤貧受救濟者，乃指居住在救濟機關裡，或經常依賴政府救濟而生活的人。美國目前有路易斯安那州、緬因州、麻薩諸塞州、密蘇里州、奧克拉荷馬州、德州、維吉尼亞州等州限制此種人行使選舉權。

三、選舉的原則[註4]

我國憲法第129條規定：「本憲法所規定各種選舉，除本憲法別有規定外，以普通、平等、直接及無記名投票之方法行之。」

(一)**普通選舉（Universal Suffrage）**：所謂普通選舉，即對選民資格，除了一般所規定的積極條件與消極條件外，別無其他限制。與普通選舉相對稱的是有限制選舉（Limited Suffrage），所謂限制選舉，即選民除應具備一般所規定之積極條件與消極條件外，還有其他的限制，這些限制，各國不盡相同，大體上說是對教育、財產、性別等的限制。

(二)**平等選舉（Equal Suffrage）**：平等選舉係對不平等選舉（Unequal Suffrage）而言。凡有選舉權的人，其地位平等，每人都有一票的權利，而每一張選票之價值相同，亦即一人一票，一票一價（One man one vote；one vote one value），是為平等選舉；反之，則為不平等選舉。

(三) **直接選舉（Direct Suffrage）**：直接選舉係對間接選舉（Indirect Suffrage）而言。所謂直接選舉，乃透過選舉人的投票，而直接選出當選人者。反之，選舉人的投票不能直接使候選人當選，只能選出第二選舉人，而後再由第二選舉人選舉候選人，稱為間接選舉。例如：我國從前之總統、副總統由國大代表選舉產生。

(四) **無記名選舉**：又稱秘密投票。即不需在選票上註明自己的身分、姓名等資料。

(五) **自由投票**：亦稱自由選舉，相對於強制投票而言。所謂自由投票是指，凡有選舉權者，其是否行使選舉權，完全出於其自身之意願（自由），國家不得予以干涉。

四、地方自治選舉權的種類及任期

(一) **（直轄市）市長**：任期4年，連選得連任一次。

(二) **縣、市長**：任期4年，連選得連任一次。

(三) **鄉、鎮、（縣轄市）市、（直轄市山地原住民）區長**：任期4年，連選得連任一次。

(四) **村、里長**：任期4年，連選得連任。

(五) **（直轄市）市議員**：任期4年，連選得連任。

(六) **縣、市議員**：任期4年，連選得連任。

(七) **鄉、鎮、（縣轄市）市、（直轄市山地原住民區）民代表**：任期4年，連選得連任。

五、被選舉權之性質及條件 [註5]

(一) **被選舉權之性質**：所謂被選舉權，乃謂人民得依據法律，憑其條件，請求他人選舉自己為各種公職人員的權利。選舉權與被選舉權不同：在選舉權，凡有一定資格者，都可根據法律，積極主張自己是選舉人；而被選舉權，不能因為自己有被選舉權的資格，而要求別人必須選擇自己為公職人員。因此，選舉權可說是積極主動的權利；而被選舉權則是消極被動的權利。

(二) **被選舉權之條件**

1. **積極條件**

(1) 國籍：須本國人民始可當選，不過對於取得國籍者，被選舉權的限制往往較選舉權為嚴。例如：選罷法第24條第7項規定：「回復中華民國國籍滿三年或因歸化取得中華民國國籍滿十年者，始得依第一項至第三項規定登記為候選人。」

(2)年齡：我國公職人員選舉中，被選舉人之年齡較選舉年齡大，行政首長之被選舉年齡又較同級之民意代表被選舉年齡為大，例如：公職人員選舉罷免法第24條第1項：「選舉人年滿二十三歲，得於其行使選舉權之選舉區登記為公職人員候選人。但直轄市長、縣（市）長候選人須年滿三十歲；鄉（鎮、市）長、原住民區長候選人須年滿二十六歲。」第2項：「選舉人年滿二十三歲，得由依法設立之政黨登記為全國不分區及僑居國外國民立法委員選舉之全國不分區候選人。」

(3)居住：欲成為該選舉區之公職人員候選人，需先取得該選舉區選舉人之資格，亦即需於各該選舉區繼續居住4個月以上。

2. **消極條件**

(1)法律上原因：所謂法律上原因，係指曾在法律上發生特定權利義務關係者（選罷法§26）。

有下列情事之一者，不得登記為候選人：

A. 動員戡亂時期終止後，曾犯內亂、外患罪，經有罪判決確定。

B. 曾犯貪污罪，經有罪判決確定。

C. 有公職人員選舉罷免法前科者，如「搓圓湯」罪、包攬賄選罪、地方民意機關正、副首長選舉賄選罪、政黨黨內初選賄選罪等，經有罪判決確定：曾犯第九十七條第一項、第二項、第九十八條、第九十九條第一項、第一百條第一項、第二項、第一百零一條第一項、第六項、第七項、第一百零二條第一項、第一百零三條、總統副總統選舉罷免法第八十四條第一項、第二項、第八十五條、第八十六條第一項、第八十七條第一項、第八十八條、第八十九條第一項、第六項、第七項、刑法第一百四十二條、第一百四十四條之罪，或為直轄市、縣（市）議會議長、副議長、鄉（鎮、市）民代表會、原住民區民代表會主席、副主席選舉之有投票權人犯刑法第一百四十三條之罪，經有罪判決確定。

D. 違反國家忠誠義務者：曾犯國家安全法第七條第一項至第四項、第八條第一項至第三項、第十二條第一項、第二項、國家機密保護法第三十二條第一項、第二項、第四項、第三十三條第一項、第二項、第四項、第三十四條第一項至第四項、國家情報工作法

第三十條第一項至第四項、第三十條之一、第三十一條、反滲透法第三條、第四條、第五條第三項、第六條或第七條之罪，經有罪判決確定。

E. 組織犯罪者：曾犯組織犯罪防制條例之罪，經有罪判決確定。

F. 製造、運輸、販售毒品、槍砲、洗錢者：曾犯毒品危害防制條例第四條至第九條、第十二條第一項、第二項、該二項之未遂犯、第十三條、第十四條第一項、第二項、第十五條、槍砲彈藥刀械管制條例第七條、第八條第一項至第五項、第十二條、第十三條、洗錢防制法第十四條、第十五條、刑法第三百零二條之一或第三百三十九條之四之罪，經有罪判決確定。但原住民單純僅犯未經許可，製造、轉讓、運輸、出借或持有自製獵槍、其主要組成零件或彈藥之罪，於中華民國一百零九年五月二十二日修正之槍砲彈藥刀械管制條例施行日前，經有罪判決確定者，不在此限。

G. 曾犯前六款之罪，經有罪判決確定並受緩刑之宣告者，亦同。

H. 受重罪、重刑者：曾犯第一款至第六款以外之罪，其最輕本刑為七年以上有期徒刑之刑，並經判處十年以上有期徒刑之刑確定。

I. 犯第一款至第六款以外之罪，判處有期徒刑以上之刑確定，尚未執行、執行未畢、於緩刑期間或行刑權因罹於時效消滅。

J. 受死刑、無期徒刑或十年以上有期徒刑之判決尚未確定。

K. 受保安處分之裁判確定，尚未執行或執行未畢。

L. 受破產宣告或經裁定開始清算程序確定，尚未復權。

M. 曾受免除職務之懲戒處分。

N. 依法停止任用或受休職處分，尚未期滿。

O. 褫奪公權，尚未復權。

P. 受監護或輔助宣告，尚未撤銷。

(2) 能力上的原因：依選罷法之規定，受監護或輔助宣告，尚未撤銷者，不得申請登記為候選人。

(3) 依公職人員選舉罷免法第27條第1項：

下列人員不得登記為候選人：

A. 現役軍人。

B. 服替代役之現役役男。

C. 軍事學校學生。

D. 各級選舉委員會之委員、監察人員、職員、鄉（鎮、市、區）公所辦理選舉事務人員及投票所、開票所工作人員。

E. 依其他法律規定不得登記為候選人者。例如：依公職人員選舉罷免法第92條第1項之規定：罷免案通過者，被罷免人自解除職務之日起，四年內不得於同一選舉區為同一公職人員候選人；其於罷免案進行程序中辭職者，亦同。

貳 選務機關

一、選務機關的組織

(一)公職人員選舉、罷免，由中央、直轄市、縣（市）選舉委員會辦理之。（選罷法§6）

(二)各級選舉委員會負責之選舉類型如下：（選罷法§7）

1. 立法委員、直轄市議員、直轄市長、縣（市）議員及縣（市）長選舉、罷免，由中央選舉委員會主管，並指揮、監督直轄市、縣（市）選舉委員會辦理之。
2. 原住民區民代表及區長選舉、罷免，由直轄市選舉委員會辦理之，並受中央選舉委員會之監督；鄉（鎮、市）民代表及鄉（鎮、市）長選舉、罷免，由縣選舉委員會辦理之，並受中央選舉委員會之監督。
3. 村（里）長選舉、罷免，由各該直轄市、縣（市）選舉委員會辦理之，並受中央選舉委員會之監督。

   ※辦理選舉、罷免期間，直轄市、縣（市）選舉委員會並於鄉（鎮、市、區）設辦理選務單位。

二、選務機關的職權

我國之選舉，在中央及地方皆設有選舉委員會。依據公職人員選舉罷免法第11條規定，選委會之執掌事項如下：

(一)各級選舉委員會分別辦理下列事項

1. 選舉、罷免公告事項。
2. 選舉、罷免事務進行程序及計畫事項。
3. 候選人資格之審定事項。

4. 選舉、罷免宣導之策劃事項。
5. 選舉、罷免之監察事項。
6. 投票所、開票所之設置及管理事項。
7. 選舉、罷免結果之審查事項。
8. 當選證書之製發事項。
9. 訂定政黨使用電視及其他大眾傳播工具從事競選宣傳活動之辦法。
10. 其他有關選舉、罷免事項。

(二)直轄市、縣（市）選舉委員會就下列各種公職人員選舉、罷免事務，指揮、監督鄉（鎮、市、區）公所辦理

1. 選舉人名冊公告閱覽之辦理事項。
2. 投票所、開票所設置及管理之辦理事項。
3. 投票所、開票所工作人員遴報事項。
4. 選舉、罷免票之轉發事項。
5. 選舉公報及投票通知單之分發事項。
6. 選舉及罷免法令之宣導事項。
7. 其他有關選舉、罷免事務之辦理事項。

參　選舉區之設置

一、選舉區（constituency）之定義

依Douglas W. Rae看法，選舉區（electoral districts）係指：匯集政黨或候選人所獲得之選票而將選票轉換成議會席次的單位。選區在美國的用語為districts，英國的用語是constituencies，在加拿大為ridings；更有學者詳細地把選舉區細分為district與constituency，前者指的是以行政區域為主的選區（如州、郡、縣、市），後者是包含其他非行政區域的選區，不侷限在個別行政單位。另選舉區之劃分有以地為基礎的，又有以人為基礎的。凡以地為基礎而劃分者，即以地方區域為選舉區而產生代表者，稱為地域代表制；凡以人為基礎，已屬於某種團體性質的選舉人為劃分基準而產生代表者，稱為職業代表制。在屬人的選舉區中，又可依血緣、種族、宗教信仰或生活習慣特殊之國民為基礎構成選舉區，由同類的人群，選出他們的代表；如賽普勒斯憲法第62條規定：眾議員名額百分之七十由希裔公民中選出，百分之三十由土裔公民中選出。

二、選舉區的種類 [註9]

選舉區按其選舉代表之多少，一般可分為兩種：

(一) **大選舉區制**：大選舉區制又稱複數選舉區制（Plural Member District），乃指一個選舉區內，可選出2名以上的議員。

1. **大選舉區制有以下的優點**

(1) 容易羅致人才：因為選區大，人才當然也較多，羅致自然較易。

(2) 賄賂或威脅不易發生：選舉區大，選民自然較多，人數多，賄賂威脅少數選民發生不了作用，如欲普遍賄賂威脅，雖非絕不可能，但容易被發現，因此大選舉區，可以減少賄賂威脅的情事，亦難於干涉選舉，使得選舉比較公正。

(3) 較能注重整體利益：大選舉區所產生之議員，因來自較大區域，其眼光亦較大，也較能注重整體利益，不致囿於偏狹的小區域觀念。

(4) 較能尊重少數：由於名額多，是以小黨可運用集中投票的方式，使小黨亦能選出代表，因此少數選民的意見也可以在議會中獲得表示。

2. **大選舉區制有以下的缺點**

(1) 選舉費用過大：由於選舉區域大，選舉人多，欲使競選活動深入每一地區以及每一選舉人，必須耗費鉅額費用，僅就合法費用，如交通費、傳單、標語、餐費等就會相當可觀。果爾，貧而賢能者當選的機會自然減少。

(2) 易為政黨操縱：選舉區域大，選民多，欲以個人之力而競選，談何容易，是以欲思當選，必須依靠有組織之政黨方可，因此政黨，尤其是大黨，乃可操縱選舉。

(3) 選民對候選人較難了解：由於選區遼闊，人民平時接觸不易，加以候選人多，選民更易無所適從，因此，不容易選出理想的公職人員。

(4) 選務較難：選民多，調查登記自亦較難，人一多，錯誤可能亦多。因此，人民選舉權被剝奪的情形也增多。其次，由於人數多，舉行再投票，或補缺選舉，亦比較困難。

(5) 容易促成小黨林立：由於議員名額多，小黨便可集中人力、財力，不難在多數議席中獲得席次，於是小黨即可生存，易造成小黨林立的情況，增加執政者的困難。

(二) **小選舉區制**：小選舉區制又稱單一選舉區制（Single Member District），此指每一選舉區，只能選出1名議員者。

1. **小選舉區制有以下的優點**

(1) 選舉費用較省：因為選區小，選舉人不多，競選活動之範圍自然較小，花費自然也少。

(2) 選民對候選人較易了解：由於選舉區小，選民少，是以人民平時就容易交往溝通，候選人與選民之間也容易發生較密切的關係，是以選民對候選人多有較深刻的認識，真正賢能之士才有當選的機會。

(3) 抑止小黨林立：由於每一選區只能選出1名議員，是以只有實力最強者才能當選，小黨因之無法獲得議席，久而久之只有被淘汰。

(4) 選務較易：選舉區小，選民少，各種選務自然容易辦理，再選舉與補選也比較容易。

2. **小選舉區制之缺點**

(1) 難以選出優秀人才：選舉區小，人民少，優秀人才自然較少，加以選區侷限一地，自然難以羅致全國知名人士。

(2) 選舉容易受干涉：選舉區小，所以收買利誘、脅迫威嚇之事，就容易收到效果，選舉自然也容易被這些不良勢力所干涉。

(3) 少數利益易被忽略：小選舉區既不利於小黨的存在，少數人的意見當然也就沒有獲得在議會表示的機會，因之也犧牲了少數人的利益。

(4) 易囿於地區利益：小選舉區選出之議員，因僅有1人，所以責任集中，因而易受到地方利害影響，為爭取地區利益而忽略整體利益或全國利益。

隨堂筆記

此外，我國地方公職人員之選舉，其選舉區之劃分，係以大選舉區為原則，小選舉區為例外。即：縣市議員及鄉、鎮、縣轄市民代表之選舉，一般皆採大選舉區制。

肆　候選人之產生

一、各國制度

(一) **選民簽署**：所謂選民簽署，即候選人之提出，係由選民簽署推薦。例如英國即採此種方式。

(二)**政黨提名**：即候選人之產生，係由政黨推薦。目前世界上許多國家都採用此制。

(三)**選民預選**：即由選民先選舉候選人，再由候選人參加正式選舉。

(四)**個人申請**：即由具有被選舉資格的公民，親自或委託他人申請登記為公職候選人。例如日本，依其選罷法第28條之規定，欲為公職候選人者，可於各選舉期日公告時間內，以文書向各該選舉管理委員會提出申請。登錄在選舉人名簿之選民，亦可經由本人之同意，以書面推薦他人為候選人。美國小市鎮及鄉村中之選舉，也有許多採用個人申請登記的制度。[註10]

二、我國採用的方式（選罷法§24）

(一)**個人申請**：選舉人年滿23歲，得於其行使選舉權之選舉區登記為公職人員候選人。

(二)**政黨提名**

1. 選舉人年滿23歲，得由依法設立之政黨登記為全國不分區及僑居國外國民立法委員選舉之全國不分區候選人。
2. 僑居國外之中華民國國民年滿23歲，在國內未曾設有戶籍或已將戶籍遷出國外連續8年以上者，得由依法設立之政黨登記為全國不分區及僑居國外國民立法委員選舉之僑居國外國民候選人。

伍 競選活動

我國對候選人之競選活動限制，依照選罷法之規定，說明如下：

一、競選活動時間之限制（選罷法§40）

公職人員選舉競選及罷免活動期間依下列規定：

(一)直轄市長為15日。

(二)立法委員、直轄市議員、縣（市）議員、縣（市）長、鄉（鎮、市）長、原住民區長為10日。

(三)鄉（鎮、市）民代表、原住民區民代表、村（里）長為5日。

前項期間，以投票日前1日向前推算；其每日競選及罷免活動時間，自上午七時起至下午十時止。

二、競選辦事處限制（選罷法§44）

(一)候選人於競選活動期間，得在其選舉區內設立競選辦事處；其設立競選辦事處二所以上者，除主辦事處以候選人為負責人外，其餘各辦事處，應由候選人指定專人負責，並應將各辦事處地址、負責人姓名，向受理登記之選舉委員會登記。

(二)候選人競選辦事處不得設於機關（構）、學校、依法設立之人民團體或經常定為投票所、開票所之處所及其他公共場所。但政黨之各級黨部辦公處，不在此限。

三、競選行為之限制

(一)政黨及任何人從事競選或罷免活動使用擴音器，不得製造噪音。違反者，由環境保護主管機關或警察機關依有關法律規定處理。（選罷法§54）

(二)政黨及任何人，不得有下列情事：（選罷法§56）

1. 於競選或罷免活動期間之每日上午七時前或下午十時後，從事公開競選、助選或罷免活動。但不妨礙居民生活或社會安寧之活動，不在此限。
2. 於投票日從事競選、助選或罷免活動。
3. 妨害其他政黨或候選人競選活動；妨害其他政黨或其他人從事罷免活動。
4. 邀請外國人民、大陸地區人民或香港、澳門居民為第四十五條各款之行為。但受邀者為候選人、被罷免人之配偶，其為第四十五條第二款之站台、亮相造勢及第七款之遊行、拜票而未助講者，不在此限。

實力充電站

公職人員選舉罷免法第45條

各級選舉委員會之委員、監察人員、職員、鄉（鎮、市、區）公所辦理選舉事務人員，於選舉公告發布或收到罷免案提議後，不得有下列行為：

一、公開演講或署名推薦為候選人宣傳或支持、反對罷免案。

二、為候選人或支持、反對罷免案站台或亮相造勢。

三、召開記者會或接受媒體採訪時為候選人或支持、反對罷免案宣傳。

四、印發、張貼宣傳品為候選人或支持、反對罷免案宣傳。
五、懸掛或豎立標語、看板、旗幟、布條等廣告物為候選人或支持、反對罷免案宣傳。
六、利用廣播電視、網際網路或其他媒體為候選人或支持、反對罷免案宣傳。
七、參與競選或支持、反對罷免案遊行、拜票、募款活動。

四、言論上的限制

候選人或為其助選之人之競選言論；提議人之領銜人、被罷免人及為罷免案助勢之人、罷免案辦事處負責人及辦事人員之罷免言論，不得有下列情事：（選罷法§55）

(一)煽惑他人犯內亂罪或外患罪。
(二)煽惑他人以暴動破壞社會秩序。
(三)觸犯其他刑事法律規定之罪。

五、政見發表會之限制

有關公職人員選舉政見發表會之相關規定，可分述如下：

(一)公職人員選舉罷免法第46條之規定

1. 公職人員選舉，除全國不分區及僑居國外國民立法委員選舉依第四十八條規定辦理外，選舉委員會應於競選活動期間內舉辦公辦政見發表會，候選人應親自到場發表政見。但經選舉區內候選人全體同意不辦理者，應予免辦；鄉（鎮、市）民代表、原住民區民代表及村（里）長選舉，得視實際情形辦理或免辦。
2. 前項公辦政見發表會，得透過電視或其他大眾傳播媒體辦理。
3. 前二項公辦政見發表會中候選人發表政見時間，每場每人以不少於十五分鐘為原則；其舉辦之場數、時間、程序及其他相關事項之辦法，由中央選舉委員會定之。

(二)公職人員選舉罷免法第48條之規定

1. 全國不分區及僑居國外國民立法委員選舉，中央選舉委員會應以公費，在全國性無線電視頻道，供登記之政黨從事競選宣傳或發表政見，每次時間不得少於一小時，受指定之電視台不得拒絕；其舉辦之次數、時間、程序及其他相關事項之辦法，由中央選舉委員會定之。

2. 經登記之政黨三分之一以上同意，個人或團體得舉辦全國性無線電視辯論會，電視台應予受理，並得向中央選舉委員會申請經費補助；其申請程序、補助辦理場次、基準及其他相關事項之辦法，由中央選舉委員會定之。

六、選舉委員會辦理選舉及政黨選舉活動（選罷法§48-1）：

選舉委員會得視實際需要，選定公職人員選舉種類，透過電視或其他大眾傳播媒體，辦理選舉及政黨選舉活動；其舉辦之次數、時間、程序及其他相關事項之辦法，由中央選舉委員會定之。

七、地方選舉公報之限制（選罷法§47）

(一)選舉委員會應彙集資料（各候選人之號次、相片、姓名、出生年月日、性別、出生地、推薦之政黨、學歷、經歷及政見）及選舉投票等有關規定，編印選舉公報，並得錄製有聲選舉公報。

(二)學歷，其為大學以上者，以經中央教育行政機關立案或認可之學校取得學位者為限。候選人並應於登記時檢附證明文件；未檢附證明文件者，不予刊登該學歷。

(三)學歷、經歷合計以150字為限。

(四)政見內容，得以文字、圖案為之，並應使所有候選人公平使用選舉公報版面；其編製、格式、印發及其他相關事項之辦法，由中央選舉委員會定之。

(五)候選人及政黨之資料，應於申請登記時，一併繳送選舉委員會。

(六)政見內容，有違反第五十五條規定者，選舉委員會應通知限期自行修改；屆期不修改或修改後仍有未符規定者，對未符規定部分，不予刊登選舉公報。

(七)候選人個人及政黨資料，由候選人及政黨自行負責。其為選舉委員會職務上所已知或經查明不實者，不予刊登選舉公報。推薦之政黨欄，經政黨推薦之候選人，應刊登其推薦政黨名稱；非經政黨推薦之候選人，刊登無。

(八)選舉公報應於投票日二日前送達選舉區內各戶，並應於選舉委員會網站公開，且以其他適當方式公開。

※選舉公報樣張

選賢與能　踴躍投票　慎重圈選

新北市第4屆市長選舉選舉公報

新北市選舉委員會　編印

新北市第4屆市長選舉及新北市議會第4屆議員選舉，經定於中華民國111年11月26日（星期六）上午8時起至下午4時止舉行投票。茲依公職人員選舉罷免法第47條規定，將候選人所填之政見及個人資料刊登如下，候選人個人資料係依據候選人所填列資料刊登，如有不實，由候選人自行負責。

市長候選人

號次	姓名	性別	出生年月日	出生地	推薦之政黨
1	林佳龍	男	53年02月13日	臺北市	民主進步黨
2	侯友宜	男	46年06月07日	臺灣省嘉義縣	中國國民黨

新北市做大市　做大事

新北市議會第4屆議員選舉第13選舉區選舉公報

新北市選舉委員會　編印

第13選舉區（山地原住民）候選人

號次	姓名	性別	出生年月日	出生地	推薦之政黨
1	楊萬金	男	46年02月21日	臺灣省花蓮縣	無
2	馬見 Lahuy・Ipin	男	81年02月25日	臺北市	無黨團結聯盟
3	林家豪	男	72年07月31日	臺中市	台灣民眾黨
4	何應明	男	58年10月12日	桃園市	中國國民黨

壹、選舉投票有關規定包括下列內容：

貳、投開票所一覽表與議員選舉同，詳見議員選舉公報投開票所一覽表。

第1頁，共2頁（第12選舉區（平地原住民）候選人在第2頁）

杜絕賄選　淨化選風

八、宣傳品之限制

(一)公職人員選舉罷免法第51條

1. 報紙、雜誌、廣播電視、網際網路或其他媒體所刊登或播送之競選或罷免廣告，應於該廣告中載明或敘明刊播者、出資者及其他相關資訊。
2. 競選或罷免廣告應載明或敘明之事項、內容、格式及其他應遵行事項之辦法，由中央選舉委員會定之。

(二)公職人員選舉罷免法第51-1條

1. 報紙、雜誌、廣播電視事業、利用網際網路提供服務者或其他媒體業者，刊播前條之競選或罷免廣告，應進行查證，不得接受下列各款之個人、法人、團體或機構直接或間接委託刊播：
   (1)外國人民、法人、團體或其他機構，或主要成員為外國人民、法人、團體或其他機構之法人、團體或其他機構。
   (2)大陸地區人民、法人、團體或其他機構，或主要成員為大陸地區人民、法人、團體或其他機構之法人、團體或其他機構。
   (3)香港、澳門居民、法人、團體或其他機構，或主要成員為香港、澳門居民、法人、團體或其他機構之法人、團體或其他機構。
2. 受他人委託向報紙、雜誌、廣播電視事業、利用網際網路提供服務者或其他媒體業者刊播競選或罷免廣告，應查證委託者是否屬前項各款情形，並應提出委託者出具非屬前項各款情形之切結書供媒體業者留存。

(三)公職人員選舉罷免法第51-2條

1. 報紙、雜誌、廣播電視事業、利用網際網路提供服務者或其他媒體業者應留存受委託刊播競選或罷免廣告之廣告檔案、所設定放送之觀眾及條件、前條第二項之切結書等完整紀錄；該紀錄自刊播競選或罷免廣告時起，應留存四年。
2. 應留存紀錄應包括之事項、內容及其他應遵行事項之辦法，由中央選舉委員會定之。

(四)公職人員選舉罷免法第51-3條

1. 選舉公告發布或罷免案宣告成立之日起至投票日前一日止，擬參選人、候選人、被罷免人或罷免案提議人之領銜人知有於廣播電視、網際網路刊播其本人之深度偽造聲音、影像，得填具申請書表並繳納費用，向警察機關申請鑑識。

2. 深度偽造，指以電腦合成或其他科技方法製作本人不實之言行，並足使他人誤信為真之技術表現形式。
3. 擬參選人、候選人、被罷免人或罷免案提議人之領銜人對於經第一項警察機關鑑識之聲音、影像具深度偽造之情事者，應檢具鑑識資料，以書面請求廣播電視事業、網際網路平臺提供者或網際網路應用服務提供者依第四項規定處理所刊播之聲音、影像，並副知主辦選舉委員會。
4. 廣播電視事業、網際網路平臺提供者或網際網路應用服務提供者應於接獲前項請求之日起二日內，依下列規定辦理：
   (1) 廣播電視事業：停止刊播該聲音、影像。
   (2) 網際網路平臺提供者、網際網路應用服務提供者：限制瀏覽、移除或下架該聲音、影像。
5. 廣播電視事業、網際網路平臺提供者或網際網路應用服務提供者應自接獲第三項請求之日起六個月內，留存所刊播聲音、影像之電磁紀錄或網頁資料，及委託刊播者資料、網路使用紀錄資料；發生訴訟時，應延長留存至裁判確定後三個月。
6. 第一項申請鑑識之資格、程序、書表與影音檔案格式、費用、警察機關出具之鑑識資料應載明內容及其他相關事項之辦法，由內政部定之。

(五) **公職人員選舉罷免法第52條**

1. 政黨及任何人印發以文字、圖畫從事競選、罷免之宣傳品，應親自簽名；其為非候選人、罷免案提議人之領銜人或被罷免人者，並應載明其住址或地址；其為法人或團體者，並應載明法人或團體之名稱與其代表人姓名及地址。宣傳品之張貼，以候選人競選辦事處、政黨辦公處、罷免辦事處及宣傳車輛為限。
2. 宣傳品於競選或罷免活動期間前印製，準備於競選或罷免活動期間開始後散發者，視為競選或罷免活動期間所印製。
3. 政黨及任何人懸掛或豎立標語、看板、旗幟、布條等競選或罷免廣告物應具名，並不得於道路、橋梁、公園、機關（構）、學校或其他公共設施及其用地懸掛或豎立之。但經直轄市、縣（市）政府公告供候選人、罷免案提議人之領銜人、被罷免人、推薦候選人或被罷免人所屬之政黨使用之地點，不在此限。
4. 前項直轄市、縣（市）政府公告之地點，應公平合理提供使用；其使用管理規則，由直轄市、縣（市）政府定之。

5. 廣告物之懸掛或豎立，不得妨礙公共安全或交通秩序，並應於投票日後七日內自行清除；違反者，依有關法令規定處理。

6. 違反第1項或第3項規定所張貼之宣傳品、懸掛、豎立之廣告物，應由選舉委員會通知直轄市、縣（市）政府相關主管機關（單位）依規定處理。

九、地方選舉經費之限制

(一) 地方公職人員競選經費最高金額（選罷法§41）

1. 地方公職人員競選經費最高金額，應由選舉委員會於發布選舉公告之日同時公告。

2. 競選經費最高金額，依下列規定計算：

 (1) 直轄市議員、縣（市）議員、鄉（鎮、市）民代表、原住民區民代表選舉為以各該選舉區之應選名額除選舉區人口總數百分之七十，乘以基本金額新臺幣三十元所得數額，加上一固定金額之和。

 (2) 直轄市長、縣（市）長、鄉（鎮、市）長、原住民區長、村（里）長選舉為以各該選舉區人口總數百分之七十，乘以基本金額新臺幣二十元所得數額，加上一固定金額之和。

3. 固定金額，分別定為直轄市議員新臺幣一千萬元、縣（市）議員新臺幣六百萬元、鄉（鎮、市）民代表、原住民區民代表新臺幣二百萬元、直轄市長新臺幣五千萬元、縣（市）長新臺幣三千萬元、鄉（鎮、市）長、原住民區長新臺幣六百萬元、村（里）長新臺幣二十萬元。

4. 競選經費最高金額計算有未滿新臺幣一千元之尾數時，其尾數以新臺幣一千元計算之。

5. 第2項所稱選舉區人口總數，指投票之月前第六個月之末日該選舉區戶籍統計之人口總數。

6. 第2項第1款所定公職人員選舉各該選舉區之應選名額，於補選時，指各該選舉區之原應選名額。

(二) 地方公職人員之候選人競選經費支出列舉扣除額（選罷法§42）

1. 候選人競選經費之支出，於第41條規定候選人競選經費最高金額內，減除政治獻金及依第43條規定之政府補貼競選經費之餘額，得於申報綜合所得稅時作為投票日年度列舉扣除額。

2. 各種公職人員罷免案，提議人之領銜人及被罷免人所為支出，於前條規定候選人競選經費最高金額內，減除政治獻金之餘額，得於申報綜合所得稅時作為罷免案宣告不成立之日或投票日年度列舉扣除額。
3. 前二項所稱之支出，指自選舉公告發布之日起至投票日後三十日內，或罷免案自領取連署人名冊格式之日起至宣告不成立之日止；已宣告成立者則延長至投票日後三十日內，以競選或罷免活動為目的，所支出之費用。

(三)**補助費用之規定**（選罷法§43）

1. 候選人除全國不分區及僑居國外國民立法委員選舉外，當選人在一人，得票數達各該選舉區當選票數三分之一以上者，當選人在二人以上，得票數達各該選舉區當選票數二分之一以上者，應補貼其競選費用，每票補貼新臺幣三十元。但其最高額，不得超過各該選舉區候選人競選經費最高金額。
2. 前項當選票數，當選人在二人以上者，以最低當選票數為準；其最低當選票數之當選人，以婦女保障名額當選，應以前一名當選人之得票數為最低當選票數。
3. 第一項對候選人競選費用之補貼，應於當選人名單公告日後三十日內，由選舉委員會核算補貼金額，並通知候選人於三個月內掣據，向選舉委員會領取。
4. 前項競選費用之補貼，依第一百三十條第二項規定應逕予扣除者，應先予以扣除，有餘額時，發給其餘額。
5. 領取競選費用補貼之候選人犯第九十七條、第九十九條第一項、第一百零一條第一項、第一百零二條第一項第一款之罪經有罪判決確定者或因第一百二十條第一項第三款之情事經法院判決當選無效確定者，選舉委員會應於收到法院確定判決書後，以書面通知其於三十日內繳回已領取及依前項先予扣除之補貼金額，屆期不繳回者，依法移送強制執行。
6. 候選人未於規定期限內領取競選費用補貼者，選舉委員會應催告其於三個月內具領；屆期未領者，視為放棄領取。
7. 第一項所需補貼費用，依第十三條規定編列預算。

十、民意調查之限制（選罷法§53）

(一)政黨及任何人自選舉公告發布或罷免案成立宣告之日起至投票日十日前所為有關候選人、被罷免人或選舉、罷免民意調查資料之發布，應載明負責調查單位、主持人、辦理時間、抽樣方式、母體數、樣本數、誤差值及經費來源。

(二)未載明前項應載事項及其他各式具民意調查外觀之選舉罷免資料，於前項期間，均不得發布、報導、散布、評論或引述。但參選之政黨、候選人、提議人之領銜人或被罷免人自行推估者，不在此限。

(三)政黨及任何人自投票日前十日起至投票時間截止前，不得以任何方式，發布、報導、散布、評論或引述前二項資料。

陸 各國投票制度

投票乃人民表示意思的一種方法，投票並不一定只有在選舉上使用，創制、複決及罷免，一般也是利用投票的方式來進行。各國所實施之投票制度，略有以下幾種：[註11]

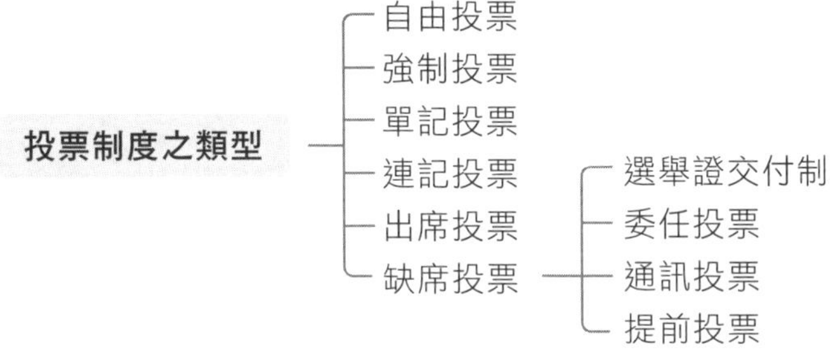

一、自由投票

所謂自由投票，乃國家對於公民投票權之行使不加以干涉，完全由其自由決定。蓋選舉等權既為人民的權利，人民行使或放棄，自然有自由決定權，現今世界各國，例如：英、美等，大多採用此種制度。

二、強制投票

所謂強制投票，乃公民無故不得隨意放棄投票的權利，其放棄者，國家可以加以制裁。採此制的國家認為，選舉等權固為人民的一種權利，但這種權利和普通權利不同，因為它的行使結果可以影響國家利益甚至安危，所以人民不應隨便放棄。由於有此理由，所以採用此制的國家也不少，例如：瑞士、比利時等國。

三、單記投票

所謂單記投票，乃法律只允許投票人在投票紙上書寫或圈定1名候選人。規定單記投票者，如投票人在投票紙上書寫或圈定2人以上者，皆視為廢票。目前世界各國對於公職人員之選舉，大多採用單記投票。

四、連記投票

法律若允許投票人在投票紙上，書寫或圈定2名以上之候選人者，則稱為連記投票。連記投票只有在每個選舉區應選議員數額相同，而投票人連記人數也相同時，其所投之票價值才相等，否則便不平等。例如：甲區可選議員2名，乙區可選4名，甲區投票人可連記2名，乙區投票人可連記4名，則甲乙兩區投票人所投之票，其價值為二比四，價值不等，至為明顯。由於有不平等情事，所以現今各國公職人員之選舉，甚少採用連記投票。

五、出席投票

所謂出席投票，乃投票日時，有投票權人必須親自前往投票所投票之謂。由於選舉等權係一種公權，不得轉讓，為能貫徹此一主旨，所以各國都實施出席投票。

六、缺席投票

所謂缺席投票，即指投票人因故無法親自前往投票所投票時，得用其他方法行使投票權之謂。缺席投票制在公職人員選舉中，目前尚無單獨採用者。換言之，它是一種輔助的投票制度，乃所以補出席投票之不足。缺席投票的方法有下列幾種：

(一)**選舉證交付制**：選舉人若預計選舉日因事不在居住地，可向選舉管理員，領取選舉證，此後便以此證為證據，向任何投票所投票。此方法為德國所採用。

(二)**委任投票**：投票人於投票日因故無法親自到投票所投票，因而委託他人代表投票，稱為委任投票。例如：瑞士，選舉人年逾60者，或因病或殘廢者，或選舉人居所離投票所逾5公里者，均可委託他人投票。英國選舉人在軍隊或軍艦上者，亦可實行委任投票，不過受委任人僅限於委任人的配偶、父母、兄弟、姊妹，而且受委任人又必須是該選舉區的選舉人。

(三)**通訊投票**：選舉人於投票日因故無法親自到投票所投票，可預先向選舉機關陳述理由，由選舉機關於事前將選票寄給選舉人，選舉人填寫後，再由郵局寄回。採用此制的國家頗多，英、美、日皆已採用。

(四)**提前投票**：美國阿拉巴馬及路易斯安那州，規定選舉人必須因事離鄉他往，預計於選舉日不能趕回投票的，可於選舉日前若干天（路州為10天至2天，阿州為20天至5天）親至本縣的選舉官員法庭書記面前提前投票。這類提前投票的方式，實質上與缺席投票的精神無異，也可視為一種缺席投票。

隨堂筆記

我國目前所採取的投票方法，皆為自由投票、出席投票及單記投票。換言之，我國選舉人享有投票或不投票的權利，但如欲投票，必須親往投票所，憑國民身分證領取選票，在印有各該候選人姓名、相片、抽籤決定次序之號碼的選舉票上，由投票人於候選人姓名上以規定之工具圈選1人。

柒 選舉監察與選舉訴訟

選舉之原則為自由、平等與公正，然當選舉進行之際，難保無妨礙此等原則之情事發生，是以選舉監察與選舉訴訟之制乃應運而生。前者行之於選舉之際，作違法的防範與監視，後者行之於選舉之後，作違法的糾正與補救，二者相輔為用，健全選舉之制乃得保障。

一、選舉監察

在民國69年以前，我國所採行的是「選監分立制」，即一方面由選舉事務機關辦理一般選務行政，一方面又設立選舉監察機關執行選舉監察事務。

(一) **民國69年，「動員戡亂時期公職人員選舉罷免法」公布，依該法第11條規定**：「選舉、罷免之監察事項」係各級選舉委員會所掌事項之一。由是我國選監體制乃由「選監分立制」變為「選監合一制」，選舉監察機構乃由獨立機關變更為選舉委員會的隸屬單位。

(二) **公職人員選舉罷免法第12條**

1. 公職人員選舉、罷免，由中央選舉委員會委員、直轄市、縣（市）選舉委員會監察小組委員監察之。
2. 各級選舉委員會執行監察職務準則，由中央選舉委員會定之。

(三) **公職人員選舉罷免法第59條**

1. 投票所、開票所置主任監察員一人，監察員若干人，監察投票、開票工作。除候選人僅一人時，置監察員一人外，每一投票所、開票所至少應置監察員二人。
2. 主任監察員須為現任或曾任公教人員，由選舉委員會洽請各級政府機關及公立學校推薦後遴派之；受洽請之政府機關、公立學校及受遴派之政府機關職員、學校教職員，均不得拒絕。
3. 監察員依下列方式推薦後，由選舉委員會審核派充之：
   (1) 公職人員選舉，由候選人就所需人數平均推薦。但經政黨推薦之候選人，由其所屬政黨推薦。
   (2) 公職人員選舉與總統、副總統選舉同日舉行投票時，依總統副總統選舉罷免法第五十五條第二項規定推薦。
   (3) 立法委員、直轄市長、縣（市）長選舉與其他地方公職人員選舉同日舉行投票時，由立法委員、直轄市長、縣（市）長選舉之候選人依第一款規定推薦。
   (4) 公職人員罷免由提議人之領銜人及被罷免人就所需人數平均推薦。
4. 候選人、政黨、提議人之領銜人或被罷免人得就其所推薦之監察員，指定投票所、開票所，執行投票、開票監察工作。如指定之監察員超過該投票所、開票所規定名額時，以抽籤定之。但投、開票所監察員不得全屬同一政黨推薦。

5. 除候選人僅一人外，各投票所推薦不足二名之監察員時，由選舉委員會就下列人員遴派之：
(1) 地方公正人士。
(2) 各機關（構）、團體、學校人員。
(3) 大專校院成年學生。

6.監察員資格、推薦程序及服務之規則，由中央選舉委員會定之。

二、選舉訴訟 [註12]

(一) **審理機關**：各國對於選舉糾紛之審理機關，有頗為分歧的規定：

1. **由議會自行審理**：由議會自行處理選舉糾紛，為採用最多的國家，不過如果議會為多數黨控制，其所為決定，便難望公平。例如：美國、新加坡、約旦、比利時、加拿大等國。
2. **由主辦選舉的機關處理**：由主辦選舉的機關處理選舉糾紛，則對本身違法事件之處理，即難保公平。例如：土耳其、挪威、巴西等中南美洲國家。
3. **由議會與法院分別處理**：按英國法制，選舉糾紛本由議會自行審判，然鑑於議會自行審判，難以維持公平，乃於1866年改為由議會審判議員當選資格，其他選舉糾紛，則由法院審判。除英國外，瓜地馬拉、象牙海岸等國亦有類似之規定。
4. **由法院審理**：所謂由法院審理，包括各級法院、各類法院，如最高法院、高等法院、一般法院、憲法法院或特別法庭等。採用此制的國家頗多，例如：泰國（最高法院）、牙買加（高等法院）、中非（一般法院）、奧地利（憲法法院）等。

實力充電站

我國憲法第132條規定：「選舉應嚴禁威脅利誘。選舉訴訟，由法院審判之。」是則，我國乃採由法院審理的制度。法院為常設機關，法官審判獨立，可不受干涉，選舉糾紛如由法院審理，法官可以超然立場裁判，非如議會之受多數黨控制，顯然較為公平，也容易得到國民的信任，可說是比較好的制度。另外，依公職人員選舉罷免法第126條之規定：選舉、罷免訴訟之管轄法院，依下列之規定：

1.第一審選舉、罷免訴訟，由選舉、罷免行為地之該管地方法院或其分院管轄，其行為地跨連或散在數地方法院或分院管轄區域內者，各該管地方法院或分院具有管轄權。

2.不服地方法院或分院第一審判決而上訴之選舉、罷免訴訟事件，由該管高等法院或其分院管轄。選舉罷免訴訟性質異於一般民、刑事訴訟，重在速審速結，以確保政治之安定。我國現行之公職人員選舉罷免法採「二審終結不得再審制」。

(二)我國公職人員選舉罷免法中所規定之訴訟種類

1. **選舉（罷免）無效之訴**：依選罷法第118條之規定，有下列情事者，得提起選舉或罷免無效之訴：

(1) 選舉委員會辦理選舉、罷免違法，足以影響選舉或罷免結果，檢察官、候選人、被罷免人或罷免案提議人，得自當選人名單或罷免投票結果公告之日起15日內，以各該選舉委員會為被告，向管轄法院提起選舉或罷免無效之訴。

(2) 選舉委員會辦理全國不分區及僑居國外國民立法委員選舉違法，足以影響選舉結果，申請登記之政黨，得依前項規定提起選舉無效之訴。

2. **當選無效之訴**（選罷法§120）

(1) 當選人有下列情事之一者，選舉委員會、檢察官或同一選舉區之候選人得以當選人為被告，自公告當選人名單之日起60日內，向該管轄法院提起當選無效之訴：

A. 當選票數不實，足認有影響選舉結果之虞。

B. 對於候選人、有投票權人或選務人員，以強暴、脅迫或其他非法之方法，妨害他人競選、自由行使投票權或執行職務。

C. 有第97條、第98-1條第1項、第99條第1項、第101條第1項、第102條第1項第1款、刑法第146條第1項之行為。

(2) 全國不分區及僑居國外國民立法委員選舉之當選人，因政黨得票數不實，而足認有影響選舉結果之虞，或有前項第2款、第3款所列情事之一者，其他申請登記之政黨得依前項規定提起當選無效之訴。

(3) 前二項當選無效之訴經判決確定者，不因同一事由經刑事判決無罪而受影響。

(4) 當選人有第29條第1項所列各款之一或第2項規定情事者，選舉委員會、檢察官或同一選舉區之候選人得以當選人為被告，於其任期或規定之日期屆滿前，向該管轄法院提起當選無效之訴。

(5) 全國不分區及僑居國外國民立法委員選舉之當選人，有前項情事時，其他申請登記之政黨亦得依前項規定提起當選無效之訴。

(6) 當選無效之訴經判決無效確定者，當選人之當選，無效；已就職者，並應自判決確定之日起，解除職務。惟不影響當選人就職後職務上之行為。

3. **罷免通過或否決無效之訴**（選罷法§124）

(1) 罷免案之通過或否決，有下列情事之一者，選舉委員會、檢察官、被罷免人或罷免案提議人之領銜人，得於罷免投票結果公告之日起六十日內，以罷免案提議人之領銜人或被罷免人為被告，向管轄法院提起罷免案通過或否決無效之訴：

A. 罷免案通過或否決之票數不實，足認有影響投票結果之虞。

B. 被罷免人、罷免案提議人之領銜人或其各該辦事處負責人、辦事人員，對於有投票權人或選務人員，以強暴、脅迫或其他非法之方法，妨害他人自由行使投票權或執行職務。

C. 被罷免人、罷免案提議人之領銜人或其各該辦事處負責人、辦事人員有第九十八條第一項第二款、第九十八條之一第二項、第九十九條第一項、刑法第一百四十六條第一項之行為。

D. 被罷免人有第一百零二條第一項第二款之行為。

(2) 罷免案否決無效之訴，經法院判決無效確定者，其罷免案之否決無效，並定期重行投票。

(3) 罷免案之通過經判決無效者，被罷免人之職務應予恢復。但無法恢復者，不在此限。

捌　罷免權

所謂罷免權，係指公民對於公職人員，於其任期未滿以前，得以投票方法令其去職。

一、罷免之程序

(一)**罷免案之提出**：公職人員之罷免，得由原選舉區選舉人向選舉委員會提出罷免案。但就職未滿1年者，不得罷免。（選罷法§75）

(二)**罷免案之提議人**：（選罷法§76）

1. 罷免案以被罷免人原選舉區選舉人為提議人，由提議人之領銜人一人，填具罷免提議書一份，檢附罷免理由書正、副本各一份，提議人正本、影本名冊各一份，向選舉委員會提出。
2. 前項提議人人數應為原選舉區選舉人總數百分之一以上，其計算數值尾數如為小數者，該小數即以整數一計算。
3. 第一項提議人名冊，應依規定格式逐欄詳實填寫，填具提議人國民身分證統一編號及戶籍地址分村（里）裝訂成冊，並指定提議人一人為備補領銜人。罷免理由書以不超過五千字為限。
4. 罷免案，一案不得為二人以上之提議。但有二個以上罷免案時，得同時投票。
5. 罷免案表件不合第一項、第三項、前項規定或提議人名冊不足第二項規定之提議人數者，選舉委員會應不予受理。
6. 中央選舉委員會應建置電子系統，提供提議人之領銜人徵求連署；其適用罷免種類、連署方式、查對作業及其他相關事項之辦法，由中央選舉委員會定之。
7. 採電子連署者，其文件以電磁紀錄之方式提供。
8. 罷免案提議人之領銜人死亡或經提議人總數二分之一以上書面同意者，由備補領銜人遞補為領銜人，並以一次為限。

(三)**罷免案之撤回**：依選罷法第78條之規定：「罷免案於未徵求連署前，經提議人總數三分之二以上同意，得以書面向選舉委員會撤回之。」

(四)**提議人之查對、連署**：依選罷法第79條之規定：選舉委員會收到罷免案提議後，應於25日內，查對提議人名冊，有下列情事之一者，應予刪除：

1. 提議人不合第76條第1項規定。
2. 提議人有第77條第1項之身分。
3. 提議人姓名、國民身分證統一編號或戶籍地址書寫錯誤或不明。
4. 提議人名冊未經提議人簽名或蓋章。
5. 提議人提議，有偽造情事。

提議人名冊，經依前項規定刪除後，如不足規定人數，由選舉委員會將刪除之提議人及其個別事由列冊通知提議人之領銜人於10日內補提，屆期不補提或補提仍不足規定人數者，均不予受理。符合規定人數，即函告提議人之領銜人自收到通知之次日起10日內領取連署人名冊格式，並於一定期間內徵求連署，未依限領取連署人名冊格式者，視為放棄提議。

前項補提，以一次為限。補提之提議人名冊，應依第一項規定處理。如刪除後，不足規定人數，應不予受理。選舉委員會應將刪除之提議人及其個別事由列冊通知提議人之領銜人。

(五)**罷免案之連署人**：依選罷法第81條第1項之規定：「罷免案之連署人，以被罷免人原選舉區選舉人為連署人，其人數應為原選舉區選舉人總數10%以上。」

(六)**罷免案之宣告**：依選罷法第83條之規定：選舉委員會收到罷免案連署人名冊後，立法委員、直轄市議員、直轄市長、縣（市）長之罷免應於40日內，縣（市）議員、鄉（鎮、市）長、原住民區長之罷免應於20日內，鄉（鎮、市）民代表、原住民區民代表、村（里）長之罷免應於15日內，查對連署人名冊，有下列各款情事之一者，應予刪除。但連署人名冊不足第81條第1項規定之連署人數者，選舉委員會應逕為不成立之宣告：

1. 連署人不合第81條第1項規定。
2. 連署人有第81條第3項規定情事。
3. 連署人姓名、國民身分證統一編號或戶籍地址書寫錯誤或不明。
4. 連署人名冊未經連署人簽名或蓋章。
5. 連署人連署，有偽造情事。

前項連署人名冊，經查對後，如不足規定人數，由選舉委員會通知提議人之領銜人於10日內補提，屆期不補提或補提仍不足第81條第1項規定人數，選舉委員會應為罷免案不成立之宣告，並應將刪除之連署人及其個別事由列冊通知提議人之領銜人；連署人數符合規定者，選舉委員會應為罷免案成立之宣告。

前項補提，以一次為限。補提之連署人名冊，應依第一項規定處理。罷免案有下列情事之一者，原提議人對同一被罷免人，一年內不得再為罷免案之提案：

1. 罷免案經宣告不成立。
2. 未於第79條第2項規定期限內領取連署人名冊格式，視為放棄提議。
3. 未於第80條第1項規定期限內提出連署人名冊。

罷免案提議人名冊及連署人名冊查對作業辦法，由中央選舉委員會定之。

(七)**罷免理由書副本之送達**：依選罷法第84條之規定：「罷免案宣告成立後，應將罷免理由書副本送交被罷免人，於10日內提出答辯書。」

(八)**罷免之公告**：依選罷法第85條之規定：選舉委員會應於被罷免人提出答辯書期間屆滿後5日內，就下列事項公告之：

1. 罷免投票日期及投票起、止時間。
2. 罷免理由書。
3. 答辯書。但被罷免人不於規定期間內提出答辯書者，不予公告。

(九)**罷免案之投票**：依選罷法第87條之規定：罷免案之投票，應於罷免案宣告成立後20日起至60日內為之，該期間內有其他各類選舉時，應同時舉行投票。但被罷免人同時為候選人時，應於罷免案宣告成立後60日內單獨舉行罷免投票。

被罷免人於投票日前死亡、去職或辭職者，選舉委員會應即公告停止該項罷免。

(十)**罷免投票結果之公告**：依選罷法第91條之規定：「罷免案經投票後，選舉委員會應於投票完畢7日內公告罷免投票結果。罷免案通過者，被罷免人應自公告之日起，解除職務。」

(十一)**罷免通過或否決之效果**：依選罷法第92條之規定：「罷免案通過者，被罷免人自解除職務之日起，4年內不得為同一公職人員候選人；其於罷免案宣告成立後辭職者亦同。罷免案否決者，在該被罷免人之任期內，不得對其再為罷免案之提議。」

二、罷免之限制

(一)罷免案通過後，被罷免之公職人員必須去職，其影響頗大。所以，各國對於罷免權的行使，皆設有若干限制，以杜流弊。

(二)選罷法第75條的規定：「公職人員之罷免，得由原選舉區選舉人向選舉委員會提出罷免案。但就職未滿1年者，不得罷免。」「全國不分區、僑居國外國民選舉之當選人，不適用罷免之規定。」

(三)同法第83條第1項規定：「罷免案有下列情事之一者，原提議人對同一被罷免人，一年內不得再為罷免案之提案：一、罷免案經宣告不成立。」

(四)若罷免案經投票被否決者，則在該被罷免之任期內，不得對其再為罷免之提議（選罷法第92條第2項）。

玖　地方派系

我國民主政治發展的過程中，地方派系在各種類型的選舉中扮演舉足輕重的角色，而其對於選舉過程及結果的影響：

一、地方派系之意涵（趙永茂，1997：238）

(一)地方派系是地方政治人物以地緣、血緣、宗族或社會關係為基礎，相互聯合以爭取地方政治權力的組合。

(二)地方派系的特性在於其並無固定之正式組織與制度，其領導方式依賴個人政治、社會經濟關係，其活動則採半公開方式，而以選舉、議會為主要的活動場域，並在此等政治場域中擴展其政治或社會關係勢力，具有在地方政治上決定選票、推薦人才、影響選舉與決策的功能。

(三)換言之，地方派系必須影響地方公共政策或控制地方政治體系運作為主要目標，而為一致的目標共同活動。

二、地方派系之特徵（陳明通，1995：20）

(一)地方派系之主體在地方，也就是整個派系網絡根植於地方，派系成員多就地取材，網羅自地方各部門，而不是由中央指派下。地方派系與中央政治勢力可能有來往，甚至結盟，但地方派系本身就是一個完整獨立的政治實體，非中央政治勢力的分支單位。

(二)地方派系的集體行為主要是以當地人士為參與對象，外人很難介入。

(三)地方派系所爭取的，是地方級的公部門或準公部門資源。

三、地方派系對地方選舉過程及結果之影響

(一)**政黨初選**：地方派系透過自身推舉候選人或與其他派系結盟競逐黨內初選之提名，同時，地方派系也可以透過黨內初選時，展現政治實力或其他影響力，吸收成員，並協助這些新進者或晚輩，獲取政治權力或其他利益，藉以鞏固並擴張地方派系實力。

(二)**政黨提名**：地方派系所推舉之候選人，獲得政黨正式提名後，需整合該選舉區內之派系力量，透過政黨或其他正式、非正式政治團體間關係之相互支援、交換與整合。通常運用的手段，側重於運用政黨組織，達到例如選票交換或取得選票等政治目的。

(三)**組織動員**：地方派系在選舉過程中，透過地方農會、漁會、水利會、里長等，各種組織進行動員輔選，同時協調整合相關經濟資源，增加選舉競選經費及可用資源，在選舉過程中，才能透過組織、文宣及社會關係之擴張，爭取選票，對選舉的勝負有絕對之影響力。

四、臺灣地方派系在戰後臺灣的民主發展過程所呈現出來的特質

(一)政治對立而非政黨政治對立府會關係在學理上之設計應為相互監督制衡，但實際運作卻不然。其對地方政治而言，政黨政治並不明顯，而為派系或派閥政治所取代，以致府會間存在矛盾，為制衡而制衡，為反對而反對，失去府會監督制衡機制設計的意義，使得政治對峙局面日益明顯。

(二)**利益取向而非公共利益取向**：府會關係對立，常有利益糾葛。然利益有公益私益之分，原議會政治的目的係在確保公益的保障和維護，但台灣的地方政治生態，以扭曲公共利益價值，可發現議員公然在議事時，為爭取個人利益，以公器遂一己之私，其可能因建設配額不足，而杯葛、反對到底，以致府會關係不和諧。

(三)**派系主導而非政黨政治主導**：台灣的政治生態受制於派系，而此派系非政黨或黨團之組合，而是超政黨之派系，可謂山頭林立組成之英雄主義派系，此種派系對立之議會組織中，常因利益分贓不均結果造成議事效果不彰，只重視利益之奪取與分配，而不講議事效率，更遑論公共利益。

資料來源：1.陳明通(1995)，派系政治與台灣政治變遷，台北：月旦。
2.趙永茂(1997)，台灣地方政治的變遷與特質，台北：翰蘆

註釋

[註1] 薄著P353～354。

[註2] 薄著P354～360。

[註3] 中華民國國民，年滿20歲，無下列情事之一者，有選舉權。一、褫奪公權尚未復權者。二、受監護宣告尚未撤銷者。前項第1款情形，如係戒嚴時期依懲治叛亂條例判決者，不在此限。

註：依民法第14條規定：對於因精神障礙或其他心智缺陷，致不能為意思表示或受意思表示，或不能辨識其意思表示之效果者，法院得因本人、配偶、四親等內之親屬、最近一年有同居事實之其他親屬、檢察官、主管機關或社會福利機構之聲請，為監護之宣告。受監護宣告者，即為無行為能力人，應置監護人（民法第15、1110條）。但受監護之原因消滅後，法院應依前項聲請權人之聲請，撤銷其宣告（民法第14條第2項、民事訴訟法第619條），以回復其行為能力。

[註4] 薄著P393～399。

[註5] 薄著P360～363、379～393。

[註6] 值得注意的是，國籍法修正的第10條中，對歸化人任公職作了如下的規定：

第10條：外國人或無國籍人歸化者，不得擔任下列各款公職：

一、總統、副總統。

二、立法委員。

三、行政院院長、副院長、政務委員；司法院院長、副院長、大法官；考試院院長、副院長、考試委員；監察院院長、副院長、監察委員、審計長。

四、特任、特派之人員。

五、各部政務次長。

六、特命全權大使、特命全權公使。

七、僑務委員會副委員長。

八、其他比照簡任第13職等以上職務之人員。

九、陸海空軍將官。

十、民選地方公職人員。

前項限制，自歸化日起滿10年後解除之。但其他法律另有規定者，從其規定。

[註7] 刑法第142條妨害自由投票罪：「以強暴脅迫或其他非法之方法，妨害他人自由行使法定之政治上選舉或其他投票權者，處5年以下有期徒刑。」刑法第144條投票行賄罪：「對於有投票權之人，行求期約或交付賄賂或其他不正利益，而約其不行使投票權或為一定之行使者，處5年以下有期徒刑，得併科7000元以下罰金。」

[註8] 保安處分乃對於實施有害於社會之行為或有為此行為危險性之人，為防衛社會，而以治療、改善其危險性使其具有社會適應性，所採之代替或補充刑罰之特別手段。

[註9] 薄著P408～412。

[註10] 以上各項有關候選人的產生方式，參閱薄著P416～417。

[註11] 薄著P429～432。

[註12] 薄著P435～444。

精選題庫

測驗題

( ) **1** 下列那一種公職人員是有可能以遴聘方式而不依選舉產生？ (A)鄉鎮市長 (B)鄉鎮市民代表 (C)村里長 (D)縣市議員。

( ) **2** 依地方制度法之規定，下列那一項並不包含於去職的定義中？ (A)受撤職之懲戒處分 (B)停職 (C)依公職人員選舉罷免法之規定被罷免 (D)被解除職權或職務。

( ) **3** 下列何者不是民國94年之地方公職人員三合一選舉？ (A)直轄市長選舉 (B)縣（市）長選舉 (C)縣（市）議員選舉 (D)鄉（鎮、市）選舉。

( ) **4** 依公民投票法第27條第1項之規定，地方性公民投票案提案人數，應達提案時最近一次直轄市長、縣（市）長選舉選舉人總數千分之多少以上？ (A)千分之三 (B)千分之四 (C)千分之五 (D)千分之六。

( ) **5** 依公職人員選舉罷免法第8條之規定，中央選舉委員會隸屬於下列那一政府機關？ (A)立法院 (B)行政院 (C)司法院 (D)監察院。

( ) **6** 依地方制度法第83條第1項規定，直轄市議員、直轄市長、縣（市）議員、縣（市）長、鄉（鎮、市）民代表、鄉（鎮、市）長及村（里）長任期屆滿或出缺應改選或補選時，如因何種原由，得延期辦理改選或補選？ (A)意外事件 (B)危難事件 (C)特殊事故 (D)天災人禍。

答 **1(C)** **2(B)** **3(A)** **4(C)** **5(B)** **6(C)**

申論題

一、依選舉罷免法之規定說明那些身分或職務之人不得成為候選人？（參本章壹之五：被選舉權之性質及條件）

二、我國之選舉事務機關有那些？其職權為何？試依選舉罷免法之規定說明之。（參本章貳、選務機關）

三、試述大選舉區與小選舉區之意義。又採此制度各有何優點？試加以說明之。（參本章參之二：選舉區的種類）

四、候選人的產生方式有那些？試依各國制度說明之。（參本章肆、候選人之產生）

五、試述「公職人員選舉罷免法」的規定，說明我國對於候選人競選活動之限制，並評述這些限制所產生之效果。（參本章伍、競選活動）

六、我國對於競選經費如何管制？試析述之。（參本章伍之九：地方選舉經費之限制）

七、各國所實施的投票制度，略有幾種？我國地方公職人員之選舉，採取何種投票制度？試加說明。（參本章各國投票制度）

八、試依選舉罷免法說明我國選舉罷免之監察機關為何？其組成及職權為何？試說明之。（參本章柒之一：選舉監察）

九、我國地方公職人員選舉，選舉罷免訴訟之管轄機關為何？採一審終結或二審制？有無再審之規定？試說明之。（參本章柒之二：選舉訴訟）

第10章 歐美地方政府的組織

依出題頻率區分，屬：C 頻率低

壹 地方政府的組織型態

世界各國因為歷史背景、政治及社會環境的差異，造成政府制度的不同，但如果從立法和行政的關係來說，或就權力的集中程度來看，各國地方政府組織大致可分為三種主要型態：一為權力一元制（Union of Powers）、一為權力分立制（Separation of Powers）、一為折衷制三種。

一、權力一元制 [註1]

意義：所謂權力一元制，乃地方政府的權力集中於地方議會，所以又稱議會集權制，或稱權力集中制，或稱權力匯一制。採行此制的國家認為，地方議會就是地方政府，至少也是地方政府的最高權力機關。因為，人民對自己的事務既不可能直接去處理，就不得不選舉代表，組織機關代為處理，這與中央國會的產生，也就是代議制度或間接民主制的理由是一樣的。所以人民所選出的代表不但可以自為議事，並得自為執行。不過，議會為合議制機關，對於決議案的執行，總得託付1人或少數人為之，較專責成，所以也有另設行政機關者。但即使有行政機關，其大權仍掌握於地方議會之手。由於這個原因，權力一元制之下的地方政府，又有以下兩種不同的型態：

(一) **機關單一制**：這種制度乃是以地方議會為地方團體的唯一統治機關，也就是說，地方議會就是地方政府，凡立法和行政等的一切權限，皆集中於這一機關行使。此制為英國所採用，美國的市委員制（commission system）也屬此一型態。

(二) **機關分立制**：這種制度乃是以地方議會為地方團體的最高統治機關，不過其所議決的事項，應專設機關執行，並對議會負責。採行此制的國家認為：地方議會為地方意思機關，然執行需要責任與力量的集中，因此必須設置獨立的機關及負責的首長以主持之。採行此制的國家有美國、加拿大等國的若干地方政府。美國的市經理制 [註2]（manager system）即屬此一型態。

二、權力分立制

所謂權力分立制，乃地方政府權力分屬於地方議會與地方行政機關，即設置議會負立法之責，設置行政機關負執行之責。此制由於立法機關與行政機關分別設置，分別獨立行使職權，故又稱機關對立制。

採行此制的國家認為，地方議會應以立法事務為限，不宜同時掌管行政事務。所以行政機關應脫離議會而獨立行使職權，並由人民直接選舉，而與議會立於平等的地位，各司其事，並分別對選民負責。美國若干市所實施的市長議會制（mayor council system）以及我國目前縣市所實施的制度皆屬此一類型。

三、折衷制

此制乃折衷於權力一元制與權力分立制二者之間，又稱為折衷主義，即一面立法機關與行政機關對立，一面在此立法機關與行政機關之上，又另有較高之民意機關，以凌駕其上。

貳 地方議會 [註3]

各國地方議會的組織不盡相同，尤其是採取權力一元的國家與採取權力分立制的國家，有很大的差異，以下將介紹英、美、法之地方議會。

一、英國之地方議會

(一)**體制**：大體上說，英國地方政府是採用權力一元制的國家，各級地方議會為各該地方之唯一統治機關，沒有與地方議會相抗衡的地方行政機關存在。換言之，在英國，各地方政府係以其議會為立法機關，亦以議會為行政機關。

(二)**組織（以縣議會為例）**

1. **主席、副主席**：主席、副主席係由縣議員產生，任期1年。換言之，每年改選一次，但得連任。主席、副主席固多由議員中選任，但當選為主席者，不以現任縣議員為限，外界人士而具有縣議員候選資格者，亦得當選。

2. **委員會**：縣議會是一個合議制的機關，職權之行使乃以會議的方式達成，會議不可能天天舉行，那麼行政事務如何處理呢？在英國是由議會的各種委員會去處理。而英國地方議會的委員會可分為：

(1) 得設委員會（Permissive Committees）：乃是根據各種法規中的「任意條款」（Permissive Clause）的規定而設立的。因此，議會之是否設置此類委員會，全由議會自行決定。

(2) 法定委員會（Statutory Committees）：乃由中央法律規定必須設置的某種委員會，以處理某些法定事務，因此這種委員會又被稱為必設委員會（Obligatory Committees）。由於各級地方議會的政務範圍不一，所以各級議會的法定委員會的多寡亦不一致。此外，又有所謂常任委員會（Standing Committees）與特別委員會（Special Committees）之分。

A. 常任委員會：乃議會所設，經常存在以處理政務者。

B. 特別委員會：乃為適應特別業務需要，或為研究特種問題而設，當任務終了時，即予結束，是以非經常存在。

C. 此外，聯合委員會（Joint Committees）：其職掌不限於一縣，而與參加聯合委員會的各機關均有關係。

(三) 英國地方議會的委員會與一般國家議會的委員會之不同

1. 一般國家議會的委員會多為審查議案或調查某種事項而設，而其任務以審查或調查之後，向議會提出報告為範圍。而英國地方議會對於委員會所授與的權力，固有以審查研究及提出報告為限者，但更常有對委員會授與行政權者。奉有此種授權的委員會，對於其所主管的事項，得自行直接處理，僅於議會所定的相當期間，向議會提出其行政報告，俾資考核。英國地方議會的委員會之所以有行政權，乃因議會非經常集會，而除議會外，又別無行政機關之存在。不過，英國地方議會的委員會雖然有行政權，但通常都不授委員會以舉債或徵稅之權。

2. 英國各級地方議會的委員會，不但有行政權，而且有些法律規定，某種事項非經委員會審查並接獲報告後，則議會對這些事項不能逕行處理。

3. 一般議會的委員會，其構成份子大都以議員為限，但英國各地方議會中，除以議員為主要構成員外，有些委員會更得容納非議員的外界人員參加，並設有專業官員，以負責執行各種事務。

二、美國之地方議會

(一)**體制**：大體上說，美國各州州議會都採用兩院制，唯一例外的是Nebraska。其兩院名稱，大體上與聯邦國會相同，即上院稱為參議院（Senate），下院稱為眾議院（House of Representative）。

(二)**州議會委員會的特色**：為了審查各種議案，兩院內並設有許多委員會，由議會分任委員。美國各州議會委員會的特色為：

1. 施行年長制（Seniority Rule），即在院中擔任議員年數最長者，擔任議會中最重要的委員會之委員。
2. 施行政黨制，即多數黨出任委員會中的主席，而且多數黨必居委員會中的多數席位。

(三)一般來說，法案在參議院或眾議員中提出經宣讀標題後，即送到該院的有關委員會去審查。委員會審查重要法案時，通常都舉行公開討論，贊成或反對該法案的有關人士都可以發表意見，促使該院通過該項法案或是打消。假如委員會認為該法案應該正式成為法律，即繕其一份報告，呈交院會，說明這項法案的好處，為什麼應當通過該案。如果委員會不贊同該法案，則無須再作報告給所屬參議員或眾議院。法案碰到這種情形，等於被擱置了，除非贊同該法案的議員能說服該員所屬議院大多數議員去支持該案，投票請院會審查，在這種情形下，即使委員會不呈送報告，院會亦得審查該法案，不過該種情形並不多，也不容易。由此可見，委員會在州議會中實有舉足輕重的地位。

三、法國之地方議會

(一)法國地方政府，在1982年前後，有著極大的差異，在1982年以前，地方政府只有省與縣市兩級，另雖有郡與區的設置，但都實際上只是省的分支，區只不過是軍事、司法與選舉的區域而已。是以嚴格的說，郡與區只是國家行政區域，而不是一個地方政府，當然更非自治單位，因此郡與區都沒有議會的設置。1982年春，法國國會通過了「地方分權法」，該法將法國地方政府區劃為行政區、省與縣市三級，此三級皆有地方政府及地方自治團體的地位，即在省之上，增設行區一級。

(二)1982年的地方分權法，不但設置了行區，對於法國省政體制也有頗大的改變。蓋該法不但廢除了省長制，改設「共和國專員」，而且將原省長的行政權移轉給省議會議長、使省擁有直接普選產生的自治管理機關，使省議會轉變為具有實權，真正影響省政、左右省政的機關。至於縣市，在1982年地方分權法制定後，自治權亦加強，上級政府之控制亦隨之減少，且非經法定程序，不得隨意干預。

法國的地方政府為三級制，以法國宗主國來說（由上而下）：地方大行政區（regions）共有22個，行省（departements）共有96個及市鎮（communes）共有36559個。以公法之觀點來說，法國可說是典型之行政官僚體制國家，堪稱世界之最。然而，在此值得強調的是諸多法國學界與政界人士認為行政層級之多寡與行政效率之高低並無直接之關係。法國自傳統以來始終採行的是行政「一條鞭」式之行政體系，亦就是中央的行政與地方的行政能夠相互結合，不致產生大隔閡與大衝突。換言之，法國所講求的是行政體系的整體與行政結構之嚴謹，而作精緻配套式之行政層級規劃。法國結構式之國土規劃與整頓特別注重在行政層級之設計上面，亦就是法國中央有什麼樣的行政組織，地方亦有同樣的組織存在，因而，法國行政層級之繁複反而增顯法國行政體制之特色。重要的是各層級之組織不能淪於空設，必須著重於整體之共同利益追求，「共同價值」在法國繁複之體制中反而顯現出來。所謂行政系統之「緊密性」與「一致性」，形成法國行政體制之特性，非他國所能及。

參　美國之地方政府 [註4]

一、州的行政機關

(一) **州長**：在州政府中，州長為一州的最高行政首長。

1. **任期**：州長的任期，目前以4年一任者居多數。州長在職期間，如有違法失職行為，可由州議會的眾議院提出彈劾而由參議院審判，一經定罪，即須去職，並剝奪將來的任官權。除彈劾可使州長去職外，採用罷免制度以罷免州長者亦甚普遍。當然，州長也可能因犯罪被法院判刑而去職。

2. **職權**：州長的職權可分為立法、司法、行政三方面：

(1) 在立法方面，州長有三種職權：

A. 召集州議會舉行特別會議，以討論特別法案。

B. 向州議會致送咨文（Message），以提起立法注意事項。

C. 對於州議會通過移請簽署公布的法案行使公布權。如認為有窒礙難行者，可行使否決權（Veto，與我國之覆議權相類似）。

(2) 司法權：州長行使的司法權即為赦免權。州長行赦免權時，有些州是可以自由行使的，有些州則附有條件。即有些州採赦免權授與州長單獨行使，有些州則規定赦免權應由州長與赦免委員會共同行使。州長赦免權之所以必須受限制，乃為防止州長為達到個人目的或政治目的而濫用赦免權。

(3) 行政權：州長在行政上的職權主要有：

A. 任免權：各州州長皆具有相當的任免權，不過美國各州州長的任免權大小不同，其所以大小不同，主要有三個原因：第一，許多州的若干官員（例如：檢察長、審計官等）出自民選，因而不在州長任用之列，這等於縮減了州長的任用權。第二，州長於任用高級官員時，多須獲得參議院的同意，此無異再度縮減了州長的任用權。第三，州長於任用低階公務人員時，在採用文官制度的州中，其人選必須經過文官委員會考試及格，是則低階公務人員亦不得隨意任用。至於免職，民選官員固不能隨意由州長免職，列入文官制度中的職位，應受文官制度的保障，也不能由州長任意免職，有些州甚至還規定州長行使免職權時須得參議院的同意。由此可知，州長的任免權是頗受限制的。

B. 行政領導權：州長既然是一州的最高行政首長，對於一州的行政事宜，自然負有全盤的責任。是以對行政上的大致方針須作政策上的決定，對於各部門的行政工作可視事實上的需要隨時作適當的調整，對於社會所需，時代需求的新事業須為策劃推動，對於各部門所遭遇的種種困難，須設法為之解除。這些規劃、調整、策動的權能，實即行政領導權。基於這種行政領導權，所以州長也有行政監督權。不過美國各州州長的行政監督權大小並不一致，主要的原因是，各州州長在各該州的政治地位（例如：是否具有實質的任免權，在該州政黨中的地位如何等），並不一定相同。

C. 軍事權：美國各州都設有國民兵，在戰時各州的國民兵是被徵調加入聯邦軍隊而被置於總統兼總司令的指揮之下，在平時則州長為該州國民兵的總司令。本於總司令的身分，他可以運用國民兵以執行法律、鎮壓叛亂、預防及消滅暴動。不過，州長這一權利的行使必須依據法律，同時，由於州長未必是一個通曉軍事的人，所以州長得任命一個副將，以負責實際指揮之責。

(二)**副州長**：在美國的絕大多數州中，都有副州長之設，其當選資格、選舉時間、選舉辦法及任期等，均與州長相同。副州長的主要任務有二：

1. 準備州長出缺時以繼位州長，或州長離州時，代行州長的職權。
2. 以副州長為州議會參議院的議長。此外，副州長常為各種委員會，如赦免委員會、教育委員會、農業委員會的當然委員。

二、美國縣之體制

(一)**縣政委員會**：縣政委員會是一縣的主要統治機關，其名稱至為分歧。據統計，其相異的稱謂有27種以上。縣政委員會是一個綜合性的政治機關，它具有立法、司法及行政三種不同性質的職權，一縣的立法權固由縣政委員會行使，其司法職務亦由該委員會為之，其司法職權亦由該委員會為之。縣政委員會雖然可制定次要的單行規章（因為縣為州的行政單位），但通常他們無權決定公民的權利與義務，也不能制定有關犯罪或刑罰的規章。所以各縣政委員會的職掌，是以行政為主，而所謂行政，又以財務為重心。

實力充電站

我國縣之統治機關為縣政府，名稱上相當統一，而縣政府之職權乃以行政權為中心，並採首長制，故行政責任明確，行政效率較高。而美國之縣制，採委員制，容易產生遇事推諉、功則相爭的情況，因此，責任不明，效率較低。

(二)**特別委員會**：在美國各州所屬之縣中，有些縣份往往為了某種特種職務，例如：衛生事業、社會福利、選舉事務，甚至學校、公路、圖書館、課稅估值、娛樂、農業等目的而設立各種特別委員會，這些委員會固有由縣政委員會設置或受縣政委員會所節制者，但有許多卻完全脫離縣政委員會而獨立。至於特別委員會的數目，各州不一。

實力充電站

我國並未有獨立於縣政府以外之委員會存在。此外，我國屬於單一制國家，故各縣市組織均相同；而美國為聯邦制國家，各州縣制並不一致。

(三)**獨立行政人員**：美國各縣，除有獨立於縣政委員會而存在的特別委員會外，還有許多離縣政委員會而獨立的行政人員，無以名之，姑稱之為獨立行政人員，例如：縣秘書、督學、財政官員、測量員、證件登記員、公路工程師等。

實力充電站

我國無論地方或中央之公務人員，均受同一法制之規範，縣政府之人員亦沒有獨立於縣府以外之公務員。此外，我國縣之組織係採權力分立制，設縣長1人組成縣政府並採首長制，設縣議員若干人組成縣議會並為合議制，兩者分掌縣的行政權與立法權；而美國之縣則由人民組成縣政委員會，具有立法、行政、司法三種不同性質之職權。

(四)**司法人員**：美國各縣有各種法院之設，這些法院在司法體系上雖都屬於州法院的體系，但其中有許多司法人員卻與縣有著密切的關係，是以亦可視為縣官員。其比較重要且在多數縣份都能看到的，計有警長、檢察官、法醫、治案法官等。

實力充電站

我國之司法權屬於中央立法並執行之事項，其司法人員亦非縣之官員，與美國之縣不同。

三、美國市之體制

美國是聯邦制國家，聯邦制國家的地方制度本來就有分歧性，而州對市又有各種各樣的授權方式，以致有不同的憲章，所以形成了市制的多彩多姿。大體來說，對於美國各市政府的組織體制，一般學者把它分為三類，即市長制或市長議會制（Mayor-Council System）、委員制（Commission System）及經理制（Manager System），分別說明如下：

(一) **市長制或市長議會制**：市長制是美國歷史最久的市政制度，目前人口超過50萬人的城市，大都採用此制，即人口5000人以上之市，也有頗多採用此制者，可見市長制在美國甚為普遍。美國的市長制與我國市制頗為相似，一市的主要統治機關乃為民選的議會及民選的市長。市議會為地方立法或決策機關，除極少數採兩院制外，大都採用一院制。茲分別說明如下：

1. **議會的職權**：議會的職權各市亦不一致，大體上說，凡市憲章或州法律授與市的所有權力，未經明文規定由市長或其他市行政官員行使者，市議會皆可行使。概括言之，計有立法權、財政權、行政監督權、準司法權等。

2. **市長制又分為下列兩項**

(1) 實權市長制（Strong Mayor Type）：所謂實權市長制，即市的一般大權（例如：預算之編製、官員的任免、否決權的運用）均掌握於市長之手，市議會僅能行使立法及有關市政重要決策等權，對於市行政事宜不得任意干涉。

(2) 弱權市長制（Weak Mayor Type）：所謂弱權市長制，即市的一般大權，皆掌握於市議會或分散於各市政官員之手。因此，各部門的行政首長多由民選，或雖由市長任免但應經市議會同意，市長因而對各行政首長不能行使有效的監督權。至於預算不但由市議會審議，即其編製亦由市議會為之，甚至直到預算案通過後，市長才能獲知其內容。所以在弱權市長制之下，市議會處於優越的地位，市長僅僅是一個名義上的首長。

實力充電站

實權市長制與弱權市長制的區別，是依市長與議會的權力分配及市政官員民選的多寡而定。如果市長握有市政權，市政官員又多由市長任免，則為實權市長制。反之，則為弱權市長制。

(3) 市長制的特徵：市長制的特徵在於市長與市議會是處於對立的與平等的地位，兩者雖各有職權，但卻彼此牽制著。由於這個原因，所以使政府力量不足，行動遲緩，難以有效地為民服務，對於緊急情況，難以應付。

(二) **委員制**：委員制的特徵是組織簡單，立法與行政權皆集中於一民選的委員會之手。委員人數一般為5人，每一委員都是由全市選舉而非分區選舉的，蓋每一委員都視為全市代表而非區域代表，是以各委員的權力平等，每人分別充任一個部門的行政首長，但職權的行使乃集體為之，換句話說，乃由委員會行使。是以政策固由委員會決定，亦由委員會負責執行。委員會之下，亦有其他機關，但這些機關是委員會所建置的，因此不但其人員由委員會任免，亦須對委員會負責，受委員會的指揮監督。

委員制的優、缺點：

1. **優點**：組織簡單，權力集中。組織簡單則運用靈活，行動比較迅速。權力集中則不會發生市長制下相互牽制的弊病，行政效率也會因而提高。

2. **缺點**

(1) 缺少行政上的領導，違背專家政治原則。因為委員制是一種集體領導，共同負責的制度。集體領導與共同負責的結果，往往形成在實際上無人領導、沒人負責，功則相爭，過則相諉的情況。

(2) 由民選的委員兼任各行政部門的首長也不無可議。蓋能在選舉上獲得勝利的，並不一定是行政專家，而現代市政，因為社會進步，已高度科學化、專業化，是以由委員而兼單位行政首長，等於以常人而擔任專家任務，實違專家政治之旨。此也是委員制未能一直在美國流行，而不能為大市所採行的原因。

(三) **經理制**：此制乃仿照工商企業界的科學管理精神而設計，著重在行政上的專門性，同時將全部行政責任課之於市經理。因此在採經理制的市中，亦必有市議會之設。市議會是由民選的市議員所組成，其主要任務是決定政策、制定法規、選任市經理擔任市經理。換句話說，市議會所決定的，是政治性事務，因此它必須對選民負責。市經理所執行的，是行政上事務，乃按照市議會的指示辦理，因此他不必對選民負責。不但如此，在經理制下，通常還有一位由議會所選出的市長，只是這位市長僅是市府名義的首長，為一市禮儀上的代表，並為市議會開會時的主席，無實際上的權力。由此可見，經理制是一種權能區分的制度，議會有權以決定政策，經理有能以行政策，與　國父的理想頗為吻合。經理制的優、缺點如下：

1. **優點**：經理制在美國市制中，不失為一種良好的制度，市議會掌有決策大權，市經理負有執行重任。這種權能區分的制度，很容易使事有攸歸，責無旁貸，讓選民易於辨認。市經理的選任，既然唯才是問，當然易使市政步入專家政治之途，發揮專業化的精神，增加行政上的效率。

2. **缺點**

(1) 在經理制下，缺少一個政治領袖。在經理制之下，雖市有市長之設，但這位市長實際上是個虛位首長，沒有實權，故不能視為該市之政治領袖。而市經理是位市政專家，缺乏政治上的號召力，不能視為政治領袖。

(2) 市政大權集中於市議會之手，而沒有人可以與之相抗衡，對選民來說，是很危險的，蓋如市議會在任滿前過於專斷或無能，則無有效之補救辦法。

(四) **市長經理制**（Mayor-Manager Plan）**或稱為市長行政官制**（Mayor-Administrator Plan）：此是種實權市長制與經理制的結合。此制以實權市長制為經，以經理制為緯。換言之，即在實權市長制的市長之下，設一由市長任命與市經理相似的市行政長，協助市長處理一般行政管理的工作。換言之，此市行政首長是一位具有專業市政背景的人士。由於市行政長是由市長任命，所以他只對市長負責，而不對市議會或選民負責。同時他之所以被市長任命是由於他的行政能力，所以他可以表現他的專長。因此在市長經理制之下，可以既有政治領袖的地位，又有行政專家的專業知識，是為一種兼具市長制與經理制之長的制度。因此有人推斷，這種制度，在美國也許會有很大的發展空間。事實上，美國的舊金山、洛杉磯、紐約及費城大城市均採行市長經理制。

四、美國市的特徵

(一) **市在州以下的各地方政府中居於最重要的地位**：由於美國是個工商業國家，人口集中於市，促使地方自治之發展由「點」而「面」，是以市在地方政府中居於重要地位，而縣反被忽視，縣目前為美國政治中的黑暗地區。這與我國將縣視為國家礎石，地方自治法規中之制定皆以縣為考慮前提，以市準用縣之規定者不同。

(二)**州對市的授權，極富彈性，能適合各地需要**：美國各州對市的授權方式固有多種，但在這些授權辦法即市憲的制定方式中，除普通市憲制較為硬性外，其餘都頗富彈性。而在美國全國各市中，採行普通市憲制者，比例極少，幾有過半數的州都採行了自治憲章制。市的基本法既然由市民自己制定，當然這個憲章最能適應當地的需要，也最能產生因地制宜的效果。

(三)**各市享有高度的自治權**：美國大多數的市有自訂市憲章或選擇市憲章的自由，可以自行決定其市政府的組織型態、職權、與市民的關係，市政官員皆由市民選舉並對市民負責，州政府對於市的自治事項不得任意加以干涉。此外，各市且多有採行創制與複決權者，是以市民多藉此以自訂利民的法律，否決病民法律。以上這些權利皆於市憲明文規定，因此等於由市憲加以保障。這些，也是縣等地方政府所不及的。

(四)**各市市制有著極大的分歧性**：美國各州對市的授權既已極富彈性，各市又有著高度的自治權，因此各市市制多彩多姿，全國幾無一相同的市制，有著極度的分歧性。

(五)**美國各市富有積極的改革精神**：美國各市既有自行決定其組織體制之權，設如該種體制，對其不能適應時，各市自然也有自行改革之權。因此，美國市制每能作積極的改進，推陳出新，能有各種不同的體制，能適應各種不同的環境及時代。

註釋

[註1] 薄著P157～160。

[註2] 市經理制乃是仿照工商企業界的科學管理精神而設計。著重在行政上的專門性，同時將全部行政責任課之於市經理。因此，在採此制的市中，亦必設有市議會，而該市議會的組成，其主要的任務是決定政策、制定法規、選任市經理。即市議會作成的決定，由市經理執行；市議會對選民負責，市經理向市議會負責，在此制之下，市經理唯才是任。在市經理制下，通常還有一位市長，該市長或為民選，或由市議會選出，為市府名義上的首長，為一市禮儀上的代表，並為市議會開會時的主席，無實際上的權力。

[註3] 薄著P161～182。

[註4] 薄著P182～203。

精選題庫

測驗題

( ) 1 我國憲法上，中央與地方權限劃分是採取： (A)中央集權制 (B)地方分權制 (C)雙首長制 (D)均權制

( ) 2 美國聯邦憲法規範聯邦與各州的權限劃分，其方式為： (A)列舉聯邦權限，將未列舉的剩餘權限保留給各州 (B)列舉各州權限，將未列舉的剩餘權限保留給聯邦 (C)分別列舉聯邦與各州的權限 (D)列舉聯邦與各州的權限

( ) 3 下列那一國家不屬於聯邦制國家？ (A)美國 (B)德國 (C)瑞士 (D)法國

( ) 4 單一國指國家享有完全的主權，不問對內對外，均以中央政府單獨的名義行使。下列何國不屬於單一國？ (A)中華民國 (B)日本 (C)英國 (D)美國

( ) 5 把同性質之事務分配給中央、縣市、鄉鎮市複數個團體來做的事務分配方式，我們稱之為： (A)多層式分配方式 (B)一元式分配方式 (C)聯邦分配方式 (D)單一國分配方式

( ) 6 美國地方政府的市經理制度中，市經理是如何產生的？ (A)市民選舉 (B)市議員甄選出來的 (C)市議員相互推選 (D)市政考試產生

答 1 (D) 2 (B) 3 (D) 4 (D) 5 (A) 6 (B)

申論題

一、試說明權力合一（Union of Powers）與權力分立（Separation of Powers）地方政府的區別？

二、英國的「縣」採用委員會，其執行機關為縣議會下各策員會。請問各委員會與一般地方議會所設之委員會有何不同？

三、試說明美國縣之體制？並與我國縣制之比較有何區別？

四、市之行政首長，採市長制與委員制均有不可避免的缺點，因此美國後來發展出市經理制，此制之設置精神何在？有何優劣點？晚近又有何種新制產生？其優點與展望如何？

五、試述市經理之組織及特性？

六、美國地方政府有所謂的市經理制，請簡要說明其內容。

七、請分析美國市經理制度的組織及特點，並比較分析此制度與我國擬議中鄉（鎮、市）長官派制度有何異同？

第11章 地方自治人事

依出題頻率區分，屬：C **頻率低**

壹 各國人事制度 [註1]

地方自治乃憲法明文保障之制度，為推行地方自治、處理地方事務，必須設立地方自治團體作為行使自治權之主體，對外主張團體自治，對內推動住民自治；此外，為使地方自治團體達成其設立目的，除須在作用法上賦予其自治立法權，執行權以及財政權外，尚須在組織法層次賦予其自治組織權以及人事權；茲就各國人事制度之立法例說明如下：

一、統合制

(一) **意義**：所謂統合的人事制度，係中央與地方的人事，適用一個統合的人事法令，由中央人事機構統合運作，統合招募，統合任免，中央與地方的各級人員，以及地方與地方之間的人員，均可以互調，中央與地方的年資同被承認，全國的薪俸採用同一個標準，同時服務的規定也是一致的。實行此制度的國家有中華民國、摩洛哥、蘇聯、尼泊爾、厄瓜多爾、巴基斯坦及印度。

(二) **優點**

1. 中央政府為地方政府提供適合的人員，使地方人員素質維持一定的水準之上。
2. 由中央政府依法任免，依法保障，可以避免地方派系的恩怨與困擾。
3. 工作較為安定，中央與地方之間，或地方與地方之間，可以互調服務，可以增進彼此溝通，強化政府之間的了解基礎。
4. 服務在地方政府的人員，不必擔心隨時遭致變動或開革的可能，因為在這種制度之下，地方政府首長，對他們屬員監督與控制的程度，已經極為有限。
5. 地方自治人員與中央公務人員，均屬國家公務人員，地位崇高，可鼓勵人才下鄉。
6. 員工報酬，中央與地方趨於一致，即使財政貧困的地方，亦應籌足財源，編列預算，支應不足之數，有些國家並由上級政府予以補助。

(三)**缺點**

1. 地方人員，由中央統一招考，不能因地制宜與符合地方需要。
2. 地方工作環境較差，且無太多陞遷機會，如由中央分發較高學歷的人員，往往不能久安其位，一有機會，就要請調他遷。
3. 地方財政狀況，貧富懸殊很遠，員工報酬如採同一標準，部分貧窮地區，如沒有中央補助，難以負擔。
4. 因為中央與地方可以互通，固可促進上下交流，但亦可能導致人才過份向上集中，而造成地方無人問津的局面。

二、中央與地方人事分立制

(一)**意義**：此制又稱獨立的人事制，實行此制者，占世界上絕大多數國家，例如：英、美、法、日及一般歐陸國家。所謂獨立的人事制，係指中央與地方人事分立，每個地方政府的人事都是獨立的，由地方政府自行立法、自行管理，中央政府不加干涉。也就是說，每一地方政府可依自己地方環境的實際需要，建立適合地方自己的人事制度，地方政府與地方政府間或中央與地方政府間，人員無法互調與流用，每個地方政府都有屬於他們自己的任用資格、報酬制度、選拔標準與任用方法。

(二)**優點**：獨立的地方人事制度，較能符合地方自治的精神，或者更能反映地方自治的色彩。

(三)**缺點**

1. 阻礙了人才交流，而當互轉時，彼此又互不承認對方的年資，每個地方政府有其自己的任用標準。無異將一個人侷限在一個位置裏。
2. 在財政貧困的地方政府，尤為嚴重，因為他們顯然沒有能力，提供優厚的待遇，於是造成人才分配不均，人員素質不一，會影響地方均衡發展，此為獨立人事制度的最大缺點。
3. 在獨立的人事制度下，除了一些比較大的都會政府之外，沒有一個地方政府，能夠為他們的員工提供適當的發展機會，同時也沒有能力去吸引或維持素質比較高的優秀人員，以為地方所用。

三、雙軌制或地方政府人事統一制

(一)**意義**：所謂雙軌制就是把統合制與分立制加以融合，此制的主要特徵，係中央政府與地方政府的人事，基本還是分開管理，而且也適用不同的基本法規，但為了彌補獨立人事制度的缺點，由中央政府設立一個全國性的地方人事機構，統一辦理地方人員的考試、選拔、任用、陞遷、薪俸以及撫卹退休等事宜。另外，並准許較高層次的行政及技術人員，可以在地方政府彼此之間互調與流通。實行此制的有愛爾蘭、錫蘭、泰國、印度及若干非洲國家。

(二)**優點**

1. 在中央政府指導協助之下，可減少地方人事制度彼此間的差異性。
2. 由中央提供統一標準，可以促進地方人員素質的均衡，且可以彼此互調，有助人才交流。
3. 中央政府對地方人事控制保持彈性，可以兼顧地方實際需要。
4. 中央與地方人事分開，如適用不同的法規，不僅因地制宜，且更能反映自治的色彩。

(三)**缺點**

1. 工作環境欠佳，待遇較差，沒有太多陞遷機會等等的缺點依然存在。
2. 中央與地方人員不能互相交流，影響政治溝通。

貳 我國地方人事制度的特色

一、我國所採行的制度

我國原採用中央與地方分立的人事制度，中央政府人員稱之為國家公務人員，適用中央所制頒的人事法令；地方政府人員，稱之為自治人員，適用地方自治人員法規。民國39年實行地方自治，為提高地方人員地位與素質，使地方人事不致受到地方派系的干擾，自民國43年起，乃改為統合的人事制度，將地方自治人員全部納入公務體系，統一由中央人事機構，依照中央人事法規，統一任用、統一管理；換言之，若由保障地方自治之觀點而言，理應將地方人事權劃分給地方自治團體；惟依憲法第85條：「公務人員之選拔，應實行公開競爭之考試制度，並應按省區分別規定名額，分區舉行考試。非經考試及格者，不得任用。」第86條：「左列資格，應經考試院依法考選銓定之：一、公務人員任用資格。二、專門職業及技術人員任用資格。」可知公務人員應經考試及格始可任用，且此等考試權係分配予中央政府機關之考試院，故地方就此即無自主權可言；此外，依憲法增修條文第6條規定，有關公務人員之銓敘、保障、撫卹、退休及考試事項，仍係由考試院所掌理，而就公務人員任免、考績、級俸、陞遷、褒獎之法制事項雖由考試院掌理，但不包括執行事項在內，亦即考試院就此等事項之權限僅止於法規之制定與解釋；此一增修條文之規定旨在解決行政院人事行政局與考試院間水平之權限劃分問題，而與中央及地方間垂直之權限劃分問題無涉，故地方之人事自主權並未因之而獲得確保；地方制度法第18條至第20條規定即承此憲法精神，未將地方人事權利為地方自治事項，且依同法第2條第2款關於自治事項之立法定義，亦無法提出地方人事權係屬於地方自治事項之結論，基此，通說即認為我國之人事制度係採行由中央至地方一條鞭之制度，惟論諸實際，在現行法制下，地方並非完全不具人事自主權，僅受中央之嚴格規制；舉例言之，依地方制度法第55條至第57條規定，直轄市長對其一級機關首長，除主計、人事、警察及政風主管或首長，應依專屬人事管理法律任免外，其他則享有完全之任免權。

二、制度的特色

我國所採行的地方人事制度，有兩個特色：

(一) **統一性**：中央人事制度與地方人事制度是一體的，都依據相同的法律，並屬於同一組織體系。例如：公務員服務法、公務員任用法、公務員考績法及公務員退休法等。公務員俸給法，自中央公務員一直到地方公務員都適用，而且只要是人事行政的一切業務，例如：文官的考試、任用、銓敘、考績、薪俸、陞遷、保障、退休、保險、撫卹及養老等，也都由國家考試機關統一辦理（憲§83）。

(二) **獨立性**

1. 國父孫中山先生為使國家的用人機關，超然獨立於政府行政體系之外，不受行政權的干擾與節制，所以特地把考試權從行政權中分離出，另成立考試院，獨立於行政院之外，超然行使考試及用人權。有些國家，人事機構雖亦超然獨立，但只是在各種部門之外，另設一獨立的部門，以超然的人物主其事，如此，在本質上，並沒有超出行政範圍之外。
2. 中央與地方的人事人員，都由考試院的銓敘部統一直接任免與監督，亦足證我國人事權的完整、超然與獨立。

參 地方行政首長之人事任免權

一、直轄市長之人事任免權（地制法§55、§58、§58-1）：

(一)直轄市政府置副市長二人，襄助市長處理市政；人口在二百五十萬以上之直轄市，得增置副市長一人，職務均比照簡任第十四職等，由市長任命，並報請行政院備查。

(二)直轄市政府置秘書長一人，由市長依公務人員任用法任免。

(三)置副秘書長二人、參事、技監、顧問、參議；人口在二百五十萬人以上之直轄市，並得增置副秘書長一人，均由市長依法任免之。（地方行政機關組織準則第10條第2項）

(四)直轄市政府之主計、人事、警察及政風之主管或首長，依專屬人事管理法律任免。

(五)直轄市政府之一級單位主管或所屬一級機關首長，除(三)之外，其職務均比照簡任第十三職等，由市長任免之。

(六)第(五)之一級單位得置副主管，所屬一級機關得置副首長，除法律另有規定外，均由市長依公務人員任用法任免之。（地方行政機關組織準則第11條第4項）

(七)副市長及職務比照簡任第十三職等之主管或首長，於市長卸任、辭職、去職或死亡時，隨同離職。

(八)直轄市之區公所，置區長一人，由市長依法任用，承市長之命綜理區政，並指揮監督所屬人員。

(九)直轄市之區設區公所，置區長一人、主任秘書一人；人口在二十萬人以上之區，得置副區長一人，除法律另有規定外，均由市長依公務人員任用法任免之。（地方行政機關組織準則第13條第1項）

(十)直轄市之區由鄉（鎮、市）改制者，改制日前一日仍在職之鄉（鎮、市）長，由直轄市長以機要人員方式進用為區長；其任期自改制日起，為期四年。但有下列情事之一者，不得進用：

1. 涉嫌犯第七十八條第一項第一款及第二款所列之罪，經起訴。
2. 涉嫌犯總統副總統選舉罷免法、公職人員選舉罷免法、農會法或漁會法之賄選罪，經起訴。
3. 已連任二屆。
4. 依法代理。

(十一)直轄市長之區長以機要人員方式進用之區長，有下列情事之一者，應予免職：

1. 有第(十)第一款、第二款或第七十九條第一項各款所列情事。
2. 依刑事訴訟程序被羈押或通緝。

(十二)直轄市之區由山地鄉改制者，其區長以山地原住民為限。

(十三)鄉（鎮、市）改制為區者，改制日前一日仍在職之鄉（鎮、市）民代表，除依法停止職權者外，由直轄市長聘任為區政諮詢委員；其任期自改制日起，為期四年，期滿不再聘任。

(十四)區政諮詢委員有下列情事之一者，應予解聘：

1. 依刑事訴訟程序被羈押或通緝。
2. 有第七十九條第一項各款所列情事。

實力充電站

地方制度法

1.第78條第1項

直轄市長、縣（市）長、鄉（鎮、市）長、村（里）長，有下列情事之一者，分別由行政院、內政部、縣政府、鄉（鎮、市、區）公所停止其職務，不適用公務員懲戒法第三條之規定：

一、涉嫌犯內亂、外患、貪污治罪條例或組織犯罪防制條例之罪，經第一審判處有期徒刑以上之刑者。但涉嫌貪污治罪條例上之圖利罪者，須經第二審判處有期徒刑以上之刑者。

二、涉嫌犯前款以外，法定刑為死刑、無期徒刑或最輕本刑為五年以上有期徒刑之罪，經第一審判處有罪者。

2.第79條第1項

直轄市議員、直轄市長、縣（市）議員、縣（市）長、鄉（鎮、市）民代表、鄉（鎮、市）長及村（里）長有下列情事之一，直轄市議員、直轄市長由行政院分別解除其職權或職務；縣（市）議員、縣（市）長由內政部分別解除其職權或職務；鄉（鎮、市）民代表、鄉（鎮、市）長由縣政府分別解除其職權或職務，並通知各該直轄市議會、縣（市）議會、鄉（鎮、市）民代表會；村（里）長由鄉（鎮、市、區）公所解除其職務。應補選者，並依法補選：

一、經法院判決當選無效確定，或經法院判決選舉無效確定，致影響其當選資格者。

二、犯內亂、外患或貪污罪，經判刑確定者。
三、犯組織犯罪防制條例之罪，經判處有期徒刑以上之刑確定者。
四、犯前二款以外之罪，受有期徒刑以上刑之判決確定，而未受緩刑之宣告、未執行易科罰金或不得易服社會勞動者。
五、受保安處分或感訓處分之裁判確定者。但因緩刑而付保護管束者，不在此限。
六、戶籍遷出各該行政區域四個月以上者。
七、褫奪公權尚未復權者。
八、受監護或輔助宣告尚未撤銷者。
九、有本法所定應予解除職權或職務之情事者。
十、依其他法律應予解除職權或職務者。

二、縣（市）長之人事任免權（地制法§56、§58）

(一)縣（市）政府置副縣（市）長一人，襄助縣（市）長處理縣（市）政，職務比照簡任第十三職等；人口在一百二十五萬人以上之縣（市），得增置副縣（市）長一人，均由縣（市）長任命，並報請內政部備查。

(二)縣（市）政府置秘書長一人，由縣（市）長依公務人員任用法任免；

(三)縣（市）政府之主計、人事、警察、稅捐及政風之主管或首長，依專屬人事管理法律任免。

(四)縣（市）政府之一級單位主管及所屬一級機關首長，除(三)之外，其總數二分之一得列政務職，職務比照簡任第十二職等，其餘均由縣（市）長依法任免之。

(五)縣（市）政府一級單位或所屬一級機關，除警察機關得置副首長一人至三人外，其餘編制員額符合下列規定者，得置副主管或副首長一人，襄助主管或首長處理事務，均由縣（市）長依公務人員任用法或各專屬人事管理法律任免之：

1. 縣（市）人口未滿二十萬人，編制員額在十人以上。
2. 縣（市）人口在二十萬人以上，編制員額在二十人以上。（地方行政機關組織準則第16條第2項）

(六)副縣（市）長及職務比照簡任第十二職等之主管或首長，於縣（市）長卸任、辭職、去職或死亡時，隨同離職。

(七)市之區公所，置區長一人，由市長依法任用，承市長之命綜理區政，並指揮監督所屬人員。

三、鄉（鎮、市、山地原住民區）長之人事任免權（地制法§57）

(一)鄉（鎮、市）人口在三十萬人以上之縣轄市，得置副市長一人，襄助市長處理市政，以機要人員方式進用，或以簡任第十職等任用，以機要人員任用之副市長，於市長卸任、辭職、去職或死亡時，隨同離職。

(二)鄉（鎮、市）公所之主計、人事、政風之主管，依專屬人事管理法律任免。

(三)鄉（鎮、市）公所一級單位主管，除(二)之外，均由鄉（鎮、市）長依法任免之。

(四)鄉（鎮、市）公所依鄉（鎮、市）人口數置下列人員，均由各該鄉（鎮、市）長依法任免之（地方行政機關組織準則第19條第3項）：

1. 鄉（鎮、市）人口未滿三萬人者，置秘書一人。
2. 鄉（鎮、市）人口在三萬人以上，未滿六萬人者，置主任秘書一人、秘書一人。
3. 鄉（鎮、市）人口在六萬人以上，未滿十萬人者，置主任秘書一人、秘書一人、專員一人。
4. 鄉（鎮、市）人口在十萬人以上，未滿二十萬人者，置主任秘書一人、秘書一人、專員二人。
5. 鄉（鎮、市）人口在二十萬人以上，未滿三十萬人者，置主任秘書一人、秘書一人、專員三人。
6. 鄉（鎮、市）人口在三十萬人以上，未滿五十萬人者，置主任秘書一人、秘書一人、專員四人。
7. 鄉（鎮、市）人口在五十萬人以上者，置主任秘書一人、秘書一人、專員五人。

肆 地方自治人員之訓練

一、意義

訓練是用來增進個人的知識與技能，藉以給予他在工作範圍內的更大能力，有效地完成機關的目標。它係一種透過教育與進修的途徑，從另一角度看，訓練又是有目的地發展國家人力資源，促進國家或地方進步的關鍵，使國家組織或地方團體，有足夠的能力，應付環境的挑戰，為居民提供服務的最佳途徑。

二、種類 [註2]

對自治人員的訓練方法有很多種，總地來說，可歸納為兩大類：

(一)**職前訓練**：即在未正式任職以前，施以各種特別的有系統的訓練及指導，使其進入機關工作後，能很快地瞭解環境與適應環境。

(二)**在職訓練**：公務人員在任職後，或因時日已久，或因懶惰成性，以致在觀念、知識、方法、態度等方面，或多或少地形成了保守、落伍或消極被動的情形，故應施以訓練，以重行灌輸其知識與技能，以適應其工作上的需要。在職訓練的另一型態，是在工作中訓練，它是一種非正式的在職訓練，而且大半是監督者的責任。

三、訓練上的缺失及改進方法 [註3]

(一)**訓練制度上的缺失**：訓練的效果，往往受人與環境因素的影響，訓練人員、教學人員係屬於人的因素，教材、教具、訓練活動、生活環境等為環境因素，我國目前各訓練機構，雖在各方面努力謀求改進，但仍未達理想，其原因如下：

1. **未能重視專才專用**

   (1)無專任師資負責發展教學工作。

   (2)無訓練專業人員，負責訓練工作。

2. **因人設課**

   (1)缺乏完整獎懲制度。

   (2)訓練與陞遷脫節，致訓練未能獲得受訓者的重視，甚至視訓練為畏途。

   (3)訓練未能配合人才培育。

   (4)缺乏完整計畫，常有重疊訓練之情事。

   (5)教育方法落伍，偏重資料提供，只有單向施教，學員沒有參與感。

(二)**改進之道**

1. 為統籌規劃訓練事實，避免重疊浪費，中央應設置公務人員訓練規劃委員會，以指導並協調中央及地方之訓練事宜。

2. 按公務人員職位、層次，在中央、地方分設訓練機構，並由中央擔任高級人員之訓練。
3. 可依職位與性質，劃分為職前訓練、專業訓練、管理發展訓練（以提高管理知識、發展領導人才為主）、行政決策研究及國家建設研究（以發展國家建設研究，對國家政務之認識與整體配合為目的）。
4. 地方政府是最接近民眾的單位，其工作效率、服務態度以及服務內容，均為民眾所關切，因此，關於地方行政人員，特別是戶政人員、地政人員、財稅人員以及建築管理人員等，應有計畫、有系統地予以調訓，期能以最新的觀念、新的態度、新的方法，為當地人民提供新的服務。
5. 訓練方法
   (1) 教材應注重引發討論及經驗交換。
   (2) 高層訓練以共同研討決策為主，中層訓練以講解原理及熟習案例為主。
   (3) 基層訓練以實際作業為主，以講解原理，熟悉業務為輔。
6. 使訓練與陞遷發生密切關連，鼓勵受訓者有接受訓練的慾望，是決定訓練成功的關鍵，如果被調訓的人，內心不願意接受訓練，或想逃避訓練，則訓練即註定失敗。
7. 使考核與考試相結合，與訓練功能有關的就是進修。中央及地方政府，均應訂立一種與人事考核相結合的考試辦法，以策勵公務人員在工作之餘，不斷吸取新知，進而蔚成風氣。

伍 我國地方人事制度存在的問題及其抒解之道[註4]

一、問題面

(一) 人與事脫節。

(二) 人員不足與人才缺乏。

(三) 陞遷受政治、派系影響甚大。

(四) 基層行政機關職等低、職位少。

(五) 找人難、找技術人員更難。

(六) 中央與地方爭人事任用權。

(七) 臨時人員進用浮濫，增加人事費用的支出。

二、抒解之道

(一)在制度方面，應依法行政，並檢討修正人事制度。
(二)確實遵守行政中立，陞遷不受政治、派系影響，以提拔優秀人才。
(三)放寬技術人員任用條件，以免技術人員嚴重缺乏。
(四)職位出缺，未經考試分發任用前，僱用職務代理人時，授權各機關自行辦理。
(五)基層行政機關職等全面提高。
(六)依均權制度合理劃分中央與地方人事任用權。
(七)現有臨時人員進用制度，應通盤合理檢討。

陸 地方自治人員之退休、撫卹

一、退休的意義

指當地方自治人員因年老體衰，不克繼續任職，或服務年滿一定之年限，由地方政府給予一定之養老金，使其退休之意。

二、撫卹的意義

指當地方自治人員因在職死亡，由政府給予其遺族一定之慰撫金，使其生活無後顧之憂之謂。

三、退休及撫卹之作用

(一)**增進服務情緒**：地方自治人員能因此而獲得生活安定，家庭生活有保障，可專心服務，提高工作效率，以增進服務情緒。
(二)**保持廉潔品德**：退休及撫卹制度可促進從業人員之專業化、永業化，且能遵守法規服從盡職，廉潔守正。
(三)**促進人事新陳代謝**：退休制度能使年老久任者，得以退職養老，而年輕一代得獲得進用，足以保持機關組織常具有朝氣、活力。

1. **主計、人事、警政、政風一條鞭**：有關省市政府人事，主計、政風及警政四首長的任命權問題，究竟在中央專業監督權，與地方自治精神的維護上，應如何平衡定位？

依據「主計機關人員設置條例」、「警察人員管理條例」等四個人事專業法律的規定，省（市）及縣（市）等人事、主計、政風與警政主管任用權在中央，依法中央對省市政府的人事、主計等主管，是有其一定程度的監督與任命權。除此之外，依據專業管理與經濟效益的原則，英、日等國對地方政府若干專業組織、設備與主管的設置與任命，亦保留一定的立法監督權，以避免地方政府人事的濫用與經濟、管理上的浪費。

2. **自治化人事與多元專業參與**：然而，一般而言，當一個國家地方自治或民主化發展到一定的程度，地方各級專業公務人員素質與數量達到一定的基礎，而且地方民選行政首長素質亦達到某種水準之後，中央對地方的關係則有大步邁入「自治化人事」與「多元專業參與」的趨勢。

(1) 所謂「自治化人事」，即將原有中央主控地方的人事任命權逐漸縮小，不但開放地方政府一般公務人員的甄選、徵補權、任用、銓敘權，對一些特定專業自治人員或主管的任免，則採取放任政策，或保留若干專案條件的要求而已。換言之，即給予地方民選行政首長更大的人事權，俾便其負擔更完整的政治責任。甚至特別訂定地方自治人員考試、任用法，以別於中央政府的公務員法，而給予地方政府更獨立、而充分的人事權。

(2) 所謂多元、專業參與的人事自治時代，則指應摒棄中央及地方的政治干預與政治酬庸，使地方政府邁入更實質的多元社會監督的時代。例如放棄省府委員或省政委員的專職政治酬庸、象徵體制，而在地方政府中設立各種監督與評估委員會，邀請社會各界專業菁英與代表，兼職參與評估地方政府各部門的政策制訂與預算執行工作，使地方政府在行政過程中，受到地方社會更多面向的監督與壓力，活化地方政府的施政效能。【109地特四等】

註釋

[註1] 董著P405～410。

[註2] 董著P434～435。

[註3] 董著P441～443。

[註4] 董著P443～450。

精選題庫

測驗題

(　　) **1** 下列縣（市）政府人事中，何者並非由縣（市）長任免？　(A)副縣（市）長　(B)主任秘書　(C)警察　(D)所屬機關首長。

(　　) **2** 依地方行政機關組織準則規定，直轄市之區置副區長者，必須人口達幾人以上？　(A)10萬人　(B)15萬人　(C)20萬人　(D)25萬人。

(　　) **3** 下列關於村（里）之敘述，何者為錯誤？　(A)置村（里）長1人，由村（里）民依法選舉產生　(B)村（里）長連選得連任　(C)村（里）為地方自治團體　(D)村（里）長之任期為4年。

(　　) **4** 直轄市市長對於下列一級機關首長中，何者之任免須依其專屬人事管理法律任免？　(A)新聞處處長　(B)文化局局長　(C)人事處處長　(D)民政局局長。

答　**1 (C)**　**2 (C)**　**3 (C)**　**4 (C)**

申論題

一、對地方自治人員實施訓練，其訓練制度上的缺失有那些？應如何改進？試述己見以對。【薦升】

二、試述地方自治人員退休、撫卹之意義及其作用。【轉任】

第12章 原住民之相關地方自治法規

本章節為參加原住民特考之考生應特別注意，其餘考試可免讀此章節。

 壹 地方制度法重大修法

增訂直轄市山地原住民區實施自治的法源及其配套規定。

一、修法時間

立法院於中華民國103年1月14日三讀通過「地方制度法」部分條文修正草案，此次修正重點包括增訂直轄市山地原住民區實施自治的法源及其配套規定、劃一地方自治規則的備查程序，以及明確規範地方民選行政首長連選得連任1屆等規定。

二、修法理由

中華民國99年12月25日縣市改制直轄市後，原屬山地鄉的臺北縣烏來鄉、臺中縣和平鄉、高雄縣茂林鄉、桃源鄉及那瑪夏鄉改制為區，依法不再實施自治。為落實保障原住民族政治參與的精神，並積極回應原住民社會意見，內政部經多次會商相關部會及各直轄市政府，提出地方制度法部分條文修正草案，讓上述五個直轄市山地原住民區及將於今（103）年12月25日隨桃園縣改制直轄市而改制為區的復興鄉，具有實施自治的法源依據，以辦理其區長及區民代表選舉，並享有相關地方自治權限。

三、修法重點

(一)直轄市山地原住民區為地方自治團體（地制法§83-2）

1. 直轄市之區由山地鄉改制者，稱直轄市山地原住民區（以下簡稱山地原住民區），為地方自治團體，設區民代表會及區公所，分別為山地原住民區之立法機關及行政機關，依本法辦理自治事項，並執行上級政府委辦事項。

2. 山地原住民區之自治，除法律另有規定外，準用本法關於鄉（鎮、市）之規定；其與直轄市之關係，準用本法關於縣與鄉（鎮、市）關係之規定。

▲備註：準用地方制度法第6條第2項第4款、第15條至第17條、第21條、第23條至第27條、第29條、第30條、第33條、第34條、第37條至第40條、第41條至第54條、第57條、第61條、第62條、第65條第2款至第9款及第11款、第67條、第69條至第83條、第84條、第85條。

(二) **直轄市山地原住民區自治事項**（地制法§83-3）

山地原住民區自治事項，與鄉（鎮、市）之自治事項除了稅捐、公共債務外，皆相同。

(三) **改制為山地原住民區之配套規定**

1. **改制日**（地制法§83-4）：山地原住民區以當屆直轄市長任期屆滿之日為改制日，並以改制前之區或鄉為其行政區域；其第一屆區民代表、區長之選舉以改制前區或鄉之行政區域為選舉區，於改制日十日前完成選舉投票，並準用第87-1條第3項選舉區劃分公告及第4項改制日就職之規定。

2. **自治法規**（地制法§83-5）

(1) 山地原住民區之自治法規未制（訂）定前，繼續適用原直轄市自治法規之規定。

(2) 山地原住民區由山地鄉直接改制者，其自治法規有繼續適用之必要，得由山地原住民區公所公告後，繼續適用二年。

貳 原住民族自治暫行條例草案

一、世界各國有關原住民族之思潮與制度，自西元1980年代以降，已有根本之改變。多元文化、保障人權及民族自決之理念，逐漸成為世界各國原住民族政策及法制之原則，並以承認原住民族集體權及恢復傳統自我管理能力為主要方向。在此潮流下，原住民族自治制度之建立，已成為許多國家回應原住民族訴求之主要方式。

二、鑒於原住民族自治已成為現今人權國家原住民族政策重要之一環，聯合國大會於西元2007年9月13日通過之聯合國原住民族權利宣言第三條及

第四條分別揭示「原住民族享有自決權。依此權利，原住民族可自由決定其政治地位，並自由追求其經濟、社會及文化的發展。」「原住民族行使自決權時，於其內政、當地事務，及自治運作之財政，享有自主或自治權。」更為世界原住民族自治之潮流，樹立劃時代之里程碑。

三、在世界潮流之影響下，現行法制亦相呼應，其最重要、最根本者，厥為我國憲法增修條文所揭櫫之原住民族自治原則。按憲法增修條文第十條第十二項前段規定：「國家應依民族意願，保障原住民族之地位及政治參與，並對其教育文化、交通水利、衛生醫療、經濟土地及社會福利事業予以保障扶助並促其發展，其辦法另以法律定之」是以，依據原住民族意願，保障其地位、政治參與及民族發展權，為憲法明文課予國家之義務，從而原住民族一旦選擇以自治制度為其表示民族意願之方式，國家即應承認並保障原住民族自治之權利。原住民族基本法並依上開憲法增修條文規範意旨，於第四條規定：「政府應依原住民族意願，保障原住民族之平等地位及自主發展，實行原住民族自治；其相關事項，另以法律定之。」此即為原住民族自治之立法依據。

四、依據語言學、考古學、文化人類學及基因科技等研究發現，臺灣原住民族在臺活動至少已有六千年以上，近乎於現代國家，維持自主自治。自清代時期起，清雍正三年（西元一七二五年）創設「番大租制」，許漢族向原住民承租土地，清雍正五年更正式劃定「番界」，事實上均係基於承認原住民族對於其土地具有先占權之事實基礎，所推動之原住民族政策。日據後，臺灣總督府將原住民族傳統生活領域劃定為「蕃地」並對「生蕃」實施「理蕃政策」，除係因承認原住民族之特殊性而需設置特殊行政外，更係因承認原住民族社會已經形成自主之部落自治制度，難以逕設一般行政機關予以統治；臺灣總督府於日昭和七年（西元一九三二年）進一步頒布訓令第八四號，承認各部落傳統領袖「統領一社，一社之長」之法制地位外，更於日昭和十四年（西元一九三九年）以總警第一九零號總務長官通牒公布「高砂族自助會會則標準」，承認部落傳統領袖依據自定之社內規約，對其成員實施刑罰之效力，足見原住民族即便在光復前，仍持續維持自主自治之部落組織。臺灣光復後，臺灣省行政長官公署將日據時期所設「蕃地」改制為「山地鄉」，明定山地鄉鄉長必須由山地原住民擔任，臺灣省政府又先後選定平地原住民聚居之部分平地行政區域鄉（鎮、市），實施「輔導平地山胞生活計畫」，前開五十五個原住民族地區鄉（鎮、市、區），不僅為現有山地、平地原住民身分區分基準之一，更為原住民中央民代、地方公職人員等選區劃分之區分基準，前開各項制度一直維持至今。

五、無論各時期政府採取上開政策之目的為何，但原住民族與其傳統生活領域之特殊關係、原住民族向來自主自治之歷史事實以及原住民族對於實施民族自治之殷切期盼，均屬原住民族自治制度之重要基礎，不容否認；從而推動我國原住民族自治制度時，自應本於前開歷史之事實，尊重原住民族之意願，正視我國法規體系與原住民族權利之衝突，落實憲法所揭示之多元民族、多元文化保障意旨，秉持差異原則，以維護原住民族主體性；本諸自治原則，促使原住民族享有管理自身事務之權力；以自主發展原則，促進原住民族之生存發展，從而規劃賦予民族自治精神與特色，而與一般地方自治有其差異，進而提高其地位與尊嚴，並以原住民族歷史深化臺灣歷史縱深，以原住民族政治建設強化國家整體發展。惟我國行憲以來，從未實踐各民族為主體之自治經驗，藉為確保原住民族權利，善盡國家扶助原住民族建立自治制度之義務，並尊重原住民族自治意願，以保障原住民族平等地位及自主發展，原住民族實施自治前，政府應肩負輔導協助原住民族實施自治之義務，爰擬具「原住民族自治暫行條例」草案。

精選題庫

測驗題

( ) 1 有關直轄市山地原住民區之敘述，下列何者錯誤？ (A)直轄市之山地原住民區為地方自治團體，擁有立法自主權及組織自主權 (B)直轄市山地原住民區與直轄市間之關係，原則上準用地方制度法有關鄉（鎮、市）與縣關係之規定 (C)直轄市山地原住民區應設區民代表會及區公所，分別為山地原住民區之立法機關及行政機關 (D)直轄市山地原住民區得依據財政收支劃分法及中央統籌稅款分配辦法等規定，取得辦理自治所需之自主財源。

( ) 2 下列何者非直轄市山地原住民區之自治事項？ (A)山地原住民區殯葬設施之設置及管理 (B)山地原住民區民防之實施 (C)山地原住民區集水區保育及管理 (D)山地原住民區禮儀民俗及文獻。

答 1 (D) 2 (C)

申論題

一、何謂「臺灣原住民族」？請說明現今我國直轄市山地原住民區實施自治之法源依據及其現況，並評論之。

二、試述原住民族委員會推動原住民族自治立法之宗旨及其自治組織之設計？請參照原住民族基本法及民國105年2月行政院通過之「原住民族自治暫行條例」草案回答。

三、政府或私人於原住民族土地或部落及其周邊一定範圍內之公有土地從事土地開發、資源利用、生態保育及學術研究，應諮商並取得原住民族或部落同意或參與，原住民得分享相關利益。試依「諮商取得原住民族部落同意參與辦法」規定，說明同意事項之召集及決議？

四、請論述直轄市山地原住民區公所與直轄市一般區公所，在法制及性質上有何差異？

第13章 治理 依出題頻率區分，屬：A 頻率高

壹 治理 【109地特四等】

一、治理的背景

1980年代的公共行政，可說是新公共管理（New Public Management, NPM）主張風行的年代。在「引進市場機制」、「民營化」等充滿活力與創新思維的引領下，政府角色似乎也從傳統的重視主權、合法性與正當性的保守形象，轉變為顧客導向、運作彈性的「超級市場國家」（supermarket state）。雖然此種轉變凸顯出政府機關主動求變，以及期望提升能力的企圖，但卻也同時模糊了公私部門的界限，乃至於政府設置時，對於民主價值、公平等問題的特殊堅持。簡言之，對於面臨「資源受限、業務需求卻大增」的政府而言，新公共管理固然提出具體的解決策略，卻也同時產生了「角色混淆、模糊不清」等的問題。新公共管理雖然努力激發政府運作彈性化、多元化，卻同時使政府偏離民主政治的價值期望。（Christensen & Laegreid, 2002：23-30； Caiden & Caiden, 2002： 37-41）

因此，「治理」雖然以跳脫過去政府的「統治」的概念，但仍強調以下兩個面向：

分權（Decentralization）	在治理之下，政府的角色已經從統治領導，轉變為領航（steering）。原則上負責方向的引導，但涉入決策與執行則是各種團體、社團與不同領域的民眾。
合作（Cooperation）	府際以及政府與人民間尋求協力的關係，亦即尋求「夥伴」關係（partnership）。

因此，治理所強調的是從擬議到執行所形成的網絡關係（policy network）。而在這種網絡關係中，政府和民間，或者說國家機器和市民社會之間，彼此密切互動的過程，政策網絡的過程，以及在這種過程網絡中，所形成的「多層次政府」（multi-level government），正是在政策網絡形成的不同層次中，提供大眾加入治理的機會，政府也成為「加入型政府」（join-up government）。（高永光，2007：2）

二、治理的概念

(一)傳統上，國家與政府在政策制定與公共事務處理上具有較高的主導性角色，但隨著國際環境的變遷，各國的治理結構均已產生適應性變化，由以「政府」為中心到強調「政府與社會」持續增加的互動，即所謂「從政府到治理」（Adler & Kwon，2002：20-21；轉引自李宗勳，2007：39）。

(二)治理一詞是源自拉丁文和古希臘文，希臘文為kubernan，原意有控制、引導與操縱的意思。在英文中，治理（governance）與政府（government）被視為同義詞，經常交互使用用來指稱國家公務之憲法和相關法律的執行活動，但1980年代以後，治理與政府便分離了，治理甚而成為討論國家性質和角色變遷的主題，最終發展成為一套獨特的思想和制度體系，成為歐美政治人物及社會科學研究者常常引述的概念，也成為我們這時代的精神，因為治理表達權力運作的制度是多元的，不是傳統由上而下的一元體系；治理是一個上下互動的管理過程，透過合作、協商、夥伴的關係，確立認同的共同目標，以進行對公共事務的管理。

三、治理的意涵

(一)世界銀行被視為最早使用治理一詞，在1988年的報告中曾經提出「治理危機」一詞，而使治理的概念受到廣泛討論，該報告中將治理界定為治理為一國在各個層次執行其經濟、社會資源、權力的行為。惟，近年來，治理似乎已經不再被視為政府的同義詞。研究者將治理一詞指涉為「政府意義的變遷，涉及一種『新的』統治過程；或秩序的變遷狀態；或用以統治社會的『新』方法。」

(二)聯合國「全球治理委員會」（Commission on Global Governance）於1995年發表『我們的全球夥伴關係』（Our Global Neighborhood），報告中指出「治理」是指各種「公共的或私人的個人和機構」管理其共同事務之諸多方式的總和。它是使相互衝突的、或不同的利益得以調和，並且採取聯合行動的持續過程。它既包括有權迫使人們服從的正式制度和規則，也包括各種人們同意、或認為符合其利益的非正式制度安排。該報告認為「治理」有四個特徵：

1. 治理不是一整套規則，也不是一種活動，而是一個過程。
2. 治理過程的基礎不是控制，而是協調。

3. 治理既涉及公共部門，也包括私人部門。

4. 治理不是一種正式的制度，而是持續的互動。

(三)最廣泛的意義：舉凡國家對於公民社會所進行的所有干預行動均屬於治理的範疇，其包含（吳定等，2009，65-66）：

1. 多元的利害關係人（multiple stakeholder）：公共問題不能由政府當局片面決定，而是有賴各方人員與組織合作，它們包括非營利組織、非政府組織、社區團體、利益團體、政府的契約者、政府的夥伴及其他政府單位。

2. 規則與回應：在利害關係人的互動中，有了規則之遵循才能減少彼此間的衝突，促使協議的達成。此外，治理的作用乃在回應利害關係人的各種需求，俾使他們更易對網絡產生忠誠，達成貢獻滿足平衡的關係。

3. 除了新公共管理所強調的市場機制外，也應重視政府原有的層級權威，以及在新公民社會中所形塑的網絡關係。

4. 透過諸如透明、誠信、課責、協商與廉潔作為網絡治理的有利連結機制。

(四)學者R. A. W. Rhodes認為，治理有太多可用的涵義，若用一個涵義來分析英國政府的變遷，治理就是有關自我組織及組織間的網絡（Rhodes, 1997a：53）。

1. 治理的特色如下：

(1)組織之間的相互依存性。

(2)相互交換資源和協商共同目的的需要，導致網絡成員間的持續互動。

(3)遊戲般的互動，以信任為基礎，其遊戲規則的訂定是經由網絡成員間的協商和同意。

(4)對國家保持相當程度的自主性。

2. 在治理出現新過程、新狀態或新方法時，要如何明確定義是個問題，因此Rhodes提出六種不同的用法（Rhodes, 1997a：53），也是我國對於治理的定義的通說：

(1)最小限度的國家（As the Minimal state）：這種途徑重新界定了公部門的範圍與類型，並引用市場或是準市場（Quasi-markets）機制來輸送公共服務。此治理概念認為小而能的政府是最好的政府，可藉由民營化與減少公共服務來縮減政府的規模。

(2) 公司治理（As Corporate Governance）：此途徑意味者利用企業或公司的引導與控制方式，達到治理的目的，建議政府部門應該採取更具商業形式的管理方式，達到治理的目的，建議政府部門應該採取更具商業形式的管理方式，來改善傳統行政部門組織的文化與氣候，脫離傳統公共行政之窠臼。

(3) 新公共管理（As the New Public Management）：具有兩層的意涵：管理主義與新制度經濟學，前者意味者將私部門管理方法引用於公部門，強調專業管理、績效標準與評估、結果管理以及顧客導向；後者係引介誘因結構（例如市場競爭）至公共服務領域，強調分立的官僚、簽約外包、準市場機制和消費選擇權。

(4) 優良治理（As Good Governance）：政府改革為世界的趨勢，世界銀行提供第三世界國家的政府政策發展的參考，良好治理具有下列特質：

A. 有效率的文官、獨立的司法和法律制度，以確保契約的履行。

B. 獨立的審計人員，有回應能力的立法人員。

C. 有責信的運用公共資金。

D. 各層級政府對於法律和人權的尊重。

E. 多元的制度與言論自由。

(5) 國際的相互依賴（As International Interdependence）：國家由於商品國際化、財稅交易等問題促使治理逐漸減弱，有必要將權力向上移轉於國際層次，並將權力向下移轉於次國家機構，例如歐洲聯盟證明跨國政策網絡的出現。

(6) 社會操縱系統（As a Socio-cybernetic System）：Salamon認為，網絡概念有助於解釋現代民主國家複雜的政策制訂狀態，因為現代政策制定的權力是分散於諸多行動者身上的，沒有任何單一行動者-包括國家-可以獨立貫徹其自身意志，所有政治行動者間形成相互依賴的關係。在此情形下，「網絡」成為用以指涉此種複雜互動結構的最佳隱喻。治理係指對利害關係人之間複雜的關係結構（Structure）進行管理。

(7) 新政治經濟（As Self-organizing Networks）：「自我組織的網絡」的治理概念可視為「社會-控制系統」的進一步延伸。

其中，「最小限度國家」、「公司治理」、「新公共管理」、「優良治理」、「社會操縱系統」、「自我組織網絡」是早年國內通用的治理定義，但後來Rhodes自行加以修改，將六個用途改為七種定義，將不再是用途的「最小國家」刪除，加上「作為國際相互依賴」和「作為新政治經濟」（Rhodes, 2000：55-63）這也成為近年來較多引用的定義。

(五)學者彼得斯（B. G. Peters）觀察1980年代及1990年代各國行政革新或政府再造的實況，認為當代政府的新治理典範已經浮現，歸納為四種明顯模式或特質，而這四種新治理模式，除可表現出企業型政府的主要特質外，亦可稱為政府未來治理模式，包括市場式模式（market model）、參與式模式（participatory model）、彈性化模式（flexible model）與解制（或鬆綁）式政府（flexible model）（孫本初，2010，156-157）。

1. **市場式政府（市場式模式）**（Market Government）：採取分權化的組織結構；將功績薪給制改為績效薪給制；引進市場競爭的誘因結構，並創造內部市場化的決策機制；所提供的公共利益在於降低施政成本。
2. **參與式政府（參與式模式）**（Participatory Government）：參與式政府要對抗的是傳統官僚典範的層級節制體系，其主要特徵包括：力求扁平化的組織型態；在管理上採用全面品質管理和團隊建立的策略；運用諮議及協商的決策方式；其所提供的公共利益在於增進公職人員和民眾對政府施政的參與度。
3. **彈性化政府（彈性化模式）**（Flexible Government）：運用「虛擬組織」，亦即政府的運作應著重於系統的層次（Systemic Level）更甚於組織結構的層次，如網絡型組織（Network Organization）；在管理方面，由於彈性化政府係以任務及目標為導向，因此虛擬組織內的成員並不固定，故採取工作團隊式的管理；決策方式不拘泥於既定格局，採取實驗性強的應變式決策；所締造的公共利益在於降低施政成本和增進組織成員的合作團結。
4. **解制式政府（鬆綁模式）**（Deregulated Government）：排除政府運作上的過度管制，將使其更具效率功能。該模式對組織型態並無特別偏好；強調賦予管理者更多的自主裁量權；在決策方面，企業型官僚應擔負更多的決策責任；所提供的公共利益在於增進政府部門的創新能力和行動力。

(六)學者Gerry Stoker（1998）認為治理意指參與者不再限於政府部門，已拓展至其他部門，部門間界線和責任日趨模糊，組織間存在權力互賴關係，並於各自領域尋求自主性與代表性，因此，其認為治理有五項命題：

1. 從主題來看：治理包括政府與非政府部門的行動者。
2. 從邊界來看：當處理社會及經濟議題時，治理存在著公共與私人、政府與社會、政府與市場之間邊界與責任的模糊性。
3. 從主體間的關係來看：治理意謂著在集體行動中，行動者彼此存在著權力依賴和互動的關係。
4. 從運行機制來看：治理是指行動者擁有自主性且自我管理的網絡。
5. 從行為模式來看：治理不僅限於政府權力，也不一定由政府來發動或運用權威，而是強調國家機關可以運用新的政策工具或技術，對公共事務進行更好的控制和引導。

(七)學者Finer認為治理乃是統理的新程序，或是下達規則的變遷條件，或是統理社會的新方法。治理的基礎定義係指統理的行動、方法或系統，其間公部門與私部門組織間的界線是可滲透的；承認組織的相互依賴性，治理的本質乃是政府與非政府力量內或彼此之間的互動關係（Finer, 1970：3-4）。

(八)從上述學者對治理的定義中可以發現，目前對於治理的定義尚無法提供一個全觀性的定義，但不難發現治理所隱含的基本內涵為（Rhodes, 1996：652-3）：

1.政府意涵的改變；
2.統治的新過程；
3.既有的管理規則面對一個變遷的情境；
4.統治社會的新方法。

四、多層次治理

(一) **理論背景**：「多層次治理」（multi-level governance），係由馬可仕（Gary Marks）於1992年提出以分析歐盟的治理模式，他超越正式制度、國家及政府決策過程的研究範疇，並反對政治的概念區分為由上而下、由下而上的二分法，他說明跨疆界、跨層級的一種「多層次」結構運作，除了正式的政府體制（歐盟、國家、區域、地方政府）外，尚有

WTO、國際貨幣基金、世界銀行等國際組織實質上涉入了公共服務的決策或傳遞。

(二) **意義**：多層次治理包含垂直與水平面向，「多層次」意指政府的公共政策決策在各層級行政管轄領域的互動性與相互依存性增加，「治理」亦指政府與非政府行為者間在各行政領域的互動性、相互依存性也愈來愈密集。

(三) **多層次治理具有二種類型並具各有四種特徵**

1. **第一類型的多層次治理之特徵**
   (1) 一般目的之管轄：其決策權係分散在各行政功能管轄領域。
   (2) 非交叉型成員：其成員都屬單一行政機關領域，例如中央政府，邦政府，區政府，地方政府等，並無跨機關或跨單位成員。
   (3) 管轄層級有限性：此一類型的多層次治理涵蓋管轄層級較少且單純，例如，其府際權力關係可能僅涉及聯邦、邦及地方政府三個層級而已。
   (4) 整體性且是持久性組織構造。
2. **第二類型的多層次治理之特徵**
   (1) 任務為取向的管理領域。
   (2) 具交叉型成員。
   (3) 管轄層級多。
   (4) 制度運作彈性。

(四) **治理的三個層次-政治權力的移轉**

1. 向上移轉至國際行動者與組織：自第二次世界大戰以來，國家權力的轉換中最深刻與顯著的發展之一，即是國際行動團體或組織的重要性日益增加，國家決定將某些政策部門讓渡給國際機構。現今西方國家所遭遇的重要議題，並不以國家的疆界為限，而是區域或是全球的。
2. 向下移轉至區域、城市與社區：國家權力的第二種轉移就是國家「分權」給地區性或地方性機構。在加拿大及英國的例中可看出，由於次民族團體與文化的情感，國家被迫將政治權力移轉給區域機構。當然，分權有其政治目地，可視為對民族國家內部的結構變遷的一種回應。例如，城市的持續都市化與凝聚成形，必須借助一個在財政上及行政上強而有力的地方政府。一方面，政府在賦予地方影響力的同時，也促進更為直接的公民參與及對政治議題的關心，這在削減公共支出的期間變得尤其重要。

3. 向外移轉至其他眾多裁量行動者：係指將所控制的權力與能力移轉給遠離政治菁英所控制的機構或組織。如前所述，民營化是全球化意識型態一項重要主張，進而將國營企業的資產資本化以減少債務。在大部份先進國家中，在尚未民營化前，都是協助設立非政府組織（non-governmental organization, NGOs），以提供公共服務。

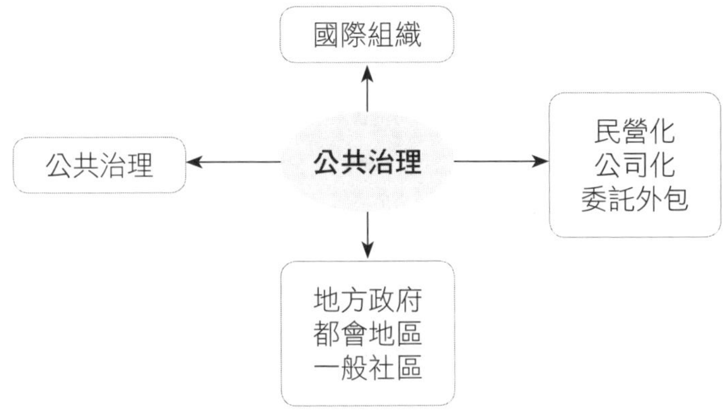

資料來源：劉坤億（2009：62）

圖一　多層次的治理

知識補給站

傳統府際關係v.s.多層次治理

一、傳統府際關係

(一) 從憲政制度所規範的權力關係來看，係屬一種層級節制的關係，也就是垂直的監督控制關係。

(二) 在傳統府際關係下，中央政府與地方政府兩者間存在著相互依賴關係，如地方政府得到中央的資金挹注，方能提供基本的公共服務，而中央政府必須仰賴地方政府政策上的配合，方能促使政策與制度上的落實，兩者間的互動呈現相互依賴關係。

二、多層次治理

(一) 多層次治理觀點並非否定政府重要性，而是主張其改變傳統垂直監督控制，主宰命令式的運作方式，而改採激發，誘導或促成等多元方式，爭取利害關係人支持而建立合作網絡，同時也基於互惠原則來分配彼此權責。

(二) 多層次治理並不是政府將業務委外處理，也非政府授權其他機關取代其功能，而是各參與者間進行權責分配，亦即地方政府與其他參與網絡者間關係依然維持整體，只不過彼此經由一定的權責重分配程序，重新定位個別角色與功能，以及接受其他參與者課責的途徑。

五、治理的新途徑

針對當代大環境變遷趨勢，對應全球化、資訊化、後現代化的環境系絡，政府將面臨以下新的治理趨勢：

(一) 全球化系絡下之全球治理

1. 全球治理的意涵

(1) 全球治理並不是意味著國家機關如何致力於治理全球、某一國家如何稱霸世界，而是指在全球下的趨勢下，各國政府為因應此一洪流所應做出的回應與努力。

(2) 全球治理正趨向「善治／優質治理／良好治理」（Good Governance），善治的價值與做法是與時俱進的，在過去強調控制與集權，大有為的政府可能是政府統治的重要價值，但在今日，似乎朝向民主自由與小政府的治理模式。

知識補給站

善治（Good Governance）的標準（UN, 2000：12）

1.分享全球性的共識，並落實於政府實際執行之中。

2.國家層次政府組織應與企業、民間公民組織締結夥伴關係。

3.鼓勵政府與社會各層級對治理問題提供意見。

4.在都市層級中，強化前述夥伴關係以有助於處理生態與社會問題。

5.經由政府、民間，以及公民社會的有效結合，提昇人民能力。

2. 全球治理常見的作為

(1) 對於涉及主權層次的限制，採取彈性作法，避免國際性的合作造成主力或是形成爭端。例如世界貿易組織（WTO）的成員國對於關稅

（主權的象徵之一）的看法，已經擺脫傳統觀點，採取一種協商互惠的作法。

(2) 政府透過代理人從事全球治理相關事務，這些代理人包括：跨國公司或非營利組織。例如國際航線航權的談判，就經常是由跨國航空公司出面進行，政府僅居於幕後，以及我國與中國大陸的談判透過非屬官方組織的海基會與海協會進行等。

(3) 為了因應全球化所產生的各種問題和現象，許多國家必須增訂或修改法律以達成有效治理。例如針對制定規範網際網路的相關法律、引進外勞的相關配套措施等。

(二) 資訊系絡下之E治理（吳定等，2008：327-329）

1. E治理（e-governance）的意涵

(1) E治理即「電子化治理」（electronic governance）的簡稱。扼要言之，所謂E治理乃是意指應用當代資訊科技所施行的治理，目地在提高政府績效，此一治理途徑應用的範圍遍及公共組織內部與外部的各種作為，也見諸於各種層級政府與專業部門。

(2) E治理可以涵蓋整個決策過程，包括公共問題的建言、政策決策者進行決策時所需的資訊系統、政策合法化過程的表意管道或投票系統、政策執行的監測與監督、政策效果與顧客滿意度的評估。此外，就具體的實務應用層次而論，E治理的措施極富多樣性，諸如：將政府資訊公佈於網際網路之上、透過數位電視或是行動電話提供公共服務、利用網路系統進行選舉、建構網路基礎建設、運用如同晶片卡之類的身分認證機制確使民眾的隱私受到保障。

2. E治理背景因素-資訊化的系絡

(1) 資訊社會的形成。

(2) 知識經濟時代來臨。

(3) 全球化帶來無國界的資訊交流。

3. **E治理涵蓋的面向**：從前述E治理的意義觀之，其所能涵蓋的面向相關廣泛，換言之，今日政府施行治理的各種作為已經大量地運用資訊科技予以施行，大致而言，可以歸納為如下數端：

(1) E民主（e-democracy）：透過資訊科技的應用，達到反映民意、民眾參與公共決策的目的。如：線上公民會議、線上滿意度調查、線上投票。

(2) E服務供給（e-service provision）：透過數位網絡與數位媒體來傳輸公共服務。例如：應用手機簡訊傳遞停車費繳納、線上申請案件、線上申報所得稅等。

(3) E管理（e-management）：應用數位工具進行公共組織內部事務的各種管理、分配資源、傳遞訊息、輔助決策、績效考核、監控政策等。例如：利用組織內部網路傳遞公文書和各種訊息通知、利用電腦進行財務管理與人事管理等、運用決策資源系統預測政策的結果等。

4. E治理各項工具的功能

(1) 獲致相互理解：透過建置完備的資料庫系統，可以讓不同的組織或專業背景的政策參與者，瞭解各種領域的專業術語，減少彼此間溝通的障礙，進而促成共識做成決策。

(2) 蒐集資料：透過資訊科技的協助，政府可以蒐集更為周延的資料作為決策的參考。

(3) 組織與分析資料：經過資料蒐集的步驟，欲發展出有益於E治理的資訊或知識，就必須將繁為和多樣的資料分析並與以整合，而透過資訊科技的協助，可以將資料整合為系統性的資訊或有用的知識。

(4) 幫助溝通：E治理所應用的資訊科技可以達到幫助溝通的目的，例如電子郵件等系統、線上視訊會議、線上交談等，進行電子會議、傳遞公文書、舉行公聽會等。

(5) 模擬決策的可能結果並據以提出建議：E治理所應用的資訊科技能夠協助決策者模擬決策可能產生的結果，並且進一步還能根據模擬的結果提出建議，此種技術所謂決策支援系統。

(三) 後現代化的環境系絡之跨域治理

1. 跨域治理之意涵（林淑馨，2016：546-547）

(1) 跨域治理最簡要的意涵，係指跨越轄區、跨越機關組織藩籬的整合性治理作為（孫本初，2010：221）。

(2) 跨域治理係指針對兩個或兩個以上的不同部門、團體或行政區，因彼此之間的業務、功能和疆界相接（interface）及重疊而逐漸模糊（blurred），導致權責不明、無人管理與跨部門（cross-cutting）的問題發生時，藉由公部門、私部門以及非營利組織的結合，透過協力、社區參與、公私協力或契約等聯合方式，以解決棘手而難以處理的問題。

(3) 與其相類似的概念有英國的「區域治理」（regional governance）或「策略社區」（strategic community）、美國的「都會區治理」（metropolitan governance）、日本的「廣域行政」等。

2. **跨域治理產生原因**（丘昌泰）

(1) 全球化下的城市變遷：全球化下，國家的角色逐漸顯得模糊，發展策略明確且地位清楚的城市益發顯得出色，進而使得城市之間的競爭與合作，已不再侷限在本國周邊地區。競爭的對象，也從鄰近國家擴散到全球各大城市。

(2) 快速競爭的經濟發展：一國經濟發展的競爭力，除了倚靠私人企業的不斷創新與積極開拓外，政府公部門職能統整完備與否，及對問題處理的敏捷性，同為影響的因素。例如2003年9月25日高雄市、高雄縣和屏東縣成立「高高屏聯合招商委員會」，整合三縣市的資源和特色，成為我國第一個跨縣市招商機制。

(3) 資訊傳播的便利迅捷：基於電腦科技的快速發展，網際網路的興盛以及通訊產業的發達，使得資訊的擷取和流通得以即時傳送，大大地縮短過去因傳遞上地耗時而降低資訊地立即性。資訊傳遞的便利，影響了傳統上地理疆界的區隔分離，更使得彼此的界線模糊不清。

(4) 生活環境的品質要求：20世紀因工業化而導致的汙染，使得人們生活環境及自身的健康受到嚴重的威脅。隨者產業的逐漸轉型與環保意識的抬頭，以及無煙囪工業（如觀光休閒、生態保育）的提倡，除需政府的全盤規劃外，還需要民間團體的參與並和公部門成為夥伴關係。

(5) 公共政策的複雜多變：公共政策所涉及問題處理的複雜程度，已非單一部會的職權所能完全因應。

3. **跨域治理的特質**（吳定等，2008：332-334）

(1) 跨域治理蘊含系統思維的理念：系統思維強調綜觀全局的視野，跨域治理內涵其實蘊含系統思維的理念，所以對公共問題的解決或是公共政策的推動，不應侷限於單一機關、單一政府、單一轄區的狹隘眼光，相反地，應採取一種機關之間、府際之間以及跨越轄區通力合作的思考模式為之。

(2) 跨域治理兼具宏觀與微觀兩種層次的意涵：從理論與實務的角度而論，跨域治理具有兩種層次的意涵，從微觀到宏觀分別為組織內部及組織間：

A. 組織內部的跨域治理：意指將組織內部個功能部門的僵硬界線予以打破，採取一種整合的觀念和作為去解決組織所面對的問題。例如：Morgan所提出的「全像圖（大腦式）組織設計」。

B. 組織間跨域治理：指涉府際關係當中通力合作的概念。亦即此一層次的跨域治理主張，不同層級或不同轄區的政府間，在處理相同或相關估共問題與政策時，應該採取一種超越府際藩籬的觀念，將不同轄區與層級的政府部門納入同一個組織網絡當中。

(3)跨域治理的參與者兼具相依性：參與跨域治理的組織會形成一種組織網絡，而組織網絡的意涵即在突顯跨域治理的參與者間存在者互依性，促使跨域治理之參與者間的通力合作。（吳定，《行政學》下冊）

4. 跨域治理的內涵要素

(1)跨域治理方式非常多元，涵蓋跨轄區、跨部門、跨政策領域之間的夥伴合作關係：跨域治理不僅是指政府內不同局處間的部際關係，更包括跨行政轄區、跨公司部門、跨政策領域之間的合作夥伴關係，此類互動關係遠比過去的市政管理更為複雜；但若經營得當，則更能創造「以少做多，以小博大」的施政成果。

(2)跨域治理的法制化程度不一，可以採行多元的方式：跨域治理可以依法制化的程度分為各種不同的形式，法制化程度最高的跨域治理為將幾個小規模的行政轄區予以整併成較大規模的行政轄區，其法制基礎為《行政區劃法》。其次是兩個以上的地方政府成立的跨域治理機制，如臺北縣、市政府於2008年5月在大稻埕附近水域舉辦煙火節等都是。

(3)跨域治理式高政治性的課題，涉及地方自主權，故須密切的政治協商與判斷：跨域治理涉及地方自主權的行使範圍與界限，且涉及跨域者之間的權力或利益共享與義務或責任負擔的問題，故必須進行密切縝密的政治協商與談判，否則必將流於空談。

(4)跨域治理須以民意為基礎，故應博採周諮，凝聚共識：由於跨域治理涉及地方自主權，該地方自治區域內的人民才是跨域治理的最高決策者，故其決策需本於民意至上的原則，以減少跨域治理執行以上的困境。

(5)跨域治理過程應儘量引進第二部門與第三部門之資源，以擴大跨域治理的參與者：跨域治理的結合對象不僅以第一部門的政府為限，還應包括代表企業的第二部門與代表非營利的第三部門。政府機關推動跨域治理，唯有與民間社會保持策略夥伴關係，如此才能豐富跨域治理的內涵，從不同參與者的多元意見中成為跨域治理激發出創意的火花。

5. **我國地方制度法關於跨區域合作之規定（跨域治理）**

(1)跨區域事務之辦理（地制法§21）：地方自治事項涉及跨直轄市、縣（市）、鄉（鎮、市）區域時，由各開地方自治團體協商辦理；必要時，由共同上級業務主管機關協調各相關地方自治團體共同辦理或指定其中一地方自治團體限期辦理。

(2)區域合作組織之成立（地制法§24-1）：直轄市、縣（市）、鄉（鎮、市）為處理跨區域自治事務、促進區域資源之利用或增進區域居民之福祉，得與其他直轄市、縣（市）、鄉（鎮、市）成立區域合作組織、訂定協議、行政契約或以其他方式合作，並報共同上級業務主管機關備查。

A. 涉及直轄市議會、縣（市）議會、鄉（鎮、市）民代表會職權者，應經各該直轄市議會、縣（市）議會、鄉（鎮、市）民代表會同意。

B. 涉及管轄權限之移轉或調整者，直轄市、縣（市）、鄉（鎮、市）應制（訂）定、修正各該自治法規。

C. 共同上級業務主管機關對於直轄市、縣（市）、鄉（鎮、市）所提跨區域之建設計畫或跨區域合作事項，應優先給予補助或其他必要之協助。

(3)訂定行政契約應記載之內容（地制法§24-2）：直轄市、縣（市）、鄉（鎮、市）與其他直轄市、縣（市）、鄉（鎮、市）

(4)訂定行政契約時，應視事務之性質，載明下列事項：

A.訂定行政契約之團體或機關。

B.合作之事項及方法。

C.費用之分攤原則。

D.合作之期間。

E.契約之生效要件及時點。

F.違約之處理方式。

G.其他涉及相互間權利義務之事項。

(5)依約定履行義務（地制法§24-3）：直轄市、縣（市）、鄉（鎮、市）應依約定履行其義務；遇有爭時，得報請共同上級業務主管機關協調或依司法程序處理。

6. **我國地方政府推動跨域治理的方式**

(1)成立跨域治理事務推動委員會：各地方首長基於地方自治區域內之全民福祉與公共利益，依其職權成立「跨域治理事務推動委員會」，此為最普遍亦最可行之方式，該跨域事務之選擇，不宜太過複雜，通常以「較無爭議，容易推行，共蒙其利」的議題為主，例如：觀光。

(2)行政協議：地方自治事項涉及跨直轄市、縣（市）、鄉（鎮、市）區域時，由各該地方自治團體協商辦理，必要時，由共同上級業務主管機關協調各相關地方自治團體共同辦法或指定其中一地方自治團體限期辦理，例如：台北都會區大眾捷運系統興建，由中央政府交通部主導先行規劃，後來編列預算補助後，交由台北市政府捷運工程局負責興建，台北大眾捷運股份有限公司負責營運，即使許多路線涉及新北市轄區，但都交由台北市政府主導。

(3)行政契約（行政程序法§135）：公法上法律關係得以契約設定、變更或消滅之。但依其性質或法規規定不得締約者，不在此限。依此可知，該法對於行政契約之屬性，係以「契約標的說」為原則，某契約是否為公法或私法契約應視其所簽訂之契約客觀屬性來判定，不宜由簽訂契約之雙方主體來認定。台北高等行政法院94年停字第122號裁定，遠通公司依據促進民間參與公共建設條例所簽訂之「高速公路電子收費系統建置」為行政契約。

(4)合營事業：自治團體之間可以基於彼此互惠原則，在獲得各地方議會同意的前提下，共同設置專賣事業組織，以處理跨域事務，如地方制度法第24條所規定。例如：一卡通票證股份有限公司由行政院國家發展基金、高雄市政府、連加網路、聯邦銀行、高雄捷運公司等政府機關、企業共同投資成立。

(5)委任所屬下級機關或委託不相隸屬之行政機關：依《行政程序法》第15條的規定，在相關法規容許範圍內，透過權限轉移，由其中的一方委任所屬下級機關或委託不相隸屬之行政機關處理彼此之間的跨域事務，可見該法第15條所規定。

(6)委託民間團體或個人：政府機關本於建立「小而能政府」的精神，在「政府不須做的，交由民間來做」的原則下，將相關公共事務委託給民間企業、非營利組織或個人來執行。此種委辦事項亦是另外一種形式的跨域治理，如垃圾處理、館舍經營、公共服務等。相關詳細之規定，可見《行政程序法》第16條。

(7)行政機關相互協助：依《行政程序法》，地方政府之間亦可彼此相互請求行政協助，在第19條規範行政協助之必要性，也是跨域治理的形式之一。

7. **地方政府推動跨域治理的難題／障礙**【110高考】

(1)土地管轄權的本位主義引發衝突：地方自治引發地方本位主義的作祟，擔心管轄權受到限制。

(2)政黨屬性不同造成黨同伐異之爭：政黨立場與意識形態的兩極化，經常以跨域對抗代替跨域合作。

(3)法令不足進而影響跨區域合作：地方制度法久缺更細緻完整的規定，影響跨域合作之意願。

(4)參與對象眾多而增加協商成本：參與對象眾多導致協商交易成本增加，成案的難度提高。

8. **跨域治理的解決方式／改善之道／達成的策略途徑**【110高考三級】

(1)以全局性的思維攜手解決問題：把政策、管制、服務的提供，以及三者的監督整合在一套架構中。

(2)打造互利的對話平臺以化解彼此歧見：打造一個互利對話平臺，使區域內的縣市首長體認到，唯有合作才能發揮最大效益。

(3)增訂修改法令促進協力合作：可考量的方式包括：

A.健全地方制度法。

B.制訂跨域合作專法、法規命令行政契約。

(4)建立夥伴關係的績效課責制度：

A.檢視夥伴評估制度的優點以及潛在的威脅。

B.檢視參與的人員，包含行政部門，應負起夥伴績效的責任。

C.考慮特殊議題的風險處理。

D.考慮志願部門、私部門和社區團體在夥伴關係的角色。

9. **提升跨域治理的策略**

(1)地方首長必須超越意識形態，以人民為主，建構跨域治理的理性對話平台：地方首長必須改變政黨對立的意識形態，凡是對轄區內人民有利的事項皆應全力以赴。

(2)形塑中央與地方的策略夥伴關係：中央與地方政府之間的策略夥伴關係而言，府際合作議題如涉及中央權限，應由中央政府來推動與整合。因此，在推動各地方首長跨域合作的手段上，中央政府必須扮演更為積極的角色。行政院應從誘之以利，共創雙贏的角度，促成地方自治團體跨黨派合作。

(3)地方制度法中的跨域條文應更寬廣與彈性：可就現行地方制度法第四章「中央與地方及地方間之關係」增列更為彈性的跨域治理條文，至於其運作機制則另訂自治規章加以規範。修法方向應本於彈性、多元的跨域精神，不僅規範各級政府間的法治關係，而且亦要引進民間私部門、非營利部門或社區機制納入。

(4)地方首長必須以策略眼光選擇適當的跨域治理議題：跨域治理議題甚多，在實施初期應從策略性觀點選擇較易成案的公共議題入手，以增加成功機會。

(5)累積推動跨域治理的社會資本：縱使擁有完整的跨域治理條文，然而「徒法不足以自行」，當務之急為累積社會資本，建立政策共識，形塑互信文化。若有深厚而互信的社會資本為後盾，則民眾之間、地方首長之間就容易達成跨域治理政策的共識。

(6)跨域治理的組織設計宜以任務編組，而非專責方式為之：有學者主張應該成立跨區域的專責組織，如設置行政法人、準政府組織、特別行政區、特區或管理局，提供跨區域公共服務。例如：英國中央政府為解決地方政府間的共同事項，就某些公共設施或建設，如焚化爐、大眾運輸、土地利用、環境污染、水資源等而成立某種專責機構委員會。然而，府際跨域合作方式甚多，基於精簡成本的考量，應以任務編組方式為之，以降低成本，創造更大績效。

貳 地方治理

一、地方治理概念興起的背景

(一) **國家的財政危機引發中央加速授權地方**：1980年代國家財政日趨惡化，中央或聯邦政府迫於財政困境才加速授權地方政府，其中又以美國雷根政府的「新聯邦主義」可為代表。事實上，這一波地方分權的潮流是被一些政治目標所驅動的，中央政府把「授權」（empowerment）地方當作是撙節公共支出的一種政治手段。此種中央與地方政府治理結構的變遷也產生了幾項問題和挑戰。

1. **地方承擔更多的財政責任**：中央「授權」給地方的另一層意義，是要地方承擔更多的財政責任，在這種情況下，地方政府在公共支出方面至少要做到平衡預算支出或抑制支出成長，而這也意味著地方政府必須縮小部門的規模，並且開始改變原來的治理型態。普遍的作法包括：採取企業部門的雇用制度、財務管理方法，以及改由私部門、志願團體或社區來提供公共服務。
2. **地方政府的責任加重**：權力向下移轉給地方之後，地方政府的責任也加重，尤其更會成為政治壓力的標的，無論是國家或是社會的行動者，都會直接對其施壓（Pierre and Peters, 2000：87-89）。
3. **新的政策網絡關係**：根據英國的學者觀察，在財政窘迫的情況下，中央政府和地方政府之間也發展出新的資源互賴關係，其關係依不同的政策領域而出現不斷解構和重組的現象（Rhodes,1997；Stoker, 1997）。

(二) **新右派改革理念衝擊地方政府的角色職能**

1. 新右派（the New Right）改革理念是以古典自由主義的市場經濟理論為基礎，結合公共選擇理論和管理主義的論述，貶抑政府的功能而推崇市場的機能，並且大量擷取「師法企業」的管理策略和工具（Hood, 1991）。
2. 就1970年代而言，當政治意識型態屬於中間偏左的福利國家，紛紛陷入停滯性通貨膨脹的經濟困境和日趨窘迫的財政危機之際，新右派的主張和改革途徑，確實帶給這些國家重建社會及經濟秩序的樂觀願景；其後，更隨著蘇聯等共產國家左派政權的瓦解，新右派崇尚自由市場機能的革新理念，便迅速在英美語系國家中贏得改革者的青睞，舉凡民營化、政府業務委外、強制競標、市場測試、內部市場化、消費者選擇權、區分購買者與提供者的公共服務體系等改革策略，已成為各國政府治理模式變革的共同語言（Leach and Percy-Smith, 2001：24-30； Lane, 1997）。

3. 經過市場化潮流的洗禮後，地方政府已經不再堅持為公共服務的獨占性供給者，其角色可以是公共服務的購買者，也可以透過公私合夥的方式生產公共服務。

(三) 第三波時代的來臨促發更多社會行動者參與地方治理

第三波（Third Wave）政治時代也被稱為後物質時代（post-material age）。當代西歐國家和美國所關注的政治議題，反映了當代社會變遷的問題，包括的議題如經濟成長、強化社會參與機制、環境保護和性別等。處理這些議題並非由政府去創發新的政策工具，而是在整體社會中積極尋找出面對和因應第三波政治時代的治理模式，政府必須與社區、非營利組織、傳媒及非組織性公民運動等社會行動者共同解決後物質時代複雜的社會問題（Pierre and Peters, 2000：65-66）。

知識補給站

第三波政治時代

以西方民主國家而言：

第一波政治時代，所關注的是如何發展出一套制度架構來鞏固民主政治，其議題包括國會改革、擴大投票權範圍等等。

第二波政治時代，政治菁英們所關心的是分配和重分配的政治議題，主要討論的政策領域包括賦稅、醫療衛生及社會政策等等。在目前的第三波時代，「後物質的」議題經常被討論。

第三波政治時代，該時代關注的議題類型係反映了當代社會變遷的問題，其所包括的議題如經濟成長、強化社會參與機制、環境保護和性別等。

(四)**全球化效應的衝擊**：在全球化（Globalization）的衝擊下，舉凡一國之內的政治、經濟、社會、文化等，均深受其他國家或地區的牽引，彼此的關係錯綜複雜且相互依賴，以致國家的自主性相對降低，民族國家之間的界限日趨模糊。國家或地方競爭力並非完全決定於政府的治理能力，但政府治理能力的提昇卻必然影響其競爭優勢，這種效應對地方的影響尤勝於中央。若從策略管理的角度思考，在全球化的效應衝擊下，地方政府的發展所擁有的優勢與機會、劣勢與威脅，如下所列：

1. **優勢**：在多層次治理體系中，地方或城市政府的自治權提高，地方政府將有更大的自主性尋求發展。
2. **機會**：可透過不同的政策議題與其他國內外重要城市，連結為政策社群，形成新的治理網絡，並經由良性的競爭與策略性的合作，達到更好的發展。
3. **劣勢**：國家疆界模糊，中央政府的保護降低，在經濟、環保、財政、衛生、治安及交通等公共事務上，必須承擔更多、甚至是完全的責任。
4. **威脅**：來自其他城市的競爭將更為直接且明顯，倘若全球治理（Global Governance）的相關機制未充分發揮協調的功能，則各類資源的排擠效應將產生，城市被邊緣化的危機也會出現（劉坤億，2002a：76-77）。

二、地方治理之意涵

(一)地方治理係由地方（local）與治理（Governance）兩個名詞組合而成。地方可從垂直性「多層次政府」（multi-level governments）加以理解，指涉的是各種不同層級政府的管轄範圍。若依空間與管轄概念來看，則是指涉不同範圍間各自具備獨特的行政系統。要之，地方具有「地域性」與「政治性」的意涵。

(二)地方治理指公共治理（Public Governance）之一種類型，即以治理取代統治的概念，治理與統治概念之不同，在於統治以「由上而下」的支配模式處理問題，而治理則是以「上下共治」的合作方式進行，並強調各政策領域係由多元組織所構成的依賴網絡關係所決定，亦即有關中央與地方、地方與地方、地方與社區、中央與地方及社區等公私部門間，所涉共同事項問題，均可透過「議題結盟」理念的建立，達到共商解決問題之策略形成。

(三)地方治理是指有關全國性政策與地方性事務的釐定與執行中，涉及的主體不再侷限於中央政府與地方政府兩間之互動關係，還涵蓋其他參與主體，包括地方政府間關係和公私部門及志願性團體等互動所形成的複雜關係網絡。因此，地方治理具有下列內涵：

1. 地方公共問題涉及多元利害關係人。
2. 包括正式與非正式的規則：在利害關係人的互動中，有了規則之遵循才能減少彼此間的衝突，促進協議的達成。
3. 除了新公共管理所強調的市場機制外，也重視政府原有的層級權威，以及合作的網絡關係。
4. 除了目標與手段，投入與產出等因素外，也考慮社會所重視的重要程序價值，如誠實，透明，廉潔等。
5. 基於政治運作傳統，考慮各利害關係人間權力互動以及促進本身利益的情境。

三、地方治理之特徵

(一)**多層次的治理**（multi-level governance）：治理是一種過程，但也有其結構性的特徵，地方治理在結構上已經跳脫出由上而下的層級節制體系，並且中央與地方政府的界限、政府與民間的界限，乃至地方與國家疆界以外的政府或非政府組織的界限都將不像過去那樣明顯。根據Rhodes（1994. 1996. 1997）和Goss（2001）等學者的說法，這是一種多層次的治理結構和過程，亦即，地方公共事務之處理和發展，中央或地方政府不再是地方治理的獨占性行動者，其他地方政府，國內非營利組織、大眾傳播媒體和非組織性公民運動，以及私部門廠商等更為多元的社會行動者，將依不同的政策議題參與各種治理行動；甚且，民族國家界限以外的其他行動者，包括全球或區域的國際組織，他國之中央或地方政府，多國籍公司或跨國企業，以及國際非政府組織、全球傳媒和全球性公民運動等也會直接或間接涉入地方治理的實質運作。

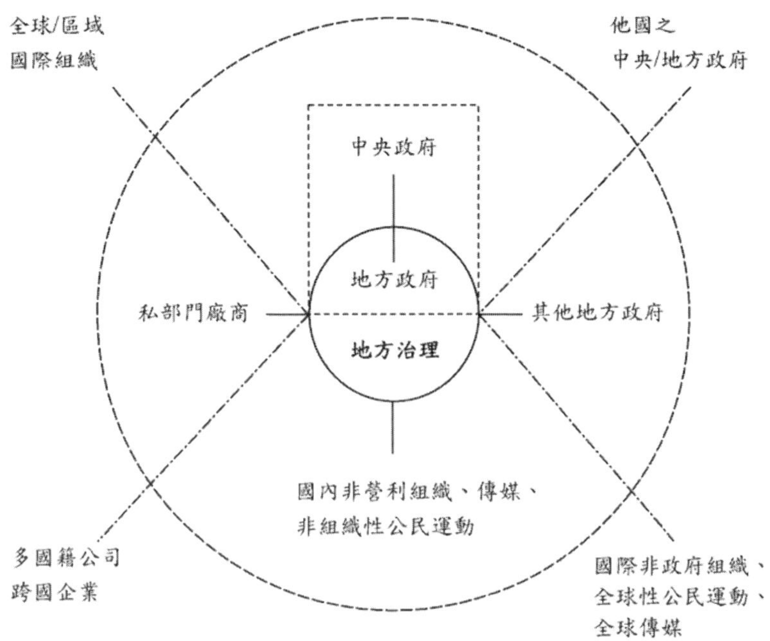

圖二　地方治理之多層次治理結構

(二)**多元化的治理關係**：隨著地方治理走向多層次化，不僅參與治理的行動者更為多元，行動者之間的治理關係也更形複雜而多元化。目前地方的治理關係至少有以下三類：

1. **傳統官僚體制的層級節制關係**：中央政府與地方政府在治理過程中扮演重要的角色，但值得注意的是，隨著民族國家逐漸融入全球治理體系中，全球或區域國際組織也涉入此一層級節制系統，並且對地方治理產生相當程度的規範作用。
2. **市場治理模式下的交易契約關係**：政府部門成為公共設施或公共服務的購買者，其主要的簽約對象包括國內外私部門廠商、多國籍公司和跨國企業集團，也包括其他不以營利為目的之國內外非政府組織。
3. **社群主義（communitarianism）理念下的社群夥伴關係**：社群主義強調以行動者之間的共同價值為政策制定之基礎，而非追求個別行動者利益之極大化。由此種理念所發展出來的夥伴關係包括公私協力夥伴關係和府際間夥伴關係，而建立夥伴關係的目的則包括公共設施之興建、公共服務之提供，以及文化建設和經濟發展等相當廣泛之範疇。儘管目前在地方治理的實務上，層級節制、交易契約和社群夥伴等三種關係已經同時並存運作，但不少地方政府在角色職能上卻仍須進一步調整及轉換。

(三)資源的相互依賴

1. 學者Rhodes從政策社群和政策網絡（policy networks）的概念理解地方治理的過程，行動者除了政府機關以外，還包括其他私部門和志願性團體，且這些行動者彼此之間具有資源互賴（resources-dependence）的關係，任何治理結果的產出都必須藉由行動者之間磋商和資源交換而完成（Rhodes, 1997：36-38）。而資源是指憲法及法定職權（authority）、政治正當性（legitimacy）、資金和財源（money）、組織能力（organization）、資訊（information）（Rhodes, 1988：91-92）。
2. 學者Leach和Percy-Smith延續Rhodes的觀點，在資源上增列了土地（land）（包括自然和人為的物質資源）、人力（people）（包括政府和非政府部門的人力數量及素質），以及社會資本（social capital）；並且不同意Rhodes認為各類行動者在資源上是一種零和賽局，而主張許多政策網絡中的行動者會透過協力合作（collaboration）以整合各類資源（Leach and Percy-Smith, 2001：130-154）。

(四)政策網絡的管理

1. 地方治理的過程中，任何行動者都是在一個既存的、相互依賴的網絡關係中，透過社會過程的引導作用，形成一種「自組化的網絡治理」（self-organizing network governance）（Kickert, 1997a：735；1997b：34-36）。
2. 根據Rhodes的觀察，這種自組化政策網絡的治理，包括以下幾項特點：
   (1)由於相互交換資源和磋商共同的目標的需要，將促使網絡成員之間的持續互動。
   (2)這種「博奕式的」（game-like）互動關係是以合意之規範為基礎，經由網絡參與者磋商和彼此同意的遊戲規則來約制。
   (3)雖然政府並沒有壓倒性的特權，但基於主權的立場和權威優勢，政府仍能間接且在一定程度上領控這些政策網絡（Rhodes, 1996：660）。

四、地方治理的管理原則

地方治理是讓地方政府蛻化為具有公共企業精神的政府，學習企業管理的基本理念與作法，使地方政府體制和組織更具活力及競爭力。每個地方政府再造可透過不同的議題來策劃自己的發展網絡，而主要的共同想法均為活化公共管理，也就是產生新的經營理念，以活化參與，民營化，營造協力的三P原則的重新建立；而三P的基礎就是五D（移轉、民主化、分權化、解除管制、發展）；故有五D基礎工程，三P行動原則才能發動。

五、地方治理的特質

(一)權力所擁有的強制性質退化。

(二)權威的外放與賦予。

(三)多樣化與分散化。

(四)夥伴關係，網路關係及共同參加型政府。

六、地方治理的面相

(一)**地方分權所帶來的賦權觀**（empowerment）：地方政府應該要發揮處理下列事務的核心功能：

1. 社區安全。
2. 住屋與社區更新。
3. 交通運輸。
4. 就業及職業訓練。
5. 環境保護。
6. 學前與學校教育。
7. 民眾的健康與福祉。
8. 休閒娛樂與藝術發展。

(二)**民眾參與**：民主政治由代議民主轉變為參與民主，由民眾加入政府，一起在政策決策與執行的網絡系統中，彼此互動而形成夥伴關係。

七、地方治理的模式

(一)學者Janet Newman利用Quinn，R的競值途徑，以集權-分權為縱軸、秩序-變遷為橫軸，勾勒出了四種地方治理模式：

1. **層級制度模式**（Hierarchy Model）**（集權／秩序）**：係指地方治理應在於建構優質的官僚體系，行政或技術官僚應勇於任事、敢於負責，形成分層負責的效能行政。為達致上述目標，更須有層層節制的監督或控制系統，始克獲致。

2. **理性目標模式**（Rational Goal Model）（**集權／變遷**）：係指地方治理在能明確領航，因之，地方當局應在於施政目標之擬定，而且該目標，係依政策規劃的原理設計，不受政治壓力的過度干預，而以民眾之福祉為施政的優先考量。

3. **開放系統模式**（Open Systems Model）（**分權／變遷**）：係指地方治理應以全民為服務對象，並以民眾之事務為服務優先順位之選擇；即以開放系統面對公共事務，而非自外於全民社會，在封閉系統中閉門造車，勞民傷財竟無所獲。

4. **自我治理模式**（Self-governance Model）（**分權／秩序**）：係指地方治理應在於健全自我，強化自我充實自我，使地方政府皆有能力發展建設，而非完全依賴上級政府或國家，致失其自主性，而無法落實地方自治，此係當前推動地方治理時所最當排除者。

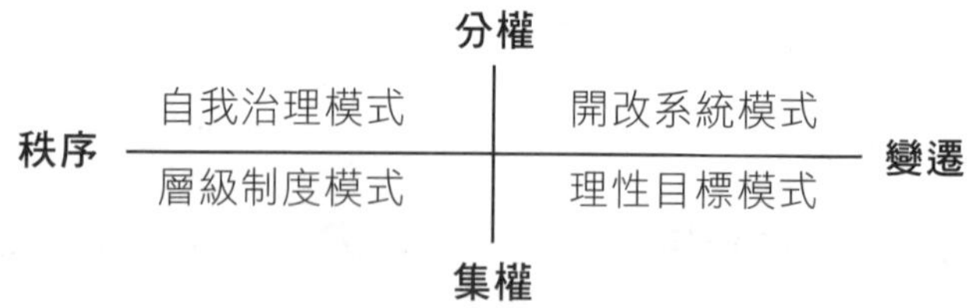

後兩種模式旨在提昇整個系統的自我管理水平，是建立可持續性管理機制的有效途徑，不同的國家會選擇不同的「組合模式」，公民社會在這四種模式中的角色和功能不盡相同，在民主國家，四種模式都會有程度不同的運用。

(二)R. Leach提出三種英國地方治理理論，分別為市場模式、網絡模式、社區模式：

1. **市場模式**（market model）：係指地方治理應強調市場機能的運用；亦？地方當局（local authorities）應選擇「民之所好，好之」的原理；就民眾的需求決定施政取向，以使有限的財源，用在刀口上。

2. **網絡模式**（network model）：係指地方治理應在於建構資源共享，利益均霑的考量上，而此種共享利益的作為，需要運用網絡的技術，始能增加互動與熱心參與；地方當局之主要工作，應在此。

3. **社區模式**（community model）：係指地方治理應在使地方居民有社區意識，關心社區，參與社區；此種社區策略（community stragy），係當下最受肯定的地方治理作為。

(三)學者William L. Miller、Malcolm Dickson、Gerry Stoker等三人合著之「地方治理模式」（Model of Local Governance，2000），該書認為地方治理係處理地方公共事務之作為模式總稱，因其服務目標、對地方自治的態度、對大眾參與的態度；主要服務承受機制，及主要政治機制之不同而不同，可類分為四種模式，其說明如下：

1. **地方主義者（Localist）模式（地方主義型）**：係指企求地方社區需求的意見表達及會商，對地方自治強烈認同，對大眾參與予以支持並優先賦予民選代表權能，主要服務承受機制為多功能之民選行政當局，主要政治機制為經由地方選舉產生之代議政治。
2. **個人主義者（Individualist）模式（個人主義型）**：係指確認個人選擇及服務反應，對地方自治態度之主張為保護個人而有上層介入之傾斜性認同及肯認需求，對大眾參與則贊同消費者諮商而非議讓大規模民眾參與，主要服務承受機制係專業服務提供者之競爭同仁，主要政治機制為個人權利如同消費者。
3. **動員（Mobilization）模式（社會動員型）**：係以確認不利益和排他更有效的影響力，以建構變遷政治為主要目標，對地方自治態度強烈贊同變遷的動員過程，對大眾參與的態度亦予以強烈贊同，其認為應由基層或分權結構承受服務機制，另主張發展參與之政治機制。
4. **中央主義者（Centralist）模式（集權主義型）**：係以維持國家標準及國家民主優先為服務目標，對地方自治態度強烈反對，認為大眾參與僅具有限價值，並以永續中央控制的機關主體做為主要服務承受機制，並認屬國家政府，包括：立法、指導及控制為主要政治機制。

	地方主義型	個人主義型	社會動員型	集權主義型
核心價值目標	表達、溝通地方需求	保障個人、考慮服務的回應性	確認影響力，以建構變遷政治	維持國家標準及國家民主優先
對地方自治的態度	堅定支持地方自治	贊同地方自治。但出於保護個人利益，認同上級政府介入	強烈贊同變遷的部分過程	強烈反對

	地方主義型	個人主義型	社會動員型	集權主義型
公民參與	支持公民參與，偏好；選舉民意代表	贊同	強烈贊同	有限價值
核心服務與機制	多功能地方威權機構	針對服務性質選擇	基層與分權結構	永續發展中央控制的機關主體
政治機制	地方選舉	作為消費者個人權利	發展參與政治	國家政府、立法指導及控制

八、地方治理問題形成的制度系絡

(一)來自國際系絡的地方治理變革動力

1. **經濟國際化、全球化**：經濟全球化的發展與資訊科技的盛行，改變人們的政治生活和工作方式，也對傳統地方政府的運作方式提出了挑戰，同時是促成地方政府轉型至地方治理背後的關鍵因素。
   在因應全球化的時代下，國家功能角色並不必然泡沫空洞化，反而致使政府功能有可能進一步細緻複雜化。各國政府紛紛重新界定地方政府的角色功能，並對現行地方政府體制結構作相關必要的調整，以朝向地方治理為鵠的發展走向。
2. **私部門參與公共決策的訴求提升**：企業部門的涉入公共場域賦予了公共決策制訂的一個嶄新方向，同時也彌補了傳統代議民主運作機制的不足。私部門參與公共決策，公部門釋出權力分享，公私協力夥伴治理，才能提升地方治理品質。
3. **新政策的挑戰**：近年來猛烈性的流行病（如SARS和禽流感）、國際恐怖攻擊、及如何吸引外商到本地投資帶動地方發展等新型態的政策議題對地方政府造成極大政策挑戰，促使地方政府亟需思考如何建立快速反應政策機制，以提高治理能力。另一方面，地方政府往往再面臨人口大量外移、失業人口高增、環境惡化與人口老化等重大民生危機時，直接影響地方政府管理與福利提供的壓力。

4. **政治參與的改變**：由於代議民主仍有不少缺失，所能改善其缺點的主要辦法即是公民或公共參與。而地方治理形式的出現，為公民參與帶來了一個絕佳的培育和活動空間。

5. **分權化改革的要求與府際權力調整的影響**：當代地方治理的興起和發展，不僅是經濟國際化、全球化這個外部力量作用的結果，而且也是1980年代各國地方治理上採行政府分權化、市場分權化及社會分權化等改革策略所促成的結果。

   分權化改革，為民間社會的巨大能量、企業組織創造力的釋放及地方政府治理量能的增進等提供了廣闊的空間，喚醒公民參與公共事務的熱情，這為地方治理奠定社會基礎。

(二)來自地方系絡的地方治理挑戰

1. **如何滿足民眾需求**（satisfying citizens）：公共問題日趨複雜，公共需求日益增加，政府回應能力限於資源而不足，以致威信下降等因素，造成治理環境上之不可治理（ungovernability）危機，面對此現象，如何提昇地方治理能力，同時滿足民眾「期望升高的革命」（revolution of rising expectations），成為當前地方治理上迫切的重要課題。

2. **如何達到高度績效**（achieving high performance）：地方政府一方面對內面對都會區的公共問題，如交通運輸、垃圾焚化爐興建、地方經濟發展等；另一方要面對外在問題，如何掌握生存發展利基，避免在經濟全球化趨勢中走向被邊緣化。地方政府如何面臨提昇生產力和維持競爭優勢的壓力將成為一項重大的考驗。

3. **如何解決財政壓力**（coping with fiscal stress）：中央政府不斷藉由授權將全國財政危機加諸於地方政府，並視地方政府的承接為撙節公共支出的政治手段，致讓地方承擔更多的財政責任；另一方面則因都市化政府面對與日漸增之市民服務，及不穩定之稅收來源，使得地方政府蒙受更嚴峻的財政壓力（Bovaird and Loffler, 2002）。面對這兩種財政壓力，如何強化地方治理能力對之克服或處理，亦是當前地方治理環境上的一大挑戰。

(三)來自中央與地方衝突系絡的結構困境

1. **中央政府父權思維主導下所產生的爭議**：中央與地方權限劃分的問題，長期由中央政府片面決定何種權限應該劃歸給地方。直到1999年

「地方制度法」施行後，地方自治邁入法制化的階段。但在歷經健保保費負擔、北市里長延選案等權限劃分爭議後，大法官認為中央與地方在權限劃分上，彼此應相互溝通協商，以減少爭端。

2. **地方自治團體營養不良的症狀**：地方自治團體之間難以主動拓展水平府際合作另一因素，係在於地方自有財源不足以致「巧婦難為無米之炊」。地方財政的主要問題在於既患寡又患不均，使地方財政無法自給自足，幾成有名無實的地方自治。另一方面，中央政府與地方政府間以及各地方政府間的財政資源分配不均，在「僧多粥少」的情況下，更易形成「顧此失彼」的排擠效應，造成彼此間更深的衝突及對立。

3. 行政轄區與實際地理空間的不一致。

4. **官僚地盤主義壓縮虛擬的合作空間**：跨部門合作難以推展主因，就是官僚體系的「本位主義」。對於整體公部門體系產生兩種影響，一是官僚體系內部合作的困難，二是任何部門都不願被其他部門所規範，這兩種結果，造就了官僚體系分工明確但難以合作的現象。

九、地方治理對地方政府之影響

地方治理考量整體環境系絡，故地方政府要與環境系絡中其他影響力來源建立互動關係，從地方政府到地方治理的轉變，可從三個層次探討，分述如下

(一) **個別層次**：地方政府在環境中固然具有法定地位與權責，但在具有多元特性的環境中，應要有更宏觀而周延的思維，以顯示地方政府設立與存在之理由，並對地方發生實質影響力，其具體表現為：

1.地方政府應重新界定與民眾間之關係。

2.地方政府應主動爭取各項資源，以支應各項費用支出。

3.著重於提供各類公共服務，並停止不同意識形態間的爭論。

4.不斷創新，以提升治理能力。

(二) **府際層次**：傳統上，地方政府的運作範圍限於本身行政區域內，惟，在治理觀點下，地方政府要與不同層級、類型組織營造合作關係，並共同處理地方問題。具體表現如下：

1. 地方政府應與其他公部門、私部門從事制度上的合作，並共同執行相關計畫與策略。

2. 地方政府應營造水平範疇的治理關係，與區域內的公部門、私部門進行合作。

3. 地方政府應建構垂直範疇的治理關係，與不同層級政府體系建立良好聯繫與協調機制。

(三) **國際層次**

1. 地方政府應爭取國際組織的財務補助，以解決日益繁雜的問題。
2. 地方政府應進行組織再造，以符合國際標準與需求。
3. 地方政府應重新界定並區隔本身的功能與責任。

十、強化我國推動地方治理之策略

(一) **鼓勵民眾參與**：為促進民眾對公共事務與政策，地方政府可採行的方法包括（趙永茂，2007）：

1. **單向資訊傳遞關係**：政府應做好對民眾傳遞資訊，並強化政府公報及政府網絡與民眾的單軌互動關係。
2. **雙軌互動諮商關係**：公眾及所屬團體應被邀請在行政與立法過程中貢獻其觀點與意見，例如：起草法案所需要的公共意見調查及評論等。尤應特別重視政策反對者與弱勢者的意見。
3. **公民涉入的夥伴關係**：民眾對公共事務的熱誠參與主要係建立在他們與政府在公共事務上的夥伴關係，也就是民眾及其所屬團體應能積極介入政策制定及其制定過程，使其參與政策議程的訂定、政府的方案的選擇以及政策對話的構成，包括辦理共識會議以及舉辦各種公民評論會等。

(二) **中央政府可採行之具體作為**

1. 中央政府應承擔政策主導角色，營造政府進行變革的決心，並將此訊息明確傳達至地方政府。
2. 中央政府對直轄市、縣市之資源配置方式，應排除齊頭式的平等作為，而改採依據績效與實際需求，作彈性調整。

(三) **地方政府可採行之具體作為**

1. 地方政府應改善本身體質與運作條件，及先對於當前自己面對的運作問題，自行研擬解決途徑。
2. 地方政府應努力自我提升現有運作能力與績效，以擴大為來的變革空間。

(四)**基本理念的革新**

1. **新觀念的引進**：引進地方治理理念與思維，使地方政府人員瞭解此觀念的意涵與影響。例如：可經由訓練進修，提供政府人員關於地方治理潮流以及影響的認知。待政治與社會環境日漸變革時，即可無縫隙接軌。
2. **新技術的引進**：不論是否推動地方治理，提升地方政府的組織能力都是基本而迫切的問題，而採用新的工作技術正是關鍵的觸媒。例如「電子化政府」的推動及式提升治理能力的基礎工程。
3. **新成員的引進**：在今日地方環境系絡中，許多民間組織亦有參與地方公共事務的意願與能力，若能引進這些組織的加入，將更能形成競爭與改善的壓力，促使政府進行變革。

十一、地方治理的發展方向

趙永茂：

(一)為克服當前推動都會區治理與跨域管理上幾個結構性困境，可考量在台灣各都會區政府採取領航型政策或計畫的方式，以計畫導向推動各階段促進發展事宜，並以林布隆（Charles Lindblom）的漸進主義為策略，及執行計畫之機動編組方式，推動各階段任務與計畫，以有助於整合都會區內各政府及民間資源，並搭建區域內政府及民間在各方面共同發展的討論平台與管道，化解民間、政黨與立法、行政間的分歧，以建立發展策略的共識，推動治理型政府。

(二)應用心改造地方政府組織與人事、財務之評估與管理技術，不斷累積政府與政府間，以及政府與民間的合作管理經驗。

(三)依據西方民主國家地方治理的理論與經驗，應重視下列問題：

1. 中央政府與各地區地方政府間跨域管理與合夥治理的組織與文化，亟待有計畫的推動與發展。
2. 應積極建立與形成治理與公民參與的文化與知識。
3. 建構民眾參與的平台與管道。
4. 加強制度面、管理與監督機制，並加強公開性與透明性。

參 府際治理

一、府際治理的概念

(一)府際治理之意義

1. 府際治理（Intergovernmental Governance）是目標導向的，是聯合府際間各個不同行動者朝向目標的達成過程。府際治理有三項特性：第一，府際治理是以問題解決焦點；第二，府際治理是一種理解和處理府際系統的方法；第三，府際治理強調聯繫和溝通網路的建立，促使府際間計畫得以順利推動。由此可知，府際治理是一種複雜且涉及聯合行動的過程，這種過程就是在尋求府際系統中，改善規劃和解決問題之可行的聯合治理行動。職是之故，府際治理乃是一種網絡管理（Network Management），是一種具有多元參與者、多層政府、多元權利及公私協力的執行組織結構網絡。
2. 府際治理（Intergovernmental Governance）是從府際關係（Intergovernmental Relations）的概念延伸而來，將中央或聯邦政府與地方自治團體之間的垂直互動關係，擴大涵蓋至地方自治團體之間水平合作，以及橫跨公私部門的策略性夥伴關係等多重面向的網絡型態。換言之，府際合作治理是強調中央與地方的府際合作、地方與地方跨域合作、及跨部門夥伴等三種不同的合作體制，並從新治理、互動等概念重新建構府際關係。不僅使得中央與地方政府形成相互依存的關係，同時也使得地方政府、私人企業部門、第三部門間形成一種合夥的關係。

知識補給站

府際關係（Intergovernmental Relations）

一、意義

(一) 學者William Anderson認為府際關係是指：美國聯邦制度中所有類型和所有層次的政府單位之間所出現的大量重要活動或相互作用。

(二) 學者D.S.Wright認為府際關係是指包含所有政府單位和所有公職人員（All Public officials）之間常態性互動關係。涉及互動者的態度與行動，而這些態度、作為或不作為所造成的後果與影響即構成了府際關係中的政策面向。

(三) 學者J. M. Shafritz and E. W. Russell認為府際關係本質上是不同層級政府為共同地區提供服務並加管理之交互關係的政策與機制，此種交互關係不僅反映在連結各層級政府的基本憲政架構之上，更包含了相對權力、財政勢力、族群分布、地理情勢等動態因素。

(四) 學者Horgan認為府際關係是指政府為了進行中央與地方政府之間的諮商、協調與協力關係，所發展與建構的結構與過程。最為常見的是中央透過財政補助，引導地方政府朝向中央所偏好的政策目標，以達成全國政策的一致性。

(五) 就靜態與動態而言的定義

1.靜態的府際關係：包括憲政體制的設計，中央與地方之間的組織結構與隸屬關係以及各層級政府公務人員的職務等級劃分。

2.動態的府際關係：學者陳德禹認為「從中央到地方，形成若干地方政府，而各級政府彼此之間之互動關係即所謂『府際關係』」。

(六) 就府際互動行為定義

府際關係可分為「垂直」、「水平」、和「矩陣」三類

1.垂直府際關係：指上、下層級政府之間的互動。

2.水平府際關係：同一層級政府之間的互動關係。

3.矩陣府際關係：同時涉及垂直、水平，以及公、私部門之間的關係。

(七) 府際關係是指有關全國性政策與地方性事務的釐訂和執行中，其所涉及的決定主體已不再侷限於中央與地方政府兩者間單純的互動關係，還涵蓋了來自中央與地方政府以外的公、私組織和志願性團體彼此互動所形成的一種複雜的網絡關係。亦即在垂直面上，聯結中央與地方間的互動關係；在水平面上，結合地方政府與不同公共部門組織的合作關係

二、地方政府「府際關係」運作方式

(一) 學者Wright從權力運作的角度觀察美國聯邦、州與地方政府三者之間互動關係，將府際互動模式分為三種

1.協調型權威模式（coordinate-authority model）：此模式的府際關係是指聯邦政府、州政府為各自分立、互不侵犯的對等實體，依憲法或其他相關法規清楚界定各自的職權範圍，其設定的基本原理是對等協調（coordinate），其互動是獨立，其權威運作模式是自主。地方政府則臣屬於州政府的直接管轄，其設置或廢除均決定於州政府的裁量。

2.涵蓋型權威模式（inclusive-authority model）：此模式假定聯邦政府扮演最高的角色且控制其他的政府層級，即聯邦、州和地方等三級政府之上下層級區分明顯，聯邦政府權力包含了州政府的權力，而政策主導全顯然

操之於聯邦政府手中，聯邦政策的影響力可以輻射至州政府與地方政府，形成一條鞭式、層級節制式的政策權威本質。此時的府際關係是層層包含（inclusive），僅中央政府享有自主權限，各層級政府間自然形成依賴關係，而權威運作模式當然就是典型的「科層組織」。

3.重疊型權威模式（overlapping-authority model）：此模式強調聯邦政府、州政府與地方政府之間權力分享與責任共擔，任何單一層級政府之自主與裁量權都有其限制，需要經由一種既競爭又合作的方式來取得適當的權力與影響力，以從事各政府之治理。在體制設計上是具有交集的互相重疊（overlapping），關係是互賴，其權威運作模式是談判。並且描繪出聯邦與地方政府的權限劃分，是靜態的制度規範面研究取向，而相互交集部分則是動態行為過程面研究的關注焦點，而此交集部分的範圍與內涵是時時在變動，並且隨著社會發展的多元化、複雜化而擴大，此時權力的行使常需要府際間的共同協力。

(二) 學者William Anderson將府際關係分為垂直關係、水平關係。

1.垂直關係：代表上級與下政府之間的關係，例：中央政府與台北市政府間的關係。

2.水平關係：例：金門縣政府與花蓮縣政府的關係。

(三) 學者Horgan將府際關係的管理可分為「行政主導」與「網絡互動」之兩種模式

1.行政主導（executive-centered）：是由上而下，經由層級節制去協調與管理中央與地方的互動。中央政府通常擁有高權、資源與法律權威，因此早期的府際關係管理是以此為分析重點。前述中央透過財政補助來控制（或影響）地方方式，也可歸為此類別。

2.網絡互動：以網絡、共識，以及協力關係（networking, consensus and collaboration）為核心，由下而上進行的府際關係管理。換言之，各級政府本於志願及共同協議，在持續的政策執行過程，以對等的夥伴關係進行協調與整合，強化政策執行。

三、府際關係的分析模式

(一) 層級型分析模式：此理論途徑乃源自於二次大戰結束初期，為了挽救國家的破碎與經濟的蕭條，政府被視為是追求社會變革、發展經濟的唯一最佳手段工具。於是在大有為政府思維下，「國家與社會」關係，一切以國家為主；「政府與市場」關係，一切以政府為主；「中央與地方」關係，一切以中央為主。此時的府際關係是一種中央控制模式，凡是依憲政體制和法規命令行事，強調中央政府掌控一切，地方政府在層級體系中是被控制的，而不是自我控制的，他們是依賴的，而不是自治的。在公共政策的研究文獻中，此一模式又被稱之為行政主導模式，即是一種由上而下，中央以層級控制的方式與地方互動，中央與地方是政策制定與執行的關係，政策的制定與執行被視為是相互分離的過程。在層級型的府際關係中，資源主要掌握在中央政府手中。

(二) **競爭型分析模式**：由於新自由主義意識型態和思維的影響，政府不再被界定為解決各種社會問題的好手，相反的，因政府本身所帶來的問題更加重社會的難以治理。因此，在普遍呼應「最低限度國家」的需求下，人們開始尋求與「政府」相對立的「市場」。此時的府際關係是一種地方自治模式或稱競爭型府際管理，乃深受世界性的地方分權潮流、民主政策的執行問題（如缺乏合作）、新公共管理的成功經驗、以及公共選擇理論思潮的影響，強調高度的地方分權和自主治理，而不是中央的控制和影響，中央要對地方給予更多的關注，並為其提供更多的資源，以誘導地方政府之間的相互競爭，提升公共服務的品質。

(三) **合作型分析模式**：20世紀80年代以來，府際關係的實際情形發生了很大的改變，傳統的層級型府際關係和競爭型府際管理都已無法準確描述中央與地方、地方與地方、及公私部門的複雜性、多元性、動態性。因此，網絡治理模式作為一種全新的分析途徑受到了學者們的重視。

合作網絡型的府際治理出現，受到府際關係層級制色彩的弱化、中央與地方的分權傾向、及地方政府間的合作現象日漸普遍等三大潮流的影響。一方面繼承Rhodes「自我組織網絡」的主要內涵，將治理視為相互依存關係下的管理，將公民社會視為是治理的主體，並利用公民社會來解釋公私部門權力的分享，合作治理的新型關係，從而脫離社會中心論的窠臼，確立多中心的公共行動體系。另一方面也吸收新公共管理的思想精華，認為在網絡中，政府與其他主體是平等的關係，需要透過對話，建立夥伴關係，以及相互協力來實現自身所無法達成的目標。

四、我國府際關係的困境

(一) **權力不對等**：我國雖已實施地方制度法多年，地方自治團體看似擁有相當大的自治權，但基本上仍屬中央集權的型態。中央挾其行政權、人事權、財政權等優勢，常常干預地方自治團體相關事務，同時主導跨層級政府事務之解決，但隨著精省以及自治二法通過後，地方之自主性亦隨之提升，因而造成中央與地方的政策衝突日增。

(二) **資源不對等**

1.財政收入面：地方相較於中央政府，稅基不足，財政短缺，致使地方政府無於充裕資源從事治理工作，並對中央之補助款項依賴日深，從而喪失其能力。

2.人力資源面：我國現有人力政策架構下，可謂「重中央而輕地方」。地方的文官職等明顯低於中央，如此將形成兩種結果(1)擇良木而棲之心態，優秀之人員不願留在地方發展。(2)地方文官經驗、歷練不足以承擔重大政策規劃、設計工作。如此，將不利於「地方自治」精神的落實。

(三) **本位主義作祟**：各級政府普遍存在本位主義的心態，在保護自己的權益驅使下，對於跨域問題的解決，彼此不易捐棄成見，共謀對策。

(四) **權責劃分不清**：我國目前各級政府的權責法規規定過於概括且不確定，因而使得自治事項、委辦事項，以及各級政府之權責產生模糊地帶，致使爭端發生。

五、我國府際關係之改進

(一) 明確劃分權責，一切依法行政。

(二) 尊重地方自治權之行使。

(三) 建立夥伴關係，採行合產作為：對於某些共同性事務，可建立夥伴關係，採取合產的具體作為，充裕經費來源，同蒙其利。

(四) 培養「行政一體」之文化：整個政府運作是一體的，目標皆是為人民服務，所以在面對共同問題處理及日常行政運作時，所有類型的政府均應拋棄本位主義之心態，開誠布公，共同解決問題。

(五) 設立溝通聯繫機制，化解誤會歧見。

(六) 善用府際關係管理，暢順府際關係。

(七) 重新檢討賦稅政策：擴大地方稅基，強化地方財務自主性，進而提升地方治理能力。

(八) 重新檢討人事政策：均衡中央與地方的人力配置，若缺乏能力足夠之公共官僚，地方自治之精神將永無落實之一天。

(九) 減少對地方政府委託業務，以及減少對地方之干預，確實將中央權限移轉至地方。

(二)府際治理之特質

1. 府際治理是一種具有目標導向，為達特定政策目標的過程。
2. 府際治理是一種行動取向的過程，經由人員之間合作與衝突活動之協調整合，以實現達成特定的目標。
3. 府際治理是一種管轄權間之管理（Inter Jurisdictional Management）。此種管理具有多元參與、多元權力及多層政府治理等角色。
4. 府際治理是一種政策網絡（Policy Network）。在此一網絡中展現公私部門涉入政策執行的情形，彼此動態的互動關係，以及因互動所形成的相互依存性，而府際治理就是在掌握此種政策網絡的特性，進而在政策規劃、合法化及執行過程中，產生助力。
5. 府際治理包含公共與私人部門各組織之間的互動。隨著民營化與第三部門盛行，越來越多的政策已由民間部門負責共同參與執行，形成一種公私協力或合夥的型態。

(三)府際治理的模式

1. **中央主導的策略性夥伴關係**：此種形式是結合區域內中央、地方與民間三者的夥伴關係。具體的作法可由中央主導派駐地方，成立臨時性的任務編組來處理跨域的問題。這種作法較接近目前行政院南聯與中聯的模式。
2. **地方主導的區域政策網絡**：中央提供誘因，由地方政府間與地方民間團體主導政策議題，整合在地資源，共同尋找區域發展的有利利基。其具體作法可以由地方政府間建立常設性之首長會報體制。其他還有區域間的策略聯盟、觀光產業聯盟等地方政府與民間團體的合作案例。
3. **依政策體制的個案處理**：可依不同的政策類型或跨域的事物來分類，以行政契約或行政協議的方式來處理。例如：臺北市與基隆市的垃圾處理協議案或其他縣市的垃圾處理案、河川流域管理等。

二、府際合作治理(Governance、of、Intergovernmental、Cooperation)

(一)府際合作治理之意義

1. 府際合作治理是強調中央與地方的府際合作、地方與地方跨域合作、及跨部門夥伴等三種不同的合作體制，並從新治理、互動等概念重新建構府際關係。不僅使得中央與地方政府形成相互依存的關係，同時也使得地方政府、私人企業部門、第三部門間形成一種合夥的關係。

2. 換言之，將原本只探討中央與地方的府際關係的範疇擴展延伸至地方自治團體的水平府際合作夥伴以及公部門、私部門的跨部門協力合作夥伴關係。

(二)**府際合作治理之屬性**

1. **府際合作治理權力主體趨於多元化**：府際合作治理的主體除了中央政府與單一的地方政府外，包含不同地方政府之間，其主體趨於多元化。
2. **作為工具的治理**：府際合作及其機制的興起有助於政策傳輸與政策的執行，所以也被視為是一種政策工具，用以解決政治與社會問題。當中央與地力政府面對府際政策問題時，主要有四種資源：資訊、財政、強制性權力及組織資源等可資運用，藉以緩和中央與地方衝突、解決府際爭議事件，以及改變地方政府行為，尋求中央與地方合作的目標。因此選擇適當的府際政策工具，才能改善中央與地方的府際關係。
3. **府際合作治理是種制度設計**：府際合作治理為能具體實行，會有相應制度設計，在我國之行政程序法、地方制度法等，均有相關制度的設計，使其合作治理有依循之規範。
4. **府際合作治理即網絡治理**：府際治理涉及中央與地方、地方與地方以及公部門與私部門之間等複雜互動關係，不同行動者之間形成夥伴關係，解決共同的問題，達成共同的目標，即「網絡治理」的概念。
5. **府際合作治理是多元中心治理**：府際合作治理除了中央政府、地方政府外，尚包含私部門、非營利組織等參與者，故，決策主體的利益是多元的，需經過衝突、對話、協商才可整合。
6. **以合作與協調為主要管理方式**：府際合作合作治理是建立在組織之間相互依存的關係上，是由政府與市場、國家與社會共同目標所支持的活動，協商與合作是建立在市場競爭、公共利益與相互認同的基礎上，透過確立共同的目標對公共事務實施管理，是一種上下互動的管理過程。

(三)**府際合作治理之目標**

1. **增進政策的傳送**：府際合作是一種網絡治理，必須尋求各個政策領域利益的整合以及各部門的協調溝通，才能獲得整體效益。
2. **建立整合機制以發展政策能力**：府際合作是一種協力治理，透過公部門、經驗和學習，作為政府再設計政策傳送系統的一種策略。

3. **透過協力合作建構社會資本**：豐富的社會資本有利於塑造中央與地方、地方與地方，以及政府與公民間的良好合作關係，鼓勵集體行動，培育公共責任意識，促進地方政府的公共服務意識。
4. **發展備選的政策工具**：府際合作治理的終極目的，及在發展有效的政策工具。
5. **建立垂直型跨域網絡管理**：在多元政府層級中進行單位之間的非正式的連結整合，有助於改善跨越中央政府、地方政府間的協調。
6. **強化水平型跨域網絡管理**：地方政府間，應明定區域內管轄權運作的制度規範。
7. **新式跨國網絡形成**：國家與國家間面對全球化的浪潮下，地方政府有必要建立緊密的跨國網絡，以接近資源和影響政策。
8. **跨越專業領域網絡管理**：將源自於外在的政策專業知識與現存利益團體網絡和負責執行政策的行政人員，進行不同專業知識的連結。
9. **跨越意識型態網絡管理**：意識型態的對立與衝突是府際合作網絡難以建立的原因。府際合作網絡的運營，必須能夠提供敵對聯盟之間不同利益的妥協式協議之基礎。

(四)**府際合作治理機制類型**：依權力型態由分散到集中，可分為：

1. **協調聯繫模式**：協調聯繫模式是針對特定區域性事務進行協調辦理，雖然欠缺強制性，需靠地方政府主動參與的意願與履行承諾的誠意，但作法有彈性，且有效多實例可資參考，如「區域協商論壇」、「協調聯繫會議」等方式。
2. **行政協力模式**：行政協力模式是透過行政協議增強地方相關局處合作，以強化地方政府横向執行與協調能力，同時亦可建立區域內私部門與非營利組織之間的夥伴關係。如「地方行政夥伴」、「公私協力夥伴」等方式。惟協商的交易成本可能偏高，協議終止時也可能導致公共服務被迫中斷。
3. **財政合作模式**：財政合作模式是透過財政合作以減少公共支出項目。如「經費分擔」、「資源共享」、「公共造產」等方式，以達到最經濟的資源配置方式，在資源共享的基礎上擴大區域發展效益。不過經費分擔的比例常會影響合作意願，或排擠財政不佳的地方政府。
4. **結構功能模式**：結構功能模式是透過擴大或合併行政區域來達到規模經濟，解決因行政區域劃零散而導致的問題，可採行「行政區合併」、「都會區」、「府際合作」等方式。惟行政區的合併一遭致政治上的反對行政效率降低的質疑。以我國而言，相關法令有「行政區劃法（草案）」、「地方制度法」、「國土計畫法」等。

三、府際間之夥伴關係

(一)**研究途徑與面向**：近年來有關地方政府運用夥伴關係途徑的研究約有四個面向：

1. 中央政府與地方政府的夥伴關係。
2. 地方政府間的夥伴關係。
3. 地方政府與企業部門的夥伴關係。
4. 地方政府與非營利組織的夥伴關係。

(二)**夥伴關係的特質**（OECD, 2001：39）

1. **動態**（dynamic）：地方政府間依不同的時間與目的，與鄰近或利害相關的地方政府聯結成不同的政策社群（policy community）或政策網絡（policy networks）。
2. **彈性**（flexible）：地方政府間能夠共同制訂適切的遊戲規則，因應環境的變遷，而不拘泥於既定的規則。

(三)**夥伴關係的特徵**

1. **動態的合作關係**：夥伴關係的建立必然會涉及合作雙方或多方之間所存在的資源依賴關係。亦即，地方政府間是藉由夥伴關係的建立，以達到資源優勢的共享，與資源劣勢的互補。
2. **彈性的合作關係**：地方政府間發展夥伴關係是為了超越現行法治的限制和行政區域的界限，共同制訂出新的互動結構，以強化本身對環境變遷的調適能力。
3. **發展夥伴關係的過程是一種策略運用的歷程**：合作的雙方或多方，任何一方的行動必須考量另一方或其他各方的反應；亦即，策略性夥伴關係建立的成敗關鍵在於合作的任何一方是否能從中獲得利益。
4. 形成策略性夥伴關係的各地方政府，彼此間必須能夠共享利益與分擔責任。

(四)**影響夥伴關係的變數**（David Lake, 1999）

1. **聯合生產經濟**（joint production economies）：所謂聯合生產經濟，亦可稱為「規模經濟」（economies of scale），是指大規模生產導致的經濟效益，即在一定的產量範圍內，隨著產量的增加，平均成本不斷降低，規模經濟由於一定的產量範圍內，固定成本變化不大，新增的產品可以分擔更多的固定成本，從而使總成本下降；亦即，當生產單位經由聯合生產擴大生產規模之比率小於產量或收益增加之比率時，即可達到規模效益遞增。因此，若組織間合作能夠促成規模經濟，則合作意願便會提高。

2. **機會主義的預期成本**（expected costs of opportunism）：行動者若預期投機行為所產生的成本較高，則比較願意與其他行動者建立較為穩定的合作關係。

3. **治理成本**（governance costs）：行動者間在建立合作關係時，自身所能保留的剩餘控制權（自主性）多寡的考量。治理成本越高，代表行動者在夥伴關係中的自主性越低。

(五)**制度障礙**

1. **正式規則**

(1)我國目前並無地方政府間合作機制的獨立或專責法律。

(2)地方制度法規定：

A. 依據地方制度法第21條規定，並未授權訂定跨域自治事務合作機制之法規命令、經費分擔原則，以及如何建構政治責任機制等，致使該法條未能發揮具體作用。

B. 中央各部會本身在業務整合上都有困難，如何做到「共同上級主管業務機關統籌指揮」？

C. 依據地方制度法第77條第2款雖對地方政府間發生爭端時，係由上級政府解決之規定，但對於如何解決卻無進一步具體的規範，如此一來，因無法明確課責，以致於地方政府更怯於發展跨域合作關係。

(3)財政收支劃分法規定：依據該法第30條第1項第2款規定，似乎得誘發地方政府間合作以爭取中央補助款。然恐在中央「集權又集錢」的慣性下，使地方政府陷入競相爭取中央補助款的惡性循環中。

(4)大眾捷運法第4條規定：「路網跨越不相隸屬之行政區域者，由各有關直轄市、縣（市）政府協議決定地方主管機關，協議不成者，由交通部指定之。」雖然跨縣市交通建設所產生的資源綜效較大，縣市政府間的協調成本相對較小，因此夥伴關係理應發展得較為順利，但如各該縣市分別由不同政黨執政，則合作的交易成本亦會增加。

(5) 依據廢棄物清理法第7條規定：「直轄市、縣（市）主管機關，為聯合設置廢棄物處理廠，辦理廢棄物清除、處理工作，得擬定設置管理辦法，報經中央主管機關核定，組設區域性聯合清除、處理單位。」但仍缺乏具體的制度誘因，以及地方本位主義、鄰避效應（NIMBY）的影響，以致地方政府間此類的夥伴關係未有明顯的發展。

2. **非正式規則**：所謂的非正式規則是指文化、各種社會規範和組織內部自成的慣例。即使制度法規作了全面性的改變，這些非正式規制仍舊持續制約著人們的行為。某種程度而言，此處的非正式規則即指各類系絡因素。而觀察台灣目前不利於地方政府間發展夥伴關係的系絡因素中，政治環境恐怕是最顯著的變數。

(1) 本位主義：各地方政府間基於本位主義，往往不願進行合作，因而錯失藉由合作擴大規模經濟的機會。甚至會出現如同學者Huxham與Macdonald（1992）所稱，組織間往往會因組織之個人主義所產生的四種限制或陷阱：

A. 重複投入資源，造成浪費。

B. 形成管理上的「三不管地帶」。

C. 缺乏共同目標，使彼此行動相互扞格。

D. 資源競奪，互別苗頭。

(2) 缺乏互相信任的基礎：因政黨立場的矛盾與激烈的政治競爭，往往造成地方政府間的互信度不足，以致於難以發展出持續而緊密的夥伴關係。

(3) 選區利益與不同政黨間的矛盾。

3. **執行**：組織間欲建立夥伴關係前，需先行評估潛在的合作對象是否具備以下幾項能力：

(1) 確認組織間的角色與功能不具明顯的衝突性。

(2) 確認組織間不存在明顯的界限防守現象。

(3) 確認組織間具有明顯的合作意圖。

(4) 確認組織間具有成就社會公益的共同意識。

(六) 各國地方政府間發展夥伴關係之經驗對照表

國家	英國	美國	德國	義大利
政策議題	跨區域問題之解決與服務之需求	都會區發展之綜合議題	工業區的轉型與重建	均衡政體之產業發展

國家	英國	美國	德國	義大利
創新領航機制	準自主性的非政府機關組織（Quangos）	區政府議會	國際建築博覽會（IBA）	區域協定
角色功能	1.提供某項或某類公共服務，並進行有關決策與所需經費的處理 2.審查地方政府對於特定公共事務的決策 3.提供決策有關之諮詢與建議	1.審核或評估區域內各地方政府間共同事務或服務之內容 2.配合州或聯邦的政策取向，將其轉化為適合各會員（地方政府）執行的行動方案 3.提供各會員施政時之參考 4.透過契約方式，提供會員所需的技術協助	1.信譽的商標 2.促成方案具體化及資源媒合 3.輔導的角色	諮詢與審核區域計畫案
經費來源	1.中央政府 2.地方政府 3.民間資金	1.聯邦政府 2.地方政府 3.企業捐款	1.歐盟 2.聯邦政府 3.地方政府 4.國際組織 5.民間企業	1.歐盟 2.中央政府 3.區域議會 4.銀行資金
中央政府角色	促進者或發起者	補助者	參與者與監督者	促進者與補助者

資料來源

1. Finer, S. E.（1970）. Comparative government. London：Allen Lane, The Penguin Press.
2. Hood, C.（1991）. "A Public Management for All Seasons？" Public Administration, Vol. 69, 3-19.
3. Pierre J. and B. Guy Peters（2000）. Governance, Politics and the State. London：Macmillan.
4. Rhodes, R. A. W.（1996）. "The New Governance：Governing without Government,"
5. Political Studies, 44：652-7.
6. Rhodes, R. A. W.（1997a）. Understanding Governance, Buckingham, UK：Open University Press.
7. Rhodes, R.A.W.（2000）. "Governance and Public Administration." Debating Governance , ed. Pierre, J. Oxford, UK：Oxford University Press, 54-90.
8. 孫本初（2010），新公共管理（三版），臺北市：一品。
9. 李宗勳（2007），《政府業務委外經營理論、策略與經驗》，台北市：智勝。
10. 吳定、陳德禹、張潤書、賴維堯、許立一（2008），行政學（下），臺北縣：國立空中大學。
11. 吳定、林鍾沂、趙達瑜、盧偉斯、吳復新、黃一峰、蔡良文、黃臺生、施能傑、林博文、朱金池、李宗勳、詹中原、許立一、黃新福、黃麗美、陳愷、韓釗、林文燦、詹靜芬等（2009），《行政學析論》，臺北市：五南。
12. 林淑馨，2016，公共管理，臺北市：巨流。

精選題庫

測驗題

( ) **1** 下列何種府際關係模式深受新公共管理和公共選擇理論思潮的影響，強調高度的地方分權和自主治理，中央應給予地方更多的關注，並提供更多的資源？ (A)涵蓋型府際關係 (B)重疊型府際關係 (C)垂直型府際關係 (D)協調型府際關係。

( ) **2** 有關跨域治理之敘述，下列何者正確？ (A)地方自治團體欲與其他地方自治團體成立區域合作組織前，依法應先報請中央目的事業主管機關核定 (B)地方自治團體為處理跨區域自治事務所簽訂之行政契約，應先報請行政院核可 (C)地方自治團體如為處理跨區域自治事務，僅得簽訂行政契約，不得以較為簡易之協議為之 (D)直轄市、縣（市）、鄉（鎮、市）簽訂行政契約而遇有履約爭議時，除得報請共同上級業務主管機關協調外，亦可逕循司法程序處理。

( ) **3** 依地方制度法規定，直轄市為處理跨區域自治事務、促進區域資源之利用或增進區域居民之福祉，得與其他直轄市進行合作。關於合作方式，下列敘述何者錯誤？ (A)成立區域合作組織 (B)訂定協議 (C)共同制定法律 (D)訂定行政契約。

( ) **4** 直轄市與縣（市）為處理跨區域自治事務，而依地方制度法規定簽訂契約者，該契約之性質為何種契約？ (A)民事契約 (B)行政契約 (C)商事契約 (D)民事與行政之混合契約。

答 **1 (A) 2 (D) 3 (C) 4 (B)**

申論題

一、如果二個或二個以上的地方政府決定就同一自治事項展開跨域合作，有那些類型的跨域合作治理機制可以提供它們參考運用？請一併說明不同類型的合作治理機制所依據的法令及可用策略。

二、何謂跨區域合作？地方政府間興起跨區域合作的主要原因為何？又依地方制度法之規定，應如何進行跨區域合作？請說明之。

三、1985年代以來，相關國際組織陸續通過「歐洲地方自治憲章」、「世界地方自治宣言」，以及提出「世界地方自治憲章草案」等作為反應全球化對地方自治的衝擊。請說明30餘年來全球地方自治發展之趨勢。

四、何謂府際合作治理？其屬性與目標為何？試分別說明之。

五、何謂府際關係？府際關係的運作型式有那些？對於今日地方政府而言，建構良好府際關係重要的理由又為何？請一一分述之。

六、何謂「府際關係」？請申論臺灣應如何發展成為重視府際關係的「府際關係型政府」？

第14章 都會治理與區域治理

依出題頻率區分，屬：C **頻率低**

壹 都會治理

一、都會治理之意義

(一)都會治理是透過治理方式來處理都會事務，具體的措施則在於建構都會治理機制，以回應國家與地方對都會價值與需求，故當治理概念用予處理公共事務係以都會社群之事務為主時，即謂之都會治理。

(二)都會治理是在沒有都會政府的情況下產生，而都會治理在一個為數眾多的小型城市體高度分殊的區域中是有效的，而這現象在某種程度可與「新區域主義」相連結，蓋新區域主義主張都會區能夠創設一個非單一主導型都會政府的都會治理結構。

二、都會治理之特質

(一)高度的公民參與。

(二)減低敵對政治性，轉而形成共識性的政治。

(三)強烈的代表性。

(四)建立公共企業家精神。

(五)營造社群差異化。

(六)強調課責性，以擴展個人在自我治理的能力。

三、都會治理重要概念

(一)都市治理應被視為是由公私利益的交融與調和的過程來了解。

(二)了解地方政府組織對認識都市治理是重要的。

(三)不同都市治理的制度模式闡釋不同的價值體系，規範，信念與實務，這些價值體系產生不同的城市政策選擇與結果。

(四)國家政治與常規對解釋都市政治的各個面向來說是最有力的因素，如都市政治經濟，都市政治衝突以及地方動員資源的策略。

四、都會治理理論

(一)**傳統改革主義者觀點（traditional reformist）**：傳統改革主義者主張合作（而非競爭）才能有助於統合以都會區為範圍的政府，且在單一都會政府的巨大安排架構下，更容易達成合作的結果。此種觀點乃是源自傳統政治學的論據，將都會區域視為一種有機的整體（organic whole），採取集體主義理性途徑進行組織設計，展現在都會治理上有區域合併、多層級體制和功能聯合等策略。

(二)**公共選擇理論（public choice）**：公共選擇認為競爭而非合作是促進都會區之效能、效率與回應的機制安排。此種觀點則是源自經濟學的論據，將都會區域視為多中心區域（polycentric region），採取個人主義理性途徑來設計組織，表現在都會治理上則有複雜性網絡、契約、及政府間協議等策略。

(三)**新區域主義（new regionalism）**

1. 1990年代以來，在都會治理上所興起的一股「新區域主義」運動就是傳統改革主義與公共選擇相互對話下的產物，認為在解決都會問題時競爭與合作，兩種體制應同時兼顧運用，才能有效達成治理都會區域的效果。
2. 新區域主義就是要在都市政府、社區組織、企業組織、及非營利組織等之間，建立一種都會治理策略性夥伴關係（local strategic partnerships）。此種夥伴關係涉及都會區域治理上的合作（cooperation）與協力（collaboration）。
3. 合作通常指涉眾多政府部門間一起提供服務或解決區域問題，其方式一開始是來自非正式協議和資訊分享，直到發展出功能上的合併。協力則是涉及非政府組織或社區領導人在治理問題上的參與，其方式是採取公私夥伴或網絡來處理區域問題。

五、都市政治權力邁向都會治理的權力轉移方式

(一)向下移轉，即移轉給社區或公民。

(二)向上移轉，與中央政府建立夥伴關係，並成為全球與地方經濟創新的節點。

(三)向外移轉給遠離政治精英所控制的機構與組織，如非政府組織（NGO）、準自治非政府組織（NDPB）、公私夥伴、民營化。

(四)向內移轉，重視多重組織部門間的夥伴關係。

六、都會區治理發展面臨的挑戰難題

隨著現代社會都市化過程，使得鄰近之地方政府必須面對日益嚴重的區域性水源用水，交通捷運，垃圾處理，營建廢棄土清運等議題，都會區域內的地方政府必須具體強化彼此的合作互動關係以解決區域內共同的問題。並透過區域治理或都會治理建立地方政府合作機制，使地方政府間彼此相互效力，分享資源，共同解決跨區域的問題，避免各自為政之窘境，俾能帶動整體區域的共同發展。

七、都會治理的創新策略（江大樹，張力亞，2016，228-233）

針對我國都會發展與城市競爭力之提升，學者提出四項創新治理的策略建議：

(一) 城市競爭力的藍海策略

1. 藍海策略強調「開創無人競爭的市場空間」，主張透過優質策略，重啟價值創新。在一個強調策略規劃的城市競爭時代，城市發展定位的選擇，已不再是依據傳統經濟學的「比較利益」法則得出最適結果的單純考量，也不能僅著眼於城市內部的環境條件而各自努力、獨善其身。不論是基於自身發展利益，抑或更遠大的國家整體發展考量，台灣城市的定位必須在考量在地特色的同時，一併思考其在國家、國際區域，甚至全球空間體系中的機會與挑戰，以建構具有區隔性、獨特性的發展定位，避免採取同質略而陷入零和競爭的不利處境。
2. 在五都改制過程中，中央與地方政府曾分別對直轄市的發展定位提出規劃。值得注意的是，內政部所提出台中市作為兩岸門戶，以及高雄市扮演亞太中心的構想，應可謂是將總體國際發展的策略崁入城市定位的創新構想；然而，受到當前台灣政治文化及政黨互動關係影響，內政部的總體規劃在實踐上有一定的難度。至於，剛成立的直轄市政府，基於獨立實體的本位，其施政重心（發展定位）不免仍有諸多重覆與相似的情形，有待未來透過區域或國家層次的整合協調，才能有所突破。
3. 五都時期直轄市的發展定位規劃目前仍處於初步摸索階段，如何透過中央與地方府際協調，共同研議適切可行的應為策略，同時克服地方施政的本位考量，且以藍海策略的精神適當區隔各直轄市的發展定位，將是我國直轄市能否在全球城市競爭中脫穎而出的首要關鍵。

<table>
<tr><th></th><th>國家發展委員會</th><th>內政部</th><th>直轄市政府</th></tr>
<tr><td>臺北市</td><td rowspan="2">1.國家首要門戶
2.經貿核心
3.創研與文化國際都會
4.高科技產業帶</td><td rowspan="2">核心雙城：國家門戶、經貿科技</td><td>首善之都：優質、安心、效率、活力、禮民、友善、人文、魅力、幸福、國際臺北</td></tr>
<tr><td>新北市</td><td>臺灣新首都：綠色交通、E化、健康、四水新首都</td></tr>
<tr><td>臺中市</td><td>1.優質文化生活中樞
2.新興科技走廊國際都會</td><td>兩岸門戶：優質文化、國際都會</td><td>世界的大臺中</td></tr>
<tr><td>臺南市</td><td rowspan="2">1.文化海洋雙核國際都會
2.國際港都</td><td>文化與生態：開臺首府、生態都市</td><td>文化首都</td></tr>
<tr><td>高雄市</td><td>亞太新中心：國際港都、運籌中心</td><td>國際旅運中心、國際影視基地、自由貿易港</td></tr>
</table>

(二)永續發展與全觀治理

1. 在2009年國際都市發展協會第33屆年會中，與會的專家學者曾就我國都市發展提出許多建議，其認為城市發展策略的研擬，必須重視在地化思考、原生的發展策略，避免直接套用其他城市之策略或模式。因此，追求城市競爭力之提升，除在思考邏輯上應減少一般化策略，或沿襲與制度移植，也應反思在地系絡的特質進行適性規劃。
2. 在哲理與價值層次上，不同於國家競爭時期強調的產經競賽和成長擴張，城市競爭策略應兼顧生產、生態與生活的均衡，以實現永續發展的目標。
3. 城市競爭力指標體系的基本架構，即是以生產、生活、生態三大構面為基礎，並加入「治理」要素，目的即在促成城市發展策略的均衡化，同時強調公部門對連結跨部門合作和協調三生均衡發展的重要性。
4. 此外，現在國家普遍面臨官僚組織嚴重的碎裂化（fragmentation）問題，此種病象被認為是改革無效與政府無能的根本原因。有鑑於此，英文國者Perry提出「全觀型治理」的理論，主張以垂直性多層次治理、水平性部會與地方政府區域合作，以及跨部門協力夥伴關係等三種層面的整合，作為對抗碎裂化問題的主要對策。

5. 為呼應全觀型治理的興革主張，針對我國城市競爭力的提升策略，提出下列對應性的推動信念：

(1) 兼顧國際接軌與在地特色：我國直轄市應積極爭取並累積申辦國際重大賽事之經驗，並以「事件經濟」刺激地方發展和市地重整，另外，有效開發既有文化生態資產以建構在地特色，同時藉由對外交流型塑獨特的城市品牌，也將顯著提升城市的能見度，進而開創嶄新發展契機。此外，在國際社會的快速交流下，城市公共服務與資訊能否具備國際友善性，也是邁向國際都會的重要基礎。

(2) 綜合考量經濟、社會、環境等不同價值取向：就功能整合與價值協調方面，聯外機港與城市規劃的協調一致，及公共運輸機能的完善化，乃是直轄市功能整合的基本要務；另一方面，文創潛能及綠能的積極開發，不僅合乎國際發展的新趨勢，也有助於永續發展的實現；再者，閒置與廢棄的資產空間，若能透過妥善的規劃進行再造利用，往往也能產生化腐朽為神奇的良善治理效果，台中的圓滿戶外劇場即是典型案例。

(3) 特別關注網絡治理各面向之連結與成效：公共政策的研擬一職是公部門的專門權責，然而，隨著政府職能擴張、新興議題激增與棘手化，公部門普遍面臨業務超載、能力不足、責任毫無縮減的窘境。以網絡治理模式促進跨部門協力，除了可以促進公民參與、提升政策順服，也能廣納眾見並統合民間資源，政府既能減輕負荷，也能實現解決公共議題的責任。臺北市警察局敦南派出所透過地上權出租，節省龐大改建經費，即是典型案例。藉助民間資本專業用於公共事務處理，固然是相當有效的治理策略，然而，社會信任的累積卻非一蹴可幾，必須從經常性互動中逐漸累積。另一方面，公司合夥所涉及的責任歸屬問題與利益迴避爭議，也是政府必須留意之處。

(三) 都會區協力合作機制

1. 在一個去疆界、扁平化的世界，城市競爭力的提升深受國際聯盟網絡、國內跨域合作平台，以及公私協力夥伴關係等三種協力合作機制的諸多影響。其中，公私夥伴已於前段說明，而就國內外的協力機制而論，城市不能僅以單打獨鬥的形式提升競爭力，而必須採取群聚整合的「城際合作」。

2. 城際合作模式相當多樣，較常見的型態為網絡式的合作機制，由城市構成的各種網絡與平台，其所具備的治理功能主要可分為兩種面向：其一是對內施行統治措施，包含資訊提供與意見溝通、計畫資助與合作研究，以及表揚模範、建立標竿和考核認證；其二則是對外採取的遊說影響、相互合作與居中斡旋等。
3. 我國縣市合併改制直轄市後，行政院已順勢推出「七個發展區域」的理念，期待由直轄市承擔「對內整合，對外發展」的領頭羊責任，以落實跨縣市區域合作來提升城市競爭力。我國地方政府間已有為解決跨域性質的議題（如垃圾處理），自發性地進行功能議題的跨域合作協商。
4. 目前所欲推動的跨縣市區域合作乃是一項更高難度的工程，在法治與財政配套未臻健全的現況下，不易克服地方政府的本位主義思維。各直轄市推動跨縣市區域合作，僅有臺北市清楚理解其城市發展在區域中的定位，其餘各直轄市所屬區域之發展方向，大多還在變動、調適之中，此種落差除了受到既有資源優勢和府際互動生態的差距所影響；縣市合併所造成的治理結構變動，也為跨縣市區域合作投入更多變數。
5. 因此，欲有效提升我國城市之競爭力，除應積極參與各種跨國性城際網絡，國內地方政府間的協力合作機制，也必須脫離鬆散的會談型態，搭配相關法制與規範配套以加速其正式化，才能使都會區協力合作發展得以早日實現。

(四) **循證管理與透明課責**

1. 城市競爭力指標體系的擴大運用之目的，除了作為帶動政府官僚體系、邁向學習型組織的政策工具，更重要的在於促進「循證管理」（Evidence-Based Management）的實踐，作為最根本的施政原則。所謂循證管理，概念乃是源自於「循證醫學」，主要係強調「採用科學方法獲取最佳證據，清楚而明智地運用到管理實務」。管理專家曾提醒：不能只根據自己深信不疑的觀念來採取行動，也不可以一味地抄襲別家公司看起來可行的策略，更不應一再重複相同的舊方法，而不去認真思索這些做法，背後所依據的事實、證據、邏輯。循證管理這種重視科學證據與嚴謹分析的精神，應有助於提升我國各級政府領導者的決策正確性和官僚體系的執行有效性。

2. 行政院研考會曾於2010年委託學者進行「建構我國城市國際競爭力指標體系」研究，其成果可以做為中央部會與地方政府核心運作平台，積極擴充國內外城市發展的相關資訊，以促進政策創新和標竿學習；同時，相關主管部門也必須積極建構尚未建置的各項統計資料，並提升各項數據的嚴謹度，方能為循證管理奠定扎實基礎；最後，各級政府應依循證資訊公開與廉能透明的精神，完整開放並有效運用我國城市競爭力指標體系的數據資料，促進施政透明化和課責目標的實現。

貳 都會治理與永續發展

在全球化（globalization）的衝擊下，舉凡一國之內的政治、經濟、社會、文化等，均深受其他國家或地區的牽引，彼此的關係錯綜複雜且相互依賴，以致國家的自主性相對降低，民族國家之間的界限日趨模糊。全球化雖然促進跨國及跨地域城市之間的聯繫及互動，卻也造成這些城市之間的競爭加劇，城市之間的競爭包括了城市生產力（productivity）以及層面廣泛的永續發展能力（sustainable development）。

一、永續發展之意涵

(一)世界環境與發展委員會在「我們的共同未來」指出，所謂的永續發展，即是要在不損害未來下一代需求的前提下，滿足當代人的需求。認為永續發展應包括公平性、永續性及共同性原則，從社會性角度而言主張公平分配，足以滿足當代及後代人類之基本需求，從經濟角度而言，應在保護地球自然環境的基礎上持續成長，從自然生態的角度而言，主張人類與自然和諧相處。

(二)Munasinghe & Swet Roger認為永續發展的內涵係以保護生態環境和天然資源的「永續環境」和塑造人類生命品質，不斷提昇社會公平、正義與和諧的「永續社會」為基礎，發展安和樂利、民生富裕、生活富足的「永續經濟」。

(三)永續發展的焦點是集中在能確保人類生存基礎及提高生活品質的社會、經濟與環境面向上，其中包括了「三生一體」（生態、生活、生產、體制）的重要理念，包括永續生態、永續經濟、永續社會及永續制度等四個面向，以達致環境整合（Environmental Integrity）、經濟效率（Economic Efficiency）以及社會公平（Equity）等永續發展三大目標。

二、永續發展對都會區治理之衝擊

(一)**治理（Governance）的問題**：伴隨著永續發展理念的興起，傳統的層級型政府和競爭型公共管理都已無法準確描述都會區治理的複雜性、多元性、動態性。因此，網絡治理模式作為都會治理之一種全新的分析途徑受到了學者們的重視。合作網絡型治理的出現，受到層級制色彩的弱化、地方分權傾向、及地方政府間的合作現象日漸普遍等三大潮流的影響。一方面繼承Rhodes「自我組織網絡」的主要內涵，將治理視為相互依存關係下的管理，將公民社會視為是治理的主體，並利用公民社會來解釋公私部門權力的分享，合作治理的新型關係，從而脫離社會中心論的窠臼，確立多中心的公共行動體系。另一方面也吸收新公共管理的思想精華，認為在網絡中，政府與其他主體是平等的關係，需要透過對話，建立夥伴關係，以及相互協力來實現自身所無法達成的目標。

(二)**政策工具的問題**：「永續發展」挑戰傳統「政策工具」的合理性與有效性，原有的政策工具已難以處理都會區永續發展問題，而要有新的政策工具；從新治理觀點驅策下，未來的政策工具有五種轉移趨勢有：從機關方案到政策工具、從層級控制到網絡互賴、從公私對立到公私夥伴、從指揮控制到協商勸服及從管理技巧到塑能技巧（Salamon，2002：9-18；葉嘉南、李長晏，2005）。

(三)處理「都會永續發展」要著重經濟分析的角度？還是利害關係人現實的角度？傳統的環境經濟學是否能夠有效解決永續問題？還是直接針對永續發展有關的利害關係人，才會比較有效？推動永續發展，要針對人，而不是針對事。人有感覺、知覺、感性，要激起利害關係人對鄉土的熱愛。我們只有唯一的地球，受到污染、破壞的話，就很難再彌補回來。

(四)**政策過程**：傳統上決策過程係基於理性決定及直線性的思維過程，亦即政策係由地方政府具有專業知識官僚擬定，交由地方議會通過後，再交由地方相關部門，透過層級體系來加以執行。這樣的理性決策過程，無法體現出今日政府部門決策的複雜性，蓋今日的決策過程已非線性的，整個決策過程從議題界定、問題調查、選項方案、政策規劃、立法或合法化、執行、監督或評鑑等為一循環性、持續性的過程，而非只是一組單一事件。對此，建構強調導航的政策目的、富有包容性的政策內涵、高度參與的政策制定之協力型政府，是有其必要性。

(五)**政策參與**

1. 都會區永續發展政策的推動著重在政策參與中的學習、教育、互動，著重在參與過程中，改變對生態問題的覺醒。在許多國家，市政當局已經賦予公民社會更大範圍、更大空間參與都市計畫和行動方案的擬定。
   (1) 全國和地方層次上有統治失靈的問題：為了竭力完成和執行政策，以更有效的方式回應地方問題和需求，地方人民的參與被視為是必要的條件。除此之外，公民社會的參與，能夠協助政府的地方政策結構完成合法化，同時使得公共政策的作為更有效率。
   (2) 地方事務決定過程，中央政府應賦與地方政府擁有國政參與權：例如：釋字第550號：中央政府政策如須要地方負擔經費之法律，於制定過程中，應給予地方政府充分的參與，以使其表示意見。這項制度的落實才能有助於地方自治的實現，減緩中央與地方的衝突。
   (3) 將民間社會的資源導引注入地方事務的治理乃為當前地方治理上重要課題：在制度設計上如何誘導公私夥伴關係體制的建立，共同參與地方事務的推展現，地方政府必須結合各界的力量，以提昇公共服務的品質與能力。
2. 上述三種地方參與的治理結構，不僅改變了都會區內傳統中央與地方之間的上對下關係，也影響了地方公部門彼此之間的水平關係，同時更浮現出前所未有的地方與社區、企業、以及非營利組織之間的協力夥伴關係。這種權力相互分享的模式，除需要都會區內中央與地方協力之外，更需要政府與民間建立夥伴關係與策略聯盟，以發展公私部門各自的優勢與利基，達致都會區的永續治理。
3. 換言之，地方應將與中央、其它地方自治團體、社區組織、民間企業、公民團體、非營利組織之間的協力關係視為常態，同時設法根據問題屬性、資源分配、權責分擔及不同主體特性等因素，建構相配合的都會治理體制。

參 區域治理

一、跨區域合作【109地特三等】

(一)**意義**：跨區域合作治理係指針對兩個或兩個以上的不同部門、團體或行政區，因彼此之間的業務、功能和疆界相接及重疊（interface）而逐漸模糊，導致權責不明、無人管理與跨部門（crosscutting）的問題發生時，藉由地方政府、私人企業、社區團體以及非營利組織的結合，透過協力（collaboration）、社區參與（community involvement）、公私合夥（public-private partnership）或行政契約等聯合方式，以解決棘手難以處理的問題。

(二)**跨區域合作的主要原因**

1. **資源互賴化**：現今複雜動盪的社會中，組織為因應不斷變化的環境變遷而產生各種組織型態，而其組織間的互動關係仍不脫離競爭與合作原則。而由於大眾所運用的資源是有限的，因而有了資源依賴理論的出現。相較於資源依賴理論觀點下所認為的合作理論，是一種協力的概念，一種分享彼此的資源、風險與報酬的關係，是優先於合作而不是優先於競爭。
2. **功能整合化**：傳統公共行政中，因功能分化導致本位主義，講求專業分工而忽略垂直及水平整合的重要性，因而落入權責分散、彼此權責重疊不清。因此，應加強整合功能分化現象，構築地方組織間夥伴關係，使得每一位行為者間彼此皆處於相互依存的網絡中連繫，並且期望能藉由彼此的合作與協力的夥伴關係來達成共同的目的以成為地方治理的重要課題。
3. **議題跨域化**：在面對許多不同領域其複雜棘手而又不容妥協、難以處理的議題下，反映出組織與組織、部門與部門間彼此應建立夥伴關係連繫的重要性，並經由不同的資源提供者與有關的利益團體在資源的相互運用下，以期解決許多跨區域管理的問題。
4. **決策公開化**：跨區域合作的形成也是為使地方上決策過程更公開化的策略，因許多利益團體與社群組織希望藉由夥伴關係角色的介入，而發出更多的聲音來影響與他們相關的決策。因而當地方政府的角色轉變後，許多地方政府漸能接受與地方利害關係者彼此協調並促進彼此夥伴關係的一種社群治理的理念。此外，地方政府間跨區域合作被視為可能也補足了民主程序的缺失，亦就是被視為是一種與以往傳統排除社會團體參與所不同的一種授能方式。

5. **競合全球化**：由於全球化的影響，使得縣市之間的競爭與合作，已不侷限在本國周邊地區。競爭的對象，也從鄰近國家擴散到全球各大都市。城市之間的交流頻繁與密切關係，亦不遜於國際政治的正式外交活動。

(三)我國地制度法中之跨區域合作

1. **跨區域事務之辦理**（地制法§21）：地方自治事項涉及跨直轄市、縣（市）、鄉（鎮、市）區域時，由各開地方自治團體協商辦理；必要時，由共同上級業務主管機關協調各相關地方自治團體共同辦理或指定其中一地方自治團體限期辦理。
2. **區域合作組織之成立**（地制法§24-1）：直轄市、縣（市）、鄉（鎮、市）為處理跨區域自治事務、促進區域資源之利用或增進區域居民之福祉，得與其他直轄市、縣（市）、鄉（鎮、市）成立區域合作組織、訂定協議、行政契約或以其他方式合作，並報共同上級業務主管機關備查。
   (1)涉及直轄市議會、縣（市）議會、鄉（鎮、市）民代表會職權者，應經各該直轄市議會、縣（市）議會、鄉（鎮、市）民代表會同意。
   (2)涉及管轄權限之移轉或調整者，直轄市、縣（市）、鄉（鎮、市）應制（訂）定、修正各該自治法規。
   (3)共同上級業務主管機關對於直轄市、縣（市）、鄉（鎮、市）所提跨區域之建設計畫或跨區域合作事項，應優先給予補助或其他必要之協助。
3. **訂定行政契約應記載之內容**（地制法§24-2）：直轄市、縣（市）、鄉（鎮、市）與其他直轄市、縣（市）、鄉（鎮、市）依(二) 訂定行政契約時，應視事務之性質，載明下列事項：
   (1)訂定行政契約之團體或機關。 (2)合作之事項及方法。
   (3)費用之分攤原則。 (4)合作之期間。
   (5)契約之生效要件及時點。 (6)違約之處理方式。
   (7)其他涉及相互間權利義務之事項。

4. **依約定履行義務**（地制法§24-3）：直轄市、縣（市）、鄉（鎮、市）應依約定履行其義務；遇有爭議時，得報請共同上級業務主管機關協調或依司法程序處理。

二、區域治理（regional、governance）

(一)興起的緣由與必要性

1. **全球資訊科技與經濟發展的變革**：促使國家內部的區域層級，成為支撐國家與帶動地方競爭力的核心支柱。
2. **領域問題的浮現**：因為全球各區域間資訊，交通與生活網絡的編密連結，造成許多跨越權轄區的區域發展問題待解決。
3. **公民意識的崛起**：各國中央集權或威權形式的崩解，地方政府自主性的提升和公民社會的興起有重大相關，而這背後又與全球政治民主的再深化，各國政府對施政效能的追求，以及全球化的衝擊等三大國際政經發展變化有關。
4. **區域均衡發展的需求性**：區域均衡發展的角度來看，隨著工業化與都市化的發展，產生人口的移動，進而影響國土空間的使用效能，其結果不僅造成前述的環境，空間問題，也同時造成國家資源的耗損，進而影響國家競爭力。

(二)區域治理之意義

1. 區域治理泛指區域體自我發掘問題與解決問題的能力。區域是一個範圍與等級低於國家的地理概念，也是一個包含城市與鄉村的複合體。治理則是政治行動力的行使，其中包含公權力與私權力的交互作用。兩個名詞的結合，代表一種區域內部各單元合作與競爭的關係。
2. 區域治理是兩個或兩個以上的不同部門、團體或行政區透過協商，簽訂協議和立法規範後，建立起互惠合作的夥伴關係，地方政府具有自我治理的能力，並結合區域內的民眾，企業團體和非營利組織的網絡力量，採地方公共論壇或協調會報的方式來形成區域共識，共同參與規劃及執行地區事務。區域治理包含區域政府，地方協議，策略夥伴等方式。
3. 區域治理係指針對兩個或兩個以上的不同部門、團體或行政區，因彼此之間的業務、功能和疆界相接及重疊而逐漸模糊，導致權責不明、無人管理與跨部門的問題發生時，藉由地方政府、私人企業、社區團體以及非營利組織的結合，透過協力、社區參與、公私合夥或行政契約等聯合方式，以處理解決彼此共同問題之機制。

4. 區域治理（regional governance），或稱之為「區域政府」（regional government），其概念係源自於都會發展，跨越行政區域之界限，邁向總體發展或廣域行政的組織設計。申言之，區域治理並不在既有的地方政府層級上疊床架屋，而係在既有地方政府層級下的組織發展，宗旨乃在因應都會發展、自然生態及人文建設而形塑處理特定功能的組織機制。區域治理本身並不在強化政治力之運作，或稱公權力之有效行使，而係重視行政作為之積極性與發展性（林水波、李長晏，2005：40-41）。

(三)區域治理之特性

1. **不可分割的公共性**：由於跨域性公共議題的範圍往往超越了任何單一部門、組織或政府層級的管轄權之外，因此，問題的解決方法即是跨域治理，且無法單憑某一政府部門或公私組織之力所能完成。
2. **跨越疆界的外部效益**：跨域性事務的另一項特性是，當某一部會組織或政府機構，所採取的政策或行動，其所產生的後果卻可能是由其他的地方及人民來承擔。
3. **高度的政治性**：正由於跨轄區事務本身的公共性具有不可分割的特質，因此無論是共同利益的追求，如行政院南部觀光產業策略聯盟；或是避免共同性災難如河川整治及空氣污染防治，都須要具備某種政治性的安排，例如透過中央單向公權力的介入、雙方議題的連結、或是多重組織夥伴體制之建立。換言之，所有的跨域性公共議題無論是否與政治有關皆是屬於高階政治（high-politics）的議題。

(四)區域治理的論證基礎

1. **傳統改革主義者觀點（Traditional Reformist）**

(1) 此一模式主要從結構途徑去研究區域治理機制，這涉及整個都市或區域的政府變革，企圖去除所有或大部分都會區裡面的小政府，並以單一、全功能、有力的和普及整個區域性的政府取而代之。此種觀點又被稱作政府合併（consolidator）或大型都會區政府的組構或建制，主張管轄區域的合併有助於政府規模的合理化，促使資源不足的地方政府獲得發展，准許公民充分參與公共事務的決定，進而有效地促進經濟發展、均衡地方財政，以及提供跨域服務等事項。

(2) 傳統改革主義者強調建立一元化體制以設計區域治理組織模式。所謂一元化體制，乃指在都會地區具有唯一的決策中心，有一個統一的大都市機構。它可以是內部有若干小單位相互包容和相互平行的一個政府體制，或這更可能是一個雙層政府結構體制，亦即一個大都市地區正式組織和大量的地方單位並存，他們之間有多種服務職能的分工。典型的代表國家如英國大倫敦政府，及日本的東京、法國的巴黎、加拿大的多倫多等。

(3) 至於所採取的方式，傳統主義者的觀點，具體成現在三種結構屬性的政府改革：(1)市縣合併，(2)兼併，(3)聯盟制。

2. **公共選擇理論觀點**（Public Choice）

(1) 此論點乃將政治經濟學運用在區域政府的研究上，主張多中心或多核心的政治體系，乃最能回應公民的需求。並認為都會區內若有許多不同的地方政府存在且管轄權彼此重疊，將可透過相互競爭以最有效率、有效能、有回應性地滿足民的需求。

(2) 公共選擇理論觀點則從多元中心體制出發以設計區域治理組織模式。所謂多元中心體制是指大都市地區存在相互獨立的多個決策中心，包括正式的全功能性政府單位（如縣、市、鎮等）和大量重疊的特殊區域政府（如學區和其他特別區）。在西方國家中，尤其是美國，多元中心體制是都會地區最常見的公共組織。

(3) 公共選擇理論在都會治理體制上，提供公民或消費者有更多的選擇權，以處理轄區內共同事務，這些體制的選擇乃鑲嵌於地方政府間的協議、公私夥伴關係、區域聯合會及職能移轉等。

3. **新區域主義**（New Regionalism）

近年來，在區域治理逐漸興起一種「新區域主義」的觀點。乃是傳統主義者與公共選擇理論者相互對話下的產物，認為解決都會區問題時競爭與合作兩種體制兼顧運用，才能夠有效達成治理都會區的效果。其目的是要在地方政府、社區組織、企業組織及非營利組織之間，建立起區域策略性夥伴關係（regional strategic partnership），以營造區域治理的策略條件。

(五) **區域治理之模式**

1. **依據「歐洲都會區域網絡」（**The Network of European Metropolitan Regions and Aeras, METREX**）所做的研究，整理出歐洲都會區／區域治理的三種模式，以下茲分述之**

(1) 機構模式（The Agency Model）：只負責全國性和區域性的空間策略規劃與諮詢建議，其首長為指定任命，組織形式為執行機構或合議制委員會的區域治理機制。並涵蓋較多的志願參與途徑，讓重要的利害關係人得以參與協助，使區域性事務的推動與執行會較為容易。

(2) 核心職能模式（The Core Power Model）：此一模式是將區域內所面臨到的公共議題，進一步區分為哪些是重要關鍵性問題，如空間規劃、交通運輸、工商經濟與環境保護等事項。透過行政首長為民選或官方派任的區域治理機制，專責處理前述的核心事務，而使行政資源能集中火力有效解決區域重大事務。而核心職能模式也適用於都市更新（Urban Renewal），或都市復甦再生（Urban Regeneration）的專案計畫。

(3) 綜合性模式（The Comprehensive Model）：此種擁有綜合職的民選區域治理機制，是需要先將原有的地方政府的行政區劃，與組織編制重新調整變更，相較於執行機構模式與核心職能模式設立的難易度而言，綜合性模式難度較高，且變動幅度較大。其主管職能範圍涵蓋如社會福利、工商經濟、基礎建設、環境暨空間規劃等事項。

2. 學者李長晏認為區域治理模式分別有

(1) 協調聯繫式：協調聯繫是最基本的區域治理類型，其目的在增進地方首長與機關局處的對話，減少因區域公共議題引發的各縣市爭端。藉由業務協調與對話聯繫，增進區域內縣市政府的合作機會，其作法有：

A. 區域協商論壇：以區域內各縣市首長為主要對象，透過類似高峰論壇的方式，將縣市首長齊聚一堂討論區域性事務、合作事項並共同交換意見。目前臺灣相關類似的作法有行政院中部、南部聯合服務中心所舉行的縣市首長會報。

B. 業務聯繫會議：由縣市首長與所屬機關局處首長共同參與，整合與落實程度高輿論。針對縣市政府共同合作的具體事項進行規劃與擬定實際執行辦法，是從論壇的基礎擴大而來，屬於綜合性的業務會議。如臺北市在二〇〇五年發起的「北臺區域發展推動委員會」。

C. 專案工作會報：專案工作會報涉及的層級主要是在縣市政府的機關局處，如治安、環保、交通等區域性議題，常需要鄰近縣市主管機關的通力合作。因此，專案工作會議的議題更具體，通常屬於機關業務執行的橫向聯繫。

(2) 策略性夥伴：其協力及整合程度較高，透過公共服務協定的簽訂，將區域內的公部門、企業團體、非營利組織與社區團體納入整合的框架之內，經由行動者間的對話形成共識，以共同參與的型態提供區域的公共服務。其主要目的在於，設置區域公民參與的管道以及對話窗口，形塑政策的共識並增進其正當性。主要作法有以下兩項：

A. 協力夥伴：以老人照顧、兒童及青少年輔導、社會扶助等公私協力的公共服務為主。透過區域內非營利組織的參與，讓公共服務越加貼近民眾的需求，並提升其品質。

B. 區域公民論壇：區域公民論壇的設置，在於透過審議民主的精神，向地方公部門表達公民的意見，可用於大眾運輸系統，若經地方議會的決議通過，更可對地方政府形成議會以外的監督力量。

(3) 行政協力式：行政機關間透過地方行政契約聯合提供公共服務，定可透過資源共享的措施使資源、預算配置能發揮效益，建立合作互助的措施與默契，以解決區域性公共議題。

A. 地方行政契約：在涉及跨行政局且事務的影響性及於區域之內的特定事項，如災害防救、廢棄物處理、水土保持等，地方政府的相關部門應透過行政契約的簽訂，建立合作互助的措施與默契，以解決區域性公共議題。

B. 資源共享：一是區域內的地方政府與議會共同商議，針對兩縣市以上的重大建設、大型活動，或器材設備的採購，依一定比例共同負擔相關經費，以分攤支出；二是透過民間參與公共建設，如公辦民營、BOT等；三是針對區域內的公共設施或是設備器材，可由區內的地方政府共商議，將公共設施及資源統籌運用或委託民間參與經營，不僅可減少地方政府個別所負擔的作業維持費用，亦可因整合後發揮集體效用而有利於區域內住民。

(4) 結構功能式：結構功能是透過行政措施直接達成區域整合，變動幅度最大，影響面也最廣。其作法有以下三種：

A. 行政區合併：將兩個或兩個以上鄰近的行政區域合併。一方面簡化地方政府的數目，減少資源、預算的重複配置；另一方面則是修正因行政區劃過於零碎，以致管轄權分散無法有效解決區域性公共議題的缺失。

B. 核心都會區：行政區若因人口規模、財政資源差距過大而無法直接合併，可以採用核心都會區的作法，逐步達成區域整合的目標。其具體辦法乃是指定資源較佳的地方政府為核心都會區，提供地方政府無法負擔的公共服務，如衛生醫療、教育、資訊等。上述公共服務所需的經費，可由相關地方政府公共商議負擔比例，以化解資源分配不均的問題，同時將核心都是原本聚集吸納的效益回饋到邊陲地區。

C. 區域機構：基於府際合作精神與原則，由中央政府設置區域機構統籌處理區域性事務。例如流域管理，國土復育工作，或區域工商產業開發等，可由中央設立專責性區域機構統籌辦理，或是協調、協助地方政府共同會商處理。

精選題庫

測驗題

( ) **1** 有關跨域治理之敘述，下列何者正確？ (A)地方自治團體欲與其他地方自治團體成立區域合作組織前，依法應先報請中央目的事業主管機關核定 (B)地方自治團體為處理跨區域自治事務所簽訂之行政契約，應先報請行政院核可 (C)地方自治團體如為處理跨區域自治事務，僅得簽訂行政契約，不得以較為簡易之協議為之 (D)直轄市、縣（市）、鄉（鎮、市）簽訂行政契約而遇有履約爭議時，除得報請共同上級業務主管機關協調外，亦可逕循司法程序處理。

( ) **2** 基於全國國土合理規劃及區域均衡發展之需要，擬將縣（市）改制或與其他直轄市、縣（市）合併改制為直轄市者，下列何機關應擬訂改制計畫，徵詢相關直轄市政府、縣（市）政府意見後，報請行政院核定之？ (A)內政部 (B)縣（市）政府 (C)省政府 (D)總統府。

答 1 (D) 2 (A)

申論題

一、試分別從管理模式（managerial model）、統合模式（corporatist model）、支持成長模式（progrowth model）及福利模式（welfare model）等四種最具代表性觀點論析城市治理的內涵，並比較說明之。

二、為因應全球化的效應，全球許多城市積極以提升城市競爭力為布局經緯，希望能在全球城市競爭下嶄露頭角，取得一席之地。試析論某一城市欲提升其城市競爭力，可採行那些策略作為？

三、何謂都會治理（metropolitan governance）？都會治理的特質有那些？試分述之。

四、都會地區的治理（metropolitan area governance）問題為地方政府研究重要議題之一，請探討現今都會地區面臨的問題，並說明都會地區地方政府間如何共同解決這些問題的可能途徑？

五、永續發展政策目前已成為都會治理研究的重要議題。試析論其對都會區治理帶來那些衝擊或影響？

六、何謂區域治理（regional governance）？試分別從傳統改革主義者觀點、公共選擇觀點及新區域主義觀點一一論述其對區域治理改革的主張。

七、1985年代以來，相關國際組織陸續通過「歐洲地方自治憲章」、「世界地方自治宣言」，以及提出「世界地方自治憲章草案」等作為反應全球化對地方自治的衝擊。請說明30餘年來全球地方自治發展之趨勢。

第15章 社區 依出題頻率區分，屬：C **頻率低**

壹 社區

早期的社區，幾乎與部落沒有分別；而現代所謂社區，係指一定區域，其中居民從事相互依賴的經濟生活，以自動自發的互助方式，改善地方的環境，並在政治上，建立一個由地方上的人自己管理的組織架構。簡單的說，舉凡一市一鎮、一村一莊、一鄰一里，不論是自然的或人為的，皆可稱之為社區。

一、概述

社區（Community）源自拉丁文Communis，意指團體、共同的關係與感覺。（鄭熙彥，1979：4）。19世紀的德國社會學家杜尼士（F. Tonnies）認為社區是具有根源、道德一致、親密及友誼的聯結，成員對團體的認同，這是一個具有生命共同體感的社區，而其以生存、生活和生涯發展為目標，以友誼、互助和感情為特性（林振春，1995）。

二、意義

(一)杜尼士（F. Tonnies）將社區歸類為居住的空間、生活方式、社會互動三種形式

1. **社區作為一種居住的空間單位（徐震，1985：6）**
   (1)羅伯特．帕克（Robert E. Park）：社區是社會團體中人與社會制度地理分布。
   (2)金斯利．戴維斯（Kingsley Davis）：社區為最小的地域團體而能擁有人類生活的各方面者。
2 **社區作為一種生活方式的取向**（Anthony，1985：15）：安東尼．寇恩（Anthony P. Cohen）：社區是一個人對其完全認同的實體，它大於一個宗族，但較「社會」為具體。它為一個人生舞台，人們自其獲得住家以外最基礎及最具體的社會生活經驗。

3. **社會互動關係作為研究取向（陳郁君**，1993：10）：H.F. Kaufman：社區是一個地理區域內有社會互動關係的一群人及維繫這群人的連結網。

(二) Atkinson, R. & S. Cope（1997）：社區是特定地理上的共同體、居住在共同體上的民眾、有組織的社會、民眾共同擁有的特質以及某種共同的特徵及認同感等要素所組織而成。

(三) **徐震**（1992：23-28）：社區是一居住於某一地理區域，具有共同關係、社會互動及服務體系的一個人群。而其要素包含居民、地區、共同關係、社會組織以及社區意識。

(四) **陶藩瀛**（1994：47-63）：社區是一個社會單元，且含有地理空間單元、社會關係網絡以及集體認同的單元等三種面向的含意。

(五) **陳益興**（1992）：社區是一個具有地理界限的社會實體，生活在這一個地域團體內的人群，彼此具有共同的情感，並且享有共同的文化。

(六) **陳其南**（1992）：「Community」一詞，除了是指地理上的實質社區之外，也意涵著共同體之「社群」的觀念。

(七) **邱延亮**（1992）：社區就是共同營生與生命相互投放、相互扶持的共同過程與載體。這種共同體關係，絕不是封建層壓，或是官僚權力關係；更不是以物資報酬、金錢、投資相互利用的關係。

(八) **綜合學者看法**

1. 「社區」本身具有雙重意義，「社」注重社區中的人際關係，「區」則有地區或環境的意涵，該名詞指涉人與環境的結合體。
2. 社區不同於行政區，而且是動態的，具有高度彈性的，並非硬性的規定或劃分。
3. 社區問題的產生與解決與整個社區的自然資源、人文環境與風俗習慣等息息相關。

貳 社區發展

一、社區發展之意義

所謂社區發展，即將特定區域定為社區，動員社區內的人民以自動、自發、自治之人力、物力、財力，配合政府之獎勵輔導，以改善人民之生活環境，提高生產技能，增進人民福利而使各社區相互連接，並納入國家整體生活之中，以社區的建設來推動國家全面的建設。

二、社區發展之特性

(一)社區發展是項工作過程，也是一項繼續發展的運動。它不是強迫性的，而是經過訓練與教育，使居民自動自發地加入與參與。

(二)社區發展是透過誘導、啟發及教育的方式，使人民運用自己的能力，重建並改善本身的生活環境；它可能是物質的，也可能是非物質的。

(三)社區發展推動的主力，來自社區人民，而政府、學者以及專家只居於從旁輔導的地位。

(四)社區發展是地方性的，其包括了社會、教育、經濟、技術等不同層次，而其自始即與村里相關連。

(五)社區發展最終的目的，在幫助社區人民建立一個民主自治的社區組織，使人民生活得更好。

三、社區發展與地方自治

(一)社區發展與地方自治的關係

1. **地區管轄關係**：社區恆在自治區域內劃分小地域而成，因而每一自治區域內得成立若干社區，而有地區之管轄關係。
2. **指導監督關係**：社區既然在自治區域內，自治機關即有指導監督之權，而構成自治機關職權之部分內容。
3. **相輔相成關係**：地方自治可以促成社區發展，社區發展亦可加強自治之功能，二者可收相輔相成之效。

(二)社區發展與地方自治的相同、相異之處

1. 社區發展與地方自治的相同之處

(1)構成分子相同：兩者均係以其區域內之人民為構成分子，以辦理其區域內之公共事務。

(2)主旨及目的：兩者均係以自動、自發及自助之精神，改善共同生活，增進社會福利為目的。

2. 社區發展與地方自治的相異之處

(1)依據不同法律而設置：地方自治為憲法及法律所明定，乃為一種地方政治制度；而社區發展協會，則依據人民團體法而設置。

(2)公法人資格有無之不同：地方自治組織之整體，其性質為公法人，乃具有公法人資格；而社區發展協會則只具私法人資格。
(3)行政權力有無之不同：地方自治由國家賦予法定職權，具有行政上之強制能力；而社區發展協會則無強制權力。
(4)特定區域廣狹之不同：地方自治區域，大都以國家行政區域為其區域；而社區發展協會僅在自治區域內以無數小地域為其社區。因而地方自治區域較廣大；而社區發展協會則較狹小。
(5)人民權利義務之不同：地方自治之人民為公民者，有選舉、罷免、創制、複決四種政權及負有公法上之義務；而社區發展協會之人民則否。
(6)組織是否有上下層級，相互隸屬之不同：地方自治團體，例如：縣、鄉、鎮、市，其組織有上下層級，相互隸屬之關係；而社區則無，其每一社區均各自獨立，居於平等、平行之地位。

參　社區總體營造

一、意義

透過住民自主覺醒自動自發及共同參與的民主方式，激發凝聚「利害與共」的社區意識，使住民關心社區生活環境，營造社區文化特色，進而從新建立人與人、人與環境的關係，以重建溫馨、有感情、有特色的人性化社區生活環境。

二、重要項目

(一)社區環境景觀之營造。
(二)地方特有產業之開發與文化包裝。
(三)古蹟、建築、聚落與空間之保存。
(四)民俗廟會祭典活動與生活文化的展現。
(五)文史、人物、傳說、典故遺跡。
(六)現代文化藝術與學習學術活動。
(七)地區與國際交流活動。

(八)健康福祉與遊憩住宿品質設施。
(九)生活的商店街之營造。
(十)社區形象與識別體系之營造。

三、主要功能與目標

(一)**政治功能**：因應社區主義風潮，透過社區總體營造之地方基礎建設，建立高品質生活環境的「生活大國」。
(二)**經濟功能**：強調「文化產業化，產業文化化」，以振興日漸沒落的傳統地方產業，並建立現代產業文化的特色。
(三)**社會功能**：透過社區總體營造之社會改造運動，使所有社區內的民眾皆成為認同社區的「歸人」而非過客；建立兼重私利與公義的價值觀，重視人際關係互動，並積極參與公共事務，改造社會風氣，重建生活文化價值觀念。
(四)**文化功能**：透過社區文化改造運動，以凝聚住民共同意識和價值觀念。

四、社區總體營造之省思

(一)不易擺脫地方政經利益的糾葛。
(二)社區住民的參與意願低落。
(三)社區營造仍未成為政府施政主軸。

肆 新公共服務的社區觀

一、意義

新公共服務是主張政府應落實為公民服務所架構起來一套有關於肯定公民權利、公民社會、民主行政等價值的公共服務理念。其中，公民參與佔據著重要的核心地位，而社區則是落實公民參與的溫床。

公共行政最重要的角色在於培力公民，培育其成熟的公民資格與公共責任感，並積極地通過社區平臺來建立民主對話的機制，形成公共利益之共識，協助社區公民創造並分享公共利益，從而積累互信互惠的社會資本，創建良善之公民社會。以下析述之：

(一)**社區是公民治理的基礎，也是落實公民參與的溫床：**受到近世全球化浪潮的衝擊，傳統以政治菁英與官僚體系為政府權力行使中心的治理不再受到公民的信任而失其正當性，繼之而起的是公民參與的主張與社區治理的要求。公民不僅期待能親自參與決策過程、形成政策產出，成為政府行動的綱領；更期待能透過身處社區或社群自主性的公共服務行動來杜絕政府執行的集權與濫權。社區因此興起成為公民治理的基礎，也是公民參與落實的溫床。

(二)**社區是一個公民得以充分參與對話、討論、溝通的公共領域：**新公共服務的觀念源始於公共服務的概念，而公共服務的概念又是與民主公民權相互交織一起的（Denhardt and Denhardt 2007, 45）。公共服務意謂著公民對於公共事務的積極參與。Barber（1984）在其《強勢民主》一書中更強調公民權的行使就是要公民積極參與到社區公共事務的對話、討論與行動之中。因此，社區必然是一個公民得以充分參與對話、討論、溝通的公共領域，才有利於公民權的伸張。

(三)**社區是一個公共利益匯集與分享、共識與行動的場域：**社區作為公民參與對話、討論、溝通的公共領域，其行動必然是建立在公民參與對話、討論的共識基礎之上。而公民參與對話、討論的共識也必然需要匯集符合社區集體公共利益的產出與分享，否則將會引起利益受損居民的反對，甚至重傷或裂解社區的完整性。因此，社區作為公民參與對話、討論、溝通的公共領域，也必然是一個公共利益匯集與分享、共識與行動的場域。

(四)**社區是一個有利於社會資本積累的文化環境：**社會資本是一種人際關係間的信任、人們協議遵守的互惠規範、以及公民參與的網絡（Putman 1993, 167-176）。社區既然是一個公民參與的舞臺，得以充分參與對話、討論、溝通的公共領域，那必然意謂著參與者間至少存在著最低程度的彼此信任與協議遵守的互惠規範。當然，新公共服務學者眼中的社區更遠勝於此，而是能夠持續不斷創造人際信任、擴張參與網絡、提升互惠規範的理想社區。所以，新公共服務理念中的社區是一個有利於社會資本積累的文化環境。

(五)**社區是一個蘊藏豐富積極公民精神與厚實公共責任意識公民的寶庫：**公民精神是一種積極參與公共事務，關懷社區整體利益、欣然包容不同意見、立場並尊重對方享有之權利，樂於接納社區群體所為共識決議的心態與風範。公共責任意識則是樂意將社區整體利益置於個人利得之上，願意以更寬廣的胸襟和更長遠的觀點來進行對話與行事的態度與視野。積極成熟的公民精神與公共責任意識同時意謂著對於社區群體的歸屬感。當社區越多這種深具積極公民精神與厚實公共責任意識的公民參與，就越能流露出社區公民治理的泱泱大風。新公共服務的社區是一個蘊藏豐富積極公民精神與厚實公共責任意識公民的寶庫。

(六)**社區是公民社會具體而微的典範**：理想的公民社會是一個公民性強、共同體意識豐富、公民組織活潑發展、充滿信任、互惠規範的參與網絡社會。公民性強，人民就會有強烈自主意識，樂意參與社會公共事務活動；共同體意識豐富，人民就會普遍認同地方，願意為了地方的發展與繁榮共同合作；公民組織活潑發展、社會上就會孕育各種民間組織，如企業、非營利團體、公民社會組織等，活動頻繁、熱烈互動，並在充滿信任、互惠的環境中共同創造地方福祉。新公共服務理念中的社區也正是這樣一個公民性強、共同體意識豐富、組織活潑發展、充滿信任、互惠規範的參與網絡社會。因此，社區可以說是具體而微的公民社會，成功的社區就是公民社會具體而微的典範。

二、我國社區公共服務（的圖像）之特點

(一)**社區公共服務內涵豐富化與多元化**：特別是1990年代社區總體營造運動引進環境保護、生態保育、微型產業、土地倫理、空間規劃、景觀設計、歷史文物保存、人史教育、聚落族群文化再生、福利服務、弱勢關懷、家居安全與健康生活品質等諸多前瞻性的視野與公共服務面向之選擇，更豐富了臺灣社區公共服務的內涵，多元化社區營造與發展的特色，不但扭轉了傳統偏重基礎工程建設之社區刻板印象，也大大充實了社區居民生活的精神文化生活。

(二)**社區型照顧服務體系的普及**：老年人口比重的逐漸提升強化了福利社區化的需求，並在政府社政部門持續性的重點資源投注之策略下，經營福利服務與弱勢族群關懷的社區大量崛起，社區型照顧服務體系大為普及。如衛福部2014年底之資料顯示，在全國6,761個社區中，就有1,969個社區成立關懷點，提供社區老人照顧與關懷服務。

(三)**社區主體價值的浮現**：受到公民社會興起與參與式民主理念恢弘的影響，政府各種社區公共服務的設計越來越大膽採用「由下而上」的途徑，不但

將越來越多的公共服務向下授權，委由社區執行，並將社區居民的參與、社區自主決策與運作的機制納為重要的執行作為，以強化社區自我服務與解決問題的能力，型塑社區主體性意識。雖然社區實際的操作上與政府設計的理想之間仍存在不小的落差，但不可否認的，長此以往，社區主體價值的浮現也越來越濃厚，實有利於社區主義精神的體現。

(四)**社區組織能力漸趨厚實**：隨著政府將越來越多的公共服務向下授權，委由社區執行，社區組織決策與執行的能力不但成為社區公共服務優劣良窳的關鍵因子，也是社區主體性能否落實的基石。可喜的是，雖然早期社區組織形同虛設，社區人才薄弱，但透過政府競爭性提案機制的設計以及公私協力長期的社區培力，越來越多社區在方案規劃、組織動員、資源爭取、網絡連結、以及吸引政治支持等相關人才及能力的養成方面漸趨厚實，不斷取得政府與民間大型公共服務經費的支持與贊助，成為耀眼的明星社區。

(五)**社區永續發展理念與意象日益深植**：社區永續發展係指社區居民在家戶經濟所得提升、公共健康環境維護、以及社會公平秩序倫理提攜等方面的集體合作與經營的意義。臺灣社區早期並無社區永續發展的概念，近期受到國際社會永續發展思潮的洗禮，社區永續發展概念逐漸萌芽。雖然仍有不少社區將永續發展視為一句毫無作為的空洞口號或放任隨機發展的代名詞，但認同永續發展的理念的社區也日漸增多，並競相提出社區永續發展的意象與作為，顯見社區永續發展理念與意象的生根與日益深植。

三、我國社區公共服務的治理課題

(一)**社區資源的斷續導致社區活力的失落**：近年來，政府迫於國家財政資源的匱乏，雖然將越來越多的公共服務委由社區提供，但資源卻無法同等程度的下放社區執行，而是改之以競爭性的計畫補助方式來資助社區執行。其結果僅利於少數執行能力突出的社區，卻大大限縮了可以爭取到公共服務執行的社區數，使得前一時期好不容易培育出來的諸多社區在爭取不到資源情形下往往暫停社區運作，甚至失去社區活力。雖然社區資源的斷續不能全然歸咎於政府，但如果政府資源未能妥善配置以利導社區活力的彰顯，則期待社區承擔更多公共服務的提供也將如海市蜃樓般不切實際。

(二)**社區衝突橫生，社區失靈現象瀰漫**：社區成長的核心動力源自於社區人士與組織間的和諧。然由於受到基層派系勢力的政治黨同伐異與利益糾葛之影響，多數社區的重要人士和組織（如村里長v.s理事長、村里辦公室v.s社區發展協會）都存在彼此對立和相互衝突的現象，社區溝通與共識不良，集體合作經營的意識渙散，社區失靈現象瀰漫。

(三)**形式主義的社區參與機制**：社區居民的參與是社區價值的具體展現，也是社區培力必要的工程。然而，不但臺灣早期的威權統治手段扼殺了社區居民的實質參與機會，民主轉型以來由上而下的層級管理心態與僵化手法亦不利社區居民參與熱情的培養，使得多數社區公共服務的推動，無論是計畫擬定或方案的設計與執行多操之在少數領導幹部或外部專業手中，社區參與機制的規範多數淪為形式主義，無法發揮實質效果。

(四)**政策資源缺乏跨域整合之功**：1990年代中期以來的社區總體營造雖然被列為國家重點政策，各部會主管機關也提出大量活化社區動力與公共服務執行能量的計畫方案，培力社區成長；但由於本位視野的束縛，以及統籌機關的層級過低，無法形成跨域整合之功，未能有效協調整合各部會主管機關的各行其是，導致社區資源的配置多有分配不適與重複浪費之嫌；雖不至於事倍功半，但也僅能造就出少數的明星社區，未能成就更多社區的持續成長。

(五)**社區徒有自治自主之名，實為「由上而下」的政府主導與操控**：社區營造雖然主張採取「由下而上」的途徑，意圖透過社區自治的理想來達成公共服務的目的；但由於政府僵化的官僚組織本色，以及過多需要配合的行政程序與績效指標之評核，使得社區作為多只能流於表面社區自主、實則聽命行事的作業配合。徒有社區自治之名，實為「由上而下」的政府操控。政府的權力下放事實上仍未脫離父權的基礎，社區營造的主導權仍在中央（柯一青，2014，103）。

伍 都會社區

一、都會社區之意義

(一)都會社區，就是一群大小不同市鎮的集合。若從社會經濟觀點來看，它是一個以最少擁有5萬人口的中心城市為主體的生活圈或經濟區域：但從政治的觀點來看，則又根本無所謂都會社區的存在，沒有固定的疆界，沒有憲章，沒有共同的議會，更沒有一個能發號施令的單一政府。

(二)都會社區之所以出現，乃是由於生活上的共同需要與社會經濟發展的因素，人口與工業向郊區發展與延伸的結果，使鄰近的住宅區與工業區逐漸成為自治團體，在政治上各有其轄區，各有其界限，但在經濟、社會以及生活的互動關係上，則可跨越地方政府間的行政界線，與中心市鎮相依存而結合為一個不可分的整體，這個由中心市鎮為主，與衛星市鎮相互結合而構成的大都會區（Great Urban Area），它既不是省，也不是縣，而是跨越縣、市與城、鄉界線的都會社區（Urban Community）或都會地區（Metropolitan Area）。

二、都會社區形成的原因

(一)從都會社區的概念及其特徵的分析中，我們彷彿可以看出，都會社區之所以形成，是生產工具、運輸工具、社會型態、生活方式，以及經濟結構不斷改變的結果。

(二)在郊區鄉下的人，藉交通發達，紛紛湧進中心都市，以致使得都市面臨了前所未有的人口壓力。過份擁擠的結果破壞了原有的居住環境，於是人口又被迫向郊外遷徙。時日越久，這些原來地廣人稀的郊區，由於工廠及住家的日趨增多，慢慢又形成了住宅區或工業型的小社區，而成為中心都市的衛星市鎮，都會社區於是形成。

三、都會社區所面臨的問題

由於工商經濟不斷的發展，都會區域亦隨之不停的擴張，然而在政治結構上，並未能隨著都會區域的發展，產生有效的管理與節制，於是都會地區內的各個地方政府愈來愈多，但沒有一個政府能具有充分的能力，供應各項公共建設，以服務全面社區，於是產生了一連串的區域問題：

(一)**組織重疊與行政割裂**：都會地區的出現，完全是由於經濟、社會關係的需要，而不是政治力量的結合。都會地區的政治景象是地方團體的龐雜，許多各自獨立、大小不同的地方政府，各有其獨立的財政權力，以及各別的管理機構與不同的管轄範圍，這種地方政府數目之多與類別之複雜，造成了行政割裂與事權重疊的現象，此在許多國家都可以得到有力的證明。

(二)**聯合行動的缺乏與行政效率的低落**：在都會組織中，有那麼多不同的管轄權存在，必然會引起組織的重疊與磨擦、浪費，且效率不彰。因為沒有任何一級地方政府能單獨發號施令，獨自處理或獨自決定都會地區的共同事務，例如：道路橋樑、下水道……都很難出現整體的規劃與聯合一致的行動。因此，行政效率是註定要低落的。

(三)**中心城市的老化與衰退**：世界上根本沒有一個大都會，有足夠的歲入，來解決都會地區施政上的需要，此種情形往往以中心城市更為嚴重。此外，導致中心市鎮衰退的另一原因，就是都市的更新。都會地區的中心市鎮，歷史比較久遠，原有的建築物多已破舊，公共設施也稍嫌簡陋落伍，若不即刻重建，將會繼續衰退而與貧民窟無異，因此，必須全面更新。而此一巨大支出，也是構成中心市鎮財政壓力，加速中心市鎮衰退的另一原因。

(四)**財政負擔日趨惡化沉重**：都會地區另一個比較嚴重的問題，就是財稅的日趨惡化，事實上自有都會地區以來，就一直被財政問題所困擾著，因為都會地區沒有一個統合的政治組織，沒有一個共同遵守的典章制度，所以人民對權利與義務方面常有不平的抱怨現象，納稅的負擔就是一個最好的例子。稅務的困擾，都會地區最容易導致變相逃稅，它使住在中心城市以外的人，享受到都市生活，而可以不付代價。

(五)**市民政治冷漠與缺乏責任感**：市民對政治冷漠與缺乏責任感，似乎又成了都會地區一個很強烈的趨勢。這一點可從大都會投票率低落得到證明。導致此現象的原因很多，但基本原因還是由於都會地區自治團體眾多，每個政府單位只能替它轄區內的人民打算，人民關心的也以此為限，對整個地區較大的問題，自然也就漠不關心了。

四、都會社區問題的解決途徑

(一)**疆界調整與地區合併**：所謂歸併，簡單的說，就是將邊緣的毗連地區，正式歸併劃入中心城市法定界線以內。此種措施的主要目的，在藉地區的歸併，減少都會區域裡原有行政單位的數量。不過也許地區歸併不失為解決都會問題的有效途徑，雖然在實施的過程中，常會引起地方民意的反彈，但很多國家還是願意在這方面繼續努力與嘗試。

(二)**都會聯盟**：所謂都會聯盟，即所有區域內的市組成聯盟的結合，在各市政府之上，另成立一個全面性的都會政府，而原來的地方政府，仍保持其獨立性，並繼續擁有屬於它自己的自治權力，辦理純屬於它的地方事務；而都會聯盟則處理都會區域全境的共同事務。

(三)**都會區域計畫機構**：都會區域政府往往礙於客觀情勢不能如願成立，於是，由各地方政府單位共同參加成立一個都會區域計畫機構，以區域計畫作為共同發展的目標，已經普遍的被各國所採用。

(四)**都會區域或都會專業區**：如果地區合併的辦法不能或不易實行，而都會區域內某種重要問題又急待解決，故於經常地方行政系統之外，成立都會特區，專對某一涉及全境區域的業務，作為處理解決機構，此已是公認為良好而有效的途徑。

(五)**政府間的合作與聯繫**：由於都會區域間問題增多，用統一政府或雙層政府組織之途徑，並不容易實施，於是政府間相互合作的方式就應運而生。因為相互合作的方式，對政府結構並不需作重大或任何的改變，而合作有正式與非正式的合作。

(六)**市際分派**：大都會是由若干市、鎮等社區單位形成的。單位有大小、有貧窮，市政支出有多寡，財政狀況有好壞，市際分派的理論，是要依照都會區域裡各單位的負擔能力和支出比例，對市政費用作一種合理的分派。例如：近郊地區應該對中心單位津貼若干，以彌補後者之不足。

資料來源

1. Rhodes, R. A. W.（1997a）. Understanding Governance, Buckingham, UK：Open University Press.
2. Rhodes, R. A. W.（1997b）. Understanding Governance：Policy Networks, Governance, Reflexivity and Accountability. Buckingham：Open University Press.
3. Rhodes, R.A.W.（2000）. "Governance and Public Administration." Debating Governance , ed. Pierre, J. Oxford, UK：Oxford University Press, 54-90.
4. Stoker, G.（1997）. "Local Governance," Public Administration, 75.
5. Atkinson, R. & S. Cope (1997). Community Participation and Regeneration in Britain, in Contested Communities - Experiences, Struggles, Policies, ed. P. Hoqqett. London: The Policy Press.
6. 林振春（1995）凝聚社區意識、建構社區文化，社區發展季刊，69，25～39。
7. 陶藩瀛（1994）社區發展工作的基本原則，社會發展研究學刊，1，47～63。

8. 徐震（1985）社區發展—方法與研究，台北市：中國文化大學。
9. 徐震（1992）社區與社區發展，台北市：正中書局。
10. 陳其南（1992）。公民國家意識與臺灣政治發展。臺北市：允晨文化。
11. 陳益興（1992）。我國社會教育析論。臺北市：五南。
12. 陳郁君（1993）《鄉村自發性社區組織形成因素之研究-以宜蘭的三個社區為例》，國立台灣大學社會學研究所碩士論文。
13. 邱延亮（1992）。「通識」、「另類現實觀」與社會抗爭。臺灣社會季刊，13，109-135。
14. 林水波、李長晏（2005），《跨域治理》。台北市：五南。
15. 江大樹、張力亞（2016），地方治理：變革、創新與實踐，台北市：元照出版社。
16. 柯一青（2014），二十一世紀臺灣社區營造論述之形構。臺中市：白象文化。
17. 孫本初（2010），新公共管理（三版），臺北市：一品。
18. 賴維堯、夏學理、施能傑、林鍾沂合著（1995），行政學入門，臺北縣：國立空中大學。
19. 劉坤億（2002a），「全球治理趨勢下的國家定位與城市發展」，國立臺北大學公共行政暨政策學系，《行政暨政策學報》，第34期，頁57-83。
20. 劉坤億（2003），地方治理與地方政府角色職能的轉變，空大行政學報13期，頁233-267。
21. 廖俊松（2017），發展社區導向之公共服務整合模式，國土及公共治理季刊，第17期，頁55-66。

精選題庫

測驗題

(　　) **1** 下列有關社區發展協會之敘述，何者正確？　(A)設置社區發展協會之法源為社區法，故符合法治精神　(B)社區發展協會採會員制，故該社區居民並非為當然會員　(C)社區發展協會之性質係社團法人，故為地方自治團體　(D)社區發展協會受鄉（鎮、市、區）公所管轄，故為行政機關。

(　　) **2** 社區發展或社區營造除了喚起社區居民的參與感之外，更重要的是要透過居民的討論與參與以發現社區的問題，並思改善的策略與行動方針，根據過去的發展經驗，下列有關社區或社區營造的內涵，何者敘述錯誤？　(A)社區係指群居於特定區域的人民，無論該居民是否有社區認同感　(B)社區營造的目的之一是為了整理並保存在地的文化與歷史　(C)社區營造應積極推廣並維護在地特殊的自然景觀　(D)社區營造的重點之一在於培植在地的文創產業。

答　**1 (B)**　**2 (A)**

申論題

一、當代公共行政的主流思想，是建立一套以公民治理為中心的新公共服務理念。其中，社區又占據重要的公民治理地位。請說明新公共服務理念的社區觀有那些？並論述我國社區公共服務圖像的特點與治理課題。

二、何謂社區（community）？何謂村里？社區和村里的首長分別如何產生？並請依照地方自治的意涵探討社區與村里在地方自治上之定位與未來走向。

三、公民積極參與是當代地方治理的重要發展趨勢，請說明何謂社區？現今臺灣之社區所面對的問題與挑戰有那些？

四、請從我國社區政策的發展過程，分析今日社區組織對地方公共事務的影響。

五、何謂社區發展？又社區發展與地方自治的關係及其異同為何？試分述之。

六、何謂社區？又社區發展有何特色？試述之。

七、何謂都會社區？試說明之。

八、試述都會社區形成的原因及其可能面臨的問題。

九、解決都會社區問題之途徑為何？試分述之。

十、試述都會區之特質與形成因素為何？我國除台北市外，已通過三縣（市）改制或與其他直轄市、縣（市）合併改制之四個直轄市，其未來發展為都會區之可行性為何？須克服哪些問題？試加以申論之。

第16章 主要相關法規彙編

一、中華民國憲法（有關地方自治部分）

中華民國36年1月1日公布

第十章　中央與地方之權限

第107-1條　（中央立法並執行事項）

左列事項，由中央立法並執行之：

一、外交。

二、國防與國防軍事。

三、國籍法及刑事、民事、商事之法律。

四、司法制度。

五、航空、國道、國有鐵路、航政、郵政及電政。

六、中央財政與國稅。

七、國稅與省稅、縣稅之劃分。

八、國營經濟事業。

九、幣制及國家銀行。

十、度量衡。

十一、國際貿易政策。

十二、涉外之財政經濟事項。

十三、其他依本憲法所定關於中央之事項。

第108條　（中央立法事項）

左列事項，由中央立法並執行之，或交由省縣執行之：

一、省縣自治通則。

二、行政區劃。

三、森林、工礦及商業。

四、教育制度。

五、銀行及交易所制度。

六、航業及海洋漁業。

七、公用事業。

八、合作事業。

九、二省以上之水陸交通運輸。

十、二省以上之水利、河道及農牧事業。

十一、中央及地方官吏之銓敘、任用、糾察及保障。

十二、土地法。

十三、勞動法及其他社會立法。

十四、公用徵收。

十五、全國戶口調查及統計。

十六、移民及墾殖。

十七、警察制度。

十八、公共衛生。

十九、振濟、撫卹及失業救濟。

二十、有關文化之古籍、古物及古蹟之保存。

前項各款，省於不牴觸國家法律內，得制定單行法規。

第109條　（省立法事項）

左列事項，由省立法並執行之，或交由縣執行之：

一、省教育、衛生、實業及交通。

二、省財產之經營及處分。

三、省市政。

四、省公營事業。
五、省合作事業。
六、省農林、水利、漁牧及工程。
七、省財政及省稅。
八、省債。
九、省銀行。
十、省警政之實施。
十一、省慈善及公益事項。
十二、其他依國家法律賦予之事項。

前項各款，有涉及二省以上者，除法律別有規定外，得由有關各省共同辦理。各省辦理第1項各款事務，其經費不足時，經立法院議決，由國庫補助之。

第110條 （縣立法並執行事項）

左列事項，由縣立法並執行之：
一、縣教育、衛生、實業及交通。
二、縣財產之經營及處分。
三、縣公營事業。
四、縣合作事業。
五、縣農林、水利、漁牧及工程。
六、縣財政及縣稅。
七、縣債。
八、縣銀行。
九、縣警衛之實施。
十、縣慈善及公益事項。
十一、其他依國家法律及省自治法賦予之事項。

前項各款，有涉及二縣以上者，除法律別有規定外，得由有關各縣共同辦理。

第111條 （中央與地方權限分配）

除第107條、第108條、第109條及第110條列舉事項外，如有未列舉事項發生時，其事務有全國一致之性質者屬於中央，有全省一致之性質者屬於省，有一縣之性質者屬於縣，遇有爭議時，由立法院解決之。

第十一章 地方制度

第一節 省

第112條 （省民代表大會之組織與權限）

省得召集省民代表大會，依據省縣自治通則，制定省自治法。但不得與憲法牴觸。

省民代表大會之組織及選舉，以法律定之。

第113條 （省自治法與立法權）

省自治法應包含左列各款：
一、省設省議會，省議會議員由省民選舉之。
二、省設省政府，置省長1人，省長由省民選舉之。
三、省與縣之關係。

屬於省之立法權，由省議會行之。

第114條 （省自治法之司法審查）

省自治法制定後，須即送司法院。司法院如認為有違憲之處，應將違憲條文宣布無效。

第115條 （自治法施行中障礙之解決）

省自治法施行中，如因其中某條發生重大障礙，經司法院召集有關方面陳述意見後，由行政院院長、立法院院長、司法院院長、考試院院長與監察院院長組織委員會，以司法院院長為主席，提出方案解決之。

第116條 （省法規與國家法律之關係）
省法規與國家法律牴觸者無效。

第117條 （省法規牴觸法律之解釋）
省法規與國家法律有無牴觸發生疑義時，由司法院解釋之。

第118條 （直轄市之自治）
直轄市之自治，以法律定之。

第119條 （蒙古盟旗之自治）
蒙古各盟旗地方自治制度，以法律定之。

第120條 （西藏自治之保障）
西藏自治制度，應予以保障。

第121條 （縣自治）
縣實行縣自治。

第二節 縣

第122條 （縣民代表大會與縣自治法之制定）
縣得召集縣民代表大會，依據省縣自治通則，制定縣自治法。但不得與憲法及省自治法牴觸。

第123條 （縣民參政權）
縣民關於縣自治事項，依法律行使創制、複決之權，對於縣長及其他縣自治人員，依法律行使選舉、罷免之權。

第124條 （縣議會組成及職權）
縣設縣議會，縣議會議員由縣民選舉之。
屬於縣之立法權，由縣議會行之。

第125條 （縣規章與法律或省法規之關係）
縣單行規章，與國家法律或省法規牴觸者無效。

第126條 （縣長之選舉）
縣設縣政府，置縣長1人。縣長由縣民選舉之。

第127條 （縣長之職權）
縣長辦理縣自治，並執行中央及省委辦事項。

第128條 （市自治）
市準用縣之規定。

第十二章 選舉、罷免、創制、複決

第129條 （選舉之方法）
本憲法所規定之各種選舉，除本憲法別有規定外，以普通、平等、直接及無記名投票之方法行之。

第130條 （選舉及被選舉年齡）
中華民國國民年滿20歲者，有依法選舉之權，除本憲法及法律別有規定者外，年滿23歲者，有依法被選舉之權。

第131條 （競選公開原則）

本憲法所規定各種選舉之候選人，一律公開競選。

第132條 （選舉公正之維護）

選舉應嚴禁威脅、利誘。選舉訴訟，由法院審判之。

第133條 （罷免權）

被選舉人得由原選舉區依法罷免之。

第134條 （婦女名額保障）

各種選舉，應規定婦女當選名額，其辦法以法律定之。

第135條 （內地生活習慣特殊國代之選舉）（停止適用）

內地生活習慣特殊之國民代表名額及選舉，其辦法以法律定之。

第136條 （創制複決權之行使）

創制、複決兩權之行使，以法律定之。

二、中華民國憲法增修條文

中華民國94年6月10日修正公布第1、2、4、5、8條條文；並增訂第12條條文

第1條 中華民國自由地區選舉人於立法院提出憲法修正案、領土變更案，經公告半年，應於3個月內投票複決，不適用憲法第4條、第174條之規定。

憲法第25條至第34條及第135條之規定，停止適用。

第2條 總統、副總統由中華民國自由地區全體人民直接選舉之，自中華民國85年第9任總統、副總統選舉實施。總統、副總統候選人應聯名登記，在選票上同列一組圈選，以得票最多之一組為當選。在國外之中華民國自由地區人民返國行使選舉權，以法律定之。

總統發布行政院院長與依憲法經立法院同意任命人員之任免命令及解散立法院之命令，無須行政院院長之副署，不適用憲法第37條之規定。

總統為避免國家或人民遭遇緊急危難或應付財政經濟上重大變故，得經行政院會議之決議發布緊急命令，為必要之處置，不受憲法第43條之限制。但須於發布命令後10日內提交立法院追認，如立法院不同意時，該緊急命令立即失效。

總統為決定國家安全有關大政方針，得設國家安全會議及所屬國家安全局，其組織以法律定之。

總統於立法院通過對行政院院長之不信任案後10日內，經諮詢立法院院長後，得宣告解散立法院。但總統於戒嚴或緊急命令生效期間，不得解散立法院。立法院解散後，應於60日內舉行立法委員選舉，並於選舉結果確認後10日內自行集會，其任期重新起算。

總統、副總統之任期為4年，連選得連任1次，不適用憲法第47條之規定。

副總統缺位時，總統應於3個月內提名候選人，由立法院補選，繼任至原任期屆滿為止。

總統、副總統均缺位時，由行政院院長代行其職權，並依本條第1項規定補選總統、副總統，繼任至原任期屆滿為止，不適用憲法第49條之有關規定。

總統、副總統之罷免案，須經全體立法委員四分之一之提議，全體立法委員三分之二之同意後提出，並經中華民國自由地區選舉人總額過半數之投票，有效票過半數同意罷免時，即為通過。

立法院提出總統、副總統彈劾案，聲請司法院大法官審理，經憲法法庭判決成立時，被彈劾人應即解職。

第3條 行政院院長由總統任命之。行政院院長辭職或出缺時，在總統未任命行政院院長前，由行政院副院長暫行代理。憲法第55條之規定，停止適用。

行政院依左列規定，對立法院負責，憲法第57條之規定，停止適用：

一、行政院有向立法院提出施政方針及施政報告之責。立法委員在開會時，有向行政院院長及行政院各部會首長質詢之權。

二、**行政院對於立法院決議之法律案、預算案、條約案，如認為有窒礙難行時，得經總統之核可，於該決議案送達行政院10日內，移請立法院覆議。立法院對於行政院移請覆議案，應於送達15日內作成決議。**如為休會期間，立法院應於7日內自行集會，並於開議15日內作成決議。覆議案逾期未議決者，原決議失效。覆議時，如經全體立法委員二分之一以上決議維持原案，行政院院長應即接受該決議。

三、**立法院得經全體立法委員三分之一以上連署，對行政院院長提出不信任案。**不信任案提出72小時後，應於48小時內以記名投票表決之。如經全體立法委員二分之一以上贊成，行政院院長應於10日內提出辭職，並得同時呈請總統解散立法院；不信任案如未獲通過，1年內不得對同一行政院院長再提不信任案。

國家機關之職權、設立程序及總員額，得以法律為準則性之規定。各機關之組織、編制及員額，應依前項法律，基於政策或業務需要決定之。

第4條 **立法院立法委員自第7屆起113人，任期4年，連選得連任**，於每屆任滿前3個月內，依左列規定選出之，不受憲法第64條及第65條之限制：

一、自由地區直轄市、縣市73人。每縣市至少1人。

二、自由地區平地原住民及山地原住民各3人。

三、全國不分區及僑居國外國民共34人。

前項第1款依各直轄市、縣市人口比例分配，並按應選名額劃分同額選舉區選出之。第3款依政黨名單投票選舉之，由獲得百分之五以上政黨選舉票之政黨依得票比率選出之，各政黨當選名單中，婦女不得低於二分之一。

立法院於每年集會時，得聽取總統國情報告。

立法院經總統解散後，在新選出之立法委員就職前，視同休會。

中華民國領土，依其固有疆域，非經全體立法委員四分之一之提議，全體立法委員四分之三之出席，及出席委員四分之三之決議，提出領土變更案，並於公告半年後，經中華民國自由地區選舉人投票複決，有效同意票過選舉人總額之半數，不得變更之。

總統於立法院解散後發布緊急命令，立法院應於3日內自行集會，並於開議7日內追認之。但於新任立法委員選舉投票日後發布者，應由新任立法委員於就職後追認之。如立法院不同意時，該緊急命令立即失效。

立法院對於總統、副總統之彈劾案，須經全體立法委員二分之一以上之提議，全體立法委員三分之二以上之決議，聲請司法院大法官審理，不適用憲法第90條、第100條及增修條文第7條第1項有關規定。

立法委員除現行犯外，在會期中，非經立法院許可，不得逮捕或拘禁。憲法第74條之規定，停止適用。

第5條　**司法院設大法官15人，並以其中1人為院長、1人為副院長，由總統提名，經立法院同意任命之，**自中華民國92年起實施，不適用憲法第79條之規定。司法院大法官除法官轉任者外，不適用憲法第81條及有關法官終身職待遇之規定。

司法院大法官任期8年，不分屆次，個別計算，並不得連任。但並為院長、副院長之大法官，不受任期之保障。

中華民國92年總統提名之大法官，其中8位大法官，含院長、副院長，任期4年，其餘大法官任期為8年，不適用前項任期之規定。

司法院大法官，除依憲法第78條之規定外，並組成憲法法庭審理總統、副總統之彈劾及政黨違憲之解散事項。

政黨之目的或其行為，危害中華民國之存在或自由民主之憲政秩序者為違憲。

司法院所提出之年度司法概算，行政院不得刪減，但得加註意見，編入中央政府總預算案，送立法院審議。

第6條　考試院為國家最高考試機關，掌理左列事項，不適用憲法第83條之規定：

一、考試。

二、公務人員之銓敘、保障、撫卹、退休。

三、公務人員任免、考績、級俸、陞遷、褒獎之法制事項。

考試院設院長、副院長各1人，考試委員若干人，由總統提名，經立法院同意任命之，不適用憲法第84條之規定。

憲法第85條有關按省區分別規定名額，分區舉行考試之規定，停止適用。

第7條　監察院為國家最高監察機關，行使彈劾、糾舉及審計權，不適用憲法第90條及第94條有關同意權之規定。

監察院設監察委員29人，並以其中1人為院長、1人為副院長，任期6年，由總統提名，經立法院同意任命之。憲法第91條至第93條之規定停止適用。

監察院對於中央、地方公務人員及司法院、考試院人員之彈劾案，須經監察委員2人以上之提議，9人以上之審查及決定，始得提出，不受憲法第98條之限制。

監察院對於監察院人員失職或違法之彈劾，適用憲法第95條、第97條第2項及前項之規定。

監察委員須超出黨派以外，依據法律獨立行使職權。

憲法第101條及第102條之規定，停止適用。

第8條 **立法委員之報酬或待遇，應以法律定之。**除年度通案調整者外，單獨增加報酬或待遇之規定，應自次屆起實施。

第9條 省、縣地方制度，應包括左列各款，以法律定之，不受憲法第108條第1項第1款、第109條、第112條至第115條及第123條之限制：

一、省設省政府，置委員9人，其中1人為主席，均由行政院院長提請總統任命之。

二、省設省諮議會，置省諮議會議員若干人，由行政院院長提請總統任命之。

三、縣設縣議會，縣議會議員由縣民選舉之。

四、屬於縣之立法權，由縣議會行之。

五、縣設縣政府，置縣長1人，由縣民選舉之。

六、中央與省、縣之關係。

七、省承行政院之命，監督縣自治事項。

台灣省政府之功能、業務與組織之調整，得以法律為特別之規定。

第10條 國家應獎勵科學技術發展及投資，促進產業升級，推動農漁業現代化，重視水資源之開發利用，加強國際經濟合作。

經濟及科學技術發展，應與環境及生態保護兼籌並顧。

國家對於人民興辦之中小型經濟事業，應扶助並保護其生存與發展。

國家對於公營金融機構之管理，應本企業化經營之原則；其管理、人事、預算、決算及審計，得以法律為特別之規定。

國家應推行全民健康保險，並促進現代和傳統醫藥之研究發展。

國家應維護婦女之人格尊嚴，保障婦女之人身安全，消除性別歧視，促進兩性地位之實質平等。

國家對於身心障礙者之保險與就醫、無障礙環境之建構、教育訓練與就業輔導及生活維護與救助，應予保障，並扶助其自立與發展。

國家應重視社會救助、福利服務、國民就業、社會保險及醫療保健等社會福利工作，對於社會救助和國民就業等救濟性支出應優先編列。

國家應尊重軍人對社會之貢獻，並對其退役後之就學、就業、就醫、就養予以保障。

教育、科學、文化之經費，尤其國民教育之經費應優先編列，不受憲法第164條規定之限制。

國家肯定多元文化，並積極維護發展原住民族語言及文化。

國家應依民族意願，保障原住民族之地位及政治參與，並對其教育文化、交通水利、衛生醫療、經濟土地及社會福利事業予以保障扶助並促其發展，其辦法另以法律定之。對於澎湖、金門及馬祖地區人民亦同。

國家對於僑居國外國民之政治參與，應予保障。

第11條 自由地區與大陸地區間人民權利義務關係及其他事務之處理，得以法律為特別之規定。

第12條 憲法之修改，須經立法院立法委員四分之一之提議，四分之三之出席，及出席委員四分之三之決議，提出憲法修正案，並於公告半年後，經中華民國自由地區選舉人投票複決，有效同意票過選舉人總額之半數，即通過之，不適用憲法第174條之規定。

三、地方制度法

中華民國113年8月7日修正公布第33條條文

第一章　總則

第1條　本法依中華民國憲法第118條及中華民國憲法增修條文第9條第1項制定之。

地方制度依本法之規定，本法未規定者，適用其他法律之規定。

第2條　本法用詞之定義如下：

一、地方自治團體：指依本法實施地方自治，具公法人地位之團體。省政府為行政院派出機關，省為非地方自治團體。

二、自治事項：指地方自治團體依憲法或本法規定，得自為立法並執行，或法律規定應由該團體辦理之事務，而負其政策規劃及行政執行責任之事項。

三、委辦事項：指地方自治團體依法律、上級法規或規章規定，在上級政府指揮監督下，執行上級政府交付辦理之非屬該團體事務，而負其行政執行責任之事項。

四、核定：指上級政府或主管機關，對於下級政府或機關所陳報之事項，加以審查，並作成決定，以完成該事項之法定效力之謂。

五、備查：指下級政府或機關間就其得全權處理之業務，依法完成法定效力後，陳報上級政府或主管機關知悉之謂。

六、去職：指依公務員懲戒法規定受撤職之懲戒處分、依公職人員選舉罷免法規定被罷免或依本法規定被解除職權或職務者。

第3條　地方劃分為省、直轄市。

省劃分為縣、市（以下稱縣（市））；縣劃分為鄉、鎮、縣轄市（以下稱鄉（鎮、市））。

直轄市及市均劃分為區。

鄉以內之編組為村；鎮、縣轄市及區以內之編組為里。村、里（以下稱村（里））以內之編組為鄰。

第4條　人口聚居達125萬人以上，且在政治、經濟、文化及都會區域發展上，有特殊需要之地區得設直轄市。

縣人口聚居達200萬人以上，未改制為直轄市前，於第34條、第54條、第55條、第62條、第66條、第67條及其他法律關於直轄市之規定，準用之。

人口聚居達50萬人以上未滿125萬人，且在政治、經濟及文化上地位重要之地區，得設市。

人口聚居達10萬人以上未滿50萬人，且工商發達、自治財源充裕、交通便利及公共設施完全之地區，得設縣轄市。

本法施行前已設之直轄市、市及縣轄市，得不適用第1項、第3項及第4項之規定。

第5條 省設省政府、省諮議會。

直轄市設直轄市議會、直轄市政府；縣（市）設縣（市）議會、縣（市）政府；鄉（鎮、市）設鄉（鎮、市）民代表會、鄉（鎮、市）公所，分別為直轄市、縣（市）、鄉（鎮、市）之立法機關及行政機關。直轄市、市之區設區公所。村（里）設村（里）辦公處。

第6條 省、直轄市、縣（市）、鄉（鎮、市）、區及村（里）名稱，依原有之名稱。

前項名稱之變更，依下列規定辦理之：

一、省：由內政部報行政院核定。

二、直轄市：由直轄市政府提請直轄市議會通過，報行政院核定。

三、縣（市）：由縣（市）政府提請縣（市）議會通過，由內政部轉報行政院核定。

四、鄉（鎮、市）及村（里）：由鄉（鎮、市）公所提請鄉（鎮、市）民代表會通過，報縣政府核定。

五、直轄市、市之區、里：由各該市政府提請市議會通過後辦理。

鄉（鎮）符合第4條第4項規定，改制為縣轄市者，準用前項之規定。

第7條 省、直轄市、縣（市）、鄉（鎮、市）及區〔以下簡稱鄉（鎮、市、區）〕之新設、廢止或調整，依法律規定行之。

縣（市）改制或與其他直轄市、縣（市）行政區域合併改制為直轄市者，依本法之規定。

村（里）、鄰之編組及調整辦法，由直轄市、縣（市）另定之。

第7-1條 內政部基於全國國土合理規劃及區域均衡發展之需要，擬將縣（市）改制或與其他直轄市、縣（市）合併改制為直轄市者，應擬訂改制計畫，徵詢相關直轄市政府、縣（市）政府意見後，報請行政院核定之。

縣（市）擬改制為直轄市者，縣（市）政府得擬訂改制計畫，經縣（市）議會同意後，由內政部報請行政院核定之。

縣（市）擬與其他直轄市、縣（市）合併改制為直轄市者，相關直轄市政府、縣（市）政府得共同擬訂改制計畫，經各該直轄市議會、縣（市）議會同意後，由內政部報請行政院核定之。

行政院收到內政部陳報改制計畫，應於6個月內決定之。

內政部應於收到行政院核定公文之次日起30日內，將改制計畫發布，並公告改制日期。

第7-2條 前條改制計畫應載明下列事項：

一、改制後之名稱。
二、歷史沿革。
三、改制前、後行政區域範圍、人口及面積。
四、縣原轄鄉（鎮、市）及村改制為區、里，其改制前、後之名稱及其人口、面積。
五、標註改制前、後行政界線之地形圖及界線會勘情形。
六、改制後對於地方政治、財政、經濟、文化、都會發展、交通之影響分析。
七、改制後之直轄市議會及直轄市政府所在地。
八、原直轄市、縣（市）、鄉（鎮、市、區）相關機關（構）、學校，於改制後組織變更、業務調整、人員移撥、財產移轉及自治法規處理之規劃。
九、原直轄市、縣（市）、鄉（鎮、市、區）相關機關（構）、學校，於改制後預算編製及執行等事項之規劃原則。
十、其他有關改制之事項。

第7-3條　依第7-1條改制之直轄市，其區之行政區域，應依相關法律規定整併之。

縣（市）改制為直轄市，如不涉及行政區域之劃分、調整者，經縣（市）政府提請縣（市）議會通過後，由內政部轉報行政院核定之，不適用前項規定。

村（里）、鄰之編組及調整辦法，由直轄市、縣（市）另定之。

第二章　省政府與省諮議會

第8條　省政府受行政院指揮監督，辦理下列事項：

一、監督縣（市）自治事項。
二、執行省政府行政事務。
三、其他法令授權或行政院交辦事項。

第9條　省政府置委員9人，組成省政府委員會議，行使職權，其中1人為主席，由其他特任人員兼任，綜理省政業務，其餘委員為無給職，均由行政院院長提請總統任命之。

第10條　省諮議會對省政府業務提供諮詢及興革意見。

第11條　省諮議會置諮議員，任期3年，為無給職，其人數由行政院參酌轄區幅員大小、人口多寡及省政業務需要定之，至少5人，至多29人，並指定其中1人為諮議長，綜理會務，均由行政院院長提請總統任命之。

第12條　省政府及省諮議會之預算，由行政院納入中央政府總預算，其預算編列、執行及財務收支事項，依預算法、決算法、國庫法及其他相關法令規定辦理。

第13條　省政府組織規程及省諮議會組織規程，均由行政院定之。

第三章 地方自治

第一節 地方自治團體及其居民之權利與義務

第14條 直轄市、縣（市）、鄉（鎮、市）為地方自治團體，依本法辦理自治事項，並執行上級政府委辦事項。

第15條 中華民國國民，設籍在直轄市、縣（市）、鄉（鎮、市）地方自治區域內者，為直轄市民、縣（市）民、鄉（鎮、市）民。

第16條 直轄市民、縣（市）民、鄉（鎮、市）民之權利如下：

一、對於地方公職人員有依法選舉、罷免之權。

二、對於地方自治事項，有依法行使創制、複決之權。

三、對於地方公共設施有使用之權。

四、對於地方教育文化、社會福利、醫療衛生事項，有依法律及自治法規享受之權。

五、對於地方政府資訊，有依法請求公開之權。

六、其他依法律及自治法規賦予之權利。

第17條 直轄市民、縣（市）民、鄉（鎮、市）民之義務如下：

一、遵守自治法規之義務。

二、繳納自治稅捐之義務。

三、其他依法律及自治法規所課之義務。

第二節 自治事項

第18條 下列各款為直轄市自治事項：

一、關於組織及行政管理事項如下：

(一) 直轄市公職人員選舉、罷免之實施。

(二) 直轄市組織之設立及管理。

(三) 直轄市戶籍行政。

(四) 直轄市土地行政。

(五) 直轄市新聞行政。

二、關於財政事項如下：

(一) 直轄市財務收支及管理。

(二) 直轄市稅捐。

(三) 直轄市公共債務。

(四) 直轄市財產之經營及處分。

三、關於社會服務事項如下：

(一) 直轄市社會福利。

(二) 直轄市公益慈善事業及社會救助。

(三) 直轄市人民團體之輔導。

(四) 直轄市宗教輔導。

(五) 直轄市殯葬設施之設置及管理。

(六) 直轄市調解業務。

四、關於教育文化及體育事項如下：

(一) 直轄市學前教育、各級學校教育及社會教育之興辦及管理。

(二) 直轄市藝文活動。

(三) 直轄市體育活動。

(四) 直轄市文化資產保存。

(五) 直轄市禮儀民俗及文獻。

(六) 直轄市社會教育、體育與文化機構之設置、營運及管理。

五、關於勞工行政事項如下：
(一) 直轄市勞資關係。
(二) 直轄市勞工安全衛生。
六、關於都市計畫及營建事項如下：
(一) 直轄市都市計畫之擬定、審議及執行。
(二) 直轄市建築管理。
(三) 直轄市住宅業務。
(四) 直轄市下水道建設及管理。
(五) 直轄市公園綠地之設立及管理。
(六) 直轄市營建廢棄土之處理。
七、關於經濟服務事項如下：
(一) 直轄市農、林、漁、牧業之輔導及管理。
(二) 直轄市自然保育。
(三) 直轄市工商輔導及管理。
(四) 直轄市消費者保護。
八、關於水利事項如下：
(一) 直轄市河川整治及管理。
(二) 直轄市集水區保育及管理。
(三) 直轄市防洪排水設施興建管理。
(四) 直轄市水資源基本資料調查。
九、關於衛生及環境保護事項如下：
(一) 直轄市衛生管理。
(二) 直轄市環境保護。
十、關於交通及觀光事項如下：
(一) 直轄市道路之規劃、建設及管理。
(二) 直轄市交通之規劃、營運及管理。
(三) 直轄市觀光事業。
十一、關於公共安全事項如下：
(一) 直轄市警政、警衛之實施。
(二) 直轄市災害防救之規劃及執行。
(三) 直轄市民防之實施。
十二、關於事業之經營及管理事項如下：
(一) 直轄市合作事業。
(二) 直轄市公用及公營事業。
(三) 與其他地方自治團體合辦之事業。
十三、其他依法律賦予之事項。

第19條　下列各款為縣（市）自治事項；
一、關於組織及行政管理事項如下：
(一) 縣（市）公職人員選舉、罷免之實施。
(二) 縣(市)組織之設立及管理。
(三) 縣（市）戶籍行政。
(四) 縣（市）土地行政。
(五) 縣（市）新聞行政。
二、關於財政事項如下：
(一) 縣(市)財務收支及管理。
(二) 縣（市）稅捐。
(三) 縣（市）公共債務。
(四) 縣（市）財產之經營及處分。
三、關於社會服務事項如下：
(一) 縣（市）社會福利。
(二) 縣（市）公益慈善事業及社會救助。
(三) 縣（市）人民團體之輔導。
(四) 縣（市）宗教輔導。

(五) 縣（市）殯葬設施之設置及管理。
(六) 市調解業務。

四、關於教育文化及體育事項如下：
(一) 縣（市）學前教育、各級學校教育及社會教育之興辦及管理。
(二) 縣（市）藝文活動。
(三) 縣（市）體育活動。
(四) 縣（市）文化資產保存。
(五) 縣（市）禮儀民俗及文獻。
(六) 縣（市）社會教育、體育與文化機構之設置、營運及管理。

五、關於勞工行政事項如下：
(一) 縣（市）勞資關係。
(二) 縣（市）勞工安全衛生。

六、關於都市計畫及營建事項如下：
(一) 縣（市）都市計畫之擬定、審議及執行。
(二) 縣（市）建築管理。
(三) 縣（市）住宅業務。
(四) 縣（市）下水道建設及管理。
(五) 縣（市）公園綠地之設立及管理。
(六) 縣（市）營建廢棄土之處理。

七、關於經濟服務事項如下：
(一) 縣（市）農、林、漁、牧業之輔導及管理。
(二) 縣（市）自然保育。
(三) 縣（市）工商輔導及管理。
(四) 縣（市）消費者保護。

八、關於水利事項如下：
(一) 縣（市）河川整治及管理。
(二) 縣（市）集水區保育及管理。
(三) 縣（市）防洪排水設施興建管理。
(四) 縣（市）水資源基本資料調查。

九、關於衛生及環境保護事項如下：
(一) 縣（市）衛生管理。
(二) 縣（市）環境保護。

十、關於交通及觀光事項如下：
(一) 縣（市）管道路之規劃、建設及管理。
(二) 縣（市）交通之規劃、營運及管理。
(三) 縣（市）觀光事業。

十一、關於公共安全事項如下：
(一) 縣（市）警衛之實施。
(二) 縣（市）災害防救之規劃及執行。
(三) 縣（市）民防之實施。

十二、關於事業之經營及管理事項如下：
(一) 縣（市）合作事業。
(二) 縣（市）公用及公營事業。
(三) 縣（市）公共造產事業。
(四) 與其他地方自治團體合辦之事業。

十三、其他依法律賦予之事項。

第20條 下列各款為鄉（鎮、市）自治事項：

一、關於組織及行政管理事項如下：
(一) 鄉（鎮、市）公職人員選舉、罷免之實施。

(二) 鄉（鎮、市）組織之設立及管理。
(三) 鄉（鎮、市）新聞行政。

二、關於財政事項如下：
(一) 鄉（鎮、市）財務收支及管理。
(二) 鄉（鎮、市）稅捐。
(三) 鄉（鎮、市）公共債務。
(四) 鄉（鎮、市）財產之經營及處分。

三、關於社會服務事項如下：
(一) 鄉（鎮、市）社會福利。
(二) 鄉（鎮、市）公益慈善事業及社會救助。
(三) 鄉（鎮、市）殯葬設施之設置及管理。
(四) 鄉（鎮、市）調解業務。

四、關於教育文化及體育事項如下：
(一) 鄉（鎮、市）社會教育之興辦及管理。
(二) 鄉（鎮、市）藝文活動。
(三) 鄉（鎮、市）體育活動。
(四) 鄉（鎮、市）禮儀民俗及文獻。
(五) 鄉（鎮、市）社會教育、體育與文化機構之設置、營運及管理。

五、關於環境衛生事項如下：鄉（鎮、市）廢棄物清除及處理。

六、關於營建、交通及觀光事項如下：
(一) 鄉（鎮、市）道路之建設及管理。
(二) 鄉（鎮、市）公園綠地之設立及管理。
(三) 鄉（鎮、市）交通之規劃、營運及管理。
(四) 鄉（鎮、市）觀光事業。

七、關於公共安全事項如下：
(一) 鄉（鎮、市）災害防救之規劃及執行。
(二) 鄉（鎮、市）民防之實施。

八、關於事業之經營及管理事項如下：
(一) 鄉（鎮、市）公用及公營事業。
(二) 鄉（鎮、市）公共造產事業。
(三) 與其他地方自治團體合辦之事業。

九、其他依法律賦予之事項。

第21條 地方自治事項涉及跨直轄市、縣（市）、鄉（鎮、市）區域時，由各該地方自治團體協商辦理；必要時，由共同上級業務主管機關協調各相關地方自治團體共同辦理或指定其中一地方自治團體限期辦理。

第22條 （刪除）

第23條 直轄市、縣（市）、鄉（鎮、市）對各該自治事項，應全力執行，並依法負其責任。

第24條 直轄市、縣（市）、鄉（鎮、市）與其他直轄市、縣（市）、鄉（鎮、市）合辦之事業，經有關直轄市議會、縣（市）

議會、鄉（鎮、市）民代表會通過後，得設組織經營之。

前項合辦事業涉及直轄市議會、縣（市）議會、鄉（鎮、市）民代表會職權事項者，得由有關直轄市議會、縣（市）議會、鄉（鎮、市）民代表會約定之議會或代表會決定之。

第24-1條 直轄市、縣（市）、鄉（鎮、市）為處理跨區域自治事務、促進區域資源之利用或增進區域居民之福祉，得與其他直轄市、縣（市）、鄉（鎮、市）成立區域合作組織、訂定協議、行政契約或以其他方式合作，並報共同上級業務主管機關備查。

前項情形涉及直轄市議會、縣（市）議會、鄉（鎮、市）民代表會職權者，應經各該直轄市議會、縣（市）議會、鄉（鎮、市）民代表會同意。

第1項情形涉及管轄權限之移轉或調整者，直轄市、縣（市）、鄉（鎮、市）應制（訂）定、修正各該自治法規。

共同上級業務主管機關對於直轄市、縣（市）、鄉（鎮、市）所提跨區域之建設計畫或第1項跨區域合作事項，應優先給予補助或其他必要之協助。

第24-2條 直轄市、縣（市）、鄉（鎮、市）與其他直轄市、縣（市）、鄉（鎮、市）依前條第1項規定訂定行政契約時，應視事務之性質，載明下列事項：

一、訂定行政契約之團體或機關。
二、合作之事項及方法。
三、費用之分攤原則。
四、合作之期間。
五、契約之生效要件及時點。
六、違約之處理方式。
七、其他涉及相互間權利義務之事項。

第24-3條 直轄市、縣（市）、鄉（鎮、市）應依約定履行其義務；遇有爭議時，得報請共同上級業務主管機關協調或依司法程序處理。

第三節 自治法規

第25條 **直轄市、縣（市）、鄉（鎮、市）得就其自治事項或依法律及上級法規之授權，制定自治法規。自治法規經地方立法機關通過，並由各該行政機關公布者，稱自治條例；自治法規由地方行政機關訂定，並發布或下達者，稱自治規則。**

第26條 **自治條例應分別冠以各該地方自治團體之名稱**，在直轄市稱直轄市法規，在縣（市）稱縣（市）規章，在鄉（鎮、市）稱鄉（鎮、市）規約。直轄市法規、縣（市）規章就違反地方自治事項之行政業務者，得規定處以罰鍰或其他種類之行政罰。但法律另有規定者，不在此限。其為罰鍰之處罰，逾期不繳納者，得依相關法律移送強制執行。

前項罰鍰之處罰，最高以新台幣10萬元為限；並得規定連續處罰之。其他行政罰之種類限於勒令停工、停止營業、吊扣執照或其他一定期限內限制或禁止為一定行為之不利處分。

自治條例經各該地方立法機關議決後，如規定有罰則時，應分別報經行政院、中央各該主管機關核定後發布；其餘除法律或縣規章另有規定外，直轄市法規發布後，應報中央各該主管機關轉行政院備查；縣（市）規章發布後，應報中央各該主管機關備查；鄉（鎮、市）規約發布後，應報縣政府備查。

第27條 直轄市政府、縣（市）政府、鄉（鎮、市）公所就其自治事項，得依其法定職權或法律、基於法律授權之法規、自治條例之授權，訂定自治規則。

前項自治規則應分別冠以各該地方自治團體之名稱，並得依其性質，定名為規程、規則、細則、辦法、綱要、標準或準則。

直轄市、縣（市）、鄉（鎮、市）自治規則，除法律或基於法律授權之法規另有規定外，應於發布後分別函報行政院、中央各該主管機關、縣政府備查，**並函送各該地方立法機關查照**。

第28條 **下列事項以自治條例定之：**

一、**法律或自治條例規定應經地方立法機關議決者。**

二、**創設、剝奪或限制地方自治團體居民之權利義務者。**

三、**關於地方自治團體及所營事業機構之組織者。**

四、**其他重要事項，經地方立法機關議決應以自治條例定之者。**

第29條 直轄市政府、縣（市）政府、鄉（鎮、市）公所為辦理上級機關委辦事項，得依其法定職權或基於法律、中央法規之授權，訂定委辦規則。委辦規則應函報委辦機關核定後發布之；其名稱準用自治規則之規定。

第30條 自治條例與憲法、法律或基於法律授權之法規或上級自治團體自治條例牴觸者，無效。

自治規則與憲法、法律、基於法律授權之法規、上級自治團體自治條例或該自治團體自治條例牴觸者，無效。

委辦規則與憲法、法律、中央法令牴觸者，無效。

第1項及第2項發生牴觸無效者，分別由行政院、中央各該主管機關、縣政府予以函告。第3項發生牴觸無效者，由委辦機關予以函告無效。

自治法規與憲法、法律、基於法律授權之法規、上級自治團體自治條例或該自治團體自治條例有無牴觸發生疑義時，得聲請司法院解釋之。

第31條 地方立法機關得訂定自律規則。

自律規則除法律或自治條例另有規定外，由各該立法機關發布，並報各該上級政府備查。

自律規則與憲法、法律、中央法規或上級自治法規牴觸者，無效。

第32條 自治條例經地方立法機關議決後，函送各該地方行政機關，地方行政機關收到後，除法律另有規定，或依第39條規定提起覆議、第43條規定報請上級政府予以函告無效或聲請司法院解釋者外，應於30日內公布。

自治法規、委辦規則依規定應經其他機關核定者，應於核定文送達各該地方行政機關30日內公布或發布。

自治法規、委辦規則須經上級政府或委辦機關核定者，核定機關應於1個月內為核定與否之決定；逾期視為核定，由函報機關逕行公布或發布。但因內容複雜、關係重大，須較長時間之審查，經核定機關具明理由函告延長核定期限者，不在此限。

自治法規、委辦規則自公布或發布之日起算至第3日起發生效力。但特定有施行日期者，自該特定日起發生效力。

第1項及第2項自治法規、委辦規則，地方行政機關未依規定期限公布或發布者，該自治法規、委辦規則自期限屆滿之日起算至第3日起發生效力，並由地方立法機關代為發布。但經上級政府或委辦機關核定者，由核定機關代為發布。

第四節　自治組織

第一款　地方立法機關

第33條 直轄市議員、縣（市）議員、鄉（鎮、市）民代表分別由直轄市民、縣（市）民、鄉（鎮、市）民依法選舉之，任期四年，連選得連任。

直轄市議員、縣（市）議員、鄉（鎮、市）民代表名額，應參酌各該直轄市、縣（市）、鄉（鎮、市）財政、區域狀況，並依下列規定，於地方立法機關組織準則定之：

一、直轄市議員總額：

(一) 區域議員名額：直轄市人口扣除原住民人口在二百萬人以下者，不得超過五十五人；超過二百萬人者，不得超過六十二人。

(二) 原住民議員名額：有平地原住民人口在二千人以上者，應有平地原住民選出之議員名額；有山地原住民人口在二千人以上或改制前有山地鄉者，應有山地原住民選出之議員名額。

二、縣（市）議員總額：

(一) 區域議員名額：縣（市）人口扣除原住民人口在一萬人以下者，不得超過十一人；人口在二十萬人以下者，不得超過十九人；人口在四十萬人以下者，不得超過三十三人；人口在七十萬人以下者，不得超過四十三人；人口在一百六十萬人以下者，不得超過五十七人；人口超過一百六十萬人者，不得超過六十人。但依第二目規定計算無原住民議員名額者，原住民人口應計入之。

(二) 原住民議員名額：有平地原住民人口在一千五百人以上者，應有平地原住民選出之議員名額；有山地原住民人口在一千五百人以上或有山地鄉者，應有山地原住民選出之議員名額。無山地鄉之縣（市）山地原住民、平地原住民人口數均未達一千五百人以上者，且原住民人口數在二千人以上者，應有原住民選出之議員名額。

(三) 有離島鄉且該鄉人口在二千五百人以上者，依前二目規定計算之名額內應有該鄉選出之議員名額。

三、鄉（鎮、市）民代表總額：

(一) 鄉（鎮、市）人口在一千人以下者，不得超過五人；人口在一萬人以下者，不得超過七人；人口在五萬人以下者，不得超過十一人；人口在十五萬人以下者，不得超過十九人；人口超過十五萬人者，不得超過三十一人。

(二) 鄉（鎮、市）有平地原住民人口在一千五百人以上者，於前目總額內應有平地原住民選出之鄉（鎮、市）民代表名額。

直轄市議員由原住民選出者，以其行政區域內之原住民為選舉區，並得按平地原住民、山地原住民或在其行政區域內劃分選舉區。

本法中華民國一百十三年七月十六日修正之條文施行後，依第二項規定計算之縣（市）區域議員名額多於一百十一年十一月二十六日選出名額者，除離島縣人口多於一百十一年五月三十一日之人口五千人以上，其餘縣（市）人口多於四萬人以上者外，以一百十一年十一月二十六日選出名額為其名額，不適用第二項規定。

各選舉區選出之直轄市議員、縣（市）議員、鄉（鎮、市）民代表名額達四人者，應有婦女當選名額一人；超過四人者，每增加四人增一人。

直轄市及有山地鄉之縣（市）選出之山地原住民、平地原住民名額在四人以上者，應有婦女當選名額；超過四人者，每增加四人增一人。市及無山地鄉之縣選出之原住民名額在四人以上者，應有婦女當選名額；超過四人者，每增加四人增一人。山地鄉以外之鄉（鎮、市）選出之平地原住民名額在四人以上者，應有婦女當選名額；超過四人者，每增加四人增一人。

依第一項選出之直轄市議員、縣(市)議員、鄉(鎮、市)民代表，應於上屆任期屆滿之日宣誓就職。該宣誓就職典禮分別由行政院、內政部、縣政府召集，並由議員、代表當選人互推一人主持之。其推選會議由曾任議員、代表之資深者主持之；年資相同者，由年長者主持之。

第34條　直轄市議會、縣（市）議會、鄉（鎮、市）民代表會會議，除每屆成立大會外，定期會每6個月開會一次，由議長、主席召集之，議長、主席如未依法召集時，由副議長、副主席召集之；副議長、副主席亦不依法召集時，由過半數議員、代表互推1人召集之。每次會期包括例假日或停會在內，依下列規定：

一、直轄市議會不得超過70日。

二、縣（市）議會議員總額40人以下者，不得超過30日；41人以上者不得超過40日。

三、鄉（鎮、市）民代表會代表總額20人以下者，不得超過12日；21人以上者，不得超過16日。

前項每年審議總預算之定期會，會期屆滿而議案尚未議畢或有其他必要時，得應直轄市長、縣（市）長、鄉（鎮、市）長之要求，或由議長、主席或議員、代表三分之一以上連署，提經大會決議延長會期。延長之會期，直轄市議會不得超過10日，縣（市）議會、鄉（鎮、市）民代表會不得超過5日，並不得作為質詢之用。

直轄市議會、縣（市）議會、鄉（鎮、市）民代表會遇有下列情事之一者，得召集臨時會：

一、直轄市長、縣（市）長、鄉（鎮、市）長之請求。

二、議長、主席請求或議員、代表三分之一以上之請求。

三、有第39條第4項之情事時。

前項臨時會之召開，議長、主席應於10日內為之，其會期包括例假日或停會在內，直轄市議會每次不得超過10日，每12個月不得多於8次；縣（市）議會每次不得超過5日，每12個月不得多於6次；鄉（鎮、市）民代表會每次不得超過3日，每12個月不得多於5次。但有第39條第4項之情事時，不在此限。

第35條 直轄市議會之職權如下：
一、議決直轄市法規。
二、議決直轄市預算。
三、議決直轄市特別稅課、臨時稅課及附加稅課。
四、議決直轄市財產之處分。
五、議決直轄市政府組織自治條例及所屬事業機構組織自治條例。
六、議決直轄市政府提案事項。
七、審議直轄市決算之審核報告。
八、議決直轄市議員提案事項。
九、接受人民請願。
十、其他依法律賦予之職權。

第36條 縣（市）議會之職權如下：
一、議決縣（市）規章。
二、議決縣（市）預算。
三、議決縣（市）特別稅課、臨時稅課及附加稅課。
四、議決縣（市）財產之處分。
五、議決縣（市）政府組織自治條例及所屬事業機構組織自治條例。
六、議決縣（市）政府提案事項。
七、審議縣（市）決算之審核報告。
八、議決縣（市）議員提案事項。
九、接受人民請願。
十、其他依法律或上級法規賦予之職權。

第37條 鄉（鎮、市）民代表會之職權如下：
一、議決鄉（鎮、市）規約。
二、議決鄉（鎮、市）預算。
三、議決鄉（鎮、市）臨時稅課。
四、議決鄉（鎮、市）財產之處分。
五、議決鄉（鎮、市）公所組織自治條例及所屬事業機構組織自治條例。
六、議決鄉(鎮、市)公所提案事項。
七、審議鄉（鎮、市）決算報告。
八、議決鄉（鎮、市）民代表提案事項。
九、接受人民請願。
十、其他依法律或上級法規、規章賦予之職權。

第38條 直轄市政府、縣（市）政府、鄉（鎮、市）公所，對直轄市議會、縣（市）議會、鄉（鎮、市）民代表會之議決案應予執行，如延不執行或執行不當，直轄市議會、縣（市）議會、鄉（鎮、市）民代表會得請其說明理由，必要時得報請行政院、內政部、縣政府邀集各有關機關協商解決之。

第39條 直轄市政府對第35條第1款至第6款及第10款之議決案，如認為窒礙難行時，應於該議決案送達直轄市政府30日內，就窒礙難行部分敘明理由送請直轄市議會覆議。第8

款及第9款之議決案，如執行有困難時，應敘明理由函復直轄市議會。

縣（市）政府對第36條第1款至第6款及第10款之議決案，如認為窒礙難行時，應於該議決案送達縣（市）政府30日內，就窒礙難行部分敘明理由送請縣（市）議會覆議。第8款至第9款之議決案，如執行有困難時，應敘明理由函復縣（市）議會。

鄉（鎮、市）公所對第37條第1款至第6款及第10款之議決案，如認為窒礙難行時，應於該議決案送達鄉（鎮、市）公所30日內，就窒礙難行部分敘明理由送請鄉（鎮、市）民代表會覆議。第8款及第9款之議決案，如執行有困難時，應敘明理由函復鄉（鎮、市）民代表會。

直轄市議會、縣（市）議會、鄉（鎮、市）民代表會對於直轄市政府、縣（市）政府、鄉（鎮、市）公所移送之覆議案，應於送達15日內作成決議。如為休會期間，應於7日內召集臨時會，並於開議3日內作成決議。覆議案逾期未議決者，原決議失效。覆議時，如有出席議員、代表三分之二維持原議決案，直轄市政府、縣（市）政府、鄉（鎮、市）公所應即接受該決議。但有第40條第5項或第43條第1項至第3項規定之情事者，不在此限。

直轄市、縣（市）、鄉（鎮、市）預算案之覆議案，如原決議失效，直轄市議會、縣（市）議會、鄉（鎮、市）民代表會應就直轄市政府、縣（市）政府、鄉（鎮、市）公所原提案重行議決，並不得再為相同之決議，各該行政機關亦不得再提覆議。

第40條 直轄市總預算案，直轄市政府應於會計年度開始3個月前送達直轄市議會；縣（市）、鄉（鎮、市）總預算案，縣（市）政府、鄉（鎮、市）公所應於會計年度開始2個月前送達縣（市）議會、鄉（鎮、市）民代表會。直轄市議會、縣（市）議會、鄉（鎮、市）民代表會應於會計年度開始1個月前審議完成，並於會計年度開始15日前由直轄市政府、縣（市）政府、鄉（鎮、市）公所發布之。

直轄市議會、縣（市）議會、鄉（鎮、市）民代表會對於直轄市政府、縣（市）政府、鄉（鎮、市）公所所提預算案不得為增加支出之提議。

直轄市、縣（市）、鄉（鎮、市）總預算案，如不能依第1項規定期限審議完成時，其預算之執行，依下列規定為之：

一、收入部分暫依上年度標準及實際發生數，覈實收入。

二、支出部分：

(一)新興資本支出及新增科目，須俟本年度預算完成審議程序後始得動支。

(二) 前目以外之科目得依已獲授權之原訂計畫或上年度執行數，覈實動支。

三、履行其他法定義務之收支。

四、因應前三款收支調度需要之債務舉借，覈實辦理。

直轄市、縣（市）、鄉（鎮、市）總預算案在年度開始後3個月內未完成審議，直轄市政府、縣（市）政府、鄉（鎮、市）公所得就原提總預算案未審議完成部分，報請行政院、內政部、縣政府邀集各有關機關協商，於1個月內決定之；逾期未決定者，由邀集協商之機關逕為決定之。

直轄市、縣（市）、鄉（鎮、市）總預算案經覆議後，仍維持原決議，或依前條第5項重行議決時，如對歲入、歲出之議決違反相關法律、基於法律授權之法規規定或逾越權限，或對維持政府施政所必須之經費、法律規定應負擔之經費及上年度已確定數額之繼續經費之刪除已造成窒礙難行時，準用前項之規定。

第40-1條　改制後之首年度直轄市總預算案，應由改制後之直轄市政府於該年度1月31日之前送達改制後之直轄市議會，該直轄市議會應於送達後2個月內審議完成，並由該直轄市政府於審議完成日起15日內發布之，不受前條第1項規定之限制。

會計年度開始時，前項總預算案如未送達或審議通過，其預算之執行，依下列規定為之：

一、收入部分依規定標準及實際發生數，覈實收入。

二、支出部分，除新興資本支出外，其維持政府施政所必須之經費得按期分配後覈實動支。

三、履行其他法定及契約義務之收支，覈實辦理。

四、因應前三款收支調度需要之債務舉借，覈實辦理。

前項收支，均應編入該首年度總預算案。

第41條　直轄市、縣（市）、鄉（鎮、市）總預算案之審議，應注重歲出規模、預算餘絀、計畫績效，優先順序，其中歲入以擬變更或擬設定之收入為主，審議時應就來源別分別決定之；歲出以擬變更或擬設定之支出為主，審議時應就機關別、政事別及基金別分別決定之。

法定預算附加條件或期限者，從其所定。但該條件或期限為法律、自治法規所不許者，不在此限。

直轄市議會、縣（市）議會、鄉（鎮、市）民代表會就預算案所為之附帶決議，應由直轄市政府、縣（市）政府、鄉（鎮、市）公所參照法令辦理。

第42條　直轄市、縣（市）決算案，應於會計年度結束後4個月內，提出於該管審計機關，審計機關應於決算送達後3個月內完成其審核，編造最終審定數額表，並提出決算審核報告於直轄市議會、縣（市）議會。總決算最終審定數額表，由審計機關送請直轄市、縣（市）政府公告。直轄市議會、縣（市）議會審議直轄市、縣（市）決算審核報告時，得邀請審計機關首長列席說明。

鄉（鎮、市）決算報告應於會計年度結束後6個月內送達鄉（鎮、市）民代表會審議，並由鄉（鎮、市）公所公告。

第43條 直轄市議會議決自治事項與憲法、法律或基於法律授權之法規牴觸者無效；議決委辦事項與憲法、法律、中央法令牴觸者無效。

縣（市）議會議決自治事項與憲法、法律或基於法律授權之法規牴觸者無效；議決委辦事項與憲法、法律、中央法令牴觸者無效。

鄉（鎮、市）民代表會議決自治事項與憲法、法律、中央法規、縣規章牴觸者無效；議決委辦事項與憲法、法律、中央法令、縣規章、縣自治規則牴觸者無效。

前三項議決事項無效者，除總預算案應依第40條第5項規定處理外，直轄市議會議決事項由行政院予以函告；縣（市）議會議決事項由中央各該主管機關予以函告；鄉（鎮、市）民代表會議決事項由縣政府予以函告。

第1項至第3項議決自治事項與憲法、法律、中央法規、縣規章有無牴觸發生疑義時，得聲請司法院解釋之。

第44條 直轄市議會、縣（市）議會置議長、副議長各1人，鄉（鎮、市）民代表會置主席、副主席各1人，由直轄市議員、縣（市）議員、鄉（鎮、市）民代表以記名投票分別互選或罷免之。但就職未滿1年者，不得罷免。議長、主席對外代表各該議會、代表會，對內綜理各該議會、代表會會務。

第45條 直轄市議會、縣（市）議會議長、副議長，鄉（鎮、市）民代表會主席、副主席之選舉，應於議員、代表宣誓就職典禮後即時舉行，並應有議員、代表總額過半數之出席，以得票達出席總數之過半數者為當選。選舉結果無人當選時，應立即舉行第二次投票，以得票較多者為當選；得票相同者，以抽籤定之。補選時亦同。

前項選舉，出席議員、代表人數不足時，應即訂定下一次選舉時間，並通知議員、代表。第三次舉行時，出席議員、代表已達議員、代表總額三分之一以上者，得以實到人數進行選舉，並均以得票較多者為當選；得票相同者，以抽籤定之。第二次及第三次選舉，均應於議員、代表宣誓就職當日舉行。

議長、副議長、主席、副主席選出後，應即依宣誓條例規定宣誓就職。

第一項選舉投票及前項宣誓就職，均由第33條第7項規定所推舉之主持人主持之。

第46條　直轄市議會、縣（市）議會議長、副議長，鄉（鎮、市）民代表會主席、副主席之罷免，依下列之規定：

一、罷免案應敘述理由，並有議員、代表總額三分之一以上之簽署，備具正、副本，分別向行政院、內政部、縣政府提出。

二、行政院、內政部、縣政府應於收到前款罷免案後七日內將副本送達各該議會、代表會於五日內轉交被罷免人。被罷免人如有答辯，應於收到副本後七日內將答辯書送交行政院、內政部、縣政府，由其將罷免案及答辯書一併印送各議員、代表，逾期得將罷免案單獨印送。

三、行政院、內政部、縣政府應於收到罷免案二十五日內，召集罷免投票會議，由出席議員、代表就同意罷免或不同意罷免，以記名投票表決之。

四、罷免案應有議員、代表總額過半數之出席，及出席總數三分之二以上之同意罷免為通過。

五、罷免案如經否決，於該被罷免人之任期內，不得對其再為罷免案之提出。

前項第三款之罷免投票，罷免議長、主席時，由副議長、副主席擔任主席；罷免副議長、副主席時，由議長、主席擔任主席；議長、副議長、主席、副主席同時被罷免時，由出席議員、代表互推一人擔任主席。

第一項罷免案，在未提會議前，得由原簽署人三分之二以上同意撤回之。提出會議後，應經原簽署人全體同意，並由主席徵詢全體出席議員、代表無異議後，始得撤回。

第47條　除依前三條規定外，直轄市議會、縣（市）議會議長、副議長及鄉（鎮、市）民代表會主席、副主席之選舉罷免，應於直轄市議會、縣（市）議會、鄉（鎮、市）民代表會組織準則定之。

第48條　直轄市議會、縣（市）議會、鄉（鎮、市）民代表會定期會開會時，直轄市長、縣（市）長、鄉（鎮、市）長應提出施政報告；直轄市政府各一級單位主管及所屬一級機關首長、縣（市）政府、鄉（鎮、市）公所各一級單位主管及所屬機關首長，均應就主管業務提出報告。

直轄市議員、縣（市）議員、鄉（鎮、市）民代表於議會、代表會定期會開會時，有向前項各該首長或單位主管，就其主管業務質詢之權；其質詢分為施政總質詢及業務質詢。業務質詢時，相關之業務主管應列席備詢。

第49條 直轄市議會、縣（市）議會、鄉（鎮、市）民代表會大會開會時，對特定事項有明瞭必要者，得邀請前條第1項各該首長或單位主管列席說明。

直轄市議會、縣（市）議會委員會或鄉（鎮、市）民代表會小組開會時，對特定事項有明瞭必要者，得邀請各該直轄市長、縣（市）長、鄉（鎮、市）長以外之有關業務機關首長或單位主管列席說明。

第50條 直轄市議會、縣（市）議會、鄉（鎮、市）民代表會開會時，直轄市議員、縣（市）議員、鄉（鎮、市）民代表對於有關會議事項所為之言論及表決，對外不負責任。但就無關會議事項所為顯然違法之言論，不在此限。

第51條 直轄市議員、縣（市）議員、鄉（鎮、市）民代表除現行犯、通緝犯外，在會期內，非經直轄市議會、縣（市）議會、鄉（鎮、市）民代表會之同意，不得逮捕或拘禁。

第52條 直轄市議員、縣（市）議員、鄉（鎮、市）民代表得支研究費等必要費用；在開會期間並得酌支出席費、交通費及膳食費。

違反第34條第4項規定召開之會議，不得依前項規定支領出席費、交通費及膳食費，或另訂項目名稱、標準支給費用。

第1項各費用支給項目及標準，另以法律定之；非依法律不得自行增加其費用。

第53條 直轄市議員、縣（市）議員、鄉（鎮、市）民代表，不得兼任其他公務員、公私立各級學校專任教師或其他民選公職人員，亦不得兼任各該直轄市政府、縣（市）政府、鄉（鎮、市）公所及其所屬機關、事業機構任何職務或名義。但法律、中央法規另有規定者，不在此限。

直轄市議員、縣（市）議員、鄉（鎮、市）民代表當選人有前項不得任職情事者，應於就職前辭去原職，不辭去原職者，於就職時視同辭去原職，並由行政院、內政部、縣政府通知其服務機關解除其職務、職權或解聘。就職後有前項情事者，亦同。

第54條 直轄市議會之組織，由內政部擬訂準則，報行政院核定；各直轄市議會應依準則擬訂組織自治條例，報行政院核定。

縣（市）議會之組織，由內政部擬訂準則，報行政院核定；各縣（市）議會應依準則擬訂組織自治條例，報內政部核定。

鄉（鎮、市）民代表會之組織，由內政部擬訂準則，報行政院核定；各鄉（鎮、市）民代表會應依準則擬訂組織自治條例，報縣政府核定。

新設之直轄市議會組織規程，由行政院定之；新設之縣（市）議會組織規程，由內政部定之；新設之鄉（鎮、市）民代表會組織規程，由縣政府定之。

直轄市議會、縣（市）議會、鄉（鎮、市）民代表會之組織準則、規程及組織自治條例，其有關考銓業務事項，不得牴觸中央考銓法規；各權責機關於核定後，應函送考試院備查。

第二款　地方行政機關

第55條　直轄市政府置市長一人，對外代表該市，綜理市政，由市民依法選舉之，每屆任期四年，連選得連任一屆。置副市長二人，襄助市長處理市政；人口在二百五十萬以上之直轄市，得增置副市長一人，職務均比照簡任第十四職等，由市長任命，並報請行政院備查。

直轄市政府置秘書長一人，由市長依公務人員任用法任免；**其一級單位主管**或所屬一級機關首長除**主計、人事、警察及政風之主管或首長，依專屬人事管理法律任免**外，其餘職務均比照簡任第十三職等，由市長任免之。

副市長及職務比照簡任第十三職等之主管或首長，於市長卸任、辭職、去職或死亡時，隨同離職。

依第一項選出之市長，應於上屆任期屆滿之日宣誓就職。

第56條　縣（市）政府置縣（市）長一人，對外代表該縣（市），綜理縣（市）政，並指導監督所轄鄉（鎮、市）自治。縣（市）長由縣（市）民依法選舉之，每屆任期四年，連選得連任一屆。置副縣（市）長一人，襄助縣（市）長處理縣（市）政，職務比照簡任第十三職等；人口在一百二十五萬人以上之縣（市），得增置副縣（市）長一人，均由縣（市）長任命，並報請內政部備查。

縣（市）政府置秘書長一人，由縣（市）長依公務人員任用法任免；**其一級單位主管**及所屬一級機關首長，除**主計、人事、警察、稅捐及政風之主管或首長，依專屬人事管理法律任免**，其總數二分之一得列政務職，職務比照簡任第十二職等，其餘均由縣（市）長依法任免之。

副縣（市）長及職務比照簡任第十二職等之主管或首長，於縣（市）長卸任、辭職、去職或死亡時，隨同離職。

依第一項選出之縣（市）長，應於上屆任期屆滿之日宣誓就職。

第57條　鄉（鎮、市）公所置鄉（鎮、市）長一人，對外代表該鄉（鎮、市），綜理鄉（鎮、市）政，由鄉（鎮、市）民依法選舉之，**每屆任期四年，連選得連任一屆**；其中人口在**三十萬人以上之縣轄市，得置副市長一人**，襄助市長處理市政，以機要人員方式進用，或以簡任第十職等任用，以機要人員任用之副市長，於市長卸任、辭職、去職或死亡時，隨同離職。

山地鄉鄉長以山地原住民為限。依第八十二條規定派員代理者，亦同。

鄉（鎮、市）公所除主計、人事、政風之主管，依專屬人事管理法律任免外，其餘一級單位主管均由鄉（鎮、市）長依法任免之。

依第1項選出之鄉（鎮、市）長，應於上屆任期屆滿之日宣誓就職。

第58條　直轄市、市之區公所，置區長一人，由市長依法任用，承市長之命綜理區政，並指揮監督所屬人員。

直轄市之區由鄉（鎮、市）改制者，改制日前一日仍在職之鄉（鎮、市）長，由直轄市長以機要人員方式進用為區長；其任期自改制日起，為期四年。但有下列情事之一者，不得進用：

一、涉嫌犯第78條第1項第1款及第2款所列之罪，經起訴。

二、涉嫌犯總統副總統選舉罷免法、公職人員選舉罷免法、農會法或漁會法之賄選罪，經起訴。

三、已連任二屆。

四、依法代理。

前項以機要人員方式進用之區長，有下列情事之一者，應予免職：

一、有前項第1款、第2款或第79條第1項各款所列情事。

二、依刑事訴訟程序被羈押或通緝。

直轄市之區由山地鄉改制者，其區長以山地原住民為限。

第58-1條　鄉（鎮、市）改制為區者，改制日前一日仍在職之鄉（鎮、市）民代表，除依法停止職權者外，由直轄市長聘任為區政諮詢委員；其任期自改制日起，為期四年，期滿不再聘任。

區政諮詢委員職權如下：

一、關於區政業務之諮詢事項。

二、關於區政之興革建議事項。

三、關於區行政區劃之諮詢事項。

四、其他依法令賦予之事項。

區長應定期邀集區政諮詢委員召開會議。

區政諮詢委員為無給職，開會時得支出席費及交通費。

區政諮詢委員有下列情事之一者，應予解聘：

一、依刑事訴訟程序被羈押或通緝。

二、有第79條第1項各款所列情事。

第59條　村（里）置村（里）長1人，受鄉（鎮、市、區）長之指揮監督，辦理村（里）公務及交辦事項。由村（里）民依法選舉之，任期4年，連選得連任。

村（里）長選舉，經二次受理候選人登記，無人申請登記時，得由鄉（鎮、市、區）公所就該村（里）具村（里）長候選人資格之村（里）民遴聘之，其任期以本屆任期為限。

依第1項選出之村（里）長，應於上屆任期屆滿之日就職。

第60條 村（里）得召集村（里）民大會或基層建設座談會；其實施辦法，由直轄市、縣（市）定之。

第61條 直轄市長、縣（市）長、鄉（鎮、市）長，應支給薪給；退職應發給退職金；因公死亡或病故者，應給與遺族撫卹金。

前項人員之薪給、退職金及撫卹金之支給，以法律定之。

村（里）長，為無給職，由鄉（鎮、市、區）公所編列村（里）長事務補助費，其補助項目及標準，以法律定之。

第62條 直轄市政府之組織，由內政部擬訂準則，報行政院核定；各直轄市政府應依準則擬訂組織自治條例，經直轄市議會同意後，報行政院備查；直轄市政府所屬機關及學校之組織規程，由直轄市政府定之。

縣（市）政府之組織，由內政部擬訂準則，報行政院核定；各縣（市）政府應依準則擬訂組織自治條例，經縣（市）議會同意後，報內政部備查；縣（市）政府所屬機關及學校之組織規程，由縣（市）政府定之。

前項縣（市）政府一級單位定名為處，所屬一級機關定名為局，**二級單位及所屬一級機關之一級單位除主計、人事及政風機構外，定名為科。但因業務需要所設之派出單位與警察及消防機關之一級單位，得另定名稱**。

鄉（鎮、市）公所之組織，由內政部擬訂準則，報行政院核定；各鄉（鎮、市）公所應依準則擬訂組織自治條例，經鄉（鎮、市）民代表會同意後，報縣政府備查。鄉（鎮、市）公所所屬機關之組織規程，由鄉（鎮、市）公所定之。

新設之直轄市政府組織規程，由行政院定之；新設之縣（市）政府組織規程，由內政部定之；新設之鄉（鎮、市）公所組織規程，由縣政府定之。

直轄市政府、縣（市）政府、鄉（鎮、市）公所與其所屬機關及學校之組織準則、規程及組織自治條例，其有關考銓業務事項，不得牴觸中央考銓法規；各權責機關於核定或同意後，應函送考試院備查。

第五節　自治財政

第63條 下列各款為直轄市收入：

一、稅課收入。

二、工程受益費收入。

三、罰款及賠償收入。

四、規費收入。

五、信託管理收入。

六、財產收入。

七、營業盈餘及事業收入。

八、補助收入。

九、捐獻及贈與收入。

十、自治稅捐收入。
十一、其他收入。

第64條　下列各款為縣（市）收入：
一、稅課收入。
二、工程受益費收入。
三、罰款及賠償收入。
四、規費收入。
五、信託管理收入。
六、財產收入。
七、營業盈餘及事業收入。
八、補助及協助收入。
九、捐獻及贈與收入。
十、自治稅捐收入。
十一、其他收入。

第65條　下列各款為鄉（鎮、市）收入：
一、稅課收入。
二、工程受益費收入。
三、罰款及賠償收入。
四、規費收入。
五、信託管理收入。
六、財產收入。
七、營業盈餘及事業收入。
八、補助收入。
九、捐獻及贈與收入。
十、自治稅捐收入。
十一、其他收入。

第66條　直轄市、縣（市）、鄉（鎮、市）應分配之國稅、直轄市及縣（市）稅，依財政收支劃分法規定辦理。

第67條　直轄市、縣（市）、鄉（鎮、市）之收入及支出，應依本法及財政收支劃分法規定辦理。
地方稅之範圍及課徵，依地方稅法通則之規定。
地方政府規費之範圍及課徵原則，依規費法之規定；其未經法律規定者，須經各該立法機關之決議徵收之。

第68條　直轄市、縣（市）預算收支之差短，得以發行公債、借款或移用以前年度歲計賸餘彌平；鄉（鎮、市）預算收支之差短，得以借款或移用以前年度歲計賸餘彌平。
前項直轄市、縣（市）公債及借款之未償餘額比例，鄉（鎮、市）借款之未償餘額比例，依公共債務法之規定。

第69條　各上級政府為謀地方均衡發展，對於財力較差之地方政府應酌予補助；對財力較優之地方政府，得取得協助金。
各級地方政府有依法得徵收之財源而不徵收時，其上級政府得酌減其補助款；對於努力開闢財源具有績效者，其上級政府得酌增其補助款。
第1項補助須明定補助項目、補助對象、補助比率及處理原則；其補助辦法，分別由行政院或縣定之。

第70條　中央費用與地方費用之區分，應明定由中央全額負擔、中央與地方自治團體分擔以及地方自治團體全額負擔之項目。中央不得將應自行負擔之經費，轉嫁予地方自治團體。

直轄市、縣（市）、鄉（鎮、市）辦理其自治事項，應就其自有財源優先編列預算支應之。

第1項費用之區分標準，應於相關法律定之。

第71條　直轄市、縣（市）、鄉（鎮、市）年度總預算、追加預算與特別預算收支之籌劃、編製及共同性費用標準，除其他法律另有規定外，應依行政院訂定之中央暨地方政府預算籌編原則辦理。

地方政府未依前項預算籌編原則辦理者，行政院或縣政府應視實際情形酌減補助款。

第72條　直轄市、縣（市）、鄉（鎮、市）新訂或修正自治法規，如有減少收入者，應同時規劃替代財源；其需增加財政負擔者，並應事先籌妥經費或於法規內規定相對收入來源。

第73條　縣（市）、鄉（鎮、市）應致力於公共造產；其獎助及管理辦法，由內政部定之。

第74條　直轄市、縣（市）、鄉（鎮、市）應設置公庫，其代理機關由直轄市政府、縣（市）政府、鄉（鎮、市）公所擬定，經各該直轄市議會、縣（市）議會、鄉（鎮、市）民代表會同意後設置之。

第四章　中央與地方及地方間之關係

第75條　省政府辦理第8條事項違背憲法、法律、中央法令或逾越權限者，由中央各該主管機關報行政院予以撤銷、變更、廢止或停止其執行。

直轄市政府辦理自治事項違背憲法、法律或基於法律授權之法規者，由中央各該主管機關報行政院予以撤銷、變更、廢止或停止其執行。

直轄市政府辦理委辦事項違背憲法、法律、中央法令或逾越權限者，由中央各該主管機關報行政院予以撤銷、變更、廢止或停止其執行。

縣（市）政府辦理自治事項違背憲法、法律或基於法律授權之法規者，由中央各該主管機關報行政院予以撤銷、變更、廢止或停止其執行。

縣（市）政府辦理委辦事項違背憲法、法律、中央法令或逾越權限者，由委辦機關予以撤銷、變更、廢止或停止其執行。

鄉（鎮、市）公所辦理自治事項違背憲法、法律、中央法規或縣規章者，由縣政府予以撤銷、變更、廢止或停止其執行。

鄉（鎮、市）公所辦理委辦事項違背憲法、法律、中央法令、縣規章、縣自治規則或逾越權限者，由委辦機關予以撤銷、變更、廢止或停止其執行。

第2項、第4項及第6項之自治事項有無違背憲法、法律、中央法規、縣規章發生疑義時，得聲請司法院解釋之；在司法院解釋前，不得予以撤銷、變更、廢止或停止其執行。

第76條 直轄市、縣（市）、鄉（鎮、市）依法應作為而不作為，致嚴重危害公益或妨礙地方政務正常運作，其適於代行處理者，得分別由行政院、中央各該主管機關、縣政府命其於一定期限內為之；逾時仍不作為者，得代行處理。但情況急迫時，得逕予代行處理。

直轄市、縣（市）、鄉（鎮、市）對前項處分如認為窒礙難行時，應於期限屆滿前提出申訴。行政院、中央各該主管機關、縣政府得審酌事實變更或撤銷原處分。

行政院、中央各該主管機關、縣政府決定代行處理前，應函知被代行處理之機關及該自治團體相關機關，經權責機關通知代行處理後，該事項即轉移至代行處理機關，直至代行處理完竣。

代行處理所支出之費用，應由被代行處理之機關負擔，各該地方機關如拒絕支付該項費用，上級政府得自以後年度之補助款中扣減抵充之。

直轄市、縣（市）、鄉（鎮、市）對於代行處理之處分，如認為有違法時，依行政救濟程序辦理之。

第77條 中央與直轄市、縣（市）間，權限遇有爭議時，由立法院院會議決之；縣與鄉（鎮、市）間，自治事項遇有爭議時，由內政部會同中央各該主管機關解決之。

直轄市間、直轄市與縣（市）間，事權發生爭議時，由行政院解決之；**縣（市）間，事權發生爭議時，由中央各該主管機關解決之**；鄉（鎮、市）間，事權發生爭議時，由縣政府解決之。

第78條 直轄市長、縣（市）長、鄉（鎮、市）長、村（里）長，有下列情事之一者，分別由行政院、內政部、縣政府、鄉（鎮、市、區）公所**停止其職務**，不適用公務員懲戒法第三條之規定：

一、涉嫌犯**內亂、外患、貪污治罪條例或組織犯罪防制條例之罪**，經第**一審**判處有期徒刑以上之刑者。但涉嫌貪污治罪條例上之**圖利罪者**，須經第**二審**判處有期徒刑以上之刑者。

二、涉嫌犯前款以外，法定刑為**死刑、無期徒刑或最輕本刑為五年以上有期徒刑之罪**，經第**一審**判處有罪者。

三、依**刑事訴訟程序被羈押或通緝者**。

依前項第1款或第2款停止職務之人員，如經改判無罪時，或依前項第3款停止職務之人員，經撤銷通緝或釋放時，於其任期屆滿前，得准其先行復職。

依第1項規定予以停止其職務之人員，經依法參選，再度當選原公職並就職者，不再適用該項之規定。

依第1項規定予以停止其職務之人

員，經刑事判決確定，非第79條應予解除職務者，於其任期屆滿前，均應准其復職。

直轄市長、縣（市）長、鄉（鎮、市）長，於本法公布施行前，非因第1項原因被停職者，於其任期屆滿前，應即准其復職。

第79條 直轄市議員、直轄市長、縣（市）議員、縣（市）長、鄉（鎮、市）民代表、鄉（鎮、市）長及村（里）長有下列情事之一，直轄市議員、直轄市長由行政院分別解除其職權或職務；縣（市）議員、縣（市）長由內政部分別解除其職權或職務；鄉（鎮、市）民代表、鄉（鎮、市）長由縣政府分別解除其職權或職務，並通知各該直轄市議會、縣（市）議會、鄉（鎮、市）民代表會；村（里）長由鄉（鎮、市、區）公所解除其職務。應補選者，並依法補選：

一、經法院判決當選無效確定，或經法院判決選舉無效確定，致影響其當選資格者。

二、犯內亂、外患或貪污罪，經判刑確定者。

三、犯組織犯罪防制條例之罪，經判處有期徒刑以上之刑確定者。

四、犯前二款以外之罪，受有期徒刑以上刑之判決確定，而未受緩刑之宣告、未執行易科罰金或不得易服社會勞動者。

五、受保安處分或感訓處分之裁判確定者。但因緩刑而付保護管束者，不在此限。

六、戶籍遷出各該行政區域4個月以上者。

七、褫奪公權尚未復權者。

八、受監護或輔助宣告尚未撤銷者。

九、有本法所定應予解除職權或職務之情事者。

十、依其他法律應予解除職權或職務者。

有下列情事之一，其原職任期未滿，且尚未經選舉機關公告補選時，解除職權或職務之處分均應予撤銷：

一、因前項第2款至第4款情事而解除職權或職務，經再審或非常上訴判決無罪確定者。

二、因前項第5款情事而解除職權或職務，保安處分經依法撤銷，感訓處分經重新審理為不付感訓處分之裁定確定者。

三、因前項第8款情事而解除職權或職務，經提起撤銷監護或輔助宣告之訴，為法院判決撤銷宣告監護或輔助確定者。

第80條 直轄市長、縣（市）長、鄉（鎮、市）長、村（里）長，因罹患重病，致不能執行職務繼續1年以上，或因故不執行職務連續達6個月以上者，應依前條第1項規定程序解除其職務；直轄市議員、縣（市）議員、鄉（鎮、市）民代表連續未出席定期會達二會期者，亦解除其職權。

第81條 直轄市議員、縣（市）議員、鄉（鎮、市）民代表辭職、去職或死亡，其缺額達總名額十分之三以上或同一選舉區缺額達二分之一以上時，均應補選。但其所遺任期不足2年，且缺額未達總名額二分之一時，不再補選。

前項補選之直轄市議員、縣（市）議員、鄉（鎮、市）民代表，以補足所遺任期為限。

第1項直轄市議員、縣（市）議員、鄉（鎮、市）民代表之辭職，應以書面向直轄市議會、縣（市）議會、鄉（鎮、市）民代表會提出，於辭職書送達議會、代表會時，即行生效。

第82條 直轄市長、縣（市）長、鄉（鎮、市）長及村（里）長辭職、去職、死亡者，直轄市長由行政院派員代理；縣（市）長由內政部報請行政院派員代理；鄉（鎮、市）長由縣政府派員代理；村（里）長由鄉（鎮、市、區）公所派員代理。

直轄市長停職者，由副市長代理，副市長出缺或不能代理者，由行政院派員代理。縣（市）長停職者，由副縣（市）長代理，副縣（市）長出缺或不能代理者，由內政部報請行政院派員代理。鄉（鎮、市）長停職者，由縣政府派員代理，置有副市長者，由副市長代理。村（里）長停職者，由鄉（鎮、市、區）公所派員代理。

前2項之代理人，不得為被代理者之配偶、前配偶、四親等內之血親、三親等內之姻親關係。

直轄市長、縣（市）長、鄉（鎮、市）長及村（里）長辭職、去職或死亡者，應自事實發生之日起三個月內完成補選。但所遺任期不足二年者，不再補選，由代理人代理至該屆任期屆滿為止。

前項補選之當選人應於公告當選後十日內宣誓就職，其任期以補足該屆所遺任期為限，並視為一屆。

第1項人員之辭職，應以書面為之。直轄市長應向行政院提出並經核准；縣（市）長應向內政部提出，由內政部轉報行政院核准；鄉（鎮、市）長應向縣政府提出並經核准；村（里）長應向鄉（鎮、市、區）公所提出並經核准，均自核准辭職日生效。

第83條 直轄市議員、直轄市長、縣（市）議員、縣（市）長、鄉（鎮、市）民代表、鄉（鎮、市）長及村（里）長任期屆滿或出缺應改選或補選時，如因特殊事故，得延期辦理改選或補選。

直轄市議員、直轄市長、縣（市）議員、縣（市）長依前項延期辦理改選或補選，分別由行政院、內政部核准後辦理。

鄉（鎮、市）民代表、鄉（鎮、市）長、村（里）長依第一項規定延期辦理改選或補選，由各該直轄市政府、縣（市）政府核准後辦理。

依前三項規定延期辦理改選時，其本屆任期依事實延長之。如於延長任期中出缺時，均不補選。

第83-1條　下列地方公職人員，其任期調整至中華民國103年12月25日止：

一、應於102年12月20日任期屆滿之縣（市）長。

二、應於103年3月1日任期屆滿之縣（市）議員及鄉（鎮、市）長。

三、應於103年8月1日任期屆滿之鄉（鎮、市）民代表及村（里）長。

四、應於104年1月16日任期屆滿之臺北市里長。

第四章之一　直轄市山地原住民區

第83-2條　直轄市之區由山地鄉改制者，稱直轄市山地原住民區（以下簡稱山地原住民區），為地方自治團體，設區民代表會及區公所，分別為山地原住民區之立法機關及行政機關，依本法辦理自治事項，並執行上級政府委辦事項。

山地原住民區之自治，除法律另有規定外，準用本法關於鄉（鎮、市）之規定；其與直轄市之關係，準用本法關於縣與鄉（鎮、市）關係之規定。

第83-3條　下列各款為山地原住民區自治事項：

一、關於組織及行政管理事項如下：

(一) 山地原住民區公職人員選舉、罷免之實施。

(二) 山地原住民區組織之設立及管理。

(三) 山地原住民區新聞行政。

二、關於財政事項如下：

(一) 山地原住民區財務收支及管理。

(二) 山地原住民區財產之經營及處分。

三、關於社會服務事項如下：

(一) 山地原住民區社會福利。

(二) 山地原住民區公益慈善事業及社會救助。

(三) 山地原住民區殯葬設施之設置及管理。

(四) 山地原住民區調解業務。

四、關於教育文化及體育事項如下：

(一) 山地原住民區社會教育之興辦及管理。

(二) 山地原住民區藝文活動。

(三) 山地原住民區體育活動。

(四) 山地原住民區禮儀民俗及文獻。

(五) 山地原住民區社會教育、體育與文化機構之設置、營運及管理。

五、關於環境衛生事項如下：山地原住民區廢棄物清除及處理。

六、關於營建、交通及觀光事項如下：

(一) 山地原住民區道路之建設及管理。
(二) 山地原住民區公園綠地之設立及管理。
(三) 山地原住民區交通之規劃、營運及管理。
(四) 山地原住民區觀光事業。

七、關於公共安全事項如下：
(一) 山地原住民區災害防救之規劃及執行。
(二) 山地原住民區民防之實施。

八、關於事業之經營及管理事項如下：
(一) 山地原住民區公用及公營事業。
(二) 山地原住民區公共造產事業。
(三) 與其他地方自治團體合辦之事業。

九、其他依法律賦予之事項。

第83-4條 山地原住民區以當屆直轄市長任期屆滿之日為改制日，並以改制前之區或鄉為其行政區域；其第一屆區民代表、區長之選舉以改制前區或鄉之行政區域為選舉區，於改制日10日前完成選舉投票，並準用第87-1條第3項選舉區劃分公告及第四項改制日就職之規定。

第83-5條 山地原住民區之自治法規未制（訂）定前，繼續適用原直轄市自治法規之規定。

山地原住民區由山地鄉直接改制者，其自治法規有繼續適用之必要，得由山地原住民區公所公告後，繼續適用2年。

第83-6條 山地原住民區之機關（構）人員、資產及其他權利義務，應由直轄市制（訂）定自治法規移撥、移轉或調整之。但其由山地鄉直接改制者，維持其機關（構）人員、資產及其他權利義務。

山地原住民區之財政收支劃分調整日期，由行政院洽商直轄市政府以命令定之。未調整前，相關機關（構）各項預算之執行，仍以直轄市原列預算繼續執行。

山地原住民區首年度總預算，應由區公所於該年度1月31日之前送達區民代表會，該區民代表會應於送達後一個月內審議完成，並由該區公所於審議完成日起15日內發布之。會計年度開始時，總預算案如未送達或審議通過，其預算之執行，準用第40-1條第2項之規定。

依第一項移撥人員屬各項公務人員考試及格或依專門職業及技術人員轉任公務人員條例轉任之現職公務人員者，其轉調準用第87-3條第6項至第9項之規定。

依第一項移撥人員屬各種考試錄取尚在實務訓練人員者，視同改分配其他機關繼續實務訓練，其受限制轉調之限制者，比照前項人員予以放寬。

第83-7條 山地原住民區實施自治所需財源，由直轄市依下列因素予以設算補助，並維持改制前各該山地鄉統籌分配財源水準：

一、第83-3條所列山地原住民區之自治事項。

二、直轄市改制前各該山地鄉前三年度稅課收入平均數。

三、其他相關因素。

前項補助之項目、程序、方式及其他相關事項，由直轄市洽商山地原住民區定之。

第83-8條 第58條及第58-1條規定，於山地原住民區不適用之。

第五章 附則

第84條 直轄市長、縣（市）長、鄉（鎮、市）長適用公務員服務法；其行為有違法、廢弛職務或其他失職情事者，準用政務人員之懲戒規定。

第85條 省政府、省諮議會、直轄市議會、直轄市政府、縣（市）議會、縣（市）政府、鄉（鎮、市）民代表會、鄉（鎮、市）公所員工給與事項，應依公務人員俸給法及相關中央法令辦理。

第86條 村（里）承受日據時期之財產，或人民捐助之財產，得以成立財團法人方式處理之。

第87條 本法公布施行後，相關法規應配合制（訂）定、修正。未制（訂）定、修正前，現行法規不牴觸本法規定部分，仍繼續適用；其關於鄉（鎮、市）之規定，山地原住民區準用之。

第87-1條 縣（市）改制或與其他直轄市、縣（市）合併改制為直轄市，應以當屆直轄市長任期屆滿之日為改制日。縣（市）議員、縣（市）長、鄉（鎮、市）民代表、鄉（鎮、市）長及村（里）長之任期均調整至改制日止，不辦理改選。

改制後第一屆直轄市議員、直轄市長及里長之選舉，應依核定後改制計畫所定之行政區域為選舉區，於改制日10日前完成選舉投票。

前項直轄市議員選舉，得在其行政區域內劃分選舉區；其由原住民選出者，以其行政區域內之原住民為選舉區；直轄市議員選舉區之劃分，應於改制日6個月前公告，不受公職人員選舉罷免法第37條第1項但書規定之限制。

改制後第一屆直轄市議員、直轄市長及里長，應於改制日就職。

第87-2條 縣（市）改制或與其他直轄市、縣（市）合併改制為直轄市，原直轄市、縣（市）及鄉（鎮、市）自治法規應由改制後之直轄市政府廢止之；其有繼續適用之必要者，得經改制後之直轄市政府核定公告後，繼續適用2年。

第87-3條 縣（市）改制或與其他直轄市、縣（市）合併改制為直轄市者，原直轄市、縣（市）及鄉（鎮、市）之機關（構）與學校人員、原有資產、負債及其他權利義務，由改制後之直轄市概括承受。

縣（市）改制或與其他直轄市、縣（市）合併改制為直轄市之財政收支劃分調整日期，由行政院以命令定之。

縣（市）改制或與其他直轄市、縣（市）合併改制為直轄市時，其他直轄市、縣（市）所受統籌分配稅款及補助款之總額不得少於該直轄市改制前。

在第2項財政收支劃分未調整前，改制後之直轄市相關機關（構）、學校各項預算執行，仍以改制前原直轄市、縣（市）、鄉（鎮、市）原列預算繼續執行。

改制後之直轄市，於相關法律及中央法規未修正前，得暫時適用原直轄市、縣（市）之規定。

依第1項改制而移撥人員屬各項公務人員考試及格之現職公務人員者，移撥至原分發任用之主管機關及其所屬機關、學校或原得分發之機關、原請辦考試機關及其所屬機關、學校以外之機關、學校服務時，得不受公務人員考試法、公務人員任用法及各項公務人員考試規則有關限制轉調規定之限制。

前項人員日後之轉調，仍應以原考試及格人員得分發之機關、原請辦考試機關或移撥機關之主管機關及其所屬機關有關職務為限。

各項公務人員考試法規定有限制轉調年限者，俟轉調年限屆滿後，得再轉調其他機關。

依專門職業及技術人員轉任公務人員條例轉任，於限制轉調期間內移撥之人員，得不受該條例限制轉調機關規定之限制。但須於原轉任機關、移撥機關及所屬機關合計任職滿三年後，始得調任其他機關任職。

第88條　本法自公布日施行。

本法中華民國96年6月14日修正之條文，自96年1月1日施行；98年5月12日修正之條文，自98年11月23日施行；103年1月14日修正之第四章之一及第87條，其施行日期，由行政院定之。

四、公職人員選舉罷免法

中華民國112年6月9日修正公布第4、6、7、12、14、19、20、22、26、28、29、31、32、36、38、41～43、45～48、51、52、53、56、57～59、62、66、67、68、74、76、86、92、104、110、112、117、120、124條條文；增訂第5-1、48-1、51-1～51-3、59-1、70-1、73-1、98-1、103-1、104-1條條文；並刪除第8、9、132條條文

重點提示

本法在國家考試上，關於各類型選舉之選舉人、被選舉人之資格（包括積極資格與消極資格）可謂常見考題，另一命題焦點則為選舉罷免訴訟，其相關程序及要件均有明文規範。

第一章　總則

第1條　公職人員選舉、罷免，依本法之規定。

第2條　本法所稱公職人員，指下列人員：

一、中央公職人員：立法院立法委員。

二、地方公職人員：直轄市議會議員、縣（市）議會議員、鄉（鎮、市）民代表會代表、直轄市山地原住民區（以下簡稱原住民區）民代表會代表、直轄市長、縣（市）長、鄉（鎮、市）長、原住民區長、村（里）長。

第3條　公職人員選舉，以普通、平等、直接及無記名單記投票之方法行之。

全國不分區及僑居國外國民立法委員選舉，依政黨名單投票選出。

公職人員罷免，由原選舉區之選舉人以無記名投票之方法決定。

第4條　選舉人、候選人年齡及居住期間之計算，除另有規定外，均以算至投票日前一日為準，並以戶籍登記資料為依據。

前項居住期間之計算，自戶籍遷入登記之日起算。

重行投票者，仍依原投票日計算。

第5條　本法所定各種選舉、罷免期間之計算，除另有規定外，依行政程序法之規定。但期間之末日，除因天然災害政府機關停止上班外，其為星期六、星期日、國定假日或其他休息日時，不予延長。

本法所定投票日前幾日，自投票日前一日起算，向前逆算至規定日數之當日；所定投票日後幾日，自投票日次日起算，向後算至規定日數之當日；所定投票日幾日前，其期限之最終期日之計算，自投票日前一日起算，向前逆算至規定日數之前一日，為該期限之終止日。

選舉、罷免之各種申請，以郵寄方式向選舉機關提出者，以選舉機關收件日期為準。

第5-1條 公職人員選舉、罷免投票日為應放假之日。

第二章 選舉罷免機關

第6條 公職人員選舉、罷免，由中央、直轄市、縣（市）選舉委員會辦理之。

第7條 立法委員、直轄市議員、直轄市長、縣（市）議員及縣（市）長選舉、罷免，由中央選舉委員會主管，並指揮、監督直轄市、縣（市）選舉委員會辦理之。

原住民區民代表及區長選舉、罷免，由直轄市選舉委員會辦理之；鄉（鎮、市）民代表及鄉（鎮、市）長選舉、罷免，由縣選舉委員會辦理之。

村（里）長選舉、罷免，由各該直轄市、縣（市）選舉委員會辦理之。

直轄市、縣（市）選舉委員會辦理前二項之選舉、罷免，並受中央選舉委員會之監督。

辦理選舉、罷免期間，直轄市、縣（市）選舉委員會並於鄉（鎮、市、區）設辦理選務單位。

第8條 （刪除）

第9條 （刪除）

第10條 各級選舉委員會在辦理選舉、罷免期間，得調用各級政府職員辦理事務。

第11條 各級選舉委員會分別辦理下列事項：

一、選舉、罷免公告事項。

二、選舉、罷免事務進行程序及計畫事項。

三、候選人資格之審定事項。

四、選舉、罷免宣導之策劃事項。

五、選舉、罷免之監察事項。

六、投票所、開票所之設置及管理事項。

七、選舉、罷免結果之審查事項。

八、當選證書之製發事項。

九、訂定政黨使用電視及其他大眾傳播工具從事競選宣傳活動之辦法。

十、其他有關選舉、罷免事項。

直轄市、縣（市）選舉委員會就下列各種公職人員選舉、罷免事務，指揮、監督鄉（鎮、市、區）公所辦理：

一、選舉人名冊公告閱覽之辦理事項。

二、投票所、開票所設置及管理之辦理事項。

三、投票所、開票所工作人員遴報事項。

四、選舉、罷免票之轉發事項。

五、選舉公報及投票通知單之分發事項。

六、選舉及罷免法令之宣導事項。

七、其他有關選舉、罷免事務之辦理事項。

第12條　公職人員選舉、罷免，由中央選舉委員會委員、直轄市、縣（市）選舉委員會監察小組委員監察之。

各級選舉委員會執行監察職務準則，由中央選舉委員會定之。

第13條　各級選舉委員會之經費預算，其年度經常費，由中央政府統籌編列。其辦理選舉、罷免所需經費，立法委員選舉、罷免由中央政府編列；直轄市議員、直轄市長選舉、罷免由直轄市政府編列；縣（市）議員、縣（市）長選舉、罷免由縣（市）政府編列；鄉（鎮、市）民代表、鄉（鎮、市）長、村（里）長選舉、罷免由鄉（鎮、市）公所編列；原住民區民代表、區長選舉、罷免由原住民區公所編列；直轄市、市之里長選舉、罷免由直轄市、市政府編列，但原住民區里長選舉、罷免由原住民區公所編列。

第三章選舉及罷免

第一節　選舉人

第14條　中華民國國民，年滿二十歲，有選舉權。

第15條　有選舉權人在各該選舉區繼續居住四個月以上者，為公職人員選舉各該選舉區之選舉人。

前項之居住期間，在其行政區域劃分選舉區者，仍以行政區域為範圍計算之。但於選舉公告發布後，遷入各該選舉區者，無選舉投票權。

第16條　原住民公職人員選舉，以具有原住民身分並有前條資格之有選舉權人為選舉人。

第17條　選舉人，除另有規定外，應於戶籍地投票所投票。

投票所工作人員，得在戶籍地或工作地之投票所投票。但在工作地之投票所投票者，以戶籍地及工作地在同一選舉區，並在同一直轄市、縣（市）為限。

第18條　選舉人投票時，應憑本人國民身分證領取選舉票。

選舉人領取選舉票時，應在選舉人名冊上簽名或蓋章或按指印，按指印者，並應有管理員及監察員各一人蓋章證明。選舉人名冊上無其姓名或姓名不符者，不得領取選舉票。但姓名顯係筆誤、因婚姻關係而冠姓或回復本姓致與國民身分證不符者，經主任管理員會同主任監察員辨明後，應准領取選舉票。

選舉人領得選舉票後應自行圈投。但因身心障礙不能自行圈投而能表示其意思者，得依其請求，由家屬或陪同之人一人在場，依據本人意思，眼同協助或代為圈投；其無家屬或陪同之人在場者，亦得依其請求，由投票所管理員及監察員各一人，依據本人意思，眼同協助或代為圈投。

為防止重複投票或冒領選舉票之情事，應訂定防範規定；其辦法由中央選舉委員會定之。

第19條 選舉人應於規定之投票時間內到投票所投票；逾時不得進入投票所。但已於規定時間內到達投票所尚未投票者，仍可投票。

二種以上公職人員選舉、罷免或公職人員選舉、罷免與總統、副總統選舉、公民投票同日於同一投票所舉行投票時，選舉人應一次進入投票所投票，離開投票所後不得再次進入投票所投票。

第二節 選舉人名冊

第20條 選舉人名冊，由鄉（鎮、市、區）戶政機關依據戶籍登記資料編造，應載明編號、姓名、性別、出生年月日及戶籍地址；投票日前二十日已登錄戶籍登記資料，依規定有選舉人資格者，一律編入名冊；投票日前二十日以後遷出之選舉人，仍應在原戶籍地之投票所投票。

原住民選舉人名冊，其原住民身分之認定，以戶籍登記資料為準，由戶政機關依前項規定編造。

選舉人名冊編造後，除選舉委員會、鄉（鎮、市、區）公所、戶政機關依本法規定使用外，不得以抄寫、複印、攝影、錄音或其他任何方式對外提供。

第21條 二種以上公職人員選舉同日舉行投票時，選舉人名冊得視實際需要分別或合併編造。

第22條 選舉人名冊編造後，戶政機關應送由鄉（鎮、市、區）公所函報直轄市、縣（市）選舉委員會備查，並由鄉（鎮、市、區）公所公告閱覽，選舉人得到場查閱，發現錯誤或遺漏時，得於閱覽期間內申請更正。

前項查閱，選舉人應憑本人國民身分證，並以查閱其本人及其戶內人員為限。

第23條 選舉人名冊經公告閱覽期滿後，鄉（鎮、市、區）公所應將原冊及申請更正情形，送戶政機關查核更正。

選舉人名冊經公告、更正後即為確定，並由各直轄市、縣（市）選舉委員會公告選舉人人數。

第三節 候選人

第24條 選舉人年滿二十三歲，得於其行使選舉權之選舉區登記為公職人員候選人。但直轄市長、縣（市）長候選人須年滿三十歲；鄉（鎮、市）長、原住民區長候選人須年滿二十六歲。

選舉人年滿二十三歲，得由依法設立之政黨登記為全國不分區及僑居國外國民立法委員選舉之全國不分區候選人。

僑居國外之中華民國國民年滿二十三歲，在國內未曾設有戶籍或已將戶籍遷出國外連續八年以上者，得由依法設立之政黨登記為全國不分區及僑居國外國民立法委員選舉之僑居國外國民候選人。

前二項政黨應符合下列規定之一：

一、於最近一次總統、副總統選舉，其所推薦候選人得票數之和，達該次選舉有效票總和百分之二以上。二個以上政黨共同推薦一組總統、副總統候選人者，各該政黨推薦候選人之得票數，以推薦政黨數除其推薦候選人得票數計算之。

二、於最近三次全國不分區及僑居國外國民立法委員選舉得票率，曾達百分之二以上。

三、現有立法委員五人以上，並於申請候選人登記時，備具名冊及立法委員出具之切結書。

四、該次區域及原住民立法委員選舉推薦候選人達十人以上，且經中央選舉委員會審查合格。

第三項所稱八年以上之計算，以算至投票日前一日為準，並自戶籍遷出登記之日起算。

政黨登記之全國不分區及僑居國外國民立法委員選舉候選人，應為該政黨黨員，並經各該候選人書面同意；其候選人名單應以書面為之，並排列順位。

回復中華民國國籍滿三年或因歸化取得中華民國國籍滿十年者，始得依第一項至第三項規定登記為候選人。

前項所稱滿三年或滿十年之計算，均以算至投票日前一日為準。

第25條　二種以上公職人員選舉同日舉行投票時，其申請登記之候選人，以登記一種為限。為二種以上候選人登記時，其登記均無效。

同種公職人員選舉具有二個以上之候選人資格者，以登記一個為限。為二個以上候選人登記時，其登記均無效。

第26條　有下列情事之一者，不得登記為候選人：

一、動員戡亂時期終止後，曾犯內亂、外患罪，經有罪判決確定。

二、曾犯貪污罪，經有罪判決確定。

三、曾犯第九十七條第一項、第二項、第九十八條、第九十九條第一項、第一百條第一項、第二項、第一百零一條第一項、第六項、第七項、第一百零二條第一項、第一百零三條、總統副總統選舉罷免法第八十四條第一項、第二項、第八十五條、第八十六條第一項、第八十七條第一項、第八十八條、第八十九條第一項、第六項、第七項、刑法第一百四十二條、第一百四十四條之罪，或為直轄市、縣（市）議會議長、副議長、鄉（鎮、市）民代表會、原住民區民代表會主席、副主席選舉之有投票權人犯刑法第一百四十三條之罪，經有罪判決確定。

四、曾犯國家安全法第七條第一項至第四項、第八條第一項至第三項、第十二條第一項、第二項、國家機密保護法第三十二條第一項、第二項、第四項、第三十三條第一項、第二項、第四項、第三十四條第一項至第四項、國家情報工作法第三十條第一項至第四項、第三十條之一、第三十一條、反滲透法第三條、第四條、第五條第三項、第六條或第七條之罪，經有罪判決確定。

五、曾犯組織犯罪防制條例之罪，經有罪判決確定。

六、曾犯毒品危害防制條例第四條至第九條、第十二條第一項、第二項、該二項之未遂犯、第十三條、第十四條第一項、第二項、第十五條、槍砲彈藥刀械管制條例第七條、第八條第一項至第五項、第十二條、第十三條、洗錢防制法第十四條、第十五條、刑法第三百零二條之一或第三百三十九條之四之罪，經有罪判決確定。但原住民單純僅犯未經許可，製造、轉讓、運輸、出借或持有自製獵槍、其主要組成零件或彈藥之罪，於中華民國一百零九年五月二十二日修正之槍砲彈藥刀械管制條例施行日前，經有罪判決確定者，不在此限。

七、曾犯前六款之罪，經有罪判決確定並受緩刑之宣告者，亦同。

八、曾犯第一款至第六款以外之罪，其最輕本刑為七年以上有期徒刑之刑，並經判處十年以上有期徒刑之刑確定。

九、犯第一款至第六款以外之罪，判處有期徒刑以上之刑確定，尚未執行、執行未畢、於緩刑期間或行刑權因罹於時效消滅。

十、受死刑、無期徒刑或十年以上有期徒刑之判決尚未確定。

十一、受保安處分之裁判確定，尚未執行或執行未畢。

十二、受破產宣告或經裁定開始清算程序確定，尚未復權。

十三、曾受免除職務之懲戒處分。

十四、依法停止任用或受休職處分，尚未期滿。

十五、褫奪公權，尚未復權。

十六、受監護或輔助宣告，尚未撤銷。

第27條 下列人員不得登記為候選人：

一、現役軍人。

二、服替代役之現役役男。

三、軍事學校學生。

四、各級選舉委員會之委員、監察人員、職員、鄉（鎮、市、區）公所辦理選舉事務人員及投票所、開票所工作人員。

五、依其他法律規定不得登記為候選人者。

前項第一款之現役軍人，屬於後備軍人或補充兵應召者，在應召未入營前，或係受教育、勤務及點閱召集，均不受限制。第二款服替代役之現役役男，屬於服役期滿後受召集服勤者，亦同。

當選人就職後辭職或因第一百二十條第一項第二款、第三款情事之一，經法院判決當選無效確定者，不得申請登記為該次公職人員補選候選人。

第28條 依法設立之政黨，得推薦候選人參加公職人員選舉，經政黨推薦之候選人，應為該政黨黨員，並檢附加蓋中央主管機關發給該政黨圖記之政黨推薦書，於候選人申請登記期間內，向選舉委員會辦理登記。

前項推薦書，一名候選人以一個政黨推薦為限，應於申請登記候選人時繳送受理登記之選舉委員會，同時或先後繳送二個以上政黨推薦書，視同放棄政黨推薦。登記期間截止後補送者，不予受理。

第29條 候選人名單公告後，經發現候選人在公告前或投票前有下列情事之一者，投票前由選舉委員會撤銷其候選人登記；當選後依第一百二十一條規定提起當選無效之訴：

一、候選人資格不合第二十四條第一項至第三項、第七項規定。

二、有第二十六條或第二十七條第一項、第三項之情事。

三、依第九十二條第一項規定不得登記為候選人。

全國不分區及僑居國外國民立法委員選舉候選人名單公告後，經發現登記政黨之資格在公告前或投票前有下列情事之一者，投票前由中央選舉委員會撤銷其政黨候選人名單登記；當選後依第一百二十一條規定提起當選無效之訴：

一、不合第二十四條第四項規定。

二、經解散或廢止備案。但因合併而解散者，不在此限。

第30條 區域立法委員、直轄市長及縣（市）長選舉候選人於登記截止後至選舉投票日前死亡者，選舉委員會應即公告該選舉區停止該項選舉，並定期重行選舉。

其他公職人員選舉候選人登記截止後至選舉投票日前，因候選人死亡，致該選舉區之候選人數未超過或不足該選舉區應選出之名額時，應即公告停止選舉，並定期重行選舉。

第31條 經登記為候選人者，不得撤回其候選人登記。

經政黨推薦之區域、原住民立法委員及地方公職人員選舉候選人，政黨得於登記期間截止前，備具加蓋中央主管機關發給該政黨圖記之政黨撤回推薦書，向原受理登記之選舉委員會撤回推薦，逾期不予受理。

經政黨登記之全國不分區及僑居國外國民立法委員選舉候選人名單，政黨得於登記期間截止前，備具加蓋中央主管機關發給該政黨圖記之政黨撤回或更換登記申請書，向原受理登記之選舉委員會撤回或更換，逾期不予受理。其候選人名單之更換，包括人數變更、人員異動、順位調整，其有新增之候選人者，政黨應依規定繳交表件及保證金。

經登記為候選人者，於登記後將戶籍遷出其選舉區者，不影響其候選人資格，並仍應在原戶籍地之投票所投票。

第32條 記為候選人時，應繳納保證金；其數額由選舉委員會先期公告。

全國不分區及僑居國外國民立法委員選舉候選人之保證金，依公告數額，由登記之政黨按登記人數繳納。

保證金之繳納，以現金、金融機構簽發之本票、保付支票或郵局之業務專用劃撥支票為限；繳納現金不得以硬幣為之。

保證金應於當選人名單公告日後三十日內發還。但有下列情事之一者，不予發還：

一、依第二十五條規定為無效登記之候選人。

二、全國不分區及僑居國外國民立法委員選舉候選人未當選。

三、前款以外選舉未當選之候選人，得票不足各該選舉區應選出名額除該選舉區選舉人總數所得商數百分之十。

前項第三款所稱該選舉區選舉人總數，應先扣除依戶籍法第五十條第一項規定戶籍暫遷至該戶政事務所之選舉人人數。

第四項保證金發還前，依第一百三十條第二項規定應逕予扣除者，應先予以扣除，有餘額時，發還其餘額。

第33條 登記為候選人時，應備具選舉委員會規定之表件及保證金，於規定時間內，向受理登記之選舉委員會辦理。表件或保證金不合規定，或未於規定時間內辦理者，不予受理。

第34條 各種公職人員選舉候選人資格，應由主管選舉委員會審定公告。

全國不分區及僑居國外國民立法委員選舉，政黨所提名單中之候選人，經中央選舉委員會審查有不合規定者，不准予登記，其名單所排列之順位由後依序遞補。

全國不分區及僑居國外國民立法委員選舉，申請登記之政黨，不符合第二十四條第四項之規定者，不准予登記。

區域、原住民立法委員及地方公職人員選舉，經審定之候選人名單，其姓名號次，由選舉委員會通知各候選人於候選人名單公告三日前公開抽籤決定之。但鄉（鎮、市）民代表、原住民區民代表、鄉（鎮、市）長、原住民區長、村（里）長候選人姓名號次之抽籤得指定鄉（鎮、市、區）公所辦理之。

前項候選人姓名號次之抽籤，應由監察人員在場監察。候選人未克親自到場參加抽籤者，得委託他人持候選人本人之委託書代為抽籤，候選人未親自參加或未委託他人代抽，或雖到場經唱名三次後仍不抽籤者，由辦理機關代為抽定。

全國不分區及僑居國外國民立法委員選舉候選人名單公告之政黨號次，由中央選舉委員會於候選人名單公告三日前公開抽籤決定其號次。

前項政黨號次之抽籤，由政黨指定之人員一人親自到場抽籤，政黨未指定或指定之人未親自到場參加抽籤或雖到場經唱名三次後仍不抽籤者，由中央選舉委員會代為抽定。

第四節　選舉區

第35條　立法委員選舉，其選舉區依下列規定：

一、直轄市、縣（市）選出者，應選名額一人之縣（市），以其行政區域為選舉區；應選名額二人以上之直轄市、縣（市），按應選名額在其行政區域內劃分同額之選舉區。

二、全國不分區及僑居國外國民選出者，以全國為選舉區。

三、平地原住民及山地原住民選出者，以平地原住民、山地原住民為選舉區。

前項第一款直轄市、縣（市）選舉區應選出名額之計算所依據之人口數，應扣除原住民人口數。

第一項第一款直轄市、縣（市）選出之立法委員，其名額分配及選舉區以第七屆立法委員為準，除本法或其他法律另有規定外，自該屆立法委員選舉區變更公告之日起，每十年重新檢討一次，如有變更之必要，應依第三十七條第三項至第五項規定辦理。

第36條　地方公職人員選舉，其選舉區依下列規定：

一、直轄市議員、縣（市）議員、鄉（鎮、市）民代表、原住民區民代表選舉，以其行政區域為選舉區，並得在其行政區域內劃分選舉區；其由原住民選出者，以其行政區域內之原住民為選舉區，並得按平地原住民、山地原住民或在其行政區域內劃分選舉區。

二、直轄市長、縣（市）長、鄉（鎮、市）長、原住民區長、村（里）長選舉，各依其行政區域為選舉區。

前項第一款直轄市議員、縣（市）議員、鄉（鎮、市）民代表按行政區域劃分之選舉區，其應選名額之計算所依據之人口數，有原住民應選名額時，應扣除原住民人口數。

第37條　第三十五條之立法委員選舉區及前條第一項第一款之直轄市議員、縣（市）議員選舉區，由中央選舉委員會劃分；前條第一項第一款之原住民區民代表、鄉（鎮、市）民代表選舉區，由直轄市、縣選舉委員會劃分之；並應於發布選舉公告時公告。但選舉區有變更時，應於公職人員任期或規定之日期屆滿一年前發布之。

前項選舉區，應斟酌行政區域、人口分布、地理環境、交通狀況、歷史淵源及應選出名額劃分之。

第一項立法委員選舉區之變更，中央選舉委員會應於本屆立法委員任期屆滿前二年二個月月底戶籍統計之人口數為準，於一年八個月前，將選舉區變更案送經立法院同意後發布。

立法院對於前項選舉區變更案，應以直轄市、縣（市）為單位行使同意或否決。如經否決，中央選舉委員會應就否決之直轄市、縣（市），參照立法院各黨團意見，修正選舉區變更案，並於否決之日起三十日內，重行提出。

立法院應於立法委員任期屆滿一年一個月前，對選舉區變更案完成同意，未能於期限內完成同意部分，由行政、立法兩院院長協商解決之。

第37-1條 縣（市）改制或與其他直轄市、縣（市）合併改制為直轄市，改制後第一屆直轄市議員、直轄市長及里長之選舉，應依核定後改制計畫所定之行政區域為選舉區，於改制日十日前完成選舉投票。

原住民區以改制前之區或鄉為其行政區域，其第一屆區民代表、區長之選舉以改制前區或鄉之行政區域為選舉區，於改制日十日前完成選舉投票。

前二項之直轄市議員、原住民區民代表選舉區之劃分，應於改制日六個月前公告，不受前條第一項但書規定之限制。

第五節　選舉公告

第38條 選舉委員會應依下列規定期間，發布各種公告：

一、選舉公告，須載明選舉種類、名額、選舉區之劃分、投票日期及投票起、止時間，並應於公職人員任期或規定之日期屆滿四十日前發布之。但總統解散立法院辦理之立法委員選舉、重行選舉、重行投票或補選之公告日期，不在此限。

二、候選人登記，應於投票日二十日前公告，其登記期間不得少於五日。但重行選舉、補選及鄉（鎮、市）民代表、原住民區民代表、鄉（鎮、市）長、原住民區長、村（里）長之選舉，不得少於三日。

三、選舉人名冊，應於投票日十五日前公告，其公告期間，不得少於三日。

四、候選人名單，應於競選活動開始前一日公告。

五、選舉人人數，應於投票日三日前公告。

六、當選人名單，應於投票日後七日內公告。

前項第一款之名額，其依人口數計算者，以選舉投票之月前第六個月月底戶籍統計之人口數為準。

第一項第二款候選人登記期間截止後，如有選舉區無人登記時，得就無人登記之選舉區，公告辦理第二次候選人登記，其登記期間，不得少於二日。

第一項各款之公告，有全國一致之必要者，上級選舉委員會得逕行公告。

第39條 公職人員選舉，應於各該公職人員任期或規定之日期屆滿十日前完成選舉投票。但重行選舉、重行投票或補選之投票完成日期，不在此限。

總統解散立法院後辦理之立法委員選舉，應於總統宣告解散立法院之日起，六十日內完成選舉投票。

第六節 選舉及罷免活動

第40條 公職人員選舉競選及罷免活動期間依下列規定：

一、直轄市長為十五日。

二、立法委員、直轄市議員、縣（市）議員、縣（市）長、鄉（鎮、市）長、原住民區長為十日。

三、鄉（鎮、市）民代表、原住民區民代表、村（里）長為五日。

前項期間，以投票日前一日向前推算；其每日競選及罷免活動時間，自上午七時起至下午十時止。

第41條 各種公職人員競選經費最高金額，除全國不分區及僑居國外國民立法委員選舉外，應由選舉委員會於發布選舉公告之日同時公告。

前項競選經費最高金額，依下列規定計算：

一、立法委員、直轄市議員、縣（市）議員、鄉（鎮、市）民代表、原住民區民代表選舉為以各該選舉區之應選名額除選舉區人口總數百分之七十，乘以基本金額新臺幣三十元所得數額，加上一固定金額之和。

二、直轄市長、縣（市）長、鄉（鎮、市）長、原住民區長、村（里）長選舉為以各該選舉區人口總數百分之七十，乘以基本金額新臺幣二十元所得數額，加上一固定金額之和。

前項所定固定金額，分別定為立法委員、直轄市議員新臺幣一千萬元、縣（市）議員新臺幣六百萬元、鄉（鎮、市）民代表、原住民區民代表新臺幣二百萬元、直轄市長新臺幣五千萬元、縣（市）長新臺幣三千萬元、鄉（鎮、市）長、原住民區長新臺幣六百萬元、村（里）長新臺幣二十萬元。

競選經費最高金額計算有未滿新臺幣一千元之尾數時，其尾數以新臺幣一千元計算之。

第二項所稱選舉區人口總數，指投票之月前第六個月之末日該選舉區戶籍統計之人口總數。

第二項第一款所定公職人員選舉各該選舉區之應選名額，於補選時，指各該選舉區之原應選名額。

第42條 候選人競選經費之支出，於前條規定候選人競選經費最高金額內，減除政治獻金及依第四十三條規定之政府補貼競選經費之餘額，得於申報綜合所得稅時作為投票日年度列舉扣除額。

各種公職人員罷免案，提議人之領銜人及被罷免人所為支出，於前條規定候選人競選經費最高金額內，減除政治獻金之餘額，得於申報綜合所得稅時作為罷免案宣告不成立之日或投票日年度列舉扣除額。

前二項所稱之支出，指自選舉公告發布之日起至投票日後三十日內，或罷免案自領取連署人名冊格式之日起至宣告不成立之日止；已宣告成立者則延長至投票日後三十日內，以競選或罷免活動為目的，所支出之費用。

第43條 候選人除全國不分區及僑居國外國民立法委員選舉外，當選人在一人，得票數達各該選舉區當選票數三分之一以上者，當選人在二人以上，得票數達各該選舉區當選票數二分之一以上者，應補貼其競選費用，每票補貼新臺幣三十元。但其最高額，不得超過各該選舉區候選人競選經費最高金額。

前項當選票數，當選人在二人以上者，以最低當選票數為準；其最低當選票數之當選人，以婦女保障名額當選，應以前一名當選人之得票數為最低當選票數。

第一項對候選人競選費用之補貼，應於當選人名單公告日後三十日內，由選舉委員會核算補貼金額，並通知候選人於三個月內掣據，向選舉委員會領取。

前項競選費用之補貼，依第一百三十條第二項規定應逕予扣除者，應先予以扣除，有餘額時，發給其餘額。

領取競選費用補貼之候選人犯第九十七條、第九十九條第一項、第一百零一條第一項、第一百零二條第一項第一款之罪經有罪判決確定者或因第一百二十條第一項第三款之情事經法院判決當選無效確定者，選舉委員會應於收到法院確定判決書後，以書面通知其於三十日內繳回已領取及依前項先予扣除之補貼金額，屆期不繳回者，依法移送強制執行。

候選人未於規定期限內領取競選費用補貼者，選舉委員會應催告其於三個月內具領；屆期未領者，視為放棄領取。

第一項所需補貼費用，依第十三條規定編列預算。

第44條 候選人於競選活動期間，得在其選舉區內設立競選辦事處；其設立競選辦事處二所以上者，除主辦事處以候選人為負責人外，其餘各辦事處，應由候選人指定專人負責，並應將各辦事處地址、負責人姓名，向受理登記之選舉委員會登記。

候選人競選辦事處不得設於機關（構）、學校、依法設立之人民團體或經常定為投票所、開票所之處所及其他公共場所。但政黨之各級黨部辦公處，不在此限。

第45條 各級選舉委員會之委員、監察人員、職員、鄉（鎮、市、區）公所辦理選舉事務人員，於選舉公告發布或收到罷免案提議後，不得有下列行為：

一、公開演講或署名推薦為候選人宣傳或支持、反對罷免案。

二、為候選人或支持、反對罷免案站台或亮相造勢。

三、召開記者會或接受媒體採訪時為候選人或支持、反對罷免案宣傳。

四、印發、張貼宣傳品為候選人或支持、反對罷免案宣傳。

五、懸掛或豎立標語、看板、旗幟、布條等廣告物為候選人或支持、反對罷免案宣傳。

六、利用廣播電視、網際網路或其他媒體為候選人或支持、反對罷免案宣傳。

七、參與競選或支持、反對罷免案遊行、拜票、募款活動。

第46條 公職人員選舉，除全國不分區及僑居國外國民立法委員選舉依第四十八條規定辦理外，選舉委員會應於競選活動期間內舉辦公辦政見發表會，候選人應親自到場發表政見。但經選舉區內候選人全體同意不辦理者，應予免辦；鄉（鎮、市）民代表、原住民區民代表及村（里）長選舉，得視實際情形辦理或免辦。

前項公辦政見發表會，得透過電視或其他大眾傳播媒體辦理。

前二項公辦政見發表會中候選人發表政見時間，每場每人以不少於十五分鐘為原則；其舉辦之場數、時間、程序及其他相關事項之辦法，由中央選舉委員會定之。

第47條 選舉委員會應彙集下列資料及選舉投票等有關規定，編印選舉公報，並得錄製有聲選舉公報：

一、區域、原住民立法委員及地方公職人員選舉，各候選人之號次、相片、姓名、出生年月日、性別、出生地、推薦之政黨、學歷、經歷及政見。

二、全國不分區及僑居國外國民立法委員選舉，各政黨之號次、名稱、政見及其登記候選人之姓名、出生年月日、性別、出生地、學歷及經歷。有政黨標章者，其標章。

前項第一款、第二款學歷，其為大學以上者，以經中央教育行政機關立案或認可之學校取得學位者為限。候選人並應於登記時檢附證明文件；未檢附證明文件者，不予刊登該學歷。

第一項第一款學歷、經歷合計以一百五十字為限，同項第二款學歷、經歷合計以七十五字為限。

第一項政見內容，得以文字、圖案為之，並應使所有候選人公平使用選舉公報版面；其編製、格式、印發及其他相關事項之辦法，由中央選舉委員會定之。

第一項候選人及政黨之資料，應於申請登記時，一併繳送選舉委員會。

第一項之政見內容，有違反第五十五條規定者，選舉委員會應通知限期自行修改；屆期不修改或修改後仍有未符規定者，對未符規定部分，不予刊登選舉公報。

候選人個人及政黨資料，由候選人及政黨自行負責。其為選舉委員會職務上所已知或經查明不實者，不予刊登選舉公報。推薦之政黨欄，經政黨推薦之候選人，應刊登其推薦政黨名稱；非經政黨推薦之候選人，刊登無。

第一項第二款之政黨標章，以經中央主管機關備案者為限；未經備案者不予刊登。

選舉公報應於投票日二日前送達選舉區內各戶，並應於選舉委員會網站公開，且以其他適當方式公開。

第48條 全國不分區及僑居國外國民立法委員選舉，中央選舉委員會應以公費，在全國性無線電視頻道，供登記之政黨從事競選宣傳或發表政見，每次時間不得少於一小時，受指定之電視台不得拒絕；其舉辦之次數、時間、程序及其他相關事項之辦法，由中央選舉委員會定之。

經登記之政黨三分之一以上同意，個人或團體得舉辦全國性無線電視辯論會，電視台應予受理，並得向中央選舉委員會申請經費補助；其申請程序、補助辦理場次、基準及其他相關事項之辦法，由中央選舉委員會定之。

第48-1條 選舉委員會得視實際需要，選定公職人員選舉種類，透過電視或其他大眾傳播媒體，辦理選舉及政黨選舉活動；其舉辦之次數、時間、程序及其他相關事項之辦法，由中央選舉委員會定之。

第49條 廣播電視事業得有償提供時段，供推薦或登記候選人之政黨、候選人從事競選宣傳；供提議人之領銜人或被罷免人從事支持或反對罷免案之宣傳，並應為公正、公平之對待。

公共廣播電視台及非營利之廣播電台、無線電視或有線電視台不得播送競選及支持或反對罷免案之宣傳廣告。

廣播電視事業從事選舉或罷免相關議題之論政、新聞報導或邀請候選人、提議人之領銜人或被罷免人參加節目，應為公正、公平之處理，不得為無正當理由之差別待遇。

廣播電視事業有違反前三項規定之情事者，任何人得於播出後一個月內，檢具錄影帶、錄音帶等具體事證，向選舉委員會舉發。

第50條 中央及地方政府各級機關於公職人員選舉競選或罷免活動期間，不得從事任何與競選或罷免宣傳有關之活動。

第51條 報紙、雜誌、廣播電視、網際網路或其他媒體所刊登或播送之競選或罷免廣告，應於該廣告中載明或敘明刊播者、出資者及其他相關資訊。

前項競選或罷免廣告應載明或敘明之事項、內容、格式及其他應遵行事項之辦法，由中央選舉委員會定之。

第51-1條 報紙、雜誌、廣播電視事業、利用網際網路提供服務者或其他媒體業者，刊播前條之競選或罷免廣告，應進行查證，不得接受下列各款之個人、法人、團體或機構直接或間接委託刊播：

一、外國人民、法人、團體或其他機構，或主要成員為外國人民、法人、團體或其他機構之法人、團體或其他機構。

二、大陸地區人民、法人、團體或其他機構，或主要成員為大陸地區人民、法人、團體或其他機構之法人、團體或其他機構。

三、香港、澳門居民、法人、團體或其他機構，或主要成員為香港、澳門居民、法人、團體或其他機構之法人、團體或其他機構。

受他人委託向報紙、雜誌、廣播電視事業、利用網際網路提供服務者或其他媒體業者刊播競選或罷免廣告，應查證委託者是否屬前項各款情形，並應提出委託者出具非屬前項各款情形之切結書供媒體業者留存。

第51-2條 報紙、雜誌、廣播電視事業、利用網際網路提供服務者或其他媒體業者應留存受委託刊播競選或罷免廣告之廣告檔案、所設定放送之觀眾及條件、前條第二項之切結書等完整紀錄；該紀錄自刊播競選或罷免廣告時起，應留存四年。

前項應留存紀錄應包括之事項、內容及其他應遵行事項之辦法，由中央選舉委員會定之。

第51-3條 選舉公告發布或罷免案宣告成立之日起至投票日前一日止，擬參選人、候選人、被罷免人或罷免案提議人之領銜人知有於廣播電視、網際網路刊播其本人之深度偽造聲音、影像，得填具申請書表並繳納費用，向警察機關申請鑑識。

前項所稱深度偽造，指以電腦合成或其他科技方法製作本人不實之言行，並足使他人誤信為真之技術表現形式。

擬參選人、候選人、被罷免人或罷免案提議人之領銜人對於經第一項警察機關鑑識之聲音、影像具深度偽造之情事者，應檢具鑑識資料，以書面請求廣播電視事業、網際網路平臺提供者或網際網路應用服務提供者依第四項規定處理所刊播之聲音、影像，並副知主辦選舉委員會。

廣播電視事業、網際網路平臺提供者或網際網路應用服務提供者應於接獲前項請求之日起二日內，依下列規定辦理：

一、廣播電視事業：停止刊播該聲音、影像。

二、網際網路平臺提供者、網際網路應用服務提供者：限制瀏覽、移除或下架該聲音、影像。

廣播電視事業、網際網路平臺提供者或網際網路應用服務提供者應自接獲第三項請求之日起六個月內，留存所刊播聲音、影像之電磁紀錄或網頁資料，及委託刊播者資料、網路使用紀錄資料；發生訴訟時，應延長留存至裁判確定後三個月。

第一項申請鑑識之資格、程序、書表與影音檔案格式、費用、警察機關出具之鑑識資料應載明內容及其他相關事項之辦法，由內政部定之。

第52條 政黨及任何人印發以文字、圖畫從事競選、罷免之宣傳品，應親自簽名；其為非候選人、罷免案提議人之領銜人或被罷免人者，並應載明其住址或地址；其為法人或團體者，並應載明法人或團體之名稱與其代表人姓名及地址。宣傳品之張貼，以候選人競選辦事處、政黨辦公處、罷免辦事處及宣傳車輛為限。

前項宣傳品於競選或罷免活動期間前印製，準備於競選或罷免活動期間開始後散發者，視為競選或罷免活動期間所印製。

政黨及任何人懸掛或豎立標語、看板、旗幟、布條等競選或罷免廣告物應具名，並不得於道路、橋梁、公園、機關（構）、學校或其他公共設施及其用地懸掛或豎立之。但經直轄市、縣（市）政府公告供候選人、罷免案提議人之領銜人、被罷免人、推薦候選人或被罷免人所屬之政黨使用之地點，不在此限。

前項直轄市、縣（市）政府公告之地點，應公平合理提供使用；其使用管理規則，由直轄市、縣（市）政府定之。

廣告物之懸掛或豎立，不得妨礙公共安全或交通秩序，並應於投票日後七日內自行清除；違反者，依有關法令規定處理。

違反第一項或第三項規定所張貼之宣傳品、懸掛、豎立之廣告物，應由選舉委員會通知直轄市、縣（市）政府相關主管機關（單位）依規定處理。

第53條 政黨及任何人自選舉公告發布或罷免案成立宣告之日起至投票日十日前所為有關候選人、被罷免人或選舉、罷免民意調查資料之發布，應載明負責調查單位、主持人、辦理時間、抽樣方式、母體數、樣本數、誤差值及經費來源。

未載明前項應載事項及其他各式具民意調查外觀之選舉罷免資料，於前項期間，均不得發布、報導、散布、評論或引述。但參選之政黨、候選人、提議人之領銜人或被罷免人自行推估者，不在此限。

政黨及任何人自投票日前十日起至投票時間截止前，不得以任何方式，發布、報導、散布、評論或引述前二項資料。

第54條 政黨及任何人從事競選或罷免活動使用擴音器，不得製造噪音。違反者，由環境保護主管機關或警察機關依有關法律規定處理。

第55條 候選人或為其助選之人之競選言論；提議人之領銜人、被罷免人及為罷免案助勢之人、罷免案辦事處負責人及辦事人員之罷免言論，不得有下列情事：

一、煽惑他人犯內亂罪或外患罪。

二、煽惑他人以暴動破壞社會秩序。

三、觸犯其他刑事法律規定之罪。

第56條 政黨及任何人，不得有下列情事：

一、於競選或罷免活動期間之每日上午七時前或下午十時後，從事公開競選、助選或罷免活動。但不妨礙居民生活或社會安寧之活動，不在此限。

二、於投票日從事競選、助選或罷免活動。

三、妨害其他政黨或候選人競選活動；妨害其他政黨或其他人從事罷免活動。

四、邀請外國人民、大陸地區人民或香港、澳門居民為第四十五條各款之行為。但受邀者為候選人、被罷免人之配偶，其為第四十五條第二款之站台、亮相造勢及第七款之遊行、拜票而未助講者，不在此限。

第七節　投票及開票

第57條 公職人員選舉，應視選舉區廣狹及選舉人分布情形，就機關（構）、學校、公共場所或其他適當處所，分設投票所。

前項之投票所應選擇具備無障礙設施之場地，若無符合規定之無障礙場地，應使用相關輔具或器材協助行動不便者完成投票。選舉委員會應視場所之無障礙程度，適度增加投票所之工作人力，主動協助行動不便者。

原住民公職人員選舉，選舉委員會得斟酌實際情形，單獨設置投票所或於區域選舉投票所內辦理投票。

投票所除選舉人及其照顧之六歲以下兒童、第十八條第三項規定之家屬或陪同之人外，未佩帶各級選舉委員會製發證件之人員不得進入。但檢察官依法執行職務者，不在此限。

投票所於投票完畢後，即改為開票所，當眾唱名開票。開票完畢，開票所主任管理員與主任監察員即依投開票報告表宣布開票結果，除於開票所門口張貼外，並應將同一內容之投開票報告表副本，當場簽名交付推薦候選人之政黨，及非經政黨推薦之候選人所指派之人員；其領取，以一份為限。

投開票完畢後，投開票所主任管理員應會同主任監察員，將選舉票按用餘票、有效票、無效票及選舉人名冊分別包封，並於封口處簽名或蓋章，一併送交鄉（鎮、市、區）公所轉送直轄市、縣（市）選舉委員會保管。

前項選舉票除檢察官或法院依法行使職權外，不得開拆。

第六項選舉票及選舉人名冊，自開票完畢後，其保管期間如下：

一、用餘票為一個月。

二、有效票及無效票為六個月。

三、選舉人名冊為六個月。

前項保管期間，發生訴訟時，其與訴訟有關部分，應延長保管至裁判確定後三個月。

第58條 投票所、開票所置主任管理員一人，管理員若干人，由選舉委員會派充，辦理投票、開票工作。

前項主任管理員須為現任公教人員，管理員須三分之一以上為現任公教人員，選舉委員會得洽請各級政府機關及公立學校推薦後遴派之，受洽請之政府機關、公立學校及受遴派之政府機關職員、學校教職員，均不得拒絕。

投票所、開票所置警衛人員，由直轄市、縣（市）選舉委員會洽請當地警察機關調派之。

第59條 投票所、開票所置主任監察員一人，監察員若干人，監察投票、開票工作。除候選人僅一人時，置監察員一人外，每一投票所、開票所至少應置監察員二人。

主任監察員須為現任或曾任公教人員，由選舉委員會洽請各級政府機關及公立學校推薦後遴派之；受洽請之政府機關、公立學校及受遴派之政府機關職員、學校教職員，均不得拒絕。

監察員依下列方式推薦後，由選舉委員會審核派充之：

一、公職人員選舉，由候選人就所需人數平均推薦。但經政黨推薦之候選人，由其所屬政黨推薦。

二、公職人員選舉與總統、副總統選舉同日舉行投票時，依總統副總統選舉罷免法第五十五條第二項規定推薦。

三、立法委員、直轄市長、縣（市）長選舉與其他地方公職人員選舉同日舉行投票時，由立法委員、直轄市長、縣（市）長選舉之候選人依第一款規定推薦。

四、公職人員罷免由提議人之領銜人及被罷免人就所需人數平均推薦。

候選人、政黨、提議人之領銜人或被罷免人得就其所推薦之監察員，指定投票所、開票所，執行投票、開票監察工作。如指定之監察員超過該投票所、開票所規定名額時，以抽籤定之。但投、開票所監察員不得全屬同一政黨推薦。

除候選人僅一人外，各投票所推薦不足二名之監察員時，由選舉委員會就下列人員遴派之：

一、地方公正人士。

二、各機關（構）、團體、學校人員。

三、大專校院成年學生。

監察員資格、推薦程序及服務之規則，由中央選舉委員會定之。

第59-1條　投票所、開票所工作人員應支給工作費，並參照物價水準調整；其數額基準，由中央選舉委員會擬訂，報請行政院核定。

第60條　投票所、開票所之工作人員，應參加選舉委員會舉辦之講習。

第61條　各級選舉委員會之委員、監察人員、職員、鄉（鎮、市、區）公所辦理選舉事務人員及投票所、開票所工作人員因執行職務致死亡、失能或傷害者，依其本職身分有關規定請領慰問金。

前項人員不能依其本職身分請領慰問金者，由選舉委員會發給慰問金；其發給之對象、數額基準、程序及其他相關事項之辦法，由中央選舉委員會定之。

第62條　選舉票由選舉委員會按選舉區，依下列各款規定印製、分發及應用：

一、區域、原住民立法委員及地方公職人員選舉，選舉票應刊印各候選人之號次、姓名及相片；經政黨推薦之候選人，應同時刊印推薦該候選人之政黨名稱；非經政黨推薦之候選人，刊印無。

二、全國不分區及僑居國外國民立法委員選舉，選舉票應刊印政黨之號次、標章及名稱。

前項第二款之政黨標章，以經中央主管機關備案者為限；未經備案者不予刊登。

第一項選舉票，由直轄市、縣（市）選舉委員會依中央選舉委員會規定之式樣及顏色印製，並由監察小組委員到場監印，於投票日前一日交各該投票所主任管理員會同主任監察員當眾點清。

第63條　選舉之投票，由選舉人於選舉票圈選欄上，以選舉委員會製備之圈選工具圈選一人。但全國不分區及僑居國外國民立法委員選舉，圈選一政黨。

選舉人圈選後，不得將圈選內容出示他人。

第一項圈選工具，由直轄市、縣（市）選舉委員會依中央選舉委員會規定之式樣製備。

第64條　選舉票有下列情事之一者，無效：

一、圈選二政黨或二人以上。

二、不用選舉委員會製發之選舉票。

三、所圈位置不能辨別為何政黨或何人。

四、圈後加以塗改。

五、簽名、蓋章、按指印、加入任何文字或符號。

六、將選舉票撕破致不完整。

七、將選舉票污染致不能辨別所圈選為何政黨或何人。

八、不加圈完全空白。

九、不用選舉委員會製備之圈選工具。

前項無效票，應由開票所主任管理員會同主任監察員認定；認定有爭議時，由全體監察員表決之。表決結果正反意見同數者，該選舉票應為有效。

第65條 在投票所或開票所有下列情事之一者，主任管理員應會同主任監察員令其退出：

一、在場喧嚷或干擾勸誘他人投票或不投票，不服制止。

二、攜帶武器或危險物品入場。

三、投票進行期間，穿戴或標示政黨、政治團體、候選人之旗幟、徽章、物品或服飾，不服制止。

四、干擾開票或妨礙他人參觀開票，不服制止。

五、有其他不正當行為，不服制止。

選舉人有前項情事之一者，令其退出時，應將所持選舉票收回，並將事實附記於選舉人名冊內該選舉人姓名下；其情節重大者，並應專案函報各該選舉委員會。

除執行公務外，任何人不得攜帶行動電話或具攝影功能之器材進入投票所。但已關閉電源之行動裝置，不在此限。

任何人不得於投票所以攝影器材刺探選舉人圈選選舉票內容。

第66條 選舉投票日前或投開票當日，發生或可預見將發生天災或其他不可抗力情事，致個別投開票所，不能投票或開票時，依下列規定辦理：

一、縣（市）級以上選舉，由直轄市、縣（市）選舉委員會報中央選舉委員會核准，改定投開票日期；或由直轄市、縣（市）選舉委員會逕行改定投開票場所，並報中央選舉委員會備查。

二、前款以外之選舉，由直轄市、縣（市）選舉委員會改定投開票日期或場所，並報中央選舉委員會備查。

前項不能投票或開票之投開票所，已達或可預見其將達各該選舉區三分之一以上投開票所不能投票或開票時，主管選舉委員會應逕行改定該選舉區投開票日期。

改定之投開票日期，應於改定之投票日三日前公告。

選舉投票日前或投開票當日發生天災或其他不可抗力情事處理辦法，由中央選舉委員會定之。

選舉委員會於候選人競選活動期間公告改定投票日期時，該選舉之競選活動期間順延至新定之投票日前一日。但改定投票日期公告日距新定之投票日前一日之期間，長於原定之競選活動期間者，依新定之投票日前一日，重新計算競選活動期間。

第八節　選舉結果

第67條　公職人員選舉，除另有規定外，按各選舉區應選出之名額，以候選人得票比較多數者為當選；票數相同時，以抽籤決定之。

全國不分區及僑居國外國民立法委員選舉當選名額之分配，依下列規定：

一、以各政黨得票數相加之和，除各該政黨得票數，求得各該政黨得票比率。

二、以應選名額乘前款得票比率所得積數之整數，即為各政黨分配之當選名額；按政黨名單順位依序當選。

三、依前款規定分配當選名額後，如有剩餘名額，應按各政黨分配當選名額後之剩餘數大小，依序分配剩餘名額。剩餘數相同時，以抽籤決定之。

四、政黨登記之候選人名單人數少於應分配之當選名額時，視同缺額。

五、各該政黨之得票比率未達百分之五以上者，不予分配當選名額；其得票數不列入第一款計算。

六、第一款至第三款及前款小數點均算至小數點第四位，第五位以下四捨五入。

前項各政黨當選之名額，婦女不得低於二分之一。

各政黨分配之婦女當選名額，按各政黨登記之候選人名單順位依序分配當選名額；婦女當選人少於應行當選名額時，由名單順位在後之婦女候選人優先分配當選。婦女候選人少於應分配之婦女當選名額時，視同缺額。

第68條　地方公職人員選舉，其婦女當選人少於應行當選名額時，應將婦女候選人所得選舉票單獨計算，以得票比較多數者為當選；其計算方式，依下列規定：

一、直轄市議員、縣（市）議員、鄉（鎮、市）民代表、原住民區民代表選舉，在各該直轄市、縣（市）、鄉（鎮、市、區）劃分選舉區時，各該選舉區開票結果，婦女當選人不足各該選舉區規定名額時，應將該選舉區未當選婦女候選人所得票數，單獨計算，以得票較多之婦女候選人，依序當選；無婦女候選人者，視同缺額。

二、平地原住民、山地原住民直轄市議員、平地原住民、山地原住民縣（市）議員、平地原住民鄉（鎮、市）民代表選舉，婦女當選人不足規定名額時，應將各直轄市、縣（市）、鄉（鎮、市）選舉區未當選婦女候選人所得票數單獨計算，相互比較，以得票數較多之婦女候選人於其選舉區之當選名額中依序當選；無婦女候選人者，視同缺額。

第69條 區域立法委員、直轄市長、縣（市）長選舉結果，得票數最高與次高之候選人得票數差距，或原住民立法委員選舉結果得票數第三高與第四高之候選人得票數差距，在有效票數千分之三以內時，次高票或得票數第四高之候選人得於投票日後七日內，向第一百二十六條規定之管轄法院聲請查封全部或一部分投票所之選舉人名冊及選舉票，就查封之投票所於二十日內完成重新計票，並將重新計票結果通知各主管選舉委員會。各主管選舉委員會應於七日內依管轄法院重新計票結果，重行審定選舉結果。審定結果，有不應當選而已公告當選之情形，應予撤銷；有應當選而未予公告之情形，應重行公告。

前項重新計票之申請，於得票數最高或原住民立法委員選舉得票數第三高之候選人有二人以上票數相同時，得由經抽籤而未抽中之候選人為之。

第一項聲請，應以書面載明重新計票之投票所，並繳納一定金額之保證金；其數額以投票所之投票數每票新臺幣三元計。

重新計票由管轄法院於直轄市、縣（市）分別選定地點，就查封之投票所選舉人名冊及選舉票逐張認定。

管轄法院辦理重新計票，應通知各候選人或其指定人員到場，並得指揮直轄市、縣（市）選舉委員會、鄉（鎮、市、區）公所及投票所工作人員協助。

重新計票結果未改變當選或落選時，第三項保證金不予發還；重新計票結果改變當選或落選時，保證金應予發還。

任何人提起選舉訴訟時，依第一項規定查封之投票所選舉人名冊及選舉票，不得聲請重新計票。

第一項辦理重新計票所需費用，由第十三條規定編列預算之機關負擔。

第70條 候選人數未超過或不足各該選舉區應選出之名額時，以所得票數達下列規定以上者，始為當選。但村（里）長選舉不在此限：

一、區域立法委員、直轄市長、縣（市）長、鄉（鎮、市）長、原住民區長選舉，為各該選舉區選舉人總數百分之二十。

二、原住民立法委員、直轄市議員、縣（市）議員、鄉（鎮、市）民代表、原住民區民代表選舉，為各該選舉區應選出之名額除該選舉區選舉人總數所得商數百分之十。

前項選舉結果未能當選或當選不足應選出之名額時，區域立法委員、直轄市長、縣（市）長、鄉（鎮、市）長、原住民區長，應自投票之日起三個月內完成重行選舉投票；原住民立法委員、直轄市議員、縣（市）議員、鄉（鎮、市）民代表、原住民區民代表視同缺額。同一選舉區內缺額達二分之一時，應自事實發生之日起三個月內完成補選投票。

第70-1條 依第六十七條第一項、第六十八條或第七十條第一項規定當選之候選人，於當選人名單公告前死亡，選舉委員會應公告為當選人；其所遺缺額，依下列規定辦理：

一、區域立法委員、直轄市長、縣（市）長、鄉（鎮、市）長、原住民區長、村（里）長，應自公告之日起三個月內完成重行選舉投票。

二、原住民立法委員、直轄市議員、縣（市）議員、鄉（鎮、市）民代表、原住民區民代表，視同缺額；同一選舉區內缺額達二分之一時，應自公告之日起三個月內完成補選投票。

第71條 當選人於就職前死亡或於就職前經判決當選無效確定者，依下列規定辦理：

一、區域立法委員、直轄市長、縣（市）長、鄉（鎮、市）長、原住民區長、村（里）長，應自死亡之日或選舉委員會收到法院確定判決證明書之日起三個月內完成重行選舉投票。

二、原住民立法委員、直轄市議員、縣（市）議員、鄉（鎮、市）民代表、原住民區民代表，視同缺額；同一選舉區內缺額達二分之一時，應自死亡之日或選舉委員會收到法院確定判決證明書之日起三個月內完成補選投票。

三、全國不分區及僑居國外國民立法委員，除以書面聲明放棄遞補者外，由該政黨登記之候選人名單按順位依序遞補；該政黨登記之候選人名單無人遞補時，視同缺額。

全國不分區及僑居國外國民立法委員選舉當選人，在就職前喪失其所屬政黨黨籍者，自喪失黨籍之日起，喪失其當選資格；其所遺缺額，除以書面聲明放棄遞補者外，由該政黨登記之候選人名單按順位依序遞補；如該政黨登記之候選人名單無人遞補時，視同缺額。

全國不分區及僑居國外國民立法委員選舉婦女當選人，在就職前死亡、就職前經判決當選無效確定或喪失其所屬政黨黨籍而出缺，致該政黨婦女當選人不足婦女應當選名額時，其所遺缺額，除以書面聲明放棄遞補者外，由該政黨登記之候選人名單中之婦女候選人順位依序遞補；該政黨登記之候選人名單無婦女候選人遞補時，視同缺額。

前二項政黨黨籍之喪失，應由所屬政黨檢附黨籍喪失證明書，向中央選舉委員會備案。

第一項第三款、第二項及第三項所定立法委員之遞補，應自死亡之日、選舉委員會收到法院確定判決證明書或黨籍喪失證明書送達選舉委員會之日起十五日內，由中央選舉委員會公告遞補當選人名單。

第72條　當選人應於規定之日就職，重行選舉或重行投票之當選人未能於規定之日就職者，其任期仍應自該規定之日起算。

前項當選人因徵集入營服役，尚未就職者，不得就職；已就職者，視同辭職。

第73條　立法委員於就職後因死亡、辭職、經判決當選無效確定或其他事由出缺時，依下列規定辦理：

一、區域選出者，應自死亡之日、辭職之日或選舉委員會收到法院確定判決證明書之日或其他出缺事由發生之日起三個月內完成補選投票。但其所遺任期不足一年時，不予補選。

二、原住民選出者，同一選舉區內缺額達二分之一時，應自死亡之日、辭職之日或選舉委員會收到法院確定判決證明書之日或其他出缺事由發生之日起三個月內完成補選投票。但其所遺任期不足一年時，不予補選。

三、全國不分區及僑居國外國民選出者，其所遺缺額，除以書面聲明放棄遞補者外，由該政黨登記之候選人名單按順位依序遞補；如該政黨登記之候選人名單無人遞補時，視同缺額。

全國不分區及僑居國外國民立法委員，在就職後喪失其所屬政黨黨籍者，自喪失黨籍之日起，喪失其資格，由中央選舉委員會函請立法院予以註銷，其所遺缺額，除以書面聲明放棄遞補者外，由該政黨登記之候選人名單按順位依序遞補；如該政黨登記之候選人名單無人遞補時，視同缺額。

全國不分區及僑居國外國民立法委員選舉婦女當選人，於就職後因死亡、辭職、經判決當選無效確定、喪失其所屬政黨黨籍或其他事由出缺，致該政黨婦女當選人不足婦女應當選名額時，其所遺缺額，除以書面聲明放棄遞補者外，由該政黨登記之候選人名單中之婦女候選人順位依序遞補；如該政黨登記之候選人名單無婦女候選人遞補時，視同缺額。

前二項政黨黨籍之喪失，應由所屬政黨檢附黨籍喪失證明書，向中央選舉委員會備案。

第一項第三款、第二項及第三項所定立法委員之遞補，應自立法院註銷名籍公函送達之日起十五日內，由中央選舉委員會公告遞補名單。

第73-1條　全國不分區及僑居國外國民立法委員選舉當選人於就職前或就職後，原登記之政黨解散或廢止備案，除因合併而解散外，自司法院憲法法庭判決生效之日或主管機關公告之日起，喪失其資格，由中央選舉委員會函請立法院予以註銷；其所遺缺額，視同缺額。

第74條 當選人經判決當選無效確定，依法院確定判決認定之事實，候選人得票數有變動致影響當選或落選時，主管選舉委員會應依法院確定判決認定之事實，重行審定。審定結果，有不應當選而已公告當選之情形，應予撤銷；有應當選而未予公告之情形，應重行公告，不適用重行選舉或缺額補選之規定。

地方民意代表當選人於登記參選該公職身分之選舉因第一百二十條第一項第三款之情事，經法院判決當選無效確定者或經提起當選無效之訴後辭職者，或因犯第一百二十條第一項第三款所列之罪，經有罪判決確定者，其缺額於法院判決確定日或辭職生效日由落選人依得票數之高低順序遞補，不適用重行選舉或缺額補選之規定。

前項落選人之得票數應達選舉委員會原公告該選舉區得票數最低之當選人得票數二分之一，且於該次選舉得遞補當選時，未有犯第九十七條、第九十八條之一第一項及其未遂犯、第九十九條第一項、第二項、第一百零一條第一項、第二項、第一百零二條第一項第一款及其預備犯、刑法第一百四十四條或第一百四十六條之罪，經有罪判決確定之情事。

遞補當選人名單公告後，經發現遞補人員在公告前或就職前有死亡、受褫奪公權宣告尚未復權、不符前項規定經選舉委員會撤銷公告，或公告後未就職者，所遺缺額不適用第二項缺額依序遞補之規定。但遞補人員有犯第一百二十條第一項第三款所列之罪，經法院判決有罪情事者，不在此限。

第四章 （刪除）

第九節 罷免

第一款 罷免案之提出

第75條 公職人員之罷免，得由原選舉區選舉人向選舉委員會提出罷免案。但就職未滿一年者，不得罷免。

全國不分區及僑居國外國民立法委員選舉之當選人，不適用罷免之規定。

第76條 罷免案以被罷免人原選舉區選舉人為提議人，由提議人之領銜人一人，填具罷免提議書一份，檢附罷免理由書正、副本各一份，提議人正本、影本名冊各一份，向選舉委員會提出。

前項提議人人數應為原選舉區選舉人總數百分之一以上，其計算數值尾數如為小數者，該小數即以整數一計算。

第一項提議人名冊，應依規定格式逐欄詳實填寫，填具提議人國民身分證統一編號及戶籍地址分村（里）裝訂成冊，並指定提議人一人為備補領銜人。罷免理由書以不超過五千字為限。

罷免案，一案不得為二人以上之提議。但有二個以上罷免案時，得同時投票。

罷免案表件不合第一項、第三項、前項規定或提議人名冊不足第二項規定之提議人數者，選舉委員會應不予受理。

中央選舉委員會應建置電子系統，提供提議人之領銜人徵求連署；其適用罷免種類、連署方式、查對作業及其他相關事項之辦法，由中央選舉委員會定之。

採電子連署者，其文件以電磁紀錄之方式提供。

罷免案提議人之領銜人死亡或經提議人總數二分之一以上書面同意者，由備補領銜人遞補為領銜人，並以一次為限。

第77條 現役軍人、服替代役之現役役男或公務人員，不得為罷免案提議人。

前項所稱公務人員，為公務員服務法第二十四條規定之公務員。

第78條 罷免案於未徵求連署前，經提議人總數三分之二以上同意，得以書面向選舉委員會撤回之。

第二款 罷免案之成立

第79條 選舉委員會收到罷免案提議後，應於二十五日內，查對提議人名冊，有下列情事之一者，應予刪除：

一、提議人不合第七十六條第一項規定。

二、提議人有第七十七條第一項之身分。

三、提議人姓名、國民身分證統一編號或戶籍地址書寫錯誤或不明。

四、提議人名冊未經提議人簽名或蓋章。

五、提議人提議，有偽造情事。

提議人名冊，經依前項規定刪除後，如不足規定人數，由選舉委員會將刪除之提議人及其個別事由列冊通知提議人之領銜人於十日內補提，屆期不補提或補提仍不足規定人數者，均不予受理。符合規定人數，即函告提議人之領銜人自收到通知之次日起十日內領取連署人名冊格式，並於一定期間內徵求連署，未依限領取連署人名冊格式者，視為放棄提議。

前項補提，以一次為限。補提之提議人名冊，應依第一項規定處理。如刪除後，不足規定人數，應不予受理。選舉委員會應將刪除之提議人及其個別事由列冊通知提議人之領銜人。

第80條 前條第二項所定徵求連署之期間如下：

一、立法委員、直轄市議員、直轄市長、縣（市）長之罷免為六十日。

二、縣（市）議員、鄉（鎮、市）長、原住民區長之罷免為四十日。

三、鄉（鎮、市）民代表、原住民區民代表、村（里）長之罷免為二十日。

前項期間之計算，自領得連署人名冊格式之次日起算。

罷免案提議人之領銜人，應將連署人名冊正、影本各一份，於第一項規定期間內向選舉委員會一次提出，逾期不予受理。

前項連署人名冊，應依規定格式逐欄詳實填寫，並填具連署人國民身分證統一編號及戶籍地址，分村（里）裝訂成冊，連署人名冊未依規定格式提出者，選舉委員會應不予受理。

第81條 罷免案之連署人，以被罷免人原選舉區選舉人為連署人，其人數應為原選舉區選舉人總數百分之十以上。

前項罷免案連署人人數，其計算數值尾數如為小數者，該小數即以整數一計算。

同一罷免案之提議人不得為連署人。提議人及連署人之人數應分別計算。

第82條 第七十六條及前條所稱選舉人總數，以被罷免人當選時原選舉區之選舉人總數為準；所稱選舉人，其年齡及居住期間之計算，以罷免案提出日為準。

第83條 選舉委員會收到罷免案連署人名冊後，立法委員、直轄市議員、直轄市長、縣（市）長之罷免應於四十日內，縣（市）議員、鄉（鎮、市）長、原住民區長之罷免應於二十日內，鄉（鎮、市）民代表、原住民區民代表、村（里）長之罷免應於十五日內，查對連署人名冊，有下列各款情事之一者，應予刪除。但連署人名冊不足第八十一條第一項規定之連署人數者，選舉委員會應逕為不成立之宣告：

一、連署人不合第八十一條第一項規定。

二、連署人有第八十一條第三項規定情事。

三、連署人姓名、國民身分證統一編號或戶籍地址書寫錯誤或不明。

四、連署人名冊未經連署人簽名或蓋章。

五、連署人連署，有偽造情事。

前項連署人名冊，經查對後，如不足規定人數，由選舉委員會通知提議人之領銜人於十日內補提，屆期不補提或補提仍不足第八十一條第一項規定人數，選舉委員會應為罷免案不成立之宣告，並應將刪除之連署人及其個別事由列冊通知提議人之領銜人；連署人數符合規定者，選舉委員會應為罷免案成立之宣告。

前項補提，以一次為限。補提之連署人名冊，應依第一項規定處理。

罷免案有下列情事之一者，原提議人對同一被罷免人，一年內不得再為罷免案之提案：

一、罷免案經宣告不成立。

二、未於第七十九條第二項規定期限內領取連署人名冊格式，視為放棄提議。

三、未於第八十條第一項規定期限內提出連署人名冊。

罷免案提議人名冊及連署人名冊查對作業辦法，由中央選舉委員會定之。

第84條 罷免案宣告成立後，應將罷免理由書副本送交被罷免人，於十日內提出答辯書。

前項答辯書內容，以不超過一萬字為限。

第85條 選舉委員會應於被罷免人提出答辯書期間屆滿後五日內，就下列事項公告之：

一、罷免投票日期及投票起、止時間。

二、罷免理由書。

三、答辯書。但被罷免人未於規定期間內提出答辯書者，不予公告。答辯書內容，超過前條第二項規定字數者，其超過部分，亦同。

第86條 罷免案提議人之領銜人、被罷免人，於罷免案提議後，得於罷免區內設立支持與反對罷免案之辦事處，置辦事人員。

前項罷免辦事處不得設於機關（構）、學校、依法設立之團體、經常定為投票所、開票所之處所及其他公共場所。但政黨之各級黨部及依法設立之社會團體、職業團體辦公處，不在此限。

罷免辦事處設立與辦事人員之登記、辦事人員名額與資格限制及其他相關事項之辦法，由中央選舉委員會定之。

立法委員、直轄市議員、直轄市長及縣（市）長罷免活動期間，選舉委員會應舉辦公辦電視罷免說明會，提議人之領銜人及被罷免人，應親自到場發表。但經提議人之領銜人及被罷免人雙方同意不辦理者，應予免辦。

前項公辦電視罷免說明會舉辦之場數、時間、程序等事項之辦法，由中央選舉委員會定之。

第86-1條 罷免案宣告成立者，其提議人名冊、連署人名冊應保管至開票後三個月。宣告不成立者，應保管至宣告不成立之日後一年二個月。

罷免案不予受理者，其提議人名冊或連署人名冊應保管至不予受理之日後一年二個月。

罷免案視為放棄提議或逾期未提出連署人名冊者，其提議人名冊應保管至視為放棄提議或連署期間屆滿之日後一年二個月。

前三項保管期間，如有罷免訴訟，應延長保管至裁判確定後三個月。

第三款罷免之投票及開票。

第87條 罷免案之投票，應於罷免案宣告成立後二十日起至六十日內為之，該期間內有其他各類選舉時，應同時舉行投票。但被罷免人同時為候選人時，應於罷免案宣告成立後六十日內單獨舉行罷免投票。

被罷免人於投票日前死亡、去職或辭職者，選舉委員會應即公告停止該項罷免。

第88條 罷免票應在票上刊印同意罷免、不同意罷免二欄，由投票人以選舉委員會製備之圈選工具圈定。

投票人圈定後，不得將圈定內容出示他人。

第89條 罷免案之投票人、投票人名冊及投票、開票，準用本法有關選舉人、選舉人名冊及投票、開票之規定。

第90條 罷免案投票結果，有效同意票數多於不同意票數，且同意票數達原選舉區選舉人總數四分之一以上，即為通過。

有效罷免票數中，不同意票數多於同意票數或同意票數不足前項規定數額者，均為否決。

第91條 罷免案經投票後，選舉委員會應於投票完畢七日內公告罷免投票結果。罷免案通過者，被罷免人應自公告之日起，解除職務。

前項罷免案通過後，依規定應辦理補選者，應自罷免投票結果公告之日起三個月內完成補選投票。但經提起罷免訴訟者，在訴訟程序終結前，不予補選。

第92條 罷免案通過者，被罷免人自解除職務之日起，四年內不得於同一選舉區為同一公職人員候選人；其於罷免案進行程序中辭職者，亦同。

罷免案否決者，在該被罷免人之任期內，不得對其再為罷免案之提議。

第五章　妨害選舉罷免之處罰

第93條 違反第五十五條第一款規定者，處七年以上有期徒刑；違反第二款規定者，處五年以上有期徒刑；違反第三款規定者，依各該有關處罰之法律處斷。

第94條 利用競選、助選或罷免機會，公然聚眾，以暴動破壞社會秩序者，處七年以上有期徒刑；首謀者，處無期徒刑或十年以上有期徒刑。

前項之未遂犯罰之。

第95條 意圖妨害選舉或罷免，對於公務員依法執行職務時，施強暴脅迫者，處五年以下有期徒刑。

犯前項之罪，因而致公務員於死者，處無期徒刑或七年以上有期徒刑；致重傷者，處三年以上十年以下有期徒刑。

第96條 公然聚眾，犯前條之罪者，在場助勢之人，處三年以下有期徒刑、拘役或科新臺幣三十萬元以下罰金；首謀及下手實施強暴脅迫者，處三年以上十年以下有期徒刑。

犯前項之罪，因而致公務員於死者，首謀及下手實施強暴脅迫者，處無期徒刑或七年以上有期徒刑；致重傷者，處五年以上十二年以下有期徒刑。

第97條 對於候選人或具有候選人資格者，行求期約或交付賄賂或其他不正利益，而約其放棄競選或為一定之競選活動者，處三年以上十年以下有期徒刑，併科新臺幣二百萬元以上二千萬元以下罰金。

候選人或具有候選人資格者，要求期約或收受賄賂或其他不正利益，而許以放棄競選或為一定之競選活動者，亦同。

預備犯前二項之罪者，處一年以下有期徒刑。

預備或用以行求期約或交付之賄賂，不問屬於犯罪行為人與否，沒收之。

第98條　以強暴、脅迫或其他非法之方法為下列行為之一者，處五年以下有期徒刑：

一、妨害他人競選或使他人放棄競選。

二、妨害他人為罷免案之提議、連署或使他人為罷免案之提議、連署。

前項之未遂犯罰之。

第98-1條　意圖使特定候選人當選，以虛偽遷徙戶籍取得投票權而為投票者，處五年以下有期徒刑。

意圖影響罷免案之結果，以虛偽遷徙戶籍取得罷免案投票權而為投票者，處五年以下有期徒刑。

前二項之未遂犯罰之。

第99條　對於有投票權之人，行求期約或交付賄賂或其他不正利益，而約其不行使投票權或為一定之行使者，處三年以上十年以下有期徒刑，得併科新臺幣一百萬元以上一千萬元以下罰金。

預備犯前項之罪者，處一年以下有期徒刑。

預備或用以行求期約或交付之賄賂，不問屬於犯罪行為人與否，沒收之。

犯第一項或第二項之罪，於犯罪後六個月內自首者，減輕或免除其刑；因而查獲候選人為正犯或共犯者，免除其刑。

犯第一項或第二項之罪，在偵查中自白者，減輕其刑；因而查獲候選人為正犯或共犯者，減輕或免除其刑。

第100條　直轄市、縣（市）議會議長、副議長、鄉（鎮、市）民代表會、原住民區民代表會主席及副主席之選舉，對於有投票權之人，行求期約或交付賄賂或其他不正利益，而約其不行使投票權或為一定之行使者，處三年以上十年以下有期徒刑，得併科新臺幣二百萬元以上二千萬元以下罰金。

前項之選舉，有投票權之人，要求期約或收受賄賂或其他不正利益，而許以不行使其投票權或為一定之行使者，亦同。

預備犯前二項之罪者，處一年以下有期徒刑。

預備或用以行求期約或交付之賄賂，不問屬於犯罪行為人與否，沒收之。

犯第一項、第二項之罪，於犯罪後六個月內自首者，減輕或免除其刑；因而查獲候選人為正犯或共犯者，免除其刑。在偵查中自白者，減輕其刑；因而查獲候選人為正犯或共犯者，減輕或免除其刑。

第101條　政黨辦理第二條各種公職人員候選人黨內提名，自公告其提名作業之日起，於提名作業期間，對於黨內候選人有第九十七條第一項、第二項之行為者，依第九十七條第一項、第二項規定處斷；對於有投票資格之人，有第九十九條第一項之行為者，依第九十九條第一項規定處斷。

預備犯前項之罪者，處一年以下有期徒刑。

犯前二項之罪者，預備或用以行求期約、交付或收受之賄賂，不問屬於犯罪行為人與否，沒收之。

犯第一項或第二項之罪，於犯罪後六個月內自首者，減輕或免除其刑；因而查獲正犯或共犯者，免除其刑。

犯第一項或第二項之罪，在偵查中自白者，減輕其刑；因而查獲正犯或共犯者，免除其刑。

意圖漁利，包攬第一項之事務者，依第一百零三條規定處斷。

前項之未遂犯罰之。

第一百十五條規定，於政黨辦理公職人員黨內提名時，準用之。

政黨依第一項規定辦理黨內提名作業，應公告其提名作業相關事宜，並載明起止時間、作業流程、黨內候選人及有投票資格之人之認定等事項；各政黨於提名作業公告後，應於五日內報請內政部備查。

第102條　有下列行為之一者，處一年以上七年以下有期徒刑，併科新臺幣一百萬元以上一千萬元以下罰金：

一、對於該選舉區內之團體或機構，假借捐助名義，行求期約或交付財物或其他不正利益，使其團體或機構之構成員，不行使投票權或為一定之行使。

二、以財物或其他不正利益，行求期約或交付罷免案有提議權人或有連署權人，使其不為提議或連署，或為一定之提議或連署。

預備犯前項之罪者，處一年以下有期徒刑。

預備或用以行求期約或交付之賄賂，不問屬於犯罪行為人與否，沒收之。

第103條　意圖漁利，包攬第九十七條第一項、第二項、第九十九條第一項、第一百條第一項、第二項或第一百零二條第一項各款之事務者，處三年以上十年以下有期徒刑，得併科新臺幣一百萬元以上一千萬元以下罰金。

前項之未遂犯罰之。

第103-1條　在公共場所或公眾得出入之場所以選舉、罷免結果為標的之賭博財物者，處六月以下有期徒刑、拘役或科新臺幣十萬元以下罰金。

以電信設備、電子通訊、網際網路或其他相類之方法以選舉、罷免結果為標的之賭博財物者，亦同。

前二項以供人暫時娛樂之物為賭者，不在此限。

意圖營利，以選舉、罷免結果為標的，供給賭博場所或聚眾賭博財物者，處五年以下有期徒刑，得併科新臺幣五十萬元以下罰金。

第104條　意圖使候選人當選或不當選，或意圖使被罷免人罷免案通過或否決者，以文字、圖畫、錄音、錄影、演講或他法，散布謠言或傳播不實之事，足以生損害於公眾或他人者，處五年以下有期徒刑。

以散布、播送或以他法供人觀覽候選人、被罷免人、罷免案提議人之領銜人本人之深度偽造聲音、影像、電磁紀錄之方法，犯前項之罪者，處七年以下有期徒刑。

意圖營利，而犯前二項之罪者，依各該項之規定，加重其刑至二分之一，得併科新臺幣二百萬元以上一千萬元以下罰金。

第104-1條　中央及地方政府各級機關首長或其代理人、受其指示之人違反第五十條規定者，處三年以下有期徒刑。

犯前項之罪，經判刑確定者，其所屬機關得就所支之費用，予以追償；二人以上共同犯前項之罪者，應連帶負責。

第105條　違反第六十三條第二項或第八十八條第二項規定或有第六十五條第一項各款情事之一，經令其退出而不退出者，處二年以下有期徒刑、拘役或科新臺幣二十萬元以下罰金。

第106條　違反第六十五條第三項規定者，處新臺幣三萬元以上三十萬元以下罰鍰。

違反第六十五條第四項規定者，處五年以下有期徒刑，併科新臺幣五十萬元以下罰金。

第107條　選舉、罷免之進行，有下列情事之一者，在場助勢之人，處一年以下有期徒刑、拘役或科新臺幣十萬元以下罰金；首謀及下手實施者，處五年以下有期徒刑：

一、聚眾包圍候選人、被罷免人、罷免案提議人、連署人或其辦事人員之服務機關、辦事處或住、居所。

二、聚眾以強暴、脅迫或其他非法之方法，妨害候選人從事競選活動、被罷免人執行職務或罷免案提議人、連署人或其辦事人員對罷免案之進行。

第108條　將領得之選舉票或罷免票攜出場外者，處一年以下有期徒刑、拘役或科新臺幣一萬五千元以下罰金。

在投票所四周三十公尺內，喧嚷或干擾勸誘他人投票或不投票，經警衛人員制止後仍繼續為之者，處一年以下有期徒刑、拘役或科新臺幣一萬五千元以下罰金。

第109條　意圖妨害或擾亂投票、開票而抑留、毀壞、隱匿、調換或奪取投票匭、選舉票、罷免票、選舉人名冊、投票報告表、開票報告表、開票統計或圈選工具者，處五年以下有期徒刑。

第110條 違反第四十四條、第四十五條、第五十二條第一項、第三項、第八十六條第二項、第三項所定辦法中關於辦事處及其人員登記設立、設立數量、名額或資格限制規定者，處新臺幣十萬元以上一百萬元以下罰鍰。

廣播電視事業違反第四十九條第一項、第二項或第三項規定者，處新臺幣二十萬元以上二百萬元以下罰鍰。

違反第五十一條第二項所定辦法中關於廣告應載明或敘明事項、內容，或第五十一條之三第五項之規定者，處新臺幣二十萬元以上二百萬元以下或該廣告費二倍之罰鍰。

違反第五十一條之一、第五十一條之二第一項、第二項所定辦法中關於廣告應留存紀錄事項或內容之規定者，處新臺幣二十萬元以上一千萬元以下或該廣告費二倍之罰鍰。

違反第五十一條之三第四項規定，未停止刊播、限制瀏覽、移除或下架者，處新臺幣二十萬元以上一千萬元以下罰鍰，並令限期改善；屆期未改善者，得按次處罰。

違反第五十三條或第五十六條規定者，依下列規定處罰；違反第五十六條規定，經制止不聽者，按次處罰：

一、政黨、候選人、罷免案提議人之領銜人、被罷免人及其受僱人、代理人或使用人：處新臺幣二十萬元以上二百萬元以下罰鍰。

二、前款以外之人：處新臺幣十萬元以上一百萬元以下罰鍰。

候選人、罷免案提議人之領銜人、被罷免人之受僱人、代理人或使用人違反第四十四條、第五十二條第一項、第三項、第五十三條、第五十六條或第八十六條第二項、第三項所定辦法中關於辦事處及其人員登記設立、設立數量、名額或資格限制規定者，併處罰候選人、罷免案提議人之領銜人、被罷免人。

政黨、法人或非法人團體違反第五十二條第一項或第三項規定者，依第一項規定，併處罰其代表人及行為人；違反第五十三條或第五十六條規定者，依第六項規定，併處罰其代表人及行為人。

委託報紙、雜誌、廣播電視事業、利用網際網路提供服務者或其他媒體業者，刊播競選、罷免廣告或委託夾報散發宣傳品，違反第五十六條第二款規定者，依第六項規定，處罰委託人及受託人。委託人或受託人為政黨、法人或非法人團體者，併處罰其代表人及行為人。

將選舉票或罷免票以外之物投入票匭，或故意撕毀領得之選舉票或罷免票者，處新臺幣五千元以上五萬元以下罰鍰。

第111條 犯第九十七條第二項之罪或刑法第一百四十三條第一項之罪，於犯罪後三個月內自首者，免除其刑；逾三個月者，減輕或免除其刑；在偵查或審判中自白者，減輕其刑。

意圖他人受刑事處分，虛構事實，而為前項之自首者，依刑法誣告罪之規定處斷。

第112條 政黨推薦之候選人犯第九十四條至第九十六條、第九十七條第一項、第二項、第九十八條第一項第一款或其未遂犯、第九十八條之一第一項或其未遂犯、第九十九條、第一百零二條第一項第一款或其預備犯、第一百零九條、刑法第一百四十二條或第一百四十五條至第一百四十七條之罪，經判刑確定者，按其確定人數，各處推薦之政黨新臺幣五十萬元以上五百萬元以下罰鍰；已獲政黨黨內提名之參選人犯第九十七條第一項、第二項之罪，經有罪判決確定者，亦同。

政黨推薦之候選人，對於其他候選人或已獲政黨黨內提名之參選人犯刑法第二百七十一條、第二百七十七條、第二百七十八條、第三百零二條、第三百零二條之一、第三百零四條、第三百零五條、第三百四十六條至第三百四十八條或其特別法之罪，經有罪判決確定者，依前項規定處罰。

第113條 犯本章之罪，其他法律有較重處罰之規定者，從其規定。

辦理選舉、罷免事務人員，假借職務上之權力、機會或方法，以故意犯本章之罪者，加重其刑至二分之一。

犯本章之罪或刑法分則第六章之妨害投票罪，宣告有期徒刑以上之刑者，並宣告褫奪公權。

第114條 已登記為候選人之現任公務人員，有下列情形之一者，經選舉委員會查明屬實後，通知各該人員之主管機關先行停止其職務，並依法處理：

一、無正當理由拒絕選舉委員會請協辦事項或請派人員。

二、干涉選舉委員會人事或業務。

三、藉名動用或挪用公款作競選之費用。

四、要求有部屬或有指揮、監督關係之團體暨各該團體負責人作競選之支持。

五、利用職權無故調動人員，對競選預作人事之安排。

第115條 中央公職人員選舉、罷免，由最高檢察署檢察總長督率各級檢察官；地方公職人員選舉、罷免，由該管檢察署檢察長督率所屬檢察官，分區查察，自動檢舉有關妨害選舉、罷免之刑事案件，並接受機關、團體或人民是類案件之告發、告訴、自首，即時開始偵查，為必要之處理。

前項案件之偵查，檢察官得依刑事訴訟法及調度司法警察條例等規定，指揮司法警察人員為之。

第116條 犯本章之罪或刑法第六章妨害投票罪之案件，各審受理法院應於六個月內審結。

第117條 當選人於登記參選該公職身分之選舉犯第九十七條第一項至第三項、第九十九條第一項、第二項、第一百零二條第一項第一款或其預備犯或第一百零三條之罪，或地方民意代表當選人犯第一百條第一項至第三項之罪，經法院判處有期徒刑以上之刑而未受緩刑之宣告者，自判決之日起，當然停止其職務或職權。

依前項停止職務或職權之人員，經改判無罪時，於其任期屆滿前復職。

第六章 選舉罷免訴訟

第118條 選舉委員會辦理選舉、罷免違法，足以影響選舉或罷免結果，檢察官、候選人、被罷免人或罷免案提議人，得自當選人名單或罷免投票結果公告之日起十五日內，以各該選舉委員會為被告，向管轄法院提起選舉或罷免無效之訴。

選舉委員會辦理全國不分區及僑居國外國民立法委員選舉違法，足以影響選舉結果，申請登記之政黨，得依前項規定提起選舉無效之訴。

第119條 選舉或罷免無效之訴，經法院判決無效確定者，其選舉或罷免無效，並定期重行選舉或罷免。

其違法屬選舉或罷免之局部者，局部之選舉或罷免無效，並就該局部無效部分，定期重行投票。

第120條 當選人有下列情事之一者，選舉委員會、檢察官或同一選舉區之候選人得以當選人為被告，自公告當選人名單之日起六十日內，向該管轄法院提起當選無效之訴：

一、當選票數不實，足認有影響選舉結果之虞。

二、對於候選人、有投票權人或選務人員，以強暴、脅迫或其他非法之方法，妨害他人競選、自由行使投票權或執行職務。

三、有第九十七條、第九十八條之一第一項、第九十九條第一項、第一百零一條第一項、第一百零二條第一項第一款、刑法第一百四十六條第一項之行為。

全國不分區及僑居國外國民立法委員選舉之當選人，因政黨得票數不實，而足認有影響選舉結果之虞，或有前項第二款、第三款所列情事之一者，其他申請登記之政黨得依前項規定提起當選無效之訴。

前二項當選無效之訴經判決確定者，不因同一事由經刑事判決無罪而受影響。

第121條 當選人有第二十九條第一項所列各款之一或第二項規定情事者，選舉委員會、檢察官或同一選舉區之候選人得以當選人為被告，於其任期或規定之日期屆滿前，向該管轄法院提起當選無效之訴。

全國不分區及僑居國外國民立法委員選舉之當選人，有前項情事時，其他申請登記之政黨亦得依前項規定提起當選無效之訴。

第122條 當選無效之訴經判決無效確定者，當選人之當選，無效；已就職者，並應自判決確定之日起，解除職務。

第123條 選舉無效或當選無效之判決，不影響當選人就職後職務上之行為。

第124條 罷免案之通過或否決，有下列情事之一者，選舉委員會、檢察官、被罷免人或罷免案提議人之領銜人，得於罷免投票結果公告之日起六十日內，以罷免案提議人之領銜人或被罷免人為被告，向管轄法院提起罷免案通過或否決無效之訴：

一、罷免案通過或否決之票數不實，足認有影響投票結果之虞。

二、被罷免人、罷免案提議人之領銜人或其各該辦事處負責人、辦事人員，對於有投票權人或選務人員，以強暴、脅迫或其他非法之方法，妨害他人自由行使投票權或執行職務。

三、被罷免人、罷免案提議人之領銜人或其各該辦事處負責人、辦事人員有第九十八條第一項第二款、第九十八條之一第二項、第九十九條第一項、刑法第一百四十六條第一項之行為。

四、被罷免人有第一百零二條第一項第二款之行為。

罷免案否決無效之訴，經法院判決無效確定者，其罷免案之否決無效，並定期重行投票。

罷免案之通過經判決無效者，被罷免人之職務應予恢復。但無法恢復者，不在此限。

第125條 選舉人發覺有構成選舉無效、當選無效或罷免無效、罷免案通過或否決無效之情事時，得於當選人名單或罷免投票結果公告之日起七日內，檢具事證，向檢察官或選舉委員會舉發之。

第126條 選舉、罷免訴訟之管轄法院，依下列之規定：

一、第一審選舉、罷免訴訟，由選舉、罷免行為地之該管地方法院或其分院管轄，其行為地跨連或散在數地方法院或分院管轄區域內者，各該管地方法院或分院俱有管轄權。

二、不服地方法院或分院第一審判決而上訴之選舉、罷免訴訟事件，由該管高等法院或其分院管轄。

第127條 選舉、罷免訴訟，設選舉法庭，採合議制審理，並應先於其他訴訟審判之，以二審終結，並不得提起再審之訴。各審受理之法院應於六個月內審結。

法院審理選舉、罷免訴訟時，應依職權調查必要之事證。

第128條 選舉、罷免訴訟程序，除本法規定者外，準用民事訴訟法之規定。但關於捨棄、認諾、訴訟上自認或不爭執事實效力之規定，不在準用之列。

第129條 選舉訴訟程序中，訴訟當事人或其訴訟代理人得查閱、影印選舉票或選舉人名冊。

第七章 附則

第130條 本法及組織犯罪防制條例第十四條第一項所定罰鍰，由選舉委員會處罰之。

前項之罰鍰，候選人或政黨經通知後屆期不繳納者，選舉委員會並得於第三十二條候選人或政黨繳納之保證金或第四十三條所定應撥給候選人之競選費用補助金款項內逕予扣除。

第131條 本法修正施行前已發布選舉公告之選舉，或已向主管選舉委員會提出之罷免案，仍適用修正前之規定。

第132條 （刪除）

第133條 本法施行細則，由內政部會同中央選舉委員會定之。

第134條 本法自公布日施行。

本法中華民國九十八年五月十二日修正之條文，自九十八年十一月二十三日施行。

五、財政收支劃分法

中華民國90年11月29日行政院令發布第8條第1項第6款及第4項定自91年1月1日施行

重點提示

本法在國家考試中，必須特別留意稅課收入中的國稅類型包括：所得稅、遺產及贈與稅、關稅、營業稅、貨物稅、菸酒稅、證券交易稅、期貨交易稅、礦區稅；本法第二章規範「收入」，性質較為特殊之補助金與協助金有其法定要件（如關於補助金之給與，限定於：

1.計畫效益涵蓋面廣，且具整體性之計畫項目。

2.跨越直轄市、縣(市)或二以上縣(市)之建設計畫。

3.具有示範性作用之重大建設計畫。

4.因應中央重大政策或建設，需由地方政府配合辦理之事項。）明定於財政收支劃分法第一章第九節。第三章則屬「支出」之規範。

第一章　總綱

第1條　本法依中華民國憲法第1章及第13章有關各條之規定制定之。

第2條　中華民國各級政府財收收支之劃分、調劑及分類，依本法之規定。

第3條　全國財政收支系統劃分如下：

一、中央。

二、直轄市。

三、縣、市「以下簡稱縣（市）」。

四、鄉、鎮及縣轄市「以下簡稱鄉（鎮、市）」。

第4條　各級政府財政收支之分類，依附表一、附表二之所定。

第5條　對於各級政府財政收支之監督，依法律之規定。

第二章　收　入

第一節　稅課收入

第6條　**稅課劃分為國稅、直轄市及縣（市）稅。**

第7條　直轄市、縣（市）及鄉（鎮、市）立法課徵稅捐，以本法有明文規定者為限，並應依地方稅法通則之規定。

第8條　下列各稅為國稅：

一、所得稅。

二、遺產及贈與稅。

三、關稅

四、營業稅。

五、貨物稅。

六、菸酒稅。

七、證券交易稅。

八、期貨交易稅。

九、礦區稅。

前項第1款之所得稅總收入百分之十、第4款之營業稅總收入減除依法提撥之統一發票給獎獎金後之百分之四十及第5款之貨物稅總收入百分之十，應由中央統籌分配直轄市、縣（市）及鄉（鎮、市）。

第1項第2款之遺產及贈與稅，應以在直轄市徵起之收入百分之五十給該直轄市；在市徵起之收入百分之八十給該市；在鄉（鎮、市）徵起之收入百分之八十給該鄉（鎮、市）。

第1項第6款之菸酒稅，應以其總收入百分之十八按人口比例分配直轄市及台灣省各縣（市）；百分之二按人口比例分配福建省金門及連江二縣。

第9條　（刪除）

第10條　（刪除）

第11條　（刪除）

第12條　下列各稅為直轄市及縣（市）稅：

一、土地稅，包括下列各稅：(一)地價稅。(二)田賦。(三)土地增值稅。

二、房屋稅。

三、使用牌照稅。

四、契稅。

五、印花稅。

六、娛樂稅。

七、特別稅課。

前項第1款第1目之地價稅，縣應以在鄉（鎮、市）徵起之收入百分之三十給該鄉（鎮、市），百分之二十由縣統籌分配所屬鄉（鎮、市）；第2目之田賦，縣應以在鄉（鎮、市）徵起之收入全部給該鄉（鎮、市）；第3目之土地增值稅，在縣（市）徵起之收入百分之二十，應繳由中央統籌分配各縣（市）。

第1項第2款之房屋稅，縣應以在鄉（鎮、市）徵起之收入百分之四十給該鄉（鎮、市），百分之二十由縣統籌分配所屬鄉（鎮、市）。

第1項第4款之契稅，縣應以在鄉（鎮、市）徵起之收入百分之八十給該鄉（鎮、市），百分之二十由縣統籌分配所屬鄉（鎮、市）。

第1項第6款之娛樂稅，縣應以在鄉（鎮、市）徵起之收入全部給該鄉（鎮、市）。

第1項第7款之特別稅課，指適應地方自治之需要，經議會立法課徵之稅。但不得以已徵貨物稅或菸酒稅之貨物為課徵對象。

第13條　（刪除）

第14條　（刪除）

第15條　（刪除）

第16條　（刪除）

第16-1條　第8條第2項及第12條第2項至第4項規定之稅課統籌分配部分，應本透明化及公式化原則分配之；受分配地方政府就分得部分，應列為當年度稅課收入。

稅課由中央統籌分配直轄市、縣（市）及鄉（鎮、市）之款項，其分配辦法應依下列各款之規定，由財政部洽商中央主計機關及受分配地方政府後擬訂，報請行政院核定：

一、依第8條第2項規定，由中央統籌分配直轄市、縣（市）及鄉（鎮、市）之款項，應以總額百分之六列為特別統籌分配稅款；其餘百分之九十四列為普通統籌分配稅款，應各以一定比例分配直轄市、縣（市）及鄉（鎮、市）。

二、依第12條第2項後段規定由中央統籌分配縣（市）之款項，應全部列為普通統籌分配稅款，分配縣（市）。

三、第1款之特別統籌分配稅款，應供為支應受分配地方政府緊急及其他重大事項所需經費，由行政院依實際情形分配之。

四、第1款之普通統籌分配稅款算定可供分配直轄市之款項後，應參酌受分配直轄市以前年度營利事業營業額、財政能力與其轄區內人口及土地面積等因素，研訂公式分配各直轄市。

五、第1款及第2款之普通統籌分配稅款算定可供分配縣（市）之款項後，依下列方式分配各縣（市）：

(一) 可供分配款項百分之八十五，應依近3年度受分配縣（市）之基準財政需要額減基準財政收入額之差額平均值，算定各縣（市）間應分配之比率分配之；算定之分配比率，每3年應檢討調整一次。

(二) 可供分配款項百分之十五，應依各縣（市）轄區內營利事業營業額，算定各縣（市）間應分配之比率分配之。

六、第1款之普通統籌分配稅款算定可供分配鄉（鎮、市）之款項後，應參酌鄉（鎮、市）正式編制人員人事費及基本建設需求情形，研訂公式分配各鄉（鎮、市）。

前項第4款所稱財政能力、第5款第1目所稱基準財政需要額與基準財政收入額之核計標準及計算方式，應於依前項所定之分配辦法中明定，對於福建省金門縣及連江縣，並應另予考量。

依第12條第2項至第4項規定，由縣統籌分配鄉（鎮、市）之款項，應本調劑財政盈虛原則，由縣政府訂定分配辦法；其中依公式分配之款項，不得低於可供分配總額之百分之九十。

第17條 （刪除）

第18條 各級政府對他級或同級政府之稅課，不得重徵或附加。但直轄市政府、縣（市）政府為辦理自治事項，籌措所需財源，依地方稅法通則規定附加徵收者，不在此限。

各級地方政府不得對入境貨物課入境稅或通過稅。

第19條 各級政府為適應特別需要，得經各該級民意機關之立法，舉辦臨時性質之稅課。

第二節 獨占及專賣收入

第20條 各級政府經法律許可，得經營獨占公用事業，並得依法徵收特許費，准許私人經營。

地方政府所經營獨占公用事業之供給，以該管區域為限。但經鄰近地方政府之同意，得為擴充其供給區域之約定。

第21條 中央政府為增加國庫收入或節制生產消費，得以法律之規定專賣貨物，並得製造之。

第三節 工程受益費收入

第22條 各級政府於該管區內對於因道路、堤防、溝渠、碼頭、港口或其他土地改良之水陸工程而直接享受利益之不動產或受益之船舶，得徵收工程受益費。

前項工程受益費之徵收，以各該工程直接與間接實際所費之數額為限；若其工程之經費出於賒借時，其工程受益費之徵收，以賒借之資金及其利息之償付清楚為限。但該項工程須繼續維持保養者，得依其需要繼續徵收。

工程之舉辦與工程受益費之徵收，均應經過預算程序始得為之。

第四節 罰款及賠償收入

第23條 依法收入之罰金、罰鍰或沒收、沒入之財物及賠償之收入，除法律另有規定外，應分別歸入各級政府之公庫。

第五節 規費收入

第24條 司法機關、考試機關及各級政府之行政機關徵收規費，應依法律之所定，未經法律規定者，非分別先經立法機關或民意機關之決議，不得徵收之。

第25條 各事業機構徵收規費，除法律另有規定外，應經該管最高級機關核定，並應經過預算程序，分別歸入各級政府之公庫。

第六節 信託管理收入

第26條 各級政府及其所屬機關，依法為信託管理或受委託代辦時，得收信託管理費。

第七節 財產收入

第27條 各級政府所有財產之孳息、財產之售價及資本之收回，除法律另有規定外，應分別歸入各級政府之公庫。

第28條 各級政府出售不動產或重要財產，依法律之規定。公務機關對於所有財產孳生之物品與其應用物品中之剩餘或廢棄物品，除法律另有規定外，得呈經上級主管機關核准按時價出售。

第八節 營業盈餘捐獻贈與及其他收入

第29條 各級政府所有營業之盈餘，所受之捐獻或贈與及其他合法之收入，除法律另有規定外，應分別歸入各級政府之公庫。

第九節 補助及協助收入

第30條 **中央為謀全國之經濟平衡發展，得酌予補助地方政府。但以下列事項為限：**

一、**計畫效益涵蓋面廣，且具整體性之計畫項目。**

二、**跨越直轄市、縣（市）或二以上縣（市）之建設計畫。**

三、**具有示範性作用之重大建設計畫。**

四、**因應中央重大政策或建設，需由地方政府配合辦理之事項。**

前項各款補助之辦法，由行政院另定之。

第31條 **縣為謀鄉（鎮、市）間之經濟平衡發展，對於鄉（鎮、市）得酌予補助；其補助辦法，由縣政府另定之。**

第32條 （刪除）

第33條 **各上級政府為適應特別需要，對財力較優之下級政府，得取得協助金。**

前項協助金，應列入各該下級政府之預算內。

第十節 公債及借款

第34條 各級政府非依法律之規定或議會之議決，不得發行公債或為1年以上之國內、外借款。

前項公債及借款未償餘額之限額，依公共債務法之規定辦理。

各級地方政府在國外發行公債或借款，應先經中央政府之核准。

第三章 支出

第35條 各級政府之一切支出，非經預算程序不得為之。

第35-1條 各級政府年度總預算、追加預算與特別預算收支之籌劃、編製及共同性費用標準，除其他法律另有規定外，應依行政院訂定之中央暨地方政府預算籌編原則辦理。

地方政府未依前項預算籌編原則辦理或有依法得徵收之財源而不徵收時，其上級政府應視實際情形酌予減列或減撥補助款；對於努力開闢財源具有績效者，其上級政府得酌增補助款。

第36條 各級政府行政區域內人民行使政權之費用，由各該政府負擔之。

第37條　各級政府之支出劃分如下：

一、由中央立法並執行者，歸中央。

二、由直轄市立法並執行者，歸直轄市。

三、由縣（市）立法並執行者，歸縣（市）。

四、由鄉（鎮、市）立法並執行者，歸鄉（鎮、市）。

前項第1款及第3款如需交由下級政府執行者，其經費之負擔，除法律另有規定外，屬委辦事項者，由委辦機關負擔；屬自治事項者，由該自治團體自行負擔。

由中央或直轄市、縣（市）、鄉（鎮、市）二以上同級或不同級政府共同辦理者，其經費應由中央或各該直轄市、縣（市）、鄉（鎮、市）按比例分擔之。

各級地方政府未依第2項及前項規定負擔應負擔之經費時，其上級政府得扣減其補助款。

第37-1條　地方政府應就其基準財政收入及其他經常性之收入，優先支應下列各項支出：

一、地方政府編制內員額與經上級政府核定有案之人事費及相關費用。

二、一般經常性支出、公共設施管理維護及依法律規定必須負擔之經費。

三、地方基本設施或小型建設經費。

四、其他屬地方政府應行辦理之地方性事務經費。

地方政府依前項規定辦理後，其收入不足支應支出時，應由其所獲分配之統籌分配稅款予以優先挹注。

第38條　各級政府事務委託他級或同級政府辦理者，其經費由委託機關負擔。

第38-1條　各級政府、立法機關制（訂）定或修正法律或自治法規，有減少收入者，應同時籌妥替代財源；需增加財政負擔者，應事先籌妥經費或於立法時明文規定相對收入來源。

第38-2條　本法88年1月13日修正之第8條、第12條及第16-1條之施行日期，由行政院以命令定之。

第四章　附則

第39條　本法除已另定施行日期者外，自公布日施行。

六、公民投票法

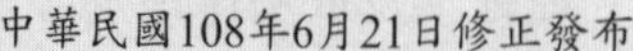
中華民國108年6月21日修正發布

重點提示

本法所稱公民投票，包括全國性及地方性公民投票。其中全國性公民投票適用事項包括：法律之複決、立法原則之創制、重大政策之創制或複決、憲法修正案之複決，而地方性公民投票適用事項則包括：地方自治法規之複決、地方自治法規立法原則之創制、地方自治事項重大政策之創制或複決。此外，必須特別留意預算、租稅、投資、薪俸及人事事項不得作為公民投票之提案。而在國家考試中，公民投票提案、連署及表決之程序亦屬常見題型。

第一章　總則

第1條　依據憲法主權在民之原則，為確保國民直接民權之行使，特制定本法。本法未規定者，適用其他法律之規定。

公民投票涉及原住民族權利者，不得違反原住民族基本法之規定。

第2條　本法所稱公民投票，包括全國性及地方性公民投票。

全國性公民投票，依憲法規定外，其他適用事項如下：

一、法律之複決。

二、立法原則之創制。

三、重大政策之創制或複決。

地方性公民投票適用事項如下：

一、地方自治條例之複決。

二、地方自治條例立法原則之創制。

三、地方自治事項重大政策之創制或複決。

預算、租稅、薪俸及人事事項不得作為公民投票之提案。

第3條　全國性公民投票之主管機關為中央選舉委員會，並指揮監督直轄市、縣（市）選舉委員會辦理之。

地方性公民投票之主管機關為直轄市政府、縣（市）政府。

各級選舉委員會於辦理公民投票期間，得調用各級政府機關職員及公立學校教職員辦理事務。受調用之政府機關、公立學校及受遴派之政府機關職員、學校教職員，無正當理由均不得拒絕。

第4條　公民投票，以普通、平等、直接及無記名投票之方法行之。

第5條　辦理公民投票之經費，分別由中央政府、直轄市政府、縣（市）政府依法編列預算。

第6條　本法所定各種期間之計算，準用公職人員選舉罷免法第四條第二項及第五條規定。

第7條 中華民國國民，除憲法另有規定外，年滿十八歲，未受監護宣告者，有公民投票權。

第8條 有公民投票權之人，在中華民國、各該直轄市、縣（市）繼續居住六個月以上，得分別為全國性、各該直轄市、縣（市）公民投票案之提案人、連署人及投票權人。

提案人年齡及居住期間之計算，以算至提案提出日為準；連署人年齡及居住期間之計算，以算至連署人名冊提出日為準；投票權人年齡及居住期間之計算，以算至投票日前一日為準，並均以戶籍登記資料為依據。

前項投票權人年齡及居住期間之計算，於重行投票時，仍以算至原投票日前一日為準。

第9條 公民投票案之提出，除另有規定外，應由提案人之領銜人檢具公民投票案主文、理由書及提案人名冊正本、影本各一份，向主管機關為之。

前項領銜人以一人為限；主文以不超過一百字為限；理由書以不超過二千字為限。超過字數者，其超過部分，不予公告及刊登公報。

第一項主文應簡明、清楚、客觀中立；理由書之闡明及其立場應與主文一致。

主文與理由書之文字用詞、字數計算、語法及其他相關事項之辦法，由主管機關定之。

第一項提案人名冊，應依規定格式逐欄填寫，提案人應親自簽名或蓋章，填具本人國民身分證統一編號及戶籍地址，並分直轄市、縣（市）、鄉（鎮、市、區）別裝訂成冊。

主管機關應建置電子系統，提供提案人之領銜人徵求提案及連署；其提案及連署方式、查對作業等事項之辦法及實施日期，由主管機關定之。

採電子提案及連署者，其文件以電磁紀錄之方式提供。

公民投票案之提出，以一案一事項為限。

第10條 第2條第2項各款之事項，公民投票案提案人人數，應達提案時最近一次總統、副總統選舉選舉人總數萬分之一以上。

公民投票案提案表件不合前條第1項、第2項規定、未依前條第5項分直轄市、縣（市）、鄉（鎮、市、區）別裝訂成冊或提案人名冊不足前項規定之提案人數者，主管機關應不予受理。

主管機關於收到公民投票提案或補正之提案後，應於六十日內完成審核。經審核有下列情事之一者，應敘明理由，通知提案人之領銜人於三十日內補正，並以一次為限，屆期未補正或經補正仍不符規定者予以駁回：

一、提案非第2條規定之全國性公民投票適用事項。

二、提案違反前條第4項所定辦法之規定。
三、提案不合第1條第2項或前條第八項規定。
四、提案有第32條規定之情事。
五、提案內容不能瞭解其提案真意。

主管機關依前項規定命補正者，應先舉行聽證會，釐清相關爭點並協助提案人之領銜人進行必要之補正。

公民投票案經主管機關認定合於規定者，應函請戶政機關於十五日內查對提案人。

戶政機關應依據戶籍登記資料查對提案人名冊，有下列情事之一者，應予刪除：

一、提案人不合第8條第1項規定資格。
二、提案人姓名、國民身分證統一編號或戶籍地址書寫錯誤或不明。
三、提案人名冊未經提案人簽名或蓋章。
四、提案人提案，有偽造情事。

提案人名冊經查對後，其提案人數不足本條第一項規定時，主管機關應通知提案人之領銜人於三十日內補提，補提以一次為限，補提後仍不足規定人數或屆期不補提者，該提案應予駁回。

提案合於本法規定者，主管機關應依該提案性質分別函請相關立法機關及行政機關於收受該函文後四十五日內提出意見書，內容並應敘明通過或不通過之法律效果；屆期未提出者，視為放棄。意見書以二千字為限，超過字數者，其超過部分，不予公告及刊登公報。

前項提案經審核完成符合規定者，主管機關應通知提案人之領銜人於十日內向主管機關領取連署人名冊格式或電子連署系統認證碼，徵求連署；屆期未領取者，視為放棄連署。

第11條 公民投票案於主管機關通知連署前，得經提案人總數二分之一以上同意，由提案人之領銜人以書面撤回之。

第12條 第2條第2項各款之事項，連署人數應達提案時最近一次總統、副總統選舉選舉人總數百分之一點五以上。

公民投票案提案人之領銜人，應於領取連署人名冊格式或電子連署系統認證碼之次日起六個月內，將連署人名冊正本、影本各一份或其電磁紀錄，向主管機關一次提出；屆期未提出者，視為放棄連署。

前項連署人名冊，應依規定格式逐欄填寫，連署人應親自簽名或蓋章，填具本人國民身分證統一編號及戶籍地址，並分直轄市、縣（市）、鄉（鎮、市、區）別裝訂成冊向主管機關提出。

公民投票案依第2項或第10條第9項規定視為放棄連署者，自視為放棄連署之日起，原提案人於二年內不得就同一事項重行提出之。

第13條 主管機關收到連署人名冊後，經清查連署人數不足前條第一項之規定，或未依前條第3項分直轄市、縣（市）、鄉（鎮、市、區）別裝訂成冊提出者，主管機關應不予受理；合於規定者，應函請戶政機關於六十日內完成查對。

戶政機關應依據戶籍登記資料查對連署人名冊，有下列情事之一者，應予刪除：

一、連署人不合第8條第1項規定資格。

二、連署人姓名、國民身分證統一編號或戶籍地址書寫錯誤或不明。

三、連署人名冊未經連署人簽名或蓋章。

四、連署人連署，有偽造情事。

連署人名冊經查對後，其連署人數合於前條第一項規定者，主管機關應於十日內為公民投票案成立之公告，該公民投票案並予編號；連署人數不合規定者，主管機關應通知提案人之領銜人於三十日內補提，補提以一次為限，補提後仍不足規定人數或屆期不補提者，主管機關應為公民投票案不成立之公告。

第14條 行政院對於第2條第2項第3款之事項，認為有進行公民投票之必要者，得附具主文、理由書，經立法院同意，交由主管機關辦理公民投票，不適用第9條至第13條、第17條第1項第3款及第19條規定。

行政院向立法院提出公民投票之提案後，立法院應在十五日內議決，於休會期間提出者，立法院應於十五日內自行集會，三十日內議決。

行政院之提案經立法院否決者，自該否決之日起二年內，不得就該事項重行提出。

第15條 立法院依憲法之規定提出之複決案，經公告半年後，應於十日內交由主管機關辦理公民投票。

立法院對於第2條第2項第3款之事項，認有提出公民投票之必要者，得附具主文、理由書，經立法院院會通過後十日內，交由主管機關辦理公民投票，不適用第9條至第13條、第17條第1項第3款及第19條規定。

立法院之提案經院會否決者，自該否決之日起二年內，不得就該事項重行提出。

第16條 當國家遭受外力威脅，致國家主權有改變之虞，總統得經行政院院會之決議，就攸關國家安全事項，交付公民投票。

前項之公民投票，不適用第9條至第13條、第17條第1項關於期間與同條項第3款、第19條及第23條規定。

第17條 主管機關應於公民投票日九十日前，就下列事項公告之：

一、公民投票案投票日期、投票起、止時間。

二、公民投票案之編號、主文、理由書。

三、政府機關針對公民投票案提出之意見書。

四、公民投票權行使範圍及方式。

五、正反意見支持代表於全國性無線電視頻道發表意見或進行辯論之辦理期間與應遵行之事項。

主管機關應以公費，在全國性無線電視頻道提供時段，供正反意見支持代表發表意見或進行辯論，受指定之電視臺不得拒絕。其實施辦法，由主管機關定之。

前項發表會或辯論會，應在全國性無線電視頻道至少舉辦五場。發表會或辯論會應網路直播，其錄影、錄音，並應公開於主管機關之網站。

第18條 主管機關應彙集前條公告事項及其他投票有關規定，編印公民投票公報，於投票日二日前送達公民投票案投票區內各戶，並分別張貼適當地點，及公開於網際網路。

第19條 創制案或法律之複決案於公告前，如經立法機關實現創制、複決之目的，通知主管機關者，主管機關應即停止公民投票程序之進行，並函知提案人之領銜人。

第20條 公民投票案成立公告後，提案人及反對意見者，經許可得設立辦事處，從事意見之宣傳，並得募集經費從事相關活動，但不得接受下列經費之捐贈。其許可及管理辦法，由中央選舉委員會定之：

一、外國團體、法人、個人或主要成員為外國人之團體、法人。

二、大陸地區人民、法人、團體或其他機構，或主要成員為大陸地區人民之法人、團體或其他機構。

三、香港、澳門居民、法人、團體或其他機構，或主要成員為香港、澳門居民之法人、團體或其他機構。

四、公營事業或接受政府捐助之財團法人。

前項募款人應設經費收支帳簿，指定會計師負責記帳保管，並於投票日後三十日內，經本人及會計師簽章負責後，檢具收支結算申報表，向中央選舉委員會申報。

收支憑據、證明文件等，應於申報後保管六個月。但於發生訴訟時，應保管至裁判確定後三個月。

中央選舉委員會對其申報有事實足認其有不實者，得要求檢送收支憑據或證明文件。

中央選舉委員會於收受收支結算申報四十五日內，應將申報資料彙整列冊，並刊登政府公報。

第一項辦事處不得設於機關（構）、學校、依法設立之團體、經常定為投票所、開票所之處所及其他公共場所。但政黨之各級黨部及依人民團體法設立之社會團體、職業團體及政治團體辦公處，不在此限。

公民投票辦事處與辦事人員之設置辦法，由主管機關定之。

第21條 公民投票應在公投票上刊印公民投票案編號、主文及同意、不同意等欄，由投票人以選舉委員會製備之工具圈定之。

投票人圈定後不得將圈定內容出示他人。

第22條 在公民投票案投票所或開票所有下列情事之一者，主任管理員應會同主任監察員令其退出：

一、穿著佩帶具有公民投票相關文字、符號或圖像之貼紙、服飾或其他物品、在場喧嚷或干擾、勸誘他人投票或不投票，不服制止。

二、攜帶武器或危險物品入場。

三、有其他不正當行為，不服制止。

公民投票案投票人有前項情事之一者，令其退出時，應將其所持公民投票之票收回，並將事實附記於公民投票投票權人名冊該投票權人姓名下。其情節重大者，並應專案函報各該選舉委員會。

第23條 公民投票日定於八月第四個星期六，自中華民國110年起，每二年舉行一次。

公民投票日為應放假日。

第24條 公民投票投票權人名冊之編造、公告閱覽、更正、投票、開票及有效票、無效票之認定，準用公職人員選舉罷免法第17條至第23條、第57條至第62條、第64條、第66條規定。

公民投票案與全國性之選舉同日舉行投票時，其投票權人名冊，與選舉人名冊分別編造。

第25條 主管機關辦理全國性公民投票，得以不在籍投票方式為之，其實施方式另以法律定之。

第26條 公民投票案應分別向直轄市、縣（市）政府提出。

公民投票案相關事項，除本法已有規定外，由直轄市、縣（市）以自治條例定之。

直轄市、縣（市）政府對於公民投票提案，是否屬地方自治事項有疑義時，應報請行政院認定。

第27條 公民投票案之公告、公投票之印製、投票權人名冊之編造、公告閱覽、更正、公民投票公報之編印、公民投票程序之中止、辦事處之設立、經費之募集、投票、開票及有效票、無效票之認定，除主管機關外，準用第17條至第24條規定。

第28條 公民投票案提案、連署人數、應附具文件、查核程序及發表會或辯論會之舉辦，由直轄市、縣（市）以自治條例定之。

第29條 公民投票案投票結果，有效同意票數多於不同意票，且有效同意票達投票權人總額四分之一以上者，即為通過。

有效同意票未多於不同意票，或有效同意票數不足前項規定數額者，均為不通過。

第30條 公民投票案經通過者，各該選舉委員會應於投票完畢七日內公告公民投票結果，並依下列方式處理：

一、有關法律、自治條例之複決案，原法律或自治條例於公告之日算至第三日起，失其效力。
二、有關法律、自治條例立法原則之創制案，行政院、直轄市、縣（市）政府應於三個月內研擬相關之法律、自治條例提案，並送立法院、直轄市議會、縣（市）議會審議。立法院、直轄市議會、縣（市）議會應於下一會期休會前完成審議程序。
三、有關重大政策者，應由總統或權責機關為實現該公民投票案內容之必要處置。
四、依憲法之複決案，立法院應咨請總統公布。

立法院審議前項第二款之議案，不受立法院職權行使法第13條規定之限制。

立法院、直轄市議會或縣（市）議會依第1項第2款制定之法律或自治條例與創制案之立法原則有無牴觸發生疑義時，提案人之領銜人得聲請司法院解釋之。

經創制之立法原則，立法機關不得變更；於法律、自治條例實施後，二年內不得修正或廢止。

經複決廢止之法律、自治條例，立法機關於二年內不得再制定相同之法律。

經創制或複決之重大政策，行政機關於二年內不得變更該創制或複決案內容之施政。

第31條　公民投票案不通過者，主管機關應於投票完畢七日內公告公民投票結果，並通知提案人之領銜人。

第32條　主管機關公告公民投票之結果起二年內，不得就同一事項重行提出。

同一事項之認定由主管機關為之。

第33條　意圖妨害公民投票，對於公務員依法執行職務時，施強暴、脅迫者，處5年以下有期徒刑。

犯前項之罪，因而致公務員於死者，處無期徒刑或7年以上有期徒刑；致重傷者，處3年以上10年以下有期徒刑。

第34條　公然聚眾，犯前條之罪者，在場助勢之人，處3年以下有期徒刑、拘役或科新臺幣30萬元以下罰金；首謀及下手實施強暴、脅迫者，處3年以上10年以下有期徒刑。

犯前項之罪，因而致公務員於死者，首謀及下手實施強暴、脅迫者，處無期徒刑或7年以上有期徒刑；致重傷者，處5年以上12年以下有期徒刑。

第35條　以強暴、脅迫或其他非法之方法，妨害他人為公民投票案之提案、撤回提案、連署或投票，或使他人為公民投票案之提案、撤回提案、連署或投票者，處5年以下有期徒刑。

前項之未遂犯罰之。

第36條 對於有投票權之人，行求、期約或交付賄賂或其他不正利益，而約其不行使投票權或為一定之行使者，處3年以上10年以下有期徒刑，得併科新臺幣100萬元以上1,000萬元以下罰金。

預備犯前項之罪者，處1年以下有期徒刑。

預備或用以行求、期約或交付之賄賂，不問屬於犯罪行為人與否，沒收之。

犯第1項或第2項之罪，於犯罪後六個月內自首者，減輕或免除其刑；因而查獲提案人為正犯或共犯者，免除其刑。

犯第1項或第2項之罪，在偵查中自白者，減輕其刑；因而查獲提案人為正犯或共犯者，減輕或免除其刑。

第37條 有下列行為之一者，處1年以上7年以下有期徒刑，併科新臺幣100萬元以上1,000萬元以下罰金：

一、對於該公民投票投票區內之團體或機構，假借捐助名義，行求、期約或交付賄賂或其他不正利益，使其團體或機構之構成員，不為提案、撤回提案、連署或投票，或為一定之提案、撤回提案、連署或投票。

二、以賄賂或其他不正利益，行求、期約或交付公民投票案提案人或連署人，使之不為提案、撤回提案、連署或投票，或為一定之提案、撤回提案、連署或投票。

預備犯前項之罪者，處1年以下有期徒刑。

預備或用以行求、期約或交付之賄賂，不問屬於犯罪行為人與否，沒收之。

第38條 意圖漁利，包攬第36條第1項或前條第1項各款之事務者，處3年以上10年以下有期徒刑，得併科新臺幣100萬元以上1,000萬元以下罰金。

前項之未遂犯罰之。

第39條 公民投票案之進行有下列情事之一者，在場助勢之人，處1以下有期徒刑、拘役或科新臺幣10萬元以下罰金；首謀及下手實施者，處5年以下有期徒刑：

一、聚眾包圍公民投票案提案人、連署人或其住、居所者。

二、聚眾以強暴、脅迫或其他非法之方法，妨害公民投票案提案人、連署人對公民投票案之進行者。

第40條 意圖妨害或擾亂公民投票案投票、開票而抑留、毀壞、隱匿、調換或奪取投票匭、公投票、投票權人名冊、投票報告表、開票報告表、開票統計或圈選工具者，處5年以下有期徒刑。

第41條 將領得之公投票攜出場外者，處1年以下有期徒刑、拘役或科新臺幣15,000元以下罰金。

第42條　在投票所四周三十公尺內喧嚷、干擾或勸誘他人投票或不投票，經警衛人員制止後仍繼續為之者，處1年以下有期徒刑、拘役或科新臺幣15,000元以下罰金。

第43條　違反第21條第2項規定或有第22條第1項各款情事之一，經令其退出而不退出者，處二年以下有期徒刑、拘役或科新臺幣20萬元以下罰金。

第44條　將公投票或選舉票以外之物投入票匭，或故意撕毀領得之公投票者，處新臺幣5,000元以上50,000元以下罰鍰。

第45條　對於第20條第1項第1款至第3款之捐贈，收受者應予查證，不符規定時，應於收受後2個月內繳交受理申報機關辦理繳庫。未依規定期限辦理繳庫者，處5年以下有期徒刑。

對於第20條第1項第4款之捐贈，收受者應予查證，不符規定時，應於一個月內返還，逾期或不能返還者，應於收受後二個月內繳交受理申報機關辦理繳庫。違反者，處新臺幣20萬元以上100萬元以下罰鍰，並得限期命其繳交；屆期不繳交者，得按次連續處罰。

前2項收受者已盡查證義務者，不在此限。

捐贈違反第20條第1項者，按其捐贈之金額處二倍之罰鍰。但最高不得超過新臺幣100萬元。

違反第20條第2項規定不依規定申報或違反第4項規定檢送收支憑據或證明文件者，處新臺幣10萬元以上50萬元以下罰鍰，並限期申報或補正，逾期不申報或補正者，得按次連續處罰。

對於經費之收入或支出金額，故意為不實之申報者，處新臺幣50萬元以上250萬元以下罰鍰。

違反第20條第6項規定或第7項所定辦法中關於登記設立及設立數量限制者，處新臺幣10萬元以上100萬元以下罰鍰。

第46條　犯本章之罪，其他法律有較重處罰之規定者，從其規定。

辦理公民投票事務人員，假借職務上之權力、機會或方法，以故意犯本章之罪者，加重其刑至二分之一。

犯本章之罪，宣告有期徒刑以上之刑者，併宣告褫奪公權。

第47條　公民投票之管轄法院，依下列之規定：

一、第一審全國性公民投票訴訟，專屬中央政府所在地之高等行政法院管轄；第一審地方性公民投票訴訟，由公民投票行為地之該管高等行政法院管轄，其行為地跨連或散在數高等行政法院管轄區域內者，各該高等行政法院均有管轄權。

二、不服高等行政法院第一審裁判而上訴、抗告之公民投票訴訟事件，由最高行政法院管轄。

第48條　有下列情事之一者，檢察官、提案人之領銜人得於投票結果公告之日起十五日內，以各該選舉委員會為被告，向管轄法院提起公民投票投票無效之訴：

一、各級選舉委員會辦理公民投票違法，足認有影響投票結果之虞。

二、對於提案領銜人、有公民投票權人或辦理公民投票事務人員施以強暴、脅迫或其他非法方法，妨害公民投票之宣傳、自由行使投票權或執行職務，足認有影響投票結果之虞。

三、有違反第36條、第37條、刑法第146條第1項、第2項規定之情事，足認有影響投票結果之虞。

前項公民投票投票無效之訴經判決確定者，不因同一事由經刑事判決無罪而受影響。

第49條　公民投票投票無效之訴，經法院判決無效確定者，其公民投票之投票無效，並定期重行投票。其違法屬公民投票之局部者，局部之公民投票投票無效，並就該局部無效部分定期重行投票。但局部無效部分顯不足以影響結果者，不在此限。

前項重行投票後，變更投票結果者，依第30條之規定辦理。

第50條　公民投票案之通過或不通過，其票數不實足以影響投票結果者，檢察官、公民投票案提案人之領銜人，得於投票結果公告之日起十五日內，以該管選舉委員會為被告，向管轄法院提起確認公民投票案通過或不通過之訴。

公民投票案通過或不通過確認之訴，經法院判決確定，變更原投票結果者，主管機關應於法院確定判決送達之日起七日內，依第30條、第31條之規定辦理。

第51條　投票權人發覺有構成公民投票投票無效、公民投票案通過或不通過無效之情事時，得於投票結果公告之日起七日內，檢具事證，向檢察官舉發之。

第52條　公民投票訴訟不得提起再審之訴；各審受理之法院應於六個月內審結。

第53條　主管機關駁回公民投票提案、認定連署不成立或於法定期間內不為決定者，提案人之領銜人得依法提起行政爭訟。

公民投票訴訟程序，除本法規定者外，適用行政訴訟法之規定。

高等行政法院實施保全證據，得囑託地方法院為之。

民事訴訟法第116條第3項規定，於保全證據時，得準用之。

第54條　本法所定罰鍰，由各該主管機關處罰；經通知限期繳納，逾期不繳納者，依法移送強制執行。

第55條　本法施行細則，由主管機關定之。

第56條　本法自公布日施行。

七、地方稅法通則

中華民國91年12月11日公布

重點提示

在基本概念上，首需釐清本通則所稱地方稅，指下列各稅：
1.財政收支劃分法所稱直轄市及縣 (市) 稅、臨時稅課。
2.地方制度法所稱直轄市及縣 (市) 特別稅課、臨時稅課及附加稅課。
3.地方制度法所稱鄉 (鎮、市) 臨時稅課。
而直轄市政府、縣 (市) 政府、鄉 (鎮、市) 公所得視自治財政需要，開徵特別稅課、臨時稅課或附加稅課。但對下列事項不得開徵：
1.轄區外之交易。
2.流通至轄區外之天然資源或礦產品等。
3.經營範圍跨越轄區之公用事業。
4.損及國家整體利益或其他地方公共利益之事項。

第1條 直轄市政府、縣（市）政府、鄉（鎮、市）公所課徵地方稅，依本通則之規定；本通則未規定者，依稅捐稽徵法及其他有關法律之規定。

第2條 本通則所稱地方稅，指下列各稅：
一、**財政收支劃分法所稱直轄市及縣（市）稅、臨時稅課。**
二、**地方制度法所稱直轄市及縣（市）特別稅課、臨時稅課及附加稅課。**
三、**地方制度法所稱鄉（鎮、市）臨時稅課。**

第3條 直轄市政府、縣（市）政府、鄉（鎮、市）公所得視自治財政需要，依前條規定，開徵特別稅課、臨時稅課或附加稅課。但對下列事項不得開徵：
一、轄區外之交易。
二、流通至轄區外之天然資源或礦產品等。
三、經營範圍跨越轄區之公用事業。
四、損及國家整體利益或其他地方公共利益之事項。

特別稅課及附加稅課之課徵年限至多4年，臨時稅課至多2年，年限屆滿仍需繼續課徵者，應依本通則之規定重行辦理。

特別稅課不得以已課徵貨物稅或菸酒稅之貨物為課徵對象；臨時稅課應指明課徵該稅課之目的，並應對所開徵之臨時稅課指定用途，並開立專款帳戶。

第4條　直轄市政府、縣（市）政府為辦理自治事項，充裕財源，除印花稅、土地增值稅外，得就其地方稅原規定稅率（額）上限，於百分之三十範圍內，予以調高，訂定徵收率（額）。但原規定稅率為累進稅率者，各級距稅率應同時調高，級距數目不得變更。

前項稅率（額）調整實施後，除因中央原規定稅率（額）上限調整而隨之調整外，2年內不得調高。

第5條　直轄市政府、縣（市）政府為辦理自治事項，充裕財源，除關稅、貨物稅及加值型營業稅外，得就現有國稅中附加徵收。但其徵收率不得超過原規定稅率百分之三十。

前項附加徵收之國稅，如其稅基已同時為特別稅課或臨時稅課之稅基者，不得另行徵收。

附加徵收稅率除因配合中央政府增減稅率而調整外，公布實施後2年內不得調高。

第6條　直轄市政府、縣（市）政府、鄉（鎮、市）公所開徵地方稅，應擬具地方稅自治條例，經直轄市議會、縣（市）議會、鄉（鎮、市）民代表會完成三讀立法程序後公布實施。

地方稅自治條例公布前，應報請各該自治監督機關、財政部及行政院主計處備查。

第7條　各稅之受償，依下列規定：

一、地方稅優先於國稅。

二、鄉（鎮、市）稅優先於縣（市）稅。

第8條　依第5條規定附加徵收之稅課，應由被附加稅課之徵收機關一併代徵。

前項代徵事項，由委託機關與受託機關會商訂定；其代徵費用，由財政部另定之。

第9條　直轄市、縣（市）、鄉（鎮、市）之行政區域有調整時，其地方稅之課徵，自調整之日起，依調整後行政區域所屬直轄市、縣（市）、鄉（鎮、市）有關法規規定辦理。

第10條　本通則自公布日施行。

八、規費法（節錄）

中華民國106年6月14日公布

第3條　本法所稱規費主管機關：在中央為財政部；在直轄市為直轄市政府；在縣（市）為縣（市）政府；在鄉（鎮、市）為鄉（鎮、市）公所。

第6條　規費分為行政規費及使用規費。

九、公共造產獎助及管理辦法（節錄）

中華民國89年8月25日發布

第2條　本辦法所稱公共造產，係指縣（市）、鄉（鎮、市）依其地方特色及資源，所經營具有經濟價值之事業。

第3條　公共造產得由縣（市）政府、鄉（鎮、市）公所自行經營、委託經營或合作開發經營。

前項經營方式，經各該立法機關議決後，縣（市）政府應報內政部（以下簡稱本部）備查；鄉（鎮、市）公所應報縣政府備查，並副知本部。

十、行政程序法（節錄與地方政府與政治有關部分）

中華民國110年1月20日修正公布

第四章　法規命令及行政規則

第150條　本法所稱**法規命令，係指行政機關基於法律授權，對多數不特定人民就一般事項所作抽象之對外發生法律效果之規定。**

法規命令之內容應明列其法律授權之依據，並不得逾越法律授權之範圍與立法精神。

第151條　行政機關訂定法規命令，除關於軍事、外交或其他重大事項而涉及國家機密或安全者外，應依本法所定程序為之。但法律另有規定者，從其規定。

法規命令之修正、廢止、停止或恢復適用，準用訂定程序之規定。

第152條　法規命令之訂定，除由行政機關自行草擬者外，並得由人民或團體提議為之。

前項提議，應以書面敘明法規命令訂定之目的、依據及理由，並附具相關資料。

第153條　受理前條提議之行政機關，應依下列情形分別處理：

一、非主管之事項，依第17條之規定予以移送。

二、依法不得以法規命令規定之事項，附述理由通知原提議者。

三、無須訂定法規命令之事項，附述理由通知原提議者。

四、有訂定法規命令之必要者，著手研擬草案。

第154條　行政機關擬訂法規命令時，除情況急迫，顯然無法事先公告周知者外，應於政府公報或新聞紙公告，載明下列事項：

一、訂定機關之名稱，其依法應由數機關會同訂定者，各該機關名稱。

二、訂定之依據。

三、草案全文或其主要內容。

四、任何人得於所定期間內向指定機關陳述意見之意旨。

行政機關除為前項之公告外，並得以適當之方法，將公告內容廣泛周知。

第155條　行政機關訂定法規命令，得依職權舉行聽證。

第156條　行政機關為訂定法規命令，依法舉行聽證者，應於政府公報或新聞紙公告，載明下列事項：

一、訂定機關之名稱，其依法應由數機關會同訂定者，各該機關之名稱。

二、訂定之依據。

三、草案之全文或其主要內容。

四、聽證之日期及場所。

五、聽證之主要程序。

第157條 **法規命令依法應經上級機關核定者，應於核定後始得發布。**

數機關會同訂定之法規命令，依法應經上級機關或共同上級機關核定者，應於核定後始得會銜發布。

法規命令之發布，應刊登政府公報或新聞紙。

第158條 法規命令，有下列情形之一者，無效：

一、牴觸憲法、法律或上級機關之命令者。

二、無法律之授權而剝奪或限制人民之自由、權利者。

三、其訂定依法應經其他機關核准，而未經核准者。

法規命令之一部分無效者，其他部分仍為有效。但除去該無效部分，法規命令顯失規範目的者，全部無效。

第159條 **本法所稱行政規則，係指上級機關對下級機關，或長官對屬官，依其權限或職權為規範機關內部秩序及運作，所為非直接對外發生法規範效力之一般、抽象之規定。**

行政規則包括下列各款之規定：

一、關於機關內部之組織、事務之分配、業務處理方式、人事管理等一般性規定。

二、為協助下級機關或屬官統一解釋法令、認定事實、及行使裁量權，而訂頒之解釋性規定及裁量基準。

第160條 行政規則應下達下級機關或屬官。

行政機關訂定前條第2項第2款之行政規則，應由其首長簽署，並登載於政府公報發布之。

第161條 有效下達之行政規則，具有拘束訂定機關、其下級機關及屬官之效力。

第162條 行政規則得由原發布機關廢止之。

行政規則之廢止，適用第160條規定。

十一、中央行政機關組織基準法（節錄）

中華民國111年1月19日修正公布

重點提示

本法之立法目的在於建立中央行政機關組織共同規範，提升施政效能，在適用範圍方面，本法適用於行政院及其所屬各級機關，但國防組織、外交駐外機構、警察機關組織、檢察機關、調查機關及海岸巡防機關組織法律另有規定者，從其規定。另行政院為一級機關，其所屬各級機關依層級為二級機關、三級機關、四級機關。但得依業務繁簡、組織規模定其層級，明定隸屬指揮監督關係，不必逐級設立。而在組織法律保留要求上，需留意下列機關之組織以法律定之，其餘機關之組織以命令定之：

1.一級機關、二級機關及三級機關；2.獨立機關。

第一章　總則

第3條　本法用詞定義如下：

一、機關：就法定事務，有決定並表示國家意思於外部，而依組織法律或命令（以下簡稱組織法規）設立，行使公權力之組織。

二、獨立機關：指依據法律獨立行使職權，自主運作，除法律另有規定外，不受其他機關指揮監督之合議制機關。

三、機構：機關依組織法規將其部分權限及職掌劃出，以達成其設立目的之組織。

四、單位：基於組織之業務分工，於機關內部設立之組織。

第4條　下列機關之組織以法律定之，其餘機關之組織以命令定之：

一、一級機關、二級機關及三級機關。

二、獨立機關。

前項以命令設立之機關，其設立、調整及裁撤，於命令發布時，應即送立法院。

第二章　機關組織法規及名稱

第5條　機關組織以法律定之者，其組織法律定名為法，但業務相同而轄區不同或權限相同而管轄事務不同之機關，其共同適用之組織法律定名為通則。

機關組織以命令定之者，其組織命令定名為規程。但業務相同而轄區不同或權限相同而管轄事務不同之機關，其共同適用之組織命令定名為準則。

本法施行後，除本法及各機關組織法規外，不得以作用法或其他法規規定機關之組織。

第6條 行政機關名稱定名如下：

一、**院：一級機關用之。**

二、**部：二級機關用之。**

三、**委員會：二級機關或獨立機關用之。**

四、**署、局：三級機關用之。**

五、**分署、分局：四級機關用之。**

機關因性質特殊，得另定名稱。

第四章 機關權限、職掌及重要職務設置

第14條 **上級機關對所隸屬機關依法規行使指揮監督權。**

不相隸屬機關之指揮監督，應以法規有明文規定者為限。

十二、公職人員財產申報法（節錄）

中華民國111年6月22日修正公布

重點提示

本法之立法目的在於端正政風，確立公職人員清廉之作為，應依本法申報財產之公職人員為考試焦點，包括：

1.總統、副總統。

2.行政、立法、司法、考試、監察各院院長、副院長。

3.政務人員。

4.有給職之總統府資政、國策顧問及戰略顧問。

5.各級政府機關之首長、副首長及職務列簡任第十職等以上之幕僚長、主管；公營事業總、分支機構之首長、副首長及相當簡任第十職等以上之主管；代表政府或公股出任私法人之董事及監察人。

6.各級公立學校之校長、副校長；其設有附屬機構者，該機構之首長、副首長。

7.軍事單位上校編階以上之各級主官、副主官及主管。

8.依公職人員選舉罷免法選舉產生之鄉（鎮、市）級以上政府機關首長。

9.各級民意機關民意代表。

10.法官、檢察官、行政執行官、軍法官。

11.政風及軍事監察主管人員。

12.司法警察、稅務、關務、地政、會計、審計、建築管理、工商登記、都市計畫、金融監督暨管理、公產管理、金融授信、商品檢驗、商標、專利、公路監理、環保稽查、採購業務等之主管人員；其範圍由法務部會商各該中央主管機關定之；其屬國防及軍事單位之人員，由國防部定之。

13.其他職務性質特殊，經主管府、院核定有申報財產必要之人員。

第1條　為端正政風，確立公職人員清廉之作為，特制定本法。

第2條　下列公職人員，應依本法申報財產：

一、總統、副總統。

二、行政、立法、司法、考試、監察各院院長、副院長。

三、政務人員。

四、有給職之總統府資政、國策顧問及戰略顧問。

五、各級政府機關之首長、副首長及職務列簡任第十職等以上之幕僚長、主管；公營事業總、分支機構之首長、副首長及相當簡任第十職等以上之主管；代表政府或公股出任私法人之董事及監察人。

六、各級公立學校之校長、副校長；其設有附屬機構者，該機構之首長、副首長。
七、軍事單位上校編階以上之各級主官、副主官及主管。
八、依公職人員選舉罷免法選舉產生之鄉（鎮、市）級以上政府機關首長。
九、各級民意機關民意代表。
十、法官、檢察官、行政執行官、軍法官。
十一、政風及軍事監察主管人員。
十二、司法警察、稅務、關務、地政、會計、審計、建築管理、工商登記、都市計畫、金融監督暨管理、公產管理、金融授信、商品檢驗、商標、專利、公路監理、環保稽查、採購業務等之主管人員；其範圍由法務部會商各該中央主管機關定之；其屬國防及軍事單位之人員，由國防部定之。
十三、其他職務性質特殊，經主管府、院核定有申報財產必要之人員。

前項各款公職人員，其職務係代理者，亦應申報財產。但代理未滿三個月者，毋庸申報。

總統、副總統及縣（市）級以上公職之候選人應準用本法之規定，於申請候選人登記時申報財產。

前三項以外之公職人員，經調查有證據顯示其生活與消費顯超過其薪資收入者，該公職人員所屬機關或其上級機關之政風單位，得經中央政風主管機關（構）之核可後，指定其申報財產。

第3條　**公職人員應於就（到）職3個月內申報財產，每年並定期申報一次。同一申報年度已辦理就（到）職申報者，免為該年度之定期申報。**

公職人員於喪失前條所定應申報財產之身分起2個月內，應將卸（離）職或解除代理當日之財產情形，向原受理財產申報機關（構）申報。但於辦理卸（離）職或解除代理申報期間內，再任應申報財產之公職時，應依前項規定辦理就（到）職申報，免卸（離）職或解除代理申報。

第4條　受理財產申報之機關（構）如下：

一、第2條第1項第1款至第4款、第8款、第9款所定人員、第五款職務列簡任第十二職等或相當簡任第十二職等以上各級政府機關首長、公營事業總、分支機構之首長、副首長及代表政府或公股出任私法人之董事及監察人、第6款公立專科以上學校校長及附屬機構首長、第7款軍事單位少將編階以上之各級主官、第10款職務列簡任第十二職等以上之法官、檢察官之申報機關為監察院。
二、前款所列以外依第2條第1項各款規定應申報財產人員之申報機關（構）為申報人所屬機關（構）之政風單位；無政風單位者，由其上級機關（構）之政風單位或其上級機關（構）指定之單位受理；無政風單位亦無上級機關（構）者，由申報人所屬機關（構）指定之單位受理。

三、總統、副總統及縣（市）級以上公職候選人之申報機關為各級選舉委員會。

第5條　公職人員應申報之財產如下：

一、不動產、船舶、汽車及航空器。

二、一定金額以上之現金、存款、有價證券、珠寶、古董、字畫及其他具有相當價值之財產。

三、一定金額以上之債權、債務及對各種事業之投資。

公職人員之配偶及未成年子女所有之前項財產，應一併申報。

申報之財產，除第1項第2款外，應一併申報其取得或發生之時間及原因；其為第1項第1款之財產，且係於申報日前五年內取得者，並應申報其取得價額。

第6條　受理申報機關（構）於收受申報二個月內，應將申報資料審核，彙整列冊，供人查閱。總統、副總統及縣（市）級以上公職候選人之受理申報機關（構）應於審定候選人名單之日，予以審核彙整列冊，供人查閱。

總統、副總統、行政、立法、司法、考試、監察各院院長、副院長、政務人員、立法委員、直轄市長、縣（市）長、直轄市議員、縣（市）議員等人員之申報資料，除應依前項辦理外，應定期刊登政府公報並上網公告至其喪失原申報身分後一年。

如為前項公職之選舉候選人，其受理申報機關（構）應於審定候選人名單之日上網公告一年。

申報資料之審核及查閱辦法，由行政院會同考試院、監察院定之。

第7條　總統、副總統、行政、立法、司法、考試、監察各院院長、副院長、政務人員、公營事業總、分支機構之首長、副首長、直轄市長、縣（市）長於就（到）職申報財產時，其本人、配偶及未成年子女之下列財產，應自就（到）職之日起3個月內信託予信託業：

一、不動產。但自擇房屋（含基地）一戶供自用者，及其他信託業依法不得承受或承受有困難者，不包括在內。

二、國內之上市及上櫃股票。

三、其他經行政院會同考試院、監察院核定應交付信託之財產。

前項以外應依本法申報財產之公職人員因職務關係對前項所列財產具有特殊利害關係，經主管府、院核定應依前項規定辦理信託者，亦同。

前二項人員於完成信託後，有另取得或其財產成為應信託財產之情形者，應於3個月內辦理信託並申報；依第1項第1款但書規定不須交付信託之不動產，仍應於每年定期申報時，申報其變動情形。

第1項之未成年子女以其法定代理人為第1項信託之義務人。但其於本法中華民國109年12月30日修正之條文施行前結婚，修正施行後未滿18歲者，於滿18歲前仍適用修正施行前之規定。

第1項人員完成信託之財產，於每年定期申報及卸職時仍應申報。

第8條 立法委員及直轄市、縣（市）議員於依第三條第一項規定申報財產時，其本人、配偶及未成年子女之前條第一項所列財產，應每年辦理變動申報。

第9條 第7條之信託，應以財產所有人為委託人，訂定書面信託契約，並為財產權之信託移轉。

公職人員應於第7條第1項所定信託期限內，檢附本人、配偶及未成年子女之信託契約及財產信託移轉相關文件，併同公職人員財產申報表（含信託財產申報表），向該管受理申報機關提出。

信託契約期間，委託人或其法定代理人對信託財產之管理或處分欲為指示者，應事前或同時通知該管受理申報機關，始得為之。

第1項信託契約，應一併記載下列事項：

一、前項規定及受託人對於未經通知受理申報機關之指示，應予拒絕之意旨。

二、受託人除委託人或其法定代理人依前項規定為指示或為繳納稅捐、規費、清償信託財產債務認有必要者外，不得處分信託財產。

受理申報機關收受第3項信託財產管理處分之指示相關文件後，認符合本法規定者，應彙整列冊，刊登政府公報，並供人查閱。

受理申報機關得隨時查核受託人處分信託財產有無違反第4項第2款之規定。

第10條 依本法為信託者，其因信託所為之財產權移轉登記、信託登記、信託塗銷登記及其他相關登記，免納登記規費。

第11條 各受理財產申報機關（構）應就有無申報不實或財產異常增減情事，進行個案及一定比例之查核。查核之範圍、方法及比例另於審核及查閱辦法定之。

受理財產申報機關（構）為查核申報財產有無不實、辦理財產信託有無未依規定或財產異常增減情事，得向有關之機關（構）、團體或個人查詢，受查詢者有據實說明之義務。監察院及法務部並得透過電腦網路，請求有關之機關（構）、團體或個人提供必要之資訊，受請求者有配合提供資訊之義務。

受查詢之機關（構）、團體或個人無正當理由拒絕說明或為不實說明者，處新臺幣2萬元以上10萬元以下罰鍰；經通知限期提出說明，屆期未提出或提出仍為不實者，按次連續處新臺幣4萬元以上20萬元以下罰鍰。受請求之機關（構）、團體或個人無正當理由拒絕配合提供或提供不實資訊者，亦同。

（下略）

十三、地方民意代表費用支給及村里長事務補助費補助條例

113年6月19日修正第3、5～7、10條條文、第5條條文之附表及增訂第7-1條條文，自114年1月1日施行。

重點提示

本條例係依據地方制度法第52條第3項及第61條第3項規定所制定，所稱地方民意代表，係指直轄市議會議長、副議長、議員；縣（市）議會議長、副議長、議員；鄉（鎮、市）民代表會主席、副主席、代表。在國家考試上，常出現之考題為地方民意代表依法開會期間，得支給之出席費、交通費及膳食費之上限，其標準為：1.出席費：每人每日支給新台幣一千元。2.交通費：每人每日支給新台幣一千元。3.膳食費：每人每日支給新台幣四百五十元。

第1條 本條例依地方制度法第52條第3項及第61條第3項規定制定之。

第2條 **本條例所稱地方民意代表，係指直轄市議會議長、副議長、議員；縣（市）議會議長、副議長、議員；鄉（鎮、市）民代表會主席、副主席、代表。**

第3條 地方民意代表每月得支給之研究費，不得超過下列標準：

一、直轄市議會議長：參照直轄市長月俸及公費。

二、直轄市議會副議長：參照直轄市副市長本俸、專業加給及主管職務加給。

三、直轄市議會議員：參照直轄市政府所屬一級機關首長本俸、專業加給及主管職務加給。

四、縣（市）議會議長：參照縣（市）長本俸、專業加給及主管職務加給。

五、縣（市）議會副議長：參照副縣（市）長本俸、專業加給及主管職務加給。

六、縣（市）議會議員：參照縣（市）政府一級單位主管簡任第十一職等本俸一級、專業加給及主管職務加給。

七、鄉（鎮、市）民代表會主席：參照鄉（鎮、市）長本俸、專業加給及主管職務加給。

八、鄉（鎮、市）民代表會副主席：參照縣轄市副市長本俸、專業加給及主管職務加給。

九、鄉（鎮、市）民代表會代表：參照鄉（鎮、市）公所單位主管薦任第八職等本俸一級、專業加給及主管職務加給。

前項所稱專業加給，係指一般公務人員專業加給。

第4條 地方民意代表依法開會期間，得支給之出席費、交通費及膳食費，不得超過下列標準：

一、出席費：每人每日支給新台幣1,000元。
二、交通費：每人每日支給新台幣1,000元。
三、膳食費：每人每日支給新台幣450元。

第5條 地方民意代表因職務關係，得由各該地方民意機關編列預算，支應其健康檢查費、保險費、為民服務費、春節慰勞金及出國考察費。

直轄市議會議長、副議長、縣（市）議會議長、副議長及鄉（鎮、市）民代表會主席、副主席，得由各該地方民意機關編列預算，支應因公支出之特別費。

前二項費用編列最高標準如附表。

第6條 直轄市議會、縣（市）議會得編列議員助理補助費，補助各議員聘用助理；助理補助費總額，直轄市議會議員每人每月不得超過新臺幣三十二萬元，縣（市）議會議員每人每月不得超過新臺幣十六萬元；並應於全國公務人員各種加給年度通案調整時，比照其通案調整幅度調整，調整後之助理補助費總額及實施日期由內政部公告之。

以前項助理補助費補助聘用之助理，直轄市議會議員每人應至少聘用六人，縣（市）議會議員每人應至少聘用二人，均與議員同進退。議員得聘以日薪計之助理，其日薪累計之月總支出，不得超過前項助理補助費用總額四分之一。

前項助理適用勞動基準法之規定，其勞工保險費、全民健康保險費、勞工退休準備金、加班費、不休假加班費、資遣費及職業災害補償等依法令應由雇主負擔費用部分，由議會於不超過第一項規定總額百分之二十內編列預算支應之，並得以所領補助費之額度比照軍公教人員年終工作獎金酌給春節慰勞金。

議會應就各議員有關第一項、第二項助理補助費總額與分配情形、助理聘用關係及第三項所列各項費用之支應情形，建立內部控制制度。

第7條 村（里）長由鄉（鎮、市、區）公所編列村（里）長事務補助費，每村（里）每月新臺幣五萬元，於原住民族地區之村（里）每月再增加百分之二十；並應於全國公務人員各種加給年度通案調整時，比照其通案調整幅度調整，調整後之事務補助費總額及實施日期由內政部公告之。

村（里）長因職務關係，應由鄉（鎮、市、區）公所編列預算，支應其保險費，並得編列預算，支應其健康檢查費，其標準均比照地方民意代表。

鄉（鎮、市、區）公所編列前項保險費預算，應包含投保保險金額新臺幣五百萬元以上傷害保險之保險費金額。

村（里）長除有正當理由未能投保或未足額投保傷害保險外，於當年度檢據支領保險費時，其單據應包含投保保險金額新臺幣五百萬元以上傷害保險之保險費。

村（里）長由鄉（鎮、市、區）公所參照軍公教人員年終工作獎金發給規定編列預算於春節期間另發給事務補助費，其金額以第一項事務補助費數額為基準計算之；該支出由內政部編列預算支應之。

第7-1條 村（里）長任職滿六屆且年滿六十五歲者，應給予慰勞金及表揚，其額度及支給辦法由內政部訂定之。

第8條 地方民意代表費用之支給及村（里）長事務補助費之補助項目及標準，依本條例之規定；本條例未規定者，不得編列預算支付。

第9條 本條例規定之費用，應依地方制度法第70條第2項、財政收支劃分法第37條第1項、第2項規定，由地方自治團體編列預算辦理之。

第10條 本條例除中華民國九十八年七月八日修正公布之第七條第一項及第三項，自九十九年一月一日施行；一百零七年四月二十五日修正公布之第七條第三項至第五項，自一百零七年十二月二十五日施行；一百十一年五月四日修正公布條文，自一百十一年十二月二十五日施行；一百十三年六月四日修正之條文，自一百十四年一月一日施行外，自公布日施行。

第五條附表

對象 金額 項目	直轄市議員 議長、副議長及議員	縣(市)議會 議長、副議長及議員	鄉(鎮、市)民代表會 主席、副主席及代表
健康檢查費 (每人每年)	一六、〇〇〇	一六、〇〇〇	一六、〇〇〇
保險費 (每人每年)	一五、〇〇〇	一五、〇〇〇	一五、〇〇〇
為民服務費 (每人每月)	四〇、〇〇〇	二〇、〇〇〇	五、〇〇〇
春節慰勞金 (每人每年)	一個半月之研究費	一個半月之研究費	一個半月之研究費
出國考察費 (每人每年)	一五〇、〇〇〇	一〇〇、〇〇〇	五〇、〇〇〇

對象 金額 項目	直轄市議員 議長、副議長及議員	縣(市)議會 議長、副議長及議員	鄉(鎮、市)民代表會 主席、副主席及代表
特別費 (每人每月)	議長二〇〇、〇〇〇 副議長一四〇、〇〇〇	議長八八、〇〇〇 副議長四四、〇〇〇	1.人口數未滿五萬者主席二三、七〇〇 副主席一一、八五〇 2.人口數在五萬以上未滿十萬者 主席二五、〇〇〇 副主席一二、五〇〇 3.人口數在十萬以上未滿二十萬者 主席二六、三〇〇 副主席一三、一五〇 4.人口數在二十萬以上者 主席二七、六〇〇 副主席一三、八〇〇

註一：健康檢查費按 編 ，地方民意代表應檢具實施公務人員一般健康檢查之醫 機構單據核銷。
註二：特別費按月編 ，地方民意代表應檢據核銷。
註三：保險費、出國考察費按 編 ，地方民意代表應檢據核銷。
註四：直轄市、縣（市）議會之原住民議員為民服務費每人每月再增加百分之二十。

十四、社區發展工作綱要（節錄）

103年9月18日修正

重點提示

本綱要在國家考試上，屢次考及會員(會員代表)大會為社區發展協會最高權力機構。

第1條 為促進社區發展，增進居民福利，建設安和融洽、團結互助之現代化社會，特訂定本綱要。

第2條 本綱要所稱社區，係指經鄉（鎮、市、區）社區發展主管機關劃定，供為依法設立社區發展協會，推動社區發展工作之組織與活動區域。

社區發展係社區居民基於共同需要，循自動與互助精神，配合政府行政支援、技術指導，有效運用各種資源，從事綜合建設，以改進社區居民生活品質。

社區居民係指設戶籍並居住本社區之居民。

第3條 本綱要所稱主管機關：在中央為衛生福利部；在直轄市為直轄市政府；在縣（市）為縣（市）政府；在鄉（鎮、市、區）為鄉（鎮、市、區）公所。

主管機關辦理社區發展業務單位，應加強與警政、消防、民政、都市發展、國宅、教育、農業、衛生、文化、交通及環境保護等相關機關協調聯繫、分工合作及相互配合支援，俾利社區發展業務順利有效執行。

第4條 各級主管機關為協調、研究、審議、諮詢及推動社區發展業務，得邀請學者、專家、有關單位及民間團體代表、社區居民組設社區發展促進委員會；其設置要點由各級主管機關分別定之。

第5條 鄉（鎮、市、區）主管機關為推展社區發展業務，得視實際需要，於該鄉（鎮、市、區）內劃定數個社區區域。

社區之劃定，以歷史關係、文化背景、地緣形勢、人口分布、生態特性，資源狀況、住宅型態、農、漁、工、礦、商業之發展及居民之意向、興趣及共同需求等因素為依據。

第6條 鄉（鎮、市、區）主管機關應輔導社區居民依法設立社區發展協會，依章程推動社區發展工作；社區發展協會章程範本由中央主管機關定之。

社區發展工作之推動，應循調查、研究、諮詢、協調、計畫、推行及評估等方式辦理。

主管機關對於前項工作應遴派專業人員指導之。

第7條 社區發展協會設會員（會員代表）大會、理事會及監事會。另為推動社區發展工作需要，得聘請顧問，並得設各種內部作業組織。

第8條　**會員（會員代表）大會為社區發展協會最高權力機構**，由左列會員（會員代表）組成：

一、個人會員：由社區居民自動申請加入。

二、團體會員：由社區內各機關、機構、學校及團體申請加入。

團體會員依章程推派會員代表1至5人。

社區外贊助本社區發展協會之其他團體或個人，得申請加入為贊助會員。贊助會員無表決權、選舉權、被選舉權及罷免權。

第9條　理事會、監事會由會員（會員代表）於會員（會員代表）大會中選舉理事、監事分別組成之。

第11條　社區發展協會應根據社區實際狀況，建立左列社區資料：

一、歷史、地理、環境、人文資料。

二、人口資料及社區資源資料。

三、社區各項問題之個案資料。

四、其他與社區發展有關資料。

第12條　社區發展協會應針對社區特性、居民需要、配合政府政策及社區自創項目，訂定社區發展計畫及編訂經費預算，並積極推動。

前項配合政府政策之項目如下：

一、公共設施建設：

(一) 新（修）建社區活動中心。

(二) 社區環境衛生與垃圾之改善及處理。

(三) 社區道路、水溝之維修。

(四) 停車設施之整理及添設。

(五) 社區綠化及美化。

(六) 其他有關公共設施建設等事項。

二、生產福利建設：

(一) 社區生產建設基金之設置。

(二) 社會福利之推動。

(三) 社區幼兒園之設置。

(四) 推動社區產業發展。

(五) 其他有關生產福利建設等事項。

三、精神倫理建設：

(一) 加強改善社會風氣重要措施及國民禮儀範例之倡導及推行。

(二) 鄉土文化、民俗技藝之維護及發揚。

(三) 社區交通秩序之建立。

(四) 社區公約之訂定。

(五) 社區守望相助之推動。

(六) 社區藝文康樂團隊之設立。

(七) 社區長壽俱樂部之設置。

(八) 社區成長教室之設置。

(九) 社區志願服務團隊之成立。

(十) 社區圖書室之設置。

(十一)社區全民運動之提倡。

(十二)社區災害防備之演練、通報及宣導。

(十三)其他有關精神倫理建設等事項。

第18條　社區發展協會為辦理社區發展業務，得設置社區生產建設基金；其設置規定，由直轄市、縣（市）主管機關定之。

第20條　各級政府應按年編列社區發展預算，補助社區發展協會推展業務，並得動用社會福利基金。

第17章 重要新近司法解釋

言論免責權之界限

司法院大法官會議釋字第435號解釋指出，憲法第73條規定立法委員在院內所為之言論及表決，對院外不負責任，旨在保障立法委員受人民付託之職務地位，並避免國家最高立法機關之功能遭致其他國家機關之干擾而受影響。為確保立法委員行使職權無所瞻顧，此項言論免責權之保障範圍，應作最大程度之界定，舉凡在院會或委員會之發言、質詢、提案、表決以及與此直接相關之附隨行為，如院內黨團協商、公聽會之發言等均屬應予保障之事項。越此範圍與行使職權無關之行為，諸如蓄意之肢體動作等，顯然不符意見表達之適當情節致侵害他人法益者，自不在憲法上開條文保障之列。至於具體個案中，立法委員之行為是否已逾越保障之範圍，於維持議事運作之限度內，固應尊重議會自律之原則，惟司法機關為維護社會秩序及被害人權益，於必要時亦非不得依法行使偵審之權限。

健保法責地方政府補助保費之規定違憲

司法院大法官會議釋字第550號解釋指出，地方自治團體受憲法制度保障，其施政所需之經費負擔乃涉及財政自主權之事項，固有法律保留原則之適用，但於不侵害其自主權核心領域之限度內，基於國家整體施政之需要，對地方負有協力義務之全民健康保險事項，中央依據法律使地方分擔保險費之補助，尚非憲法所不許。關於中央與地方辦理事項之財政責任分配，憲法並無明文。財政收支劃分法第37條第1項第1款雖規定，各級政府支出之劃分，由中央立法並執行者，歸中央負擔，固非專指執行事項之行政經費而言，惟法律於符合上開條件下，尚非不得為特別之規定，就此而言，全民健康保險法第27條即屬此種特別規定。至全民健康保險法該條所定之補助各類被保險人保險費之比例屬於立法裁量事項，除顯有不當者外，不生牴觸憲法之問題。法律之實施須由地方負擔經費者，如本案所涉全民健康保險法第27條第1款第1、2目及第2、3、5款關於保險費補助比例之規定，於制定過程中應予地方政府充分之參與。行政主管機關草擬此類法律，應與地方政府協商，以避免有片面決策可能造成之不合理情形，並就法案實施所需財源事前妥為規劃；立法機關於修訂相關法律時，應予地方政府人員列席此類立法程序表示意見之機會。

地方與中央權限劃分及紛爭解決機制

司法院大法官會議釋字第553號解釋指出，地方制度法第83條第1項規定：「直轄市議員、直轄市長、縣（市）議員、縣（市）長、鄉（鎮、市）民代表、鄉（鎮、市）長及村（里）長任期屆滿或出缺應改選或補選時，如因特殊事故，得延期辦理改選或補選。」其中所謂特殊事故，在概念上無從以固定之事故項目加以涵蓋，而係泛指不能預見之非尋常事故，致不克按法定日期改選或補選，或如期辦理有事實足認將造成不正確之結果或發生立即嚴重之後果或將產生與實現地方自治之合理及必要之行政目的不符等情形者而言。又特殊事故不以影響及於全國或某一縣市全部轄區為限，即僅於特定選區存在之特殊事故如符合比例原則之考量時，亦屬之。上開法條使用不確定法律概念，即係賦予該管行政機關相當程度之判斷餘地，蓋地方自治團體處理其自治事項與承中央主管機關之命辦理委辦事項不同，前者中央之監督僅能就適法性為之，其情形與行政訴訟中之法院行使審查權相似（參照訴願法第79條第3項）；後者除適法性之外，亦得就行政作業之合目的性等實施全面監督。本件既屬地方自治事項又涉及不確定法律概念，上級監督機關為適法性監督之際，固應尊重該地方自治團體所為合法性之判斷，但如其判斷有恣意濫用及其他違法情事，上級監督機關尚非不得依法撤銷或變更…本件行政院撤銷台北市政府延期辦理里長選舉之決定，涉及中央法規適用在地方自治事項時具體個案之事實認定、法律解釋，屬於有法效性之意思表示，係行政處分，台北市政府有所不服，乃屬與中央監督機關間公法上之爭議，惟既屬行政處分是否違法之審理問題，為確保地方自治團體之自治功能，該爭議之解決，自應循行政爭訟程序處理。台北市如認行政院之撤銷處分侵害其公法人之自治權或其他公法上之利益，自得由該地方自治團體，依訴願法第1條第2項、行政訴訟法第4條提起救濟請求撤銷，並由訴願受理機關及行政法院就上開監督機關所為處分之適法性問題為終局之判斷。

地方制度法規範之司法解釋途徑

司法院大法官會議釋字第527號解釋指出：

一、地方自治團體在受憲法及法律規範之前提下，享有自主組織權及對自治事項制定規章並執行之權限。地方自治團體及其所屬機關之組織，應由地方立法機關依中央主管機關所擬訂之準則制定組織自治條例加以規定，復為地方制度法第28條第3款、第54條及第62條所明定。在該法公布施行後，凡自治團體之機關及職位，其設置自應依前述程序辦理。惟職位之設置法律已有明確規定，倘訂定相關規章須費相當時日者，先由各該地方行政機關依地方制度法相關規定設置並依法任命人員，乃為因應業務實際需要之措施，於過渡期間內，尚非法所不許。至法律規定得設置之職位，地方自治團體既有自主決定設置與否之權限，自應有組織自治條例之依據方可進用，乃屬當然。

二、地方制度法第43條第1項至第3項規定各級地方立法機關議決之自治事項，或依同法第30條第1項至第4項規定之自治法規，與憲法、法律、中央法規或上級自治團體自治法規牴觸者無效。同法第43條第5項及第30條第5項均有：上述各項情形有無牴觸發生疑義得聲請司法院解釋之規定，係指就相關業務有監督自治團體權限之各級主管機關對決議事項或自治法規是否牴觸憲法、法律或其他上位規範尚有疑義，而未依各該條第四項逕予函告無效，向本院大法官聲請解釋而言。地方自治團體對函告無效之內容持不同意見時，應視受函告無效者為自治條例抑自治規則，分別由該地方自治團體之立法機關或行政機關，就事件之性質聲請本院解釋憲法或統一解釋法令。有關聲請程序分別適用司法院大法官審理案件法第8條第1項、第2項之規定，於此情形，無同法第9條規定之適用。至地方行政機關對同級立法機關議決事項發生執行之爭議時，應依地方制度法第38條、第39條等相關規定處理，尚不得逕向本院聲請解釋。原通過決議事項或自治法規之各級地方立法機關，本身亦不得通過決議案又同時認該決議有牴觸憲法、法律、中央法規或上級自治團體自治法規疑義而聲請解釋。

三、有監督地方自治團體權限之各級主管機關，依地方制度法第75條對地方自治團體行政機關（即直轄市、縣、市政府或鄉、鎮、市公所）辦理該條第2項、第4項及第6項之自治事項，認有違背憲法、法律或其他上位規範尚有疑義，未依各該項規定予以撤銷、變更、廢止或停止其執行者，得依同條第8項規定聲請本院解釋。地方自治團體之行政機關對上開主管機關所為處分行為，認為已涉及辦理自治事項所依據之自治法規因違反上位規範而生之效力問題，且該自治法規未經上級主管機關函告無效，無從依同法第30條第5項聲請解釋，自治團體之行政機關亦得依同法第75條第8項逕向本院聲請解釋。其因處分行為而構成司法院大法官審理案件法第5條第1項第1款之疑義或爭議時，則另得直接聲請解釋憲法。如上述處分行為有損害地方自治團體之權利或法律上利益情事，其行政機關得代表地方自治團體依法提起行政訴訟，於窮盡訴訟之審級救濟後，若仍發生法律或其他上位規範違憲疑義，而合於司法院大法官審理案件法第5條第1項第2款之要件，亦非不得聲請本院解釋。至若無關地方自治團體決議事項或自治法規效力問題，亦不屬前開得提起行政訴訟之事項，而純為中央與地方自治團體間或上下級地方自治團體間之權限爭議，則應循地方制度法第77條規定解決之，尚不得逕向本院聲請解釋。

第18章 近年試題彙編

110年 高考三級

一、臺灣河川污染的整治常常需要跨縣市的合作處理，否則會衍生許多問題，例如若上游縣市比較不重視污染防治，則下游縣市就可能需要忍受較差的生活品質或是需要花費較多成本來處理污染，請問：

(一) 針對上述臺灣河川污染整治的情況，列出三個可能會對跨域（跨縣市）合作或治理產生阻礙的因素，並說明之。

(二) 針對上一小題，也就是所列舉的可能阻礙因素，提出兩個可以排除這些阻礙的具體做法，或是可以促進跨域（跨縣市）治理的方式，並說明之。

答 跨域治理基礎意涵係指跨越轄區、跨越機關組織間的整合治理，透過協力、社區參與、公司協力或契約等聯合方式解決棘手問題。然而，涵蓋跨轄區、跨部門、跨政策領域之間的複雜夥伴合作關係，面臨的障礙與困難更是繁雜。河川污染的整治正是跨域治理的代表議題，就題意，詳加說明如下：

(一) 河川污染整治面臨的三項阻礙：

1. 治理思維因地制宜，管轄權的本位主義引發衝突：河川所經區域皆有整治河川污染之責，然而，各地方因不同的地理位置、污染程度、影響層面皆有所不同，治理的方式與思維當然皆有所異。如要整合跨域治理，地方本位主義油然而生，管轄權的所屬與限制自然成為地方間相互合作的阻礙。

2. 法令不足，難以解決衝突，進而影響合作意願：地方制度法欠缺細緻的相關規定，跨域合作間的機制不夠完善，尤以地方跨域合作時，之間的合作機制在執行、規範拘束等比例上，易衍生治理間的衝突。據題意，河川污染依各區域的程度不同，在合作協商時，地區之間的執行效益或是違反約定之相關管理，並無合適之衝突解決機制，如此一來，地方合作之間的意願低落，難易促成有效之跨域合作。

3. 地方財政無力，跨域治理成本高，形成合作阻礙：河川污染治理需要長時間計畫，並非短期可見效果，且跨域合作內含之合作對象眾多，如此一來治理、協商成本皆高，然，地方財政困頓一直是我國近年重點地方議題，地方財政現況為，地方政府多依賴中央補助，自闢財源成效不佳，且各地方政府之財政情況有所差異，如此財政條件下，為河川污染的整治相互合作之地方政府，所能投入河川整治的經費，需要更加明確的公平分配機制，但現實是殘酷的，從協商成本到整治經費實際該如何分配、投入，都將成為阻礙跨域合作的問題。

(二)排除阻礙之作法：

1. 府際合作，中央地方相互合作整合資源，拉長治理週期：整治河川污染牽涉眾多，據前述阻礙可小結出單靠地方政府，難以形成有效協力治理。因此中央地方能聯手合作，整合資源，制定長期計畫會更加完善外，更能全面性掌握河川污染動態及整治效果，亦能減少協商時所引起的管轄權爭議問題，具體做法可細分為以下層面：

(1)中央、地方統整資源，建制相關資料庫；同時建制污染即時情形資料庫。

(2)中央為主導角色，引導地方政府分工，以地方回報治理情況，進行河川整治計畫的檢視與資源分配調整。

(3)地方執行整治計畫時，即時將動態回饋資料庫，讓中央有足夠的資料進行有效資源分配。

(4)前述三點，為的不僅是解決污染問題，更是為河川治理打下永續發展基礎，以避免治標不治本的情況產生，治理計畫週期拉長，在制定法令與政策時，會更有全面性的資料參考、有效率的使用有限資源。

2. 打造全面性對話平台，推及政府與民間合作：河川治理需要更加全面性的科技與技術合作，政府與民間合作對長遠計劃有益。具體做法可細分為以下層面：

(1)河川污染並非不僅是政府的事情，民間亦需要對河川維護之有基本思維，打造政府與民間的對話平台，相互監控污染整治的進度與維護。

(2)政府亦可引進民間相關監控技術或最新技術，提升監控與分析效率，以節省政府資源，並增加資源使用效益。

河川污染的跨域治理是長期戰役，更是永續發展的重點關注，需要從根本思維進行改善，中央與地方政府進行有效率的資源分配，引導分工取代管轄爭執，並且與民間攜手合作，提升監控與施政的效率，進行更有效益的資源分配，才是長遠根本的解決之道。

二、縣市議會的主要職責之一是監督縣市政府，請問：

(一) 縣市議員監督的工具有哪些？請列舉三種可能的監督工具或方式，並說明之。

(二) 針對前一小題所列舉的監督工具或方式，縣市議員在執行時，可能會有一些缺陷或負效果，請列舉兩項，並說明之。

答 地方自治監督，係憲法所保障之制度，使地方自治團體的行為符合國家秩序、並平衡國家所失去的權利，在一定的法律規範下受一定程度的拘束。監督之權，有督促、指導的性質，更有考核、監視和糾正等意義。為的是促使地方政府善用自治權，努力地方建設事業，促進整個國家的繁榮，在執行權力之時，如有不合宜之處，有檢視與糾正機制，防範地方政府怠忽職務，或是濫用權力。縣市議會為縣市之立法機關，為縣市自治體的議事機關，對於縣市政府具有立法監督之權力主體，縣市議員係權力執行之主體，以下茲就題意，分述回答問題：

(一)監督工具或方式：監督工具的行使可依時機分為事前、事後，詳述如下：

1. 事前監督工具—提案：縣市議會為立法機關，提案亦屬於監督工具之一，議員可透過提案予大會遵循縣市議會議事規定之方式，經二讀、三讀通過後，由縣市政府執行，並依循通過之提案內容落實監督，此屬於事前監督工具。

2. 事後監督工具：事後監督工具有二，一為針對施政狀況行使監督權，二為議會得對縣市政府所提之議案，有議決後之監督權：

   (1)對施政之監督：依據地方制度法第48條規定，議會定期會開會時，縣市長應提出施政報告，一級單位主管及機關首長，應提出業務報告。縣市議員聽取施政報告後，得就其行使質詢之權，分別提出總質詢及業務質詢。

(2)議決後之監督權：議案經過議會通過後予以執行，縣市政府如認為窒礙難行應依地方制度法第39條送請縣市議會提出覆議案，然，覆議時，如有出席議員、代表三分之二維持原議決案，直轄市政府、縣（市）政府、鄉（鎮、市）公所應即接受該決議。預算案的部分則依照地方制度法第40條規定行使預算審議，照法規時程內審議完畢，才由縣市政府發布之。

(二)執行缺陷或負效果：依問題兩點缺陷詳述如下：

1. 不論是提案或審議皆由議員來執行該監督權，然而，議員自各黨派而來，或自有其擁護之意識形態，在執行監督權時，難以確保其意志不受政黨利益所影響，並保持中立、客觀的角度行使權利。

2. 地方議會與地方政府相互監督與制衡，可避免任一方之濫權、怠忽職守，但在互動之際，好壞兼具，產生衝突時，可依據地方制度法中所設置的相關機制協商、覆議、審議，然而運作機制時程有一定機率影響政務執行之效率。

三、民眾參與對於地方治理是非常重要的，請問：

(一) 我國民眾參與地方公共事務或地方治理的管道或方式有哪些？請列舉三項，並說明之。

(二) 針對前一小題所列舉的管道或方式，在我國實際執行時，有時會遇到一些阻礙而成效不彰，請列舉兩個可能的阻礙或缺陷，並說明之。

答 近年來，民眾參與地方公共事務及地方治理的機會越來越多。不再局限於傳統的參與方式，例如選舉、投票等行為，民眾自發性地參與行動越來越多，以下就題意分述如下：

(一)民眾參與地方公共事務或治理之管道與方式：

1. 傳統參與管道：

(1)參選投票：參加公職人員選舉，可透過投票方式選出認同理念之候選人，抑或是，以候選人之角色參與選舉。

(2)意見表達：公共議題之投票，民眾可前往投票，表達意見；抑或是，參與民意調查活動或是填寫表單。

2. 民眾參與新型態之管道、方式：民眾參與之管道、方式，因為時代變遷，民眾所能接觸到治理議題的管道及方式逐漸多元化，可分為三類管道：
   (1) 團體式意見表達：透過團體組織類型的方式，積極的表達意見與參與治理，為議題發聲，自組團體發起示威遊行，或是參與利益團體為求特定訴求而組織之團體，更進一步地推出候選人參與選舉。
   (2) 個人意見表達：對於地方事務、地方治理有所訴求或不滿時，透過地方政府所提供之管道，提出訴求或請願，例如：1999民眾服務專線。
   (3) 主動發起議題，參與地方政府決策：地方政府提供平台，民眾可自主性的針對參與式預算、地方治理提案，在網路上發起投票，利用網路科技收集民意，直接性的促進民眾參與治理討論與推動，例如：i-Voting網路投票系統、市長意見信箱等平台。

(二) 可能的阻礙或缺陷：

1. 前題管道中，多為地方政府主導，民眾在其中並非決策角色，僅以意見表達為主，投票提倡議題為輔，最終依然取決政府，但是「民眾參與」在表面上，即是「人民多數決」，可是現實中，不可能事事用多數決的方式，且使用多數決更可能會造成共識難以形成，導致意見表達不彰。更有可能因需要等待議題在民眾間發酵、相互影響、投票意見表達，為時不短之過程，導致施政效率低落。
2. 民眾參與治理意識逐漸高漲，多元的參與管道提高與政府的互動，然而，互動總有好有壞，現行管道中尚無民眾能直接監督治理效果之管道，更無後續雙向溝通之管道，現行的民眾參與是補充行政管制與代議民主投票之不足，因此政府依然處於主導地位。可是既然參與，就會有所期待，然而施政狀態一但不如民眾預期，長久下來易起衝突，卻無解決衝突之方法，或是溝通協商管道，反而使民眾參與進入溝通困局，失去原本政府與民眾相互對話的本意。

四、村里長選舉是我國最基層的地方選舉，某些地區的競爭相當激烈，但依據法規，村里長是無給職，且須處理里公務及交辦事項。試論為何有人願意參與激烈的選舉以擔任村里長？請列舉三個可能的具體原因，並說明之。

答 村里長雖是民選，但以服務性質為本，主要職責為辦理村里公務及上級機關交辦事項，然而，村里長對於民眾來說是最貼近的官員，代表著與地方政府溝通的橋樑，更是在民眾有質疑或需要協助時，處在第一線位置。而大部分的村里長都有自己的原有職業，領事務費不支薪，這樣的職務性質，願意參與激烈選舉擔任村里長之原因，以下分述說明：

(一)優良且完善之福利待遇：依據地方制度法第61條第3項可知，村（里）長係無給職性質，鄉（鎮、市、區）公所編列事務補助費，其補助項目及標準，以地方民意代表費用支給及村里長事務補助費補助條例定之。相關補助項目如下：

1. 事務補助費：地方民意代表費用支給及村里長事務補助費補助條例第7條第1項規定：「村（里）長由鄉（鎮、市、區）公所編列村（里）長事務補助費，每村（里）每月新臺幣四萬五千元。」，其中包含文具費、郵電費、水電費及其他因公支出之費用。
2. 保險費、健康檢查費：地方民意代表費用支給及村里長事務補助費補助條例第7條第3項規定：「村（里）長因職務關係，應由鄉（鎮、市、區）公所編列預算，支應其保險費，並得編列預算，支應其健康檢查費，其標準均比照地方民意代表。」，並依照第4項規定：「應包含投保保險金額新臺幣五百萬元以上傷害保險之保險費金額。」
3. 各地方其他福利措施：里長除了有上述兩項依法可領的費用外，因各地區福利不同，也有不同的福利措施，例如高雄市的里長，可依據「高雄市市議員及里長福利互助自治條例」，保障傷病住院醫療補助、殘廢補助及死亡補助。或是臺北市對里長本人結婚，有補助2萬元等福利措施。

(二)增加人脈，拓展本身事業或為政治生涯鋪路：除了依法或是各地區所訂定的福利外，許多村里長本身都在當地有自己的事業或是有本職工作，擔任村里長有更多的機會認識地方有力人士，更有可能增加一些生意上的機會。而且，在擔任村里長期間，所累積的人脈不局限於商界，政界人士更是不少，如果未來想往政界發展，從基層做起，從地方開始發展，增加自身曝光率之外，村里長服務性質高，能夠累積不少的印象分數。

(三)個人心理因素：多數村里長都是樂於服務人群的熱心人士，然而，村里長所需要做的事情包山包海，還需要與鄰里間保持良好關係，相互合作，嚴格說來是吃力不討好的工作，但不少資深村里長從年輕做到老，對於在地的付出，則是出自於對在地的愛，與鄰里之間的友好互動關係；而年輕的村里長，則是為了促進地方發展，讓自家居住的環境更加美好，為地方爭取更多的權益。不論是資深、年輕的村里長，在這些為大家服務的過程中，也能得到一定程度的成就感與歸屬感。

110年 普考

甲、申論題部分

一、社區是居民生活成長的地方，社區的經營會影響居民的生活品質，故社區營造是很重要的，政府也花費許多資源，制訂與執行許多相關政策。但在執行時，可能會面臨一些問題與困境，請問：

(一)針對社區營造，試舉列三個可能會阻礙或降低社區營造效果之因素，並說明之。

(二)針對上一小題所提出的阻礙因素，試提出兩個方法來解決或降低其阻礙，並說明方法及理由。

答 社區營造係指居住在同一地理範圍內的居民，持續集體來處理社區的生活議題，同時也創造共同的生活福祉，基本上是社區自發的行動，但多數公共議題的處理必須運用公權力或者需要公部門的補助，因此政府為了支持社區營造往往訂有特定的政策。在我國進行社區營造不短的時間中，針對社區營造可能阻礙或降低社區營造效果之因素，以下說明之：

(一)社區營造面臨的挑戰

1. 政策與實務有落差，執行品質與彈性有落差：

(1)對於社區發展來說，最重要的是資源，需要向各局處申請，然而每個局處的計畫格式與申請條件不同，缺乏整體性整合與長遠規劃，為了要取得這些資源，往往就在申請階段就需要勞心勞力，造成社區的退卻。

(2)為符合申請、發展報告格式要求，造成社區在執行層面上，彈性、創意發揮空間小，也容易陷入基本框架之中，無法發揮每個社區的自主功能，或是展示社區的特色。

(3)政策規劃以長期來設計，然而，申請程序繁複、人員異動高，基礎的互動與信任默契難以建立，即使強行推動計畫，社區軟體、硬體條件是否能夠配合？是否能達到最終計畫目標？都成為執行人員的壓力與疲於奔命，長久下來對社區並無實質幫助。

2. 專業人才不足，計畫施行隨人變動：

(1) 社區內缺乏專職人員，當核心人物退出時，影響整體運作，發展易出現停滯甚而退縮的情況。

(2) 社區營造多透過志工推行社區工作，然而，常出現專業能力不足，及缺乏有效整合社區資源及計畫推行之人才。

(3) 綜觀目前社區營造的過程，多著重在經費、資源的投入，但是人才培育卻不被重視，加上前述兩點固定人員、能力缺乏之問題，導致社區營造計畫施行有礙，不具連貫性，不利於長期發展。

3. 民眾參與意願不高，永續經營困難：

(1) 社區志工漸趨老化，欠缺年輕人投入，業務推展不易。

(2) 願意參與社區公共事務者多是熱心，或與社區產業有利害關係的特定人士，抑或是平時工作時間較不忙碌的民眾。因此，社區參與者往往容易集中於某些人士，但社區營造需要全體協力，過度集中難以推動計畫，反而造成計畫進度延宕，消磨參與意願。

(3) 社區營造以在地居民為本，然而，無法以永續經營設計政策，對新一代、有能力、有體力的年輕人來說，沒有實質吸引力，如曇花一現的規劃，反而驚擾老一輩的居民。如此一來，社區營造本意為全體協力解決問題，卻成了製造問題的來源。

(二) 解決方法及理由

前題所述之阻礙，可以統整成兩大方向，一為人力資源的整體規劃不明，二為社區營造之規劃不夠在地特色化，吸引力不足，對此，解決方法及理由詳述如下：

1. 人力資源重整規劃，強化在地組織

(1) 從中央至地方的人員調配應統整，所需流程之負責人員，應該要有完整的培訓及工作記錄，結合科技應用、資料庫建立等方式，讓整體的計畫不因人員變動而影響執行。

(2) 強化在地組織之溝通網路，社區營造是全體居民之事，拓展參與者的範圍，有助於想法交流，降低資訊流通不清所造成的進度延宕問題。

(3) 在地組織與政府相互合作，適時回報人力資源的應用與缺乏情形，政府統籌規劃培育及補充人力，並且以長期規劃之方式，定期提升人員專業能力，因應在地組織之需求。

2. 社區長期發展之規劃應更貼合社區特色或需求

(1)社區有獨特的特色或需求，不應該以公版的方式進行套用。因而，在社區營造計畫中，應搜集足夠的資料，並多與在地居民交流，針對特色及需求量身打造規劃，提升在地居民的參與意願。

(2)這些規劃與成功之案例，可以資料庫記錄並相互對比，條件相似、特色相近的社區，政府可規劃交流活動，透過相互觀摩、學習，進而統整出更加貼合各地的計畫。

(3)因地制宜的規劃能夠降低老一輩居民的排斥感，針對居民需求設計的計畫，能夠讓更多新一代居民願意關注社區改變，進而投入社區營造的工作。透過如此，潛移默化地提高在地民眾的認同感、歸屬感，全心協力為社區努力。

二、近年來有一些地方政府推動參與式預算，這是由人民來決定部分公共預算的支出項目與額度的民眾參與機制。請問：

(一)參與式預算的優點為何？請列舉三項，並說明之。

(二)參與式預算的缺點或可能面臨的阻礙為何？請列舉兩項，並說明之。

答 參與式預算是一種讓民眾透過公民審議及溝通協調方式，將政府公共資源做有效合理分配的決策程序，它允許公民在政府預算決策過程中直接參與並決定公共資源應如何配置。以下茲就題目說明如下：

(一)參與式預算的優點：

1. 實際需求不受到交通、時間、地點限制直達政府行政：參與式預算有別於傳統審議式民主，其使民眾擁有政策參與感，搭起政策與民眾溝通的平臺，民眾能夠有機會參與經費的分配與提案，更進階是有機會參與提案審議過程，在地的需求也能有直接的橋樑反映給政府，可以透過基層行政、地方組織，甚至是透過網路上的分享、投票，讓需求暢通無阻地傳遞給政府。而且對民眾、地方行政與市府三方來說，也是一種串連，在地需求直接反映給政府後，政策制定者也多了管道知道民眾需求，並在不同的議題背景下，與地方行政聯手，搭配不同的政策工具與方法，針對性的兼顧效率、效能與民眾需求等面向，解決公共問題。

2. 以往易忽略的議題被看見：如前項所說，這種民眾直接提案，來決定部分公共資源的模式，在實務推動中，很多過往被忽略的議題，在各行政區可得到關注，參與的民眾有的是自發性，有的是透過在地組織，也有一些由里長或社區意見領袖邀請一同參與，有些議案雖然微小，但改變卻很有感，因為議題與民眾息息相關，甚至是自己所在意的提案，如此一來，也促進更多對公共議題較不關心的民眾，踴躍參加討論和提案。身邊的大小事有機會改變的時候，讓更多議題浮出檯面上，有更寬廣的討論空間。

3. 全民一同來審視政策執行：由於提案與預算等提案人，是在地民眾、基層領導人，所提之議案因地制宜，針對在地需求、民眾需求規劃安排，在通過正式執行後，每一分預算的使用，讓民眾有感是基本，民眾可以審視預算是否使用在刀口上，對民眾來說有一定程度的提升參與感和真實感，亦是藉此這樣的形式提高民眾對於政策執行的關心，提升民眾對公共事務的參與度。

(二)參與式預算之缺點：

1. 對政體的認知有落差，政府據主導優勢：參與式預算提供民眾參與的管道，也有一定程度的深化民主，然而，政府依然居於核心地位。首先，民眾或是基層有機會提案，然而，政府依然有資料管理、政策設計、執行制度規劃等能力，這都是一項政策在擬定時的中心角色，政策的推動與事務執行，依然由政府主導，民眾在整個過程中並非決策角色，僅以意見表達為主，更有可能因需要等待議題在民眾間發酵、相互影響、投票意見表達，為時不短之過程，導致施政效率低落、意見延宕等狀況。

2. 落入溝通困局：目前參與式預算制度中，雖增添了民眾參與公共事務的管道，但，制度層面來說，尚無民眾與政府之間的雙向溝通管道，現行的民眾參與是僅在發起與意見表達的層面，實際政府是否執行、重視提案都尚無明確的督促機制，更不用說進一步的預算執行審視。但既然開始參與，就會有所期待，然而雙向互動不如民眾預期，長久下來凸顯出溝通無效，可能反而引發衝突，卻無解決衝突之方法，或是溝通協商管道，反而使民眾參與進入溝通困局，失去原本政府與民眾相互對話的本意，停滯在只有參與沒有執行的狀態。

乙、測驗題部分

( ) **1** 因境內人口日漸流失，由鄉鎮自行設置廢棄物處理設施不符合經濟效益，某縣內數個鄉鎮決定共同設置、使用相關車輛、人員、設備。關於本件跨區域合作事項之成立要件與後續效果，下列何者不符地方制度法規定？ (A)參與合作之鄉鎮得訂定協議或行政契約作為執行合作事項之依據 (B)設施興建、設備購置與人員聘任所需預算仍須經各鄉鎮民代表會同意 (C)本件合作事項經共同上級業務主管機關核准後生效 (D)共同上級業務主管機關應優先補助本件合作事項。

( ) **2** 下列何者為具公法人地位之地方自治團體？ (A)臺中市霧峰區 (B)桃園市觀音區 (C)臺南市大內區 (D)高雄市茂林區。

( ) **3** 關於直轄市之敘述，下列何者錯誤？ (A)直轄市設置標準之一，為人口聚居達125萬人以上 (B)直轄市名稱之變更，由直轄市政府提請直轄市議會通過，報行政院備查 (C)直轄市長因案去職，由行政院派員代理，所遺任期不足2年者，不再補選 (D)直轄市長死亡時，副市長隨同離職。

( ) **4** 依司法院大法官解釋意旨，關於地方自治團體財政自主權之敘述，下列何者正確？ (A)基於地方政府之協力義務，中央得將與地方政府執掌全然無關之事務之經費支出，規定由地方政府負擔 (B)地方自治團體所應與中央分擔之經費支出，如符合事物本質者，尚不能認為已侵害地方自治團體財政自主權之核心領域 (C)社會福利事項，係中央政府實現人民享有人性尊嚴之生活所應盡之照顧義務，地方自治團體並無協力之義務 (D)法律之實施須由地方負擔經費者，於制定過程中應先行徵得地方政府之同意，以利於維繫地方自治團體自我負責之機制。

( ) **5** 下列何者非屬地方性公民投票適用之事項？ (A)地方自治機關之預算案 (B)地方自治條例之複決 (C)地方自治條例立法原則之創制 (D)地方自治事項重大政策之複決。

( ) **6** 甲為縣政府所屬藝文展演中心無給職顧問，當選縣議員後仍繼續擔任該職務，甲宣誓就職後，對該顧問職務有無影響？又甲如於就職後始擔任該顧問職務，結果有無不同？ (A)由於顧問職屬於無給職且具公益性，無論甲就任議員前或就職後擔任該職，均不受議員身分影響 (B)甲就職後，應向藝文展演中心表示辭職，如甲未為之，始由內政部通知該藝文展演中心予以解聘；如就職後擔任，亦應由甲向藝文展演中心表示辭職，如甲未為之，始由內政部為前述通知 (C)甲就職時，視同辭去該顧問職務，並由內政部通知該藝文展演中心予以解聘；如就職後擔任，亦由內政部為前述通知 (D)甲就職時，視同辭去該顧問職務，並由內政部通知該藝文展演中心予以解聘；如就職後擔任，則不受議員身分影響，得繼續擔任該職務。

( ) **7** 地方制度法對於下列何種地方自治團體之設置，訂有聚居人口之標準？ (A)縣轄市 (B)鄉 (C)鎮 (D)直轄市之山地原住民區。

( ) **8** 關於自治法規之敘述，下列何者錯誤？ (A)由地方立法機關通過，並經各該行政機關公布者，稱為自治條例 (B)地方行政機關就其自治事項，得基於法律或自治條例的授權，訂定自治規則 (C)地方行政機關將其公權力委託私人行使時，該私人得訂定委辦規則 (D)地方立法機關訂定之自律規則，原則上應由其自行發布，並報各該上級政府備查。

( ) **9** 直轄市法規、縣（市）規章就違反自治事項有關規定之行為，得訂定罰則，其處罰種類不包含下列何者？ (A)新臺幣10萬元以下之罰鍰 (B)按次連續處以罰鍰 (C)至指定處所接受講習、輔導教育 (D)勒令停工、停止營業。

( ) **10** 颱風過後，由某山地鄉管理之道路路基流失，嚴重影響交通安全。縣政府認為情況急迫，乃決定代行處理，修復該道路，並向該鄉公所請求代行處理之費用。如鄉公所認為，縣政府應先定期限由其自行修復，而擬爭執逕行代行處理之行為違法時，應如何為之？ (A)向內政部提出申訴 (B)由省政府進行協調 (C)向司法院聲請解釋 (D)依行政救濟程序辦理。

( ) **11** 若比較縣與鄉（鎮、市）自治事項，何者僅屬於縣，而不屬鄉（鎮、市）自治事項之範疇？ (A)事業之經營及管理事項 (B)公共安全事項 (C)都市計畫事項 (D)社會服務事項。

( ) **12** 直轄市政府或縣（市）政府辦理自治事項如違背憲法、法律或基於法律授權之法規，應以何等行政程序加以撤銷、變更、廢止或停止其執行？ (A)由監察院提出糾正後，會同行政院作成上開處分 (B)由中央主管機關陳報行政院做成上開處分 (C)由中央主管機關依其職權做成上開處分 (D)對於直轄市政府、縣（市）政府所辦理之自治事項，分別由行政院、內政部做成上開處分。

( ) **13** 地方議會議長或代表會主席如有失職之情事，應如何監督糾正？ (A)由監察院提出彈劾，移送懲戒法院懲戒 (B)由議員或代表依法罷免之 (C)均由檢察機關偵辦起訴 (D)由上級監督機關解除其職務。

( ) **14** 依地方制度法規定，關於地方行政機關之組織編制，下列敘述何者正確？ (A)縣劃分為區，置區長及副區長各1人，由縣長依法任用 (B)縣（市）政府置主任秘書1人，由縣（市）長以機要人員方式進用 (C)直轄市人口在20萬人以上之區，其區公所除區長外，並得置副區長1人，原則上由市長依公務人員任用法任免之 (D)人口在200萬人以上之直轄市，其市政府得增置副秘書長1人，由秘書長依法任免之。

( ) **15** 關於直轄市區公所之建置，下列敘述何者錯誤？ (A)直轄市劃分為區，區設區公所 (B)直轄市之區公所置區長1人，由市長依法任用 (C)直轄市山地原住民區，設區民代表會及區公所，分別為山地原住民區之立法機關及行政機關 (D)直轄市山地原住民區，為直轄市政府之派出機關，承市長之命綜理區政。

( ) **16** 依地方制度法規定，關於地方立法機關之會期，下列敘述何者正確？ (A)直轄市議會定期會每6個月開會1次，每次包括例假日或停會在內，不得超過60日 (B)鄉（鎮、市）民代表會代表總額20人以下者，其定期會每次會期包括例假日或停會在內，不得超過15日 (C)直轄市議會每年審議總預算之定期會，會期屆滿而議案尚未議畢時，得應直轄市長之要求而延長會期，但不得超過12日 (D)直轄市議會經直轄市長之請求，得召集臨時會，其會期包括例假日或停會在內，每次不得超過10日。

( ) **17** 甲為某直轄市議會之議長，關於其選舉、罷免方式之敘述，下列何者正確？ (A)該市議會議長之選舉及罷免，均應由議員以不記名投票方式為之 (B)甲之當選議長，需取得議員總額過半數之出席，以及出席總數三分之二以上之得票 (C)對於甲之罷免，需經議員總額過半數之出席，以及出席總數三分之二以上之同意 (D)甲就職議長後，如尚未滿2年者，依法不得予以罷免。

( ) **18** 直轄市議會未於會計年度開始後3個月內完成總預算案之審議。依地方制度法規定，關於直轄市政府之處理方式，下列敘述何者錯誤？ (A)收入部分暫依上年度標準及實際發生數，覈實收入 (B)非新增之支出科目，得依上年度執行數，覈實動支 (C)將總預算案未審議完成部分報請行政院，邀集各有關機關協商 (D)將原提總預算案未審議完成部分，報請行政院動支預備金因應。

( ) **19** 縣與鄉（鎮、市）間，就有關環境保護之自治事項遇有爭議時，依地方制度法得為如何之處理？ (A)由內政部解決之 (B)由行政院環境保護署解決之 (C)由縣議會議決之 (D)由內政部會同行政院環境保護署解決之。

( ) **20** 有關地方機關之組織法令，下列敘述何者正確？ (A)內政部就地方行政及立法機關組織事宜，訂定發布有地方行政機關組織準則及地方立法機關組織準則 (B)各直轄市政府、直轄市議會均分別擬定組織自治條例並報行政院核定後實施 (C)直轄市、縣（市）政府及其所屬機關之組織法令名稱，均為組織自治條例 (D)鄉（鎮、市）公所及鄉（鎮、市）民代表會，均係以組織規程之名稱作為其組織法令。

( ) **21** 縣（市）間有關垃圾清運之跨域合作行政協議，遇有爭議時應如何處理？ (A)報請行政院協調 (B)報請內政部協調 (C)報請行政院環境保護署協調 (D)由各該議會協調。

( ) **22** 關於地方財政高權之敘述，下列何者錯誤？ (A)地方自治團體之財政高權受憲法制度保障 (B)財政收支劃分法就直轄市、縣（市）及鄉（鎮、市）之收入項目定有規範 (C)地方政府不得開徵任何地方稅 (D)直轄市政府、縣（市）政府為辦理自治事項，除關稅、貨物稅及加值型營業稅外，得就現有國稅課徵附加稅。

( ) **23** 甲縣議會議決通過某議員之提案：「建請縣政府訂定辦法，針對縣內設籍90歲以上老人，自當年度起，每人每年加發5000元重陽節慰問金」，縣政府如認為執行有困難，依地方制度法規定，應如何處理？ (A)就執行有困難部分，敘明理由後送請縣議會覆議 (B)就執行有困難部分，敘明理由後函復縣議會 (C)報請行政院函告該決議無效 (D)訴請最高行政法院判決予以撤銷。

( ) **24** 關於部落之敘述，下列何者正確？ (A)部落公法人係依據地方制度法而設立 (B)部落公法人為地方制度法當中之地方自治團體 (C)部落得選擇為公法人或私法人 (D)部落經中央原住民族主管機關核定者，為公法人。

( ) **25** 關於山地原住民區之敘述，下列何者錯誤？ (A)為地方自治團體 (B)一定設置於直轄市內 (C)設有區民代表會 (D)區民代表須為山地原住民。

解答與解析（答案標示為#者，表官方曾公告更正該題答案。）

1 **(C)**。地方制度法第24-1條第1項：「直轄市、縣（市）、鄉（鎮、市）為處理跨區域自治事務、促進區域資源之利用或增進區域居民之福祉，得與其他直轄市、縣（市）、鄉（鎮、市）成立區域合作組織、訂定協議、行政契約或以其他方式合作，並報共同上級業務主管機關備查。」，可知選項(C)有誤，應為備查。（類似【108年地方特考四等測驗題第21題】）

2 **(D)**。區是行政區劃類型之一，為直轄市及市（前身為「省轄市」）下轄的行政區。其層級與縣下轄的鄉、鎮及縣轄市相同，但並不具地方自治團體身分，但直轄市山地原住民區例外，係具有公法人地位的地方自治團體。依此定義下，選(D)高雄市茂林區。

3 **(B)**。地方制度法第6條第2項第2款：「前項名稱之變更，依下列規定辦理之：二、直轄市：由直轄市政府提請直轄市議會通過，報行政院核定。」，可知選項(B)有誤，應為核定。

4 **(B)**。大法官釋字第550號解釋摘錄：「地方自治團體受憲法制度保障，其施政所需之經費負擔乃涉及財政自主權之事項，故有法律保留原則之適用，但於不侵害其自主權核心領域之限度內，基於國家整體施政之需要，對地方負有協力義務之全民健康保險事項，中央依據法律使分擔保險費之補助，尚非憲法所不許。」，故此題選項(B)敘述為正確。

5 **(A)**。公民投票法第2條第3項：「地方性公民投票適用事項如下：一、地方自治條例之複決。二、地方自治條例立法原則之創制。三、地方自治事項重大政策之創制或複決。」，故可知選項(A)並不在此列，應選之。

6 **(C)**。地方制度法第53條：「直轄市議員、縣（市）議員、鄉（鎮、市）民代表，不得兼任其他公務員、公私立各級學校專任教師或其他民選公職人員，亦不得兼任各該直轄市政府、縣（市）政府、鄉（鎮、市）公所及其所屬機關、事業機構任何職務或名義。但法律、中央法規另有規定者，不在此限。

直轄市議員、縣（市）議員、鄉（鎮、市）民代表當選人有前項不得任職情事者，應於就職前辭去原職，不辭去原職者，於就職時視同辭去原職，並由行政院、內政部、縣政府通知其服務機關解除其職務、職權或解聘。就職後有前項情事者，亦同。」，故正解應為選項(C)。

7 **(A)**。地方制度法第4條第4項：「人口聚居達十萬人以上未滿五十萬人，且工商發達、自治財源充裕、交通便利及公共設施完全之地區，得設縣轄市。」故選項(A)縣轄市為正解。

8 **(C)**。地方制度法第29條：「直轄市政府、縣（市）政府、鄉（鎮、市）公所為辦理上級機關委辦事項，得依其法定職權或基於法律、中央法規之授權，訂定委辦規則。

委辦規則應函報委辦機關核定後發布之；其名稱準用自治規則之規定。」，故選項(C)有誤。

9 **(C)**。地方制度法第26條第3項：「前項罰鍰之處罰，最高以新臺幣十萬元為限；並得規定連續處罰之。其他行政罰之種類限於勒令停工、停止營業、吊扣執照或其他一定期限內限制或禁止為一定行為之不利處分。」故選項(C)不在此列，是謂正解。

10 **(D)**。地方制度法第76條第5項：「直轄市、縣（市）、鄉（鎮、市）對於代行處理之處分，如認為有違法時，依行政救濟程序辦理之。」，故選項(D)為正解。

11 **(C)**。地方制度法第19條明列縣（市）自治事項，與地方制度法第20條明列鄉（鎮、市）自治事項，相對比之下，可知選項(C)並不在地方制度法第20條列中，故為正解。

12 **(B)**。地方制度法第75條第2項：「直轄市政府辦理自治事項違背憲法、法律或基於法律授權之法規者，由中央各該主管機關報行政院予以撤銷、變更、廢止或停止其執行。」，故選項(B)為正解。

13 **(B)**。地方制度法第46條內文可知，故選項(B)由議員或代表依法罷免之，為正解。

14 **(C)**。地方制度機關組織準則第13條：「直轄市之區設區公所，置區長一人、主任秘書一人；人口在二十萬人以上之區，得置副區長一人，除法律另有規定外，均由市長依公務人員任用法任免之。」，可知選項(C)是為正解。

15 **(D)**。地方制度法第83-2條：「直轄市之區由山地鄉改制者，稱直轄市山地原住民區（以下簡稱山地原住民區），為地方自治團體，設區民代表會及區公所，分別為山地原住民區之立法機關及行政機關，依本法辦理自治事項，並執行上級政府委辦事項。」，可知選項(D)有誤，不應為派出機關。

16 **(D)**。依據地方制度法第34條：「直轄市議會、縣（市）議會、鄉（鎮、市）民代表會會議，除每屆成立大會外，定期會每六個月開會一次，由議長、主席召集之，議長、主席如未依法召集時，由副議長、副主席召集之；副議長、副主席亦不依法召集時，由過半數議員、代表互推一人召集之。每次會期包括例假日或停會在內，依下列規定：

一、直轄市議會不得超過七十日。

二、縣（市）議會議員總額四十人以下者，不得超過三十日；四十一人以上者不得超過四十日。

三、鄉（鎮、市）民代表會代表總額二十人以下者，不得超過十二日；二十一人以上者，不得超過十六日。

前項每年審議總預算之定期會，會期屆滿而議案尚未議畢或有其他必要時，得應直轄市長、縣（市）長、鄉（鎮、市）長之要求，或由議長、主席或議員、代表三分之一以上連署，提經大會決議延長會期。延長之會期，直轄市議會不得超過十日，縣（市）議會、鄉（鎮、市）民代表會不得超過五日，並不得作為質詢之用。」，選項(A)、(B)及(C)皆有誤，僅選項(D)無誤，故選之。

17 **(C)**。依據地方制度法第46條第1項第4款：「罷免案應有議員、代表總額過半數之出席，及出席總數三分之二以上之同意罷免為通過。」，故選項(C)為正解。

18 **(D)**。地方制度法第40條第3項：「直轄市、縣（市）、鄉（鎮、市）總預算案，如不能依第一項規定期限審議完成時，其預算之執行，依下列規定為之：

一、收入部分暫依上年度標準及實際發生數，覈實收入。

二、支出部分：

(一)新興資本支出及新增科目，須俟本年度預算完成審議程序後始得動支。

(二)前目以外之科目得依已獲授權之原訂計畫或上年度執行數，覈實動支。

三、履行其他法定義務之收支。

四、因應前三款收支調度需要之債務舉借，覈實辦理。」

以及地方制度法第40條第4項：「直轄市、縣（市）、鄉（鎮、市）總預算案在年度開始後三個月內未完成審議，直轄市政府、縣（市）政府、鄉（鎮、市）公所得就原提總預算案未審議完成部分，報請行政院、內政部、縣政府邀集各有關機關協商，於一個月內決定之；逾期未決定者，由邀集協商之機關逕為決定之。」，可知僅選項(D)之敘述不符合規範，故選之。

19 **(D)**。依據地方制度法第77條第1項說明：「縣與鄉（鎮、市）間，自治事項遇有爭議時，由內政部會同中央各該主管機關解決之。」，而題中係針對環境保護相關議題有所爭議，依法規可知，選項(D)由內政部會同行政院環境保護署解決之，是為正解。

20 **(A)**。地方行政機關組織準則乃依照依地方制度法第62條第1項、第2項及第4項規定訂定之，地方立法機關組織準則依地方制度法第54條第1項至第3項規定訂定之。綜上兩條準則所訂定之來源，地方制度法皆有明列地方機關之組織，由內政部擬訂準則，報行政院核定，上述可知選項(A)之敘述為正確選項。

21 **(C)**。依據地方制度法第21條：「地方自治事項涉及跨直轄市、縣（市）、鄉（鎮、市）區域時，由各該地方自治團體協商辦理；必要時，由共同上級業務主管機關協調各相關地方自治團體共同辦理或指定其中一地方自治團體限期辦理。」，可知選項(C)報請行政院環境保護署協調為正確處理爭議之方法，故選之。

22 **(C)**。依據地方稅法通則第3條第1項摘錄：「直轄市政府、縣（市）政府、鄉（鎮、市）公所得視自治財政需要，依前條規定，開徵特別稅課、臨時稅課或附加稅課。」，可知選項(C)有誤，應選之。

23 **(B)**。依據題意，於地方制度法第39條第2項：「縣（市）政府對第三十六條第一款至第六款及第十款之議決案，如認為窒礙難行時，應於該議決案送達縣（市）政府三十日內，就窒礙難行部分敘明理由送請縣（市）議會覆議。第八款及第九款之議決案，如執行有困難時，應敘明理由函復縣（市）議會。」可知，選項(B)為正解。

24 **(D)**。依據原住民族基本法第2-1條第1項：「為促進原住民族部落健全自主發展，部落應設部落會議。部落經中央原住民族主管機關核定者，為公法人。」，選項(D)之敘述正確，故選之。

25 **(D)**。地方制度法第83-2條第1項：「直轄市之區由山地鄉改制者，稱直轄市山地原住民區（以下簡稱山地原住民區），為地方自治團體，設區民代表會及區公所，分別為山地原住民區之立法機關及行政機關，依本法辦理自治事項，並執行上級政府委辦事項。」，可知選項(A)、(B)和(C)為正確選項。然選項(D)並非明列於此規範中，故選之。

110年 地方特考三等

甲、申論題部分

一、請詳細討論地方自治權力來源的不同學說，並分析我國在實務上是採取何種學說？

答 地方自治權力來源的不同學說，依照目前主流的說法，可以分為「固有權說」、「承認說」、「制度保障說」、「人民主權說」，而我國採取「制度保障說」，其各學說析述如下：

(一)固有權說：固有權說源於法國大革命時的「地方權」思想，主張自治權非由外在賦予，而係地方團體固有的權力，其性質與個人基本權相同，不可侵犯。

固有權說帶有濃厚的自然法思想，且根據史實強調自治權為先於國家而存在的權利，在法律解釋論上，常用於限制國家以立法方式削弱地方的自治權，進而對地方自治權力的保障自有正面效果。惟法理上，地方自治的觀念係在預設國家存在的前提下而形成，所以，基於國家統一性的考慮，此說難以獲得多數贊同。且於憲法上明定自治團體擁有固有權力及機能者，僅義大利一國而已。

(二)承認說：承認說認為，今日世界絕大部分的土地與人民，皆隸屬於主權國家之下，受統一的法律秩序規範。如於國家領域內，主張另有具備固有自治權的獨立法律人格存在，非特與事實出入，理論上亦難自圓其說；基於國家主權與國家理論，毋寧應將地方自治團體納入國家統治機構的一環，承認地方自治團體的法律人格及自治權皆為國家所賦予。

承認說雖較能解釋現狀，並且符合法律的形式推理，但是，根據此說，自治權既然源於國家法律，則國家自可藉立法方式界定自治權範圍，更可理所當然地指揮監督地方自治團體，循此邏輯推演，極端之處，地方自治團體將淪為國家的附庸。因此，承認說容易陷於地方自治否定論，在民主政治的觀念下飽受抨擊。

(三)制度保障說：為德國威瑪憲法時代發展出的一套理論，從承認說蛻變而生。主要特點在於強調地方自治係憲法特別保護的制度，不得循一般立法程序加以廢止或侵害其本質內容（此與承認說不同）。

此說認為制度保障僅存於國家中，故異於固有權說。此說賦予地方自治堅實的憲法理論基礎，對地方自治的保障程度高於承認說；惟其所稱不得用立法方式侵害的地方自治本質內容究竟為何，並無定論。

(四) 人民主權說：由於20世紀中葉後，受到都市問題、公害問題及其他社會問題的影響，市民運動崛起，乃出現以人民主權為基礎，而重新建立自治論的契機。尤其1960年代末期起，日本學者討論地方自治課題時，逐漸將視野擴大，嘗試從整個憲法體系，特別是人權與主權原理中思考對策，而提出人民主權說的主張。

此說指出，為了保障人權，實現人民的主體性，地方自治乃不可或缺的制度。凡屬人權保障上所必須的事項，不論有無法律根據，或法律如何規定，原則上地方自治團體皆得自行處理。同時，地方自治的保障內容，應包括住民的參與權及知的權利，庶幾在與人民關係最密切的範圍（例如環保、教育及福利等事項），應維持人民的主導地位，使人民主權不致流於空談。

人民主權說與固有權說一脈相承，惟人民主權說，藉同心圓說明人民與地方自治團體及國家的主客、親疏關係，從而就事務的處理上，導出地方優先原則。也就是說，凡地方能夠處理的事務，宜歸屬地方；下級地方自治團體能夠處理的事務，上級地方自治團體與國家不宜置喙。此說從地方自治及所涉及的關鍵問題切入，立論頗有獨到之處，對我國當前地方自治危機的解決，應可提供重要的理論基礎。

(五) 我國在實務上採取制度保障說：

1. 釋字第498號意旨：地方自治為憲法所保障之制度。

   基於住民自治之理念與垂直分權之功能，地方自治團體設有地方行政機關及立法機關，其首長與民意代表均由自治區域內之人民依法選舉產生，分別綜理地方自治團體之地方事務，或行使地方立法機關之職權，地方行政機關與地方立法機關間依法並有權責制衡之關係。中央政府或其他上級政府對地方自治團體辦理自治事項、委辦事項，依法僅得按事項之性質，為適法或適當與否之監督。地方自治團體在憲法及法律保障之範圍內，享有自主與獨立之地位，國家機關自應予以尊重。

2. 釋字第550號意旨：地方自治團體受憲法制度保障，其施政所需之經費負擔乃涉及財政自主權之事項，固有法律保留原則之適用，於不侵害其自主權核心領域之限度內，基於國家整體施政需要，中央依據法律使地方分擔保險費之補助，尚非憲法所不許。

3. 釋字第553號意旨：中央機關對地方自治團體基於適法性監督之職權所為撤銷處分行為，地方自治團體對其處分不服者，自應循行政爭訟程序解決之。惟地方制度法關於自治監督之制度設計，除該法規定之監督方法外，缺乏自治團體與監督機關間之溝通、協調機制，致影響地方自治功能之發揮。從憲法對地方自治之制度性保障觀點，立法者應本憲法意旨，增加適當機制之設計。

二、美國地方政府市經理制度常為公共管理學者所重視，試分析此市經理制的特色，並討論此制度與我國的市長制有何不同？

答 (一)市經理制：此制度乃是仿照工商企業界的科學管理精神而設計，著重在行政上的專門性，同時將全部行政責任課之於市經理。

1. 主要制度設計：

(1)設置「市議會」：市經理制必有市議會之設置。市議會是由民選的市議員所組成，其主要任務是決定政策、制定法規、選任市經理擔任市經理。

(2)設置「市經理」且由市議會選任：市經理執行行政上事務，按照市議會的指示辦理，不必對選民負責。

(3)設置「市長」且由市議會選任：通常有一位由議會所選出的市長，其為市府名義的首長，做為該市禮儀上的代表，並為市議會開會時的主席，無實際權力。

2. 市經理制是一種權能區分的制度，議會有權以決定政策，經理有能以行政策，其優、缺點如下：

(1)優點：經理制在美國市制中，不失為一種良好的制度，市議會掌有決策大權，市經理負有執行重任。這種權能區分的制度，很容易使事有攸歸，責無旁貸，讓選民易於辨認。市經理的選任，既然唯才是問，當然易使市政步入專家政治之途，發揮專業化的精神，增加行政上的效率。

(2)缺點：在經理制下，缺少一個政治領袖。在經理制之下，雖市有市長之設，但這位市長實際上是個虛位首長，沒有實權，故不能視為該市之政治領袖。而市經理是位市政專家，缺乏政治上的號召力，不能視為政治領袖。

(二) 市經理制與我國的市長制之不同：

1. 我國市長制之意義：我國的市為地方自治團體，設有行政機關與立法機關，行政機關首長為民選市長，立法機關則為市議會或市民代表會；兩者均為人民依法選舉產生。市長擁有行政權、人事權、預算編製及否決權等；市議會或市民代表會則擁有立法權、監督市政、預算審查權等。

2. 兩者之不同：

(1) 產生方式不同：市經理由議會選任；市長則為公民投票。

(2) 任期不同：市經理沒有固定任期；市長則有固定任期（四年）。

(3) 角色定位不同：市經理為專家政治、專業經理人的角色；市長則是以民意為依歸的政治人物。

(4) 行政立法互動關係不同：市經理制下，行政立法兩者是合一；市長制下，行政機關與立法機關間相互制衡。

(5) 有無人事權之不同：市經理制之人事權屬於議會所有；市長制之人事權則屬於市長。

三、何謂地方派系？地方派系與地方利益團體有何不同？試討論地方派系對地方政府與政治運作的影響？

答 (一) 地方派系的定義：

1. 地方派系是指地方政治人物以地緣、血緣、宗族或社會關係為基礎，相互聯合以爭取地方政治權力的組合。

2. 地方派系的特性在於其並無固定之正式組織與制度，其領導方式依賴個人政治、社會經濟關係，其活動則採半公開方式，而以選舉、議會為主要的活動場域，並在此等政治場域中擴展其政治或社會關係勢力，具有在地方政治上決定選票、推薦人才、影響選舉與決策的功能。

3. 換言之，地方派系必須影響地方公共政策或控制地方政治體系運作為主要目標，而為一致的目標共同活動。

(二)地方利益團體的定義：

1. 所謂地方利益團體，即地方居民為影響公共政策，籌組之各類具有合法性、組織性的集會結社，以代表成員的利益從事定型的組織化活動，因而組成之各類地方居民的集體組合。
2. 地方利益團體又稱為壓力團體，是民主國家人民結社企圖影響公共政策，以有利於團體的成員或目標。

(三)地方派系與地方利益團體有何不同：

1. 目標不同：
   (1)地方派系：關心透過利益交換來獲得權力或經濟上特權利益。
   (2)利益團體：關心某些特定議題或是特定計畫，並非企圖贏得權力。
2. 組成成員不同：
   (1)地方派系：成員為利益共同體，為追求相互交換之利益而存在，可能無固定之成員。
   (2)利益團體：成員身分由具共同目標的人所組成，例如，環保團體的成員通常具有相同的生活背景、工作環境以及目標。
3. 手段不同：
   (1)地方派系：可能會直接推出候選人參與行政首長或各級民意代表的選舉；
   (2)利益團體：不推出候選人參選，但支持與利益團體本身立場一致的候選人，以便往後執行有利於他們的政策。
4. 關注的議題不同：
   (1)地方派系：關心自身利益大於社會議題。
   (2)利益團體：關心與本身所關注的相關社會議題，並支持或協助友好團體所關注的議題。
5. 影響公共政策：
   (1)地方派系：本身可能為地方政治人物、民意代表，可以藉由自身的職權進而影響公共政策。
   (2)利益團體：內部都是相同利益的人們自動組織起來，經由適當的管道、參與表達意見，向政府提出特定的利益要求，以影響公共決策。

(四) 地方派系對地方政府與政治運作的影響：

1. 政治對立而非政黨政治對立：府會關係在學理上之設計應為相互監督制衡，但實際運作卻不然。其對地方政治而言，政黨政治並不明顯，而為派系或派閥政治所取代，以致府會間存在矛盾，為制衡而制衡，為反對而反對，失去府會監督制衡機制設計的意義，使得政治對峙局面日益明顯。
2. 利益取向而非公共利益取向：府會關係對立，常有利益糾葛。然利益有公益私益之分，原議會政治的目的係在確保公益的保障和維護，但台灣的地方政治生態，以扭曲公共利益價值，可發現議員公然在議事時，為爭取個人利益，以公器遂一己之私，其可能因建設配額不足，而杯葛、反對到底，以致府會關係不和諧。
3. 派系主導而非政黨政治主導：台灣的政治生態受制於派系，而此派系非政黨或黨團之組合，而是超政黨之派系，可謂山頭林立組成之英雄主義派系，此種派系對立之議會組織中，常因利益分贓不均結果造成議事效果不彰，只重視利益之奪取與分配，而不講議事效率，更遑論公共利益。

四、在全球永續發展下，城市區域（city region）內的地方政府如何進行跨區域的合作及協調促進永續發展政策已成為重要議題。請試從城市區域的發展特質，來闡述對全球永續發展有何重要影響。

答 (一) 城市區域的發展特質：全球化下，國家的角色逐漸顯得模糊，發展策略明確且地位清楚的城市益發顯得出色，進而使得城市之間的競爭與合作，已不再侷限在本國周邊地區。競爭的對象，也從鄰近國家擴散到全球各大城市。在全球永續發展下，城市區域內的地方政府如何進行跨區域的合作及協調促進永續發展政策已成為重要議題。在此背景下，城市發展之特質有：

1. 著眼於城市在全球化下之發展定位：在國際各城市競爭下，要如何取得城市競爭中的有利地位、如何構建自身的競爭優勢，成為城市面臨的重要問題之一。
2. 城市內之區域合作：地方政府因行政區域之劃分，而有公權力行使的界線，但是，面臨的問題卻有可能非單獨的地方政府能解決的，需要尋求不同地方政府間之跨域合作，例如：河川整治問題、塞車問題、大眾運輸系統等。

(二) 永續發展之定義：聯合國第42屆大會的世界環境與發展委員會中，發表了《我們共同的未來》（Our Common Future）報告，其中提出永續發展的定義，即是要在不損害未來下一代需求的前提下，滿足當代人的需求。認為永續發展應包括公平性、永續性及共同性原則，從社會性角度而言主張公平分配，足以滿足當代及後代人類之基本需求，從經濟角度而言，應在保護地球自然環境的基礎上持續成長，從自然生態的角度而言，主張人類與自然和諧相處。其中最為重要的特徵就是攸關個人與社會福祉的經濟、社會與環境保護此三項核心要素的涵容。

(三) 從城市區域的發展特質，對全球永續發展之影響：城市發展之所以對全球永續發展具有廣泛的影響力，除了全球大多數人住在城市之外，更在於其對於其他各項永續發展目標具有內在整合性。從生態保護、永續消費與生產、可負擔的潔淨能源、健康與福祉、永續交通、乾淨用水與衛生、和平與繁榮……等。基本上，凡所有人類的陸地生活，均受到城市普遍且廣泛的重要影響。此外，城市也是能為貧窮、氣候變遷、人類互斥，以及各種風險提供整合性解決方案的地方。也因此，聯合國將城市視為是全球永續發展戰役成敗之所在。

1. 全球經濟（The Global Economy）：城市必須瞭解那些驅動全球經濟與連動的因素，其長期的趨勢與樣貌。這些因素例如：資本主義、政治、社會變遷以及全球關連性等。
2. 環境演化（The Green Evolution）：城市與周邊環境通常是當代許多環境問題之所在，例如交通壅塞、負擔不起的房價、野生動物棲息地消失，以及水和空氣的污染等。這些問題都是當代城市普遍存在的問題。
3. 科技發展（Evolving Technology）：科技發展涉及科技變化的範圍、速度與方向，城市必須有能力處理科技變遷對社會造成的影響，尤其是資訊科技對於城市結構與溝通之利弊，更是影響當代城市風貌的重要因素。
4. 人口結構變化（Demographics as Destiny）：人口結構變化涉及經濟移民、社會變遷與人口趨勢等，不僅會直接對城市未來發展產生人口數量上的直接壓力，亦會造成人口品質結構方面的改變。

5. 可居住性（Livability Factor）：城市成長造成教育、住民與制度等，對於社會結構、人口與文化多樣性產生影響。最主要的治理挑戰，就是必須瞭解文化多元主義、犯罪、僱傭關係，以及其他城市議題對城市造成的影響。
6. 公民領導（Civic Leadership）：城市治理的權力結構，透過全球化、治理的分割化、城市國家的產生，以及公部門角色的轉型，正在產生變化。此變化使得城市治理的領導權，不再像過去可由公部門獨享，而是必須與城市公民共享。
7. 都市設計（Urban Design）：都市設計如何能描繪與實現一個，符合未來將居住在這個城市的人，在社會需求、城市機能、環境、經濟與美學等目標的城市，是永續城市非常大的治理挑戰。
8. 複雜性（Complexity）：城市逐漸變成一個複雜的調適系統，城市的各面向必須有能力演化、調適，以及與其他城市機制，以及環境產生良性的連結與互動。因此，城市規劃規劃途徑，必須以複雜性作為主要的思考主軸，從整體面與未來面著眼，而非僅關注在短期的細節。
9. 不確定性（Uncertainty）：由於城市成為複雜的調適動態變遷系統，城市規劃必須關注遠見、創意、策略與民主性。

110年 地方特考四等

甲、申論題部分

一、依現行法規，經濟及科學技術發展，與環境及生態保護孰輕孰重？就地方環境品質之提升而言，地方能否訂定比中央更為嚴格之標準？請加以論述之。

答 (一)經濟及科學技術發展，與環境及生態保護應兼籌並顧：

憲法增修條文第九條第二項：經濟及科學技術發展，應與環境及生態保護兼籌並顧。但是，經濟及科學技術發展，與環境及生態保護，常常面臨衝突問題，但卻非毫無交集，強調經濟發展的同時必須與地球環境的承載力取得協調，保護人類賴以生存的自然資源和環境，而非對環境資源予取予求。長期與總體觀點而言，經濟及科學技術發展，與環境及生態永續發展，是可以兼顧。

(二)地方法規不得牴觸法律與法律授權之法規、地方制度法確有明文，但地方法規是否牴觸法律或中央之法規命令，其實在認定上有其困難之處，學理上有否定說與肯定說。

1. 學說：

(1)否定說：採「中央法破地方法」原則，認為地方法規不得牴觸中央法律，基於法律效力位階，中央法律優於地方法規，故地方法規當然不得較中央法律作較高或較嚴格之規定。

(2)肯定說：

A.在「上乘條例」、「橫出條例」之情況下，中央法律只是「最低基準」，地方法規可以較中央法律作更高、更嚴格之規定。

B.中央法律與地方法規二者規定之目的、事項、對象均相同時，以中央法律規定為最高限度，地方法規不可作更高、更嚴格之規定。

2. 司法見解：

(1)最高行政法院94年及96年法官聯席會議決議：

地方政府本得就其自治事項，於不牴觸中央法律前提下，依需要以自治法規另定較高之限制標準，難謂與中央法律之規定牴觸。

(2) 憲法法庭111年憲判字第6號判決：我國憲法之單一體制下，專屬中央立法事項，地方不得另訂牴觸中央法定標準之自治法規，至多只能依中央法律之授權，就其執行部分，於不違反中央法律之前提下，自訂相關之自治條例或規則。

3. 綜上所述，管見以為，雖然地方制度法有明文訂定地方擁有立法權，惟憲法法庭111年憲判字第6號判決，非常清楚的說明，專屬中央立法事項，地方不得另訂牴觸中央法定標準之自治法規。

二、財政為庶政之母，如欲落實地方區域均衡發展，財政收支劃分法之推動宜有那些配套措施？

答 財政為庶政之母，地方要均衡發展，財政是非常重要的環節，而現今地方政府的財政困絀幾已成為世界多數國家普遍面臨的難題，公共支出的增加率常較公共收入為高，以致近年來各級政府財政日益困難。造成我國地方政府財政赤字的主要原因，以及如何透過修改財政收支劃分法，解決部分地方財政赤字困境，析述如下：

(一) 地方政府財政赤字的主要原因

1. 地方政府的財稅決定權在中央：地方政府有其法定自治事項，自應有固定財源收入以支應相關支出。惟，我國現況乃是地方政府缺乏固定之法定收入，故造成地方政府財政赤字的主要原因之一。
2. 中央政府對地方課稅權的影響力過大：各項租稅因為中央政府各項政策目的訂有減免條款，往往侵犯了地方政府的課稅權，如農業發展條例、促進產業升級條例等地方稅減免規定，以及營業稅法、房屋稅條例、土地稅減免規則等等而使稅基受到嚴重的合法侵蝕。
3. 近年國稅成長幅度大於地方稅，且直轄市及縣市政府歲入歲出大多短絀，宜儘速修正財政收支劃分法。
4. 統籌分配稅款及一般性補助款迭有分配不公及財政誘因不足爭議，補助款防杜地方政府浪費之成效並未彰顯。
5. 部分地方政府財政能力欠佳，開源成效不足，況公告地價僅占市價2成、公告土地現值長期未反映市價，更削弱其財政能力。
6. 行政區劃法迄未完成立法，行政區域調整機制付之闕如，不利縮小城鄉落差及健全地方財政。

7. 地方政府人事費占歲入及自籌財源比率居高不下，且債務餘額逐年攀升。
8. 地方政府非法定社福支出逐年攀升，且多未訂排富條款，影響資源合理配置及有效運用，容待改善。
9. 無獨立自行決定其支出之權限：地方政府無權自行決定由地方政府辦理之事務，地方政府未能按照實際情形或需要，斟酌緩急先後，預計其數額，決定其支出，一切由上級政府統籌支應，則地方財政自無獨立之可言。
10. 財政收支未能自求平衡：地方政府執行職務，有必要之支出，自應有預定之收入，蓋必收支平衡，對其應付之職務，方能順利推行。否則即使上級政府能給予補助，在數額及時效上是否能配合，仍有所疑慮。因此，收支未能自求平衡，地方財政即常捉襟見肘。
11. 收支總預算未能自行編製：預算是各級政府年度的施政計畫書。預算之編定，必須依照施政方針，權衡較重緩急。惟其預算，常無法自行籌編，支出未能切合實際需要，收入亦未能顧及人民負擔，此亦為地方政府財政赤字的主要原因之一。
12. 未有自設之公庫：地方政府既有法定收入，又能自行決定支出，又自行編製預算，則必存有若干法定數額現金財物。此項財物之保管，應自設公庫自行處理，俾使實際收支之執行，與管理收支之事物，相互配合，如此一來，財政制度才能健全；目前地方公庫之設置，仍難適應財政調度實際需要，財政獨立亦有名無實。

(二)修改財政收支劃分法，解決部分地方財政赤字困境

1. 中央統籌分配稅款分配以公式入法：中央統籌分配稅款總額以固定比例，按公式分配，依一定指數及權數，計算各該直轄市及縣（市）應分配之額度分配之，讓中央統籌分配稅款透明化及公式化。
2. 明確劃分中央支出與地方支出：中央費用與地方費用之區分，應明定由中央全額負擔、中央與地方自治團體分擔以及地方自治團體全額負擔之項目。中央不得將自行負擔之經費，轉嫁予地方自治團體，不要讓中央請客，地方買單的現象持續發生。
3. 地方預算應依行政院訂定之預算籌編原則辦理：地方自治團體之總預算、追加預算與特別預算，除其他法律另有規定外，應依行政院

訂定之中央暨地方政府預算籌編原則辦理。地方政府未依此原則辦理者，上級機關應視實際情形酌減補助款。

4. 積極辦理公共造產：地方自治團體應致力於公共造產，依各地方特色及資源，致力經營具有經濟價值之事業，以增加地方財政收入。
5. 設置公庫：透過設置公庫能有效經管地方政府現金、票證及其他財物，避免財政赤字。

乙、測驗題部分

( ) **1** 在選舉村（里）長前，如無人登記為候選人，依法應如何處理？ (A)由鄉（鎮、市、區）公所遴聘具村（里）長候選人資格之村（里）民一人擔任該職務 (B)應進行第二次受理登記程序，如仍無人登記，鄉（鎮、市、區）公所始得遴選村（里）長 (C)依據地方制度法召開村（里）民大會，於村（里）民大會中推舉村（里）長 (D)由鄉（鎮、市、區）公所派員代理村（里）長之職務。

( ) **2** 直轄市關於下列事項之立法，何者無須以自治條例定之？ (A)限制自治團體居民財產權之事項 (B)直轄市議會組織事項 (C)市立職業學校組織事項 (D)直轄市公營事業組織事項。

( ) **3** 除地方制度法外，我國地方自治的健全發展，仍須有各項配套法律的制定。至目前為止尚未完成立法的配套法律為何？ (A)行政區劃法 (B)財政收支劃分法 (C)地方稅法通則 (D)地方民意代表費用支給及村里長事務補助費補助條例。

( ) **4** 直轄市之區由鄉改制者，改制日前一日仍在職之鄉長，以下列何種方式擔任區長？ (A)由直轄市人民直接選舉 (B)由直轄市議會多數決議通過任用 (C)由直轄市長以機要人員方式進用 (D)由內政部部長指定。

( ) **5** 關於地方自治團體之新設、廢止及調整，下列敘述何者錯誤？ (A)直轄市對其區之新設，依自治條例規定行之 (B)縣（市）改制，依地方制度法規定行之 (C)村之編組及調整辦法，由縣（市）訂定之 (D)鎮改制為縣轄市，涉及名稱變更時，應由鎮公所提請鎮民代表會通過，報縣政府核定。

( ) **6** 關於鄉（鎮、市）訂定自治規則之敘述，下列何者正確？ (A)自治規則稱為鄉（鎮、市）規約，並應冠以各該鄉（鎮、市）之名稱 (B)鄉（鎮、市）就其自治事項，得依其法定職權訂定自治規則 (C)除法律或基於法律授權之法規另有規定外，應於發布後函報中央各該主管機關核定，並函送其鄉（鎮、市）民代表會議查照 (D)鄉（鎮、市）公所為辦理上級機關委辦事項，得基於法律、中央法規之授權，訂定自治規則。

( ) **7** 自治法規、委辦規則須經上級政府或委辦機關核定者，核定機關如逾期未核定，且未函告延長核定期限時，法律效果為何？ (A)視為不予核定 (B)視為已核定 (C)自治法規、委辦規則視為已生效 (D)視為自動延長核定期限。

( ) **8** 下列何者非屬地方制度法所明定之鄉（鎮、市）之自治事項？ (A)鄉（鎮、市）災害防救之規劃及執行 (B)鄉（鎮、市）殯葬設施之設置及管理 (C)鄉（鎮、市）交通之規劃、營運及管理 (D)鄉（鎮、市）都市計畫之核定及執行。

( ) **9** 各層級地方自治團體的設置，最基本的條件是要具備一定的聚居人口。地方制度法就人口聚居最低數量之規定，下列敘述何者正確？ (A)直轄市125萬人 (B)與縣同級的市60萬人 (C)與鄉鎮同級的市20萬人 (D)準直轄市150萬人。

( ) **10** 直轄市市長對於下列所屬人員之任免，何者須依公務人員任用法辦理？ (A)副市長 (B)秘書長 (C)警察局局長 (D)市政府所屬一級機關首長。

( ) **11** 依地方制度法規定，有關直轄市政府組織規範之訂定程序，下列敘述何者錯誤？ (A)對於直轄市政府之組織，內政部應訂定準則，並報行政院核定 (B)直轄市政府應依中央訂定之組織準則擬訂組織自治條例，並經直轄市議會同意後，報行政院核定 (C)直轄市政府所屬機關之組織規程，由直轄市政府定之 (D)直轄市政府之組織自治條例，其有關考銓業務事項，不得牴觸中央考銓法規。

( ) **12** 有關地方議員及代表之敘述，下列何者錯誤？ (A)地方議員及代表之任期為4年，連選得連任，無屆數之限制 (B)地方議員及代表之席次數額限制，係由行政院所訂定之地方民意代表員額準則加以規

範 (C)直轄市議員由原住民選出者，以其行政區域內之原住民為選舉區，並得按平地原住民、山地原住民或在其行政區域內劃分選舉區 (D)直轄市、縣（市）所選出之山地原住民及平地原住民議員席次，每4席中應有婦女保障席次1席。

( ) **13** 鄉（鎮、市）民代表會之組織準則，應如何制定？ (A)由縣政府訂定 (B)由縣政府擬訂，報內政部核定 (C)由內政部訂定並發布施行 (D)由內政部擬訂，報行政院核定。

( ) **14** 縣議會審議總預算案時，不得為下列何種行為？ (A)總預算金額不變之前提下，為增加支出之提議 (B)於法定預算中附加條件 (C)於法定預算中附加期限 (D)附帶決議。

( ) **15** 嘉義市政府辦理自治事項違背法律者，依地方制度法應如何處理？ (A)由內政部予以撤銷、變更、廢止或停止其執行 (B)由中央各該主管機關予以撤銷、變更、廢止或停止其執行 (C)由嘉義縣政府予以撤銷、變更、廢止或停止其執行 (D)由中央各該主管機關報行政院予以撤銷、變更、廢止或停止其執行。

( ) **16** 關於地方治理之敘述，下列何者正確？ (A)重視委託事項或委辦事項之區分 (B)重視跨中央與各層級地方政府、跨區域與民間參與合作之議題 (C)強調中央以強制力貫徹施政目標 (D)強調中央集權。

( ) **17** 依地方制度法規定，有關地方自治團體處理跨域合作事務之敘述，下列何者錯誤？ (A)直轄市與縣（市）簽訂行政契約辦理合作事宜前，應先報請共同上級業務主管機關同意 (B)直轄市得與其他直轄市、縣（市）、鄉（鎮、市）成立區域合作組織，處理跨區域垃圾清運事宜 (C)鄉（鎮、市）得與其他直轄市、縣（市）合作成立股份有限公司，負責經營大眾捷運系統 (D)直轄市、縣（市）、鄉（鎮、市）進行跨域合作事宜之方式，並不限於成立區域合作組織、訂定協議或行政契約。

( ) **18** A直轄市為促進區域資源之利用而與B縣以訂定行政契約方式進行合作時，下列何者非地方制度法第24條之2明定之行政契約應記載事項？ (A)合作之事項及方法 (B)費用之分攤原則 (C)契約之生效要件及時點 (D)應報請共同上級業務主管機關同意。

( ) **19** 依憲法規定，關於行政區劃之敘述，下列何者正確？ (A)我國憲法無規定 (B)行政區劃由中央立法並執行之 (C)行政區劃法必須經由公民複決 (D)我國目前已有關於行政區劃之專法。

( ) **20** 關於地方自治團體欲推行電子化政府所可能遭遇到之困難，下列何者非屬之？ (A)對於族群之間會造成數位落差 (B)可能影響企業之營業祕密 (C)個人資料保護與隱私權之衝突 (D)憲法未明文規定。

( ) **21** 直轄市、縣（市）政府如有超額舉債之情形，經監督機關限期改正而未改正或償還時，下列何者非屬公共債務法所定之處理手段？ (A)減少一般補助款 (B)減少統籌分配稅款 (C)緩撥統籌分配稅款 (D)將直轄市、縣（市）政府首長移送懲戒。

( ) **22** 下列何種稅收，由財政部所屬各地區國稅局負責稽徵？ (A)關稅 (B)菸酒稅 (C)娛樂稅 (D)使用牌照稅。

( ) **23** 行政院環境保護署與直轄市間，權限遇有爭議時應如何處理？ (A)由行政院決定之 (B)由立法院院會議決之 (C)由行政院環境保護署解決之 (D)由內政部解決之。

( ) **24** 有關地方自治團體間之合辦事業，下列敘述何者錯誤？ (A)是地方自治團體合資設立的公營事業 (B)必須是同一層級的地方自治團體 (C)合辦事業組織之設立須經各該立法機關同意 (D)桃園大眾捷運股份有限公司屬之。

( ) **25** 若臺北市與新北市就河川管理範圍產生事權爭議，應報請下列何機關解決？ (A)總統 (B)立法院 (C)行政院 (D)內政部。

解答與解析（答案標示為#者，表官方曾公告更正該題答案。）

1 **(B)**。地方制度法第59條第2項：村（里）長選舉，經二次受理候選人登記，無人申請登記時，得由鄉（鎮、市、區）公所就該村（里）具村（里）長候選人資格之村（里）民遴聘之，其任期以本屆任期為限。

2 **(C)**。地方制度法第62條第1項後段：直轄市政府所屬機關及學校之組織規程，由直轄市政府定之。
備註：自治法規由地方行政機關訂定，並發布或下達者，稱自治規則。

3 **(A)**。(B)財政收支劃分法，中華民國四十年六月十三日總統制定公布。(C)地方稅法通則，中華民國九十一年十二月十一日總統制定公布。(D)地方民意代表費用支給及村里長事務補助費補助條例，中華民國八十九年一月二十六日總統制定公布。

4 **(C)**。地方制度法第58條第2項前段：直轄市之區由鄉（鎮、市）改制者，改制日前一日仍在職之鄉（鎮、市）長，由直轄市長以機要人員方式進用為區長。

5 **(A)**。地方制度法第7條第1項：省、直轄市、縣（市）、鄉（鎮、市）及區〔以下簡稱鄉（鎮、市、區）〕之新設、廢止或調整，依法律規定行之。

6 **(B)**。地方制度法第27條第1項：直轄市政府、縣（市）政府、鄉（鎮、市）公所就其自治事項，得依其法定職權或法律、基於法律授權之法規、自治條例之授權，訂定自治規則。

7 **(B)**。地方制度法第32條第3項：自治法規、委辦規則須經上級政府或委辦機關核定者，核定機關應於一個月內為核定與否之決定；逾期視為核定，由函報機關逕行公布或發布。但因內容複雜、關係重大，須較長時間之審查，經核定機關具明理由函告延長核定期限者，不在此限。

8 **(D)**。地方制度法第20條：
下列各款為鄉（鎮、市）自治事項：
一、關於組織及行政管理事項如下：
(一)鄉（鎮、市）公職人員選舉、罷免之實施。
(二)鄉（鎮、市）組織之設立及管理。
(三)鄉（鎮、市）新聞行政。
二、關於財政事項如下：
(一)鄉（鎮、市）財務收支及管理。
(二)鄉（鎮、市）稅捐。
(三)鄉（鎮、市）公共債務。
(四)鄉（鎮、市）財產之經營及處分。
三、關於社會服務事項如下：
(一)鄉（鎮、市）社會福利。
(二)鄉（鎮、市）公益慈善事業及社會救助。
(三)鄉（鎮、市）殯葬設施之設置及管理。
(四)鄉（鎮、市）調解業務。
四、關於教育文化及體育事項如下：
(一)鄉（鎮、市）社會教育之興辦及管理。
(二)鄉（鎮、市）藝文活動。
(三)鄉（鎮、市）體育活動。
(四)鄉（鎮、市）禮儀民俗及文獻。
(五)鄉（鎮、市）社會教育、體育與文化機構之設置、營運及管理。
五、關於環境衛生事項如下：鄉（鎮、市）廢棄物清除及處理。
六、關於營建、交通及觀光事項如下：

(一)鄉（鎮、市）道路之建設及管理。
(二)鄉（鎮、市）公園綠地之設立及管理。
(三)鄉（鎮、市）**交通之規劃、營運及管理。**
(四)鄉（鎮、市）觀光事業。

七、關於公共安全事項如下：
(一)鄉（鎮、市）**災害防救之規劃及執行。**
(二)鄉（鎮、市）民防之實施。

八、關於事業之經營及管理事項如下：
(一)鄉（鎮、市）公用及公營事業。
(二)鄉（鎮、市）公共造產事業。
(三)與其他地方自治團體合辦之事業。

九、其他依法律賦予之事項。

9 **(A)**。地方制度法第4條：
人口聚居達一百二十五萬人以上，且在政治、經濟、文化及都會區域發展上，有特殊需要之地區得設直轄市。
縣人口聚居達二百萬人以上，未改制為直轄市前，於第三十四條、第五十四條、第五十五條、第六十二條、第六十六條、第六十七條及其他法律關於直轄市之規定，準用之。
人口聚居達五十萬人以上未滿一百二十五萬人，且在政治、經濟及文化上地位重要之地區，得設市。
人口聚居達十萬人以上未滿五十萬人，且工商發達、自治財源充裕、交通便利及公共設施完全之地區，得設縣轄市。
本法施行前已設之直轄市、市及縣轄市，得不適用第一項、第三項及第四項之規定。

10 **(B)**。地方制度法第55條第2項：
直轄市政府置秘書長一人，由市長依公務人員任用法任免；其一級單位主管或所屬一級機關首長除主計、人事、警察及政風之主管或首長，依專屬人事管理法律任免外，其餘職務均比照簡任第十三職等，由市長任免之。

11 **(B)**。地方制度法第62條第1項：
直轄市政府之組織，由內政部擬訂準則，報行政院核定；各直轄市政府應依準則擬訂組織自治條例，經直轄市議會同意後，報行政院備查；直轄市政府所屬機關及學校之組織規程，由直轄市政府定之。

12 **(B)**。地方制度法第33條第2項：
直轄市議員、縣（市）議員、鄉（鎮、市）民代表名額，應參酌各該直轄市、縣（市）、鄉（鎮、市）財政、區域狀況，並依下列規定，於地方立法機關組織準則定之：
一、直轄市議員總額：
(一)區域議員名額：直轄市人口扣除原住民人口在二百萬人以下者，不得超過五十五人；超過二百萬人者，不得超過六十二人。

(二)原住民議員名額：有平地原住民人口在二千人以上者，應有平地原住民選出之議員名額；有山地原住民人口在二千人以上或改制前有山地鄉者，應有山地原住民選出之議員名額。

二、縣（市）議員總額：

(一)縣（市）人口在一萬人以下者，不得超過十一人；人口在二十萬人以下者，不得超過十九人；人口在四十萬人以下者，不得超過三十三人；人口在八十萬人以下者，不得超過四十三人；人口在一百六十萬人以下者，不得超過五十七人；人口超過一百六十萬人者，不得超過六十人。

(二)縣（市）有平地原住民人口在一千五百人以上者，於前目總額內應有平地原住民選出之縣（市）議員名額。有山地鄉者，於前目總額內應有山地原住民選出之縣議員名額。有離島鄉且該鄉人口在二千五百人以上者，於前目總額內應有該鄉選出之縣議員名額。

三、鄉（鎮、市）民代表總額：

(一)鄉（鎮、市）人口在一千人以下者，不得超過五人；人口在一萬人以下者，不得超過七人；人口在五萬人以下者，不得超過十一人；人口在十五萬人以下者，不得超過十九人；人口超過十五萬人者，不得超過三十一人。

(二)鄉（鎮、市）有平地原住民人口在一千五百人以上者，於前目總額內應有平地原住民選出之鄉（鎮、市）民代表名額。

13 **(D)**。地方制度法第54條第3項：鄉（鎮、市）民代表會之組織，由內政部擬訂準則，報行政院核定；各鄉（鎮、市）民代表會應依準則擬訂組織自治條例，報縣政府核定。

14 **(A)**。地方制度法第40條第2項：直轄市議會、縣（市）議會、鄉（鎮、市）民代表會對於直轄市政府、縣（市）政府、鄉（鎮、市）公所所提預算案不得為增加支出之提議。

15 **(D)**。地方制度法第75條第4項：縣（市）政府辦理自治事項違背憲法、法律或基於法律授權之法規者，由中央各該主管機關報行政院予以撤銷、變更、廢止或停止其執行。

16 **(B)**。地方治理係由地方（local）與治理（governance）兩個名詞組合而成。地方可從垂直性「多層次政府」（multi-level governments）加以理解，指涉的是各種不同層級政府的管轄範圍。 依空間與管轄概念來看，則是指涉不同範圍間各自具備獨特的行政系統。要之，地方具有「地域性」與「政治性」的意涵。至於，治理的傳統字意指船隻「領航」（steering）之意。現今已被借用來說明一種新穎的行政運作關係形式，其研究重點在於解釋非傳統國家干預的複雜公共政策實際執行情況（Brugue & Valles, 2005:197-198）。Newman（2005）認為，治理係指國家的主導體制已被侵蝕，取而代之的是一種跨國家、跨政府的內外行動者之多層次互動（multi-level interactions），意即多元的政治、社會與行政系統中之政治行為者、制度、公司、公民社會、國際組織等，彼此進行不同目標之連結。在政策運作上，重視非層級交換、協商、分享與合作的「跨域網絡」（crossing boundaries network）之平台機制，據以形成雙邊、甚至多邊的治理模式。綜上所述，地方治理的定義係指：「有關全國性政策與地方性事務的釐定和執行中，其涉及的決定主體已不在侷限於中央政府與地方政府兩者間單純的互動關係，更涵蓋來自中央與地方以外的公私組織和志願性團體等連結與互動所形成的一種複雜的合作網絡形式」。

17 **(A)**。地方制度法第24-1條第1項：直轄市、縣（市）、鄉（鎮、市）為處理跨區域自治事務、促進區域資源之利用或增進區域居民之福祉，得與其他直轄市、縣（市）、鄉（鎮、市）成立區域合作組織、訂定協議、行政契約或以其他方式合作，並報共同上級業務主管機關備查。

18 **(D)**。地方制度法第24-2條：直轄市、縣（市）、鄉（鎮、市）與其他直轄市、縣（市）、鄉（鎮、市）依前條第一項規定訂定行政契約時，應視事務之性質，載明下列事項：

一、訂定行政契約之團體或機關。
二、合作之事項及方法。
三、費用之分攤原則。
四、合作之期間。
五、契約之生效要件及時點。
六、違約之處理方式。
七、其他涉及相互間權利義務之事項。

19 **(B)**。中華民國憲法第108條：左列事項，由中央立法並執行之，或交由省縣執行之：

一、省縣自治通則。
二、行政區劃。
三、森林、工礦及商業。
四、教育制度。
五、銀行及交易所制度。

六、航業及海洋漁業。
七、公用事業。
八、合作事業。
九、二省以上之水陸交通運輸。
十、二省以上之水利、河道及農牧事業。
十一、中央及地方官吏之銓敘、任用、糾察及保障。
十二、土地法。
十三、勞動法及其他社會立法。
十四、公用徵收。
十五、全國戶口調查及統計。
十六、移民及墾殖。
十七、警察制度。
十八、公共衛生。
十九、振濟、撫卹及失業救濟。
二十、有關文化之古籍、古物及古蹟之保存。
前項各款，省於不牴觸國家法律內，得制定單行法規。

20 **(D)**。

21 **(A)**。公共債務法第9條第1項：中央、直轄市、縣（市）或鄉（鎮、市）有下列情形之一者，除中央由監察院依法監督外，由各該監督機關命其於一定期限內改正或償還，屆期未改正或償還者，除減少或緩撥其統籌分配稅款外，並將財政部部長、各該直轄市長、縣（市）長、鄉（鎮、市）長移送懲戒：
一、違反第五條第一項第一款、第三項、第四項、第七項至第十項規定之一，超額舉債。
二、違反前條限制或停止舉債之命令，仍予以舉債。
三、未依第十二條第一項所定債務之償還比率編列預算償還。

22 **(B)**。財政收支劃分法第8條第1項：下列各稅為國稅：
一、所得稅。
二、遺產及贈與稅。
三、關稅。
四、營業稅。
五、貨物稅。
六、菸酒稅。
七、證券交易稅。
八、期貨交易稅。
九、礦區稅。

23 **(B)**。地方制度法第77條第1項：中央與直轄市、縣（市）間，權限遇有爭議時，由立法院院會議決之；縣與鄉（鎮、市）間，自治事項遇有爭議時，由內政部會同中央各該主管機關解決之。

24 **(B)**。地方制度法並未規定須是同一層級的地方自治團體，也可以是不同層級之合辦事業。以臺北捷運公司為例，其主要股東為臺北市政府（73.75%）、中華民國交通部（17.14%）、新北市政府（8.75%）。在新北市未升格前即是臺北縣，其與臺北市是屬於不同層級之地方自治團體。
地方制度法第24條：直轄市、縣（市）、鄉（鎮、市）與其他直轄市、縣（市）、鄉（鎮、市）合辦之事業，經有關直轄市議會、縣（市）議會、鄉（鎮、市）民代表會通過後，得設組織經營之。

前項合辦事業涉及直轄市議會、縣（市）議會、鄉（鎮、市）民代表會職權事項者，得由有關直轄市議會、縣（市）議會、鄉（鎮、市）民代表會約定之議會或代表會決定之。

25 **(C)**。地方制度法第77條第1項：中央與直轄市、縣（市）間，權限遇有爭議時，由立法院院會議決之；縣與鄉（鎮、市）間，自治事項遇有爭議時，由內政部會同中央各該主管機關解決之。

111年 高考三級

提示：根據地方制度法第18條第1項第9款規定，環境保護為直轄市自治事項。

請回答下列一、二題：

一、依提示，若甲直轄市想推動轄區環境保護計畫，來提升民眾生活品質，請問甲市應依循那些地方制度法規定，並採行那些途徑來落實此計畫？各途徑作法與程序又為何？

答 2015年聯合國宣布「2030永續發展目標」（Sustainable Development Goals, SDGs），至今成為全球共同努力的目標，行政院依據憲法增修條文訂定我國的「國家環境保護計畫」，成為中央及地方政府提升民眾生活品質，追求環境永續發展的共同方針，而直轄市政府推動轄區環境保護計畫之法源依據及途徑析述如下：

(一) 設立環境保護推動委員會：依地方制度法第62條規定，直轄市政府應依地方行政機關組織準則擬訂組織自治條例，經直轄市議會同意後，報行政院備查。

甲市得依上述規定設立環境保護推動委員會，由該會擬定工作計畫，研訂聯繫事項，進行規劃籌備工作。

(二) 擬定環境保護計畫：甲市得依環境基本法之規定，視轄區內自然及社會條件之需要，依國家環境保護計畫，訂定環境保護計畫。

(三) 訂定環境保護自治條例：甲市得依地方制度法第26條，直轄市訂定環境保護自治條例，並在該條例中就違反者，得規定處以罰鍰或其他種類之行政罰。

(四) 與周邊縣市共同推動環境保護計畫：

1. 依地方制度法第24條之1，直轄市、縣（市）、鄉（鎮、市）為處理跨區域自治事務、促進區域資源之利用或增進區域居民之福祉，得與其他直轄市、縣（市）、鄉（鎮、市）成立區域合作組織、訂定協議、行政契約或以其他方式合作，並報共同上級業務主管機關備查。
2. 甲市為處理跨區域環境保事項、促進區域環境保護或增進區域居民福祉，得與其他鄰近之縣市成立區域合作組織、訂定協議、行政契約或以其他方式合作。

(五)辦理環境保護教育活動：甲市得辦理各項環境保護及永續發展相關之宣導教育，提升市民環境保護知識、永續發展之觀念，並落實於日常生活中。

市政府得邀請有關民眾與團體共同參與加強推動環境保護工作，市民應秉持環境保護理念，減輕因日常生活造成之環境負荷。

(六)輔導獎勵環境保護事業並依法取締處罰：

1. 甲市可訂定優惠、獎勵、輔導或補償措施，輔導環境保護事業及民間環境保護團體發展，及鼓勵民間投資環境保護事業。
2. 甲市政府應確實執行環境保護相關法規，對於違反者，應依法執行行政罰或其他不利行政處分。

二、承上題，環境保護常涉及中央政府權限，請問行政院與中央主管機關如何確保甲市政府的保護計畫不違反國家整體環保政策？

答 環境保護是中央政府權限，亦是直轄市政府之自治權限，因此，中央政府對地方政府得進行適法性監督。因此，行政院與中央主管機關可依下列方式，確保甲市政府的保護計畫不違反國家整體環保政策：

(一)依地方制度法進行適法性監督：

1. 甲直轄市之自治條例與憲法、法律或基於法律授權之法規牴觸者，無效。發生牴觸無效者，由行政院予以函告。（地方制度法第30條）
2. 甲直轄市議會議決自治事項與憲法、法律或基於法律授權之法規牴觸者無效，由行政院予以函告（地方制度法第43條）
3. 甲直轄市政府辦理自治事項違背憲法、法律或基於法律授權之法規者，由中央各該主管機關報行政院予以撤銷、變更、廢止或停止其執行。（地方制度法75條）

(二)發生疑義時：

1. 釋字第553號：
   (1)地方自治團體處理其自治事項，中央之監督僅能就適法性為之，其情形與行政訴訟中之法院行使審查權相似。
   (2)地方政府不服中央政府所為之行政處分，認為行政處分侵害其公法人之自治權或其他公法上之利益，自得由該地方自治團體，依訴願法第一條第二項、行政訴訟法第四條提起救濟請求撤銷，並由訴願受理機關及行政法院就上開監督機關所為處分之適法性問題為終局之判斷。

2. 憲法訴訟：

(1) 憲法訴訟法第82條：地方自治團體之立法或行政機關，因行使職權，認所應適用之中央法規範牴觸憲法，對其受憲法所保障之地方自治權有造成損害之虞者，得聲請憲法法庭為宣告違憲之判決。

(2) 憲法訴訟法第83條：地方自治團體，就下列各款事項，依法定程序用盡審級救濟而受之不利確定終局裁判，認為損害其受憲法所保障之地方自治權者，得聲請憲法法庭為宣告違憲之判決：

A. 自治法規，經監督機關函告無效或函告不予核定。

B. 其立法機關議決之自治事項，經監督機關函告無效。

C. 其行政機關辦理之自治事項，經監督機關撤銷、變更、廢止或停止其執行。

三、在今日地方自治法制架構下，中央政府如何監督地方自治團體？地方自治團體又如何確保自治權限不受中央政府侵犯？

答 (一) 中央對地方政府的監督型態：

1. 立法監督：所謂立法監督乃上級立法機關以立法權規定下級政府之體制，或賦予相當的職權，使其組織及職權之行使獲得合法之根據，並使之不得超越上級立法之範圍。因此，其作用係在事前監督，且屬原則之監督。例如：地方自治法規不得牴觸法律，或與中央法規牴觸，牴觸者，無效。（地方制度法§30、31）

2. 行政監督：所謂行政監督，乃上級行政機關對於下級地方政府之業務進行，用行政程序予以督促或考核。例如：地方制度法規定：上級機關對下級機關之自治事項，委辦事項之撤銷、變更、廢止、停止其執行（地方制度法§75）。對於下級機關之人員予以停職，解除職務（職權），或派員代理（地方制度法§78、§79、§82）。

3. 司法監督：所謂司法監督，即司法機關以解釋權、訴訟及懲戒權對各級地方政府所行使之監督。例如：地方制度法規定：自治法規與憲法、法律、基於法律授權之法規、上級自治團體自治條例或該自

治團體自治條例有無牴觸發生疑義時，得聲請司法院解釋之。（地方制度法§30）

4. 考試監督：依憲法第108條所示，地方官吏之銓敘、任用、糾察及保障為中央立法事項，而「考試院為國家最高考試機關，掌理考試、任用、考績、級俸、陞遷、保障、褒獎、撫卹、退休、養老等事項」（憲法§83）。可見各級地方政府人事，要受考試院管制，亦即考試院對於各級地方政府有人事監督權。

 此外，地方議會與機關之組織規程、準則及組織自治條例，其有關考銓業務事項，不得牴觸中央考銓法規，各權責機關於核定或同意後，應函送考試院備查（地方制度法§54、§62）。

 再者，各民選公職人員，皆須經檢覈合格，而此項民選公職候選人資格之檢覈，係由考試院辦理。是則考試院對於各民選公職人員亦有部分監督權。

5. 監察監督：依憲法第79條第2項的規定：「監察院對於中央及地方公務人員認為有失職或違法情事，得提出糾舉或彈劾案，如涉及刑事，應移送法院辦理。」可見各級地方政府的公務人員，如有失職或違法情事，監察院有糾舉及彈劾權的。又，監察院設有審計部，掌理全國財務審計之權，可見監察院對於各級地方政府尚有財政監督權。

(二)地方自治團體如何確保自治權限不受中央政府侵犯：

1. 釋字第553號：

 (1)地方自治團體處理其自治事項，中央之監督僅能就適法性為之，其情形與行政訴訟中之法院行使審查權相似。

 (2)地方政府不服中央政府所為之行政處分，認為行政處分侵害其公法人之自治權或其他公法上之利益，自得由該地方自治團體，依訴願法第一條第二項、行政訴訟法第四條提起救濟請求撤銷，並由訴願受理機關及行政法院就上開監督機關所為處分之適法性問題為終局之判斷。

2. 憲法訴訟：

 (1)憲法訴訟法第82條：地方自治團體之立法或行政機關，因行使職權，認所應適用之中央法規範牴觸憲法，對其受憲法所保障之地方自治權有造成損害之虞者，得聲請憲法法庭為宣告違憲之判決。

(2) 憲法訴訟法第83條：地方自治團體，就下列各款事項，依法定程序用盡審級救濟而受之不利確定終局裁判，認為損害其受憲法所保障之地方自治權者，得聲請憲法法庭為宣告違憲之判決：

A. 自治法規，經監督機關函告無效或函告不予核定。

B. 其立法機關議決之自治事項，經監督機關函告無效。

C. 其行政機關辦理之自治事項，經監督機關撤銷、變更、廢止或停止其執行。

四、地方民眾影響地方政府機關運作，除了運用各類溝通管道反映意見外，還有那些可以產生實質影響力的方式？

答 地方民眾影響地方政府機關運作，除了傳統運用各類溝通管道反映意見外，在現今的機會越來越多。不再局限於傳統的參與方式，以下就題意分述如下：

(一) 選舉投票：地方公職人員依照公職人員選舉罷免法之規定，會定期進行改選，而地方自治團體之公民，可以透過選舉投票，選出認同理念之候選人。

(二) 罷免投票：地方自治團體內之公民，對於針對不適任公職人員，得發起罷免投票活動。

(三) 公民投票：公民投票法賦予地方自治團體內公民，依法發起地方性公民投票，來表達對公共事務的意見。

(四) 團體式意見表達：透過團體組織類型的方式，積極的表達意見與參與治理，為議題發聲，自組團體發起示威遊行，或是參與利益團體為求特定訴求而組織之團體，更進一步地推出候選人參與選舉。

(五) 個人意見表達：對於地方事務、地方治理有所訴求或不滿時，透過地方政府所提供之管道，提出訴求或請願，例如：1999民眾服務專線。

(六) 主動發起議題，參與地方政府決策：地方政府提供平台，民眾可自主性的針對參與式預算、地方治理提案，在網路上發起投票，利用網路科技收集民意，直接性的促進民眾參與治理討論與推動，例如：i-Voting網路投票系統、市長意見信箱等平台。

(七) 發動示威遊行：地方自治團體之居民，針對特定議題可依法申請並發動示威遊行。例如參與反核團體的各種集會遊行行動。

111年 普考

甲、申論題部分

一、請說明我國現行地方政府間跨域合作制度模式之類型。

答 地方政府間跨越轄區、跨越機關組織藩籬的整合性治理作為，在學理上又可以稱之為「跨域治理」，我國現行地方政府間跨域合作制度模式，主要是依據憲法與地方制度法，其合作模式析述如下：

(一)憲法之規定：

1. 憲法第110條第二項：「前項各款，有涉及二縣以上者，除法律別有規定外，得由有關各縣共同辦理。」
2. 憲法本文，認為涉及二縣以上之自治事項，得尋求共同解決機制或訂定共同之自治法規，對該特定區域內之人或事務加以規範。

(二)地方制度法之規定：

1. 共同辦理：跨區域事務之辦理依地方制度法第21條：地方自治事項涉及跨直轄市、縣（市）、鄉（鎮、市）區域時，由各開地方自治團體協商辦理；必要時，由共同上級業務主管機關協調各相關地方自治團體共同辦理或指定其中一地方自治團體限期辦理。
2. 區域合作組織之成立（地方制度法第24-1條）：直轄市、縣（市）、鄉（鎮、市）為處理跨區域自治事務、促進區域資源之利用或增進區域居民之福祉，得與其他直轄市、縣（市）、鄉（鎮、市）成立區域合作組職，並報共同上級業務主管機關備查。
3. 訂定協議：直轄市、縣（市）、鄉（鎮、市）為處理跨區域自治事務、促進區域資源之利用或增進區域居民之福祉，得與其他直轄市、縣（市）、鄉（鎮、市）訂定協議，直轄市、縣（市）、鄉（鎮、市）為處理跨區域自治事務、促進區域資源之利用或增進區域居民之福祉，得與其他直轄市、縣（市）、鄉（鎮、市）訂定協議，並報共同上級業務主管機關備查。
4. 行政契約：直轄市、縣（市）、鄉（鎮、市）為處理跨區域自治事務、促進區域資源之利用或增進區域居民之福祉，得與其他直轄市、縣（市）、鄉（鎮、市）簽訂行政契約，並報共同上級業務主管機關備查。例如：台北市與基隆市共同簽署的「區域間都市垃圾處理緊急互助協議書」

二、請依據地方制度法第19條、第20條之規定，比較分析縣（市）與鄉（鎮、市）自治事項之差異。

答 所謂「自治事項」指地方自治團體依憲法或本法規定，得自為立法並執行，或法律規定應由該團體辦理之事務，而負其政策規劃及行政執行責任之事項。

(一)縣（市）的自治事項：地方制度法第19條規定，縣（市）自治事項有：

1. 組織及行政管理事項：公職人員選舉、罷免之實施；組織之設立及管理；戶籍行政；土地行政；新聞行政。
2. 財政事項：財務收支及管理；稅捐；公共債務；財產之經營及處分。
3. 社會服務事項：社會福利；公益慈善事業及社會救助；人民團體之輔導；宗教輔導；殯葬設施之設置及管理；市調解業務。
4. 教育文化及體育事項：學前教育、各級學校教育及社會教育之興辦及管理；藝文活動；體育活動；文化資產保存；禮儀民俗及文獻；社會教育、體育與文化機構之設置、營運及管理。
5. 勞工行政事項：勞資關係；勞工安全衛生。
6. 都市計畫及營建事項：都市計畫之擬定、審議及執行；建築管理；住宅業務；下水道建設及管理；公園綠地之設立及管理；營建廢棄土之處理。
7. 經濟服務事項：農、林、漁、牧業之輔導及管理；自然保育；工商輔導及管理；消費者保護。
8. 水利事項：河川整治及管理；集水區保育及管理；防洪排水設施興建管理；水資源基本資料調查。
9. 衛生及環境保護事項：衛生管理；環境保護。
10. 交通及觀光事項：管道路之規劃、建設及管理；交通之規劃、營運及管理；觀光事業。
11. 公共安全事項：警衛之實施；災害防救之規劃及執行；民防之實施。

12. 事業之經營及管理事項：合作事業；公用及公營事業；公共造產事業；與其他地方自治團體合辦之事業。

13. 其他依法律賦予之事項。

(二)鄉（鎮、市）的自治事項：依地方制度法第20條之規定，自治事項分別有：

1. 組織及行政管理事項：公職人員選舉、罷免之實施；組織之設立及管理；新聞行政。

2. 財政事項：財務收支及管理；稅捐；公共債務；財產之經營及處分。

3. 社會服務事項：社會福利；公益慈善事業及社會救助；殯葬設施之設置及管理；調解業務。

4. 教育文化及體育事項：社會教育之興辦及管理；藝文活動；體育活動；禮儀民俗及文獻；社會教育、體育與文化機構之設置、營運及管理。

5. 環境衛生事項：廢棄物清除及處理。

6. 營建、交通及觀光事項：道路之建設及管理；公園綠地之設立及管理；交通之規劃、營運及管理；觀光事業。

7. 公共安全事項：災害防救之規劃及執行；民防之實施。

8. 事業之經營及管理事項：公用及公營事業；公共造產事業；與其他地方自治團體合辦之事業。

9. 其他依法律賦予之事項。

(三)縣（市）與鄉（鎮、市）自治事項之差異：依題意所示，地方制度法第19、20之規定，僅縣（市）具有自治事項權限，鄉（鎮、市）則不具有辦理下列事項之權限：

1. 勞工行政事項：包括勞資關係、勞工安全衛生。

2. 都市計畫及營建事項：包括都市計畫之擬定、審議及執行、建築管理、住宅業務、下水道建設及管理、公園綠地之設立及管理、營建廢棄土之處理。

3. 經濟服務事項：包括農、林、漁、牧業之輔導及管理、自然保育、工商輔導及管理、消費者保護。

4. 水利事項：包括河川整治及管理、集水區保育及管理、防洪排水設施興建管理、水資源基本資料調查。

5. 其他自治事項：例如戶籍行政、土地行政、人民團體之輔導、宗教輔導、學前教育、各級學校教育之興辦及管理等。

乙、測驗題部分

( ) **1** 憲法本文關於中央與地方分權之規定，下列敘述何者錯誤？ (A)分別列舉中央與省、縣立法並執行事項 (B)非屬中央立法並執行事項者，即屬地方立法並執行事項 (C)直轄市亦屬地方自治團體，其立法並執行事項以法律定之 (D)中央與地方事權發生爭議時，由立法院解決之。

( ) **2** 依地方制度法規定，對於自治事項之執行或監督，下列何者無須以協商方式為之？ (A)各該地方自治團體辦理跨區域的地方自治事項 (B)縣（市）層級地方自治團體之不作為嚴重危害公益時，中央主管機關擬代行處理 (C)直轄市政府延不執行直轄市議會之議決案或執行不當，直轄市議會報請行政院解決 (D)縣（市）總預算案在年度開始後3個月內未完成審議，縣（市）政府報請內政部決定。

( ) **3** 下列何種事項，應由中央立法並執行，不得交由地方自治團體執行？ (A)教育制度 (B)郵政 (C)航業及海洋漁業 (D)全國戶口調查及統計。

( ) **4** 關於直轄市、縣（市）、鄉（鎮、市）人民創制、複決之行使，下列敘述何者正確？ (A)對地方自治條例，可為創制 (B)對地方自治條例立法原則，可為複決 (C)對地方自治事項重大政策，可為創制或複決 (D)對地方預算及人事事項，可為複決。

( ) **5** 關於地方自治法規，下列敘述何者錯誤？ (A)地方自治團體得就該地域範圍內之自治事項，制定自治法規 (B)地方自治團體得依法律及上級法規之授權，制定自治法規 (C)自治法規僅得由地方立法機關制定，地方行政機關無訂定之權限 (D)地方立法機關得訂定自律規則。

( ) **6** 依現行法規定，地方自治團體就下列事項，何者無須以自治條例定之？ (A)所設立果菜運銷股份有限公司之組織 (B)住宿優惠補助 (C)房屋稅徵收率 (D)市議會組織。

( ) **7** 依地方制度法規定，下列何者非屬直轄市自治事項？ (A)公共造產事業 (B)消費者保護 (C)勞資關係 (D)宗教輔導。

( ) **8** 依地方制度法規定，向上級政府申請核定之自治法規，核定機關逾期未作成核定與否決定時，該自治法規之效力為何？ (A)效力未定 (B)逾期視為不予核定，該自治法規不生效力 (C)自動生效 (D)逾期視為核定，由函報機關逕行公布或發布後生效。

( ) **9** 依我國現行法規定，直轄市民所享有之權利，不包括下列何者？ (A)依法選舉、罷免直轄市長、直轄市議員 (B)對於直轄市政府各局處首長任免，進行公民投票 (C)申請低收入戶生活扶助 (D)申辦敬老悠遊卡。

( ) **10** 依地方制度法，下列何者非屬縣長應被解除職務之事由？ (A)因罹患重病，致不能執行職務繼續1年以上 (B)因故不執行職務連續達6個月以上者 (C)為規避縣議會監督而連續拒絕出席定期會達二會期者 (D)受輔助宣告尚未撤銷者。

( ) **11** 依地方制度法規定，區公所在直轄市之行政組織中之定位為何？ (A)直轄市政府之內部單位 (B)直轄市政府之一級機關 (C)直轄市政府之二級機關 (D)直轄市政府之派出機關。

( ) **12** 有關直轄市議會組織之敘述，下列何者錯誤？ (A)直轄市議員由直轄市民依法選舉之，任期4年，連選得連任 (B)直轄市議員之選舉區原則上以「地」為基礎劃分之，但由原住民選出者，以其行政區域內之原住民為選舉區 (C)各選舉區選出議員代表名額達4人者，應有婦女當選名額1人；超過4人者，每增加4人增1人 (D)直轄市議會置議長、副議長各1人，由直轄市議員以不記名投票分別互選或罷免之。

( ) **13** 縣（市）政府之一級單位與一級機關之主管或首長，除主計、人事、警察、稅捐及政風之主管外，得列政務職之比例為何？ (A)全數得列政務職 (B)總數三分之二 (C)總數二分之一 (D)總數三分之一。

( ) **14** 縣政府就縣議會之議決案，如明確表示拒絕執行且不提覆議時，縣議會於必要時得如何處理？ (A)報請行政院邀集各有關機關協商解決之 (B)報請監察院邀集縣政府及縣議會協商解決之 (C)報請內政部邀集各有關機關協商解決之 (D)報請立法院邀集縣政府及縣議會協商解決之。

( ) **15** 地方自治區域之劃分原則，下列何者不屬之？ (A)尊重歷史傳統 (B)符合地理環境 (C)面積人口一致 (D)考量經濟狀況。

( ) **16** 依地方制度法規定，有關地方自治團體改制或合併之敘述，下列何者錯誤？ (A)縣（市）改制為直轄市之改制計畫，得由縣（市）政府逕行向內政部提出申請 (B)縣（市）政府或直轄市政府所擬定之改制計畫，均需由內政部報請行政院核定 (C)行政院收到縣（市）政府或直轄市政府之改制計畫後，應於6個月內決定之 (D)改制計畫之發布及公告改制日期，應由內政部辦理之。

( ) **17** 關於地方自治團體協力合作之敘述，下列何者正確？ (A)辦理地方自治事項涉及跨直轄市、縣（市）、鄉（鎮、市）區域時，應先由行政院指定特定地方自治團體辦理之 (B)直轄市與縣（市）合辦之事業，應經共同上級業務主管機關核定後，始得設組織經營之 (C)直轄市為處理跨區域自治事務，得與其他直轄市訂定協議、行政契約或以其他方式合作之 (D)直轄市應依約定履行其義務；遇有爭議時，不得依司法程序處理。

( ) **18** 下列何者不是近年來「跨域治理」概念興起的主要背景？ (A)網際網路日益發達，必須以密切的網絡關係因應治理需求 (B)公共議題日益複雜，藉由跨域合作破解問題癥結 (C)國家競爭日趨激烈，必須提升政府效率 (D)政策資源日益增加，藉由跨域合作發揮功效。

( ) **19** 地方行政機關為促進使用效率，並節省財政資源，經常將地方性公有公共設施委託民間廠商經營。此項措施符合當前地方治理之何種趨勢？ (A)府際合作 (B)多層次治理 (C)分權化 (D)公私協力。

( ) **20** 下列何者非屬地方政府應主動公開之政府資訊？ (A)內部單位之擬稿 (B)預算及決算書 (C)書面之公共工程及採購契約 (D)地方自治法規。

( ) **21** 下列何者不屬於地方公營事業？ (A)臺北市立圖書館 (B)新北市果菜運銷股份有限公司 (C)臺北自來水事業處 (D)高雄市輪船股份有限公司。

( ) **22** 縣政府對縣議會議決縣總預算案，如認為窒礙難行應如何處理？ (A)報請內政部協商決定 (B)重行編製總預算案送議會審議 (C)就窒礙難行部分送請議會覆議 (D)如為休會期間函請議長逕為修正。

( ) **23** 對於委辦事項之敘述，下列何者正確？ (A)縣政府得以自治規則作為委辦鄉公所辦理之依據 (B)縣政府訂定之委辦規則應送縣議會審議 (C)縣政府訂定之委辦規則發布後應送委辦機關備查 (D)辦理委辦事項所需經費原則由委辦機關負擔。

( ) **24** 依地方立法機關組織準則規定，有關議會議事公開之敘述，下列何者錯誤？ (A)大會會議開放旁聽 (B)大會會議實況透過網路或電視全程直播 (C)除程序委員會外，其餘委員會均全程錄影，並將影音檔公開於網站 (D)議事錄於會議後6個月內公開於網站至少五年。

( ) **25** 政府成立財團法人原住民族文化事業基金會，其目的為何？ (A)保障原住民族傳播及媒體近用權 (B)保護原住民族傳統之生物多樣性知識及智慧創作 (C)輔導原住民建購或租用住宅 (D)輔導原住民族自然資源之保育及利用。

解答與解析（答案標示為#者，表官方曾公告更正該題答案。）

1 **(B)**。憲法第111條：
除第一百零七條、第一百零八條、第一百零九條及第一百十條列舉事項外，如有未列舉事項發生時，其事務有全國一致之性質者屬於中央，有全省一致之性質者屬於省，有一縣之性質者屬於縣。遇有爭議時，由立法院解決之。

2 **(B)**。地方制度法第76條第1項：
直轄市、縣（市）、鄉（鎮、市）依法應作為而不作為，致嚴重危害公益或妨礙地方政務正常運作，其適於代行處理者，得分別由行政院、中央各該主管機關、縣政府命其於一定期限內為之；逾期仍不作為者，得代行處理。但情況急迫時，得逕予代行處理。

3 **(B)**。中華民國憲法第107條：左列事項，由中央立法並執行之：
一、外交。
二、國防與國防軍事。
三、國籍法及刑事、民事、商事之法律。
四、司法制度。
五、航空、國道、國有鐵路、航政、郵政及電政。
六、中央財政與國稅。
七、國稅與省稅、縣稅之劃分。
八、國營經濟事業。
九、幣制及國家銀行。
十、度量衡。
十一、國際貿易政策。
十二、涉外之財政經濟事項。
十三、其他依本憲法所定關於中央之事項。

4 **(C)**。地方制度法第16條：直轄市民、縣（市）民、鄉（鎮、市）民之權利如下：

一、對於地方公職人員有依法選舉、罷免之權。

二、對於地方自治事項，有依法行使創制、複決之權。

三、對於地方公共設施有使用之權。

四、對於地方教育文化、社會福利、醫療衛生事項，有依法律及自治法規享受之權。

五、對於地方政府資訊，有依法請求公開之權。

六、其他依法律及自治法規賦予之權利。

5 **(C)**。地方制度法第25條：直轄市、縣（市）、鄉（鎮、市）得就其自治事項或依法律及上級法規之授權，制定自治法規。自治法規經地方立法機關通過，並由各該行政機關公布者，稱自治條例；自治法規由地方行政機關訂定，並發布或下達者，稱自治規則。

6 **(B)**。(A)所設立果菜運銷股份有限公司之組織→地方制度法第28條：下列事項以自治條例定之：

一、法律或自治條例規定應經地方立法機關議決者。

二、創設、剝奪或限制地方自治團體居民之權利義務者。

三、關於地方自治團體及所營事業機構之組織者。

四、其他重要事項，經地方立法機關議決應以自治條例定之者。

(C)房屋稅徵收率→除依地方制度法第28條第1款之外，尚有房屋稅條例第6條：直轄市及縣（市）政府得視地方實際情形，在前條規定稅率範圍內，分別規定房屋稅徵收率，提經當地民意機關通過，報請或層轉財政部備案。(D)市議會組織→地方制度法第54條第1項：

直轄市議會之組織，由內政部擬訂準則，報行政院核定；各直轄市議會應依準則擬訂組織自治條例，報行政院核定。

7 **(A)**。地方制度法第18條：下列各款為直轄市自治事項：

一、關於組織及行政管理事項如下：

(一)直轄市公職人員選舉、罷免之實施。

(二)直轄市組織之設立及管理。

(三)直轄市戶籍行政。

(四)直轄市土地行政。

(五)直轄市新聞行政。

二、關於財政事項如下：

(一)直轄市財務收支及管理。

(二)直轄市稅捐。

(三)直轄市公共債務。

(四)直轄市財產之經營及處分。

三、關於社會服務事項如下：

(一)直轄市社會福利。

(二)直轄市公益慈善事業及社會救助。

(三)直轄市人民團體之輔導。

(四)直轄市宗教輔導。

(五)直轄市殯葬設施之設置及管理。
(六)直轄市調解業務。
四、關於教育文化及體育事項如下：
(一)直轄市學前教育、各級學校教育及社會教育之興辦及管理。
(二)直轄市藝文活動。
(三)直轄市體育活動。
(四)直轄市文化資產保存。
(五)直轄市禮儀民俗及文獻。
(六)直轄市社會教育、體育與文化機構之設置、營運及管理。
五、關於勞工行政事項如下：
(一)直轄市勞資關係。
(二)直轄市勞工安全衛生。
六、關於都市計畫及營建事項如下：
(一)直轄市都市計畫之擬定、審議及執行。
(二)直轄市建築管理。
(三)直轄市住宅業務。
(四)直轄市下水道建設及管理。
(五)直轄市公園綠地之設立及管理。
(六)直轄市營建廢棄土之處理。
七、關於經濟服務事項如下：
(一)直轄市農、林、漁、牧業之輔導及管理。
(二)直轄市自然保育。
(三)直轄市工商輔導及管理。
(四)直轄市消費者保護。
八、關於水利事項如下：
(一)直轄市河川整治及管理。
(二)直轄市集水區保育及管理。
(三)直轄市防洪排水設施興建管理。
(四)直轄市水資源基本資料調查。
九、關於衛生及環境保護事項如下：
(一)直轄市衛生管理。
(二)直轄市環境保護。
十、關於交通及觀光事項如下：
(一)直轄市道路之規劃、建設及管理。
(二)直轄市交通之規劃、營運及管理。
(三)直轄市觀光事業。
十一、關於公共安全事項如下：
(一)直轄市警政、警衛之實施。
(二)直轄市災害防救之規劃及執行。
(三)直轄市民防之實施。
十二、關於事業之經營及管理事項如下：
(一)直轄市合作事業。
(二)直轄市公用及公營事業。
(三)與其他地方自治團體合辦之事業。
十三、其他依法律賦予之事項。

8 **(D)**。地方制度法第32條第3項：自治法規、委辦規則須經上級政府或委辦機關核定者，核定機關應於一個月內為核定與否之決定；逾期視為核定，由函報機關逕行公布或發布。但因內容複雜、關係重大，須較長時間之審查，經核定機關具明理由函告延長核定期限者，不在此限。

9 **(B)**。地方制度法第55條第2項：
直轄市政府置秘書長一人，由市長依公務人員任用法任免；其一級單位主管或所屬一級機關首長除主計、人事、警察及政風之主管或首長，依專屬人事管理法律任免外，其餘職務均比照簡任第十三職等，由市長任免之。

10 **(C)**。地方制度法第79條：
直轄市議員、直轄市長、縣（市）議員、縣（市）長、鄉（鎮、市）民代表、鄉（鎮、市）長及村（里）長有下列情事之一，直轄市議員、直轄市長由行政院分別解除其職權或職務；縣（市)議員、縣（市）長由內政部分別解除其職權或職務；鄉（鎮、市）民代表、鄉（鎮、市）長由縣政府分別解除其職權或職務，並通知各該直轄市議會、縣（市）議會、鄉（鎮、市)民代表會；村（里）長由鄉（鎮、市、區）公所解除其職務。應補選者，並依法補選：

一、經法院判決當選無效確定，或經法院判決選舉無效確定，致影響其當選資格者。
二、犯內亂、外患或貪污罪，經判刑確定者。
三、犯組織犯罪防制條例之罪，經判處有期徒刑以上之刑確定者。
四、犯前二款以外之罪，受有期徒刑以上刑之判決確定，而未受緩刑之宣告、未執行易科罰金或不得易服社會勞動者。
五、受保安處分或感訓處分之裁判確定者。但因緩刑而付保護管束者，不在此限。
六、戶籍遷出各該行政區域四個月以上者。
七、褫奪公權尚未復權者。
八、受監護或輔助宣告尚未撤銷者。
九、有本法所定應予解除職權或職務之情事者。
十、依其他法律應予解除職權或職務者。

有下列情事之一，其原職任期未滿，且尚未經選舉機關公告補選時，解除職權或職務之處分均應予撤銷：

一、因前項第二款至第四款情事而解除職權或職務，經再審或非常上訴判決無罪確定者。
二、因前項第五款情事而解除職權或職務，保安處分經依法撤銷，感訓處分經重新審理為不付感訓處分之裁定確定者。
三、因前項第八款情事而解除職權或職務，經提起撤銷監護或輔助宣告之訴，為法院判決撤銷宣告監護或輔助確定者。

地方制度法第80條：
直轄市長、縣（市）長、鄉（鎮、市）長、村（里）長，因罹患重病，致不能執行職務繼續一年以上，或因故不執行職務連續達六個月以上者，應依前條第一項規定程序解除其職務；直轄市議員、縣（市）議員、鄉（鎮、市）民代表連續未出席定期會達二會期者，亦解除其職權。

11 **(D)**。直轄市分為市、區二級。區為行政區域，不具法人地位，區公所係直轄市政府之派出機關。

12 **(D)**。地方制度法第44條第1項：直轄市議會、縣（市）議會置議長、副議長各一人，鄉（鎮、市）民代表會置主席、副主席各一人，由直轄市議員、縣（市）議員、鄉（鎮、市）民代表以記名投票分別互選或罷免之。但就職未滿一年者，不得罷免。

13 **(C)**。地方制度法第56條第2項：縣（市）政府置秘書長一人，由縣（市）長依公務人員任用法任免；其一級單位主管及所屬一級機關首長，除主計、人事、警察、稅捐及政風之主管或首長，依專屬人事管理法律任免，其總數二分之一得列政務職，職務比照簡任第十二職等，其餘均由縣（市）長依法任免之。

14 **(C)**。地方制度法第38條：直轄市政府、縣（市）政府、鄉（鎮、市）公所，對直轄市議會、縣（市）議會、鄉（鎮、市）民代表會之議決案應予執行，如延不執行或執行不當，直轄市議會、縣（市）議會、鄉（鎮、市）民代表會得請其說明理由，必要時得報請行政院、內政部、縣政府邀集各有關機關協商解決之。

15 **(C)**。國家對於行政區域劃分或調整係原則：

(1)歷史傳統：所謂歷史傳統，乃國家對於地方政府行政區域之劃分，因襲各該地方以往歷史相傳而來之固有疆域，不加變更，仍維持其原狀而言。這一劃分原則，幾乎皆為各國所採納。此種因歷史傳統而逐漸形成的區域，可以說是一種自然結合。

(2)天然形勢：所謂天然形勢，乃指土地原有之非人為的自然形勢，例如：海洋、河川、山谷、沙漠等天然形成者。天然形勢，往往自然將一國國土劃分為許多區域。此種天然形成的區域，其風俗習慣、方言、利害關係、宗教信仰等由於接觸頻繁，往往大致相同，是以為謀政治上或行政上的方便，宜劃分為一區，而不宜加以分割。

(3)人口分佈：世界各國地方政府之設置，「人口」是一個很重要的條件，譬如我國直轄市、市及縣轄市之設置，皆定有人口條件。之所以如此，在以各該地方既然人口密集，自應成立一特別組織之都市政府，以資處理各種都市社會問題。

(4)經濟狀況：地方政府必須要有經濟來源，有了經濟來源，才能維持地方之生存。因此，地方政府之劃分，必須考慮經濟狀況，應為地方政府之財源著想。

(5)政治目的：我國市組織法（89.4.5廢止）第3條規定「首都」為直轄市設置的條件之一，第4條規定「省會」為省轄市設置的條件之一可為證明。

(6)國防需要：世界各國基於國防需要而設置地方政府者，其例甚多，例如：旅順、廈門等城市。這些地方或為邊陲要地，或為海疆軍港，在國防上至為重要，是以宜劃為一區，而不宜分割。

(7)建設計劃：地方建設計劃如能與行政區域相配合，實施起來將會方便不少。在這方面尤以區域運輸系統、公共給水、防洪等特別顯著。因為這些建設，一般來說其範圍都比較大，如果不在一個行政區域內，必難配合。

16 **(A)**。地方制度法規定第7-1條第2項：縣（市）擬改制為直轄市者，縣（市）政府得擬訂改制計畫，經縣（市）議會同意後，由內政部報請行政院核定之。

17 **(C)**。地方制度法第24-1條第1項：直轄市、縣（市）、鄉（鎮、市）為處理跨區域自治事務、促進區域資源之利用或增進區域居民之福祉，得與其他直轄市、縣（市）、鄉（鎮、市）成立區域合作組織、訂定協議、行政契約或以其他方式合作，並報共同上級業務主管機關備查。

18 **(D)**。

19 **(D)**。公私協力是指公部門與民間共同合作，藉由民間的力量達成公務的執行，一方可節省成本的支出，一方面可增進公共服務的效率。

20 **(A)**。政府資訊公開法第7條：下列政府資訊，除依第十八條規定限制公開或不予提供者外，應主動公開：

一、條約、對外關係文書、法律、緊急命令、中央法規標準法所定之命令、法規命令及地方自治法規。

二、政府機關為協助下級機關或屬官統一解釋法令、認定事實、及行使裁量權，而訂頒之解釋性規定及裁量基準。

三、政府機關之組織、職掌、地址、電話、傳真、網址及電子郵件信箱帳號。

四、行政指導有關文書。

五、施政計畫、業務統計及研究報告。

六、預算及決算書。

七、請願之處理結果及訴願之決定。

八、書面之公共工程及採購契約。

九、支付或接受之補助。

十、合議制機關之會議紀錄。

21 **(A)**。(A)臺北市立圖書館：本館隸屬於臺北市政府教育局，為本府二級機關。

https://tpml.gov.taipei/cp.aspx?n=12EDA66541BC00F2

(C)臺北自來水事業處：本處隸屬於臺北市政府，為本府事業機構。https://www.water.gov.taipei/cp.aspx?n=234EB9D26D29887A

22 **(C)**。地方制度法第39條第2項：縣（市）政府對第三十六條第一款至第六款及第十款之議決案，如認為窒礙難行時，應於該議決案送達縣（市）政府三十日內，就窒礙難行部分敘明理由送請縣（市）議會覆議。第八款及第九款之議決案，如執行有困難時，應敘明理由函復縣（市）議會。

23 **(D)**。財政收支劃分法第37條第2項：前項第一款及第三款如需交由下級政府執行者，其經費之負擔，除法律另有規定外，屬委辦事項者，由委辦機關負擔；屬自治事項者，由該自治團體自行負擔。

24 **(C)**。地方立法機關組織準則第25條：

前項公開舉行之會議，依下列規定辦理：

一、大會會議應開放旁聽。

二、會議議事日程，應於會議前公開於網站。

三、會議應製作會議紀錄，除考察及現勘外，並應製作議事錄，且分別於會議後一個月內及六個月內，公開於網站至少五年。

四、直轄市議會、縣（市）議會，除考察及現勘外，大會會議實況應透過網路或電視全程直播；大會及委員會會議應全程錄影，於會議後十五日內將影音檔公開於網站至少五年。

五、鄉（鎮、市）民代表會、山地原住民區民代表會，除考察及現勘外，大會及小組會議應全程錄音，於會議後十日內將錄音檔公開於網站至少五年。

25 **(A)**。原住民族基本法第12條第1項：政府應保障原住民族傳播及媒體近用權，成立財團法人原住民族文化事業基金會，規劃辦理原住民族專屬及使用族語之傳播媒介與機構。

111年 地方特考三等

一、請解析公民投票與公民自決投票（Plebiscite）之差異為何？以全國性公民投票而言，其適用事項為何？

答 廣義的公民投票可包含狹義的公民自決投票（Plebiscite）與公民投票（Referendum），其定義及差異性分述如下：

(一)定義：

1. 公民投票（Referendum）：在憲法規範之下的公民投票，指涉公民針對立法機關通過之憲法修改案、法律創制或修改案，以及公共政策案做最後決定的公民投票，以決定其存廢，亦即中文所稱之「複決」。值得注意的是，各國公投法都會明訂預算、租稅、薪俸與人事案等不得適用公投制度。
2. 公民自決投票（Plebiscite）：是超越憲法層次的公民投票，指涉關於「主權、領土議題」方面的公投，又可翻譯為「公民自決」，係指基於民族自決原則，針對領土、主權歸屬之投票。

(二)兩者之差別：

1. 投票事項的範圍不同：
   (1)公民投票：指的是在憲法規範之下所有對事的投票，但各國公民投票法通常會排除預算、租稅、薪俸、人事案等。
   (2)公民自決投票：指的是「非建制性投票」，亦即超越憲法層次的投票行為，例如，針對獨立、加盟、自決等的投票。
2. 權力來源之不同：
   (1)公民投票：是屬於憲法規範內之產物，
   (2)公民自決投票：多數無憲法基礎，或有改變憲法基礎之意義。
3. 與國會體制關係之不同：
   (1)公民投票：有可能改變國會之決定，或同意國會之意見，但其存在與國會密切相關，無否定國會經常性運作之意涵。
   (2)公民自決投票：則不需與國會發生連結，甚至有否定國會運作之意義。
4. 客觀結構條件之不同：
   (1)公民投票：可能受到有組織的利益團體影響，但仍有公開討論與凝聚民意之條件與機會。

(2) 公民自決投票：被政客操縱的機會較大。是以民主國家複決通過的機率不高，但是開發中國家公民投票通過的機率卻很大。

(三) 以全國性公民投票而言，適用事項依法源可分為二部分：

1. 憲法增修條文：依憲法增修條文第1條第1項、第12條規定：中華民國自由地區選舉人於立法院提出憲法修正案、領土變更案，經公告半年，應於三個月投票複決，有效同意票過選舉人總額之半數，即通過之。

2. 公民投票法：第2條之規定，全國性公民投票，依憲法規定外，其他適用事項如下：

一、法律之複決。

二、立法原則之創制。

三、重大政策之創制或複決。

預算、租稅、薪俸及人事事項不得作為公民投票之提案。

二、地方政府普遍面臨財源不足之困境，中央政府機關宜授與地方政府正確的釣魚方法，而非一味地給魚吃；依地方制度法規定，地方政府創造自有財源之方法有那些？請舉出一種加以申論。

答 地方政府普遍面臨財源不足之困境，除了財政收支法上的法定地方稅外，地方制度法規定，也賦予地方政府創造自有財源之依據，其方法如下：

(一) 地方政府得自行徵收自治稅捐：地方制度法規定，地方政府得自行徵收自治稅捐，因此地方政府為舉辦某種自治事項，得自行徵收自治稅捐，以加速地方建設，而不必一味的仰賴中央的補助，進而發揮自治的精神。可以課稅的類型，依財政收支劃分法、地方稅法通則共有三種，分別為特別稅課、附加稅課、臨時稅課。

(二) 貫徹使用者付費的原則：依地方制度法規定，地方政府收入有一款即為規費，因此，地方政府得依規費法之規定，盤點自治區內可收規費之項目，整頓規費收入，增加財政收入來源。

(三) 地方政府辦理地方公用事業：鼓勵地方政府合作舉辦公共市場、垃圾處理場、停車場、海濱鹽場等，並由上級政府給予必要的協助。

(四) 積極推行公共造產：公共造產為地方自治事業，亦是開闢地方財源的有效措施。如能因地制宜，有計畫的普遍推廣公共造產，對地方財源收入將大有裨益。惟造產事業，涉及基金、技術與土地等問題諸多，必須由上級政府大力協助。

三、地方制度法規定的「市制」有那三種型態？設置標準各為何？您認為目前的市制有何問題必須改革？

答 (一)我國「市制」的三種型態：依地方制度法第4條規定，我國現行「市制」共計三種，分別為：

1. 直轄市。例如：臺北市、新北市、桃園市、臺中市、臺南市、高雄市。
2. 市。例如：基隆市、新竹市、嘉義市。
3. 縣轄市。例如：竹北市、苗栗市、頭份市、彰化市、南投市、員林市、斗六市、朴子市、太保市、屏東市、宜蘭市、花蓮市、臺東市、馬公市。

(二)「市制」設置標準：依地方制度法第4條規定，設置標準如下：

1. 直轄市：
   (1)人口聚居達125萬人以上，且在政治、經濟、文化及都會區域發展上，有特殊需要之地區，得設直轄市。
   (2)另若縣人口聚居達200萬人以上，未改制為直轄市前，於第34條、第54條、第55條、第62條、第66條、第67條及其他法律關於直轄市之規定，準用之。此類為通稱之「準直轄市」。
2. 市：
   人口聚居達50萬人以上未滿125萬人，且在政治、經濟及文化上地位重要之地區，得設市。
3. 縣轄市：人口聚居達10萬人以上未滿50萬人，且工商發達、自治財源充裕、交通便利及公共設施完全之地區，得設縣轄市。

(三)目前市制必須改革的問題：精省後，地方行政仍有三個層級，直轄市、縣市、鄉鎮市，特別是「縣市」、「直轄市」不平等的問題，造成直轄市之造成吸磁效應，因此，在討論目前市制必須改革的問題，可以擴大為地方行政區域之改革問題，其問題析述如下：

1. 行政區劃與「財政分配問題」：財政分配之「公平」與「效率」，是目前極度重要的問題，雖然地方財政困境並非全然為行政區劃所影響，但透過地方行政區劃之整併，重新整合地方財政、調整分配比例，使得地方政府財源皆能滿足需求、有效運用，對於城鄉發展、地方建設以及民眾生活皆有正面助益。

2. 直轄市土地面積差距過大：直轄市層級來說，最大者為高雄市，最小為臺北市，兩者差距超過10倍。幅員遼闊的直轄市，包含都會區型態、鄉村型態，造成部分直轄市「內部」的城鄉差距，原來的縣區常有被邊緣化之感。

3. 行政區劃不恰當或不合時宜：有些行政區劃，早在劃設或改制之初就有可議之處。如台北市及嘉義市，破壞行政區域之完整性；新竹市、嘉義市為升格而升格，由同一生活圈之新竹縣、嘉義縣抽離，割裂生活圈之關係。因此，有必要重新檢討「市」層級之存在必要性。

4. 「鄉（鎮、市、區）」級地方行政區劃數量過多：就台灣本島而言，扣除離島以及面積廣大的原住民鄉等32個行政區後，一共有320個鄉鎮市區，平均一個鄉鎮市區的面積為62.6366平方公里，遠低於日本市區町村之平均面積（146.7983平方公里）。而在國發會達成取消鄉鎮市自治地位之共識後，應為減少地方行政區數量，提高行政效率之良好時機。

5. 「鄉（鎮、市）」名稱與現況不符：在地方行政區名稱方面，由於時代變遷與發展情況之不同，「鄉」、「鎮」、「市」的行政單位名稱多與現況人口及發展情形不符。如彰化縣彰化市226,656人，嘉義縣太保市39,118人，新竹縣竹東鎮97,005人，台東縣關山鎮8,094人，花蓮縣吉安鄉83,064，屏東縣霧臺鄉3,247人，金門縣烏坵鄉僅668人。如此行政單位之命名已與劃設之初產生落差，亦極易造成誤解與混淆。

四、目前我國地方自治區域概可分為六都（直轄市）與非六都，區域發展明顯失衡；從府際網絡治理而言，您認為應如何促進地方政府間的資源整合與合作夥伴關係，以達到共治、共融與共榮之目標？

答 (一)府際網絡治理：府際網絡治理是強調中央與地方的合作、地方與地方跨域合作、及跨部門夥伴等三種不同的合作體制，並從新治理、互動等概念重新建構府際關係。不僅使得中央與地方政府形成相互依存的關係，同時也使得地方政府、私人企業部門、第三部門間形成一種合夥的關係。換言之，將原本只探討中央與地方的府際關係的範疇擴展延伸至地方自治團體的水平府際合作夥伴以及公部門、私部門的跨部門協力合作夥伴關係。

(二) 地方政府間的資源整合與合作，以達到共治、共融與共榮目標之策略：

1. 資源互賴化：現今複雜動盪的社會中，組織為因應不斷變化的環境變遷而產生各種組織型態，而其組織間的互動關係仍不脫離競爭與合作原則。而由於大眾所運用的資源是有限的，因而有了資源依賴理論的出現。相較於資源依賴理論觀點下所認為的合作理論，是一種協力的概念，一種分享彼此的資源、風險與報酬的關係，是優先於合作而不是優先於競爭。
2. 功能整合化：傳統公共行政中，因功能分化導致本位主義，講求專業分工而忽略垂直及水平整合的重要性，因而落入權責分散、彼此權責重疊不清。因此，應加強整合功能分化現象，構築地方組織間夥伴關係，使得每一位行為者間彼此皆處於相互依存的網絡中連繫，並且期望能藉由彼此的合作與協力的夥伴關係來達成共同的目的以成為地方治理的重要課題。
3. 議題跨域化：在面對許多不同領域其複雜棘手而又不容妥協、難以處理的議題下，反映出組織與組織、部門與部門間彼此應建立夥伴關係連繫的重要性，並經由不同的資源提供者與有關的利益團體在資源的相互運用下，以期解決許多跨區域管理的問題。
4. 決策公開化：跨區域合作的形成也是為使地方上決策過程更公開化的策略，因許多利益團體與社群組織希望藉由夥伴關係角色的介入，而發出更多的聲音來影響與他們相關的決策。因而當地方政府的角色轉變後，許多地方政府漸能接受與地方利害關係者彼此協調並促進彼此夥伴關係的一種社群治理的理念。此外，地方政府間跨區域合作被視為可能也補足了民主程序的缺失，亦就是被視為是一種與以往傳統排除社會團體參與所不同的一種授能方式。
5. 競合全球化：由於全球化的影響，使得縣市之間的競爭與合作，已不侷限在本國周邊地區。競爭的對象，也從鄰近國家擴散到全球各大都市。城市之間的交流頻繁與密切關係，亦不遜於國際政治的正式外交活動。

111年 地方特考四等

甲、申論題部分

一、中央或上級政府對地方自治團體的監督，可以分為適法性監督與適當性監督，請詳細說明此兩者的定義與適用範圍。此外，並請闡述當中央或上級政府行使監督權時，應遵守那些原則？

答 地方自治監督，乃是中央政府對於地方自治機關辦理自治事項所為之監察、督飭、指導、考核等作用之概稱。地方政府雖有相當的自治權，但這些自治權乃為國家法律所賦予或為國家所承認。而上級機關對地方自治團體的監督，依地方事務性質之不同，可區分為合法性監督與合目的性監督，其定義與適用範圍，析述如下：

(一)適法性監督：

1. 定義：所謂適法性監督，又稱為合法性監督、法律監督、一般監督。其係對地方自治團體之自我任務執行，國家對其行使最低限度的監控。其依據為法律的正當性與依法治國原則所為對行政權依法行政要求。監督之目的係在督促地方自治團體履行其公法上任務，是否遵行法律的規範，至於其行為是否合乎目的，是否適當滿意，監督機關則無干預、監督之權。

2. 適用範圍：依大法官釋字第498號及第553號解釋意旨，地方自治為憲法所保障之制度。
地方自治團體，以其自己名義，在憲法法律保障的範圍內，以其自己之責任，立法並執行其地方社會上事務，即所謂之「自治事項」。對於自治事項，中央政府或上級機關僅得實施合法性監督，凡地方事務中屬於地方自治團體所固有者，監督機關對該事項只能進行合法性監督。

(二)適當性監督：

1. 定義：地方事務中屬於中央或上級地方自治團體所委託辦理者（委辦事項），負監督之責的委辦機關不僅能就其適法與否進行監督，也從合目的性的角度監督其作為是否適當，即為適當性監督，亦稱為合目的性監督、專業監督。

2. 適用範圍：適當性監督之範圍不僅及於地方自治有無違法，亦及於其合目的性之審查，故對於地方體之自主性影響甚大，因此僅限於對委辦事項之監督。

委辦事項原係國家或上級政府之事務，基於便宜考量才委由地方自治團體執行，委辦機關自得為專業上之指示，並在委事務執行中或執行後，進行適當與否、是否合法之全面性監督。

(三) 中央或上級政府行使監督權時，應遵守之原則：

1. 公益原則：公益原則之主要是強調行政機關之行為應為公益而服務，而非謂公益絕對優先於私益，蓋保障私益亦屬維護公益的一部分。而中央政府或上級政府行使監督權時，僅得基於保護公益之目的而發動監督權，保障依法行政。

2. 便宜原則：便宜原則係指行政機關執行法律時，對於法律效果之產生，得依合義務的裁量決定是否針對具體個案行使其監督權。換言之，中央或上級政府對於地方自治團體之違法行為，得權衡違法程度之輕重及採取監督措施後可能之影響，決定是否以及如何採取行動。

3. 補充性原則：在地方內部監督機制不足以排除違法狀態或現實上有窒礙難行之事由時，始由中央或上級政府介入，並加以監督。

4. 比例原則：法律上許多監督措施及方法並非得由地方自治監督機關任意選擇或隨意運用，不同的監督措施，對於地方自治團體所造成的侵害程度並不相同，因此在監督手段的選擇裁量必須受到比例原則的拘束。易言之，地方自治監督機關不得採用過度侵害地方自治團體的方式來達成監督的目的。

5. 睦鄰原則：「睦鄰原則」乃是指國家之行為必須顧及地方自治團體之利益。換言之，中央政府必須充分理解地方之處境，尤其在從事各種行為時，對於地方自治團體之利益應加以充分的考量，並且尊重自治團體之自治權限，此可謂是為了落實憲法保障的地方自治制度，而課予國家的一種法定義務。

二、請問何謂地方自治團體的人事自主權？而直轄市市長如何任用政務官？並請與美國市經理制的制度特徵進行比較。

答 (一)地方自治團體的人事自主權：地方政府在中央政府之授權下，享有部分的人事自主權限。是為地方首長為求貫徹其政策與理念，在其職務關係內，做出之人事決定，排除中央之干預、主導的人事行政權力。

(二)直轄市市長任用政務官之方式：依地方制度法第55條之規定，市長任用政務官：

1. 副市長：市政府置置副市長二人，襄助市長處理市政；人口在二百五十萬以上之直轄市，得增置副市長一人，職務均比照簡任第十四職等，由市長任命，並報請行政院備查。
2. 秘書長：直轄市政府置秘書長一人，由市長依公務人員任用法任免。
3. 一級主管：一級單位主管或所屬一級機關首長除主計、人事、警察及政風之主管或首長，依專屬人事管理法律任免外，其餘職務均比照簡任第十三職等，由市長任免之。

(三)市經理制主要特徵：此制度乃是仿照工商企業界的科學管理精神而設計，著重在行政上的專門性，同時將全部行政責任課之於市經理。

1. 設置「市議會」：市經理制必有市議會之設置。市議會是由民選的市議員所組成，其主要任務是決定政策、制定法規、選任市經理擔任市經理。
2. 設置「市經理」且由市議會選任：市經理執行行政上事務，按照市議會的指示辦理，不必對選民負責。
3. 設置「市長」且由市議會選任：通常有一位由議會所選出的市長，其為市府名義的首長，做為該市禮儀上的代表，並為市議會開會時的主席，無實際權力。

(四)市經理制與我國的市長制之特徵不同：

1. 產生方式不同：市經理由議會選任；市長則為公民投票。
2. 任期不同：市經理沒有固定任期；市長則有固定任期（四年）。
3. 角色定位不同：市經理為專家政治、專業經理人的角色；市長則是以民意為依歸的政治人物。
4. 行政立法互動關係不同：市經理制下，行政立法兩者是合一；市長制下，行政機關與立法機關間相互制衡。
5. 有無人事權之不同：市經理制之人事權屬於議會所有；市長制之人事權則屬於市長。

乙、測驗題部分

( ) **1** 有關各國之地方政府，下列敘述何者錯誤？ (A)可能純屬國家派出之官治機關 (B)可能在官治之外兼有自治機關之性質 (C)可能與中央政府間為官僚體制之科層節制關係 (D)地方政府之設置等同於地方自治。

( ) **2** 有關地方自治權，下列敘述何者錯誤？ (A)為住民自主決定地方公共事務的權力 (B)僅限於國家領土內之特定地域 (C)地方自治事務非國家直接處理之事務 (D)地方自治範圍內不受國家之監督。

( ) **3** 地方自治團體之法律地位為何？ (A)公法社團法人 (B)營造物法人 (C)行政法人 (D)公法財團法人。

( ) **4** 下列縣（市）政府一級單位主管及所屬一級機關首長中，何者由縣（市）長依法任免？ (A)主計 (B)人事 (C)政風 (D)財政。

( ) **5** 依地方制度法規定，關於地方法規之立法，下列敘述何者錯誤？(A)應經委辦機關核定之委辦規則，地方行政機關未依限發布者，自期限屆滿之日起算至第3日起生效 (B)直轄市山地原住民區區民代表會之自律規則，原則上由該代表會發布，並報直轄市政府備查 (C)直轄市山地原住民區自治條例得訂定罰則，並報經中央主管機關核定後生效 (D)自治條例須經上級政府核定者，核定機關應於1個月內為核定與否之決定。

( ) **6** 依地方制度法規定，直轄市議會之議長、副議長或鄉民代表會之主席、副主席之產生方式為何？ (A)記名投票 (B)無記名投票 (C)舉手表決 (D)政黨協商。

( ) **7** 依司法院大法官解釋意旨，有關財政自主權之敘述，下列何者錯誤？ (A)地方自治團體施政所需之經費負擔，涉及財政自主權之事項，應有法律保留原則之適用 (B)在權限劃分上依法互有協力義務，或由地方自治團體分擔經費符合事物之本質者，並未侵害地方自治團體財政自主權之核心部分 (C)基於國家整體施政需要，中央得以法律規定地方自治團體分擔外交、國防等事務經費支出之比例 (D)中央代替地方編製預算，不無侵害地方自治團體自主權之本質內容，致地方自治團體制度保障虛有化之虞。

( ) **8** 依地方制度法規定，有關自治條例之敘述，下列何者錯誤？ (A)自治條例與中央機關之函釋牴觸者，無效 (B)自治條例與基於法律授權之法規牴觸者，無效 (C)自治條例與上級自治團體自治條例牴觸者，無效 (D)鄉（鎮、市）規約抵觸縣規章時，由縣政府函告無效。

( ) **9** 地方自治團體居民對於地方自治事項，有依法行使創制、複決之權。下列敘述何者錯誤？ (A)直轄市、縣（市）政府對於公民投票提案，是否屬地方自治事項有疑義時，應報請行政院認定 (B)包括委辦規則之複決 (C)公民投票權人必須係在各該直轄市、縣（市）繼續居住6個月以上年滿18歲之中華民國國民 (D)地方立法機關依公民投票結果所制定之自治條例，與創制案之立法原則有無牴觸發生疑義時，應由公民投票提案人之領銜人聲請司法院解釋之。

( ) **10** 甲選上某直轄市市長後，欲任命乙、丙、丁為副市長，戊為市政府之秘書長，下列敘述何者錯誤？ (A)戊須有公務人員任用資格 (B)該市人口應有250萬人以上 (C)乙、丙、丁之職務應比照簡任第十四職等任命，並報行政院備查 (D)乙、丙、丁、戊於市長卸任、辭職、去職或死亡時，應隨同離職。

( ) **11** 有關原住民地方民意代表選舉名額之規定，下列何者錯誤？ (A)鄉（鎮、市）山地原住民人口在1500人以上者，於總額內應有山地原住民選出之代表名額 (B)縣（市）有平地原住民人口在1500人以上者，於總額內應有平地原住民選出之縣議員名額 (C)無山地鄉之縣，即無山地原住民選出之縣議員名額 (D)直轄市有平地原住民人口在2000人以上者，應有平地原住民選出之直轄市議員名額。

( ) **12** 有關地方立法機關召集會議之規定，下列敘述何者正確？ (A)直轄市議會之定期會，每次會期不得超過60日 (B)縣議會之定期會，每四個月開會一次 (C)直轄市議會之臨時會，每次會期不得超過10日 (D)縣議會因繼續審議總預算而延長會期之定期會，得安排議程對官員進行質詢。

( ) **13** 依地方制度法規定，關於地方立法機關之質詢權，下列敘述何者正確？ (A)鄉（鎮、市）民代表會之委員會，如對特定事項有明瞭之必要時，得於開會時邀請鄉（鎮、市）長列席說明 (B)直轄市長於直轄市議會之定期會開會時，應就直轄市政府各一級單位及所屬一級機關之主管業務提出業務報告 (C)縣（市）議員於議會之定期會開會時，有向縣（市）長進行施政總質詢之權 (D)直轄市議會審議總預算之定期會經決議延長會期時，直轄市議員如對特定事項有明瞭之必要，得進行業務質詢。

( ) **14** 依地方制度法規定，直轄市、縣（市）、鄉（鎮、市）之總預算案，如不能於法定期限內完成審議，關於預算之執行，下列敘述何者錯誤？ (A)收入部分暫依上年度標準及實際發生數，覈實收入 (B)新興資本支出及新增科目，得暫時先予動支，如立法機關審議後有所刪減，再由行政機關調整支應 (C)非新興資本支出或新增科目，得依已獲授權之原訂計畫或上年度執行數，覈實動支 (D)履行其他法定義務之收支。

( ) **15** 依地方制度法規定，下列關於縣（市）議會預算審議之敘述，何者正確？ (A)縣（市）議會就預算案所為之附帶決議，縣（市）政府應依該決議辦理之 (B)縣（市）總預算案不能於法定期限內完成審議時，新增科目之預算得經內政部同意後先行動支 (C)縣（市）總預算案在年度開始後2個月未完成審議者，縣（市）政府得報請行政院逕為決定之 (D)縣（市）議會審議總預算之定期會會期屆滿而議案尚未議畢時，得由議長提經大會決議延長會期。

( ) **16** 全球化時代下之地方治理強調「多元化的治理關係」，下列何者非屬地方治理所強調之概念？ (A)涵蓋中央、地方以及社會私部門領域的參與者 (B)重視中央與地方、地方之間的互動關係 (C)強調中央監督與控制地方事務 (D)著重社會、經濟與公共事務的民生議題。

( ) **17** 依地方制度法規定，關於地方自治團體間之跨域合作，共同上級業務主管機關針對下列何種事項，應優先給予補助？ (A)跨區域之建設計畫或合作事項 (B)辦學績效優良之私立學校 (C)地方投資之事業 (D)公營事業。

( ) **18** A直轄市與毗鄰之B直轄市為處理跨區域之大眾捷運系統興建及營運事宜，依地方制度法規定，應如何辦理？ (A)由雙方自行協商決定其主管機關及營運機構 (B)由交通部統籌擔任主管機關，並指定營運機構 (C)由內政部統籌擔任主管機關，並指定營運機構 (D)由行政院統籌擔任主管機關，並指定營運機構。

( ) **19** 縣政府將其權限之一部分委託民間團體辦理，依法應將委託事項及法規依據公告，並刊登政府公報或新聞紙。此係貫徹下列何種原則？ (A)資訊公開原則 (B)公平原則 (C)比例原則 (D)信賴保護原則。

( ) **20** 教育部自2018年推行大學社會責任實踐計畫，串連大專校院投入地方場域，與地方居民及企業協力推動社區及產業發展。此一計畫與下列地方自治之議題何者較為相關？ (A)地方自治監督 (B)地方行政區劃 (C)地方自治法令體系 (D)社區發展與地方創生。

( ) **21** 依地方制度法規定，鄉（鎮、市）應設置公庫，其代理機關之規定為何？ (A)由鄉（鎮、市）公所擬定，經各該鄉（鎮、市）民代表會同意後設置之 (B)由鄉（鎮、市）公所擬定，經各該鄉（鎮、市）民代表會同意並經財政部核定後設置之 (C)由鄉（鎮、市）公所擬定，經各該鄉（鎮、市）民代表會同意並經行政院主計總處核定後設置之 (D)由鄉（鎮、市）公所擬定，經各該鄉（鎮、市）民代表會同意並經縣政府核定後設置之。

( ) **22** 有關直轄市山地原住民區之財政權限，下列敘述何者正確？ (A)適用財政收支劃分法稅課收入 (B)享有中央統籌分配稅款 (C)可依規費法徵收規費 (D)不能經營公共造產事業。

( ) **23** A直轄市議會三讀通過A市實驗教育實施自治條例，並由市政府公布實施後，因該自治條例之部分條文內容牴觸學校型態實驗教育實施條例，監督機關應採何種監督手段，方能使該自治條例不生效力或解消其效力？ (A)不予核定 (B)不予備查 (C)函告無效 (D)予以撤銷。

( ) **24** A為某縣議會議員，因問政需要欲以議員服務處名義向縣政府要求提供相關資料，應以下列何者作為法律上依據？ (A)地方制度法 (B)政府資訊公開法 (C)行政程序法 (D)地方民意代表職權行使辦法。

( ) **25** 學術機構要到原住民部落進行研究時，其相關程序之敘述，下列何者正確？ (A)須受訪（測）者當事人填寫告知同意書 (B)須通過原住民族委員會之審查 (C)須衛生福利部部長審核通過即可 (D)應諮商並取得原住民族或部落同意或參與。

解答與解析（答案標示為#者，表官方曾公告更正該題答案。）

1 **(D)**。關於地方自治與地方政府，學者哈里斯（G. M Harris）提出兩項區別標準：
(1)以中央與地方之關係為準：若地方機關之首長，為中央所任命，則是地方政府。反之，地方機關之首長，係由當地人民選舉，中央雖可監督，但有相當程度的自由與自主，則為地方自治。
(2)以與社區(community)之關係為準：若地方機關由當地人民選舉組成，人民可參與地方之決策，能為當地人民之利益而服務，向當地人民負責者，為地方自治。反之，若地方機關非由人民直接參與，也不向當地全部社區負責，並不專為地方利益而施政，則是地方政府。

2 **(D)**。地方自治（Local Autonomy）乃國家特定區域內的人民，基於國家授權或依據國家法令，在國家監督之下，自組法人團體，以地方之人及地方之財，自行處理各該區域內公共事務的一種政治制度。

3 **(A)**。釋字第467號解釋孫森焱大法官於協同意見書：公法人係指國家或依法律設立，為達成公共目的而有行使公權力之權能，且得為權利義務主體之公共團體。學者區分公法人為公法社團、公共營造物及公法財團三者，公法社團則有區域團體、身分團體、聯合團體、其他團體四種。地方自治團體即屬區域團體之例（蔡震榮，公法人概念的探討。《當代公法理論》，頁255以下）。所謂地方自治團體係指於國家內之一定區域，為實施地方自治，由地方人民組成，具有公法上權利能力，得獨立行使權利及負擔義務之公法社團（陳敏，行政法總論，頁786以下）。

4 **(D)**。地方制度法第56條第2項：縣（市）政府置秘書長一人，由縣（市）長依公務人員任用法任免；其一級單位主管及所屬一級機關首長，除主計、人事、警察、稅捐及政風之主管或首長，依專屬人事管理法律任免，其總數二分之一得列政務職，職務比照簡任第十二職等，其餘均由縣（市）長依法任免之。

5 **(C)**。(A)地方制度法第32條第4項：自治法規、委辦規則自公布或發布之日起算至第三日起發生效力。但特定有施行日期者，自該特定日起發生效力。(B)地方制度法第83-2條準用第31條第2項自律規則除法律或自治條例另有規定外，由各該立法機關發布，並報各該上級政府備查。(C)直轄市山地原住民區自治條例無訂定罰鍰或其他種類行政罰之法源依據，自治條例得訂定罰鍰或其他種類之行政罰，是屬直轄市、縣

（市）。（地方制度法第26條第2項）(D)地方制度法第32條第3項：自治法規、委辦規則須經上級政府或委辦機關核定者，核定機關應於一個月內為核定與否之決定；逾期視為核定，由函報機關逕行公布或發布。但因內容複雜、關係重大，須較長時間之審查，經核定機關具明理由函告延長核定期限者，不在此限。

6 **(A)**。地方制度法第44條第1項：直轄市議會、縣（市）議會置議長、副議長各一人，鄉（鎮、市）民代表會置主席、副主席各一人，由直轄市議員、縣（市）議員、鄉（鎮、市）民代表以記名投票分別互選或罷免之。但就職未滿一年者，不得罷免。

7 **(C)**。釋字第550號理由書摘要：地方自治團體受憲法制度保障，其施政所需之經費負擔乃涉及財政自主權之事項，固有法律保留原則之適用，於不侵害其自主權核心領域之限度內，基於國家整體施政需要，中央依據法律使地方分擔保險費之補助，尚非憲法所不許。前述所謂核心領域之侵害，指不得侵害地方自治團體自主權之本質內容，致地方自治團體之制度保障虛有化，諸如中央代替地方編製預算或將與地方政府職掌全然無關之外交、國防等事務之經費支出，規定由地方負擔等情形而言。至於在權限劃分上依法互有協力義務，或由地方自治團體分擔經費符合事物之本質者，尚不能指為侵害財政自主權之核心領域。關於中央與地方辦理事項之財政責任分配，憲法並無明文。財政收支劃分法第三十七條第一項就各級政府支出之劃分，於第一款雖規定「由中央立法並執行者，歸中央」，固非專指執行事項之行政經費而言，然法律於符合首開條件時，尚得就此事項之財政責任分配為特別規定，該法第四條附表二、丙、直轄市支出項目，第十目明定社會福利支出，包括「辦理社會保險、社會救助、福利服務、國民就業、醫療保健等事業及補助之支出均屬之」。本案爭執之全民健康保險法第二十七條即屬此種特別規定，其支出之項目與上開財政收支劃分法附表之內容，亦相符合。至該條各款所定補助各類被保險人保險費之比例屬立法裁量事項，除顯有不當者外，尚不生牴觸憲法問題。

8 **(A)**。地方制度法第30條：自治條例與憲法、法律或基於法律授權之法規或上級自治團體自治條例牴觸者，無效。

自治規則與憲法、法律、基於法律授權之法規、上級自治團體自治條例或該自治團體自治條例牴觸者，無效。

委辦規則與憲法、法律、中央法令牴觸者，無效。

第一項及第二項發生牴觸無效者，分別由行政院、中央各該主管機關、縣政府予以函告。第三項發生牴觸無效者，由委辦機關予以函告無效。
自治法規與憲法、法律、基於法律授權之法規、上級自治團體自治條例或該自治團體自治條例有無牴觸發生疑義時，得聲請司法院解釋之。

9 **(B)**。公民投票法第2條第3項：地方性公民投票適用事項如下：
一、地方自治條例之複決。
二、地方自治條例立法原則之創制。
三、地方自治事項重大政策之創制或複決。
而委辦規則其名稱準用自治規則之規定（地方制度法第29條第2項後段）。因此，公民投票法中關於地方性公民投票之事項未包含委辦規則。

10 **(D)**。地方制度法第55條：直轄市政府置市長一人，對外代表該市，綜理市政，由市民依法選舉之，每屆任期四年，連選得連任一屆。置副市長二人，襄助市長處理市政；人口在二百五十萬以上之直轄市，得增置副市長一人，職務均比照簡任第十四職等，由市長任命，並報請行政院備查。
直轄市政府置秘書長一人，由市長依公務人員任用法任免；其一級單位主管或所屬一級機關首長除主計、人事、警察及政風之主管或首長，依專屬人事管理法律任免外，其餘職務均比照簡任第十三職等，由市長任免之。
副市長及職務比照簡任第十三職等之主管或首長，於市長卸任、辭職、去職或死亡時，隨同離職。
依第一項選出之市長，應於上屆任期屆滿之日宣誓就職。

11 **(A)**。地方制度法第33條第2項：直轄市議員、縣（市）議員、鄉（鎮、市）民代表名額，應參酌各該直轄市、縣（市）、鄉（鎮、市）財政、區域狀況，並依下列規定，於地方立法機關組織準則定之：
一、直轄市議員總額：
(一)區域議員名額：直轄市人口扣除原住民人口在二百萬人以下者，不得超過五十五人；超過二百萬人者，不得超過六十二人。
(二)原住民議員名額：有平地原住民人口在二千人以上者，應有平地原住民選出之議員名額；有山地原住民人口在二千人以上或改制前有山地鄉者，應有山地原住民選出之議員名額。
二、縣（市）議員總額：
(一)縣（市）人口在一萬人以下者，不得超過十一人；人口在二十萬人以下者，不得超過十九人；人口在四十萬人以下者，不得超過三十三人；人口在八十萬人以下者，不得超過四十三人；人口在一百六十萬人以下者，不得超過五十七人；人口超過一百六十萬人者，不得超過六十人。

(二)縣（市）有平地原住民人口在一千五百人以上者，於前目總額內應有平地原住民選出之縣（市）議員名額。有山地鄉者，於前目總額內應有山地原住民選出之縣議員名額。有離島鄉且該鄉人口在二千五百人以上者，於前目總額內應有該鄉選出之縣議員名額。

三、鄉（鎮、市）民代表總額：

(一)鄉（鎮、市）人口在一千人以下者，不得超過五人；人口在一萬人以下者，不得超過七人；人口在五萬人以下者，不得超過十一人；人口在十五萬人以下者，不得超過十九人；人口超過十五萬人者，不得超過三十一人。

(二)鄉（鎮、市）有平地原住民人口在一千五百人以上者，於前目總額內應有平地原住民選出之鄉（鎮、市）民代表名額。

（請注意：本法於113年8月7日修法，名額數量已作修正，本處保留舊法。）

12 **(C)**。地方制度法第34條第1項：

直轄市議會、縣（市）議會、鄉（鎮、市）民代表會會議，除每屆成立大會外，定期會每六個月開會一次，由議長、主席召集之，議長、主席如未依法召集時，由副議長、副主席召集之；副議長、副主席亦不依法召集時，由過半數議員、代表互推一人召集之。每次會期包括例假日或停會在內，依下列規定：

一、直轄市議會不得超過七十日。

二、縣（市）議會議員總額四十人以下者，不得超過三十日；四十一人以上者不得超過四十日。

三、鄉（鎮、市）民代表會代表總額二十人以下者，不得超過十二日；二十一人以上者，不得超過十六日。

地方制度法第34條第2項：

前項每年審議總預算之定期會，會期屆滿而議案尚未議畢或有其他必要時，得應直轄市長、縣（市）長、鄉（鎮、市）長之要求，或由議長、主席或議員、代表三分之一以上連署，提經大會決議延長會期。延長之會期，直轄市議會不得超過十日，縣（市）議會、鄉（鎮、市）民代表會不得超過五日，並不得作為質詢之用。

地方制度法第34條第4項：

前項臨時會之召開，議長、主席應於十日內為之，其會期包括例假日或停會在內，直轄市議會每次不得超過十日，每十二個月不得多於八次；縣（市）議會每次不得超過五日，每十二個月不得多於六次；鄉（鎮、市）民代表會每次不得超過三日，每十二個月不得多於五次。但有第三十九條第四項之情事時，不在此限。

13 **(C)**。地方制度法第48條第2項：直轄市議員、縣（市）議員、鄉（鎮、市）民代表於議會、代表會定期會開會時，有向前項各該首長或單位主管，就其主管業務質詢之權；其質詢分為施政總質詢及業務質詢。業務質詢時，相關之業務主管應列席備詢。

14 **(B)**。地方制度法第40條第3項：直轄市、縣（市）、鄉（鎮、市）總預算案，如不能依第一項規定期限審議完成時，其預算之執行，依下列規定為之：

一、收入部分暫依上年度標準及實際發生數，覈實收入。

二、支出部分：

(一)新興資本支出及新增科目，須俟本年度預算完成審議程序後始得動支。

(二)前目以外之科目得依已獲授權之原訂計畫或上年度執行數，覈實動支。

三、履行其他法定義務之收支。

四、因應前三款收支調度需要之債務舉借，覈實辦理。

15 **(D)**。地方制度法第34條第2項：前項每年審議總預算之定期會，會期屆滿而議案尚未議畢或有其他必要時，得應直轄市長、縣（市）長、鄉（鎮、市）長之要求，或由議長、主席或議員、代表三分之一以上連署，提經大會決議延長會期。延長之會期，直轄市議會不得超過十日，縣（市）議會、鄉（鎮、市）民代表會不得超過五日，並不得作為質詢之用。

16 **(C)**。

一、多層次的治理（multi-level governance）

治理是一種過程，但也有其結構性的特徵，地方治理在結構上已經跳脫出由上而下的層級節制體系，並且中央與地方政府的界限、政府與民間的界限，乃至地方與國家疆界以外的政府或非政府組織的界限都將不像過去那樣明顯。根據Rhodes（1994. 1996. 1997）和Goss（2001）等學者的說法，這是一種多層次的治理結構和過程，亦即，地方公共事務之處理和發展，中央或地方政府不再是地方治理的獨占性行動者，其他地方政府，國內非營利組織、大眾傳播媒體和非組織性公民運動，以及私部門廠商等更為多元的社會行動者，將依不同的政策議題參與各種治理行動；甚且，民族國家界限以外的其他行動者，包括全球或區域的國際組織，他國之中央或地方政府，多國籍公司或跨國企業，以及國際非政府組織、全球傳媒和全球性公民運動等也會直接或間接涉入地方治理的實質運作。

二、多元化的治理關係

隨著地方治理走向多層次化，不僅參與治理的行動者更為多元，行動者之間的治理關係也更形複雜而多元化。目前地方的治理關係至少有以下三類：

(1)傳統官僚體制的層級節制關係：中央政府與地方政府在治理過程中扮演重要的角色，但值得注意的是，隨著民族國家逐漸融入全球治理體系中，全球或區域國際組織也涉入此一層級節制系統，並且對地方治理產生相當程度的規範作用。

(2)市場治理模式下的交易契約關係：政府部門成為公共設施或公共服務的購買者，其主要的簽約對象包括國內外私部門廠商、多國籍公司和跨國企業集團，也包括其他不以營利為目的之國內外非政府組織。

(3)社群主義（communitarianism）理念下的社群夥伴關係：社群主義強調以行動者之間的共同價值為政策制定之基礎，而非追求個別行動者利益之極大化。由此種理念所發展出來的夥伴關係包括公私協力夥伴關係和府際間夥伴關係，而建立夥伴關係的目的則包括公共設施之興建、公共服務之提供，以及文化建設和經濟發展等相當廣泛之範疇。儘管目前在地方治理的實務上，層級節制、交易契約和社群夥伴等三種關係已經同時並存運作，但不少地方政府在角色職能上卻仍須進一步調整及轉換。

17 **(A)**。地方制度法第24-1條第4項：共同上級業務主管機關對於直轄市、縣（市）、鄉（鎮、市）所提跨區域之建設計畫或第一項跨區域合作事項，應優先給予補助或其他必要之協助。

18 **(A)**。地方制度法第24-1條第1項：直轄市、縣（市）、鄉（鎮、市）為處理跨區域自治事務、促進區域資源之利用或增進區域居民之福祉，得與其他直轄市、縣（市）、鄉（鎮、市）成立區域合作組織、訂定協議、行政契約或以其他方式合作，並報共同上級業務主管機關備查。

19 **(A)**。資訊公開原則係指政府應將資訊公開，便利人民共享及公平利用政府資訊，保障人民知的權利，增進人民對公共事務之了解、信賴及監督，並使政府決策變得更透明、弊端更不容易隱瞞、人民的參政權進一步落實。

20 **(D)**。我國自107年起推動「大學社會責任實踐計畫」（簡稱USR計畫），以「在地連結」與「人才培育」為核心，引導大學以人為本，從在地需求出發。第一期（107至108年）設定「在地關懷」、「產業鏈結」、「永續環境」、「食品安全與長期照顧」及「其他社會實踐」。第二期（109至111年）新增「地方創生」與「國際連結」兩類議題，以振興、創新產業，吸引人口回流，達成「均衡台灣」為目標。

所謂「地方創生（Regional Revitalization）」是源自於日本，其背景為安倍晉三第二次內閣時，因應總人口減少、人口過度集中東京、地方經濟衰退等問題，提升日本整體活力所提出的一系列政策總稱。我國也面臨相似的現象，因此行政院參考日本推動地方創生之經驗，於2019年宣誓為「台灣地方創生元年」，核定地方創生國家戰略計畫，透過提升在地文化、與新創結合、依地方特色發展產業、創造就業機會等方式，達成促進島內移民及都市減壓，完成「均衡台灣」的目標。

21 **(A)**

22 **(C)**。適用財政收支劃分法稅課收入：中央、直轄市、縣、市、鄉、鎮及縣轄市享有中央統籌分配稅款：直轄市、縣、市、鄉、鎮及縣轄市依規費法徵收規費：各級政府及所屬機關、學校經營公共造產事業：地方制度法第83-3條第8款第2目。

23 **(C)**。地方制度法第30條：自治條例與憲法、法律或基於法律授權之法規或上級自治團體自治條例牴觸者，無效。

自治規則與憲法、法律、基於法律授權之法規、上級自治團體自治條例或該自治團體自治條例牴觸者，無效。

委辦規則與憲法、法律、中央法令牴觸者，無效。

第一項及第二項發生牴觸無效者，分別由行政院、中央各該主管機關、縣政府予以函告。第三項發生牴觸無效者，由委辦機關予以函告無效。

自治法規與憲法、法律、基於法律授權之法規、上級自治團體自治條例或該自治團體自治條例有無牴觸發生疑義時，得聲請司法院解釋之。

24 **(B)**。地方立法機關之文件調閱權地方議會之議員文件調閱之請求，依地方制度法等相關規定，對於目前尚無法律明文可資遵循。

惟司法院大法官釋字第325號解釋：「立法院為行使憲法所賦予

之職權，除依憲法第五十七條第一款及第六十七條第二項辦理外，得經院會或委員會之決議，要求有關機關就議案涉及事項提供參考資料，必要時並得經院會決議調閱文件原本，受要求之機關非依法律規定或其他正當理由不得拒絕……。」

又依內政部90年6月5日（90）台內民字第9004896號函釋：參照釋字第325號解釋意旨，各級地方立法機關於符合若干要件情形下，有依法行使調閱文件之權；惟現行地方制度法並無地方立法機關得向有關機關調閱文件之相關規定，且上開所指係立法機關之職權，與民意代表個人之職權無涉。現行民意代表個人行使之職權，一般僅有出席權、發言權、表決權、質詢權等，是故民意代表個人尚無得行使文件調閱權之法律依據。至若以一般人民身分請求行政機關提供行政資訊，當依行政程序法及行政資訊公開辦法相關規定辦理。

又依法務部101年12月26日(101)法律字第10103110880號函解釋：地方立法機關或民意代表基於問政需要，要求公務機關提供資料，應依政府資訊公開法第18條第1項所定情形之一者外，自應予以公開之。但涉及個人資料者，則依個人資料保護法第16條規定。

基此，地方立法機關或議員個人，如提出文件調閱之請求，受請求之機關即應參酌政府資訊公開法等相關法令之規定辦理。

25 **(D)**。原住民族基本法第21條第1項：政府或私人於原住民族土地或部落及其周邊一定範圍內之公有土地從事土地開發、資源利用、生態保育及學術研究，應諮商並取得原住民族或部落同意或參與，原住民得分享相關利益。

112年 高考三級

一、立法院於112年5月通過修改公職人員選舉罷免法，明訂曾犯組織犯罪防制條例之罪、曾犯製造、運輸、販賣毒品、槍炮與洗錢，及收受使用財源不明等行為，經有罪判決確定者，終身不得參選等規定。這次修法對於臺灣地方政治生態造成相當衝擊，請從選舉動員、政治結盟，以及政治與社會關係三個層面，根據近年黑金政治的發展經驗，分析此次修法對臺灣地方政治生態的衝擊。

答 公職人員選舉罷免法、總統副總統選舉罷免法今年5月之修正，依內政部的官方說法，這次修法目的是為貫徹掃除黑金、防杜境外勢力、深偽影音介入選舉，建立優質選舉環境。因此，此次修正案被媒體俗稱「排黑條款」，而此次修正對臺灣地方政治生態造成相當衝擊，因此從選舉動員、政治結盟、政治與社會關係三個層面，分析如下：

(一) 選舉動員層面：

1. 排除黑金背景候選人：具有組織犯罪防制條例之罪、曾犯製造、運輸、販賣毒品、槍炮與洗錢，及收受使用財源不明等行為經判刑確定者，無法參與公職人員。
2. 降低黑金動員選民之可能性：地方公職候選人將無法與黑金或黑道背景的組織合作，透過其關係在選舉期間進行大規模動員。

(二) 政治結盟層面：

1. 破壞地方侍從主義（Clientelism）：臺灣地方政治充滿侍從主義，透過公職人員選舉罷免法的排黑條款，排除「以黑金相關政治人物為恩庇者的利益輸送關係」。
2. 政治人物會慎選結盟或合作對象：此次修法讓具有黑道背景者無參選資格，未來將不再有此類型的政治人物，在修法後到下屆選舉前，現有政治人物會慎選結盟對象，不僅不能與有黑道背景的政治人物掛勾，也會排除黑道背景的「地方利益團體」，對於政治生態將有正面助益。

(三) 政治與社會關係層面

1. 黑金勢力將轉到檯面下進行：排黑條款雖然禁制具有組織犯罪防制條例之罪、曾犯製造、運輸、販賣毒品、槍炮與洗錢，及收受使用財源不明等行為經判刑確定者參選公職，但，政治人物在選票、政治獻金、利益考量下，無法排除與黑金勢力持續保持互動關係，甚至轉到檯面下進行交易互動。

2. 黑金家族仍可參政，對政治持續發生影響力：此次修法讓具有黑道背景者無參選資格，但是，仍可透過其家族其他成員參加公職人員選舉，對地方政治持續發生影響力。

二、地方稅法通則已通過20餘年，雖賦予地方政府開徵地方稅權限，但實施多年對地方政府財政挹注效果有限。請說明地方稅法通則所規定地方可以開徵的地方稅課有那些？造成徵收效益不如預期的法制上、政治上與行政上的主要障礙有那些？

答 (一)地方政府可開徵之地方稅類型：

1. 特別稅課：

(1)財政收支劃分法第12條第6項，特別課稅是指直轄市政府與縣（市）政府因應地方自治之需要，經議會立法課徵之稅。但不得以已徵貨物稅或菸酒稅之貨物為課徵對象。

(2)地方稅法通則第3條，特別稅課課徵至多4年，屆期若欲繼續課徵，需再行自治條例立法程序。

(3)鄉（鎮、市）不得開徵特別稅課。

2. 附加稅課：

(1)地方稅法通則第5條第1項為附加稅課之規定，直轄市政府、縣（市）政府為辦理自治事項，充裕財源，除關稅、貨物稅及加值型營業稅外，得就現有國稅中附加徵收。但其徵收率不得超過原規定稅率百分之三十。

(2)地方稅法通則第3條，特別稅課課徵至多4年，屆期若欲繼續課徵，需再行自治條例立法程序。

(3)鄉（鎮、市）不得開徵附加稅課。

3. 臨時稅課：

(1)直轄市政府、縣（市）政府及鄉（鎮、市）公所因應地方自治之需要，經地方議會議決程序，辦理臨時稅課。臨時稅課應指明課徵該稅課之目的，並應對所開徵之臨時稅課指定用途，並開立專款帳戶。

(2)地方稅法通則第3條，臨時稅課課徵至多2年，屆期若欲繼續課徵，需再行自治條例立法程序。

(二)收益不佳的障礙：

1. 法制規範之疏漏：「地方稅法通則」雖然是地方自募財源之法制依據，但卻僅以十條條文做為原則性之規範，許多部分仍顯疏漏而不明確，出現法制規範之爭議：

(1)稅課範圍未明確界定：「地方稅法通則」雖然賦予地方按特殊需求開徵特別稅、臨時稅之權力，但其稅課範圍界定抽象，各地方政府課徵新稅之名稱、稅率、稅額等皆可自行訂定而不盡相同。長期而言，這將造成各地稅制紊亂並嚴重影響民眾與工商業界的日常活動及運作。

(2)對稅課疑義解釋無明確規範：「地方稅法通則」對稅課疑義的解釋權並無規範，究竟應由中央主管或地方分治皆無明確界定。日後在地方稅制的規劃與執行上若出現疑義，勢必衍生府際間之管轄爭議。

(3)對禁止開徵事項之規範不盡明確：「地方稅法通則」第三條規定，對損及國家整體利益或其他地方公共利益之事項，不得開徵特別稅課、臨時稅課或附加稅課，惟何謂國家或地方之公共利益事項，其界定仍未盡明確。中央未來將可能藉此條文而恣意駁回地方所提不合其意之稅課法案，使「地方稅法通則」促進地方財政自主之目標嚴重折損。

2. 行政執行的配套不足：

(1)缺乏稅率調整彈性：「地方稅法通則」第四條規定地方政府為辦理自治事項，除印花稅與土地增值稅外，得就其地方稅原規定稅率上限，於百分之三十範圍內，予以調高，訂定徵收率。惟已有學者指出，此項措施的原意乃是以授權方式給予地方部分財政自主彈性及財源籌措的能力，但是既要將權力下放給地方，就應有對稱性的下放，不但有調升的設計，亦應有同樣範圍內調降稅率之權力。

(2)附加徵收之稅目有限：「地方稅法通則」第三條規定特別稅課不得以已課徵貨物稅或菸酒稅之貨物為課徵對象，而「地方稅法通則」第五條雖賦予地方政府在國稅上附加徵收百分之三十範圍內的權力，但卻排除了關稅、貨物稅及加值型營業稅之適用，因此實際上只剩下所得稅、遺產及贈與稅與礦區稅等可以附加。

(3)欠缺自動開徵新稅之配套措施：雖賦予地方政府開徵新稅之權限，但在今日政治與選舉掛帥的環境中，縱使地方財政確有迫切需求，地方政府亦未必敢貿然課徵新稅，得罪轄內選民或企業。在地方缺乏徵稅意願，卻未訂有地方財政努力顯有不足時，必須強制開徵地方新稅之配套措施。

(4)欠缺稅制規劃與執行之人力及資源：「地方稅法通則」雖然一體適用於所有層級之地方政府，但鄉（鎮、市）政府在稅制研擬規劃與執行方面的人力和資源將遠不如直轄市與縣（市）政府。

3. 政治因素：

(1)政治掛帥與選舉壓力：課徵新稅對面對競選或連任壓力之民選行政首長與議會民意代表皆是票房毒藥，因此其自然沒有意願去推動此類方案。

(2)課徵新稅的政治限制與鬥爭：地方稅法通則規定，開徵新稅源須經由地方議會或代表會通過方可執行，因此若出現府會對立、衝突的情況，可能造成地方無法順利落實新稅的課徵。

三、依照司法院釋字第498號解釋，我國「地方行政機關與地方立法機關間依法並有權責制衡關係」，與其他國家地方立法與行政關係不盡相同，若以美國地方的議會／市經理制為例，請從行政與立法權責關係比較我國地方自治組織制度特徵與美國議會／市經理制的差異。

答 美國地方的議會／市經理制的權力集中於市議會，市議會具有政策決定權，並且選任一位市經理負責地方行政事務，市經理必須對市議會負責。反之，我國地方政府係採取權力分立制，行政權和立法權相互獨立，地方行政首長與地方民意代表皆由人民選舉產生。以下茲就市經理制與我國地方政府制度之立法與行政權責關係，分析如下：

(一)行政、立法的互動關係：

1. 美國市經理制：議會可以決定其首長之產生與地方行政機關職權，行政權與立法權兩者是合一，為權力一元制。

2. 我國地方政府：地方行政機關與立法機關分別設立，各自民選產生，且各自獨立行使職權，但兩者之間卻必須依法制衡，是權力分立制。

(二) 負責對象不同：

1. 美國市經理制：市經理被議會選任負責執行行政事務，因此對於行政事務必須對議會負責。
2. 我國地方政府：地方行政首長係由人民所選出，因此其必須對選民負責；地方立法權之民意代表同樣對選民負責。

(三) 市經理隸屬議會，我國地方行政首長受地方議會監督：

1. 美國市經理制：市經理與議會是屬於從屬關係。
2. 我國地方政府：行政權與立法權是相互獨立，行政權負責行政事務，而立法權負責監督行政權。

四、依相關法制規定，中央政府對地方政府應如何貫徹自治監督？如果地方行政首長違反地方制度法之規定，中央政府要求地方首長遵守地方制度法的監督程序為何？

答 地方自治監督一稱地方自治團體之監督或地方自治機關之監督，乃對於地方自治機關辦理自治事項所為之監察、督飭、指導、考核等作用之概稱。我國中央政府對地方政府之自治監督可包含行政、立法、司法、考試與監察之監督。若地方行政首長違反地方制度法之規定，中央政府可停止職務、解除職權與懲戒等方式。其內容析述如下：

(一) 中央對地方政府的監督：

1. 立法監督：所謂立法監督乃上級立法機關以立法權規定下級政府之體制，或賦予相當的職權，使其組織及職權之行使獲得合法之根據，並使之不得超越上級立法之範圍。因此，其作用係在事前監督，且屬原則之監督。例如：地方自治法規不得牴觸法律，或與中央法規牴觸，牴觸者，無效。（地方制度法§30、31）
2. 行政監督：所謂行政監督，乃上級行政機關對於下級地方政府之業務進行，用行政程序予以督促或考核。例如：地方制度法規定：上級機關對下級機關之自治事項，委辦事項之撤銷、變更、廢止、停止其執行（地方制度法§75）。對於下級機關之人員予以停職，解除職務（職權），或派員代理（地方制度法§78、§79、§82）。

3. 司法監督：所謂司法監督，即司法機關以解釋權、訴訟及懲戒權對各級地方政府所行使之監督。例如：地方制度法規定：自治法規與憲法、法律、基於法律授權之法規、上級自治團體自治條例或該自治團體自治條例有無牴觸發生疑義時，得聲請司法院解釋之。（地方制度法§30）

4. 考試監督：依憲法第108條所示，地方官吏之銓敘、任用、糾察及保障為中央立法事項，而「考試 院為國家最高考試機關，掌理考試、任用、考績、級俸、陞遷、保障、褒獎、撫卹、退休、養老等事項」（憲§83）。可見各級地方政府人事，要受考試院管制，亦即考試院對於各級地方政府有人事監督權。

   此外，地方議會與機關之組織規程、準則及組織自治條例，其有關考銓業務事項，不得牴觸中央考銓法規，各權責機關於核定或同意後，應函送考試院備查（地方制度法§54、§62）。

   再者，各民選公職人員，皆須經檢覈合格，而此項民選公職候選人資格之檢覈，係由考試院辦理。是則考試院對於各民選公職人員亦有部分監督權。

5. 監察監督：依憲法第79條第2項的規定：「監察院對於中央及地方公務人員認為有失職或違法情事，得提出糾舉或彈劾案，如涉及刑事，應移送法院辦理。」可見各級地方政府的公務人員，如有失職或違法情事，監察院有糾舉及彈劾權的。又，監察院設有審計部，掌理全國財務審計之權，可見監察院對於各級地方政府尚有財政監督權。

(二) 中央對地方行政首長的監督程序：

1. 停止職務：

   (1) 係一種使民選地方行政首長雖仍保有其身分，卻於一定期間內暫停職務行使權，並停發薪給。

   (2) 有地方制度法第78條第1項之事項，停止其職務：

      A. 涉嫌犯內亂、外患、貪污治罪條例或組織犯罪防制條例之罪，經第一審判處有期徒刑以上之刑者。但涉嫌貪污治罪條例上之圖利罪者，須經第二審判處有期徒刑以上之刑者。

      B. 涉嫌犯前款以外，法定刑為死刑、無期徒刑或最輕本刑為五年以上有期徒刑之罪，經第一審判處有罪者。

      C. 依刑事訴訟程序被羈押或通緝者。

2. 解除職務：

(1)解除職務是自治監督機關對於下級政府民選首長或民意代表有違法、失職或其他法定原因者，得解除其職務或職權的一種權限，屬於地方制度法上「去職」，受解除職務處分者，其原有法定身分喪失。

(2)有地方制度法第79條第1項之事項，解除其職權或職務：

A. 經法院判決當選無效確定，或經法院判決選舉無效確定，致影響其當選資格者。

B. 犯內亂、外患或貪污罪，經判刑確定者。

C. 犯組織犯罪防制條例之罪，經判處有期徒刑以上之刑確定者。

D. 犯前二款以外之罪，受有期徒刑以上刑之判決確定，而未受緩刑之宣告、未執行易科罰金或不得易服社會勞動者。

E. 受保安處分或感訓處分之裁判確定者。但因緩刑而付保護管束者，不在此限。

F. 戶籍遷出各該行政區域四個月以上者。

G. 褫奪公權尚未復權者。

H. 受監護或輔助宣告尚未撤銷者。

I. 有本法所定應予解除職權或職務之情事者。

J. 依其他法律應予解除職權或職務者。

(3)地方制度法第80條規定：地方行政首長因罹患重病，致不能執行職務繼續一年以上，或因故不執行職務連續達六個月以上者，應依解除其職務；地方民意代表連續未出席定期會達二會期者，解除其職權。

3. 懲戒：

(1)地方制度法第84條規定，直轄市長、縣（市）長、鄉（鎮、市）長適用公務員服務法；其行為有違法、廢弛職務或其他失職情事者，準用政務人員之懲戒規定。

(2)所謂的政務人員懲戒規定系指公務員懲戒法之政務人員懲戒規定，包含免除職務、撤職、剝奪或減少退休（職、伍）金、減俸、罰款、申誡。

112年 普考

甲、申論題部分

一、針對地方公職人員提出的罷免案原本極難成案並獲得通過，公職人員選舉罷免法於民國105年底修正放寬相關規定，自此先後有村里長、直轄市長、直轄市議員遭到原選舉區通過罷免。請說明現行法規對於地方公職人員罷免的門檻及通過條件，並比較說明單一席次選區及多席次選區兩種選制罷免結果所反映民意的差別何在？

答 罷免權，係指公民對於公職人員，於其任期未滿以前，得以投票方法令其去職。依我國公職人員選舉罷免法（以下簡稱選罷法）規定，罷免程序可分為提案、連署、投票等階段。依題意所示，分述說明如下：

(一)現行罷免制度規定：

1. 提議條件：選罷法第75條第1項：「公職人員之罷免，得由原選舉區選舉人向選舉委員會提出罷免案。但就職未滿1年者，不得罷免。」同條第2項：「全國不分區及僑居國外國民立法委員選舉之當選人，不適用罷免之規定。」

2. 提議程序：

(1)選罷法第76條第1項：「罷免案以被罷免人原選舉區選舉人為提議人，由提議人之領銜人1人，填具罷免提議書1份，檢附罷免理由書正、副本各1份，提議人正本、影本名冊各1份，向選舉委員會提出。」第2項：「前項提議人人數應為原選舉區選舉人總數1%以上，其計算數值尾數如為小數者，該小數即以整數1計算。」

(2)選罷法第77條第1項：「現役軍人、服替代役之現役役男或公務人員，不得為罷免案提議人。」

3. 連署：前述提議需經該管選舉委員會查對通過後，方得進入連署程序：

(1)連署期間：選罷法第80條第1項：「一、立法委員、直轄市議員、直轄市長、縣（市）長之罷免為60日。二、縣（市）議員、鄉（鎮、市）長、原住民區長之罷免為40日。三、鄉（鎮、市）民代表、原住民區民代表、村（里）長之罷免為20日。」

(2)連署門檻：選罷法第81條第1項：「罷免案之連署人，以被罷免人原選舉區選舉人為連署人，其人數應為原選舉區選舉人總數10%以上。」第3項：「同一罷免案之提議人不得為連署人。提議人及連署人之人數應分別計算。」

4. 罷免案投票：

(1)選罷免法第87條第1項：「罷免案之投票，應於罷免案宣告成立後20日起至60日內為之，該期間內有其他各類選舉時，應同時舉行投票。但被罷免人同時為候選人時，應於罷免案宣告成立後60日內單獨舉行罷免投票。」

(2)投票結果：選罷法第90條第1項：「罷免案投票結果，有效同意票數多於不同意票數，且同意票數達原選舉區選舉人總數1/4以上，即為通過。」第2項：「有效罷免票數中，不同意票數多於同意票數或同意票數不足前項規定數額者，均為否決。」

(二)單一席次選區及多席次選區罷免結果所反映民意的差別：我國採取單一席次選區的公職人員選舉，除了地方行政首長外，民意代表僅有立法委員的區域選舉的部分；採多席次選區的包含立法委員山地原住民、平地原住民、直轄市議員、縣市議員、鄉鎮市民代表。因為選區規模不同（單一／複數），也導致罷免所反映民意的差別，其差別析述如下。

1. 單一席次選區：候選人須獲得最高票者，才得當選。但罷免門檻僅為四分之一，容易發生罷免民意可能小於當選民意之狀況。簡言之，當選困難，罷免容易。

2. 多席次選區：候選人僅須獲得該選區一定比例票數即可當選，但罷免門檻仍為四分之一，可能發生罷免民意必須要高於當選民意很多，才有可能罷免通過，簡言之，當選容易，罷免困難。

二、我國當前行政區劃方式造成整體發展失衡，尤其是中央以下層級自治區域的劃分影響更大。請說明現行區劃的法制依據，以及造成何種發展失衡？

答 行政區劃是指行政區域的新設、廢止或調整，其劃定的目的是為了確認各級政府權力行使、責任歸屬、管轄居民以及財政取得的範圍。行政院曾於2018年通過行政區劃法草案，但至今立法院仍未三讀通過，故現今法治依據仍為地方制度法為主，下述就現行區劃的法制依據，以及造成何種發展失衡分別論述：

(一)我國現行區劃的法制依據：

1. 憲法第108條規定，行政區劃屬於中央立法並執行或交由省縣執行之事項。
2. 地方制度法第7條第1項規定：「省、直轄市、縣（市）、鄉（鎮、市）及區之新設、廢止或調整，依法律規定行之。」惟目前我國尚無行政區劃相關法律。
3. 地方制度法第7條第2項規定：「縣（市）改制或與其他直轄市、縣（市）行政區域合併改制為直轄市者，依本法之規定。」
4. 省（市）縣（市）勘界辦法，惟其屬命令性質，以此作為行政區劃依據。

(二)現行行政區劃造成的發展失衡：

1. 土地面積差距過大：直轄市層級來說，最大者為高雄市，最小為臺北市，兩者差距超過10倍。縣市層級來說，面積最大者為花蓮縣，面積最小者為連江縣，兩者差距超過160倍。鄉、鎮、縣轄市層級，最大者為秀林鄉（花蓮縣），最小者為烏坵鄉（金門縣），兩者差距高達1368倍。甚至秀林鄉面積比我國2個直轄市、9個縣市還大，土地面積分配極度不均。
2. 人口分布高度不均：直轄市層級來說，最多為新北市，人口403萬人，最少為臺南市185萬人，縣市最多為彰化縣124萬人，最少為連江縣1萬人，同一層級之行政區之人口也極度不平均。
3. 行政區劃不恰當或不合時宜：有些行政區劃，早在劃設或改制之初就有可議之處。如台北市及嘉義市，破壞行政區域之完整性；新竹市、嘉義市為升格而升格，由同一生活圈之新竹縣、嘉義縣抽離，割裂生活圈之關係。因此，有必要重新檢討「市」層級之存在必要性。
4. 磁吸效應：我國2010年至2014年，短時間內升格4個直轄市，總直轄市數到達6個，直轄市在自有資源、自治權限、產業發展，皆優於周邊縣市下，造成人口又繼續往直轄市流動偏鄉縣（市）則在人才與資源分配上進一步被邊緣化，從而更趨向零合發展，成為區域發展弱勢者，「大都小縣」之不均情勢將更為顯著。

乙、測驗題部分

( ) **1** 依司法院釋字第499號解釋，下列何者非屬不得修憲予以變更之自由民主憲政秩序之內容？ (A)國民主權原則 (B)保障人民基本權利 (C)權力分立與制衡 (D)地方自治團體的制度保障。

( ) **2** 依憲法規定，憲法所保障之地方自治，不及於何層級之自治團體？ (A)直轄市 (B)縣 (C)與縣同級的市 (D)鄉（鎮、市）。

( ) **3** 有關鄉之敘述，下列何者正確？ (A)鄉以內之編組為村 (B)鄉之行政機關為鄉政府 (C)鄉之立法機關為鄉議會 (D)鄉長為無給職。

( ) **4** 縣政府為使該縣境內各鄉（鎮、市）能均衡發展，應酌予補助財力較差之鄉（鎮、市），其補助辦法由何者訂定？ (A)由行政院訂定並送立法院備查 (B)地方自治事項之中央主管機關 (C)該縣自行訂定 (D)由中央目的事業主管機關定之。

( ) **5** 地方自治條例與憲法、法律或基於法律授權之法規牴觸者，應如何處理？ (A)由自治監督機關函告無效 (B)地方自治條例得優先適用 (C)交由司法機關仲裁 (D)由中央與地方自治團體進行協商解決。

( ) **6** 下列何者非屬地方行政機關訂定自治規則權限之依據？ (A)依其法定職權 (B)依自治條例之授權 (C)依中央法規命令之授權 (D)依中央職權命令之授權。

( ) **7** 依平均地權條例第62條之1規定，重劃區內應行拆遷之土地改良物等，應予以補償，其補償數額由直轄市或縣（市）政府查定之。下列敘述何者正確？ (A)拆遷土地改良物之損失補償事務，因適用國家之土地徵收補償法制，非屬自治事項 (B)直轄市政府依上開規定辦理拆遷土地改良物損失補償事務，屬於地方制度法第18條所定其他依法律賦予之自治事項 (C)直轄市政府依上開規定辦理拆遷土地改良物損失補償事務，係辦理上級機關委辦事項 (D)直轄市政府可另行制定拆遷土地改良物損失補償自治條例來訂定補償標準，但應報經行政院核定後發布。

( ) **8** 依地方制度法規定，關於地方行政首長之代理與補選，下列敘述何者錯誤？ (A)鄉長辭職，應由副鄉長代理，若不能代理者，由縣政府派員代理 (B)直轄市長辭職者，原則上應自事實發生之日起3個

月內完成補選 (C)縣長停職，而副縣長出缺或不能代理者，由內政部報請行政院派員代理 (D)直轄市長補選之當選人，其任期以補足該屆所遺任期為限，並視為一屆。

( ) **9** 依地方制度法規定，下列何者非屬解除縣議員職權之事由？ (A)犯內亂罪，經判刑確定者 (B)受保安處分之裁判確定者 (C)連續未出席定期會達二會期者 (D)戶籍遷至該縣之其他選舉區4個月以上。

( ) **10** 依地方制度法，地方行政機關不得訂定下列何種法規？ (A)自治規則 (B)委辦規則 (C)職權命令 (D)自律規則。

( ) **11** 地方民意代表之言論，在下列何種情形，對外不負責任？ (A)於議會內舉行之記者會發言 (B)對法案內容質詢，並質疑官員舞弊 (C)於議會質詢程序中，就無關會議事項污辱官員 (D)會期外，於議會外之公開聽證會指摘對手政黨議員受賄。

( ) **12** 有關直轄市議會臨時會之敘述，下列何者錯誤？ (A)直轄市市長得請求召開臨時會 (B)遇有召開臨時會之法定情事時，議會議長應於10日內召開臨時會 (C)臨時會每次不得超過10日，其會期不包括例假日在內 (D)違法召開之臨時會，不能支領出席費、交通費、膳食費。

( ) **13** 下列何者不屬於直轄市政府得就窒礙難行部分，送請議會覆議之事項？ (A)市有財產處分之議決案 (B)特別稅課之議決案 (C)接受人民請願之議決案 (D)市政府提案事項之議決案。

( ) **14** 有關直轄市議員質詢權之敘述，下列何者正確？ (A)定期會之延長會期中，得對一級機關首長進行質詢 (B)直轄市選舉委員會之主任委員應列席備詢 (C)一級單位主管並無列席備詢之法定義務 (D)施政總質詢應於定期會中為之。

( ) **15** 縣政府對於縣議會議決通過未定有罰則之自治條例，認有違背法律規定時，依法得如何處理？ (A)不予公布，聲請司法院解釋 (B)就違背法律規定部分提請覆議 (C)直接函告無效 (D)報請行政院函告無效。

( ) **16** 有關地方治理概念之敘述，下列何者錯誤？ (A)地方治理之型態多元，包括政府、市場、非營利部門多層次之治理組合 (B)地方治理的推行方式，均須根據地方制度法之相關規定為之，否則即屬無效

(C)跨域治理須以民意為基礎凝聚共識 (D)地方治理應建立公民課責機制。

( ) **17** 關於府際治理之敘述，下列何者正確？ (A)重視行政科層體制，強調層層節制 (B)強調社會多元行動，包括國家機關與民間之合作 (C)強調法律保留原則，非訴諸法規無法解決問題 (D)強調高權行政之權威及全面管控。

( ) **18** 地方自治團體為處理跨域合作事務而簽訂行政契約，如有其中一方未依約定履行應辦事項而產生爭議時，應依下列何種程序處理？ (A)先作成行政處分命其履行，拒不履行時移送行政執行機關進行強制執行 (B)聲請該管民事法院逕依強制執行法進行強制執行 (C)訴請該管行政法院判決後，依行政訴訟法規定聲請強制執行 (D)訴請民事法院判決後，聲請該管法院依行政訴訟法進行強制執行。

( ) **19** 關於地方自治團體之敘述，下列何者正確？ (A)直轄市之山地原住民區為地方自治團體，擁有完整之自治立法權、財政自主權等自治權限 (B)村（里）長採民選，故村（里）具有地方自治團體之地位 (C)直轄市之山地原住民區與直轄市間之關係，準用縣與鄉（鎮、市）關係之規定 (D)經中央原住民族主管機關核定之原住民族自治區，為公法人，具有地方自治團體之地位。

( ) **20** 依地方制度法規定，下列何者係屬地方居民之權利？ (A)請求配給社會住宅之權 (B)對於地方政府資訊，依政府資訊公開法請求公開之權 (C)請求進入大學入學就讀之權 (D)請求設置或維持特定公共設施之權。

( ) **21** 地方自治團體不得課徵下列何者，以獲取收入？ (A)房屋稅 (B)規費 (C)工程受益費 (D)菸酒稅。

( ) **22** 甲鄉公所怠於清理鄉之垃圾，嚴重影響環境衛生，有關縣政府之監督方式，下列何者非屬地方制度法所許可？ (A)命鄉公所於一定期限內清理完成 (B)縣政府決定代行處理前，函知該鄉公所 (C)代行處理所支出的費用，直接從縣政府對鄉公所當年度之補助款扣減抵充之 (D)如情況急迫時，縣政府可逕予代行處理。

( ) **23** 關於地方性公民投票，下列敘述何者錯誤？ (A)直轄市之公民投票案應向直轄市政府提出 (B)對於地方性之預算、租稅、薪俸及人事事項不得作為公民投票之提案 (C)經創制之立法原則，地方立法機關基於代議民主，必要時得予變更 (D)直轄市政府對於公民投票案是否屬於地方自治事項有疑義時，應報請行政院認定。

( ) **24** 有關地方自治團體間跨域合作機制之建構與推動，下列敘述何者錯誤？ (A)地方制度法提供跨域合作之法制基礎 (B)資源與資訊共享被認為是跨域合作關係之核心議題 (C)地方自治團體在地位對等之前提下合作 (D)現有法制未提供地方自治團體跨域合作誘因。

( ) **25** 有關部落會議議決同意事項，下列敘述何者正確？ (A)同意事項之表決必須以投票不記名方式為之 (B)須有出席原住民家戶代表三分之二贊成，始為通過 (C)出席之原住民家戶代表未過半數時應改為談話會 (D)應作成會議紀錄並於村（里）辦公處公布30日。

解答與解析（答案標示為#者，表官方曾公告更正該題答案。）

1 **(D)**。釋字第499號摘要：二、國民大會為憲法所設置之機關，其具有之職權亦為憲法所賦予，基於修憲職權所制定之憲法增修條文與未經修改之憲法條文雖處於同等位階，惟憲法中具有本質之重要性而為規範秩序存立之基礎者，如聽任修改條文予以變更，則憲法整體規範秩序將形同破毀，該修改之條文即失其應有之正當性。憲法條文中，諸如：第一條所樹立之民主共和國原則、第二條國民主權原則、第二章保障人民權利、以及有關權力分立與制衡之原則，具有本質之重要性，亦為憲法整體基本原則之所在。

2 **(D)**。中華民國憲法第118條：直轄市之自治，以法律定之。第121條：縣實行縣自治。第128條：市準用縣之規定。

3 **(A)**。(B)鄉之行政機關為鄉公所。(C)鄉之立法機關為鄉民代表會。(D)鄉長為有給職。

4 **(C)**。地方制度法第69條：各上級政府為謀地方均衡發展，對於財力較差之地方政府應酌予補助；對財力較優之地方政府，得取得協助金。

各級地方政府有依法得徵收之財源而不徵收時，其上級政府得酌減其補助款；對於努力開闢財源具有績效者，其上級政府得酌增其補助款。

第一項補助須明定補助項目、補助對象、補助比率及處理原則；其補助辦法，分別由行政院或縣定之。

5 **(A)**。地方制度法第30條第1項：自治條例與憲法、法律或基於法律授權之法規或上級自治團體自治條例牴觸者，無效。

地方制度法第30條第4項：第一項及第二項發生牴觸無效者，分別由行政院、中央各該主管機關、縣政府予以函告。第三項發生牴觸無效者，由委辦機關予以函告無效。

6 **(D)**。地方制度法第27條第1項：直轄市政府、縣（市）政府、鄉（鎮、市）公所就其自治事項，得依其法定職權或法律、基於法律授權之法規、自治條例之授權，訂定自治規則。

7 **(B)**。平均地權條例第62-1條：重劃區內應行拆遷之土地改良物或墳墓，直轄市或縣（市）政府應予公告，並通知其所有權人或墓主，土地改良物限期三十日內墳墓限期三個月內自行拆除或遷葬。逾期不拆除或遷葬者，得代為拆除或遷葬。

前項因重劃而拆除或遷葬之土地改良物或墳墓，應予補償；其補償數額，由直轄市或縣（市）政府查定之。但違反依第五十九條規定公告禁止或限制事項者，不予補償。代為拆除或遷葬者，其費用在其應領補償金額內扣回。

8 **(A)**。地方制度法第82條：直轄市長、縣（市）長、鄉（鎮、市）長及村（里）長辭職、去職、死亡者，直轄市長由行政院派員代理；縣（市）長由內政部報請行政院派員代理；鄉（鎮、市）長由縣政府派員代理；村（里）長由鄉（鎮、市、區）公所派員代理。

直轄市長停職者，由副市長代理，副市長出缺或不能代理者，由行政院派員代理。縣（市）長停職者，由副縣（市）長代理，副縣（市）長出缺或不能代理者，由內政部報請行政院派員代理。鄉（鎮、市）長停職者，由縣政府派員代理，置有副市長者，由副市長代理。村（里）長停職者，由鄉（鎮、市、區）公所派員代理。

前二項之代理人，不得為被代理者之配偶、前配偶、四親等內之血親、三親等內之姻親關係。

直轄市長、縣（市）長、鄉（鎮、市）長及村（里）長辭職、去職或死亡者，應自事實發生之日起三個月內完成補選。但所遺任期不足二年者，不再補選，由代理人代理至該屆任期屆滿為止。

前項補選之當選人應於公告當選後十日內宣誓就職，其任期以補足該屆所遺任期為限，並視為一屆。

第一項人員之辭職，應以書面為之。直轄市長應向行政院提出並經核准；縣（市）長應向內政部提出，由內政部轉報行政院核准；鄉（鎮、市）長應向縣政府提出並經核准；村（里）長應向鄉（鎮、市、區）公所提出並經核准，均自核准辭職日生效。

9 (D)。地方制度法第79條第1項：直轄市議員、直轄市長、縣（市）議員、縣（市）長、鄉（鎮、市）民代表、鄉（鎮、市）長及村（里）長有下列情事之一，直轄市議員、直轄市長由行政院分別解除其職權或職務；縣（市）議員、縣（市）長由內政部分別解除其職權或職務；鄉（鎮、市）民代表、鄉（鎮、市）長由縣政府分別解除其職權或職務，並通知各該直轄市議會、縣（市）議會、鄉（鎮、市）民代表會；村（里）長由鄉（鎮、市、區）公所解除其職務。應補選者，並依法補選：

一、經法院判決當選無效確定，或經法院判決選舉無效確定，致影響其當選資格者。

二、犯內亂、外患或貪污罪，經判刑確定者。

三、犯組織犯罪防制條例之罪，經判處有期徒刑以上之刑確定者。

四、犯前二款以外之罪，受有期徒刑以上刑之判決確定，而未受緩刑之宣告、未執行易科罰金或不得易服社會勞動者。

五、受保安處分或感訓處分之裁判確定者。但因緩刑而付保護管束者，不在此限。

六、戶籍遷出各該行政區域四個月以上者。

七、褫奪公權尚未復權者。

八、受監護或輔助宣告尚未撤銷者。

九、有本法所定應予解除職權或職務之情事者。

十、依其他法律應予解除職權或職務者。

地方制度法第80條：直轄市長、縣（市）長、鄉（鎮、市）長、村（里）長，因罹患重病，致不能執行職務繼續一年以上，或因故不執行職務連續達六個月以上者，應依前條第一項規定程序解除其職務；直轄市議員、縣（市）議員、鄉（鎮、市）民代表連續未出席定期會達二會期者，亦解除其職權。

10 (D)。地方制度法第31條第1項：地方立法機關得訂定自律規則。

11 (B)。地方制度法第50條：直轄市議會、縣（市）議會、鄉（鎮、市）民代表會開會時，直轄市議員、縣（市）議員、鄉（鎮、市）民代表對於有關會議事項所為之言論及表決，對外不負責任。但就無關會議事項所為顯然違法之言論，不在此限。

12 (C)。地方制度法第34條第3項、第4項：直轄市議會、縣（市）議會、鄉（鎮、市）民代表會遇有下列情事之一時，得召集臨時會：

一、直轄市長、縣（市）長、鄉（鎮、市）長之請求。

二、議長、主席請求或議員、代表三分之一以上之請求。

三、有第三十九條第四項之情事時。

前項臨時會之召開，議長、主席應於十日內為之，其會期包括例假日或停會在內，直轄市議會每次不得超過十日，每十二個月不得多於八次；縣（市）議會每次不得超過五日，每十二個月不得多於六次；鄉（鎮、市）民代表會每次不得超過三日，每十二個月不得多於五次。但有第三十九條第四項之情事時，不在此限。

地方制度法第52條第2項

違反第三十四條第四項規定召開之會議，不得依前項規定支領出席費、交通費及膳食費，或另訂項目名稱、標準支給費用。

13 **(C)**。地方制度法第35條：直轄市議會之職權如下：

一、議決直轄市法規。

二、議決直轄市預算。

三、議決直轄市特別稅課、臨時稅課及附加稅課。

四、議決直轄市財產之處分。

五、議決直轄市政府組織自治條例及所屬事業機構組織自治條例。

六、議決直轄市政府提案事項。

七、審議直轄市決算之審核報告。

八、議決直轄市議員提案事項。

九、接受人民請願。

十、其他依法律賦予之職權。

地方制度法第39條：直轄市政府對第三十五條第一款至第六款及第十款之議決案，如認為窒礙難行時，應於該議決案送達直轄市政府三十日內，就窒礙難行部分敘明理由送請直轄市議會覆議。第八款及第九款之議決案，如執行有困難時，應敘明理由函復直轄市議會。

14 **(D)**。地方制度法第34條第2項：前項每年審議總預算之定期會，會期屆滿而議案尚未議畢或有其他必要時，得應直轄市長、縣（市）長、鄉（鎮、市）長之要求，或由議長、主席或議員、代表三分之一以上連署，提經大會決議延長會期。延長之會期，直轄市議會不得超過十日，縣（市）議會、鄉（鎮、市）民代表會不得超過五日，並不得作為質詢之用。

各直轄市、縣（市）選舉委員會隸屬中央選舉委員會，其主任委員及總幹事非地方制度法規定得列席地方議會備詢之人員。

公發布日：民國99年05月07日

發文字號：

中選務字第0990003701號

○○市選舉委員會函請釋示議會臨時動議邀請該會主任委員於定其大會中說明99年底選務工作之適法性一案。依中央選舉委員會組織法第9條規定：「本會為辦理選舉業務，得於直轄市及縣（市）設選舉委員會。」該會為本會所屬機關，參酌內政部99年5月5日台內民字第0990089876號函略以，該會係隸屬中央選舉委員會，非縣（市）政府之所屬機關、單位，議會邀請該會主任委員及總幹事說明選務工作乙事，尚無地方制度法第48條及第49條規定之適用。故本案議會邀請該會主任委員及總幹事說明選務工作，自係於法無據，應予婉拒。

地方制度法第48條：直轄市議會、縣（市）議會、鄉（鎮、市）民代表會定期會開會時，直轄市長、縣（市）長、鄉（鎮、市）長應提出施政報告；直轄市政府各一級單位主管及所屬一級機關首長、縣（市）政府、鄉（鎮、市）公所各一級單位主管及所屬機關首長，均應就主管業務提出報告。

直轄市議員、縣（市）議員、鄉（鎮、市）民代表於議會、代表會定期會開會時，有向前項各該首長或單位主管，就其主管業務質詢之權；其質詢分為施政總質詢及業務質詢。業務質詢時，相關之業務主管應列席備詢。

15 **(B)**。地方制度法第32條第1項：自治條例經地方立法機關議決後，函送各該地方行政機關，地方行政機關收到後，除法律另有規定，或依第三十九條規定提起覆議、第四十三條規定報請上級政府予以函告無效或聲請司法院解釋者外，應於三十日內公布。

地方制度法第39條第2項：縣（市）政府對第三十六條第一款至第六款及第十款之議決案，如認為窒礙難行時，應於該議決案送達縣（市）政府三十日內，就窒礙難行部分敘明理由送請縣（市）議會覆議。第八款及第九款之議決案，如執行有困難時，應敘明理由函復縣（市）議會。

地方制度法第36條：縣（市）議會之職權如下：

一、議決縣（市）規章。
二、議決縣（市）預算。
三、議決縣（市）特別稅課、臨時稅課及附加稅課。
四、議決縣（市）財產之處分。
五、議決縣（市）政府組織自治條例及所屬事業機構組織自治條例。
六、議決縣（市）政府提案事項。
七、審議縣（市）決算之審核報告。
八、議決縣（市）議員提案事項。
九、接受人民請願。
十、其他依法律或上級法規賦予之職權。

16 **(B)**。地方治理係由地方（local）與治理（governance）兩個名詞組合而成。地方可從垂直性「多層次政府」（multi-level governments）加以理解，指涉的是各種不同層級政府的管轄範圍。若依空間與管轄概來看，則是指涉不同範圍間各自具備獨特的行政系統。要之，地方具有「地域性」與「政治性」的意涵。至於，治理的傳統字意指船隻「領航」（steering）之意。現今已被借用說明一種新穎的行政運作關係形式，其研究重點在於解釋非傳統國家干預的複雜公共政策實際執行情況（Brugue & Valles, 2005:197-198）。Newman（2005）認為，治理係指國家的主導體制已被侵蝕，取而代之的是一種跨國家、跨政府的內外行動者之多層次互動（multi-level interactions），意即多元的政治、社會與行政系統中之政治行為者、制度、公司、公民社會、國際組織等，彼此進行不同目標之連結。在政策運作上，重視非層級交換、協商、分享與合作的「跨域網絡」（crossing boundaries network）之平台機制，據以形成雙邊、甚至多邊的治理模式。綜上所述，地方治理的定義係指：「有關全國性政策與地方性事務的釐定和執行中，其涉及的決定主體已不在侷限於中央政府與地方政府兩者間單純的互動關係，更涵蓋來自中央與地方以外的公私組織和志願性團體等連結與互動所形成的一種複雜的合作網絡形式」。

17 **(B)**。
府際治理（Intergovernmental Governance）是從府際關係（Intergovernmental Relations）的概念延伸而來，將中央或聯邦政府與地方自治團體之間的垂直互動關係，擴大涵蓋至地方自治團體之間水平合作，以及橫跨公私部門的策略性夥伴關係等多重面向的網絡型態。換言之，府際合作治理是強調中央與地方的府際合作、地方與地方跨域合作、及跨部門夥伴等三種不同的合作體制，並從新治理、互動等概念重新建構府際關係。不僅使得中央與地方政府形成相互依存的關係，同時也使得地方政府、私人企業部門、第三部門間形成一種合夥的關係。

18 **(C)**。地方制度法第24-3條：
直轄市、縣（市）、鄉（鎮、市）應依約定履行其義務；遇有爭議時，得報請共同上級業務主管機關協調或依司法程序處理。
行政訴訟法第305條：行政訴訟之裁判命債務人為一定之給付，經裁判確定後，債務人不為給付者，債權人得以之為執行名義，聲請地方行政法院強制執行。
地方行政法院應先定相當期間通知債務人履行；逾期不履行者，強制執行。
債務人為中央或地方機關或其他公法人者，並應通知其上級機關督促其如期履行。
依本法成立之和解或調解，及其他依本法所為之裁定得為強制執行者，或科處罰鍰之裁定，均得為執行名義。

19 **(C)**。地方制度法第83-2條：
直轄市之區由山地鄉改制者，稱直轄市山地原住民區（以下簡稱山地原住民區），為地方自治團體，設區民代表會及區公所，分別為山地原住民區之立法機關及行政機關，依本法辦理自治事項，並執行上級政府委辦事項。
山地原住民區之自治，除法律另有規定外，準用本法關於鄉（鎮、市）之規定；其與直轄市之關係，準用本法關於縣與鄉（鎮、市）關係之規定。

20 **(B)**。地方制度法第16條：
直轄市民、縣（市）民、鄉（鎮、市）民之權利如下：
一、對於地方公職人員有依法選舉、罷免之權。
二、對於地方自治事項，有依法行使創制、複決之權。
三、對於地方公共設施有使用之權。
四、對於地方教育文化、社會福利、醫療衛生事項，有依法律及自治法規享受之權。
五、對於地方政府資訊，有依法請求公開之權。
六、其他依法律及自治法規賦予之權利。

21 **(D)**。財政收支劃分法第8條第1項：下列各稅為國稅：
一、所得稅。
二、遺產及贈與稅。
三、關稅。
四、營業稅。
五、貨物稅。
六、**菸酒稅**。
七、證券交易稅。
八、期貨交易稅。
九、礦區稅。

22 **(C)**。地方制度法第76條：直轄市、縣（市）、鄉（鎮、市）依法應作為而不作為，致嚴重危害公益或妨礙地方政務正常運作，其適於代行處理者，得分別由行政院、中央各該主管機關、縣政府命其於一定期限內為之；逾期仍不作為者，得代行處理。但情況急迫時，得逕予代行處理。
直轄市、縣（市）、鄉（鎮、市）對前項處分如認為窒礙難行時，應於期限屆滿前提出申訴。行政院、中央各該主管機關、縣政府得審酌事實變更或撤銷原處分。
行政院、中央各該主管機關、縣政府決定代行處理前，應函知被代行處理之機關及該自治團體相關機關，經權責機關通知代行處理後，該事項即轉移至代行處理機關，直至代行處理完竣。
代行處理所支出之費用，應由被代行處理之機關負擔，各該地方機關如拒絕支付該項費用，上級政府得自以後年度之補助款中扣減抵充之。
直轄市、縣（市）、鄉（鎮、市）對於代行處理之處分，如認為有違法時，依行政救濟程序辦理之。

23 **(C)**。公民投票法第30條第4項前段：經創制之立法原則，立法機關不得變更。

24 **(D)**。現有法制有提供地方自治團體跨域合作誘因。

地方制度法第24-1條第4項：
共同上級業務主管機關對於直轄市、縣（市）、鄉（鎮、市）所提跨區域之建設計畫或第一項跨區域合作事項，應優先給予補助或其他必要之協助。

25 **(D)**。諮商取得原住民族部落同意參與辦法第18條第3項：主持人確認出席之原住民家戶代表未過半數時，應即宣布流會，並記載於部落會議紀錄。第19條：部落會議議決同意事項，以部落全體原住民家戶代表過半數出席，出席原住民家戶代表過半數贊成，為通過。前項表決，應以投票不記名為之，並就贊成與反對兩面俱呈。但經出席原住民家戶代表過半數贊成，得改採舉手不記名表決。
第20條：部落會議應作成會議紀錄並附簽到簿。前項會議紀錄，應載明下列事項：一、部落名稱及召集事由。二、部落會議之時間及地點。三、主持人姓名。四、記錄人員姓名。五、申請人姓名。六、實際出席之原住民家戶代表姓名。七、主持人宣布流會時，應載明流會。八、同意事項之表決結果。九、其他應記載之事項。第一項所列文件應由該次會議主持人於召開後十五日內分送原住民家戶、申請人及當地鄉（鎮、市、區）公所，並於村（里）辦公處、部落公布欄及其他適當場所，公布三十日。

112年 地方特考三等

一、我國實施地方性公民投票在程序上有何規定？其已實施之次數及案例各為何？請說明之。

答 (一)地方性公民投票之現行程序規定：

1. 適用事項：公民投票法第2條第3項、第4項規定：「地方性公民投票適用事項如下：
   一、地方自治條例之複決。
   二、地方自治條例立法原則之創制。
   三、地方自治事項重大政策之創制或複決。
   預算、租稅、薪俸及人事事項不得作為公民投票之提案。」
2. 提案：公民投票法第26條規定：「公民投票案應分別向直轄市、縣（市）政府提出。
   公民投票案相關事項，除本法已有規定外，由直轄市、縣（市）以自治條例定之。
   直轄市、縣（市）政府對於公民投票提案，是否屬地方自治事項有疑義時，應報請行政院認定。」
3. 相關事宜：公民投票法第27條規定：「公民投票案之公告、公投票之印製、投票權人名冊之編造、公告閱覽、更正、公民投票公報之編印、公民投票程序之中止、辦事處之設立、經費之募集、投票、開票及有效票、無效票之認定，除主管機關外，準用第十七條至第二十四條規定。」
4. 提案應備事項：公民投票法第28條規定：「公民投票案提案、連署人數、應附具文件、查核程序及發表會或辯論會之舉辦，由直轄市、縣（市）以自治條例定之。」
5. 投票結果：公民投票法第29條規定：「公民投票案投票結果，有效同意票數多於不同意票，且有效同意票達投票權人總額四分之一以上者，即為通過。
   有效同意票未多於不同意票，或有效同意票數不足前項規定數額者，均為不通過。」

(二)地方性公民投票之次數及案例如下：

	年份（民國）	案由	結果
1	97	高雄市降低國中小班級人數公民投票案	雖然90%的投票者均贊成小班制，但由於其總體投票率不到6%，不及法定投票率門檻50%，所以該公投案依法宣告否決。
2	98	澎湖縣博弈公民投票（第1次）	由於在《離島建設條例》第10-2條規定，排除在《公民投票法》中投票率50%以上的規定，因此不論投票率多少，只要同意票在有效票的選票中占50%以上就可成案，然結果仍為否決。
3	101	連江縣博弈公民投票	結果宣告通過。
4	105	澎湖縣博弈公民投票（第2次）	結果宣告否決。
5	106	金門縣博弈公民投票	投票結果為否決，反對賭博方的得票超過九成。
6	110	新竹市喝好水公投	結果宣告通過。

二、何謂「財政紀律」？中央為謀全國之經濟平衡發展，得視直轄市及縣（市）政府財政收支狀況，由國庫就何種事項酌予補助？請說明之。

答 (一)財政紀律之定義：財政紀律法第2條第1款規定：「一、財政紀律：指對於政府支出成長之節制、預算歲入歲出差短之降低、公共債務之控制及相關財源籌措，不受政治、選舉因素影響，俾促使政府與政黨重視財政責任與國家利益之相關規範。」

(二) 中央補助事項：中央對直轄市及縣（市）政府補助辦法第3條規定：「中央為謀全國之經濟平衡發展，得視直轄市及縣（市）政府財政收支狀況，由國庫就下列事項酌予補助：

一、 一般性補助款補助事項，包括直轄市、準用直轄市規定之縣及縣（市）基本財政收支差短與定額設算之教育、社會福利及基本設施等補助經費。

二、 計畫型補助款之補助範圍，以下列事項為限：

(一)計畫效益涵蓋面廣，且具整體性之計畫項目。

(二)跨越直轄市、縣（市）或二以上縣（市）之建設計畫。

(三)具有示範性作用之重大建設計畫。

(四)因應中央重大政策或建設，需由直轄市或縣（市）政府配合辦理之事項。

三、 中央對於直轄市及縣（市）政府重大事項之專案補助款。

中央對下列事項應優先予以補助：

一、 前項第一款規定之直轄市、準用直轄市規定之縣及縣（市）基本財政收支差短。

二、 對於跨區域之建設計畫或合作事項。」

三、全世界各國諮詢性公民投票有愈來愈增多之趨勢。何謂「地方諮詢性公民投票」？請舉例說明之。

答 (一) 地方諮詢性公民投票定義：

1. 諮詢性公民投票具有下列幾項特徵：

(1) 並無法定拘束力。

(2) 由具有公民身分者投票為之。

(3) 投票之程序應符合選舉之一般原則（即普通、平等、直接與無記名）。

(4) 投票標的限於重大之政治議題。

2. 地方諮詢性公民投票則係指就地方自治之重要議題所提出之諮詢性公民投票而言者。

(二) 例子：如民國98年、105年、101年、106年澎湖（舉行2次）、馬祖（連江縣）及金門等離島分別就「是否要設置國際觀光度假區附設觀光賭場」所舉辦之公投，性質上即屬地方諮詢性公民投票。其中僅連江縣即馬祖於101年之博奕公投結果是通過，餘三次結果均為否決。

四、111年獎勵地方政府落實推動食安五環改革政策計畫具體內容為何？執行成果又為何？請說明之。

答 (一)食安五環之簡介：

1. 緣由：過去幾年臺灣發生許多食安問題，讓食安議題備受關注，總統蔡英文在下鄉訪視行程中，最常接觸的議題就是許多家庭主婦擔心食安問題所造成的傷害，食安既然是社會各界共同面對的重大議題，就有必要予以釐清與解決。因此政府提出「食安五環」改革方案來因應食安問題。
2. 五環之內容：
   (1)第一環是「源頭控管」，只要食品的進口或生產有問題，就要從源頭掌握資料、予以控制。
   (2)第二環是「重建生產管理履歷」，消費者在購買產品時，可以透過產品上的資料來追溯生產流程、生產者和經銷商等相關資料，只要食品的履歷流程清楚、資訊透明，消費者才能掌握相關資訊、安心購買。
   (3)第三環，就是「提高查驗能力」（10倍查驗能力），將現行政府的查驗頻率、強度都提高，萬一有食安漏洞，在查驗時能夠防範；第四環是「加重生產者、廠商的責任」。
   (4)第五環是「鼓勵、創造監督平臺」，讓全民與消費者都能夠監督食品安全的詳細環節，並有充分資訊瞭解每一個食品可能發生的狀況。

(二)111年獎勵地方落實推動食安五環改革政策計畫具體內容：

1. 本獎勵計畫分為強化方案（計畫前期）及績效方案（計畫後期），總計新臺幣5億元，將地方政府依直轄市、縣（市）政府財力級次、108年獲獎勵情形等，分成4組，由衛福部、農業部、環境部、教育部、經濟部及推薦之學者專家共20人擔任評比小組委員(分成4組)，針對地方政府所提出之計畫內容進行審查及評比，並對執行成效提出檢討建議。

(1) 強化方案（計畫前期）：獎勵金額2.5億元，評比方式係由各地方政府繳交計畫書參加評比，再依各地方政府之積分（食品業者數、農業產值、午餐學生數、化工原料公司數）及專案輔導加權計算各地方政府加權後積分，以2.5億元分配獎勵金數額，並配合管考機制分2階段撥付，第1階段先撥付1億元（總金額之40%），第2階段繳交期中報告並經審查達至所有管考點後，再撥付餘1.5億元（總金額之60%）。

(2) 績效方案（計畫後期）：獎勵金額2.5億元，分為計畫執行績優及食安亮點績優2部分評比：

A. 計畫執行績優：針對落實推動食安五環改革政策表現績優之地方政府，依分組各取3至4名次，核發績效獎勵金計1.5億元。

B. 食安亮點績優：針對地方政府所提「地方食品安全管理亮點推動計畫」採取之精進措施、作法及其優異績效，各分組取4等第（特等、優等、佳等、良等）核發獎勵金計1億元。

2. 本獎勵計畫除聚焦地方政府之行政作為能緊密扣合中央政策推動方向外，亦保留地方政府因地制宜推動精進所轄之食安、農安、環安、校園午餐，以及特色食品或餐飲等管理需要，讓地方政府有效地確保供應鏈每一環節符合環境保護、農業安全生產及食品衛生安全等相關標準，其中強化方案之執行，能分階段引導、支援地方政府提升管理食安量能；績效方案之評比機制，為透過競賽獎勵推動執行績優之地方政府，以鏈結中央地方全方位食安網絡，共同推動食安五環改革政策。

(三) 執行成果：111年獎勵計畫挹注地方政府策進食安管理量能，並滾動納入中央需地方政府積極落實之重大食安政策，達到中央跨域治理，地方協同合作，並整合產官學研之公私協力，完備食安五環改革政策，各縣市獲配獎勵金額介於約944～4,342萬元，其中獲獎金額3,000萬元以上者共6縣市，依序為彰化縣、新北市、臺中市、臺南市、桃園市及屏東縣；獲獎金額1,000萬元以上者共計20縣市。

112年 地方特考四等

甲、申論題

一、依財政收支劃分法，稅課由中央統籌分配直轄市、縣（市）及鄉（鎮、市）之款項，其分配辦法應依何具體規定及何程序為之？請詳述並分析之。

答 (一)分配之稅種及辦法：

1. 分配之稅種：

(1)財政收支劃分法（下同）第8條規定：「下列各稅為國稅：一、所得稅。二、遺產及贈與稅。三、關稅。四、營業稅。五、貨物稅。六、菸酒稅。七、證券交易稅。八、期貨交易稅。九、礦區稅。

前項第1款之所得稅總收入百分之十、第4款之營業稅總收入減除依法提撥之統一發票給獎獎金後之百分之四十及第5款之貨物稅總收入百分之十，應由中央統籌分配直轄市、縣（市）及鄉（鎮、市）。

第1項第2之遺產及贈與稅，應以在直轄市徵起之收入百分之五十給該直轄市；在市徵起之收入百分之八十給該市；在鄉（鎮、市）徵起之收入百分之八十給該鄉（鎮、市）。

第1項第6款之菸酒稅，應以其總收入百分之十八按人口比例分配直轄市及臺灣省各縣（市）；百分之二按人口比例分配福建省金門及連江二縣。」

(2)第12條規定：「下列各稅為直轄市及縣（市）稅：一、土地稅，包括下列各稅：(一)地價稅。(二)田賦。(三)土地增值稅。二、房屋稅。三、使用牌照稅。四、契稅。五、印花稅。六、娛樂稅。七、特別稅課。

前項第1款第1目之地價稅，縣應以在鄉（鎮、市）徵起之收入百分之三十給該鄉（鎮、市），百分之二十由縣統籌分配所屬鄉（鎮、市）；第二目之田賦，縣應以在鄉（鎮、市）徵起之收入全部給該鄉（鎮、市）；第三目之土地增值稅，在縣（市）徵起之收入百分之二十，應繳由中央統籌分配各縣（市）。

第1項第2款之房屋稅，縣應以在鄉（鎮、市）徵起之收入百分之四十給該鄉（鎮、市），百分之二十由縣統籌分配所屬鄉（鎮、市）。

第1項第4款之契稅，縣應以在鄉（鎮、市）徵起之收入百分之八十給該鄉（鎮、市），百分之二十由縣統籌分配所屬鄉（鎮、市）。

第1項第6款之娛樂稅，縣應以在鄉（鎮、市）徵起之收入全部給該鄉（鎮、市）。

第1項第7款之特別稅課，指適應地方自治之需要，經議會立法課徵之稅。但不得以已徵貨物稅或菸酒稅之貨物為課徵對象。」。

2. 財政收支劃分法第16-1條第2項規定：「稅課由中央統籌分配直轄市、縣（市）及鄉（鎮、市）之款項，其分配辦法應依下列各款之規定，由財政部洽商中央主計機關及受分配地方政府後擬訂，報請行政院核定：

一、依第八條第二項規定，由中央統籌分配直轄市、縣（市）及鄉（鎮、市）之款項，應以總額百分之六列為特別統籌分配稅款；其餘百分之九十四列為普通統籌分配稅款，應各以一定比例分配直轄市、縣（市）及鄉（鎮、市）。

二、依第十二條第二項後段規定由中央統籌分配縣（市）之款項，應全部列為普通統籌分配稅款，分配縣（市）。

三、第一款之特別統籌分配稅款，應供為支應受分配地方政府緊急及其他重大事項所需經費，由行政院依實際情形分配之。

四、第一款之普通統籌分配稅款算定可供分配直轄市之款項後，應參酌受分配直轄市以前年度營利事業營業額、財政能力與其轄區內人口及土地面積等因素，研訂公式分配各直轄市。

五、第一款及第二款之普通統籌分配稅款算定可供分配縣（市）之款項後，依下列方式分配各縣（市）：

(一)可供分配款項百分之八十五，應依近三年度受分配縣（市）之基準財政需要額減基準財政收入額之差額平均值，算定各縣（市）間應分配之比率分配之；算定之分配比率，每三年應檢討調整一次。

(二)可供分配款項百分之十五，應依各縣（市）轄區內營利事業營業額，算定各縣（市）間應分配之比率分配之。

六、第一款之普通統籌分配稅款算定可供分配鄉（鎮、市）之款項後，應參酌鄉（鎮、市）正式編制人員人事費及基本建設需求情形，研訂公式分配各鄉（鎮、市）。」

(二)分配程序：財政收支劃分法第16-1條第1項規定：「第8條第2項及第12條第2項至第4項規定之稅課統籌分配部分，應本透明化及公式化原則分配之；受分配地方政府就分得部分，應列為當年度稅課收入。」

二、試述地方自治法人自治立法權之位階與規範事項，並舉實例加以說明其位階之效力。

答 (一)地方自治法規之類型、規範事項：

1. 自治條例及自治規則→統稱自治法規：地方制度法（下同）第25條規定：「直轄市、縣（市）、鄉（鎮、市）得就其自治事項或依法律及上級法規之授權，制定自治法規。自治法規經地方立法機關通過，並由各該行政機關公布者，稱自治條例；自治法規由地方行政機關訂定，並發布或下達者，稱自治規則。」
2. 委辦規則：第29條第1項規定：「直轄市政府、縣（市）政府、鄉（鎮、市）公所為辦理上級機關委辦事項，得依其法定職權或基於法律、中央法規之授權，訂定委辦規則。」
3. 自律規則：
地方制度法第31條第1項規定：「地方立法機關得訂定自律規則。」。

(二)地方自治法規之位階：

1. 地方制度法第30條第1項至第3項規定：「自治條例與憲法、法律或基於法律授權之法規或上級自治團體自治條例牴觸者，無效。
自治規則與憲法、法律、基於法律授權之法規、上級自治團體自治條例或該自治團體自治條例牴觸者，無效。
委辦規則與憲法、法律、中央法令牴觸者，無效。」
2. 地方制度法第31條第3項規定：「自律規則與憲法、法律、中央法規或上級自治法規牴觸者，無效。」

3. 綜上所述：

(1) 憲法＞法律＞基於法律授權之法規＞上級自治團體自治條例＞該自治團體自治條例＞該自治團體之自治規則。

(2) 委辦規則＜憲法、法律、中央法令。

(3) 自律規則＜憲法、法律、中央法規、上級自治法規。

乙、測驗題部分

( ) **1** 依憲法規定，關於地方之權限，下列敘述何者正確？ (A)縣對特定事項，享有憲法直接明文賦予之立法權、執行權與司法權 (B)縣對特定事項，享有憲法直接明文賦予之立法權、執行權與監察權 (C)縣對特定事項，享有憲法直接明文賦予之立法權與執行權 (D)鄉對特定事項，享有憲法直接明文賦予之立法權與執行權。

( ) **2** 住民自治係指地方自治團體領域內之人民，以地方住民身分參與當地公共事務。下列何者不屬於住民自治理念之表現形態？ (A)住民依法請求公開地方政府資訊之權利 (B)住民依法選舉、罷免地方政府首長以及民意代表 (C)由住民或其代表共同討論預算計畫，並決定個別支出項目之優先順序 (D)地方政府將都市更新計畫送達予土地及建築物所有權人，舉辦聽證讓利害關係人陳述意見及進行論辯。

( ) **3** 關於自治事項與委辦事項之區別，下列敘述何者錯誤？ (A)地方自治團體辦理自治事項時，應就其自有財源有限編列預算支應；辦理委辦事項時，費用原則上應由委辦機關負擔 (B)地方自治團體辦理自治事項須受適法性監督；辦理委辦事項除適法性外，尚受適當性監督 (C)自治事項之管轄權無須另為公示程序，委辦事項本由委辦機關管轄，是否交由地方自治團體執行，應先踐履一定之公示程序 (D)自治規則應送各該地方立法機關審議，委辦規則應函報委辦機關核定後發布之。

( ) **4** 關於地方自治團體居民使用公共設施之權，下列敘述何者錯誤？ (A)居民享有平等使用公共設施之權 (B)地方自治團體得針對居民與非居民為差別收費 (C)地方自治團體居民有請求設置特定公共設施之請求權 (D)地方自治團體有權選擇居民使用公共設施之法律形式。

(　　) **5** 依現行法規定，關於我國地方制度之敘述，下列何者錯誤？ (A)地方劃分為省、直轄市 (B)直轄市及市劃分為區 (C)省劃分為縣、市，縣劃分為鄉、鎮、縣轄市 (D)鄉以內之編組為村，村以內之編組為里。

(　　) **6** 某縣政府擬將長期停放路邊停車格之廢棄汽機車，予以移除，並視同廢棄物處理之，下列敘述何者錯誤？ (A)可能造成人民財產權之侵害，應以自治條例定之 (B)該自治條例，稱為縣規章 (C)自治條例經縣議會三讀議決後，應函送縣政府，縣政府收到後，應於3個月內公布 (D)除法律另有規定外，該自治條例公布後，應報中央各該主管機關備查。

(　　) **7** 下列何種事項，地方自治團體得以自治條例規範之？ (A)國稅與直轄市、縣（市）稅之劃分 (B)海洋漁業 (C)行政區劃 (D)地方自治團體間之合辦事業。

(　　) **8** 依現行法規定，下列何者不是鄉（鎮、市）自治事項？ (A)殯葬設施之設置及管理 (B)廢棄物清除及處理 (C)交通之規劃、營運及管理 (D)消費者保護。

(　　) **9** 依地方制度法規定，下列何者無須經上級政府或有關機關核定？ (A)委辦規則 (B)直轄市議會之組織自治條例 (C)地方立法機關之自律規則 (D)直轄市山地原住民區名稱之變更。

(　　) **10** 有關縣（市）長出缺之代理，下列何者正確？ (A)由行政院報請總統派員代理 (B)由副縣（市）長代理 (C)由內政部報請行政院派員代理 (D)由縣（市）議會派員代理。

(　　) **11** A縣轄市人口為31萬人，關於該市公所組織編制之敘述，下列何者正確？ (A)得置副市長1人，其職務比照簡任第9職等，由市長任命之 (B)置主任秘書1人、秘書1人及專員4人，由市長依法任免之 (C)其內部單位設課、室，但不得超過11課、室 (D)除主計、人事、政風之主管外，其餘一級單位主管均由市長以機要人員方式進用。

(　　) **12** 下列何者非地方立法機關召開臨時會之事由？ (A)就地方事務之執行質詢行政官員 (B)應直轄市長、縣（市）長、鄉（鎮、市）長之請求 (C)為審理休會期間提出之覆議案 (D)議長、主席請求或議員、代表三分之一以上之請求。

( ) **13** 下列何者非地方議會自律之範圍？ (A)定期會之期間 (B)臨時會是否召開 (C)委員會之組成與決議程序 (D)議長或代表會主席採記名或不記名方式選舉。

( ) **14** 縣議會制定之自治條例未定有罰則，於函送該縣政府後，該縣政府認有窒礙難行之處，未於法定期限公布，該自治條例之效力如何？ (A)該自治條例不生效力 (B)由內政部代為公布後生效 (C)報請內政部邀集各有關機關協商，於1個月內決定是否公布 (D)該自治條例自法定期限屆滿之日起算至第3日起發生效力，並由地方立法機關代為發布。

( ) **15** 南投縣南投市公所辦理自治事項違背交通部訂定之法規者，依地方制度法應如何處理？ (A)由交通部予以撤銷、變更、廢止或停止其執行 (B)由內政部予以撤銷、變更、廢止或停止其執行 (C)由南投縣政府予以撤銷、變更、廢止或停止其執行 (D)由南投市民代表會予以撤銷、變更、廢止或停止其執行。

( ) **16** 依臺南市美術館設置自治條例所設置之臺南市美術館，其組織之性質為何？ (A)行政法人 (B)行政機關 (C)內部單位 (D)民間企業。

( ) **17** 下列何者非地方制度法第24條之1所規定之跨域合作治理手段？ (A)訂定協議 (B)訂定行政契約 (C)由共同上級業務主管機關協商後指定某一地方自治團體負責辦理 (D)成立區域合作組織。

( ) **18** 依地方制度法相關規定，有關地方自治團體改制或合併之敘述，下列何者錯誤？ (A)縣（市）改制為直轄市後，原自治法規如須繼續適用者，得繼續適用4年 (B)縣（市）改制直轄市者，應以當屆直轄市長任期屆滿之日為改制日 (C)縣（市）改制為直轄市者，原縣（市）之原有資產、負債及其他權利義務，由改制後之直轄市概括承受 (D)改制後之直轄市，於相關法律及中央法規未修正前，得暫時適用原縣（市）之規定。

( ) **19** 關於地方居民請求公開地方政府資訊之權，下列敘述何者正確？ (A)外國人一律不得請求公開地方政府資訊 (B)限於書面文件資料 (C)除有政府資訊公開法第18條所規定之情形外，地方政府不得拒絕 (D)若遭地方政府拒絕提供資訊時，不得提出行政救濟。

( ) **20** 依據社區發展工作綱要之規定，下列何種行政層級的主管機關應輔導民眾依法設立社區發展協會，從事社區總體營造工作？ (A)鄉（鎮、市、區）公所 (B)直轄市政府 (C)省政府 (D)縣（市）政府。

( ) **21** 縣（市）興辦公共造產之獎助及管理辦法，由下列何者定之？ (A)內政部 (B)財政部 (C)經濟部 (D)交通部。

( ) **22** A直轄市政府欲就民間團體或個人申請使用區民活動中心場地事宜，訂定場地收費基準，下列何者正確？ (A)A直轄市政府據此所收取之場地使用費，性質上為行政規費 (B)A直轄市政府所訂定之場地收費基準，須先報請中央規費主管機關核定後，始得發布生效 (C)A直轄市政府所訂定之場地收費基準發布生效後，另須送請市議會備查 (D)場地使用人對於規費之徵收申請分期繳納時，規費之徵收停止執行。

( ) **23** 縣（市）公民投票自治條例修正發布後，應報下列何機關備查？ (A)行政院 (B)立法院 (C)內政部 (D)中央選舉委員會。

( ) **24** 縣（市）政府就違反地方自治事項之行政業務者，得處以罰鍰或其他種類之行政罰。有關罰鍰之處罰，最高上限為何？ (A)新臺幣5萬元 (B)新臺幣10萬元 (C)新臺幣20萬元 (D)新臺幣50萬元。

( ) **25** 依地方制度法規定，直轄市議員任期屆滿應改選時，如因特殊事故，得延期辦理改選。下列敘述何者錯誤？ (A)所謂特殊事故，應以影響及於全國或該直轄市之全部轄區者為限 (B)直轄市議員因特殊事故延期辦理改選，應由行政院核准後為之 (C)延期辦理改選時，直轄市議員本屆任期依事實延長之 (D)直轄市議員於延長任期中出缺時，不再辦理補選。

解答與解析（答案標示為#者，表官方曾公告更正該題答案。）

1 (C)。中華民國憲法增修條文第9條第1項第3款至第5款規定：「省、縣地方制度，應包括左列各款，以法律定之，不受憲法第一百零八條第一項第一款、第一百零九條、第一百十二條至第一百十五條及第一百二十二條之限制：……

三、縣設縣議會，縣議會議員由縣民選舉之。
四、屬於縣之立法權，由縣議會行之。
五、縣設縣政府，置縣長一人，由縣民選舉之。」

因此我國地方自治係以縣為單位，就特定事項享有立法權及執行權。至司法權及監察權則屬中央管轄。

本題答案應選擇(C)。

2 **(D)**。所謂「住民自治」（由下而上之民主），係地方上之居民依其個人自主意思透過民主程序之選舉、罷免、創制、複決機制來形成該區域內居民最大公約數之多數意志以決定該自治區域內公共事務之取向。這種以「個人自治」為基礎要素的「住民自治」係以民主主義為基礎，是一種具政治意義的自治。

而選項(D)之敘述係由地方政府係為由上而下的政策議決方向，故不屬住民自治。本題答案應選擇(D)。

3 **(D)**。地方制度法（下同）第27條第3項規定：「直轄市、縣（市）、鄉（鎮、市）自治規則，除法律或基於法律授權之法規另有規定外，應於發布後分別函報行政院、中央各該主管機關、縣政府備查，並函送各該地方立法機關查照。」。

第29條規定：「直轄市政府、縣（市）政府、鄉（鎮、市）公所為辦理上級機關委辦事項，得依其法定職權或基於法律、中央法規之授權，訂定委辦規則。

委辦規則應函報委辦機關核定後發布之；其名稱準用自治規則之規定。」

(D)之敘述錯誤，本題答案應選擇(D)。

4 **(C)**。地方制度法第16條規定：「直轄市民、縣（市）民、鄉（鎮、市）民之權利如下：

一、對於地方公職人員有依法選舉、罷免之權。
二、對於地方自治事項，有依法行使創制、複決之權。
三、對於地方公共設施有使用之權。
四、對於地方教育文化、社會福利、醫療衛生事項，有依法律及自治法規享受之權。
五、對於地方政府資訊，有依法請求公開之權。
六、其他依法律及自治法規賦予之權利。」

(C)之敘述錯誤，本題答案應選擇(C)。

5 **(D)**。地方制度法第3條規定：「地方劃分為省、直轄市。

省劃分為縣、市〔以下稱縣（市）〕；縣劃分為鄉、鎮、縣轄市〔以下稱鄉（鎮、市）〕。

直轄市及市均劃分為區。

鄉以內之編組為村；鎮、縣轄市及區以內之編組為里。村、里

〔以下稱村（里）〕以內之編組為鄰。」
(D)之敘述錯誤，本題答案應選擇(D)。

6 **(C)**。地方制度法第32條第1項規定：「自治條例經地方立法機關議決後，函送各該地方行政機關，地方行政機關收到後，除法律另有規定，或依第三十九條規定提起覆議、第四十三條規定報請上級政府予以函告無效或聲請司法院解釋者外，應於三十日內公布。」
(C)之敘述錯誤，本題答案應選擇(C)。

7 **(D)**。地方制度法第24條第1項規定：「直轄市、縣（市）、鄉（鎮、市）與其他直轄市、縣（市）、鄉（鎮、市）合辦之事業，經有關直轄市議會、縣（市）議會、鄉（鎮、市）民代表會通過後，得設組織經營之。」
地方制度法第28條第3款規定：「下列事項以自治條例定之：……
三、關於地方自治團體及所營事業機構之組織者。」
本題答案應選擇(D)。

8 **(D)**。地方制度法（下同）第20條規定：「下列各款為鄉（鎮、市）自治事項：
一、關於組織及行政管理事項如下：(一)鄉（鎮、市）公職人員選舉、罷免之實施。(二)鄉（鎮、市）組織之設立及管理。(三)鄉（鎮、市）新聞行政。
二、關於財政事項如下：(一)鄉（鎮、市）財務收支及管理。(二)鄉（鎮、市）稅捐。(三)鄉（鎮、市）公共債務。(四)鄉（鎮、市）財產之經營及處分。
三、關於社會服務事項如下：(一)鄉（鎮、市）社會福利。(二)鄉（鎮、市）公益慈善事業及社會救助。(三)鄉（鎮、市）殯葬設施之設置及管理。(四)鄉（鎮、市）調解業務。
四、關於教育文化及體育事項如下：(一)鄉（鎮、市）社會教育之興辦及管理。(二)鄉（鎮、市）藝文活動。(三)鄉（鎮、市）體育活動。(四)鄉（鎮、市）禮儀民俗及文獻。(五)鄉（鎮、市）社會教育、體育與文化機構之設置、營運及管理。
五、關於環境衛生事項如下：鄉（鎮、市）廢棄物清除及處理。
六、關於營建、交通及觀光事項如下：(一)鄉（鎮、市）道路之建設及管理。(二)鄉（鎮、市）公園綠地之設立及管理。(三)鄉（鎮、市）交通之規劃、營運及管理。(四)鄉（鎮、市）觀光事業。
七、關於公共安全事項如下：(一)鄉（鎮、市）災害防救之規劃及執行。(二)鄉(鎮、市)民防之實施。

八、關於事業之經營及管理事項如下:(一)鄉(鎮、市)公用及公營事業。(二)鄉(鎮、市)公共造產事業。(三)與其他地方自治團體合辦之事業。

九、其他依法律賦予之事項。」

第18條第7款第4目規定:「下列各款為直轄市自治事項:……

七、關於經濟服務事項如下:……(四)直轄市消費者保護。」

第19條第7款第4目規定:「下列各款為縣(市)自治事項:……

七、關於經濟服務事項如下:……(四)縣(市)消費者保護。」

本題答案應選擇(D)。

9 **(C)**。地方制度法第31條第1項、第2項規定:「地方立法機關得訂定自律規則。

自律規則除法律或自治條例另有規定外,由各該立法機關發布,並報各該上級政府備查。」

本題答案應選擇(C)。

10 **(C)**。地方制度法第82條規定:「直轄市長、縣(市)長、鄉(鎮、市)長及村(里)長辭職、去職、死亡者,直轄市長由行政院派員代理;縣(市)長由內政部報請行政院派員代理;鄉(鎮、市)長由縣政府派員代理;村(里)長由鄉(鎮、市、區)公所派員代理。

直轄市長停職者,由副市長代理,副市長出缺或不能代理者,由行政院派員代理。縣(市)長停職者,由副縣(市)長代理,副縣(市)長出缺或不能代理者,由內政部報請行政院派員代理。鄉(鎮、市)長停職者,由縣政府派員代理,置有副市長者,由副市長代理。村(里)長停職者,由鄉(鎮、市、區)公所派員代理。

前二項之代理人,不得為被代理者之配偶、前配偶、四親等內之血親、三親等內之姻親關係。

直轄市長、縣(市)長、鄉(鎮、市)長及村(里)長辭職、去職或死亡者,應自事實發生之日起三個月內完成補選。但所遺任期不足二年者,不再補選,由代理人代理至該屆任期屆滿為止。

前項補選之當選人應於公告當選後十日內宣誓就職,其任期以補足該屆所遺任期為限,並視為一屆。

第一項人員之辭職,應以書面為之。直轄市長應向行政院提出並經核准;縣(市)長應向內政部提出,由內政部轉報行政院核准;鄉(鎮、市)長應向縣政府提出並經核准;村(里)長應向鄉(鎮、市、區)公所提出並經核准,均自核准辭職日生效。」。

11 **(B)**。地方行政機關組織準則第19條第3項第6款規定:「鄉(鎮、市)公所依鄉(鎮、市)人口數置下列人員，均由各該鄉（鎮、市）長依法任免之：……六、鄉（鎮、市）人口在三十萬人以上，未滿五十萬人者，置主任秘書一人、秘書一人、專員四人。」
本題答案應選擇(B)。

12 **(A)**。地方制度法第34條第3項規定：「直轄市議會、縣（市）議會、鄉（鎮、市）民代表會遇有下列情事之一時，得召集臨時會：
一、直轄市長、縣（市）長、鄉（鎮、市）長之請求。
二、議長、主席請求或議員、代表三分之一以上之請求。
三、有第三十九條第四項之情事時。」
(A)之敘述不屬之，本題答案應選擇(A)。

13 **(D)**。地方制度法第31條第1項規定：「地方立法機關得訂定自律規則。」
此類自律規則係地方立法機關行使法定職權時，必要之成文行為規範，蓋議事機關如有周延之議事規則，即不必受制於不成文行為規範之羈絆，將有助於議事程序之進行。
(D)之敘述不屬之，本題答案應選擇(D)。

14 **(D)**。地方制度法第32條（下同）第1項規定：「自治條例經地方立法機關議決後，函送各該地方行政機關，地方行政機關收到後，除法律另有規定，或依第三十九條規定提起覆議、第四十三條規定報請上級政府予以函告無效或聲請司法院解釋者外，應於三十日內公布。」
同條第5項規定：「第一項及第二項自治法規、委辦規則，地方行政機關未依規定期限公布或發布者，該自治法規、委辦規則自期限屆滿之日起算至第三日起發生效力，並由地方立法機關代為發布。但經上級政府或委辦機關核定者，由核定機關代為發布。」
本題答案應選擇(D)。

15 **(C)**。地方制度法第75條第6項規定：「鄉（鎮、市）公所辦理自治事項違背憲法、法律、中央法規或縣規章者，由縣政府予以撤銷、變更、廢止或停止其執行。」
本題答案應選擇(C)。

16 **(A)**。臺南市美術館設置自治條例第2條規定：「本館為行政法人；其監督機關為臺南市政府。」
本題答案應選擇(A)。

17 **(C)**。地方制度法第24-1條第1項規定：「直轄市、縣（市）、鄉（鎮、市）為處理跨區域自治事務、促進區域資源之利用或增進區域居民之福祉，得與其他直轄市、縣（市）、鄉（鎮、市）成立區域合作組織、訂定協議、行政契約或以其他方式合作，並報共同上級業務主管機關備查。」
(C)之敘述不屬之，本題答案應選擇(C)。

18 **(A)**。地方制度法第87-2條規定：「縣（市）改制或與其他直轄市、縣（市）合併改制為直轄市，原直轄市、縣（市）及鄉（鎮、市）自治法規應由改制後之直轄市政府廢止之；其有繼續適用之必要者，得經改制後之直轄市政府核定公告後，繼續適用二年。」

(A)之敘述錯誤，本題答案應選擇(A)。

19 **(C)**。政府資訊公開法（下同）第18條規定：「政府資訊屬於下列各款情形之一者，應限制公開或不予提供之：……

政府資訊含有前項各款限制公開或不予提供之事項者，應僅就其他部分公開或提供之。」

第19條規定：「前條所定應限制公開或不予提供之政府資訊，因情事變更已無限制公開或拒絕提供之必要者，政府機關應受理申請提供。」

本題答案應選擇(C)。

20 **(A)**。社區發展工作綱要第2條第1項規定：「本綱要所稱社區，係指經鄉（鎮、市、區）社區發展主管機關劃定，供為依法設立社區發展協會，推動社區發展工作之組織與活動區域。」

本題答案應選擇(A)。

21 **(A)**。地方制度法第73條規定：「縣（市）、鄉（鎮、市）應致力於公共造產；其獎助及管理辦法，由內政部定之。」

本題答案應選擇(A)。

22 **(C)**。規費法（下同）第2條第1項規定：「各級政府及所屬機關、學校（以下簡稱各機關學校），對於規費之徵收，依本法之規定。本法未規定者，適用其他法律之規定。」

規費法第10條規定：「業務主管機關應依下列原則，訂定或調整收費基準，並檢附成本資料，洽商該級政府規費主管機關同意，並送該級民意機關備查後公告之：

一、行政規費：依直接材（物）料、人工及其他成本，並審酌間接費用定之。

二、使用規費：依興建、購置、營運、維護、改良、管理及其他相關成本，並考量市場因素定之。」

本題答案應選擇(C)。

23 **(D)**。地方制度法第26條第4項規定：「自治條例經各該地方立法機關議決後，如規定有罰則時，應分別報經行政院、中央各該主管機關核定後發布；其餘除法律或縣規章另有規定外，直轄市法規發布後，應報中央各該主管機關轉行政院備查；縣（市）規章發布後，應報中央各該主管機關備查；鄉（鎮、市）規約發布後，應報縣政府備查。」

本題答案應選擇(D)。

24 **(B)**。地方制度法第26條第2項、第3項規定：「直轄市法規、縣（市）規章就違反地方自治事項之行政業務者，得規定處以罰鍰或其他種類之行政罰。但法律另有規定者，不在此限。其為罰鍰之處罰，逾期不繳納者，得依相關法律移送強制執行。

前項罰鍰之處罰，最高以新臺幣十萬元為限；並得規定連續處罰之。其他行政罰之種類限於勒令停工、停止營業、吊扣執照或其他一定期限內限制或禁止為一定行為之不利處分。」

本題答案應選擇(B)。

25 **(A)**。地方制度法第83條規定：「直轄市議員、直轄市長、縣（市）議員、縣（市）長、鄉（鎮、市）民代表、鄉（鎮、市）長及村（里）長任期屆滿或出缺應改選或補選時，如因特殊事故，得延期辦理改選或補選。

直轄市議員、直轄市長、縣（市）議員、縣（市）長依前項延期辦理改選或補選，分別由行政院、內政部核准後辦理。

鄉（鎮、市）民代表、鄉（鎮、市）長、村（里）長依第一項規定延期辦理改選或補選，由各該直轄市政府、縣（市）政府核准後辦理。

依前三項規定延期辦理改選時，其本屆任期依事實延長之。如於延長任期中出缺時，均不補選。」

司法院大法官釋字第553號主文謂：「……地方制度法第八十三條第一項規定：『直轄市議員、直轄市長、縣（市）議員、縣（市）長、鄉（鎮、市）民代表、鄉（鎮、市）長及村（里）長任期屆滿或出缺應改選或補選時，如因特殊事故，得延期辦理改選或補選。』其中所謂特殊事故，在概念上無從以固定之事故項目加以涵蓋，而係泛指不能預見之非尋常事故，致不克按法定日期改選或補選，或如期辦理有事實足認將造成不正確之結果或發生立即嚴重之後果或將產生與實現地方自治之合理及必要之行政目的不符等情形者而言。……」等語。

(A)之敘述錯誤，本題答案應選擇(A)。

113年 高考三級

一、民國88年出爐的「地方制度法」確立我國現行地方自治制度。請說明「地方制度法」施行以來，這二十餘年間我國地方自治的運行出現那些負面功能？並試提改善之法？

答 (一)我國地方自治的負面功能：

1. 地方財政壓力：我國地方制度法自民國88年立法後，迭經修法。然而財攻劃收支劃分法卻自88年後即並未隨之修政，維持早先之劃分制度，使兩法之間的適用出現許多矛盾之處。
2. 執政績效壓力：隨著全球化趨勢，地方政府一方面對內要面對都會區的公共問題，如交通運輸、垃圾焚化爐興建、地方經濟發展等，俾能獲取高度績效之施政作為，以對人民提供合理生活品質；另一方要面對外在問題，即如何掌握生存發展利基，避免在經濟全球化趨勢中走向被邊緣化，促使地方經濟體系與國際經濟接軌，如何形成一種全球化與地方化或區域主義之間的互動共謀關係而非對立關係，是地方制度法尚未規劃到的部分。
3. 無法滿足民眾需求：由於公共問題的演化日趨複雜，民眾之公共需求日益增加，地方政府回應民眾需求之能力，限於資源而有所不足。

(二)改善之法：

1. 財政收支劃分法修法：財政收支劃分法應因應現行地方制度法而做調整，財源以符合地方政府現行需求做合理分配，使地方政府得以加以運用以做建設之需。
2. 擴大地方分權：將權力從中央轉移到地方政府，以確保對於地方政府層級所供給之基礎設施和公共服務的發展與管理，更能有效地接近地方社區。同時地方政府也需要更多的資源、責任與政治的合法性，才能被賦予權能去管理並調節全球化所帶來的不利效應。
3. 建構府際合作：將府際關係從原先僅停留於溝通層次，擴展到地方自治團體間，成為水平府際合作夥伴，以及公、私部門的跨部門協力合作夥伴關係。如北北基桃間形成生活圈，就相關生活事項（如颱風假），一同決定。

二、近年來，民眾參與地方公共政策制定與執行過程成為地方治理的顯學，免不了時有衝突情事的發生，請分析說明民眾參與地方公共事務所面臨的困境所在。

答 民眾參與地方公共政策的制定與執行過程，又可稱為公民參與。公民參與雖然促進了地方治理的民主化與透明化，但也帶來了一些困境與挑戰，這些問題可能導致衝突或參與效果不佳。以下是一些主要困境：

(一) 資訊不對稱與專業知識不足：地方公共政策涉及專業領域，民眾未必擁有足夠的專業知識去充分理解相關政策的複雜性。政府和專業團隊提供的資訊可能過於專業性、技術性，導致民眾在參與時不易理解，無法提供有效的意見，進而可能對政策決策產生不信任感。

(二) 參與管道有限或形式化：許多時候公民參與的方式過於形式化，可能只停留在公聽會或網絡徵詢階段，最終的決策過程仍由政府或專家主導，這容易讓民眾感到參與無效。

(三) 意見多元與衝突：地方政策涉及眾多不同利益，各方又有不同立場，使民眾之間的意見可能相互對立。這種多元的意見在決策過程中，若未能得到妥善處理，可能引發衝突，甚至導致政策停滯或決策失敗。

(四) 時間精力之限制：公民參與需要投入時間與精力，但多數民眾因工作或生活而無法長期或深入參與地方公共事務。參與度不足的問題會限制了政策決策的多樣性與包容性。

(五) 社會資源分配不均：因地方財政資源有限，不同社區或群體在參與公共政策時可能面臨資源分配不均的問題，進而加劇社會不公和政策執行時的衝突。

三、某市議會審議年度預算案時，決議將市政府所提地方教育發展基金「計畫內容說明」由原「補助私立幼兒園公立化經費」修正為「補助私立幼兒園公立化經費及育兒津貼等經費」，請論述此項決議的合法性。

答 針對市議會修正地方教育發展基金計畫內容的合法性問題，可以從幾個法律角度進行分析：

(一) 地方自治權與議會權限：

1. 地方制度法第35條第2款規定：「直轄市議會之職權如下：……二、議決直轄市預算。」

同法第36條第2款規定：「縣（市）議會之職權如下：……二、議決縣（市）預算。」。

2. 因此議決預算案為市議會之權限，得根據法定程序對預算案的具體內容進行修正。因此，市議會修正地方教育發展基金的計畫內容，屬於其法定職權範圍內的行為。

(二) 預算案修正的界限：

1. 然市議會雖有權修正預算案，但議會的修正應基於合理性和合法性，且不應超越行政機關的施政權限。例如，市議會的修正應符合預算編列的原則和目標，不得任意更改預算的基本性質或方向。

2. 本題中，市議會擴大了原「補助私立幼兒園公立化經費」的用途，將其修正為「補助私立幼兒園公立化經費及育兒津貼等經費」。此種修正仍係對同一類教育相關支出的擴充，並未完全改變預算項目的性質，因而在權限範圍內具有合理性。

(三) 是否符合法定程序：市議會的修正應符合法定的預算審議程序，如果議會在修正過程中遵循了相關程序，並通過合法的決議程序，那麼該修正案應視為合法；反之，若市議會在未經適當程序或未經充分討論的情況下，強行通過修正案，則可能面臨程序瑕疵的問題，這將影響該決議的合法性。

(四) 綜上所述，如符合上述程序，市議會決議將市政府提出的地方教育發展基金「計畫內容說明」由「補助私立幼兒園公立化經費」修正為「補助私立幼兒園公立化經費及育兒津貼等經費」，在權限範圍內屬於合法行為，該項決議應視為合法有效。

四、在《新政府運動》（Reinventing Government）一書中，David Osborne和Ted Gaebler觀察整理美國地方政府的革新措施，提出地方政府十大治理職能之變革，從而對當代地方治理的理念與運作產生相當大的影響。請說明這十大治理職能的內容，並從中任選三項職能來評價你所居住的地方政府之治理作為。

答 (一) 十大治理職能之內容：

1. 政府發揮領航功能：即政府應多扮演「導航」的角色，毋須事事親力親為，可藉由契約外包、抵用券、特許權與志工服務等方式來提供服務。

2. 授權且鼓勵社區參與：透過社區自治委員會提供公共服務；鼓勵公民參與地方事務，以監督政府施政。
3. 運用競爭性以追求效率：引進市場競爭機制，讓政府行政機構與單位可以彼此競爭福利服務的提供。
4. 採取任務導向：政府機關的運作應以「目標或任務」為導向，故應簡化不合時宜的人事、預算、採購等法規制度。
5. 著重產出與成果而非投入：以「實際的結果」為工作的重點，預算的分配以政策成效為衡量標準。
6. 重視顧客導向：以顧客為導向的服務規劃，可透過建立服務需求調查問卷、顧客服務標準作業程序等來提升服務品質。
7. 著重開源重於節流：強調如何「開源」，而非一味重視如何節流，因此可透過使用者付費解決財政困境。
8. 能未雨綢繆著重事先防範：「事先的預防」重於事後的補救，故應注重災害預防如自然災害以及金融危機的預警制度。
9. 授權地方政府與當地機關：強調「分權化」的政府運作，故可透過品管圈、參與管理、授權基層員工進行自我決策。
10. 運用市場機能鼓勵民間扮演過去政府的部分角色：深信「市場的機能優於官僚的機制」，故可藉由稅制誘因如污染費、環境保護費以減少行政管制。

(二)評價居住之地方政府：

1. 社區參與導向：成立社區管理委員會之培訓課程，並結合里長提供服務，使各社區管理委員會委員能更了解社區經營，運用地方政府所提供之資源，提供予社區經營、更新或建設，活化社區，並提公民參與地方事務的管道。
2. 重視顧客導向：提供市民專線及各種社交軟體之通訊方式，讓市民可以更快速地反應需求。
3. 著重前瞻導向：本市政府在這個區塊之作為相對薄弱，如颱風季節容易因暴雨造成淹水，卻未事先疏通下水道，導致市區淹水，幸而未造成人員傷亡。

113年 普考

甲、申論題部分

一、地方議會會議時，常會因政黨、派系政策理念之差異滋生重大爭議，導致三讀通過後的法規被提覆議或復議之事件。何謂覆議？何謂復議？請比較說明兩者之差異所在。

答 (一)覆議：

1. 覆議係指對已經經過地方議會三讀通過並送交地方行政機關的法案或決議，地方行政機關認為該法案或決議窒礙難行，依權限退回地方議會重新審議的程序。覆議通常是由行政部門提出，旨在重新考量議會已經通過的法案或決議。
2. 法源依據：地方制度法第39條規定：「直轄市政府對第三十五條第一款至第六款及第十款之議決案，如認為窒礙難行時，應於該議決案送達直轄市政府三十日內，就窒礙難行部分敘明理由送請直轄市議會覆議。第八款及第九款之議決案，如執行有困難時，應敘明理由函復直轄市議會。

   縣（市）政府對第三十六條第一款至第六款及第十款之議決案，如認為窒礙難行時，應於該議決案送達縣（市）政府三十日內，就窒礙難行部分敘明理由送請縣（市）議會覆議。第八款及第九款之議決案，如執行有困難時，應敘明理由函復縣（市）議會。

   鄉（鎮、市）公所對第三十七條第一款至第六款及第十款之議決案，如認為窒礙難行時，應於該議決案送達鄉（鎮、市）公所三十日內，就窒礙難行部分敘明理由送請鄉（鎮、市）民代表會覆議。第八款及第九款之議決案，如執行有困難時，應敘明理由函復鄉（鎮、市）民代表會。

   直轄市議會、縣（市）議會、鄉（鎮、市）民代表會對於直轄市政府、縣（市）政府、鄉（鎮、市）公所移送之覆議案，應於送達十五日內作成決議。如為休會期間，應於七日內召集臨時會，並於開議三日內作成決議。覆議案逾期未議決者，原決議失效。

   覆議時，如有出席議員、代表三分之二維持原議決案，直轄市政府、縣（市）政府、鄉（鎮、市）公所應即接受該決議。但有第四十條第五項或第四十三條第一項至第三項規定之情事者，不在此限。

直轄市、縣（市）、鄉（鎮、市）預算案之覆議案，如原決議失效，直轄市議會、縣（市）議會、鄉（鎮、市）民代表會應就直轄市政府、縣（市）政府、鄉（鎮、市）公所原提案重行議決，並不得再為相同之決議，各該行政機關亦不得再提覆議。」

3. 覆議之審議及表決：

(1) 對市政府送請覆議案，應召開大會審議，審議時，應就是否維持原決議案作廣泛討論，並得邀請市長列席說明，經討論後進行表決。

市府所送之覆議案如係市法規，得先交付法規委員會審查後，連同審查意見提交大會審議。

(2) 覆議案之表決，如有出席議員三分之二以上同意維持原決議案者，即維持原決議，如同意票數未達出席議員三分之二者，即不維持原決議。

不維持原決議案時，得就原決議案重為討論；但不得作覆議前相同之決議。

(二) 復議：

1. 復議係指對於已通過之議案認為有錯誤或不當之情形，允許在一定之條件之下，由議會於同一會期中可提出再審議。

2. 復議的要件及時機點：

(1) 決議案復議之提出，通常應具備下列各款：

A. 原決議案尚未著手執行者。

B. 具有與原決議案相反之理由者。

C. 證明動議人確於原案議決時在場，並同意原決議案者；如係無記名表決，須證明動議人未曾發言反對原決議案者。

D. 十人以上之連署或附議。

(2) 復議動議，應於原案議決後之同一會期之下次會散會前提出之，於同次會提出者，須有他事相間，但討論之時間由主席徵得出席議員過半數之同意後決定之。

(三)兩者差異：

差異	覆議	復議
法律依據	地方制度法第39條	各地方議會議事規則
實質內涵	為地方行政機關與地方議會兩機關間之權力互動關係。	為地方議會自身內部的立法運作程序。
提出原因	係因地方行政機關認為地方議會議決案窒礙難行，而要求地方議會重新審議。	因地方議會決議基於特定因素就決議案須重新討論，以便修改補充，或因情勢變遷或有新資料發現而認為原決議案確有重加研討之必要。
處理期限	地方行政機關須於議決案送達之30日內提出覆議案。	復議須於同一會期同次會或下次會提出；於同次會提出時，須有他事相間。
提出者	地方行政機關。	地方議會中原決議通過之一方。
通過門檻	有出席議員三分之二以上同意維持原決議案者，即維持原決議，如同意票數未達出席議員三分之二者，即不維持原決議。 不維持原決議案時，得就原決議案重為討論；但不得作覆議前相同之決議。	由出席之地方議員以1/2決議行之。

二、地方創生是國家安全戰略層級的重要政策，政府自108年以來大力推動地方創生政策，至今已五年有餘，並累積不少顯著成果。請評析地方創生政策這些年來的重要成果。

答 (一)地方創生政策之緣起及進展：面對我國總人口減少、人口過度集中大都市，以及城鄉發展失衡等問題，行政院於108年1月核定「地方創生國家戰略計畫」，積極協助地方透過發掘地方DNA，由下而上凝聚共識，形成事業提案，並媒合中央部會資源與引導民間投資，支援地方創生工作。為持續做地方創生青年的堅強後盾，政府續提出「打造永續共好地方創生計畫（114至117年）」（地方創生3.0），以永續、公益、共好為核心精神，4年再投入60億元，推動五大重點工作，讓優良的在地創生構想都能得到政府資源的支持，並與其他國家合作，共同推廣臺灣地方創生成果。

(二)地方創生政策之重要成果：

1. 成立分區輔導中心：建構區域型輔導網絡系統，已於北、中、南、東分區設置輔導中心，陪伴縣市府、鄉鎮市區公所、地方青年及多元事業體，順利落實能結合在地DNA的地方創生計畫。
2. 設置青年培力工作站：為建構青年留鄉或返鄉支援體系，透過實質鼓勵在地蹲點經營地方創生事業經驗者，發揮母雞帶小雞功能，陪伴輔導青年留鄉或返鄉扎根，開創地方創生事業；110年迄今累計核定106處青年培力工作站。
3. 鼓勵青年投入地方創生行動計畫：自112年度起協助有志投入地方創生行動但經驗尚淺的青年，搭配專業輔導培力課程及獎勵金，將各種具實驗性或創新性的構想付諸行動，112年度獲獎勵團隊共有63隊。
4. 建置中興新村地方創生育成村：透過中興新村閒置空間活化再生，設置創生培力及創業基地，並由專業營運團隊協助國內有意投入地方創生之團隊駐村發展，累計輔導115組地方團隊進駐。
5. 整備活化公有空間：補助地方政府辦理公有建築空間環境整備及活化，提供地方青年或團體實體交流空間，作為地方創生推動及經營場域；110年迄今已補助46處推動辦理中。
6. 舉辦論壇、展覽市集及國際交流：論壇及展覽市集參與人次達7,000人以上，112年9月遴選22名地方創生青年代表赴日，除參加Taiwan Plus市集活動外，並赴九州地區相關地方創生據點如智慧農業、觀光營造、空屋活化、文化推廣等進行參訪交流。

乙、測驗題部分

( ) **1** 下列何者非屬我國現行實施地方自治之相關法規範依據？ (A)省縣自治通則 (B)中華民國憲法增修條文 (C)財政收支劃分法 (D)地方制度法。

( ) **2** 關於直轄市山地原住民區之敘述，下列何者正確？ (A)為地方自治團體 (B)區長由直轄市長依法任用 (C)立法機關為部落會議 (D)其與直轄市之關係，由中央另以法律定之。

( ) **3** 地方制度法第4條第1項所規定的「直轄市」與第2項的「準直轄市」，兩者最重要的區別為何？ (A)公務員員額編制多寡 (B)公務員官職等設計高低 (C)維持鄉鎮市自治與否 (D)議會成員的人數規模大小。

( ) **4** 依地方制度法規定，下列何者非屬鄉（鎮、市）之收入？ (A)規費收入 (B)罰金收入 (C)捐獻收入 (D)事業收入。

( ) **5** 依司法院釋字第498號解釋意旨，關於立法院交通委員會邀請直轄市交通局長到會備詢，下列敘述何者正確？ (A)地方自治為憲法所保障之制度，立法院交通委員會不得邀請直轄市交通局長到會備詢 (B)除法律明定應到會備詢者外，直轄市交通局長得衡酌到會說明之必要性，決定是否到會 (C)直轄市交通局長若拒絕到會備詢，立法院得以此為由刪減對該直轄市之補助款預算 (D)直轄市交通局長若拒絕到會備詢，監察院得以此為由彈劾該交通局局長。

( ) **6** 依地方制度法規定，關於地方法規之敘述，下列何者正確？ (A)山地原住民區代表會之組織自治條例，應報縣政府及行政院原住民委員會核定 (B)自律規則由各地方立法機關發布，並報各地方行政機關查照 (C)桃園果菜市場股份有限公司之組織，應由桃園市以地方自治條例定之 (D)委辦規則應函報受委辦機關核定後發布，其名稱準用自治規則之規定。

( ) **7** 甲縣議會欲就縣議員問政質詢之秩序事項訂定相關辦法，下列敘述何者正確？ (A)該質詢辦法應由縣政府發布 (B)該質詢辦法之法律性質為自律規則 (C)該質詢辦法應報請上級政府核定 (D)該質詢辦法得規定議員基於問政需要調閱縣政府相關文件之權力。

( ) **8** 下列何者不屬於地方自治團體執行之委辦事項？ (A)環境部將水污染防治費之結算或退費事項交由直轄市、縣（市）政府辦理 (B)經濟部將資本額達一定金額以上之公司登記事項交由直轄市政府辦理 (C)縣政府授權鄉（鎮、市）公所辦理部分建築管理業務 (D)人民向外交部領事事務局申請護照時，申請表與相關規費得由地區戶政事務所代收代送。

( ) **9** 某縣縣長因另有人生規劃而決定辭去其職務，下列何者不符合地方制度法規定？ (A)辭職須以書面提出 (B)向內政部提出，並須經該部核准 (C)該縣長之辭職自核准日起生效 (D)該縣長剩下任期如不足2年，辭職後由內政部報請行政院派員代理。

( ) **10** 依地方制度法規定，下列何者為直轄市議員之解職事由？ (A)遭法院依據刑事訴訟法規定羈押者 (B)戶籍遷出各該行政區域4個月以上者 (C)一會期未出席議會定期會者 (D)罹患重病不能執行職務達6個月以上者。

( ) **11** 關於地方制度法規定之村長，下列敘述何者錯誤？ (A)得召集基層建設座談會 (B)得按月支領事務補助費 (C)具有地方民選公職人員身分 (D)因公死亡者，應給與遺族撫卹金。

( ) **12** 地方民意代表得兼任下列何種職務？ (A)行政機關之公務人員 (B)私立大學之專任教師 (C)地方政府之國家賠償委員會之委員 (D)民間公益社團法人之會長。

( ) **13** 關於直轄市議員之言論免責權，下列敘述何者正確？ (A)受保障程度雖弱於立法委員，但高於鄉（鎮、市）民代表 (B)受言論免責權保障之表決行為，原選舉區選舉人即不得再以議員之表決不當為理由，依法罷免之 (C)受言論免責權保障之言論，議會即不得再以議員之言論不當為理由，予以懲戒 (D)臨時會之召開期間，亦有言論免責權之保障。

( ) **14** 有關地方立法機關預算審議權之敘述，下列何者錯誤？ (A)僅地方行政機關有預算提案權 (B)地方立法機關得維持預算總數額，但在各預算項目間移動增減 (C)地方立法機關得決議就某預算項目刪減若干總額，但執行細節則由行政機關自行調整 (D)地方立法機關就預算案所為之附帶決議，地方行政機關應參照法令辦理。

( ) **15** 有關地方立法機關質詢權及文件調閱權，下列敘述何者錯誤？ (A)地方制度法並未明文規定地方民意代表個人得基於問政需要向地方行政機關調閱相關資料 (B)直轄市議會之委員會開會時，基於對特定事項有明瞭之必要，得邀請市長及一級機關首長列席說明 (C)直轄市議會之議員得依據政府資訊公開法規定，向市政府要求提供問政所需資料 (D)地方制度法並未明文規定直轄市、縣（市）之副首長有應議會要求而列席接受質詢之法律義務。

( ) **16** 下列事項何者不屬於跨域合作議題？ (A)嘉義縣、市垃圾掩埋與焚化爐處理協議 (B)中央將高屏溪流域管理權限委辦高雄市與屏東縣共同執行 (C)嘉義縣、市殯儀館、火化場等鄰避設施共用 (D)高雄市與屏東縣合辦公用事業。

( ) **17** 依地方制度法規定，臺北市與新北市對於跨區域公車路線規劃，涉及跨區域地方自治事項之辦理。下列何者非屬法定可能之辦理方式？ (A)由臺北市與新北市協商辦理 (B)由共同上級業務主管機關協調臺北市與新北市共同辦理 (C)由共同上級業務主管機關指定新北市限期辦理 (D)由共同上級業務主管機關直接統籌指揮辦理之。

( ) **18** 有關跨域治理概念的敘述，下列何者錯誤？ (A)跨域治理可以包含不同政策領域，乃至於公私部門之間的交互關係 (B)跨域治理概念的核心理念之一，是要引入市場機制，讓地方自治團體彼此有所競爭 (C)近年來因為政策資源日益稀少，非進行跨域整合不足以發揮以小搏大的綜合效用 (D)全球化之下，國家競爭日趨激烈，非進行跨域治理與府際合作，無法提升政府效率。

( ) **19** 下列何者具有地方自治團體之公法人地位？ (A)臺灣省 (B)臺北市松山區 (C)高雄市那瑪夏區 (D)臺南市北區大和里。

( ) **20** 依地方制度法規定，中央與直轄市、縣（市）間，權限遇有爭議時，下列何者有調處之權？ (A)總統 (B)立法院 (C)行政院 (D)內政部。

( ) **21** 有關公共造產之敘述，下列何者正確？ (A)公共造產限於由縣（市）政府、鄉（鎮、市）公所自行經營 (B)公共造產得由縣（市）政府、鄉（鎮、市）公所委託經營或合作開發經營 (C)公共造產經營方式，經各該立法機關議決後，縣（市）政府應報內政部核准 (D)縣（市）政府、鄉（鎮、市）公所為辦理公共造產，應儘先利用私有土地。

( ) **22** 依財政收支劃分法第38條規定，各級政府事務委託他級或同級政府辦理者，其經費由下列何者負擔？ (A)由中央政府負擔 (B)由被委託機關負擔 (C)由委託機關負擔 (D)由委託機關與被委託機關依比例負擔。

( ) **23** 中華民國國民，除憲法另有規定外，年滿幾歲，未受監護宣告者，即有公民投票權？ (A)16歲 (B)18歲 (C)20歲 (D)22歲。

( ) **24** 下列事項何者不屬於跨域合作性質？ (A)全國地政事務所合作辦理跨縣市核發登記謄本 (B)內政部將國家級濕地之管理委辦縣〈市〉政府 (C)臺北市與基隆市簽訂垃圾清運協議 (D)雲林縣、嘉義縣、嘉義市設置雲嘉嘉聯合治理會報。

( ) **25** 有關原住民之參與政治，下列敘述何者錯誤？ (A)直轄市山地原住民區區長以山地原住民為限 (B)直轄市有山地原住民人口在2千人以上者，應有山地原住民選出之議員名額 (C)縣有山地鄉者，按其山地鄉數計算山地原住民縣議員應選名額 (D)鄉有山地原住民人口在1千5百人以上者，應有山地原住民選出之鄉民代表。

解答與解析（答案標示為#者，表官方曾公告更正該題答案。）

1 **(A)**。憲法第112條第1項規定：「省得召集省民代表大會，依據省縣自治通則，制定省自治法，但不得與憲法牴觸。」
憲法增修條文第9條本文規定：「省、縣地方制度，應包括左列各款，以法律定之，不受憲法第一百零八條第一項第一款、第一百零九條、第一百十二條至第一百十五條及第一百二十二條之限制：……。」
因此我國已無省縣自治通則。
本題答案應選擇(A)。

2 **(A)**。地方制度法第83-2條規定：「直轄市之區由山地鄉改制者，稱直轄市山地原住民區（以下簡稱山地原住民區），為地方自治團體，設區民代表會及區公所，分別為山地原住民區之立法機關及行政機關，依本法辦理自治事項，並執行上級政府委辦事項。

山地原住民區之自治，除法律另有規定外，準用本法關於鄉（鎮、市）之規定；其與直轄市之關係，準用本法關於縣與鄉（鎮、市）關係之規定。」
本題答案應選擇(A)。

3 **(C)**。地方制度法第4條規定：「人口聚居達一百二十五萬人以上，且在政治、經濟、文化及都會區域發展上，有特殊需要之地區得設直轄市。
縣人口聚居達二百萬人以上，未改制為直轄市前，於第三十四條、第五十四條、第五十五條、第六十二條、第六十六條、第六十七條及其他法律關於直轄市之規定，準用之。」
本題答案應選擇(C)。

4 **(B)**。地方制度法第65條規定：「下列各款為鄉（鎮、市）收入：一、稅課收入。二、工程受益費收入。三、罰款及賠償收入。四、規費收入。五、信託管理收入。六、財產收入。七、營業盈餘及事業收入。八、補助收入。九、捐獻及贈與收入。十、自治稅捐收入。十一、其他收入。」
(B)之敘述不屬之，本題答案應選擇(B)。

5 **(B)**。司法院大法官釋字第498號解釋主文謂：「地方自治為憲法所保障之制度。基於住民自治之理念與垂直分權之功能，地方自治團體設有地方行政機關及立法機關，其首長與民意代表均由自治區域內之人民依法選舉產生，分別綜理地方自治團體之地方事務，或行使地方立法機關之職權，地方行政機關與地方立法機關間依法並有權責制衡之關係。中央政府或其他上級政府對地方自治團體辦理自治事項、委辦事項，依法僅得按事項之性質，為適法或適當與否之監督。地方自治團體在憲法及法律保障之範圍內，享有自主與獨立之地位，國家機關自應予以尊重。立法院所設各種委員會，依憲法第六十七條第二項規定，雖得邀請地方自治團體行政機關有關人員到會備詢，但基於地方自治團體具有自主、獨立之地位，以及中央與地方各設有立法機關之層級體制，地方自治團體行政機關公務員，除法律明定應到會備詢者外，得衡酌到會說明之必要性，決定是否到會。於此情形，地方自治團體行政機關之公務員未到會備詢時，立法院不得因此據以為刪減或擱置中央機關對地方自治團體補助款預算之理由，以確保地方自治之有效運作，及符合憲法所定中央與地方權限劃分之均權原則。」
本題答案應選擇(B)。

6 **(C)**。地方制度法第28條規定：「下列事項以自治條例定之：
一、法律或自治條例規定應經地方立法機關議決者。

二、創設、剝奪或限制地方自治團體居民之權利義務者。
三、關於地方自治團體及所營事業機構之組織者。
四、其他重要事項，經地方立法機關議決應以自治條例定之者。」
本題答案應選擇(C)。

7 **(B)**。地方制度法第31條規定：「地方立法機關得訂定自律規則。」自律規則係地方立法機關行使法定職權時，必要之成文行為規範，蓋議事機關如有周延之議事規則，即不必受制於不成文行為規範之羈絆，將有助於議事程序之進行。
本題答案應選擇(B)。

8 **(D)**。地方制度法第2條第3款規定：「三、委辦事項：指地方自治團體依法律、上級法規或規章規定，在上級政府指揮監督下，執行上級政府交付辦理之非屬該團體事務，而負其行政執行責任之事項。」

9 **(B)**。地方制度法第82條規定：「直轄市長、縣（市）長、鄉（鎮、市）長及村（里）長辭職、去職、死亡者，直轄市長由行政院派員代理；縣（市）長由內政部報請行政院派員代理；鄉（鎮、市）長由縣政府派員代理；村（里）長由鄉（鎮、市、區）公所派員代理。
直轄市長停職者，由副市長代理，副市長出缺或不能代理者，由行政院派員代理。縣（市）長停職者，由副縣（市）長代理，副縣（市）長出缺或不能代理者，由內政部報請行政院派員代理。鄉（鎮、市）長停職者，由縣政府派員代理，置有副市長者，由副市長代理。村（里）長停職者，由鄉（鎮、市、區）公所派員代理。
前二項之代理人，不得為被代理者之配偶、前配偶、四親等內之血親、三親等內之姻親關係。
直轄市長、縣（市）長、鄉（鎮、市）長及村（里）長辭職、去職或死亡者，應自事實發生之日起三個月內完成補選。但所遺任期不足二年者，不再補選，由代理人代理至該屆任期屆滿為止。
前項補選之當選人應於公告當選後十日內宣誓就職，其任期以補足該屆所遺任期為限，並視為一屆。
第一項人員之辭職，應以書面為之。直轄市長應向行政院提出並經核准；縣（市）長應向內政部提出，由內政部轉報行政院核准；鄉（鎮、市）長應向縣政府提出並經核准；村（里）長應向鄉（鎮、市、區）公所提出並經核准，均自核准辭職日生效。」
本題答案應選擇(B)。

10 **(B)**。地方制度法第79條第1項規定：「直轄市議員、直轄市長、縣（市）議員、縣（市）長、鄉（鎮、市）民代表、鄉（鎮、市）長及村（里）長有下列情事之一，直轄市議員、直轄市長由行政院分別解除其職權或職務；縣（市）議員、縣（市）長由內政部分別解除其職權或職務；鄉（鎮、市）民代表、鄉（鎮、市）長由縣政府分別解除其職權或職務，並通知各該直轄市議會、縣（市）議會、鄉（鎮、市）民代表會；村（里）長由鄉（鎮、市、區）公所解除其職務。應補選者，並依法補選：

一、經法院判決當選無效確定，或經法院判決選舉無效確定，致影響其當選資格者。

二、犯內亂、外患或貪污罪，經判刑確定者。

三、犯組織犯罪防制條例之罪，經判處有期徒刑以上之刑確定者。

四、犯前二款以外之罪，受有期徒刑以上刑之判決確定，而未受緩刑之宣告、未執行易科罰金或不得易服社會勞動者。

五、受保安處分或感訓處分之裁判確定者。但因緩刑而付保護管束者，不在此限。

六、戶籍遷出各該行政區域四個月以上者。

七、褫奪公權尚未復權者。

八、受監護或輔助宣告尚未撤銷者。

九、有本法所定應予解除職權或職務之情事者。

十、依其他法律應予解除職權或職務者。」

本題答案應選擇(B)。

11 **(D)**。(A)地方制度法（下同）第60條規定：「村（里）得召集村（里）民大會或基層建設座談會；其實施辦法，由直轄市、縣（市）定之。」

(B)、(D)第61條規定：「直轄市長、縣（市）長、鄉（鎮、市）長，應支給薪給；退職應發給退職金；因公死亡或病故者，應給與遺族撫卹金。前項人員之薪給、退職金及撫卹金之支給，以法律定之。

村（里）長，為無給職，由鄉（鎮、市、區）公所編列村（里）長事務補助費，其補助項目及標準，以法律定之。」

(C)第57條第1項規定：「鄉（鎮、市）公所置鄉（鎮、市）長一人，對外代表該鄉（鎮、市），綜理鄉（鎮、市）政，由鄉（鎮、市）民依法選舉之，每屆任期四年，連選得連任一屆；其中人口在三十萬人以上之縣轄市，得置副市長一人，襄助市長處理市政，以機要人員方式進用，或以簡任第十職等任用，以機要人員任用之副市長，於市長卸任、辭職、去職或死亡時，隨同離職。」

(D)之敘述錯誤，本題答案應選擇(D)。

12 **(D)**。地方制度法第53條第1項規定：「直轄市議員、縣（市）議員、鄉（鎮、市）民代表，不得兼任其他公務員、公私立各級學校專任教師或其他民選公職人員，亦不得兼任各該直轄市政府、縣（市）政府、鄉（鎮、市）公所及其所屬機關、事業機構任何職務或名義。但法律、中央法規另有規定者，不在此限。」

(D)之敘述不屬之，本題答案應選擇(D)。

13 **(D)**。司法院大法官釋字第165號解釋理由書謂：「……憲法第三十二條、第七十三條及第一百零一條，對於國民大會代表、立法委員及監察委員在會議時或院內所為之言論及表決，分別特設對外不負責任之規定，旨在保障中央民意代表在會議時之言論及表決之自由，俾能善盡言責。關於地方民意代表言論之保障，我國憲法未設規定，各國憲法亦多如此。未設規定之國家，有不予保障者，如日本是（參考日本最高裁判所昭和四十二年五月二十四日大法廷判決），有以法規保障者，如我國是。地方議會為發揮其功能，在其法定職掌範圍內具有自治、自律之權責，對於議員在會議時所為之言論，並宜在憲法保障中央民意代表言論之精神下，依法予以適當之保障，俾得善盡表達公意及監督地方政府之職責。惟上項保障，既在使地方議會議員順利執行職務，自應以與議案之討論、質詢等有關會議事項所為之言論為限，始有免責之權，如與會議事項無關，而為妨害名譽或其他顯然違法之言論，則係濫用言論免責權；而權利不得濫用，乃法治國家公法與私法之共同原則，即不應再予保障。故地方議會議員在會議時就有關會議事項所為之言論，應受保障，對外不負責任。但就無關會議事項所為顯然違法之言論，仍難免責。本院釋字第一二二號解釋應予補充。」等語。

本題答案應選擇(D)。

14 **(B)**。司法院大法官釋字第391號主文謂：「立法院依憲法第六十三條之規定有審議預算案之權，立法委員於審議中央政府總預算案時，應受憲法第七十條『立法院對於行政院所提預算案，不得為增加支出之提議』之限制及本院相關解釋之拘束，雖得為合理之刪減，惟基於預算案與法律案性質不同，尚不得比照審議法律案之方式逐條逐句增刪修改，而對各機關所編列預算之數額，在款項目節間移動增減並追加或削減原預算之項目。蓋就被移動增加或追加原預算之項目言，要難謂非上開憲法所指增加支出提議之一種，復涉及施政計畫內容之變動與調整，易導致政策成敗無所歸屬，責任政治難以建立，有違行政權與立法權分立，各本所司之制衡原理，應為憲法所不許。」等語。以此比照，地方立法機關亦不得對預算項目移動增減。

(B)之敘述錯誤，本題答案應選擇(B)。

15 **(B)**。地方制度法第49條規定：「直轄市議會、縣（市）議會、鄉（鎮、市）民代表會大會開會時，對特定事項有明瞭必要者，得邀請前條第一項各該首長或單位主管列席說明。

直轄市議會、縣（市）議會委員會或鄉（鎮、市）民代表會小組開會時，對特定事項有明瞭必要者，得邀請各該直轄市長、縣（市）長、鄉（鎮、市）長以外之有關業務機關首長或單位主管列席說明。」

(B)之敘述錯誤，本題答案應選擇(B)。

16 **(B)**。地方制度法第24-1條第1項規定：「直轄市、縣（市）、鄉（鎮、市）為處理跨區域自治事務、促進區域資源之利用或增進區域居民之福祉，得與其他直轄市、縣（市）、鄉（鎮、市）成立區域合作組織、訂定協議、行政契約或以其他方式合作，並報共同上級業務主管機關備查。」

(B)之敘述不屬之，本題答案應選擇(B)。

17 **(D)**。地方制度法第21條規定：「地方自治事項涉及跨直轄市、縣（市）、鄉（鎮、市）區域時，由各該地方自治團體協商辦理；必要時，由共同上級業務主管機關協調各相關地方自治團體共同辦理或指定其中一地方自治團體限期辦理。」

本題答案應選擇(D)。

18 **(B)**。所謂跨域治理係指跨越轄區、跨越機關組織藩籬的整合性治理作為。即指針對兩個或兩個以上的不同行政部門、區域或自治團體，因彼此間的業務與功能的疆界相接重疊而逐漸模糊，從而導致權責不分、無人管理與跨部門的問題發生，此時必須藉由公部門、私部門以及第三部門的結合，透過協力與契約關係等聯合方式，以解決跨越單一行政區域的公共問題。

(B)之敘述錯誤，本題答案應選擇(B)。

19 **(C)**。地方制度法第2條規定：「本法用詞之定義如下：一、地方自治團體：指依本法實施地方自治，具公法人地位之團體。省政府為行政院派出機關，省為非地方自治團體。」

地方制度法第83-2條規定：「直轄市之區由山地鄉改制者，稱直轄市山地原住民區（以下簡稱山地原住民區），為地方自治團體，設區民代表會及區公所，分別為山地原住民區之立法機關及行政機關，依本法辦理自治事項，並執行上級政府委辦事項。」

本題答案應選擇(C)。

20 **(B)**。地方制度法第77條第1項規定：「中央與直轄市、縣（市）間，權限遇有爭議時，由立法院院會議決之；縣與鄉（鎮、市）間，自治事項遇有爭議時，由內政部會同中央各該主管機關解決之。」
本題答案應選擇(B)。

21 **(B)**。公共造產獎助及管理辦法第3條第1項規定：「公共造產得由縣（市）政府、鄉（鎮、市）公所自行經營、委託經營或合作開發經營。」
本題答案應選擇(B)。

22 **(C)**。財政收支劃分法第38條規定：「各級政府事務委託他級或同級政府辦理者，其經費由委託機關負擔。」
本題答案應選擇(C)。

23 **(B)**。公民投票法第7條規定：「中華民國國民，除憲法另有規定外，年滿十八歲，未受監護宣告者，有公民投票權。」
本題答案應選擇(B)。

24 **(B)**。地方制度法第21條規定：「地方自治事項涉及跨直轄市、縣（市）、鄉（鎮、市）區域時，由各該地方自治團體協商辦理；必要時，由共同上級業務主管機關協調各相關地方自治團體共同辦理或指定其中一地方自治團體限期辦理。」
(B)之敘述不屬之，本題答案應選擇(B)。

25 **(D)**。地方制度法第33條規定：「直轄市議員、縣（市）議員、鄉（鎮、市）民代表名額，應參酌各該直轄市、縣（市）、鄉（鎮、市）財政、區域狀況，並依下列規定，於地方立法機關組織準則定之：

一、直轄市議員總額：……(二)原住民議員名額：有平地原住民人口在二千人以上者，應有平地原住民選出之議員名額；有山地原住民人口在二千人以上或改制前有山地鄉者，應有山地原住民選出之議員名額。

二、縣（市）議員總額：……(二)原住民議員名額：有平地原住民人口在一千五百人以上者，應有平地原住民選出之議員名額；有山地原住民人口在一千五百人以上或有山地鄉者，應有山地原住民選出之議員名額。無山地鄉之縣（市）山地原住民、平地原住民人口數均未達一千五百人以上者，且原住民人口數在二千人以上者，應有原住民選出之議員名額。……

三、鄉（鎮、市）民代表總額：……(二)鄉（鎮、市）有平地原住民人口在一千五百人以上者，於前目總額內應有平地原住民選出之鄉（鎮、市）民代表名額。」

(D)之敘述錯誤，本題答案應選擇(D)。

高普｜地方｜原民
各類特考

一般行政、民政、人事行政

書號	書名	作者	定價
1F181141	尹析老師的行政法觀念課 ---- 圖解、時事、思惟導引 榮登金石堂暢銷榜	尹析	近期出版
1F141141	國考大師教你看圖學會行政學　榮登金石堂暢銷榜	楊銘	690 元
1F171141	公共政策精析	陳俊文	590 元
1F271071	圖解式民法 (含概要) 焦點速成 + 嚴選題庫	程馨	550 元
1F281141	國考大師教您輕鬆讀懂民法總則　榮登金石堂暢銷榜	任穎	近期出版
1F351141	榜首不傳的政治學秘笈	賴小節	610 元
1F361131	公共人力資源管理	沙斌邱	460 元
1F591091	政治學 (含概要) 關鍵口訣＋精選題庫	蔡先容	620 元
1F831141	地方政府與政治 (含地方自治概要)	朱華聆	690 元
1E251101	行政法 -- 獨家高分秘方版測驗題攻略	林志忠	590 元
1E191091	行政學 -- 獨家高分秘方版測驗題攻略	林志忠	570 元
1E291101	原住民族行政及法規 (含大意)	盧金德	600 元
1E301111	臺灣原住民族史及臺灣原住民族文化 (含概要、大意) 榮登金石堂暢銷榜	邱燁	730 元
1F321131	現行考銓制度 (含人事行政學)	林志忠	560 元
1N021121	心理學概要 (包括諮商與輔導) 嚴選題庫	李振濤 陳培林	550 元

以上定價，以正式出版書籍封底之標價為準

千華數位文化股份有限公司

■新北市中和區中山路三段136巷10弄17號　■千華公職資訊網 http://www.chienhua.com.tw
■TEL: 02-22289070　FAX: 02-22289076　■服 務 專 線：(02)2392-3558・2392-3559

高普｜地方｜各類特考
共同科目

名師精編・題題精采・上榜高分必備寶典

1A011141	法學知識－法學緒論勝經 ♛榮登博客來暢銷榜	敦弘、羅格思、章庠	650元
1A021141	國文--多元型式作文攻略(高普版) ♛榮登博客來、金石堂暢銷榜	廖筱雯	450元
1A031131	法學緒論頻出題庫 ♛榮登金石堂暢銷榜	穆儀、羅格思、章庠	570元
1A041101	最新國文多元型式作文勝經	楊仁志	490元
1A961101	最新國文－測驗勝經	楊仁志	630元
1A971081	國文－作文完勝秘笈18招 ♛榮登金石堂暢銷榜	黃淑真、陳麗玲	390元
1A851141	超級犯規！國文測驗高分關鍵的七堂課	李宜藍	690元
1A421141	法學知識與英文(含中華民國憲法、法學緒論、英文) ♛榮登博客來、金石堂暢銷榜	龍宜辰、劉似蓉等	700元
1A831122	搶救高普考國文特訓 ♛榮登博客來暢銷榜	徐弘縉	630元
1A681141	法學知識－中華民國憲法(含概要) ♛榮登金石堂暢銷榜	林志忠	650元
1A801131	中華民國憲法頻出題庫	羅格思	530元
1A811141	超好用大法官釋字+憲法訴訟裁判(含精選題庫) ♛榮登金石堂暢銷榜	林　俐	590元
1A051141	捷徑公職英文：沒有基礎也能快速奪高分 ♛榮登金石堂暢銷榜	德　芬	590元
1A711141	英文頻出題庫	凱　旋	470元

以上定價，以正式出版書籍封底之標價為準

千華數位文化股份有限公司

■新北市中和區中山路三段136巷10弄17號 ■千華公職資訊網 http://www.chienhua.com.tw
■TEL: 02-22289070 FAX: 02-22289076 ■服務專線：(02)2392-3558・2392-3559

國家圖書館出版品預行編目(CIP)資料

地方政府與政治(含地方自治概要)/朱華聆編著. -- 第十九版. -- 新北市：千華數位文化股份有限公司, 2024.12

面；　公分

高普考

ISBN 978-626-380-882-9 (平裝)

1.CST: 地方政府 2.CST: 地方政治

575　　113018214

[高普考] 地方政府與政治(含地方自治概要)

編　著　者：朱　華　聆

發　行　人：廖　雪　鳳
登　記　證：行政院新聞局局版台業字第 3388 號
出　版　者：千華數位文化股份有限公司
地址：新北市中和區中山路三段 136 巷 10 弄 17 號
電話：(02)2228-9070　　傳真：(02)2228-9076
客服信箱：chienhua@chienhua.com.tw

法律顧問：永然聯合法律事務所
編輯經理：甯開遠
主　　編：甯開遠
執行編輯：尤家瑋
校　　對：千華資深編輯群
設計主任：陳春花
編排設計：蕭韻秀

千華官網／購書

千華蝦皮

出版日期：2024 年 12 月 20 日　　第十九版／第一刷

本書如有勘誤或其他補充資料，
將刊於千華官網，歡迎前往下載。